불굴의 도전 한강의 기적
박정희는 어떻게 경제강국 만들었나
吳源哲 著

동서문화사

지은이 오원철(吳源哲)

1928년 황해도 풍천(豊川)에서 출생. 경성공업전문학교(서울공대 전신) 입학, 공군 기술장교후보생으로 입대, 공군소위로 임관, 서울대학교 공과대학 화학공학과 졸업, 공군 소령으로 전역, 시발자동차회사 공장장, 국산자동차주식회사 공장장, 국가재건최고회의 기획조사위원회 조사과장, 상공부 화학과장, 상공부 공업제1국장, 상공부 기획관리실장, 상공부 광공전(鑛工電) 차관보, 대통령 경제 제2수석비서관, 중화학공업기획단 단장, 기아경제연구소 상임고문, 한국형 경제정책연구소 상임고문.

1956

불굴의 도전 한강의 기적
박정희는 어떻게 경제강국 만들었나
오원철 지음
제1판 1쇄 발행/2006년 7월 7일
제1판 3쇄 발행/2010년 1월 10일
발행인 고정일
발행처 동서문화사
창업 1956. 12. 12. 등록 16-345(윤)
서울강남구신사동 540-22 ☎ 546-0331~6 (FAX) 545-0331
www.epascal.co.kr
책값은 뒷표지에 있습니다.
잘못 만들어진 책은 바꾸어 드립니다.

*

이 책 내용의 전부 또는 일부를 재사용하려면 반드시
저작권자와 출판권자 양측의 글로 쓴 동의를 받아야 합니다
즉 이 책 본문 레터링 레이아웃 2색칼라디자인도형그림편집저작권은
동서문화동판주식회사 소유로 이를 사용하려면 출판권자의 문서로 된 허락을 받아야 합니다
사업자등록번호 211-87-75330
ISBN 978-89-497-0350-3 03350(양장본)

머리글

"한 세대의 생존은 유한하나, 조국과 민족의 생명은 영원한 것, 오늘 우리 세대가 땀 흘려 이룩하는 모든 것이 결코 오늘을 잘살고자 함이 아니오, 이를 내일의 세대 앞에 물려주어 길이 겨레의 영원한 생명을 생동케 하고자 함이다." —박정희 대통령이 서울대총장에게 보내는 글

이는 박정희 대통령의 국가관이다. 나는 나라와 국민을 위해서 노심초사 온 힘을 쏟아붓는 그의 곁에서 18년 동안 일했다. 지금도 열과 성을 다해 뛰었던 그 시간들을 생각하면 가슴이 벅차오른다.

이제 나는 박정희 대통령이 나라경제를 일으키기 위해 어떻게 고심하고 어떻게 일했는가를 역사적 사실 그대로 기록하고자 한다. 나는 박정희 대통령의 측근 입장이다. 대통령의 공과에 대해 논할 처지는 아니다. 오로지, 내가 알고 있는 것과 체험한 것을 사실대로 증언할 뿐이다. 이 책을 쓰기 위해 다음과 같은 원칙을 세웠다. 26년 전으로 돌아가서 그때의 신분으로 이야기한다. 나는 상공부 과장 때부터 박정희 대통령께 브리핑을 시작해서 18년 동안 계속했으며, 이에 따라 '그때의 브리핑 형식'으로 이 책을 작성한다.

이 책이 박정희 대통령의 모두를 조명한 것은 아니라고 생각한다. 국가적으로는 '조국 근대화를 이룩한 우리나라 대통령'의 경제혁명 지도력 이야기이고, 국제적 관점에서는 '박정희라는, 후진국의 산업개발형(型) 국가원수'의 기록이다. 이 책의 내용에는 이야기가 중복되는 경우도 있다. 이야기 전개에 따라 중요한 대목은 강조하기 위해서 되풀이하여 썼다.

2006년 6월
오 원 철

불굴의 도전 한강의 기적
박정희는 어떻게 경제강국 만들었나
차 례

머리글

제Ⅰ부 박정희 대통령의 행정방식과 한국의 산업혁명

제1장 박정희 대통령의 사업추진 단계 · 15
원리의 도출 · 17 / 원칙의 수립 · 19 / 세부계획 작성 · 22 / 집행 단계 · 26
정기회의 참석 · 28 / 초도순시 · 32 / 인사 정책 · 36 / 중대한 결단 · 41

제2장 한국의 산업혁명과 한국형 경제개발 모델 · 42
1. 전(全)산업의 수출화 전략 · 42
2. 한국의 산업혁명 · 46

제Ⅱ부 조국의 근대화

제1장 세계에서 가장 빈곤한 나라 · 55
1. 산업화 대장정, 경제개발 5개년계획 · 59
5개년계획의 착상 · 59 / 5개년계획 핵심 내용의 확정 · 60 / 우리나라의 경제 총수 · 62
2. 외환위기 : 제1차 5개년계획 축소 조정 · 64
3. 박정희 대통령의 서독 방문 · 67
가난한 백성, 가엾은 대통령 · 67 / 서독의 대한차관단 결성 · 70 / 애국가의 참뜻 · 71 /
파독 광부와 간호원 · 72 / 그림 같은 농촌풍경 · 74 / 근로의 미덕 · 75

4. 수출만이 살 길, 수출제일주의와 공업입국 · 78

제2장 한강의 기적 · 81
　1. 전년 대비 수출증가율 40% 고속 행진 · 81
　2. 꿈의 1억 달러 수출 : '수출의 날' 탄생 · 83
　3. 수출전략 최고회의 : 기회 있을 때 밀어붙여라 · 87
　4. 제2의 고지 10억 달러 수출계획 · 90
　5. 불가능은 없다. 수출증가율 40% 초고속 줄달음질 · 93
　6. 하면 된다. 우리도 할 수 있다 · 95

제3장 국가안보 · 100
　1. 푸른 낙원의 꿈 : 북한의 인민경제발전 7개년계획 · 100
　2. 청와대를 습격하라 : 월남전 방식 게릴라전 · 103
　3. 닉슨 독트린 : 미(美) 7사단 철수 · 107
　4. 남북한 경제전과 북한의 6개년계획 · 110

제4장 방위산업 추진 · 114
　1. 1971년 신년사 : 앞으로 수년간 국가안보상 중요한 시기 · 114
　2. 청와대 3자 회동, 방위산업 추진전략 결정 · 117
　3. 긴박하게 진행된 제1차 및 제2차 시제(試製) · 122
　4. 국산 병기 시제품 시사회, 성공리에 끝나다 · 124
　5. 방위산업 육성 본격화 지시 · 130

제5장 100억 달러 수출하자면 무슨 공업을 육성해야 하지? · 135
　1. 산업구조 고도화 전략 · 137
　2. '일본의 중화학공업 육성 성공사례'에 대한 보고 · 140
　3. 우리나라 중화학공업화 정책의 발진 · 145
　4. 방위산업 건설과 100억 달러 수출을 위한 중화학공업 건설 · 147
　5. 100억 달러 수출 · 150

제6장 중화학공업화와 80년대의 미래상 · 154

1. 후진국 공업화의 개발 특성 · 156
후진국 경제개발 전략의 방향: 개발모형 · 157 / 공업화 발전의 5단계 · 158
2. 경제개발계획의 이론과 실제 · 163
개발 계획의 특징 · 163 / 계획상의 문제점 · 165
3. 계획작성과 리더십 · 176
4. 한국의 공업화 발전과 미래의 전망 · 179
새마을운동에 의한 공업분산과 과학화 정책 · 183 / 공단은 어디로 정하지 · 186 / 한국형 경제건설 방식에 의한 중화학공업 건설 · 188

제7장 공업구조 개편론 · 190

제8장 세 개의 대통령 특별선언 · 206
1. '중화학공업화 선언'과 '국민의 과학화 선언' · 208
2. '체제과업'과 '혁명과업' · 212

제9장 중화학공업 사업추진 결단 · 215

제10장 에너지 위기와 중동진출 · 229
1. 에너지 위기와 원유확보 작전
제4차 중동전쟁과 석유의 무기화 · 232 / 석유확보 긴급작전 · 234 / 걸프와의 교섭 · 237 / 칼텍스와의 교섭 · 243 / 유니온 오일과의 교섭 · 246 / 원유도입 교섭의 성과 · 249 / 원유도입 교섭 결과보고 · 250 / 박정희 대통령의 사인 · 253

2. 물가파동의 시작
1973년 원유 고시가격의 인상 · 255 / 제1차 가격인상: 석유류 가격 등 10개 품목 · 257 / 생필품 파동 · 257 / 경제불안 · 259

3. 에너지 10% 절약 운동
유류소비 억제상황 · 261 / 유류공급 부족으로 인한 대혼란 · 265 / 연탄파동 · 267 / 유류파동의 교훈 · 268

4. 대통령 긴급조치 제3호 발동과 가격현실화
긴급조치 3호의 골자 · 272 / 박정희 대통령의 대국민 호소 · 273 / 질서회복의 중요성 ·

275 / 외국회사의 가격인상 통보·277 / 1974년 2월 석유값 82% 인상과 가격현실화·278

5. 국제수지 개선과 경기회복을 위한 특별조치
74년 12월 7일 환율 21% 인상과 석유값 31.3% 인상·281 / 에너지 위기로 인한 도매물가 상승·283 / 에너지 위기로 인한 소비자물가 상승·284 / 다른 나라와의 비교·285 / 에너지 위기로 인한 국제수지 적자와 물가파동의 실상·287

6. 중동진출 전략과 중동 건설사업
늘어가는 경상수지 적자 : 부도 직전의 국가·288 / 중동진출 전략·289 / 중동진출 방안 보고·291 / 중동진출에 대한 대통령 지시 전달·294 / 나제르 기획상 방한·295 / 한국—사우디아라비아 경제협력위원회 설립·295 / 각료급 사절단 중동파견·296 / 건설부 해외건설 진흥시책·299 / 도로공사·302 / 항만공사로 확대·303 / 주베일 항만공사 수주·304 / 주베일 항만공사 개요·306 / 건축공사·309 / 중동에서 성공한 이유·310

7. 플랜트 건설과 엔지니어링 산업 육성
토목건축에서 공장건설 분야로의 전환·312 / 플랜트 건설과 엔지니어링 회사·313 / 국내 엔지니어링 산업 육성·315 / 플랜트 수출·316 / 사우디 담수화 플랜트 건설·320

8. 중동진출 효과
수주액·322 / 건설산업 국가로의 부상·323

9. 에너지 위기 후의 조치
석유 비축 문제·327 / 국제 석유재벌로부터의 독립성 모색·328 / 송배전(送配電)시설의 개혁·328 / 발전용 연료전환 대책 : 동력자원부 신설·331 / 석탄연료 사용·331 / 양수발전소 건설·332 / 천연가스 도입·333 / 원자력발전소의 건설·333 / 연료대체 성과·335

10. 30년 앞을 내다본 결단·337

제Ⅲ부 1970년대 경제정책과 조국근대화의 결산서

제1장 1970년대 경제정책 · 343

제2장 조국근대화의 결산서 · 349

1. 수출·중화학공업·방위산업
수출과 국민소득 증가·349 / 중화학공업국가 건설·350 / 방위산업 육성·350 / 쌀 : 자급자족·364 / 달라진 농어촌 풍경·365 / 남북한 체제경쟁·367 / 주한미군 철군 저지·368

제Ⅳ부 한국인 : 경제전의 전사들

제1장 보릿고개와 여성근로자 · 373

경제자립과 인력·375 / 인력의 양(量)·376 / 노동 가치관·377 / 여성인력의 노임·379 / 1960년대의 여인상(女人像)·379 / 못 배운 것이 한이었던 여성근로자들·383 / 한국 여성인력의 특성·386

제2장 남성근로자 · 388

1. 월남과 중동 진출
한국 남성인력의 재발견·389 / 당시의 한국 상황·390 / 월남 인력진출은 수출 10억 달러 달성에 밑거름·392 / 파월 한국군에 대한 군수품 납품·393 / 중동에 진출한 '조국 근대화의 기수'·394 / 중동파견 기능사 환송식·395 / 중동 현장의 기술인력 부족·395 / 극심한 기술인력 스카우트·396 / 심각한 기능사 확보 문제·399

2. 기능사 양성 교육
중동파견 기능사 양성 계획·401 / 기능사 중점육성을 위한 시범공고 지정·403 / 학생들에 대한 특전·405 / 교육연구비 국고지원과 교재 발간·408 / 실습시설의 보수와 제작·409 / 산학 협력 체제 구축·410 / 교육과정·411 / 투철했던 사명감과 책임감·413 / 전원 합격과 목표 초과달성·417 / 현장실습과 취업·418

3. 국가안보와 테크노크라트의 활약
국가안보 비상사태 발생·422 / '정밀기능사'는 조국 근대화의 기수·424 / 테크노크라

트에 의한 후진국 개발·425 / 1960~70년대는 테크노크라트의 시대·427

제3장 1960~70년대의 국민생활 – 쌀값과 노임의 악순환·429

1. 국민생활 안정에 진력
당시 우리 나라의 물가체계·429 / 당시 환율정책·431 / 장기영 부총리의 등장·433

2. 쌀값과 인건비
쌀 소비자 쪽의 입장·437 / 농민 쪽의 입장·437 / 해마다 일어나는 쌀값 소동·438 / 양곡수매 특별회계(양특)·439 / 저곡가(低穀價) '10%인상' 정책·440 / 고곡가(高穀價) 정책으로 전환·441

3. 하면된다. 우리도 할 수 있다
단련할수록 강해진다·445

제 V 부 2000년대를 위한 국토개편

제1장 2000년대를 바라보며·452

1. 행정수도 건설안과 국토개발안
과밀한 도시국가·454 / 1만 달러 시대의 농업·456

2. 주변국과의 관계
2000년대의 중국·458 / 일본 등 선진국과의 관계·459 / 한국보다 10년 앞섰던 대만·460 / 경쟁관계가 아닌 소련·464 / 지정학적으로 편히 살 수 없는 나라·465

제2장 역사에 과오를 남기지 말자 이 땅은 자손만대의 터전·467

1. 우리 민족이 살아온 땅
2000년대의 안보문제·469 / 충격적이었던 북한 선전용 영화·469 / 통일을 위한 국토개편·471

2. 환경문제
금강 상류에 생길 뻔한 미나마타 병·473 / 공해공장은 해안으로·474

3. 국토의 균형개발

균형개발 철학·477 / 행정수도 계획·480 / 중핵도시와 내륙공단·486 / 농촌을 이상적 주말농장으로·487

제3장 1000년 앞을 내다본다·489

1. 국토구상의 기본방향
전국토의 효율적 활용·490 / 에너지 절약 방안·490 / 내륙수송체계·495 / 전국이 반일 생활권으로·498

2. 산업·임해·항만기지
산업기지 건설·500 / 대규모 임해산업기지·502 / 남부기지·502 / 중부종합기지·503 / 대규모 항만기지·504 / 5대강 수자원 보호·507

제4장 노동력과 가치관·508

1. 생산요소인 노동력
여공시대에서 기술자시대로·508 / 공고(工高) 중심의 기능공 양성책·510 / 교육제도 개편·512 / 기능공 7, 8만 양성계획·514

2. 국민으로서의 가치관
한국인의 가치관·516 / 인간욕구 4단계·519

3. 후손을 위한 1000년 대계
행정수도 건설안과 올림픽·522 / 우리 후손들은 어떻게 살까·524

제Ⅵ부 박정희 대통령 위대한 구상 : 가로림만 세계최대산업기지

제1장 '중화학공업화 정책사업'에 대한 시비·529

1. 과잉투자 문제·529
2. 중복투자 문제·535
3. 중화학공업 정책 시비가 초래한 악영향
박정희 대통령 시대의 자동차공업 정책·538 / 전두환 행정부 집권 후 자동차정책 돌변·543 / 자동차 생산의 회복·546 / 자동차 통폐합이 안겨 준 국민에 대한 피해·547

제2장 IMF 외환위기의 발생 및 해소 · 551

1. IMF 외환위기 발생
IMF 긴급지원 요청 · 551 / 김영삼 대통령 퇴임사 · 556 / 김영삼 대통령의 장밋빛 경제 개혁과 그 성과 · 556 / 김대중 대통령 취임사 · 557

2. IMF사태 어떻게 해결할 것인가
수출에 달렸다 · 559 / 한국경제 회고와 전망−총력 수출만이 살 길 · 562

총력 수출만이 살 길
1. 한국의 경제위기와 그 타개책 · 565 / 2. '수출 제1주의'의 퇴조(退潮) · 573 / 3. 과잉투자 · 580 / 4. 기업 확장을 위해 마련된 금융제도 · 584 / 5. 망국 차관과 IMF 외환위기 발생 · 587 / 6. IMF 사태를 해결하는 방안 · 596 / 7. 수출만이 살 길 · 602
2005년 현재, IMF 사태를 돌아보면서 · 608

IMF 사태를 돌아보면서
IMF 사태의 피해 · 608 / IMF 사태의 본질 · 611 / 1996년 12월 한국의 OECD 가입 · 612 / 1999년 IMF 사태 해소 · 614 / 중화학공업은 우리나라의 '생명줄' · 618

제3장 가로림만(加露林灣) 대프로젝트 · 626

국제경쟁력 강화 · 626 / 제2종합제철의 입지선정과 국토개편 작업 · 627 / 가로림만(灣)의 발견 · 628 / 국토 종합개발 계획상의 효과 · 631 / 가로림만 시찰 · 632 / 그 후의 가로림만 · 633 / 'Who is 박정희' 포럼에서의 강연 · 634

《박정희는 어떻게 경제강국 만들었나》를 쓰고 · 648
한강의 기적 일군 테크노크라트 오원철−김정렴 · 655
중화학공업화 주도 엘리트 테크노크라트 오원철−김형아 · 661
관련연표 · 668

지금 우리 앞에는 새로운 역사의 여명이 밝아 오고 있습니다. 그것은 빈곤 아닌 번영의 역사이며, 의타 아닌 자립의 역사이며, 분단 아닌 통일의 역사입니다. 이것은 정녕, 중흥이 약동하는 전진의 역사입니다. —박정희 어록에서

제 I 부

박정희 대통령의 행정방식과 한국의 산업혁명

현명한 국민은 진지하고 성의 있게 문제 해결에 나서는 자의 편에 설 것이며, 막연한 위기 의식의 조장을 증오할 것이다. 정확한 현실 파악과 대책의 수립, 그리고 타개를 위한 노력 앞에 '위기'란 존재하지 않는다. 나는 스스로 내 손에 삽과 괭이를 들 것이며, 증산과 검약에 앞장서겠다.

64. 1. 10 박정희

제1장
박정희 대통령의 사업추진 단계

박 대통령이 사업을 추진할 때에는, 정해진 단계가 있다. 첫째 원리의 도출, 둘째 원칙의 수립, 셋째 시행계획 작성, 넷째 집행 단계이다.

그리고 박 대통령은 정기적인 회의에도 참석해야 하고, 연초에는 각 부처나 지방관서 순시도 해야 한다. 또한 인사 행정조직도 챙겨야 하고, 국가 원수로서 중대한 결단도 내려야 한다.

브리핑 행정시대

박정희 대통령 때는 '브리핑 행정시대'라고 불러야 할 정도로 브리핑의 중요성이 컸다. 브리핑 제도를 이해하지 않고서는 박 대통령 시대의 행정을 이해할 수가 없다 해도 과언이 아니다. 따라서 브리핑에 대한 설명부터 시작한다.

일반적으로 브리핑할 때에는 브리핑을 하게 된 목적과 이 목적을 달성하기 위한 내용이 있기 마련인데, 이것이 브리핑의 골자를 이룬다. 일종의 '시나리오'로서, 이는 내용이 좋으냐, 그렇지 않으냐에 따라 브리핑의 성패가 좌우된다고 하겠다. 그 다음은 이 시나리오를 '어떻게 잘 설명하느냐'인데, 이것이 브리핑을 하는 담당자의 몫이 된다. 그러니 브리핑에 어떤 정해진 양식이 있는 것은 아니다. 특히 복잡한 내용을 설명할 때는 그리 간단한 문제가 아니다. 상대편이 쉽게 이해하지 못한다면 실패한 브리핑이기 때문이다. 이럴 때 나는 다음과 같은 원칙을 세워 놓고, 브리핑 원고를 작성하였다.

- 시작부터 결론까지 모두 포함해야 하는데, 그 줄거리는 한 길로 곧장 가는 식으로 나가야지, 흔들려서는 안 된다.

- 구분을 잘 해 주어야 이해하기 쉽다. 구분에는 큰 구분과 작은 구분이 있다. 그리고 메시지 전달을 돕기 위해 도표를 많이 사용한다. 필요하다면 한 메시지를 한 박스로 만들어서 제시한다. 박스 형태를 사용하면 브리핑을 받은 사람에게 주의를 환기시킬 수도 있다.

- 브리핑 설명은 그때그때 납득이 가능하도록 간단명료해야 하는데, 그러자면 이해하기 쉬운 말을 써야 하고, 거부감이나 혼선이 생겨나지 않도록 해야 한다. 물론 난해한 이론은 금물이다.

- 강조해야 할 사항은 되풀이 설명한다. 되풀이 설명하면 여러 사람의 머리에 남게 된다. 학술논문 발표와는 다르다는 뜻이기도 하다.

- 결론은 명확해야 한다. 여기에는 이론 정연하고 실시 가능한 방안이 가시적으로 나와야 한다. 그래야만 청취자 모두가 동감을 하게 되고, 대통령은 결단을 내릴 수 있다.

1 원리의 도출

 원리라는 것은 발견되는 것이지 생각해서 만들어지는 것은 아니다. 그래서 원리는 불변이다. 일단 정해지면 바꾸어서는 안 된다. 행정면에서는 '국시(國是 : 나라의 기본이 되는 방침)'라고 할 수 있다. 일단 정해지면 모든 행정의 판단 기준이 된다. 이 점은 경제면에서는 대단히 중요한 의미를 내포한다.
 '경제원리'라는 것은 국가경제 발전이 목적이다. 따라서 이 원리를 바탕으로 해서 수립된 정책은, 부득이한 사정으로 인해 변동이 생긴다 해도, 국가경제 발전에 도움을 주는 방향으로 바뀌게 된다. 예를 든다면, 국민의 민생고 해결과 경제자립은 우리 나라 60년대 초기의 경제개발 원리였다. 박 대통령은 이 원리를 달성하기 위해 '경제개발 5개년계획'이라는 정책을 수립해서 추진했으나 목적을 달성할 수 없었다. 그래서 '수출 제일주의 정책'으로 전환을 했는데, 이러한 정책 변경도 똑같은 경제원리를 달성하기 위해 수립된 정책이기 때문에 서로 상치되는 것은 아니라는 뜻이다. 더구나 수출을 하다 보니 수출이야말로 국가 기본 전략이라는 점을 발견하게 된 박 대통령은, 수출 제일주의를 우리 나라의 국시, 즉 경제발전 원리로 승격시켰다. 국민 생활 향상, 고용 증대, 수출 제일주의, 공업 입국, 전 산업의 수출화, 국민의 과학화, 남북한 경쟁에서의 승리, 고도산업국가 건설과 선진국 진입 등이 경제원리에 속하는 사항이다.
 이 경제원리는 국가 원수인 박 대통령이 직접 담당해야 할 과제이며, 청와대 비서진이 이를 보좌하게 된다. 박 대통령은 임기 18년 동안, 도출된 이 경제원리에서 한 치도 벗어난 적이 없다. 그래서 국민들도 믿고 따른 것이다. 원리가 통하는 시대였다는 뜻이다.

> **수치로 원리 제시**

　원리나 국시라는 말은 잘못 사용하다 보면, 정치 구호화되기 쉽다. 어떤 정치가가 '우리 나라가 잘살기 위해서는 수출을 해야 한다'고 떠들어 보았자, 이것은 정치 구호의 역할밖에 못한다는 뜻이다. 이것을 피하려면 비전 형태로 제시해야 하는데, 구상이 좋으냐, 나쁘냐에 따라 성패가 좌우된다. 그래서 구상을 효과적으로 제시하는 것이야말로, 국가 원수의 중요한 사항이 되는 것이다.

　박 대통령은 수치화하는 방식을 주로 썼다. 수치로 표시하면, 국민들은 알아보기 쉽다. 목표가 달성되었을 때의 수준을 현재와 비교할 수 있고, 진행 과정도 수량적으로 판단할 수 있기 때문이다.

　박 대통령은 '수출 제일주의 시대(1964~70)'에는 10억 달러의 수출 목표를 제시하면서, 연간 40%의 수출 증가율을 요구했다. 이 목표가 달성되면 보리밥을 먹을지언정 국민들의 생활고는 해결된다고 했다. 또한 경제 자립의 기초가 마련된다고 했다. '전 산업의 수출화시대(1973~80)'에는 100억 달러의 수출 목표와 연간 40%의 수출 증가율을 지시했다. 이 목표 달성으로 국민 1인당 GNP는 1,000달러가 되어 국민들의 의식주 문제는 완전히 해결되고, 우리 나라는 중화학공업 국가가 된다고 했다. 북한과의 경제전에서는 완승(完勝)한다고 했다.

　그러고는 '하면 된다. 우리도 할 수 있다'며 정부를 독려하고, 국민들을 격려했다. 이것이 박 대통령의 국가 경제건설 전략이었다. 그 결과, 연간 수출 증가율은 1964~70년에는 41.9%, 1971~79년에는 39.8%를 달성했다. 16년간 평균 40%의 성장이라면, 기적과도 같은 성과이다.

이는 박 대통령의 성품 즉 '신념, 집념 그리고 고집'을 잘 나타내는 결과이다. 수출이 증대하다 보니, 그 효과는 전 산업에 파급되고 고용도 급격히 늘어났다. 국민들의 생계도 좋아졌다. 우리 나라에 산업혁명이 일어난 것이다. 또한 정신면에서는 "하면 된다. 우리도 할 수 있다"는 용기와 자신을 심어주기 위한 산 교육장 역할도 했는데, 이 정신은 지금까지도 살아 남아서 한국인의 정신적 지주(支柱)가 되고 있다.

2 원칙의 수립

행정면에서는 정책수립 단계라고 할 수 있다.
국가 전략을 수행하기 위해서는 여러 가지 방안이 있겠으나, 우리 나라 현실에 가장 합리적이고 실행 가능한 방안을 수립하는 단계이다. 석유화학·종합제철 건설계획, 자동차공업 육성방안, 전자공업 육성방안, 장기수출계획, 농어촌 전기공급 방안 등이 여기에 포함된다. 각 담당 부처에서 작성되는데 국가 원수인 박 대통령의 재가를 얻어야 확정된다.
이때에 브리핑하는 방식이 활용된다. 이 자리에는 국무총리 이하 각 부 장관, 관계 기관장 등이 배석하며, 브리핑은 해당 과제에 대해서 가장 지식이 많은 공무원이 담당한다. 보통은 국장급이 했지만, 과장급 인사라 해도 그 분야의 권위자라면 직접 브리핑하는 경우가 있다. 과장급이라도 국가 대사에 대해 정책을 수립해서, 대통령 이하 정부 최고 간부 앞에서 설명하고, 질문에 대해서 답변한다는 뜻이다.
실무에 밝은 박정희 대통령은 브리핑을 받는 자리에서 날카로운 질

▲ 서울 및 수도권 도로변 조경공사 현황을 점검하는 박정희 대통령(오른쪽)

문을 던질 때가 있는데, 이때 장차관이 답변을 못하는 경우가 생길 수 있기 때문에 생겨난 제도이다. 국장이든 과장이든 간에 내용을 가장 잘 아는 실무 공무원, 즉 테크노크라트가 우대되던 시대였던 것이다.

두 부처에 관계되는 사항에 대해 두 부처 간에 의견이 다를 때에는, 같은 장소에서 두 부처가 제각기 브리핑을 할 때도 있다. 이렇게 되면 브리핑을 담당하는 두 부처의 공무원 간에 격론이 벌어질 때가 있다. 그러면 박 대통령은 모든 의견을 다 듣고 최종 결단을 내린다. 이러하므로 어느 쪽도 불평할 수가 없었다. 양쪽 부처 장관은 사전에 합의를 끌어내지 못한 책임이 있고, 그래서 대통령에게 송구한 마음이 들기 때문이다.

또 한 가지 예는 장관이 최종 결정을 못한 채로 브리핑할 때가 있다. 즉 결론에서 A안과 B안을 내놓고, 서로간의 장단점만 설명할 때이다. 이럴 때, 박 대통령은 "장관! 당신은 A안을 택하겠다는 것이요, B안을 택하겠다는 것이오?" 하고 호통을 친다. 장관은 책임 행정을 하라는 뜻이다. 각 해당 부처에서 작성하는 경제개발 계획은, 장관 이하 전 공무원이 머리를 맞대고 합심해서 수립하는 것이지, 대통령의 눈치나 보고 정하는 것이 아니라는 질책이기도 하다.

각 부처에서 정책을 수립하고 대통령 재가를 받기 위해 브리핑할 때에는, 마지막 쪽에 꼭 건의 사항이 나온다. 보통 '소요자금 요구 사항'이 제시된다. 1969년 6월 상공부에서 전자공업 육성에 대한 브리핑을 했다. 골자는 "1976년에 4억 달러의 수출을 해내겠습니다"라는 것이었다. 2,000만 달러 정도를 수출하던 당시 입장에서, 이런 약속을 들은 박 대통령은 만족했다.

그래서 옆자리에 배석하고 있던 김학렬 부총리에게 "부총리, 해낼 수 있소?" 하고 물었다. 김 부총리는 "예, 상공부 안대로 조치하겠습니다"라고 명쾌한 답을 했다. 박 대통령은 "그럼, 상공부 안대로 추진하시오"라고 결정을 내렸다.

전자공업 육성 방안은(1969~76) 8년 간에 걸치는 장기 계획인데, 여기에 소요되는 8년간의 사업추진 자금(140억 원, 즉 약 5,000만 달러)이 일시에 확보된 것이다.

당시 우리 나라의 국고 사정은 미약해서, 예산 얻기란 아주 힘든 일이었다. 그것도 해마다 사업별로 1년도치씩 배정받게 된다. 그래서 각 부처에서는 갖가지 노력을 다하게 되는데, 실패할 경우에는 새로운 사업에 차질을 빚게 되거나 진행되던 사업도 중단되기 십상이다. 그러나 대통령 재가만 얻으면, 사업이 완성될 때까지의 예산이 확보되는 것이다.

㊟ : 이런 자금을 '목돈'이라 하고, 이런 자금확보 계획을 '목돈작전'이라고 칭했다.

■ 도표 Ⅰ-1
정책사업 추진 과정

```
┌─────────────────────┐
│  각 부처 사업 안 작성  │
└─────────────────────┘
         │  국·과장
         ▼
┌─────────────────────┐
│      장관 결재       │
└─────────────────────┘
         │
         ▼
┌─────────────────────┐
│   대통령에게 브리핑   │
└─────────────────────┘
         │
         ▼
┌─────────────────────┐
│      종합 검토       │
└─────────────────────┘
         │ ← 소요예산 확보
         ▼
┌─────────────────────┐
│      사업 확정       │
└─────────────────────┘
```

요약 정리하면, 정책사업은 ①각 부처의 국장이나 과장급에서 사업 안을 작성하고 ②장관의 결제를 얻은 후 ③관계 장관이 배석한 자리에서 대통령에게 브리핑하게 된다. ④이 회의에서 검토를 거친 후 사업이 확정되는데, ⑤소요예산도 이때 확보된다. 이런 절차에 따라 결정된 사업을 '대통령 관심사업'이라 칭했다.

이 말은 국민들이나 사업가들에게는, 대통령이 적극 지원해 주는 사업이라는 깊은 인상을 주었다. 이후 전자공업은 급신장하고 수출은 늘어갔다.

㊟ : 한 예로 삼성전자(주)는 이 회의 1주일 후인 69년 6월 26일, 이병철 회장 명의로 '전자공업의 오늘과 내일'이라는 글을 일간지에 싣고, 9월 22일 합작투자 신청서를 제출하여, 정부로부터 인가를 받은 후 70년 1월 20일에 회사를 설립한다.

1968년도의 전자제품 수출액은 1,944만 달러였는데, 8년 후 목표연도인 1976년에는 10억 3,600만 달러를 수출했다. 8년 만에 53배의 증가율을 보였으며, 목표량(4억 달러) 대비 250%의 성과였다.

3 세부계획 작성

세부계획은 각 부처에서 수립한다. 중요한 안건은 서류로 작성해서 대통령의 결제를 받기도 하지만, 장관 책임하에 확정되는 경우가 많다. 이렇게 결정된 계획은 장관 책임하에 집행하게 되며, 계획이 성공하면 그 부처의 공이 되고 실패하면 책임을 지게 된다. 전적으로 각 부처의 책임 행정 사항에 속한다.

원리와 원칙이 제대로 확정되었다면, 세부계획 단계에서의 작업은 수월해진다. 또한 자유 재량의 폭이 적어져서, 비리의 발생 소지가 줄어든다. 세부계획 작성 단계에서는 공장 설립과 관계가 많다.

전자공업에서 예를 들기로 한다. 앞서 항목에서 설명한 것과 같이, 전자공업 육성 정책은 대통령의 관심사업이 되었고 소요자금도 확보됐으니, 육성 정책에 따라 육성 업종을 공고하고, 기준에 따라 업체를 확정하면 된다.

그러나 문제는 그렇게 간단하지만은 않다. 공장을 건설하자면 내자뿐만 아니라, 외국에서 기계 설비를 도입해야 하기 때문에 외자도입이 필요하게 된다. 그런데 당시 외자도입을 하자면, 정부에서 지불보증을 해 주어야 하기 때문에 국회의 승인을 받아야 한다. 결국 외자도입은 국회에서 결정권을 갖고 있다는 뜻이 된다.

국회는 정치하는 곳이다. 그런데도 여당·야당과 부총리 간에 공장건설에 대한 치열한 논쟁이 일어나게 되는 것이다. 이때 사업을 직접 담당하는 상공부 직원은 반대 의견을 갖고 있는 국회의원(주로 야당 의원)을 찾아가서, 필요한 자료를 제시하면서 설득하는 데 전력을 다한다. 그리고 결국에는 반대하던 야당 의원도 합의하게 된다. 당시는 국가 경제발전을 위하여 국민 모두가 협력하던 시대였다.

이렇게 어렵게 건설된 공장인데도 부실 기업체가 발생했다. 이자나 분할상환금을 갚지 못하는 경우, 정부를 대신해서 지불보증을 해 준 은행이 대신 갚아 주어야 하는 사태가 발생했다. 기업체측에서는 자금이 바닥났으니 부실 공장의 운영도 은행에서 할 수밖에 없다. 그런데 항간에서는 부실 회사의 기업주는 고급 차량을 타고 호화 생활을 한다는 여론이 들끓었다.

드디어 박 대통령이 철퇴를 내렸다. 청와대 내에 임시로 '부실 기업 정리 기구'를 설치하고, 무려 30여 개 업체를 정리했는데, 이때 기업도 빼앗기고, 재산도 날린 업주가 많았다. 이후 '기업은 망해도, 기업주는 산다'는 풍조가 자취를 감추었다. 국민들의 평도 좋았다. '신상필벌(信賞必罰)의 기풍'이 서 있을 때이다.

세부계획 단계에서의 한 특별한 예

국군 현대화 사업(율곡사업)의 사업추진 과정이다. 박 대통령은 이 사업의 추진 과정에서 무기의 선정은 무관에게, 이에 대한 검토는 문관에게 맡겼다.

미국의 군사원조가 무상원조(MAP)에서 유상원조(FMS)로 바뀌자, 박 대통령은 외무부 최광수 국장(후에 청와대 수석비서관, 외무부 장관 역임)을 국방부 군수차관보로 임명했다. 현역 군인이 아닌 문관 출신으로서는 처음 있는 일이다. 그리고 1974년 3월 15일 '율곡사업'을 발족시켰다(초기 재원은 방위성금, 다음 해 7월 16일 이후는 방위세).

이 사업의 의결 기구로 '국방부 5인위원회'를 구성했는데 국방차관(위원장), 합동참모본부장, 군수차관보, 국방과학연구소(ADD) 소장, 경제 제2수석이 그 위원이다.

주 : 5명 중 3명 즉, 군수차관보, ADD 소장, 경제 제2수석은 문관 행정가이다.

또한 박 대통령은 "방위성금은 국민의 성금이니 절대로 부정이 개입되지 않도록 각별히 조심하라"고 했다.

그 후 방위세가 신설되자, "국방부에서 올라오는 율곡사업을 안건마다 다시 한번 심의하기 위해 청와대에 위원회를 구성하라"고 지시했다. 국회의 심의 과정을 대신하는 제도를 만들라는 뜻이었다. 이렇게 해서 '청와대 5인위원회'가 생겨났다.

㈜ : 안보담당 특보는 퇴역 장군이었으나, 경제담당 특보, 정무, 경제1, 경제2 수석 비서관은 문관 출신이었다.

이 회의 때 국방부에서는 각 군 차장이 배석하지만 심의권은 없었다.

여기에서 통과된 안건의 뒤처리는 경제2수석이 담당하게 되는데, 수백 건이 되는 안건을 안건마다 서류로 작성하여 대통령의 결재를 받아야 하는 고역을 치러야 했다. 방위세가 공표된 것은 1975년 7월 16일인데 바로 이틀 후인 18일 '국방부 5인위원회' 위원으로 경제기획원 차관을 추가토록 지시했다(이후 5인위원회는 국방부 6인위원회가 됐다). 즉 예산 당국인 경제기획원에서 무기 선정 때부터 검토하라는 뜻이다.

㈜ : 방위세는 부가세 개념으로 징수되어 예산 심의 없이 국방부에 배정되기 때문에 생겨난 일이다.

더욱이 1976년 5월 14일 박 대통령은 국방부에 율곡사업에 대한 특명검열단을 신설해서, 율곡사업에 대한 감사를 실시토록 했다.

박 대통령의 의도는 명확했다. 율곡사업과 같은 국가 기밀 사업일지라도, 일반 예산과 똑같이 ①경제기획원의 예산 당국에서 검토를 해야 하고, ②국회의 심의 과정과 같은 절차를 밟아야 하고, ③청와대 비서실에서 검토 후 대통령 재가를 받아서 집행해야 하고, ④감사원과 같은 기구에서 감사를 받아야 한다는 기본 원칙을 고수하겠다는 박 대통령의 강한 의지의 표출이라고 보여진다. 아울러 대통령이 안건마다 결재하는 것은, 비리 발생에 대한 사전 방지 대책이었다.

㈜ : 1975~80년까지 갹출된 방위세액은 51억 4,800만 달러로서 GNP에 대한 국방비의 비중은 약 6%이다.

4 집행 단계

박 대통령은 큰 사업에 착수할 때에는, 꼭 기공식에 참석해서 축사를 통해 격려했다. 공사 중에도 현지 방문을 자주 함으로써 작업 진도를 확인하고, 주로 공장장이나 현장 책임자로부터 기술적인 설명을 들었다. 그리고 준공식에도 꼭 참석해서 노고를 치하하고 훈장을 수여했는데, 그것은 주로 기술자의 몫이었다.

박 대통령은 행사를 끝내고 서울로 돌아갈 때에는 차량을 이용할 때가 많았다. 지방에 산재해 있는 수출품 제조 공장이나, 새마을 농촌 등 관심사업 몇 군데를 둘러보기 위해서이다. 때로는 예고 없이 갈 때도 있으니, 상대편에서는 아무런 사전 준비도 못한 상황이 되거나 사장이 부재중일 때도 있었다. 그러나 당시에는 어떤 작은 공장이나, 시골의 새마을 농촌에서도 브리핑 차트는 준비되어 있었고, 웬만한 간부는 브리핑을 할 수 있었다. 이것이 당시의 유행이었다.

박 대통령은 현장을 둘러보면서, 현장에 대해 가장 많이 알고 있는 사람으로부터 설명을 듣는다. 그리고 떠나기에 앞서 "애로사항은 없는가" 물어본다. 새마을 농촌에서는 "숙원사업은 없는가" 묻는다. 그리고 이러한 '애로사항'이나 '숙원사업'에 대해서는 그 자리에서 비서실장에게 지시해서 문제를 해결토록 했다. 이런 일들은 큰 뉴스거리가 되기 때문에 '일하는 대통령'의 이미지를 국민에게 심어 주게 된다.

| 여천 석유화학공업단지와 녹화사업 | 한반도의 남단 '여천'에는 중화학공업(6개 업종)의 하나인 종합석유화학 공업단지가 위치해 있다. 박 대통령은 이 공업지구를 건설함으로써 |

북한의 공업을 완전히 압도하려고 했다.

현재 여기에는 대규모의 정유공장이 가동되고 있다. 화학공업에 필요한 에너지와 원료를 공급한다. LG정유인데, 하루 70만 배럴(bbl)의 처리 능력을 갖추고 있다. 그리고 수십 개의 각종 석유화학 공장이 있는데, 총 규모는 에틸렌(ethylene) 기준으로 약 300만 톤이다. 세계 최대 규모 수준의 종합 석유화학 공업단지이다.

'남해화학'이라는 거대한 비료공장도 있다. 이 비료공장에서는 비료의 3대 요소인 질소, 인산, 칼륨을 모두 생산한다. 총생산량은 남북한이 쓰고도 남는 양이며, 이에 따라 수출도 하고 북한에 원조해 주기도 한다.

북한의 비료 생산 시설은 1930년대식 구식 공장이다. 우선 전기 소모량이 많은 공법을 쓰고 있으므로, 전기가 부족하게 되면 생산을 중단한다. 생산되는 비료는 질소질 비료가 대부분이며, 그것도 '유산암모늄'이라는 단일 품목이다. 오래 사용하면 토질이 산성화되어서 곡식의 수확이 급감한다. 북한에서는 석유화학은 존재할 수 없다. 외화가 없으니 원유 수입을 할 수 없기 때문이다.

박 대통령은 '여천공업단지'를 여러 차례 방문했다. 이 단지에서는 물동량이 엄청나므로, 수송비의 절감을 위해 대형 선박을 사용한다. 그래서 10만 톤급의 선박도 하역할 수 있도록 대형 부두를 건설했다. 부두가 완성되자, 박 대통령은 이곳을 시찰했다. 그러고는 항만관리소를 찾아가서 "여기는 외국 선박이 자주 드나드는 곳이니 외국 선원들도 많이 찾아올 것이다. 부두가 더러우면 한국에 대해 나쁜 인상을 주게 될 것이다. 미화(美化) 작업도 하고, 늘 깨끗이 하시오"라고 했다. 그 후 박 대통령은 또 한번 찾아갔다. 아마도 미화작업을 확인하기 위해 들렀을 것이다. 부두는 깨끗하게 잘 정돈되어 있었다.

이 소식을 들은 전국의 각 공단에서는, 미화작업에 힘쓰기 시작했다. 그리고 '미화작업 우수업체 콘테스트'를 열고 표창도 했다.

박 대통령은 조경, 미화작업, 정리정돈 등에 관심이 컸다. 박 대통령은 청와대(경제수석실)에 조경담당 비서관을 두었다. 전국토를 아름답게 하는 것이 그의 책임이었고, 그는 조경에 관해서 본대로 느낀 대로 수시로 보고했다. 조경담당 특별보좌관 역할을 한 것이다.

[후일담] : 나는 박 대통령 서거 후 10여 년 만에, 여천 석유화학 공업단지에 갈 기회가 있었다. 이때 옛날 생각이 나서 부둣가를 거닐었는데, 거기에는 온갖 쓰레기가 산더미 같았다. 경비원이 있기에 연유를 물어보았다. "높은 사람이라곤 10여 년간 한 사람도 찾아온 적이 없어요. 그러니 누가 관심이나 갖겠소"라고 했다. 격세지감을 느끼게 하는 대목이었다. 국토 미화작업 분야에서 박 대통령이 가장 힘썼던 과제는 '전국의 녹화사업(綠化事業)'이었다. 그 결과 우리 나라의 산림은 현재 나무들로 울창하다. 앞으로 50년, 100년 후, 이들 나무는 거목이 되고, 산림은 원시림이 되어 있지 않을까 하는 상상을 해본다.

5 정기회의 참석

박 대통령은 매달 상공부에서 개최되는 '수출확대회의'와 경제기획원에서 개최하는 '월간 경제동향 보고회의'에 꼭 참석하여 브리핑을 청취하고, 업계나 학계의 의견을 듣는다.

이렇게 해서 수출 동향과 경제 동향에 대해서 최신의 최고 정보를 얻는다. 일종의 확인 행정인데, 문제점들은 이 회의에서 모두 해결된다.

또 한 가지 면은, 이 자리가 실무경제학 강의장이라고도 할 수 있다는 것이다. 회의는 오전 10시에 시작해서 12시에 끝나니, 2시간이 소요된다. 그렇다면 한 달에 4시간, 1년이면 48시간인데, 1965~79년까지 약 15년간 계속되었으니, 박 대통령은 총 700여 시간의 긴 실무경제학 강의를 받았다는 뜻이 된다. 이쯤 되면 박 대통령이나 배석자는 경제실무에 밝아질 수밖에 없다.

또한 언론에서는 이들 회의 내용을 상세하게 보도했기 때문에, 국민들의 경제 상식도 높아졌다. 특히 '수출목표, 수출액, 수출증가율, 경제성장률, 국민1인당 GNP, 통화량, 물가지수, 전국의 미곡생산량 및 면적당 생산량' 등은 국민들에게 상식화되어, 이런 것을 모르면 무식하다는 소리를 듣게 됐다. 그리고 한국의 성장률이 다른 나라에 비해 높다는 것을 알게 된다. 이런 사실을 알게 될 때 국민들은 대단히 기뻐하며, 장래에 대해 큰 희망을 갖게 된다. 이와 같이 전국민을 경제건설에 동참시키는 데도 공이 컸다.

실무행정에 강한 박정희 대통령

수출확대회의가 끝나면, 박 대통령은 회의장 내에 마련된 수출 상품 전시장을 시찰한다. 전시물은 새로 수출하기 시작한 상품 위주로 매달 교체된다. 1972년 5월 30일이다. 이날 전시장에는 자동차 부품들이 전시되어 있었다.

박 대통령은 기계제품이 수출된다는 데 관심이 컸다. 이 전시품 중 피스톤 핀(Piston pin)이 눈에 띄었는데 "그 정밀도는 얼마나 되는가" 하고 질문을 던졌다. 아무도 답변을 못했는데 자동차공업 중소기업협동조합 이사장이 "1/100㎜ 정도가 되는, 아주 정밀한 부분품입니다"라고 답변했다. 박 대통령은 "M16 총열의 정밀도와 비슷하구먼"이라고 해서 그 자리에 있던 모든 사람들이 놀랐다.

이날 오후 나는 박 대통령에게 불려갔다. 이때 박 대통령은 "임자, 100억 달러를 수출하자면 어떤 공업을 육성해야 하지?"라고 질문을 던졌다. 우리나라 중화학공업 건설의 출발점이 되는 질문이었다.

경제동향 보고회의 때는, 보고 사항이 끝나면, 새마을사업의 추진 현황을 보고받는다. 그러고는 전국에서 선발된 두 명의 '새마을지도자'로부터 저마다 자기가 이룩한 업적에 대한 브리핑을 받게 된다. 한 명은 '새마을 농촌', 또 한 명은 '새마을직장' 지도자이다.

'새마을사업'이란 자생적(自生的) 조직이어야 한다. 조직원 스스로가 발언해야 하고, 결정을 내려야 한다. 그래서 작은 조직이 될 수밖에 없다. 보통 수십 명 단위이다. 이보다 커지면 뜻이 맞는 사람끼리 따로 조직을 만들면 된다. 큰 공장에는 직장마다 남녀별로 조직을 갖는다. 농촌에서조차 남녀가 따로 조직을 갖는다.

새마을사업의 본질은 '잘살아보자'의 운동이다. 합리적인 생활 개선과 소득 증대 사업이 주가 된다. 자생적 조직이니 회원 스스로가 노력해야 한다. 열심히 일해야 하고, 협동해야 성과를 거둘 수 있다. 이것이 '새마을 정신'이다. 박 대통령의 창안이니 정부에서 지원해 주는 것은 당연하다. 그러나 무슨 사업을 하라는 지시는 없다. 지원을 요청해 오면 보조해 주는데, 시멘트, 철근 등 자재만 공급해 준다. 나머지는 스스로 해결해야 한다. 성과가 좋으면 더 많은 지원을 해주되, 의욕이 없는 곳에 대한 지원은 없었다.

이런 상태가 몇 년 계속되다 보니, 성공하는 곳과 실패하는 데가 생겨났다. 그리고 그 성패 여부는 새마을지도자의 능력 여부에 달려 있다는 것이 판명됐다. 그래서 박 대통령은 새마을지도자 양성에 총력을 기울였다. 전국의 새마을지도자를 순번대로 돌아가며 교육을 시켰는데, 이때 공무원도 1주일씩 새마을지도자와 숙식을 함께 하며 교육을 받았다.

나는 제1회 장차관반 새마을교육 수료생이다. 국무총리와 청와대 비서실장을 제외하고는 모든 공무원이 수강했다. 박 대통령의 지시였다.

사회 각 분야 즉 종교계, 학계, 언론계, 기업체 등의 간부급도 새마을교육을 받게 되었다. 모두 큰 감명을 받았는데, 특히 기업체의 사장들의 반응이 좋았다. 기업체의 사장들은 교육 수료 후, 자기 회사 안에 새마을교육장을 만들고 전 직원에게 '자기가 받은 새마을교육과 똑같은 과정'을 교육시켰다. 그러자 신기한 일이 발생했다. 직장의 각 그룹마다 새마을조직이 구성되고, 지도자가 선출됐다. 그리고 회원들은 '앞으로 무엇을 할 것인가?'를 토의했다. 처음에는 환경정화 사업과 폐품정리 사업을 했다. 정리된 폐품은 처분을 했는데, 그 판매 대금은 새마을 기금으로 편입했다. 이렇게 되자 새마을회원들은 이제 '어떻게 하면 생산성을 올릴 수 있는가?'를 연구하기 시작했다. 그리고 회사에서 승인되면 실행에 옮겨갔고, 생산성 향상에 의한 대가는 새마을 기금에 편입됐다.

이런 일이 진행되자, 회사원들의 태도가 달라졌다. 자조(自助), 근면, 협동의 새마을 정신이 생겨난 것이다. 이것이 직장새마을사업의 본질이다. 직장새마을운동은 급격히 전국으로 퍼져 나갔다. 이렇게 되어 직장새마을교육을 받은 사람은 수십만 명에 달했던 것이다.

박 대통령은 새마을사업의 추진 현황을 수시로 체크했다. 그 중 하나가 지금 설명하고 있는 경제동향 보고 후의 행사였다. 브리핑 내용은 새마을사업의 성공담이었다. 문제점 하나하나를 해결하느라고 고생했던 이야기 및 사업이 완성됐을 때의 효과가 설명 요지였다. 그리고 숙원사업의 순서가 되는데 여기에 대한 자금지원은 즉석에서 이뤄졌다. 한편, 이런 장면들은 모두 TV로 전국에 방영되었다. 사기를 높이고 자부심을 심어주기 위해서였다.

6 초도순시

 박 대통령은 해마다 정초가 되면 각 부처와 지방관서를 시찰한다(초도 순시라고 했으며 20여 개소가 된다).

 이때, 각 부처 및 지방 관서에서는 지난해의 실적과 금년도의 사업계획에 대해 보고하게 된다. 보고 양식은 각 담당 국장이 자기 소관에 대해서 브리핑한다. 각 국별로 하게 되니, 박 대통령으로서는 상세한 내용까지 파악하고 점검할 수 있고, 각 부서의 능력까지도 평가하게 된다. 국장으로서는 이 브리핑 때 자기소신을 밝힐 수 있는 절호의 기회이기도 했다. 한 예로서 당시 공업국장이었던 나는 1965년 초도순시 때를 이용해서 '석유화학 건설'에 대한 건의를 했다. 이것이 우리 나라 최초로 '석유화학 탄생'의 계기가 되었다. 또한 박 대통령은 지방관서 순시 때를 이용해서 그 지방에 있는 공장이나 기술자 양성기관을 시찰했다.

 그리고 점심때는 지방 유지를 불러 식사를 함께 했는데, 이때 지방 유지들은 지방경제발전을 위해(공업단지 건설 등) 여러 방면의 건의를 했다. 박 대통령의 통치스타일은 전국(全國)과 전 분야를 모두 커버하는 철저한 '실무확인행정'이었다.

> **농어촌 전화사업**
> **(農漁村電化事業)**

 박 대통령이 농민을 위하여 실시한 사업 중에서 가장 큰 업적은, 전국의 모든 농가에 전기를 가설해준 것이다. 박 대통령이 심혈을 기울인 사업으로 만 15년 간 계속됐다. 이를 위해 투입된 자금은 926억 원으로, 경부고속도로 건설비인 약 400억 원의 2배가 넘는 금액이다.

박 대통령은 1964년 말 서독을 방문했을 때, 서독의 농민들이 사는 모습을 보고 크게 자극을 받았다. 우선 우리 나라 농가에 전기라도 가설해 주어야겠다고 결심했다. 그래야만 사람답게 살 수 있고, 소득을 올릴 수 있는 길이 열린다고 보았다. 박 대통령은 서독에서 돌아오자마자, 농어촌 전화사업 즉 전기가설 사업을 전개했다. 1964년 당시 우리 나라 농촌의 전화율은 고작 12%밖에 되지 않았는데, 이는 농민 8가구 중 한 가구만이 전기의 혜택을 받고 있다는 뜻이었다.

하지만 처음부터 일이 순조롭게 진행된 것은 아니었다. 사업 첫해인 1965년에 5만 3,000호에 전기를 가설하기로 했는데, 3만 8,000호에 그쳤다. 그 이유는 당시의 농민이 너무나 가난했기 때문이었다. 전기를 가설할 때 옥내공사비(屋內工事費)는 당연히 수혜자가 부담하는 것이다. 그런데 현금 수입이 거의 없는 당시 농촌 실정으로서는, 가구당 약 80달러밖에 되지 않는 전기공사비조차도 지불할 능력이 없었던 것이다.

이런 일이 발생하자, 박 대통령은 법적 뒷받침이 필요하다고 느꼈다. 1965년 12월 30일 농어촌 전화촉진법(電化促進法)이 제정된다. 그 골자는 '수혜자가 부담하는 옥내공사비는 정부에서 싼 금리로 융자해 준다. 1년 거치 후 19년에 걸쳐 분할상환하면 된다'는 아주 후한 조건이었다. 그러나 이 법도 문제점이 있었다. 그래서 시행 후 1년 만에 수정하게 된다. 문제점은 아주 간단했다. 이 법에 의하면, 전기가설 후 1년이 지나면, 융자금과 이자를 갚기 시작해야 한다. 그런데 당시의 농가 처지로서는 이것조차도 감당할 수가 없었던 것이다. 그래서 1967년 3월에 이 법을 개정하게 된다. '1년 거치, 19년 상환조건'에서 '5년 거치, 30년 상환조건'으로 완화되었다. 35년에 걸쳐 갚으라는 것이니, 물가상승률을 생각하면 보조하는 것과 다름없는 특혜였다.

1968년 초 상공부 초도순시 때의 일이다. 박 대통령은 농어촌 전화사업이 지지부진하다는 보고를 받았다. 부진한 이유는 명백했다. 정부에서 충분한 예산조치를 못해 주었기 때문이었다. 박 대통령은 옆자리에 배석하고 있던 국회의장(이효상)에게 "농어촌 전화사업 촉진을 위해 국회에서 적극 힘써 줄 것"을 부탁했다(아마도 두 분은 이 자리에서 전화사업에 대한 설명을 함께 듣기로 사전에 약속한 것이 아닐까?). 그 결과, 그해 5월에 석유류세로 징수되는 세입액은 전액 농어촌 전화사업비에 전입되도록 하는 법이 제정되었다. 이로써 석유 판매액의 30%라는 막대한 자금을 전화사업비로 쓸 수 있게 된 것이다. 박 대통령이 손수 목돈작전을 써서, 목돈을 마련해 준 조치였다.

이 조치 후 자금문제는 잘 풀려나가기 시작했다. 석유류 세법을 제정할 당시(1968년) 석유값은 1kℓ당 (과세전) 7,210원이었는데, 1971년에는 1만 5,078원으로 2배로 뛴 것이다. 더욱이 1973년에 불어닥친 석유위기는 석유 가격을 또 다시 급등시켰다. 석유값이 올라가면 석유류세도 비례적으로 많아지는데, 이 세금은 고스란히 전화자금으로 쓰여지게 되었다. 그 규모는 매해 100억 원대가 훨씬 넘었다.

이때쯤부터 전화사업에 일대 붐이 일어나기 시작했다. 새마을농촌에서 소득증대 사업이 성공을 거두기 시작하자, 전국의 농촌이 모두 동참하고자 했다. 그러나 전기 없이는 사업을 추진할 수가 없었다. 그래서 이들 부락에서는 옥내 전기가설비는 사전에 전액 지불하겠으니, 하루라도 빨리 송배전 시설만 해 달라고 간청하기 시작했다(이렇게 해서 수납된 자금이 1975년부터는 정부융자금 대비 15%까지 점하게 됐다).

붐이 일어나게 된 또 한 가지 이유는 농촌 출신 여공들의 공이다. 수출이 늘어나면서 농촌 아가씨들은 도시의 공장으로 모여들었다. 이들은 열심히 일해서 받은 돈을 시골 사는 부모에게 송금하면서 전기라도 놓고 살라고 권했다. 전기값은 보내 줄 테니 걱정 말라고도 했다. 그리고 휴가 때에는 꼭 라디오 등 전기기구를 선물로 사갔다. 이런 일들은 유행처럼 전국으로 퍼져 나갔다. 이렇게 해서 전화사업은 급진전하게 된다.

본디 계획에서는 1979년까지 253만 호(戶)를 완전히 전화한다는 목표하에 추진됐는데 1976년도에 조기 완성되었다. 당초 계획에서 빠져 있던 도서(島嶼)지방까지 가설이 완료된 것은 1978년이다. 이로써 우리 나라의 농어촌 전화사업은 완결을 보았다. 전국 어디를 가더라도 전기의 혜택을 받을 수 있는 나라가 된 것이다.

농어촌 전화사업의 효과

①우리 나라의 경우 전기 없는 농촌에서 산다는 것은 조상 대대로부터 이어오는 전통문화 속에서 산다는 뜻이었고, 이에 반해 전기가 가설된 곳에서 생활하게 된다는 것은 현대 문화권 속으로 진입하는 일대 개혁이 일어났다는 뜻이었다.

②경제면—1968년부터 시작된 새마을운동은 농촌에서 가난을 몰아내는 운동이다. 소득증대 사업 등 새마을사업의 추진은 전기 없이는 존립할 수 없는 사업이었다.

③교육·사회·문화면에서나 복지 생활면에서도 전기가설은 혁명적인 변화를 일으켰다. 신문도 볼 수 없어 정보에서 완전히 격리된 시골 마을에서 라디오나 TV를 이용할 수 있게 됐다는 것은, 마치 소경이 눈뜨는 것과 같았을 것이다. 전등(電燈) 덕택에 노동시간은 배로 늘어났다. 밤에 책을 볼 수 있게 되어 학생들은 공부를 할 수 있게 됐다. 다리미나 전기밥솥, 냉장고, 세탁기 등의 가전제품은 주부의 노력을 덜어 주었으며 생활 수준을 향상시켰다.

④ 도시민과 농민 간의 격차를 좁히는 데 큰 역할을 했다.

끝으로 자랑할 것이 한 가지 더 있다. 우리 나라는 농어촌 전화사업을 추진하면서, 가정용 전기의 전압을 110볼트에서 220볼트로 승압시키는 데 성공했던 것이다.

결론적으로, 농어촌 전화사업은 역사적인 농촌개혁 사업이었으며 15년이라는 짧은 기간에 이룩한 놀랄 만한 성과였다. 이런 형태의 개혁이야말로 테크노크라트형(型) 개혁의 전형적인 모델이라고 할 수 있다.

7 인사 정책

1960~70년대의 우리 나라는 근대산업국가 건설이 지상 목표였다. 산업이라는 것은 기술을 기초로 하는 분야이며, 국가건설은 행정가의 소관 업무이다. 따라서 산업국가 건설은 테크노크라트의 활동 무대가 되는 것이다. 국가 원수라고 해도 예외일 수는 없다. 그래서 박 대통령 자신은 위에서 이미 설명한 것과 같은 여러 과정을 통해서 '테크노크라트적 OJT(On Job Training) 교육'을 받고 경험을 쌓아갔다. 그리고 세월이 흘러갈수록 「프로급인 테크노크라트형 대통령」이 되어갔던 것이다.

군사혁명 초기의 장관들

이들은 군복을 입고, 군용 지프차를 타고 출근했다. 심지어 집무실에 '붉은 색깔의 대형 장군깃발'을 꽂고 있는 장관도 있었다. 그때는 정말로 군사정권이 실감났다. 그러나 이런 풍습은 곧 사라졌다. 국가 행정, 특히 경제분야는 프로격인 전문 행정가에게 맡길 수밖에 없다고 느끼게 된 것이다. 그러나 이러한 조치로 문제가 해결되지는 않았다. 경제기획원 예를 든다.

경제기획원 창설(1961. 7. 22) 이후 제7대 장관이 퇴임하는 1964년 5월까지 2년 10개월 동안—즉 34개월 만에—7명의 장관이 바뀌었으니 평균 재임 기간은 5개월도 못 된다. 상공부도 사정은 똑같았다. 혁명 후의 첫 번째 장관은 정래혁 육군중장이었다(1961. 5. 20 부임). 그 후 1964년 5월 11일까지 만3년 동안에 5명의 장관이 경질됐으니, 평균 6개월마다 장관을 바꿨다는 뜻이 된다.

박 대통령은 경제정책에 대해 일대 개혁을 하게 된다. 1964년 5월에 '수출 제일주의'를 우리 나라의 국시로 삼는다. 그리고 부총리에 장기영, 상공부 장관에 박충훈을 기용한다. 장기영 부총리에게는 우리 나라 경제 전반, 박충훈 상공부 장관에게는 수출진흥에 대해 총지휘를 맡겼다. 동시에 그 결과에 대해 전적인 책임을 지게 했다. 이후 두 장관은 1964년 5월부터 1967년 10월까지, 3년 5개월이라는 당시로서는 드물게 장기 근무를 하게 된다.

두 장관 모두 과장급을 직접 상대했다. 한 예로 물가(物價)를 책임지고 있는 장기영 부총리는, 거의 매일 밤 상공부의 석탄과장에게 전화를 걸어 석탄 생산량을 확인하는 동시에 생산 독려를 했다. 수시로 상공부 담당과장을 부총리실로 불러 시멘트 생산량이나 섬유 생산량 등을 체크했다. 두 장관 모두 실물 경제를 중시하고 기술자의 의견을 존중하는 행정가이다. 테크노크라트였다는 뜻이다. 그리고 큰 성과를 거두게 된다.

이때부터 박 대통령은 '우수한 인재를 신중히 발탁한 후, 신임하고 일을 맡기며 장기 복무시킨다'는 인사정책을 취하게 된다. 그리고 책임을 완수한 인사는 승진을 시켜가며 계속 활용하게 된다. 박 대통령은 1967년 10월, 정치에 깊이 관여한 장기영을 퇴진시키고, 수출에 공이 큰 박충훈 상공부 장관을 부총리로 승진 발령한다. 상공부 장관에는 김정렴 전 상공차관을 임명하는데, 2년 후인 1969년 10월에는 청

■ 도표 Ⅰ-2

산업혁명 각 단계에서의 경제총수

산업혁명 단계	제1단계				제2단계			제3단계							제4단계		
연도	1964	'65	'66	'67	'68	'69	'70	'71	'72	'73	'74	'75	'76	'77	'78	'79	'80
수출(연도)	3억 달러 수출 ('64~'67)				10억 달러 수출 ('68~'70)			100억 달러 수출 ('71~'77)							1000억 달러 수출 ('78~)		
경제총수	박정희 대통령 ('64/5 ~ '79/10)														김정렴 비서실장 ('69/10 ~ '78/12) 이후 신현확		
부총리	'64/5 장기영			'67/10 박충훈		'69/6 김학렬			'72/1 태완선		'74/9 남덕우				'78/12 신현확		
상공부장관	'64/5 박충훈			'67/10 김정렴		'69/10 이낙선				'73/12 장예준				'77/12 최각규			'79/12

* ■ 색이 칠해져 있는 부분이 당시의 실질적인 경제총수이다. 신현확을 빼고는 모두 테크노크라트이다. 테크노크라트인 나는 1971년 11월부터 79년 11월까지 청와대 경제 제2수석으로 근무했는데 경제 제2수석비서실은 박 대통령의 관심사업을 추진하는 태스크포스팀이다.

와대 비서실장으로 발탁한다. 경제관료가 대통령 비서실장이 된 것이다. 이렇게 해서 상공부 출신이 청와대로 진출하게 된다.

〈도표 Ⅰ-2〉는 1960~70년대의 우리 나라 경제를 이끌어 간 경제총수들을 보여 준다. 우선 박정희 대통령이 총사령관이다. 그 밑에 있는 부총리 겸 경제장관이 실무를 담당한 경제총수이다. 장기영, 박충훈, 김학렬, 태완선, 남덕우, 신현확 순서이다. 그런데 1969년 10월에 부임하고, 1978년 12월에 이임한, 김정렴 비서실장은 특별한 경우이다. 김 실장이 부임할 때, 박 대통령은 "경제는 나 대신 임자가 맡아서 챙겨 주시오. 나는 대미, 대북관계 등 국가 안보문제가 바삐 돌아가니 거기에 몰두할 수밖에 없소"라고 지시해서 무려 9년 2개월간 김실장이 경제총수 역할을 겸한다. 여하간 이들을 전부 합해 보아도 8명이다. 소수 정예주의로 운영되었다는 뜻이다. 이 중 박 대통령을 제외하면 모두 문관 출신이고, 부과된 임무는 기어코 달성하는 책임완수형 행정관료이다. 그리고 자유경제시장(Free World Open Market System) 신봉자들이다. 이들이 우리 나라의 산업혁명을 주도한 중추적 인물이다. 이들의 성품이 바로 '우리 나라 경제의 성품'이라고 할 수 있다.

그리고 이 표를 보면, 경제총수의 상층부에 위치하는 박 대통령, 김정렴, 장기영, 박충훈은 테크노크라트의 범주에 속한다. 박 대통령 시대에는 테크노크라트의 조직이 가동되고 있었다고 보아야 한다.

㈜ : 현재 중국은 강력한 테크노크라트 조직으로 운영되고 있다.

태스크포스 팀으로 운영된 청와대 조직

박 대통령 시절의 청와대 조직은 두 분야로 나누어졌다. 그 하나는 대통령 특별 보좌관들로서 국방, 경제, 외교, 사회, 교육, 정신문화,

새마을 담당 등 필요에 따라 증감되었다. 학자나 장관 출신으로 구성되었는데, 정치계 출신은 없고 장차 정치에 참여할 생각도 없는 분들이었다. 예외적으로 사정(司正) 담당 특별 보좌관이 있었다. 대통령의 귀(耳)와 채찍 역할을 담당하는 곳으로서, 사정 특보실이라는 직속 기구도 갖추었고 예하조직도 있었다. 국가 기관의 어떠한 고위층도 취조 가능했다. 1970년대 중반까지 혁명 주체인 홍종철이 담당했으며, 그는 아주 강직한 성품을 지니고 있었다. 그는 가끔 대통령에게 직언을 했다. 이럴 때에는 대통령과 단 둘이서 술자리를 가졌다. 그러고는 술기운을 빌리는 척하면서 말하기 힘든 충언(忠言)을 했다.

또 하나의 조직이 비서실 기구였다. 비서실장은 매일 아침 출근하자마자 수석비서관 회의를 개최한다. 비서실장은 대통령 지시사항을 전달하고, 각 수석비서관은 업무추진 사항을 보고한다. 더욱이 각 수석비서관은 아무 때나 대통령을 면담해서 서류 결재를 받기 때문에, 대통령의 지시사항이 있으면 이 자리에서 보고하게 된다. 그 후 제각기 소관 업무에 대한 여러 가지 동향과 의견을 나눈다. 그래서 수석비서관들은 국정이 돌아가는 전반적인 상황을 함께 공유하게 된다.

그 회의가 끝난 후 각 수석비서관은 사무실로 돌아와서 비서관 회의를 개최한다. 수석비서관 회의의 결과를 통보하고, 소관 업무에 대해 함께 논의한다. 이들 비서관은 원래는 각 부처 소속의 공무원이다. 우수하다고 인정받아 청와대로 파견되어 일하고 있는 것이다. 보통 2~3년 근무하다가 원위치로 돌아가고, 다음 파견자와 교체한다.

이런 시스템으로 운영되기 때문에, 청와대와 각 부처 간의 의사 소통은 완벽하게 이루어진다. 또한 상하(上下) 기관 사이에서 일어나기 쉬운 인간적인 위화감(違和感)이 발생하지 않아, 마찰의 소지가 없어진다.

경제 제2수석비서관실은 좀 특이한 존재였다. 일종의 태스크포스 팀으로서 대통령의 특별 관심사업, 즉 방위산업, 율곡사업, 중화학공업 건설, 행정수도 건설계획, 기술인력 양성 등을 다뤘다. 박 대통령은 이들 사업 중에서 손수 챙기고자 하는 특별 관심사업에 대해서는, 이를 위한 별도의 사업추진 기구를 총리 직속 아래 두게 했다. 그 예가 중화학공업기획단인데, 경제 제2수석비서관이 단장직을 겸임해서 사업을 주관하게 된다. 그리고 박 대통령에게 직접 보고를 하고 직접 지시를 받게 된다.

수석비서관에는 정치계 출신은 없고, 정치 지망생도 없었다. 지역 안배 원칙이 적용되지도 않았다. 한 예로 70년대 중반 수석비서관이 7명일 때, 이 중 4명이 이북 피난민 출신으로, 우연히도 모두 황해도 태생이었다.

㊟ : 이북 피난민에게는 선거구가 없다. 그러니 정치적 기반도 없다.

8 중대한 결단

「제Ⅰ부 박정희 대통령의 행정방식」은 2004. 11. 11~13 호주 울런공 대학 (University of Wollongong)에서 개최된 '박정희 서거 후 25주년 기념포럼'에서 필자가 Key note speech를 한 내용이다. 이 회의에서는 박 대통령의 '중대한 결단'의 예로서 이 책 제Ⅲ부 제9장의 '중화학공업 사업추진 결단'을 인용했다.

제2장
한국의 산업혁명과 한국형 경제개발 모델

 **전(全)산업의 수출화 전략**

우리 나라의 중화학공업 건설은 다른 나라의 경우와 완전히 다르다. 다른 나라는 공업발전 과정에서 자연스럽게 중화학공업화가 이루어지고 수출도 하게 됐으나, 우리 나라는 수출목표를 먼저 수립해 놓고 이를 달성하기 위해서 중화학공업을 건설하게 된 것이다. 우리 나라는 준공되자마자 수출 능력이 있는, 즉 국제경쟁력이 있는 중화학공업을 건설했다. 이 점을 누구보다도 잘 파악하고 있었던 것이 박 대통령이다.

그래서 1973년 1월 31일 중화학공업 건설에 대한 최종 보고를 듣고, 이를 재가한 직후인 1973년 2월 12일 '전 산업의 수출화'라는 휘호를 써서 중화학공업기획단에 하사했다. 중화학공업 건설의 목적은 수출에 있다는 명령이었다.

㈜ : 중화학공업기획단에서는 이 휘호를 액자로 만들어 단장실 정면에 걸어 두었다.

> 全産業의 輸出化
> 一九七三年 二月 十二日
> 大統領 朴正熙

▲ 박정희 대통령이 중화학공업기획단에 써준 휘호

　100억 달러 수출에 대한 박 대통령의 집념은 신들린 것과 같이 강력했다. 이 점을 피부로 느끼기 전에는 70년대의 박 대통령을 이해할 수가 없고, 70년대의 우리 나라 실태를 파악하지 못할 것이다.

　테크노크라트들은 공장을 건설할 때나 공업계획을 수립할 때에는 꼭 수출 가능성 여부를 따졌으며, 수출경쟁력을 높이기 위해 공장규모를 국제규모 단위, 더 나아가서 세계일류 단위로 키워나가는 데 전력을 다했다. 또한 이러한 정책을 효과적으로 수행하기 위해서 우선 달성하고자 하는 목표를 뚜렷이 정하고, 이를 달성하기 위한 시기와 수단을 사전에 마련해야 했다. 여기서 목표라는 것은 우리 나라가 장차 갖추고자 하는 공업구조와 각 업종 간의 조직표가 된다. 여기에는 상세한 것까지 포함되는 것은 아니고 뼈대가 되는 구성요소만 포함된다(〈도표 I-3〉 참조).

　이러한 조직을 경공업분야에서 설명한다면, 석유화학이 정점이 되고 가공 단계별로 아래 단계로 내려가는데, 밑으로 내려가면 갈수록 업종이 많아지며 공장규모도 중소기업체가 늘어난다. 그리고 맨 아래 부분이 최종제품인 의류, 플라스틱제품, 고무제품 등이 되는데, 이들 품목

■ 도표 Ⅰ-3   **피라미드형 개발전략**(예 : 섬유제품)

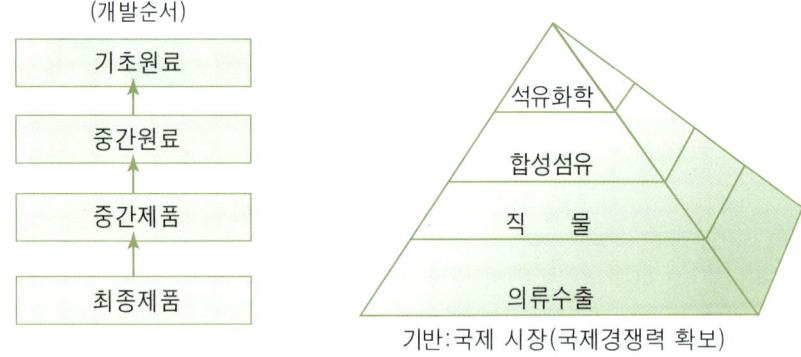

이 노동집약적인 수출상품인 것이다. 이런 형태가 꼭 피라미드와 같아서 '피라미드형 개발전략(CEOI)'이라고 부르게 되었다.

이 피라미드를 구축하는 과정은 피라미드의 최하부인 최종제품공장을 먼저 출발시키고, 다음 단계로 수입에 의존하던 반제품공장, 그리고 차차로 올라가서 중간원료공장의 건설, 마지막 단계가 석유화학(또는 종합제철)의 건설이 된다. 그리고 '전 산업의 수출화'라는 이념하에서는, 품질과 가격 면에서 국제경쟁이 가능해야 한다는 것이 기본 전제가 된다. 최종 제품은 물론이고 중간 원료, 심지어 정상에 위치하는 석유화학(종합제철)에서 나오는 제품의 가격도 국제가격으로 생산해야 한다는 결론이다.

즉, 피라미드 전체가 국제경쟁력을 갖게 되는 것이며 수출도 가능해지는 것이다. 이 점이 '피라미드형 개발전략'의 기본사상이다.

피라미드형 개발전략을 '전(全)산업의 수출화 전략'이라고 칭하게 되는 연유이다. 영어로는 The Construction of Pyramid Type EOI(약자로는

▲ 삼성유화 울산 TPA공장 전경

CEOI)라고 한다. EOI가 '노동집약적인 상품의 수출을 장려하는 정책만 쓰게 되면, 수출이라는 견인력에 의해서 공업을 선두로 해서 경제가 발전해 나간다'는 이코노미스트적 관점인데 비해, CEOI는 '한국과 같은 공업기반이 없는 상태에서, 수출을 기반으로 하는 산업구조(즉 피라미드)를 정부주도하에 새로 구축한다'는 테크노크라트적인 관점이다.

양자 간의 근본적인 차이점은, EOI에는 시간개념이 없고 공업의 구조와 질은 자연발전에 의존하는 반면, CEOI에서는 국가의 산업구조 모델을 사전에 마련하고 그 시행방안을 정부계획으로 확정한 후 정부주도하에 기업과 국민 3자가 합심, 차질 없이 추진해서 산업구조를 완성하고 모든 상품을 수출상품화한다는 데 있다. CEOI는 한마디로 전형적인 정부주도형 산업국가 건설전략이었다.

2 한국의 산업혁명

'전 산업의 수출화' 과정 즉 우리 나라의 1960년~1970년대의 급격한 경제발전 과정은 '한국형 산업혁명'이라고 말할 수 있을 것이다. 이 과정은 수출과 밀접한 관계가 있기 때문에 수출액을 기준으로 해야만 설명이 가능하다. 이 과정에는 뚜렷한 4 단계가 있다.

다음 〈도표 I-4〉을 보면, 우리 나라의 산업혁명은 1964년에 착수됐고 그 후 수출이 늘어감에 따라 산업구조도 고도화해 나갔다는 것을 알 수 있다.

우선 1964년에 1억 달러 수출을 했으며, 이때부터 제1단계가 시작되는 것이다. 그 이전은 준비 단계이다. 이해하기 쉽게 예를 든다면, 높은 산의 정상을 정복하려고 베이스 캠프(Base camp)를 마련한 해가 1964년인 것이다. 그리고 3억 달러 돌파가 제1캠프가 되고, 10억 달러 돌파가 제2캠프, 100억 달러 돌파가 제3캠프가 되는 식이다. 제3캠프에서 정상을 정복하여 선진국이 되자는 설명이다.

제1단계 우선 제1단계는 1967년 말에 3억 달러를 돌파함으로써 만족스러운 결과로 끝났다.

㈜ : '3억 달러' 라는 숫자는 우리 국민으로서는 특별한 의미를 갖는다. 미국으로부터 받았던 원조금의 최고수준이 연간 3억 달러였기 때문이다.

이 때가 1967년 12월 31일이다. 그래서 표시는 1967/68로 하기로 한다. 그 특징을 설명하면, 호프만 계수는 1967/68년에 1.96이 돼서 2.00을 돌파한다. 우리 나라의 국민 1인당 GNP는 1963년 말에 100달

■ 도표 I-4

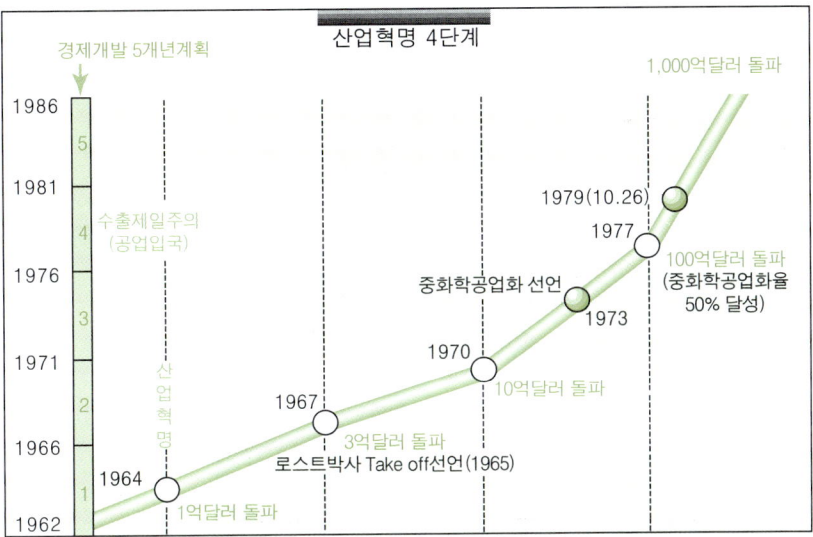

산업혁명단계	제1단계	제2단계	제3단계	제4단계
수출(억$)	1~3	3~10	10~100	100~1,000
호프만 계수	2.50~2.00	2.00~1.50	1.50~1.00	1.00~0.50
1인당 GNP($)	100~150	150~250	250~1,000	1,000~10,000
공업 형태	수출체제로 전환	원료의 국산화	기계의 국산화	기술의 국산화
수출 산업	경공업(섬유 등)	경공업 (중화학 공업발진)	경공업+ 중화학공업	1. 중화학공업 2. 정밀공업 3. 두뇌공업
인력	여자 단순기능공	여자 단순기능공+ 남자 단순기능공	남자 기능공	기술자 연구가
정부 시책	증산 수출	건설	중화학공업선언 국민의 과학화	합리화 (省인력) 省에너지 省자원) 기술혁신 연구개발

* 참고 : 호프만계수가 (6.5~3.5)일 때가 제1단계 공업국 : 공업이 발달이 안 된 나라.
 (3.5~1.5)일 때가 제2단계 공업국 : 공업이 좀 발달한 나라.
 (1.5~0.5)일 때가 제3단계 공업국 : 기계 및 금속공업이 발달하기 시작한 나라.
 (0.5이하)가 선진공업국.
 제1단계의 후진공업국이 제3단계의 공업국으로 발전하는 것은 가히 혁명적인 변화라고 보고 산업혁명이라고 했다.

◀ 마산 한일합섬 공장을 찾아 소녀 기능공을 격려하는 박정희 대통령

러에서 1967/68년에 150달러로 껑충 뛰어오른다. 우선 제1차 경제개발계획으로 수입대체산업(시멘트, 비료, 정유공장 등)이 착수되었으나 1963년 외환위기가 닥치자, 정부는 1964년 중반 '수출 제일주의'를 국가전략으로 삼았다. 천연자원이 없는 우리 나라로서는 수출 가능한 것은 여자 단순기능공을 활용한 섬유 등 경공업 제품밖에 없었다. 이것이 '공업입국' 정책이다.

새로 공장을 지을 시간적 여유가 없으니 기존 공장의 수출전환이 주가 되었다. 그러면서 신식 기계로 대체한다. '증산과 수출' 시대이다. 있는 시설, 있는 기술만 가지고 뛰는 단계이다. 싼 임금, 풍부한 노동력이 주무기였으며, 중소기업이 발전해 가고 여자 단순기능공의 공이 컸던 시대이다. 학교교육으로 비유하면 초등학교 시대이다.

제2단계 제2단계(1967/68~1970/71)에서는, 수출공업이 본격적으로 발전하기 시작하고 새로운 공장이 우후죽순 격으로 늘어간다. 그래서 건설시대가 본격화된다. 수출은 늘어만 갔다. 1970년 대망의 10억 달러 수출이 이루어진다. 호프만 계수는 1.39로 1.50을 돌파하고 국민 1인당 GNP는 250달러가 된다. 산업구조면에서는 경공업이 위주이지만, 원료의 국산화가 시급한 과제로 등장하여 기초원료 공업인 석유화학, 제철공업의 건설이 시작된다. 필요한 중간소재 및 원료도 국산화하려고 몸부림쳤으며 수출상품도 고급화해 제값 받기에 힘을 기울이기 시작한다. 경공업 발전의 시기이다. 직업을 갖지 못한 남자도 가만히 집에서 놀고만 있을 수 없어, 돈을 벌겠다며 월남으로 떠났다. 남자 단순기능공 시대의 개막이다.

제3단계 제3단계(1970/71~1977/78)에서는 수출이 계속 늘어가서 1977년에 100억 달러 수출을 이룩하였다. 호프만 계수가 0.96으로 1.00을 돌파, 중화학공업이 경공업을 앞지르기 시작한다. 국민 1인당 GNP도 1,000달러가 된다.

이 단계에서는 경공업제품 수출만으로는 수출증가에 한계가 있다는 사실이 나타나기 시작했다. 여자 기능공에게만 맡길 수도 없게 되었다. 그래서 남자 노동자는 월남에서 중동으로 뛰어나갔다. 한편 중화학공업 분야에서 일하게 될 많은 남자 기능공, 기술자, 과학자를 양성했다. 제철소, 석유화학도 증설했으며 조선소, 자동차공장, 공작기계 공장, 전자공업의 여러 공장들도 최신공장으로 건설했다. 모두 선진공업국 수준이며 국제경쟁력이 있었다. 그래서 이들 공장에서 생산되는 제품은 수출에 큰 몫을 차지하게 된다. 중화학제품의 수출이 늘어갔다. 즉 중화학공업 시대가 온 것이다. 중화학공업 비율을 50%까지 끌어올리려고 노력하던 단계였다. 남자 기능공 시대가 온 것이다.

제4단계 제4단계(1977/78~)는 공업면에서는 구조개편을 끝낸 단계이다. 앞으로 할 일은 내실을 다지는 일이다. 산업합리화 운동을 국가적 규모에서 추진하되 특히 생산성을 향상시키는 동시에 에너지와 자원을 절약하는 방향으로 밀고 나간다. 공업규모는 국제 일류공장으로 키워 나가고 제품은 고급화한다. 특히 정밀공업 등 최첨단 산업을 개척해 나간다. 플랜트도 수출한다. 그렇게 해서 수출 1,000억 달러 이상, 호프만 계수 0.5 이하, 국민소득 1만 달러를 넘는 선진국이 되는 것이다.

㈜ : 1970년대의 1만 달러의 가치는 현재(2005)로서는 2만 달러를 훨씬 상회한다. 당시 1인당 국민소득이 1만 달러라면 당당한 선진국이다.

다음 〈도표 I-5〉는 호프만 계수의 국제비교이다.

㈜ : 이 표는 '와타나베 도시오'가 작성한 자료에다 한국수치를 대입한 것이다.

우리 나라의 '호프만 계수'는 1977년에 1.0을 돌파하고 1990년에 0.5선을 돌파한다. 이때 완전히 선진공업국이 된 것이다. 영국에서 시작된 산업혁명은 서구 유럽에 전파되었는데, 산업혁명이 완성되기까지는 약 200년이 소요되었다. 그리고 마지막으로 일본이 명치유신 후 산업혁명에 뛰어들었다. 그 후 후진국으로서 산업혁명에 성공한 나라는 없

■ 도표 I-5

호프만비율의 국제비교

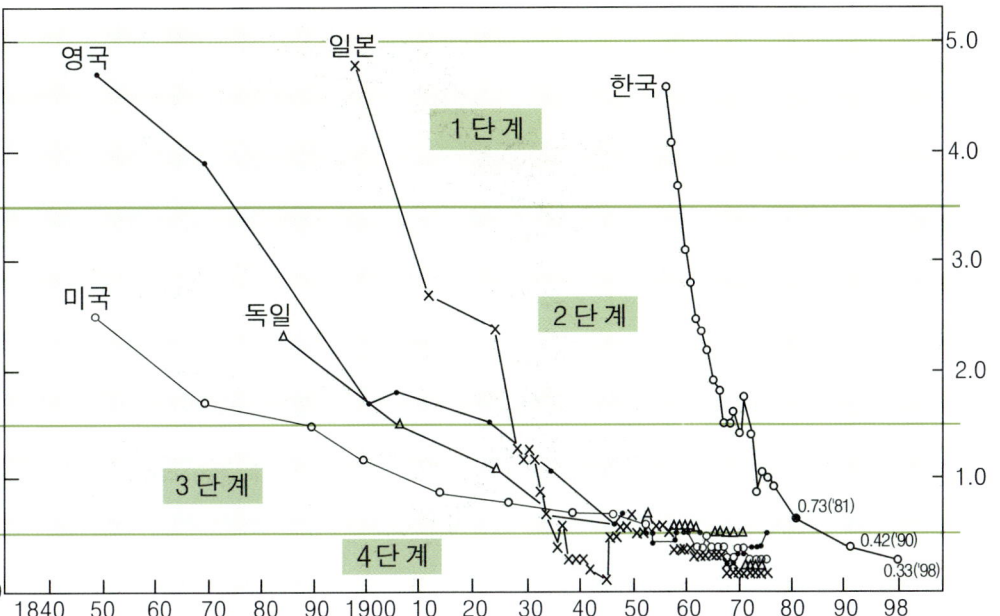

* 참고: 호프만 비율=경공업 부문 부가가치/중화학공업 부문 부가가치
  호프만계수가 (6.5~3.5)일 때가 제1단계 공업국: 공업이 발달이 안 된 나라.
  (3.5~1.5)일 때가 제2단계 공업국: 공업이 좀 발달한 나라.
  (1.5~0.5)일 때가 제3단계 공업국: 기계 및 금속공업이 발달하기 시작한 나라.
  (0.5이하)가 선진공업국.
  제1단계의 후진공업국이 제3단계의 공업국으로 발전하는 것은 가히 혁명적인 변화라고 보고 산업혁명이라고 했다.

었다. 그런데 한국은 30년 만에 산업혁명을 완수한 것이다. 기적과도 같은 사건이며 세계에 그 예가 없다. 이렇게 짧은 기간에 성공한 한국적 경제발전을 '압축형 경제발전'이라고 칭하게 된 연유이다.

부산~대구 구간 고속도로 개통식을 마치고 난 후 박정희 대통령은 준비해 온 술을 도로에 뿌렸다. 공사 중에 희생된 산업역군들의 넋을 위로하기 위해서이다. 박 대통령의 표정은 저들과 대화라도 나누고 있는 듯하다.

제II부

조국의 근대화

박정희는 1961년 5월 16일 군사혁명을 일으키며 5가지 약속을 했다. 혁명공약이다.
(1) 반공을 국시(國是)의 제일로 삼고 반공태세를 정비 강화한다.
(2) 미국을 위시한 자유 우방과의 유대를 공고히 한다.
(3) 모든 부패와 구악을 일소하고 청렴한 기풍을 진작시킨다.
(4) 기아선상에서 허덕이는 절망적인 민생고를 시급히 해결하고 국가 자주 경제의 재건에 총력을 경주한다.
(5) 대한민국 국토 통일을 위하여 공산주의와 대결할 수 있는 실력을 배양한다.

이 중 (4)항과 (5)항이 경제에 관계되는 사항이다. 이를 정리하면 '생활고 해소와 국민 생활 향상' '경제자립' '대북 경쟁에서의 승리'의 3개 과제가 된다. 그 뒤 박정희는 18년 동안 국가원수로 집권하면서 이들 과제에 도전, 혼신의 노력을 경주한 결과 기적과도 같은 성공을 거두게 되었다. 그 과정을 직접 목격했던 한 테크노크라트가 박정희 대통령 서거 4반세기가 지난 현시점에서 그 핵심을 정리해 본다.

제1장
세계에서 가장 빈곤한 나라

원조 없이는 지탱 못하는 나라가 경제개발 5개년계획을 추진하다

한국전쟁이 휴전되고 나서도 미국은 한국의 전쟁 복구 사업에 원조해 주었고 한국 국민을 먹여 살렸다. 1954년부터 61년까지 8개년 동안 원조해 준 액수는 20억 8,834만 달러에 이른다(〈도표 Ⅱ-1〉 참조).

도표 Ⅱ-1

외국 원조 총괄

단위 : 1000달러

연도	총액	미 국		기 타	
		AID	PL480	CRIK	UNKRA
1954	153,925	82,437	—	50,191	21,297
1955	236,707	205,815	—	8,711	22,181
1956	326,705	271,049	32,955	331	22,370
1957	382,892	323,267	45,522	—	14,103
1958	321,272	265,629	47,896	—	7,747
1959	222,204	208,297	11,436	—	2,471
1960	245,393	225,236	19,913	—	224
1961	199,245	154,319	44,926	—	—
계	2,088,343	1,736,049	202,648	59,233	90,393

Q 첫번째 질문 수입을 줄일 수는 없었던가

■ 도표 Ⅱ-2

상품별 수출입 통계 (1960년)

단위 : 만 달러

	총액	식료품 및 산동물	비식용 원료	광물성 원료	화학 제품	원료별 제품	기계 및 운반 기계	기타
수출	3,283	970	1,582	115	40	394	9	—
수입	3억 3,435	3,156	6,850	2,296	7,613	4,704	4,009	—

이때의 한국 경제는 암담하기만 했다. 1960년도의 나라 살림을 한번 살펴보기로 하자. 1960년도에는 3,283만 달러를 수출하고 3억 4,353만 달러를 수입했으니, 한국은 10 : 1의 무역역조 국가이며 이는 경제적으로는 파산한 나라라는 뜻이다. 이를 좀더 세부적으로 검토 해석해 보기로 하자.

수입 내용을 보면 ①밀, 보리, 원당 등 식료품이 3,156만 달러 ②원면, 양모(羊毛), 목재, 생고무 등 비식용 원료가 6,850만 달러 ③석유류 등이 2,296만 달러 ④비료, 의품, 염료(染料), 합성수지 등 화학제품 등이 7,613만 달러 ⑤시멘트, 철판 등 금속제품, 지류(紙類), 직물사(織物絲) 등 원료 및 제품이 4,704만 달러 ⑥수송기계, 섬유기계, 전기기계, 통신기계 및 동 부속품 수입이 4,009만 달러 등으로써 국민의 생필품과 밀접하게 관계되는 것뿐이다. 수입하지 않으면 그만큼 국민의 의식주 문제가 심각해진다.

Q 두번째질문 막대한 원조자금은 어떻게 쓰여졌나

원조자금으로 수입된 상품은—국민들이 원화를 지불해서 구입했으니—막대한 판매 대전(代錢)이 나오게 된다. 이 돈의 일부는 주한 미국기관에서 사용했으나, 대부분은 한국정부의 국고에 들어갔다. 이것을 대충자금(對充資金)이라고 하는데, 그 비중은 〈도표 II-3〉에서 보듯이, 1961년에는 국가재정 총액면에서는 39.2%, 국방비만 따지면 무려 95.1%나 됐다.

보충 : 1961년도, 정부 예산액 중 대충자금이 차지하는 비율은 39.2%인데, 이 대충자금은 주로 국방부 예산에 많이 할당되었다. 그래서 국방부 예산만 따지면, 정부 예산은 4.9%, 나머지 95.1%는 대충자금이라는 뜻이다.

■ 도표 II-3   **한국재정·국방비 대미 의존도**

단위 : %

연도	재정(%)	국방비(%)	연도	재정(%)	국방비(%)
1961	39.2	95.1	1966	24.9	64.1
1962	30.8	72.4	1967	19.1	51.2
1963	34.7	70.0	1968	12.1	42.1
1964	35.2	62.8	1969	7.0	26.6
1965	34.2	64.8	1970	5.1	16.1

* 자료 : 서울경제신문, 1970. 5. 28

그 뒤 차차 감소해서 1970년에는 재정에서는 5.1%, 국방비에서는 16.1%를 차지했다. 이런 대충자금계정은 1970년으로 마감이 된다.
이로 볼 때 우리 나라 정부는 1960년대에는 미국 원조(대충자금) 없이는 국가 경영을 할 수 없었다는 결론이 나오게 된다.

Q 세번째 질문 원조자금은 계속 받을 수 있었는가

답은 'NO'다. 〈도표 Ⅱ-1〉을 보면 1957년에는 원조자금 액수가 3억 8,000만 달러까지 올라갔으나, 1959년부터는 2억 달러 수준으로 떨어졌고, 1961년에는 2억 달러를 밑돌게 됐다. 그 결과 우리 나라 경제는 곤경에 처하게 됐고 국민생활은 더욱 비참해져갔다. 국가적 위기감이 팽배해졌다.

> **1961년도 일본이 본 한국경제**

일본 정부에서 만든 '한국경제에 대해서 (1961년 7월 27일)'라는 자료를 보면, 한국경제는 1) 인구의 과잉 2) 자원의 부족 3) 공업의 미발달 4) 군비 압력 5) 정치의 졸렬 6) 민족자본의 약체 7) 행정능력의 결여 등의 문제점을 안고 있어 경제성장과 자립을 이룩한다는 것은 절망적이라고 말했다. 우리 나라는 가망이 없는 나라라는 뜻이었다.

 산업화 대장정, 경제개발 5개년계획

1 5개년계획의 착상

5·16혁명 직후, 혁명정부는 한국의 원로격인 민간지도자를 총망라해서 '국가재건기획위원회'를 구성하고 '혁명정부는 국가와 국민을 위해, 앞으로 무엇을 어떻게 할 것인가?'라는 과제를 주고 이에 대한 자문을 구했다. 이 위원회는 여러 가지 항목에 대해 많은 토론을 거친 후 '경제개발 5개년계획을 수립하여 강력히 추진할 것'이라고 답신했다(1961. 6월 중순).

혁명정부는 상공부를 비롯해서 각 부처에게 경제개발 5개년계획을 작성토록 명령했으며, 각 부처에서는 이 일을 고스란히 담당과에 배정했다. 생전 들어보지도 못한 경제개발 계획이라 난감했지만 그래도 과장급이 실무에 가장 밝다고 판단했던 것이다. 결국 과장급 이하 테크노크라트들이 국가 중대사인 경제개발 5개년계획을 성안하게 된 것이다.

〈도표 Ⅱ-4〉는 내가 작성한 화학공업 5개년계획의 총괄표이다.
수입대체 사업들이 나열되었으며, 대체로 소비재산업이었다. 딴 품목들은 아직 소비가 적어서 공장규모가 되지 못하였다. 이들 공장별로 ①생산제품명 ②규모 ③국내수요 ④건설비 ⑤건설기간 ⑥외화절약액 ⑦고용증대 효과를 적어 정리했다.

도표 Ⅱ-4
화학공업 5개년계획 총괄표 (1961. 12. 10)

(단위: 천 달러, 백만...)

계획별	자원별	건설계획						계획기간중합계				외화절감	고용증대	비...
		제0차연도 1961	제1차연도 1962	제2차연도 1963	제3차연도 1964	제4차연도 1965	제5차연도 1966	외화 차관	정(政)	원화 민(民)	정(政)			
나주비료공장	정부	요소85,000M/T=Ne 40,000M/T (시운전) 12 6						0	2,300 (1,400)	0	8,000	1,000 달러	명	정부사업 ( )는 정... 원화로 ㅁ...
소다회공장	DLF	日産120M/T (시운전) 10 4 10						5,600	0	1,550	150	2,333	제지공장 40 염전 1,000 石灰石山 100	민영
정유공장	정부	日間原油30,000BbL처리 (시운전) 10 8 8 2						0	1,600	0	3,500	12,779	정규종업원 486 附帶 700	정부사...
제3비료공장	차관	초안60,000M/T,요소100,000M/T,유인100,000M/T,유안50,000M/T (시운전) 6 6						55,000	0	9,100	900	24,000	정규 1,000 건설 2,000	민영사...
(忠肥倍加) 제4비료공장	차관	요소85,000M/T=Ne 40,000M/T (시운전) 1 9 3						18,760	0	0	4,454	8,870	정규종업원 364 부대작업 50 노무재(건설) 537,000	정부사...
제3시멘트공장	DLF	150,000M/T (시운전) 6 9						4,000	0	1,275	325	2,761	400	민영사
제4시멘트공장	차관	300,000M/T (시운전) 4 3						7,400	0	2,350	650	5,796	700	민영사
P.V.C공장	DLF	4,800M/T (시운전) 8 5 8						2,600	0	1,550	150	1,385	정규 150 부대 100	민영사
스트로펄프 및 가성소다공장	차관	스트로펄프 15,000M/T 가성소다 3,000M/T(시운전) 4						3,000	0	200	800	2,388	정규 300 부대 850	민영사

*주: 당초계획은 5개년에 걸쳐서 추진할 계획이었으나 사업의 중요성에 비추어 대개 3차년까지 완료할 수 있도록 단축하...
며 4차연도 이후분은 다시 계획을 수립 추진할 계획임.

2 5개년계획 핵심 내용의 확정

5·16 후 달포가 지나갔다. 8월초 10여 장의 갱지에다 사인펜으로 그려 쓴 차트를 들고 최고회의에 갔다. 방에 들어가니 별이 두 개인지

세 개인지 잘 모르지만 장성을 상징하는 깃발이 꽂혀 있었다. 육중한 체구의 장군이 딱 버티고 앉아 있었다. 주위에는 몇 명의 영관급 고급 장교가 배석하고 있었으며, 다른 한쪽으로는 민간인 전문가같은 사람 몇이서 숨을 죽이고 앉아 있었다. 내가 들어간 방이 재정위원장실이었다. 재정위원장은 김동하(金東河) 해병소장이었다. 재정위원 중에는 유원식(柳原植) 대령도 있었다.

브리핑을 시작했다. 실로 '역사적 브리핑이었다' 해도 과장된 표현은 아닐 것이다. 10여 장에 그려진 갱지 차트가 바로 제1차 경제개발 5개년계획의 골격을 이루게 될 줄이야 나 자신도 상상할 수 없었다. 더웠지만 등에서 식은땀이 나는 것을 느꼈다. 어떻게 했는지 모르지만 긴장된 시간이 지나가고 일단 브리핑을 마쳤다. 위원장은 "어떻습니까?" 하고 주위 의견을 물었다. 군인들은 아무 말이 없었다. 민간인 자리에서 딱 한 사람(朱源)이 "충분한 사전검토가 이루어진 계획이냐"고 물었다. 나는 "그렇습니다"라고 대답할 수밖에 없었다. 곧이곧대로 자신 없는 계획이라고 대답할 분위기가 아니었다. 최종적으로 위원장이 "좋습니다" 했다. 모두 길게 안도의 한숨을 내쉬었다. 제1차 경제개발 5개년계획의 핵심부문이 사실상 확정되는 역사적 순간이었다.

상공부의 화학공업 부문 5개년계획이 통과됐다는 소문이 청사 안에 퍼졌다. 중공업을 담당하는 다른 과(課) 그리고 광무국, 상역국 할 것 없이 여타 각국에서 달려와 내가 짊어지고 갔던 브리핑 차트를 보고 베끼느라 난리였다. 상공부뿐 아니라 농림부에서도 사람이 달려왔다. 마침내 내가 브리핑한 10여 장짜리 5개년계획서는 각 부처의 모범답안지로 인기를 끌었다. 보기에 따라서는 개발연대 초기의 웃지 못할 이야기이다.

그러나 테크노크라트가 작성한 계획은 개개 사업 내지는 한 분야에 관한 것으로써 '마이크로(Micro)적'이었으며, 국가 전체적인 입장에서 모든 경제 분야를 총망라하는 '매크로(Macro)적' 계획이라고는 할 수 없었다. 따라서 혁명정부는 이를 담당하는 별도의 기구, 즉 경제기획원을 1961년 7월 22일에 서둘러 창설했다.

새로 창설된 경제기획원에서는, 각 부처에서 작성한 마이크로적인 5개년계획을 매크로적인 5개년계획으로 재편성해서, 1962년 1월 13일에 공식 발표했다.

기업의 5개년계획 동참 요청

5개년계획을 담당할 만한 기업가도 없었다.

5개년계획 사업에 포함된 공장 건설은 민간 주도로 한다는 방침을 수립했으나, 이를 담당할 만한 기업가는 극히 한정되어 있었다. 더욱이 그 적은 수의 기업가들도 5·16 혁명 직후, 부정 축재자로 지목되어 구속되었다. 그 뒤(61. 7. 14) 혁명정부는 이들을 풀어 주면서, 5개년계획 사업 추진에 협조할 것을 요청한다. 이들은 적극적으로 협조하기로 하고 '경제재건촉진회'를 구성했다. 그 대신 부정 축재 환수금은 5개년계획 사업을 완수하고 난 후, 주식으로 납부하게 하였다 (이 조직은 1961. 8. 16 명칭을 '한국경제인협회'로 개칭, 현재에 이른다).

3 우리나라의 경제 총수

경제기획원 장관이라면 우리 나라의 경제 총수이다. 〈도표 Ⅱ-5〉를 보면 초대장관 김유택을 비롯해서 김현철, 유창순, 원용석 등 모두 당

■ 도표 Ⅱ-5

혁명 초기 경제기획원 장관

장 관 명	재임 기간	비 고
(초대) 김유택	1961. 7~62. 3	재임 8개월
(2대) 송요찬	1962. 3~62. 6	내각수반 겸임, 3개월
(3대) 김현철	1962. 6~62. 7	재임 22일 (최단)
(4대) 김유택	1962. 7~63. 2	두 번째 취임, 7개월
(5대) 유창순	1963. 2~63. 4	재임 63일
(6대) 원용석	1963. 4~63. 12	재임 8개월
(7대) 김유택	1963. 12~64. 5	세 번째 취임, 부총리 겸임

시로서는 경제행정 계통의 거물급 인사들이었다.

그러나 경제기획원 창설(1961. 7. 22) 이후, 제7대 장관이 퇴임하는 1964년 5월까지 2년 10개월 동안 7명의 장관이 바뀌었으니, 평균 재임 기간은 5개월도 못 된다. 이 기간 중 김유택은 초대, 제4대, 제7대 장관으로, 세 번씩이나 경제기획원 장관을 역임했다. 당시 우리 나라의 경제 사정이 얼마나 혼돈 상태였는지 짐작할 수 있다. 박 대통령은 우리 나라 경제난을 해결하기 위해 경제 총수에 합당한 인재를 추천받았지만, 이 사람을 채용해도 안 되고 저 사람으로 바꿔도 잘 안 풀리고, 구관이 명관이라고 구관을 또 한번 시켜봐도 별 뾰족한 수가 없었다.

경제기획원 장관의 권한이 약하다는 여론이 일자, 제7대 장관부터는 부총리라는 직함도 부여했다. 그러나 우리 나라의 경제 사정은 수렁 속에서 헤어나올 수가 없었다. 물가고, 인플레, 실업자 문제 등으로 민생고는 극심했고, 국민의 여망을 등에 업고 혁명정부가 사활을 걸고 추진하는 제1차 5개년계획의 추진도 지지부진했다.

2 ▶ 외환위기 : 제1차 5개년계획 축소 조정

1963년은 우울한 해였다. 제1차 5개년계획 사업을 막 추진해 가는데, 가장 중요한 돈이 떨어진 것이다. 탄약이 떨어지면 전쟁은 못한다. 우리 나라의 외환보유고는—5·16혁명이 일어나던 해인 1961년 말에—2억 520만 6,000달러였다. 그런데 5개년계획을 추진해 가면서 정부보유 달러를 조금씩 쓰기 시작했다. 국내 공장을 가동시키기 위해서 원자재도 수입해야 했고, 필수불가결한 물건도 수입해야 했다. 외국으로부터의 차관은 얻을 수가 없었다.

외자도입도 할 수 없는 전쟁위험 국가

1950년대 말까지만 해도 우리 나라는 '전쟁위험국가(War Risk Country)'로 분류되어 외자도입이 불가능했다. 우리 나라가 '장기결제 방식에 의한 자본재도입촉진법'과 '정부지불보증법'을 제정한 것은 1962년 7월 18일이다. 장기결제 방식이란 원금과 이자를 장기간에 걸쳐 분할 상환하겠다는 것이고, 정부지불보증이란 외자를 빌려 쓴 민간기업체가 원금이나 이자를 상환 못할 경우에도, 대한민국 정부가 책임지고 갚겠다는 보증이다. 이 법은 아마도 혁명정부가 아니었더라면 가히 생각할 수조차 없는 특단의 조치였다. 혁명정부가 이러한 과감한 조치까지 취했는데도, 외자도입은 거의 이루어지지 않았다. 외환 사정이 나쁜 대한민국에 돈을 꾸어 주는 금융기관은 세계 어느 곳에도 존재하지 않았기 때문이다. 외자도입이 약간이나마 풀리기 시작한 것은 한일 국교정상화 이후이고, 좀 자유로워진 것은 우리 나라의 연간 수출액이 10~20억 달러에 달하였을 때이다.

▲ 석유화학공업단지 추진 당시 정부는 단지를 우선 조성해 놓고 실수요자 공장건설 계약을 확정짓는 이른바 '단지화정책'을 밀고나감으로써 외국차관도입 등에서 큰 효과를 거두었다. 대한석유공사의 NCC 확장공사 기공식장면(1977년 1월)

그래서 정부보유 외화는 줄어만 갔다. 1962년 말에는 1억 6,679만 달러, 1963년 9월에는 1억 540만 달러가 됐다. 이 액수 중 순 미국 달러는 9,329만 달러로 우리 나라의 달러 총 보유고가 1억 달러에도 못 미치게 되었다. 파산 직전이었다.

이것이 우리 나라의 첫 번째 외환 위기이다. 이런 상태로 5개년계획을 계속 추진하는 것은 불가능했다. 그래서 제1차 5개년계획의 축소 작업이 시작되었다. 추진이 미진한 사업은 1차 5개년계획에서 삭제하고, 다음 단계(2차 5개년계획)로 미루기로 했다. 그 대표적인 예가 종합제철 사업이다. 당초에는 중공업에 속하는 금속, 기계부분에 공업분야 투자액 중 28.8%를 투입하여 11개 사업을 추진하려고 했으나, 대폭 축소시켰다(정부사업을 빼면 민간부분은 4개 사업에 겨우 2.1%를 할당했다). 즉 중공업은 제1차 5개년 보완 작업시, 거의 배제하고 말았다. 경공업 및 화학 분야에서 40.2%를 투자하여 23개 사업을 추진하려던 원래 계획이 38.6%(12개 사업)로 변경되었다. 그 중 화학공업 분야는 변경이 없었다. 진척속도가 늦기는 하나, 추진은 잘 되어 가고 있었기 때문이다. 나머지는 중소기업 육성 등 기타 사업에 대한 투자였다. 특히 중소기업 육성은 시급한 과제로 인식되어, 당초 1.8% 밖에 투자 계획이 없던 것을 30.4%로 대폭 증액하였다. 순 민간 부분에 대한 투자액은—중공업에 5억 원, 화학공업 및 경공업에 98억 2,000만 원이므로—비율로 나누면 5대 98이다.

제1차 5개년계획은 경공업과 화학공업에 중점 투자하도록 수정했다는 결론이다. 연평균 경제 성장률도 당초 7.15%에서 5%로 하향 조정하였고, 총투자도 당초 50.8%에서 31.9%로 대폭 축소하였다. 가용자원 면에서 외자도입 계획도 8.95%에서 8.1%로 줄였다. 국무회의는 외환사정이 호전될 때까지 민간사업에 대한 정부의 지불보증을 중지하기로 결정하고 생필품의 수입도 극도로 제한토록 했다. 이런 상황에 이르자 국민들의 위기감은 극에 달했으며, 박 대통령으로서는 큰 고민에 빠질 수밖에 없었다.

3 ▶ 박정희 대통령의 서독 방문

1 ▶ 가난한 백성, 가엾은 대통령

　가난한 백성, 가엾은 대통령, 이것은 좀 지나친 표현일까. 아니다. 30년 전 대한민국은 가난한 나라였다. 가난한 나라의 대통령은 초라해 보였고 가엾어 보였다.
　국빈으로 서독을 방문하는 박정희 대통령의 행차는 초라하기 짝이 없었다. 공항에서 숙소까지 가는 데 몇 대의 사이드카가 선도하는 게 고작이었다. 길 옆에 20개쯤의 태극기가 축 처져 걸려 있었다. 숙소인 스위트룸이라는 방이 채 10평도 되지 않았다. 당시 임시수도였던 본은 인구가 3만 명 정도의 작은 도시였다. 정부청사라는 게 언제 지었는지 모르는 낡은 국민학교 건물이었다. 서독 사람 자신이 이렇게 검소하게 지내고 있으니, 한국의 대통령을 홀대한 것이라 생각할 수는 없었다.
　그때 나는 대통령 일행보다 한발 앞선 선발대로, 오스트리아와 이탈리아 등을 거쳐, 본에서 합류하기로 한 박충훈(朴忠勳) 상공부장관을 수행하고 있었다. 내가 묵은 숙소는 아침만 먹는 하루 3달러 짜리로, 소위 독일의 민박집이었다. 목욕을 하면 돈을 따로 내야 했다. 나는 이곳에 기거하면서, 수많은 경이와 감격을 맛보았다. 30년이 지났으나 아직도 생생하다. 시간이 갈수록 그때의 충격은 새롭고, 아름답고, 값진 것으로 바뀌어 간다.
　세상은 많이 변했다. 몰라보게 발전했다. 모두가 땀 흘려 일했다. 눈부신 성과를 거두었다. 이제 생각하면 모두가 꿈만 같다. 내게는 어느 하나도 결코 잊을 수 없는 감격이다. 그래서 영원히 기억하고 싶다.

독일연방공화국 뤼프케 대통령의 초청으로 서독을 공식방문(1964년 12월 7일～14일)하는 박정희 대통령은, 출국성명에서 이렇게 말했다.

"제2차 세계대전 후 폐허가 된 땅에서, 더구나 공산주의 세력과 대치하면서, 오늘의 위대한 경제건설과 번영을 이룩한 서독의 부흥상을 샅샅이 보고 오겠다."

말로만 전해 듣던 '라인강의 기적'은 과연 어떤 것인가. 내 눈으로 그 실체를 정확하게 보고 확인하고 싶었다. 그리고 그 원동력이 무엇인가, 알고 싶었다. 좀더 넓은 세계로 뻗어 나가기 위하여, 우리가 가야 할 길이 어떤 것인가 궁금했다.

이것이 공식적인 서독방문 이유였다. 그러나 더 다급한 속사정은 공공차관을 얻어 내는 일이었다. 5·16 이듬해, 제1차 경제개발 5개년계획이 착수되었다. 우리는 여러 면에서 경험이 부족했다. 우리 실정에 맞는 5개년계획을 만든다는 것부터가 생소했다. 그것은 고도의 전문지식을 필요로 하는 일이었다. 설사 남의 도움으로 그럴싸한 5개년계획을 만들었다 해도, 그것을 차질 없이 운용해 나갈 테크노크라트가 없었다. 마지막으로, 공장을 지으려면 돈이 있어야 한다.

63년 9월 말 달러 보유고는 고작 1억 달러도 안되는 9,300만 달러에 불과했다. 외환이 바닥나 있었던 것이다. 5개년계획 중점사업 중 하나로 추진하는 대한석유공사 울산정유공장의 경우, 미국의 걸프오일과 합작으로 건설해 가는데, 한국측은 1차분 건설비만 겨우 지불했을 뿐, 2차분부터는 외화가 없어서 합작선인 걸프로부터 돈을 꾸어서 지불할 지경이었다.

또 당시는 임금수준이 낮은 편이라 보세가공이 유망했다. 그러나 얼

▲ 뤼프케 대통령의 초청을 받고 서독을 방문한 박정희 대통령 내외와 뤼프케 대통령 내외(1964년 12월 7일~14일). '라인강의 기적'을 확인하는 명분 못지않게, 내심으로는 5개년계획에 필요한 차관을 얻고자 한 나들이였다.

마 안되는 수출용 원자재조차 사올 외환이 부족했다. 내수산업을 활성화하려 해도 역시 원자재를 들여올 외화가 태부족이다. 한국은행에서는 한달에 한 번 외환경매를 했으며, 그때마다 엄청난 프리미엄이 붙었다. 심지어 단 100달러의 외환 사용에도 장관의 승인이 필요한 시기였다.

5개년계획을 세워 놓았으나 이것을 추진할 자금이 없었다. 군사정부를 탐탁치 않게 여기는 미국은, 무상원조를 받는 국가에게 차관을 줄 수 없다는 주장이었다. 일본은 국교가 없는 나라와 차관협정을 맺을 수 없다는 입장이었다. 벼랑에 선 격이 되었다. 대통령의 서독방문은 공식적 이유가 무엇이건, 공공차관을 얻어 내기 위한 방문이었다는 게 더 솔직하고 절실한 사정이었다.

2 서독의 대한차관단 결성

대통령은 가는 곳마다 연설을 했다. 평소 과묵하다는 대통령이 말을 많이 했다. 자유와 평화를 강조했다. 그러나 대통령의 말에는 무엇인가 여운이 있었다. 답답한 심정을 호소하고 설득하려는 흔적이 역력했다. 서독은 한국과 같이 분단의 아픔을 겪고 있다는 것, 우리도 서독과 같이 자립과 번영을 이루고야 말겠다는 굳은 의지가 담겨 있었다.

서독의 에르하르트 수상은 박정희 대통령의 손을 확 잡았다. 순간, 천 마디 말보다 더 많은 것이 오고갔다. 분단의 아픔이란 게 어떤 것인가. 당해 보지 않은 사람은 이해할 수 없는 일이다. 에르하르트 수상은, 통일의 그날까지 경제발전을 위해 힘쓸 것을 간곡히 충고했다. 그리고 전폭적인 협력을 약속했다.

오죽 했으면 한국에 가서 경제고문을 맡고 싶다는 말까지 했을까. 에르하르트 수상은 서독의 5대재벌 대표를 조찬에 초대했다. 그 자리에서 박정희 대통령을 소개했다. 그리고 분단국 한국과 분단국 독일은 공동운명체와 다름없다며 한국의 어려움을 서독의 어려움으로 알고, 전적으로 협력할 것을 호소했다. 이 자리에서 5대 재벌에 의해 대한차관단이 결성되었다.

그리하여 한국은 1,350만 달러의 재정차관과 2,625만 달러의 상업차관을 공여 받았다. 당시로서는 큰 도움이 될 수 있었다. 더 중요한 것은, 모처럼 5개년계획을 세우고 경제개발을 시작하려는 때, 고립무원이었던 한국으로서는 천군만마를 얻은 것과 같은 힘이 되었다. 그것을 계기로 한때 '차관망국론'까지 비약했던 외자도입의 길이 트이기 시작한 것이다.

3 애국가의 참뜻

시작은 나지막한 소리였다.

"동해 물과 백두산이 마르고 닳도록……."

애국가는 한소절 한소절 불러감에 따라 점차 목소리가 커져갔다. 마침내

"대한사람 대한으로……."

이 대목에 이르자 어느덧 목멘 소리로 변했다. 더러는 가사를 제대로 부르지 못했다.

모두의 눈에는 이슬이 맺혀 있었다. 광부나 간호원 눈에도, 대통령의 눈에도, 역시 반짝이는 이슬이 보였다. 각자 모두가 평생 최대의 감격스러운 장면을 맛보았다. 가장 엄숙한 순간이었다.

애국가는 마력을 지니고 있었다. 고생하는 교포들을 위문하고 격려하기 위하여 찾아간 박정희 대통령을 맞아, 국민의례를 하는 중이었다. 그 장면은 말이나 글로 설명이 안된다. 가슴과 가슴으로밖에 다른 방법이 없었다.

이역만리 루르지방 탄광에서 고생하는 광부들은, 제나라 대통령을 보자 왈칵 복바치는 감정을 주체할 수 없었다. 반갑다기에 앞서 제 서러움이 그런 감정을 부추겼는지 모른다.

대통령도 마찬가지였다. 그저 해외동포의 환영을 받은 게 아니다. 금메달을 목에 건 영광의 주인공을 격려하는 자리도 아니었다. 내 나라 젊은이들이 고생하고 있구나 생각하니, 대통령의 가슴은 미어질 듯했다. 온 몸이 떨리는 것을 느꼈다. 그 순간 대통령은 두 주먹을 불끈 쥐었다.

'그래, 고생이 되더라도 우리 조금만 더 참고 견디자. 부지런히 일

하자. 가난을 벗어버리고 모두 잘살아 보자. 웃음이 가득한 가정을 이룰 때까지.'

이것이 그때 대통령 가슴을 짓누르고 있던 감정이었다. 아프고 쓰라린 마음은 미어지는 것 같았다. 그것은 자립과 번영에의 결심을 다지고 다지는 순간이었다.

대통령만 그런 게 아니었다. 광부나 간호원, 그 자리에 함께한 교포들과 수행원들, 그야말로 3천만의 가슴에는 어떤 확신과 지울 수 없는 공감대가 형성되었다. 그 공감은 이 가슴에서 저 가슴으로 전해졌다.

"열심히 일하자, 그래서 남부럽지 않게 잘살아보자."

그때 그 순간의 감격이 하나의 커다란 불덩어리가 되어 활활 타기 시작했다.

그것이 60년대부터 시작된 한국 경제발전의 원동력이었다. 나는 그렇게 믿는다. 30년이 지난 90년대에 와서 돌이켜보니, 그때 그 생각이 틀리지 않았다는 것을 새삼 확인할 수 있다. 말없는 합의, 스스로 형성된 공감대, 자각과 분발, 그것이 위대한 힘을 생겨나게 했다. 나는 그 불이 결코 꺼지지 않았다고 믿는다. 꺼져서는 아니될 불이기도 하다.

역사에는 기복이 있게 마련이다. 30년 전 활활 타올랐던 불길, 그 속에서 불사르고 꽃피웠던 한민족의 자존과 긍지, 그것을 되찾아야 한다. 더 세차게 뻗어 나가도록.

4 파독 광부와 간호원

서독 루르 지방 막장에서 일하는 한국인 광부들은 거의 학사 출신이었다. 그들이 받는 보수는 한달에 400마르크(100달러)에서 700마르크 정도였다. 많은 사람들이 시간외 근무를 자청했다. 그러는 틈틈이 독일어를 배우고, 첨단기계를 비롯한 각종 기계와 기술을 익히는 데 여념이 없었다. 그래서 간호원들도 그랬지만, 광부들도 독일 사람들로부터 많은 칭찬을 받았다.

그들은 몸이 부서지도록 일했다. 잡념이 파고들 틈을 주지 않았다. 그것이 잡념을 잊을 수 있는 유일한 방법이기도 했다. 그러나 그것은 바로 터키나 중동에서 온 여타 광부들로부터 질시를 받는 이유가 되기도 했다.

60년대 초, 서독에서는 2,000명 가량의 젊은이들이 간호원이나 광부로 일하고 있었다. 지금과는 국내 사정이 달랐다. 대학을 나왔지만 일거리를 구할 수 없었다. 그들은 수입도 수입이지만 무엇인가 일거리를 찾기 위해, 간호원이나 광부로 자청하여 독일로 갔다. 남들이 탐탁치 않게 여기는 일이지만, 그럴 수밖에 없었다.

독일서 일하는 광부들이 맨처음 부딪친 난관은 몸집이 큰 터키인들의 행패였다. 몇 나라에서 온 광부들은 대부분 우범자나 전과자들이었다. 뚜렷한 이유가 있는 게 아니다. 툭하면 시비를 걸고 주먹을 휘둘렀다. 웬만한 사람은 다 칼을 지니고 다녔다.

참다 못해 학사광부들은 자구책을 강구해야 했다. 어느 날 일을 마치고 목욕탕에서 나오는 터키 광부들을 목욕탕 앞뜰에서 흠씬 패 주었다. 몇 줄로 진을 친 학사광부들은, 맨 앞에서 태권도로 후려치고, 다음 줄에서 유도선수가 비틀거리는 자를 냅다 메다쳤다. 일어나려면 권투선수가 달겨들어서 집중타를 가했다.

이처럼 거칠고 사나웠던 터키 광부들을 혼쭐을 내주었다. 그들로서는 불의의 습격을 받은 셈이다. 목욕탕에서 나오는 사람은 칼도 몽둥이도 지닐 수 없었다. 몸집은 크지만 대적할 길이 없었다.
　평소 터키 광부들의 행패가 얼마나 심했는지, 주위에서 구경하던 사람들은 재미있게 보고만 있었다. 얻어맞은 터키 광부들도 저희들 행패가 워낙 어지간했던지 아무 군소리가 없었다. 이 일을 계기로 터키 광부들의 행패는 자취를 감추었다. 참으로 작은 고추가 매웠던 모양이다.

5 그림 같은 농촌풍경

　대통령은 64년의 서독방문을 통하여 많은 것을 보고 느꼈다. 그림 같은 농촌 풍경이 그를 사로잡았다. 농촌 출신의 대통령은 아우토반(㈜히틀러 정권 때 만든 독일의 고속도로)을 달리면서 펼쳐지는 서독 농촌 풍경에 넋을 잃었다. 잘 구획정리된 경지 위에 새순이 융단처럼 파랗게 돋아나 있었다. 부지런히 일하는 남녀의 모습도 보인다. 부부인 것 같았다.
　언덕 위로 돌집이 바라다보였다. 튼튼하게 지어진 그 집은 몇 대째 살고 있는 그런 집 같았다. 시속 160km로 달리는 창에서 바라다본 농촌은 활동사진보다 더 빨리 지나갔지만, 너무나 인상적이었다. 훗날 보릿고개를 없앤 새마을운동의 집념과 정열의 불꽃이 이 순간 대통령 가슴 속 깊이 지펴지고 있었다.
　내가 상공부에서 청와대 비서실로 전근한 뒤, 특별보좌관들과 수석비서관들은 대통령으로부터 농촌의 경지정리, 농어촌 전화사업(電化事業), 간이 상수도 설치, 지붕개량 등에 관하여 쉴 새 없이 많은 질문을 받았다. 대통령의 구상이 하나씩 밝혀지면서, 그것을 실천에 옮기기 위한 지시가 내려졌다. 그 대부분의 사업이 64년 말 서독방문에서 얻은 영감과 결심에 연유하고 있다는 것은 결코 나만의 생각은 아닐 것이다.

6 근로의 미덕

'라인강의 기적'으로 불리는 서독의 경제부흥은 어떻게 가능했을까. 잿더미 폐허에서 오늘의 경제대국을 이룩한 원동력은 무엇인가. 많은 사람들의 주장은 다를지 모른다. 그러나 우리들 한국 사람 눈에 비친 것은 그들의 몸에 밴 근검정신이었다. 우리의 경우와 단순비교할 수는 없다. 한민족과 게르만민족은 문화, 전통, 가치관 등이 판이하게 다르다. 그러나 부지런히 일해야 한다는 대목에서까지 달라야 할 이유는 없을 것이다.

독일 사람들의 근검정신은 어디를 가나 쉽게 찾아볼 수 있었다. 굳이 찾아다닐 필요도 없었다. 우리 눈에 비치는 모든 것이 근검에 바탕을 두고 있었다. 열심히 일해서 잘산다. 얼마나 떳떳하고 자랑스러운 일인가.

대통령에게 강렬한 인상을 심어 준 것은 독일 국민의 일치단결이었다. 지난날 전체주의 개념 아래에서의 일치단결과는 전혀 다른 차원에서의 일치단결이다.

정치인은 애국적인 정책으로, 경제인은 국가지상과제인 경제건설에 앞장서 있다. 근로자는 허리띠를 졸라매고 기계와 씨름하며 밤을 도와 일한다. 교수는 패전의 늪에서 절망하는 국민들에게 재기의 정신력을 불어넣어, 거듭 태어날 철학을 일깨워 준다. 그리고 문화인은 게르만

민족의 불퇴전을 노래함으로써, 민족의 기상을 드높여 준다. 그러면서 놀고먹는 것을 가장 부도덕하게 여기는 독일인의 근검정신이 바로 오늘의 기적을 가능케 한 자부심을 심어주었다.

 그들은 말로만 그런 게 아니다. 독일 국민은 사치와 낭비를 죄악시하며 내핍과 절약을 생활신조로 삼았다. 저축하는 것을 기쁨과 자랑으로 여겼다. 국산품을 애용하고, 질서를 존중하는 마음, 근로를 신성하게 여기는 풍조가 서독의 경제부흥을 가능하게 한 것이라고 대통령은 확신했다.

 시시하게 들릴지 모르는 이 평범한 이야기들, 아마 우리들 누구에게 물어보아도 그쯤은 다 알고 있다고 대답할 것이다. 그러나 독일인과 우리의 차이점은, 독일인은 알고 있는 평범한 사실을 성실하게 실천하려 노력한다는 점, 우리는 독일인 못지않게 잘 알고 있지만, 실천에 옮길 용기가 모자란다는 것뿐이다.

 세상에는 공짜가 없고 불로소득도 있을 수 없다. 우리도 근검정신을 몸에 배도록 해야겠다. 그래서 대통령은 당면한 국민의 행동강령으로 '경제지상', '건설우선', '노동지고(至高)'의 세가지를 제시했다. 다음의 시 한 구절은 근로의 미덕을 노래한 대통령의 심경을 엿보게 한다. 박정희 대통령이 이때쯤 지은 시이다.

  땀을 흘려라
  돌아가는 기계소리를
  노래로 듣고
  ……

  2등객차에

불란서 시집을 읽는
소녀야

나는 고운
네
손이 밉더라.

우리는 일을 해야 한다. 고운 손으로는 살 수 없다. 이와 같이 대통령은 근로의 아름다움을 노래한 것이다. 이것은 어린 소녀를 어여삐 여기는 한 어버이의 마음이 아니다. 한 나라를 이끌어가야 하는 대통령이라는 입장에서, 당시 더 나은 선택의 폭은 없었을 것이다. 그래서 대통령은 우리의 경제건설을 위해서는 국민의 노력과 함께, 의욕적인 경제정책, 즉 경제개발계획이 없어서는 안되겠다는 신념을 갖게 된 것이다.

1차 5개년계획 전문에도 나와 있지만, 우리의 경제질서는 개인의 경제상 자유와 창의를 존중하는 시장경제를 원칙으로 하면서, 다른 한편으로 국가의 지도를 가미한 혼합경제체제로 한다고 밝혔던 것이다.

대통령의 근검정신은 새마을운동을 주축으로 하여, 조국근대화를 구현하는 데 아낌없이 발휘되었다. 대통령은 자신이 느낀 것을 행동으로 옮기는 데 주저하지 않았다. 또 그의 결심은 도중에 바뀌거나 흐지부지되는 일이 없었다.

4 수출만이 살 길, 수출제일주의와 공업입국

천연자원이 부족한 우리 나라로서는 값싼 노동력을 활용해서 공업제품을 생산, 수출하는 길밖에 없었다. 그런데 우리 나라 노임은 달러로 환산했을 때 국제 경쟁력이 없었다. 1964년 초만 하더라도 시간당 노임은 일본이 미화 56센트, 한국이 약 16센트였다(〈도표 Ⅱ-6〉 참조). 전후(戰後) 일본은 일찍부터 섬유제품 등 경공업 제품을 수출하기 시작하여 최신 설비를 설치했고, 공정(工程)도 개선해서 1인당 생산량이

■ 도표 Ⅱ-6

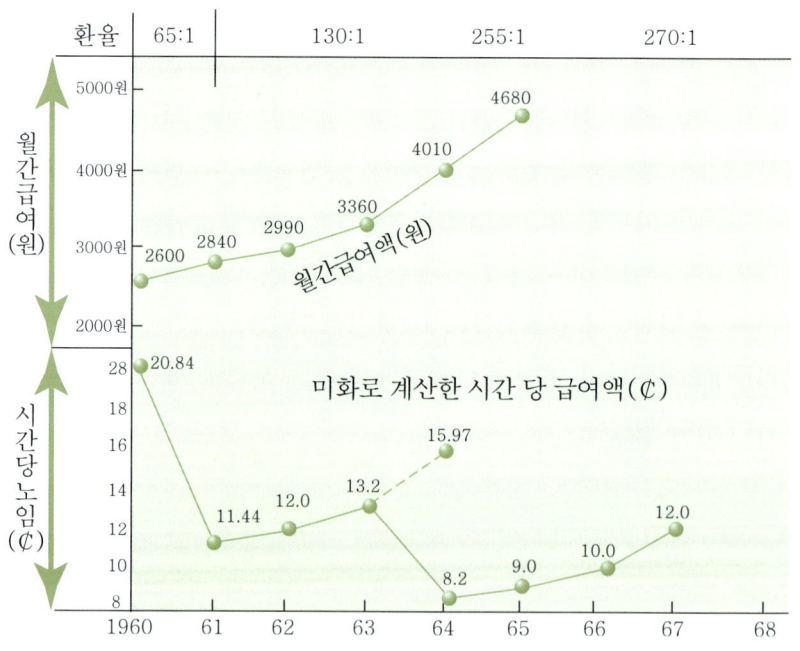

환율과 노임

크게 향상되어 있었다. 품질도 고급화해서 비싼 값을 받을 수 있었고, 수출망도 구축돼서 안정적인 판매를 할 수 있었다. 바꿔 말하면 인건비가 올라가도 이를 소화해 낼 수 있었던 것이다. 그리고 값이 싼 물건은 대만에 위탁하여 가공시키고 있었다. 결국 우리 나라는 일본과는 상대할 입장이 못 되고, 경쟁 대상국은 대만 등 개발도상국가라는 결론이 나온다. 그런데 대만의 노임은 시간당 19센트로서 우리 나라와 거의 같았다. 인건비가 똑같은 조건하에서, 우리 나라보다 한 발 앞서 가고 있던 대만과는 도저히 경쟁을 할 수 없었다.

▶ 환율현실화로 국제경쟁력 확보

1964년 5월 박 대통령은 일대 결단을 내렸다. 당시 환율 130원/1달러를 약 2배인 255원/1달러로 인상한 것이다. 이로써 우리 나라 인력의 시간당 평균 노임은 미화 약 10센트가 되었고, 비로소 대만이나 태국, 필리핀보다 저렴해져 국제경쟁력을 갖게 됐다.

㈜ : 시간당 10센트라면—하루 8시간 노동의 대가는—80센트이다. 하루 벌이가 1달러도 안 된다는 뜻이다.

이러한 값싼 인력이 우리 나라 공업의 '수출 체제로의 전환'이라는 국가적 전략을 추진하는 데 있어서 유일무이한 자원이 되었던 것이다 (〈도표 Ⅱ-7〉 참조).

이후 '수출제일주의와 공업입국'이 국가최고 경제전략이 된다. 영어로는 EOI(Export Oriented Industrialization)이라고 한다.

■ 도표 Ⅱ-7
각국별 시간당 노임(제조업)

단위 : 미화 센트

구 분	1966	1967	1968	1969	1970
한 국	10	12	15	18.5	22.5
일 본	56	63	74	86	—
필리핀	22	23	23	24	—
태 국	20	21	—	23	—
대 만	19	21	22	—	—

　박 대통령은 자신의 모든 정력과 전 국력을 수출에 쏟아붓기로 결심했다. 이를 추진하기 위해 경제기획원 장관 겸 부총리에 장기영, 상공부 장관에 박충훈을 임명했다(1964. 5). 실무경제에 밝고 불도저식 추진력이 있는 장기영 부총리와 수출장관이란 별명을 얻고 있던 박충훈 상공부 장관의 콤비는, 그 뒤 우리 나라 경제를 불황의 수렁에서 구하고, 나아가서 산업혁명으로 발전시키는 기폭제 역할을 하게 된다.

제 2 장
한강의 기적

1 ▶ 전년 대비 수출증가율 40% 고속 행진

도표 Ⅱ-8

연도별 수출목표와 실적(1964~70)

단위 : 억 달러

연 도	수출 목표	수출 실적 금 액	(%)	전년 대비 수출 증가율(%)
1964	1.2	1,209.0	100.8	39.3
1965	1.7	1,804.5	106.2	49.4
1966	2.5	2,557.5	102.3	41.7
1967	3.5	3,585.9	102.5	40.2
1968	5.0	5,004.0	100.1	39.6
1969	7.0	7,028.0	100.4	40.5
1970	10.2	10,038.0	100.4	42.8

〈도표 Ⅱ-8〉은 연도별 수출목표 및 수출실적이다. 1964년에 1억 2,000만 달러 수출로부터 시작해서 6년 반 만에 10억 달러를 수출하는 과정이다. 이 표를 보면 신기한 사항들이 많이 눈에 띈다.

① 1964년부터 1970년까지 7개년 간 수출목표를 모두 달성했다.

② 그것도 1965년에 106.2%로 6.2% 포인트 초과달성이 가장 크고, 1968년에는 100.1%로 겨우 0.1% 포인트 초과달성한다. 1964년부터 1970년까지 7개년 간의 평균은 1.8% 포인트 초과달성이다. 이렇게 정확한 '계획 대 실적'은 신기하다고 말할 수밖에 없다.

③ 전년대비 수출증가율은 1964년의 39.3%, 1968년의 39.6%를 제외하고는 모두 40%를 넘는데 7개년 간의 평균은 41.9%이다. 매년 40%라는 놀라운 경제성장을 이룩한 나라는 다른 곳에서 예를 찾아볼 수 없다. 그것도 연평균 41.9%라는 극히 평준화되고 안정된 추세이다.

이상과 같이 생각하면 신기하다못해 신비롭기까지 하다. 그 내용을 구체적으로 살펴보기로 한다.

㈜ : 당시 수출 통계에는 두 가지 종류가 있었는데, 상공부에서는 입금(入金) 통계 방식을 사용했다. 물품 수출이든, 군납이든, 외상 수출이든, 달러로 입금되는 액수는 모두 수출액수로 집계했다. 당시 정부는 달러 입금에 목을 매고 있을 때이며, 이런 방식으로 계획을 수립하고 이 목표를 달성하려고 온 국민이 총력을 다 했으니 문제시할 것은 없다. 한국은행에서 발표하는 통관 기준과는 좀 차이가 났는데, 1977년 100억 달러를 수출할 때 큰 차이가 없어지자, 그 후 통관 기준으로 통일된다.

2 ▶ 꿈의 1억 달러 수출 : '수출의 날' 탄생

　박 대통령은 국가경영 전략의 기본을 수출제일주의로 정했다. 그러고는 수출을 신앙처럼 믿고 밀어붙였다. 마치 군사작전과 흡사했다. 총사령관은 박 대통령 자신이었다. 이때 박충훈을 상공부 장관으로 임명한 것이 수출증대에 큰 효험을 보았다.

■ 도표 Ⅱ-9

1960년대 전반기의 상공부 장관

역대순	성 명	재임 기간	
17대	정래혁	1961. 5. 20~1962. 7. 10	1년 2개월
18대	유창순	1962. 7. 10~1963. 2. 8	7개월
19대	박충훈	1963. 2. 8~1963. 8. 10	6개월
20대	김 훈	1963. 8. 20~1963. 12. 17	4개월
21대	이병호	1963. 12. 17~1964. 5. 11	5개월
22대	박충훈	1964. 5. 11~1967. 10.	3년 5개월

　박충훈 장관은 3년 5개월의 장기근무를 했다. 박 장관은 상공부 장관 취임식 때 박 대통령에게 서약한 1억 달러 목표는 숨기고, 1964년 수출목표를 1억 2,000만 달러로 발표해 버렸다. 이 뜻은 1964년의 수출증가율을 1963년에 비해 약 40%로 높인다는 것이고—그것도 취임 후 8개월 간에 달성해야 하니—매월 평균 1,161만 달러를 수출해야 한다는 결론이다.

㊟ : 전년도인 1963년의 수출실적은 8,680만 달러로서, 월평균 수출액은 723만 달

러였고, 1964년도는 1월 수출이 727.2만 달러, 2월 536.8만 달러, 3월 703.5만 달러, 4월 747.8만 달러, 합계(1~4월) 2,715.3만 달러일 때이다.

이것은 상식적으로는 불가능한 목표이다. 그래서 수출업계에서는 반대했으나 박충훈 장관은 "현재 우리 나라가 겪고 있는 외환위기를 타결하는 길은 수출밖에 없다. 박 대통령이 밀어 준다는 데 못할 것이 있겠는가? 혼신의 노력을 다해 보자, 책임은 내가 진다"라며 설득하였다.

이렇게 해서 상공부나 수출 유관단체, 수출품 생산업체 등은 산업전쟁터가 된 것이다.

▶ 모든 공업을 수출체제로 전환

나는 1964년 6월 30일 화학공업 및 경공업을 담당하는 공업1국장으로 임명받았다. 우리 나라의 모든 공업을 수출체제로 전환하라는 특명이었다.

나는 즉시 작업에 착수했다.

(1) 수출체제로 전환한다는 것은, 수출업체를 도와줘서 돈을 벌게 해 주고, 명예도 얻게 해 주는 공업 행정을 펴 나간다는 뜻이기도 하다. 수출을 더 많이 하는 업체일수록, 새로운 수출상품을 개발 수출하는 업체일수록, 더 많은 혜택이 가는 것은 물론이다.

(2) 수출에 애로 사항이 있으면 공무원이 솔선해서 시정해 준다. 필요하다면 법을 개정하기도 하고, 새로운 행정조치를 취하기도 한다. 예컨대,

기능자가 필요하다면 국가예산으로 양성해 준다.
(3) 수출업체에게는 시중금리보다 싼 이자로 융자를 해준다. 외자도입도 우선적으로 해준다. 수출공단을 조성해서 장기상환 조건으로 저리로 융자를 해서 매각한다.
(4) 공업국 직원에게 수출상품마다 수출공장마다 담당관을 지명했다. 전국의 수출동향을 세밀하게 파악하기 위해서고, 수출목표 달성을 위해서이다.
(5) 업종별로 수출업체별로 7개년 수출계획(1965~71)을 작성해서 밀고 나간다.

도표 Ⅱ-10
1960년대 전반기의 상공부 공업 제1국장

역대순	성 명	재임 기간	
1	이태현	1962. 7. 13 ~ 1962. 12. 12	5개월
2	서동운	1962. 12. 12 ~ 1963. 9. 30	9개월
3	엄익호	1963. 9. 30 ~ 1963. 12. 1	2개월
4	고석윤	1963. 12. 1 ~ 1964. 4. 9	4개월
5	김우근	1964. 4. 9 ~ 1964. 6. 30	3개월
6	오원철	1964. 6. 30 ~ 1968. 4. 17	3년 11개월

* 주 : 국장급 인사도 1964년에 가서 장기 복무체제가 확립되어 간다.

한 예를 든다. 나는 섬유과장과 담당관에게, 봉제품 수출 7개년계획 (1965~71) 작성을 지시했다. 봉제품이란 와이셔츠, 아동복, 원피스 따위 재봉틀을 밟아서 만드는 모든 제품을 말하는데, 1963년에 8만 6,000달러를 수출했다. 10만 달러도 안 된다. 7개년계획에서는 1971년에 5,000만 달러를 수출한다는 안을 세웠다. 단일품목으로 5,000만 달러는, 1964년 우리 나라 총 수출액이 1억 2,000만 달러라는 것을 생각하면 엄청난 액수이다. 봉제품 수출은 그 해(1965) 700만 달러가 목표였는데, 1,152만 달러를 수출했다. 1968년에는 5,118만 달러를 수출하여 드디어 5,000만 달러 목표를 달성했다. 기적적인 숫자이다. 결국 7개년계획을 3개년 앞서 목표량을 달성했다.

이러한 노력의 결과, 수출은 크게 증가하기 시작했다. 특히 공산품 수출이 급성장하여 전체 수출의 55.4%가 되었다. 이렇게 되니 무역업자나 수출품 생산업체의 수출 무드도 조성되어 나갔다. 그러나 업자뿐 아니라 대다수 국민들까지 관심을 갖도록 하는 것이 중요하며, 아울러 수출업계의 사기도 북돋아 주어야 했다. 그래서 '수출의 날'을 제정하기로 했다. 궁리 끝에 수출의 획기적 전환점이 될 1억 달러를 돌파하는 날로 정하는 것이 좋겠다는 결론을 내렸다. 그 해 연말을 꼭 1개월 앞둔 11월 30일, 우리 나라의 수출이 사상 최초로 1억 달러를 돌파했다. 이 날이 '수출의 날'로 결정된 연유이다. 그리고 한 달이 지나갔다.

1964년이 다 가기 2시간 전인 12월 31일 저녁 10시경. 드디어 1억 2,000만 달러의 수출 목표가 달성되는 순간, 대기하고 있던 상공부 직원들은 모두 감격의 만세를 불렀다. 상공부 장관은 대통령에게 전화로 보고했다. 대통령은 그때까지 기다리고 있었다.

"각하! 수출대전(代錢) 1억 2,000만 달러가 입금됐습니다. 이로써 금년도의 목표를 달성했음을 보고 올립니다. 1963년에 8,680만 달러를 수출했으니 전년대비 39.3%의 신장률입니다. 아울러 제1차 5개년계획의 수출목표인 1억 1,750만 달러도 초과 달성했으니, 1차 5개년계획을 2년 앞당겨 달성했음을 보고 올립니다."

3 수출전략 최고회의 : 기회 있을 때 밀어붙여라

박 대통령은 1965년의 국가 시정목표를 '수출·증산·건설의 해'로 정했다. '우선 수출을 해라. 모자라면 증산을 해라. 그래도 부족하면 공장을 더 건설하라'는 뜻이다. '수출·증산·건설'의 시정목표는 그 뒤에도 몇 년 간 계속되었다.

1965년의 수출목표는—1964년 수출실적 1억 2,090만 달러의 40% 증가한—1억 7,000만 달러로 정했다. 1964년에는 고생들을 많이 해서, 40% 증가는 무리라는 생각도 들었지만, 그렇다고 수출증가율을 40%보다 낮출 분위기가 아니었다.

그러나 앞으로도 매해 40%씩 증가시킨다면 큰 낭패라고 모두가 느꼈다. 그래서 무역업계는 '우리 나라의 수출 한계는 3억 달러 정도인데, 이 목표는 마치 음속(音速) 돌파 때와 같은 장벽이다'라는 견해를 내놓고 무역업계를 중심으로 해서 퍼뜨렸다. 연간 수출증가율이 40%로 고착되는 것을 방지하기 위해서였다. 그런데 실제로는 '공업구조의 수출체제로의 전환정책'이 실효를 거두기 시작해서 공산품의 수출이 의외로 많이 증가했다.

그 결과 이 해의 수출실적은—목표치 1억 7,000만 달러를 크게 초과한 1억 8,045만 달러를 수출함으로써—연간 수출 증가율이 약 50%나 됐다. 이런 상황이 되자 '연간 수출 증가율은 40%'라는 개념이 점차로 굳어졌고, 이로 인해 1966년의 수출목표는—1965년의 수출실적 1억 8,045만 달러에서 38.5%가 증가한—2억 5,000만 달러로 정해지게 됐다.

매해 40%씩 수출을 증가시킨다는 것은 기적에 가까운 일로써, 외국의 어떤 나라에도 이런 예는 없었다. 그러나 박 대통령의 지휘 방법인

▲ 구미공단 내 전자회사를 방문하여 TV브라운관 생산현장을 살펴보고 있는 박정희 대통령

"기회가 있을 때 밀어붙여라" 라는 명령에는, 있는 힘을 다해 따를 수밖에 없다. 애로사항은 부지기수였다.

그래서 생각해낸 것이 '대통령을 모시고, 관계부처와 관계업계를 총망라한 회의를 열자'는 것으로 결정돼서, 1965년부터 매월 수출확대회의가 열리게 되었다. 일종의 수출전략회의이고 작전회의이며, 사령관은 박 대통령이었다. 그래서 만사를 제쳐놓고 이 회의에 참석했다. 참석이라는 단어만 쓰기에는 그 역할이 너무나 컸다. 그 회의를 주관했다고 하는 것으로도 모자란다. 지휘 감독이고 독전(督戰)이다. 매월의 수출실적, 품목별 수출실적, 나라별 수출실적은 물론이고, 앞으로의 계획, 신규상품에 대한 계획이 모두 포함되었으며 수출부진 품목에 대해 점검했고, 애로사항은 즉석에서 해결했다. 총리, 부총리, 각 장관,

각 회사대표는 자기 소관업무 중 수출문제에 관해서는 그 내용에 대해 정통하고 있어야 즉석에서 답변할 수 있었다.

> **수출확대회의**

수출확대회의에서는 항상 수출업자 쪽에 유리한 결정이 났다. 박 대통령이 수출업자 편을 들기 때문이다.

특히 예산 당국인 경제기획원과 금융, 세제, 통관을 담당하는 재무부 쪽에 문제가 많았다. 이 회의의 장점은 정부와 기업체와 사계 권위자가 한자리에 모여 서로 토론을 거쳐 최상의 합의를 도출했다는 점이다.

모든 사항이 공개적이라서 비밀이 없었다. 정치계도 이해하고, 학계도 이해하고, 언론계도 이해하고, 국민도 이해하고, 그리고 동질화되는 것이었다. 개인이나 소속단체의 이익을 위하거나, 사상이나 주의주장을 내세우거나 하지 않았다. 오로지 수출과 우리 나라의 경제발전만을 생각하는 회의였다.

그래서 결정된 사항은 '힘'이 있었다. 이런 방식의 결정은 과거에도, 지금까지도 없었다고 본다. 이런 의미에서 가장 민주적인 방법이 아니었던가 생각한다. 수출확대회의는 처음에는 청와대에서 개최됐는데, 참석인원이 늘자 중앙청 대회의실로 자리를 옮겼다. 참석인원은 100명을 넘었다. 이 회의는 우리 나라 수출진흥에 절대적인 공헌을 했다. 그리고 이 회의는 매달 개최되는 회의인만큼 회를 거듭할수록 수준이 높아져 거의 전문가 격인 회의로 변했다.

박 대통령은—제1회 회의 때부터 마지막 회의까지, 빠지지 않고—백 수십 회 참석했다. 햇수로는 15년간이다. 그러니 어느 장관, 어느 누구보다도 수출(실무 및 수출행정)에 대한 조예가 깊어질 수밖에 없었다.

4 ▶ 제2의 고지 10억 달러 수출계획

1966년은 제1차 5개년계획을 마감하는 해이다. 그리고 이해 2억 5,575만 달러를 수출했다. 제1차 5개년계획의 수출목표는 1억 1,750만 달러였으니 계획대비 218% 초과달성이다. 다음 해부터 제2차 5개년계획이 시작되는데 경제기획원에서 수립한 계획에 의하면, 1967년의 수출목표는 3억 달러였다. 그런데 1966년에 2억 5,575만 달러를 수출했으니, 1967년의 수출목표를 3억 달러로 정할 수가 없었다. 그래서 상공부는 고민에 빠졌는데, 박충훈 장관은 박 대통령의 의중을 아는지라 3억 5,000만 달러로 정했다. 전년대비 36.9% 증가이다.

그런데 1967년 벽두 박 대통령은 연두교서에서, '70년대에 완전고용, 수출 10억 달러 달성'이라는 목표를 제시했다. 상공부에서는 박 대통령의 뜻을 '2차 5개년계획의 최종 연도인 1971년에 10억 달러를 수출하라'는 명령으로 받아들였다. 그리고는 부랴부랴 '10억 달러 수출계획'을 작성, 6월에 개최된 수출확대회의에서 발표했다.

이 계획은 67년도의 3억 5,000만 달러를 기점으로 해서 68년도 수출목표를 3억 6천만 달러에서 → 4억 7,000만 달러로, 69년도를 4억 2,000만 달러에서 → 6억 2,000만 달러로, 70년도를 4억 8,000만 달러에서 → 8억 달러로 각각 상향조정하고, 71년에는 5억 5,000만 달러에서 → 10억 달러의 수출을 하도록 짰다.

그러나 고작 3억 달러 대를 갓 넘은 수출실적으로, 10억 달러를 바라본다는 것은 당시로서는 대단한 의욕이었다. 경제계나 대부분의 경제 전문가들은, 10억 달러라는 수치를 엄청난 거리감이 있는 것으로 받아들였다. 더구나 3억 달러를 넘어서면 수출신장률이 크게 둔화되리

▶무역박람회장 건설 현장을 찾아가 공사 현황을 점검하는 박정희 대통령

라는 판단 아래, 10억 달러 수출계획에 대해 부정적인 반응을 보이기도 했다.

그러나 수출에 총력을 다했다. 그 결과 1967년에 3억 5,589만 달러를 수출함으로써, 우리 나라로서는 한계치라고 하던 3억 달러를 무난히 돌파하고, 목표액 3억 5,000만 달러도 초과 달성했다. 전년대비 40.2%의 수출증가율이다.

이로써 박충훈 장관은

- ▶1964년에 박 대통령에게 서약한 1억 달러를 초과 달성 1억 2,090만 달러를 수출했다. 전년 대비 139.3%
- ▶1965년에는 목표량대비 106.2%, 전년대비 149.4%,
- ▶1966년에는 목표량대비 102.3%, 전년대비 141.6%,
- ▶1967년에는 목표량 대비 102.5%, 전년대비 140.2%의 놀라운 성과를 거두었다.

1967년 10월 30일, 박 대통령은 박충훈을 부총리 겸 경제기획원 장관으로 승진 발령했다. 그리고 상공부 장관 후임에는 김정렴(金正濂)이 부임했다. 김 장관은 수출확대회의를 잘 활용함으로써 큰 효과를 거두었다. 그리고 1965년 한·일 국교정상화 후, 일본으로부터 '외자도입에 의한 기계시설'이 도입되기 시작해서, 섬유공장을 비롯한 수출공장이 우후죽순처럼 생겨난 것이 큰 도움이 되었다.

그런데 첫 번째로 닥친 문제는, 다음 해인 1968년도의 수출목표였다. 불과 6개월 전에 '10억 달러 수출계획'이라는 것을 작성해서 박 대통령에게 보고했는데, 이 계획에 의하면 내년도(1968년)의 수출목표는 4억 7,000만 달러이다. 금년도 실적 3억 5,859만 달러에 비하면 31.1%의 신장률밖에 안 된다. 그러니 이 금액을 내년도 목표라고 보고할 수가 없는 것이다.

그런데 박 대통령은 "기회를 놓치지 말고 밀어붙여"라고 한다. '밀어붙여'는 군대식 용어로서, 적과의 전투에서 승기(勝機)를 잡았을 때 추격전을 명하면서 쓰는 명령체의 말이다. 박 대통령의 뜻은, 지금까지의 수출증가율이 40%였으니 내년도에도 40%를 유지하라는 것이다. 그래서 김 장관은 3억 5,859억 달러의 39.4% 증가한 5억 달러를 1968년도의 수출목표로 정하게 됐다. 그리고 이 해(1968년) 5억 40만 달러를 수출함으로써 목표량을 달성했다. 전년대비 39.6%의 증가율이다.

5 ▶ 불가능은 없다. 수출증가율 40% 초고속 줄달음질

박 대통령은, 다음해인 1969년도의 목표에 대해서—상공부나 업계에서는 불가능하다는 뜻을 비쳤는데도—40% 증가한 7억 달러의 목표를 제시하면서 "마음만 먹으면 해낼 수 있다"며 명령조로 지시했다. 1969년 10월 21일, 김정렴 상공부 장관은 청와대 비서실장으로 영전하고 이낙선(李洛善)이 상공부 장관으로 부임했다. 이 장관은 혁명주체세력 중의 한 사람으로 마구 밀어붙이는 성격이다.

이 장관이 취임한 날짜가 10월 21일이기 때문에, 1969년은 40일 여유밖에 없었다. 그런데 수출진척 상황을 알아보니 아슬아슬하다. 그래서 연말까지 수출할 품목과 수량을 따져보니, 그 중에 대만으로 수출하기로 한 소형어선(漁船) 20척이 있는데, 그 대금이 614만 달러나 됐다. 이것만 연말까지 수출한다면 목표달성이 가능할 것 같았다.

그런데 이 어선 건조 공사를 수주한 조선공사 쪽에서는, 파업 여파로 연말까지 완성하는 데에는 많은 무리가 따랐다. 그래서 조선공사는 불가능하다고 보고했다. 이 장관은 "당장 사장을 불러오라"고 호통을 쳤다.

이 장관은 출두한 조선공사 사장에게 연말까지 배를 완성시켜 달라고 부탁하며, 모든 지원을 아끼지 않겠다고 약속했다. 조선공사는 자금 사정이 어려웠다. 이 장관은 이 말을 듣고 즉시 필요한 자금 지원 조치를 해주었다.

드디어 1969년도 다 가는 12월 31일, 대만 어선 20척의 작업이 끝

◀ 현대 조선소 준공식장에서. 박정희 대통령(가운데)과 정주영 현대 회장(오른쪽)

났다. 대만 측에서 '인수증'에 서명도 했다. 그러나 이 인수증이 한국은행에 도착해야 수출 절차가 완료되는 것이었다. 그런데 하늘도 무심해라. 그날 따라 서울에는 큰눈이 내리기 시작해서 항공기 운항이 중지되었다. 그래서 인수증을 가진 직원은 자동차로 서울까지 비상등을 켠 채 고속으로 달려왔다. 모든 절차가 끝난 것이 오후 3시였다. 종무식이 12시에 있었으니 종무식 후 3시간이 지났을 때였다.

은행에서는 마감시간도 연장한 채 기다리고 있었다. 당시 상공부 조선 과장 구자영은 이렇게 회고한다. 당시 상공부에서는 이 장관 이하 모든 직원이 초조하게 기다리고 있었다. 시간이 흘러갈수록 분위기는 점점 무거워지기 시작했다. 이런 순간, 은행으로부터 '입금완료'라는 통보가 왔다. 모두 기쁨의 환성을 질렀다. 이 장관은 즉시 대통령에게 보고를 했는데 박 대통령으로부터 어떠한 치하의 말이 왔는지—이 장관이 눈시울을 적시고 있는 것이 안경 너머로 보였다. 그러고는 구(具) 과장에게 "수고했어" 하고는 지갑을 꺼내, 수표 몇 장을 주면서 "직원들과 술이나 한잔 해"라고 했다. 직원들이 마음껏 먹고 나서, 케이크 한 상자씩을 살 수 있는 금액이었다.

6 하면 된다 우리도 할 수 있다

　이낙선 장관은 취임 후 40일간 악전고투를 한 끝에 전년대비 40.5%의 증가율을 올림으로써 대통령에 대한 자신의 책임을 다했다고 느꼈다. 그러나 다음 해인 1970년의 수출목표가 문제였다. 이 장관은 상공부 장관으로 부임하고 난 뒤, 박 대통령의 수출에 대한 집념이 얼마나 강한지 몸소 체험했다. 그래서 어떠한 일이 있더라도 40%의 신장을 해야 되겠다고 굳게 마음먹었다.

　1969년의 수출목표 7억 달러에 40%를 보태면 9억 8,000만 달러이다. 그렇다고 9억 8,000만 달러로 정하기에는 성에 차지 않아 10억 달러로 정해 버렸다(42.2% 증가액). 그리고는 1969년 12월 15일에 열린 수출진흥 확대회의에서 70년의 수출목표를 10억 달러로 보고한 것이다. 이 회의에 참석한 사람들은 모두 놀랐다. 당시 10억 달러의 수출목표 책정에는 비판론이 많았다. 한 마디로 과욕이라는 평이었다.

　한국무역협회는 69년 말 〈10억 달러 수출목표 달성 방안에 관한 연구〉 보고서에서 70년의 수출은 8억 5,150만 달러에 불과할 것으로 예측했다. 서울대 무역연구소도 〈수출 10억 달러 달성은 가능한가〉라는 연구보고서에서 8억 5,000만 달러로 예측했으며, 각 수출업체가 내놓은 수출계획의 합계액도 8억 5,000만 달러에 불과했다. 10억 달러를 수출하리라고 예측하는 사람은 아무도 없었다.

　박 대통령은 이 자리에서 "7억 달러의 올해 수출 목표도 연초에는 어려울 것이라는 얘기가 많았지만, 이제는 달성이 가능해졌다"고 지적하면서 "70년도의 10억 달러도 정부와 업계가 합심하면 달성할 수 있을 것"이라고 강조했다. 또한 박 대통령은 "수출 10억 달러는 우리의 수출역사상 하나의 전기(轉機)를 이루는 분수령이 될 것"이라고 강조하고 분발을 촉구했다. 수출 총사령관의 명령이었다.

그러나 막상 수출 10억 달러의 목표는, 주무당국인 상공부로서도 무거운 짐이 될 수밖에 없었다. 이 장관은 우선 온 국민의 수출무드 조성을 위한 대대적인 캠페인을 벌였다. 모든 국민들이 수출에 관심을 갖고 합심 노력하자는 것이며, 또한 수출목표 달성을 위해 온 국민의 중지(衆智)를 모으자는 것이었다. 어쨌든 1970년도는 이러한 행사가 겹친 탓인지 수출 무드가 최고조에 이르렀다.

이와 같은 수출진흥 무드와 수출업계의 피나는 노력은 수출실적에 반영됐다. 수출은 매달 집계도 검토되지만, 1월부터 6월 말까지의 상반기와 7월부터 연말까지의 하반기로 나누어 심사 분석을 하는 것이 상공부의 통례이다. 대충 상반기에 40%, 하반기에 60% 정도가 수출된다. 과거 수년간 상반기 수출이 잘 될 때 41%가 고작이었던 것이 70년에는 상반기 실적이 4억 3,062만 4,000달러로, 수출계획 10억 달러의 43%까지 올라간 것이다. 당시의 매스컴은 이를 '수출 기적'으로까지 표현했다. 이렇게 되니 연간 목표 10억 달러의 달성 전망은 한층 밝아졌다.

자신감이 생긴 이낙선 장관은 11월 23일 열린 수출진흥확대회의에서, 한 점의 불안도 없이 '10억 달러 수출목표 달성은 무난하다. 연초 이래 10개월 동안의 수출실적과 앞으로 남은 업계의 선적계획 등을 종합한 결과, 70년의 수출실적은 목표치 10억 달러를 넘어 10억 480만

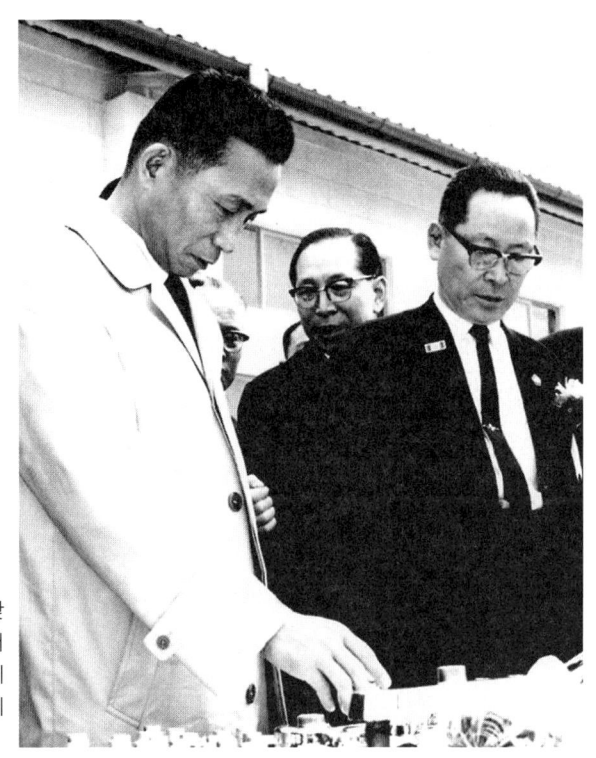

▶ 구로수출산업공업단지를 찾은 박정희 대통령. 이곳에서는 주로 봉제품·합성수지제품·전자기계제품·광학기계제품·가발 등을 생산했다.

달러에 달할 것'이라고 보고했다.

이어 11월 30일에 열린 제7회 '수출의 날' 기념식에서, 박 대통령은 무척 기뻐하며 치사를 통해 "수출증대의 판가름이 될 10억 달러선의 고비를 금년에 실현하게 됨으로써, 제3차 경제개발 5개년계획이 끝날 70년대 중반에는, 적어도 30억 달러의 수출을 이룩해야 한다" 총사령관은 "밀어붙일 때 밀어붙여라"고 다시 명령하는 것이었다.

>**10억 달러 수출**

1970년 말의 수출실적은 정확하게 10억 380만 8,473달러(상공부 입금기준)로 집계됐다. 67년의 수출 3억 달러의 벽을 깬 뒤, 만 3년 만에 10억 달러를 돌파하는 쾌거를 이룬 것이다. 수출 10억 달러 달성! 꿈만 같이 멀게 느껴지던 산업혁명 제2단계의 목표를, 1970년에 달성한 것이다. '하면 된다', 그리고 '우리 민족은 위대한 민족이다'가 메아리쳤다. 1960~70년 당시 우리 나라의 수출진흥은 마치 군사작전과 같았다. 총사령관은 박대통령이고, 작전참모 본부는 상공부(특히 무역을 담당하는 商易局과 수출생산업체를 담당하는 工業局), 실제로 전투에 임한 것은 수출연관 업체, 그 중에서도 최전선에서 싸운 것은 1960년대에는 여자 단순기능공이고, 70년대는 남자 기능공이었다. 그리고 온 국민이 합세했다. 마치 월드컵 축구시합을 응원하는 것처럼.

'기아선상에서 허덕이는 절망적인 민생고'에서 탈출할 수 있는 유일한 길이 '수출제일주의'라는 것을 깨달은 온 국민은, 똘똘 힘을 뭉쳐 수출에 매진했다. 매해 40%의 수출신장이라는 것은 바로 기적이었다. 그러니 이러한 기적을 이룩하는 길이 어찌 험하지 않겠는가? 어찌 고생스럽지 않겠는가?

이 고생의 표출은 '땀과 눈물'이었다. 당시 수출에 깊이 관여한 사람 중에, 땀과 눈물을 흘려보지 않은 이가 누가 있겠는가? 당시 수출은 전쟁과도 같았다. 전쟁이란 모든 수단을 동원해서라도 반드시 승리해야 하는 것이다. 그것이 작전의 본질이며, 지휘관의 책임이다. 수출목표 달성이란, 등산가가 산 정상을 정복하는 것과 같다. 산이 있기에 오르고, 성공의 기쁨이 뒤따르기에 정복하는 것이다. 당시 우리의 수출도 그러했다. 만일 구체적인 수출목표가 국가원수로부터 주어지지 않았더라면, 그리고 그 목표를 달성했을 때의 승리의 기쁨이 전국민의 것이 아니었더라면 누가 수출에 전력을 다하였겠는가?

1970년-보리밥은 먹을 수 있게 됐다

1970년은 우리 나라의 경제사에서 특기해야 할 해이다. 박 대통령은 혁명공약에서 〈기아 선상에서 허덕이는 절망적인 민생고를 시급히 해결하고 국가 자주경제를 재건한다〉고 공약했는데, 1970년에 10억 달러를 수출함으로써 이 약속이 이루어졌기 때문이다.

수출이 늘어감에 따라 일자리가 늘어났다. 비단 수출품 생산업체뿐만 아니라 수출연관업체는 물론이요, 모든 경제분야에서 활기를 띠기 시작해서, 그 효과는 전국적으로 급속히 파급 확대돼 나갔다. 국민 1인당 GNP도 100달러를 돌파하여 1970년에는 250달러에 달했다. 외국으로부터의 원조가 종결되었는데도 국가경영을 할 수 있게 됐다.

일자리가 늘고 국민의 소득이 늘어나기 시작하자, 국민들은 비록 쌀밥을 충분히 먹을 처지는 못되었지만, 보리밥만큼은 먹을 수 있게 됐다. 보리쌀 정도는 수입할 수 있는 국력이 생겨났기 때문이다.

㈜ : 당시 곡물 국제가격은 쌀이 밀이나 보리 값의 2배 이상이었다. 그래서 쌀 대신 보리를 수입하면 2배의 수량이 됐다. (1963년 통계 : 쌀 150달러/톤, 보리 : 66달러/톤, 밀 : 74달러/톤) 당시는 쌀을 절약하기 위해 분식장려책이 나오고, 보리혼식이 권장되기도 했으며 쌀막걸리 제조도 금지되었다. 쌀밥을 마음대로 먹기 위해서는 100억 달러를 수출하는 1977년까지 기다려야 한다.

우리 나라에 산업혁명이 일어나기 시작한 것은 1964년 중반이다. 그렇다면 5년 반이라는 짧은 기간에 이렇게 큰 변화가 발생한 것이다. '한강의 기적'이라는 말이 나오기 시작한 것이 이때였다.

제3장
국가안보

 **푸른 낙원의 꿈 : 북한의 인민경제발전 7개년계획**

　남한에서 5·16 군사혁명이 일어난 지 4개월 뒤인 1961년 9월 11일, 북한의 김일성은 '인민경제발전 7개년계획(1961~67)'(〈도표 Ⅱ-11〉 참조)을 발표하면서 "앞으로의 7년간은 사회주의 건설의 결정적인 시기가 될 것이다. 공업생산의 연평균 성장률은 18%로서 7개년계획이 완성되면 공업생산은 60년 대비 3.2배에 달해 일본 수준을 크게 상회할 것이다. 7개년계획 달성으로 우리는 전인민의 수요를 충분히 공급할 수 있는 사회주의 공업을 갖게 될 것이며, 국토를 대규모로 개조해서 매년 대풍작을 거둘 것이고, 도시와 농촌은 더한층 아름답게 건설되어 전인민의 생활은 윤택하고 문화적이고 더욱 즐겁게 될 것이다"라며 '푸른 낙원'의 도래를 약속했다.
　아울러 북한 당국은 "앞으로 3~4년 뒤에는 북한 인민의 물질적·문화적 생활에 일대 변화가 일어나게 된다. 300만 톤의 쌀과 20만 톤의 육류, 3억 미터의 직물을 생산해서 모두가 기와집에서 살고 흰 쌀밥과 고깃국을 먹고, 비단 옷을 입는 부유한 생활을 하게 된다"고 선전했다.

그런데 이 7개년계획은 소련과의 관계 악화로 추진이 불가능했다.

■ 도표 Ⅱ-11

북한의 인민경제발전 7개년계획(1961~67년) 목표

품 목	생산 목표
1. 발전량	170억 KWH
2. 석탄	2,500만 톤
3. 철강	230만 톤
4. 공작 기계	7,500 대
5. 트랙터	1만 7,100 대(15마력 환산)
6. 화학 비료	170만 톤
7. 시멘트	430만 톤
8. 직물	5억 미터
9. 곡물	660만 톤
10. 자동차	1만 대
11. 재봉틀	12만 3,000 대
12. 자전거	15만 대
13. 라디오	12만 대
14. 화학 섬유	9만 4,000 톤
15. 양말	7,200만 켤레
16. 신발	4,070만 켤레
17. 고기	25만 톤
18. 우유	11만 톤
19. 계란	8억 개
20. 과일	50만 톤

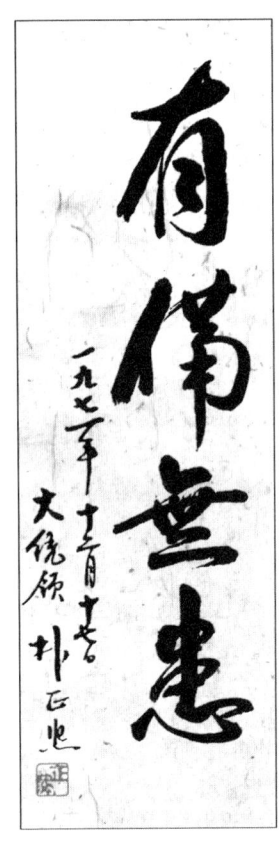

7개년계획의 목표 연도인 1967년 말이 되자, 북한은 경제발전의 이야기는 한 마디도 하지 않고 67년에 군사비로 30%를 지출키로 했다는 발표를 하면서 '전인민의 무장화', '전국토의 요새화', '주요 산업시설 및 군사시설의 지하화', '평양시의 인구제한, 긴급대피호 건설'의 4개 노선을 지시했다. 7개년계획은 '푸른 낙원'에 대한 건설계획이었는데 갑자기 '군비강화' 쪽으로 방향전환을 한 것이다. 당시의 이러한 방향전환은, 7개년계획의 실패를 엄폐하고, 남한의 경제발전을 방해하려는 속셈이라고 해석할 수밖에 없었다. 북한으로서는 남한의 경제발전을 그대로 보고만 있을 수가 없었을 것이며, 방해의 한 방법으로 남한에 불안을 조성해야겠다고 생각했던 것 같다. 이런 점을 이해하지 않고서는 67년과 68년에 유난히도 격화된 남침 게릴라 사건의 본질을 설명할 길이 없다.

2 청와대를 습격하라 : 월남전 방식 게릴라전

| 124 특수게릴라군단 | 북한은 1967년에 제124 특수게릴라군단을 창설했다. 대원수는 2,400명인데, 훈련이 끝나면 70년까지 남한에 파견키로 했다. 각 도 |

마다 300명씩 파견해서 발전소나 정유공장 등 주요 산업시설을 파괴하는 한편, 남한 산골 마을에다 지방민과 합세해서 게릴라 근거지를 마련하려는 임무였다.

〈도표 Ⅱ-12〉로 설명해 본다. 이 표는 주한 UN군 사령관의 안전보장이사회 보고인데, 비무장지대 및 게릴라 남파 등 사건은 67년부터 갑자기 증가하여 68년에는 절정을 이룬다. 68년에는 군사분계선 돌파를 기도한 무장병 게릴라가 1,087명이고, 후방에 침투한 게릴라 수는 175명, 합계 1,262명이라고 표시되어 있다.

비무장지대에서 일어난 사건 수만 보더라도 66년에는 37건이었던 것이 67년에는 445건, 68년에 542건으로 늘어났다. 교전 횟수는 66년에 19회였던 것이 67년에는 122회, 68년에는 236회로 급증했다. 게릴라의 후방침투 건수는 66년에는 13회, 67년에는 갑자기 늘어서 121회, 68년에는 217회로 최고에 달했다. 후방침투 게릴라와의 교전 횟수도 66년 11회, 67년 96회, 68년 120회로 그 상황은 똑같다.

■ 도표 Ⅱ-12

남북 분쟁사건(1965~69년)

		1965	1966	1967	1968	1969
사건 수	군사분계선 비무장지대 한국 내	42 17	37 13	445 121	542 217	99 39
교전 횟수	군사분계선 비무장지대 한국 내	23 6	19 11	122 96	236 120	55 22
북한군	사망자 포로	4 51	43 19	228 57	321 63	55 6
한국군, 미군	사망자 부상자	21 6	35 29	131 294	162 294	15 42
한국 민간인	사망자 부상자	19 13	4 5	22 53	35 16	19 17

* 자료 : 주한 UN군사령관의 안보이사회 보고(주 : 1968년 군사분계선 돌파기도, 무장병 및 게릴라 1,087명 후방침투 게릴라 175명 계 1,262명).

박 대통령 암살기도 1968. 1. 21

1968년 1월 21일에는 67년에 창설한 제124 특수게릴라군단 병력 31명이 청와대를 습격, 박 대통령을 암살하려고 기도했다. 이른바 1·21 사태이다. 같은 해 11월 2일에는 앞서 말한 제124 특수 게릴라병력 100여 명이 울진(蔚珍), 삼척(三陟) 지구에 침투했다. 북한은 미군도 공격했다

1·21사태 이틀 뒤인 68년 1월 23일에는 미국 정보함 푸에블로 호가 납치되어 함장 로이드 부커(Lloyd M. Bucher) 이하 승무원 80여 명이 억류되는 신세가 되었고, 69년 4월에는 미 공군 EC 121 정찰기가 격추당했다. 이런 사실들은 북한이 정전협정을 깨고 새로운 전쟁을 개시했다는 뜻이기도 하며 '월남전의 제2전선'이 형성됐다고 할 수도 있다.

1970년이 되면서 북한의 도발은 새로운 양상을 띠게 된다. 6월 5일, 북한 함정은 우리 영토인 연평도(延坪島) 부근 공해상에서 우리 함정을 기습 공격하여 납치해 갔다. 소위 '해군방송선 피랍사건'이다. 방송선이라고 보도됐지만 어선단을 보호하는 임무를 띠고 있는 어엿한 현역 해군함정(120톤 급 포함(砲艦))이었는데, 15분간 교전을 한 뒤 승무원 20명 중 대부분이 사상된 채 납치당했다.

당시 북한 간첩선은 우리 나라 영해를 마치 자기 앞마당 드나들 듯 수시로 침투하고 있었는데, 우리 해군은 속수무책이었다는 결론이다. 이런 상태에서 방송선 피랍사건까지 발생했던 것이다. 이 사건으로 국민들은 불안해했고 여론은 들끓었다. "고기잡이 배를 끌고 가다 못해 해군 함정까지 끌고 가느냐. 북한이 우리 해군을 깔보고 있기 때문이다. 강력한 보복조치를 취하라. 해군력을 키워라"고 아우성쳤다. 국민들은 다투어 방위성금을 내기 시작했고 정부에 대한 국민들의 질타는 빗발쳤다. '국방을 담당하는 정부나 대통령은 해군 함정이 납치당한데 대한 책임을 지라'는 것이고, '앞으로의 대책을 밝히라'는 것이었다.

박정희 대통령 암살기도 계속되다

1970년 6월 22일 새벽 3시에는 특수훈련을 받은 북한 무장특공대 3명이 서울 국립묘지 안에 잠입, 현충문 지붕 위에 올라가 폭탄을 장치하려다 실수로 폭발한 사건이 발생했다. 이들 무장 특공대는 6·25 기념식 때 정례적으로 참석하는 박 대통령을 비롯한 정부요인들을 암살할 목적으로 현충문에 폭약 장치를 한 뒤, 현장에서 200~300m 떨어진 곳에서 무전식(無電式) 기폭장치로 폭파하려고 했던 것이다 (세 번째의 암살기도 사건은 1974년 8월 15일 국립극장에서 일어난 문세광 사건이다. 이때 박정희 대통령은 무사했으나 육영수 여사가 목숨을 잃었다).

내 一生 祖國과 民族을 爲하여
1974. 5. 20.
大統領 朴正熙

3. 닉슨 독트린 : 미(美) 7사단 철수

이런 와중에 1970년 7월 6일 닉슨 행정부는 주한 미군 1개 사단 철수를 공식적으로 통고해 왔고, 그해 8월 25일에는 이 문제에 대한 협의를 위해 에그뉴 부통령과의 회담이 개최됐다. 미 7사단의 철군 방침은 확고부동했다. 결국 이틀 동안의 회담에서 양측은 앞으로 한국의 안전보장문제 협의와 미군 감축문제 협의를 동시에 논의해 나가기로 합의했다. 그리고 ⑴장비 현대화 ⑵장기군사원조 ⑶2만 명 이상의 감군은 않겠다는 미국 측의 보장 등 구체적인 문제는 앞으로 있을 고위외교 및 군사회담에서 계속 협의하기로 하고 회담을 끝냈다.

그런데 회담이 끝나자마자 이상한 일이 발생했다. 박 대통령과의 회담에서 '2만 명 이상의 감군은 없다'고 확약했던 에그뉴 부통령은, 한국을 떠나 대만으로 가는 비행기 안에서 가진 미국 기자와의 회견에서 엉뚱한 발언을 한 것이다. 즉 '한국이 장기 계획적으로 군의 현대화를 완수, 미군의 지원 없이도 안전보장을 유지하자면 앞으로 5년 또는 그 이상의 시간이 필요하겠지만, 이 때가 되면 주한미군이 완전 철수한다는 것은 명확한 사실이다'라고 말했다. 발언 요지는 '한국 정부의 의사와는 상관없이 주한미군은 제7사단뿐만 아니라 앞으로 약 5년 후에는 완전 철수할 계획'이라는 것이었다.

이런 일로 인해서 한미 간에는 현격한 견해 차이가 있다는 것을 알게 된다. 한국측은 '한국군을 월남에 파병할 때, 주한미군을 철수할 경우에는 미국은 한국 정부와 사전협의를 하는 데 동의한다'고 합의를

◁ 경량화된 81㎜ 박격포. 포신에 라디에이터와 같은 홈을 파서 중량을 감소시켰으며 포판도 알루미늄합금을 썼다.

했는데, 한미 간의 해석이 달랐다. 한국측은 주한미군 철수 때에는 사전에 한국측과 협의 결정한다는 뜻으로 생각하고 있는데, 닉슨 행정부는 '주한미군의 철수는 한국측의 동의가 필요 없다. 다만 철군을 하기 위한 절차 등에 대해서만 사전 협의한다'는 입장인 것이었다.

에그뉴 부통령과의 회담에서 가장 중요한 초점은 '한국군 현대화 5개년계획'이었다. 한국측은 한국군의 현대화를 위해서는 25~30억 달러가 필요하다고 요구했으나, 결과는 15억 달러로 낙착되었다. 이것이 '닉슨 독트린에 의한 한국군 현대화 5개년계획'의 전부였다. 에그뉴 부통령은 미 7사단의 철수는 1971년 6월 말이라고 했었다. 그런데 미군은 계획보다 3개월 앞당겨 71년 3월 27일 부랴부랴 한국을 떠났다.

미국·중공 화해

미 제7사단 철수 뒤 3개월이 지난 7월 16일에 실로 세상을 깜짝 놀라게 한 대사건이 발생했다. '미 제국주의' 타도를 국가의 지상목표로 삼고 있는 중공이 바로 그 '제국주의의 반동정권의 총수'를 돌연 초청했고, 닉슨 대통령은 즉각적으로 이를 수락, 중공을 방문하겠다고 발표한 것이다. 워싱턴 포스트지는 "닉슨 대통령이 달나라에 가겠다는 발표를 했던들, '키신저'가 중공을 극비리에 방문하여 닉슨 대통령의 중공 방문을 주선했다는 발표만큼은 전세계를 놀라게 하지 못했으리라"라고 표현했다. 닉슨의 중공 방문 발표에 대해 한국은 경악했다. 북한도 갑작스런 미·중 화해 소식으로 벼락맞은 것과 같은 쇼크를 받았을 것이다.

박 대통령은 남북문제를 다루는 데 있어서 앞으로는 미국에 매달릴 처지가 못 된다는 것을 인식하고 대한민국이 주체가 되어 자주적으로 처리해 나가겠다는 결심을 했다. 즉 박 대통령은 '자위(自衛)'에 총력을 경주하기로 했다('자위'라는 말은 주한 미 7사단 철군 뒤부터 박 대통령이 새로 쓰기 시작한 정책용어였는데, '우리 나라는 우리 스스로가 방어한다'는 뜻이다).

4 ▶ 남북한 경제전과 북한의 6개년계획

앞에서 이미 설명한 대로 북한은 7개년계획을 목표 연도였던 1967년까지 완성할 수가 없었다. 그래서 70년까지 3년간을 연장해서 실시 중에 있었다. 이렇게까지 늦어진 이유는 소련이나 중공과의 관계가 악화돼서, 원조나 지원을 받지 못했기 때문이었다. 그런데 70년에 들어 두 나라와의 관계가 개선되자 북한은 새로운 경제개발계획을 마련하기 시작했다. 이른바 '6개년계획'이다. 그러나 '7개년계획'에 포함됐던 미완성 사업들은 고스란히 6개년계획으로 넘어갈 수밖에 없었다. 바꿔 말하면 6개년계획이라는 것은 '실패한 7개년계획'을 보완하는 차원 정도의 계획이 될 수밖에 없었다. 그래서 공업분야의 목표를 보면 '새로운 공업건설은 될수록 적게 하고, 공업의 내부구조를 완비해서 '공업의 주체성'을 더욱 강화한다'고 되어 있다.

북한 '공업의 주체성' 이란 무엇인가 어떠한 외국의 힘도 빌리지 않고 북한이 주체가 되어서 북한식으로 공업을 발전시킨다는 뜻이다. 즉 '자력갱생'인데, '자급자족'의 뜻도 포함된다. 북한의 기술, 북한의 자원, 북한의 인력으로 해결하겠다는 뜻이 된다. 더욱이 북한의 인력을 최고수준으로 활용하기 위해 '천리마운동'이 합세한다. 이 조치로 북한경제는 고립화되고 후진성을 면치 못하게 된다.

이렇게 되어 경제정책면에서 북한과 남한은 완전히 다른 길을 가게 된다. 양쪽 모두 경제개발계획 (남한 : 5개년계획, 북한 : 7개년계획)이 차질을 빚게 되자 남한은 적극적인 방법 즉 '수출'로 외화를 벌어서 경제개발을 하겠다는 것이고, 북한은 소극적인 정책 즉 '자력갱생(자급자족)'으로 해결하겠다는 뜻이다. 이런 조치를 취하고 난 뒤 남한경제는 급속도로 발전하게 되는데, 북한경제는 고립화되고 후진성을 면치 못해 결국 쇠퇴의 길을 걷게 된다.

다만 새로운 공업을 육성하겠다는 분야가 한 가지 있었다. 새로운 대규모 석유화학공업 지대를 창설하는 데 주력한다는 것이다. 당시까지만 해도 북한은 중공업이나 화학공업에서는 단연 남한을 앞선다고 자처하고 있었다. 그런데 남한에서 건설 중인 '울산 석유화학단지'가 1972년에 완성되면 북한은 화학공업 분야마저 남한에게 추월당하게 된다. 북한으로서는 용납할 수 없는 일이다. 그래서인지 북한은 석유화학공업을 추진하는데 총력을 경주하게 된다. 그러나 소련측은 석유화학공업 건설에 반대했다. 그러고는 필요한 석유화학 제품은 중공이나 루마니아에서 공급을 받으라고 권유했다. 북한 당국은 할 수 없이 북경을 방문해서 겨우 '6개년계획'의 중추 부분인 석유화학공업 건설에 대한 지원 약속을 얻게 된다. 이 때가 70년 10월 14일이다. 그리고 약 반달 뒤인 11월 2일에 제5차 당대회가 개최된다.

〈도표 Ⅱ-13〉은 제5차 대회에서 발표된 6개년계획의 목표이다. 7개년계획에서는 20개 품목에 대해 언급한 데 반해, 6개년계획에서는 9개 품목으로 대폭 줄었다. 국민생활 필수품에 대한 항목은 아예 삭제해버렸다. 생산량이 늘지 않았으니 발표할 수가 없었던 것이다. 제4차 대회 때 약속했던 '푸른 낙원' 건설의 꿈은 실패로 돌아갔다. 그러면서도 북한은 중공업 분야에서는 남한을 앞지르고 있다는 것을 강조하고자 했고, 6개년계획에서 이 분야에 중점적으로 투자하겠다는 의사를 명백히 하고 있다. 바꾸어 말하면 북한은 중공업 분야에서 남한과 승부

■ 도표 Ⅱ-13
6개년계획의 주요 공업생산 목표 (1976년)

품 목	단 위	목표 수량	참고 (1970년 실적) 북 한
전력	억 KWH	280~300	165
석탄	만 톤	5,000~5,300	2,700
철강	만 톤	380~400	220
화학비료	만 톤	280~300	150
시멘트	만 톤	750~800	400
직물	억 미터	5~6	4
공작기계	대	27,000	
트랙터	대	21,000	
곡물	만 톤	700~750	

* 주 : 북한의 통계치에 대해서는 검증이 필요

를 내겠다는 뜻이었다.

　북한은 남한의 중공업, 특히 기계공업 분야는 아직도 미개척 분야이며, 북한에 뒤져 있다는 것을 잘 알고 있었다. 더욱이 북한은 6·25 전쟁 직후부터 군수산업 육성에 힘을 기울인 결과, 1970년에는 대구경(大口徑) 화포나 각종 탄약을 포함한 육상 병기는 물론, 잠수함을 비롯한 각종 함정도 자체 건조하고 있었으니 남한과는 비교할 수 없을 정도로 발전되어 있었다. 물론 한 나라의 경제력을 비교할 때 군수산업이나 기계공업이 전부는 아니다. 1970년에 우리 나라는 10억 달러를 수출함으로써 무역이나 국민총생산면에서 북한을 크게 앞질렀다. 그러나 소총 한 자루 제대로 못 만들면서, 그리고 모든 기계를 외국에서 수입해 쓰면서 남한의 경제가 북한보다 우월하다고 말할 수는 없지 않

▲ 손에 들고 다닐 수 있게 만든 분대용 무전기 KPRC-6. 해외수출을 위해 제작한 카탈로그에 실려 있는 사진이다.

은가?

그렇다면 중화학공업 중에서도 기계공업, 특히 방위산업이 북한보다 앞설 때 비로소 남북 간의 경제전에서 당당히 승리했다고 말할 수 있을 것이다. 70년대에 들어서면서 방위산업이나 중화학공업 문제가 본격적으로 부각되는 연유가 여기에 있다.

김일성에게 체제경쟁 제의

1970년 8월 15일 박 대통령은 김일성에게 '어떤 체제가 좋은지 선의의 경쟁을 하자'고 제안했다. 북한의 6개년계획의 목표 연도는 1976년이다. 남한의 제3차 5개년계획의 목표 연도도 똑같은 1976년이다. 그렇다면 1977년에 가서는 양자 간에 결판이 나게 될 수밖에 없다.

제3장 국가안보 113

제4장
방위산업 추진

 **1971년 신년사 : 앞으로 수년간 국가안보상 중요한 시기**

1970년 11월 30일에 열린 제7회 '수출의 날' 기념식은 온통 축제 분위기였다. 박 대통령은 치사를 통해 "(우리 나라는 금년도에) 수출 증대의 판가름이 될 10억 달러 수출의 고비를 달성함으로써 제3차 경제개발 5개년계획이 끝나는 70년대 중반에는 30억 달러의 수출을 이룩해야 될 것"이라고 강조했다(상공부의 수출 장기계획 〈10개년계획〉은 71년의 수출 목표 13억 달러, 76년에 35억 달러, 80년에 53억 달러였다).

박 대통령은 같은 해 8월 15일 김일성에게 제안한 '선의의 경제 경쟁'을 수량적으로 표시한 것이 수출액이라고 생각했던 것이다. 70년대 중반에 30억 달러만 수출하게 되면 우리 나라의 국력은 북한을 완전히 압도할 수 있다고 믿었다는 뜻이다. 그런데 71년 초하루가 되자, 박 대통령은 신년사를 통해 국가안보의 위기를 강조하고 나섰다. 원래 신년

사라는 것은 새해를 맞이하는 국민들에게 국가원수가 축복을 기원하는 담화문 형식이다. 그런데 71년의 신년사는 살벌하기 이를 데 없었다.

한반도 주변 정세와 북한의 오판 가능성

이를 요약하면 우선, 박정희 대통령은 1971년은 국운을 좌우하는 중차대한 시기라고 했다. 세계의 모든 나라는 자기 나라를 위해서 피도 눈물도 없는 냉혹한 생존경쟁을 벌이고 있는데, 국력이 약하면 나라가 기울게 되는 법이니 굳센 결의와 분발과 단결로써 국력을 기르자고 호소했다. 한반도의 정세는 어떠했던가? 우리 나라의 안보를 책임지고 있던 미국은 아시아에서 물러서려 하고 있는데 북한을 지원하고 있는 중공은 영향력을 강화하고 있으며, 소련도 극동 진출의 꿈을 버리지 않고 있다. 이런 상황 아래에서 박 대통령은 "모든 전쟁 준비를 완료하고 무력적화 통일의 기회만을 노리고 있는 북한이 정세를 오판한 나머지 또 다시 6·25 전쟁과 같은 참화를 일으킬 가능성이 크다"고 보고 "앞으로 2, 3년간이 국가안보상 중대한 시기가 될 것이다"라고 경고했다.

이러한 상황에 따라 박 대통령은 국가보위 문제를 최고 긴급과제로 다루었다. 더욱이 미국은 "주한미군 제7사단뿐만 아니라 1976년쯤에는 나머지 지상군도 철수하겠다"는 발표까지 했다. 그렇다면 길어야 3~4년이라는 여유밖에 없다. 이 기간 중에 전력을 증강해서 국가안보 체제를 확고히 해야 한다는 결론이다. 박 대통령은 월남파견 장병의 전과를 보고 군의 전략, 전술면에서나 군 장병의 사기면에서는 자신을 가졌다. 아니 오히려 세계 최강이라 자부했다. 그러나 군 장비면에서는 우리 나라는 북한에 비해 3분의 1 수준밖에 되지 않았다.

▲ 예비군 훈련장을 찾아간 박정희 대통령이 훈련중인 예비군에게서 애로사항을 듣고 있다.

 그렇다면 현역군의 장비 현대화, 예비군의 무장화 문제는 국가의 사활을 결정하는 중대사일 수밖에 없었다. 여기에는 막대한 내자(內資)와 외화(外貨)가 소요되는데, 현역군의 장비 현대화에만도 약 30억 달러가 필요했다. 그런데 '닉슨 독트린에 의한 한국군 현대화 5개년계획'은 약 15억 달러로 낙착을 보았으니, 현역군에 대한 장비현대화에도 부족한 실정이었다.

 따라서 250만 명에 달하는 예비군 무장은 우리 정부 예산으로 마련할 수밖에 없게 되었다. 박 대통령은 여기에 소요되는 군장비를 국산화하기로 하고, 지난 1970년 7월 김학렬(金鶴烈) 부총리에게 방위산업 육성을 지시한 바 있었다. 방위산업을 담당하게 될 '4대 핵공장 건설'이 최고 긴급과제로 등장하게 된 연유이다. 그러나 이 사업은 1년이 지나도록 진척이 없었다. '방위산업' 건설에 소요되는 돈을 빌려주겠다는 나라가 없었기 때문이다.

 청와대 3자 회동, 방위산업 추진전략 결정

1971년 11월 10일, 나(당시 상공부 鑛工電 차관보로서 방위산업육성 4인위원회 구성원)는 이 난국을 해결하기 위해 방위산업 추진에 대한 새로운 구상을 마련하고 김정렴 비서실장에게 보고했다. 그리고 김정렴 실장과 나는 박 대통령에게 다음과 같이 건의했다.

"여하한 병기도 분해하면 부품상태가 됩니다. 이 부품은 규정된 소재를 사용해서 설계도면대로 가공하면 생산이 가능합니다. 이렇게 제작된 부품을 조립하면 병기는 완성됩니다. 각 부품을 가공하는 공장이 몇 개, 몇십 개가 되더라도 최종적으로 결합된 병기의 성능은 완벽한 것이 됩니다. 문제는 병기의 정밀도가 1/100㎜ 정도인데, 현재 우리나라의 가공수준은 1/10㎜ 정도밖에 되지 않는다는 점입니다. 따라서 병기를 생산하기 위해서는 1/100㎜를 가공할 수 있는 체제를 마련하는 것이 선결 문제입니다. 그 방법으로 국내에서 가장 우수한 유관 민수공장을 선정해서 부품별 또는 뭉치별로 분담 생산시키자는 것입니다. 각 업체는 모든 노력을 다해 할당된 부품을 정밀가공하라는 뜻입니다. 그리고 생산된 부품은 한국국방과학연구소(ADD)에서 정밀검사를 실시해서 합격된 것만 선정해서 조립하면 병기는 완성됩니다. 이런 방식을 채택하면 당장이라도 병기개발은 가능하다고 봅니다. 그리고 공장 건설 비용도 절감할 수 있고 무기 수요의 변동에 따른 비경제성도 극소화시킬 수가 있겠습니다."

여기까지 설명하니 박정희 대통령은 지대한 관심을 표명했다. 박 대통령은 병기개발이나 생산은 부득이 미국에 의존할 수밖에 없다는 생각을 갖고 있었다. 그래서 M-16 공장도 막대한 자금을 지불하는 불리한 조건으로 미국에게 매달리다시피 하면서 부탁했다. 그리고 나머지 병기를 생산하기 위해 '4대 핵공장' 건설을 추진해 왔다. 그런데 나의 제안은 국내 기존 시설을 가지고 우리의 기술로 병기개발을 하겠다는 것이니, 박 대통령으로서는 우선 확인부터 해야겠다고 생각한 것 같다. 그래서인지 핵심을 찌르는 질문이 계속되었다.

박 대통령은 "1/100㎜ 정밀가공이 가능한가?"라는 질문을 했다. 나는 "현재 국내에서도 몇몇 공장에서는 1/100㎜ 정도의 가공을 하고 있습니다. 1/100㎜를 가공할 수 있는 시설을 한 후 소위 정밀가공사(精密加工士)가 작업을 하면 가능합니다. 현재 정밀가공사의 수는 많지 않습니다만, 앞으로 방위산업을 육성하기 위해서 정밀가공사 양성은 본격적으로 추진되어야 하겠습니다"라고 대답했다. "소재는 어떻게 구하는가?" "당장은 수입해서 쓰겠습니다." "병기에 대한 설계도는 있는가?" "일부는 있습니다만 없는 것은 미국에서 얻도록 하겠습니다. 그리고 국방과학연구소(ADD)에 설계실을 설치하겠습니다."

"당장 병기개발을 시작할 수 있다는 거지?"라는 물음에 나는 "그렇습니다. 소총 및 기관총 등 개인화기와 박격포까지는 6개월 정도면 대충 개발을 끝낼 수가 있습니다"라고 자신 있게 답변했다. 그러고는 "각하! 김일성도 이런 식으로 병기개발을 시작해서 현재는 각종 화포는 물론 탱크나 잠수함까지 생산해 내고 있지 않습니까"라고 했다.

김일성 이야기가 나오자, 박 대통령의 눈에서는 순간 번쩍하고 빛이 나더니 나를 노려보듯 쏘아보았다. 박 대통령의 질문은 여러 각도에서 계속되어서 가족과의 식사 시간이 될 때까지 두서너 시간 지속되었다.

그리고 드디어 김정렴 실장과 나의 제안을 받아들였다. 이 날(1971. 11.10.) 결정된 사항은 다음과 같다.

(1) 250만 예비군을 국산 병기(개인화기와 박격포)로 무장해서 전력화한다. 이를 위해 병기개발을 즉시 착수한다.
(2) 방위산업은 민영공장 생산체제로 한다. 무기생산을 전문으로 하는 군 공창(工廠) 설립은 무기수요가 생산능력에 미달할 때의 비경제성 및 고급 기술 인력·기능 인력의 확보난 때문에 이미 건설에 착수한 M-16 자동소총 공장 외에는 더 이상 건설하지 않는다. 병기생산을 전문으로 하는 민영 군수공장도 병기수요가 불충분할 때의 유휴(遊休) 등에 따르는 비경제성 때문에 바람직하지 않다.
(3) 현대 무기의 대량생산에는 선진국 수준의 중화학공업이 절대적인 전제가 된다. 아울러 중화학공업화는 우리 경제의 고도 성장, 수출의 지속적인 증대, 국제수지의 개선을 위해 필수적이다. 이런 이유로 우리 나라의 방위산업 육성은 중화학공업화의 일환으로 추진하는 것이 유리하다.
(4) 무기제조 시설 못지않게 기술자 및 기능공의 양성, 확보가 긴요하다.
(5) 경제기획원에서 추진하던 '4대 핵공장' 사업은 취소한다.

회의가 끝날 즈음, 방위산업은 박 대통령 자신이 몸소 챙겨야겠다면서 청와대 비서실에 경제 2수석비서실을 새로 설치하여 그 책임자로 필자를 임명했다. 박 대통령은 이 날 결정된 사항을 우리 나라의 방위산업 육성 전략으로 결정했고, 방위산업 육성은 박 대통령 자신이 총사령관이 되어서 진두지휘하겠다는 결심을 했던 것이다.

이어서 박 대통령은 김정렴 실장에게 "국방장관과 국방과학연구소

▲ 실전에 배치된 PK(한국형 고속초계정) '학생호'. 영문 명칭은 시폭스(Sea Fox)이다. '학생호'는 학생들의 방위성금으로 건조됐다. PK고속정은 남파된 간첩선을 추적해 발칸포로 격침시키는 전과를 올렸다. 해군으로서는 해군 단독작전으로 그것도 눈앞에서 간첩선을 격침시켰으니 PK정은 개선장군 같은 환영을 받았다. 해군에서는 사기가 충천했다. 그리고 간첩선이 나오기만 기다렸다. 간첩선이 나왔다는 무전 연락만 있으면, 간첩선의 앞뒤를 가로막고 '토끼 몰이사냥'하는 식으로 죄어 들어갔다. 그래서 1년에 간첩선을 수척이나 격침하고 노획했다. 그리고 노획한 간첩선은 시청앞에 전시까지 했다.

소장에게 즉시 병기개발을 시작하라고 전하시오. 대통령 명령이라고 하시오"라고 지시했다. 이에 따라 김정렴 실장은 국방장관과 국방과학연구소(ADD) 소장에게 병기개발에 대한 명령을 시달했다. 박 대통령은 방위산업 육성의 총사령관으로서 임무를 개시했던 것이다.

방위산업 기본방침 결정

1971년 11월 10일은 방위산업에 관한 기본방침이 결정된 역사적인 날이다. 방위산업뿐만 아니라 장차 율곡사업(대대적인 한국군 현대화 사업)과 중화학공업화로 이어지고 나아가서는 우리 나라의 공업구조 개편과 산업혁명의 출발점이 되기도 한다. 그리고 이날 '경제 제2수석비서관'이라는 직책이 새로이 마련되었다. 이 부서는 다른 수석비서관과는 성격이 전혀 다르다. 박 대통령의 특별 관심 사항만 담당하게 된다. 처음에는 방위산업 육성이 주 임무였는데 박 대통령으로부터 새로운 특별 과제가 부여될 때마다 임무가 늘어났다. 즉 '중화학공업', '기술인력 양성', '연구기관 설립', '율곡사업', '행정수도 이전과 국토개발' 업무 등이 추가되었다. 경제 제2수석비서관실에는, 내각에 관장 부서가 있는 다른 수석비서관실과는 달리 특정한 관장 부서가 없는데, 이는 업무 내용이 여러 부처에 걸치기 때문이다. 그래서 총리 직속으로 〈기획단(企劃團)〉을 새로 구성하고 이 기구를 통해 내각의 여러 관련 부서와 협조하게 된다. 다른 수석비서관실은 군대식으로 표현한다면 일반 참모부서이고, 경제 제2수석비서관실은 박 대통령으로부터 특명을 받은 과제만을 수행하는 특별 참모본부라고 할 수 있다. 위로는 김정렴 비서실장이 있고 총사령관은 박정희 대통령 자신이다.

㊟ : 이날 있었던 일을 일부 학자들은 '11월 10일 청와대 3자회동', 영어로는 'November 10th '3 member' meeting'이라고 칭하고 있다. 나는 이후 박 대통령의 서거시 (1979. 10. 26)까지 8년여를 같은 자리에서 근무하게 된다.

그 다음 날인 1971년 11월 11일 아침, 박 대통령은 대통령 집무실에서 김정렴 실장만이 배석한 자리에서 나에게 경제 제2수석비서관 임명장을 수여했다.

이때, 박 대통령은 일어선 채로 다음과 같은 지시를 내렸다.

(1) 우리 나라는 현재 초비상 상태라고 판단한다.
(2) 우선 예비군 20개 사단을 경장비(輕裝備) 사단으로 무장시키는 데 필요한 무기를 개발하고 생산토록 하라. 박격포까지를 포함한다.
(3) 청와대 안에 설계실부터 만들어서 직접 감독하라. 나도 수시로 가보겠다. 처음 만든 병기는 총구가 갈라져도 좋으니 우선 시제품부터 만들어라. 그리고 개량해 나가면 쓸 만한 병기를 생산할 수 있게 된다. 필요한 우수 인력을 동원해 쓰도록 하라.
(4) 북한군의 최근 동향에 대해서는 KCIA부장을 만나 설명을 듣도록 하라.

완전히 군대식 명령하달이었고, 나는 직립부동자세로 명령을 받았다.

3 ▶ 긴박하게 진행된 제1차 및 제2차 시제 (試製)

경제 제2수석비서관실에서는 방위산업추진 기본방침을 다음과 같이 정했다.

(1) 예비군 20개 사단 이상을 경장비화하는 데 필요한 기본화기 및 장비의 생산·공급
(2) 전쟁 초기를 대비한 긴요 비축 탄약의 생산·공급
(3) 자주 국방력을 고도화하기 위하여 소요되는 고성능 병기, 장비, 물자에 대한 장기적인 연구·개발
(4) 북한보다 성능이 우수한 병기를 생산하되 1단계로 미국제 최신형을 모방 생산
(5) 병기개발은 부대별 무기 체계를 확정, 이를 기초로 해서 방위산업 5개년계획을 수립하여 연차별로 중점 수행
(6) 우선 착수할 1차 과제로 카빈 소총(carbine), 기관총, 박격포, 로켓 발사기, 수류탄, 대인지뢰, 대전차지뢰 등을 선정
(7) 작업 기한은 제1차 시제를 12월 말까지 완성하도록 했다.

따라서 기간은 45일밖에 없었다. 매우 촉박한 시간이었으나, 개발을 담당한 ADD에서는 대통령 명령이니 사력을 다했다. 즉시 기구 개편을 하고 11월 17일부터 밤낮을 가리지 않는 24시간 근무 체제로 돌입했다. 완전 전투 태세였다. 그 해도 저물어가는 12월 16일, 드디어 제

▲ 대게릴라전 장비로 개발된 한국형 경장갑차

1차 시제가 완료되었다. 명령이 하달된 지 한 달 반 만의 일이었다. 제1차 제품은 청와대 대접견실에 전시되었다. 귀빈 대접이었다.

박 대통령은 ADD 연구진의 노고를 치하하고 "금년도 최고의 크리스마스 선물이다. 우리도 마음만 먹으면 해낼 수 있어. 우리 나라 공업도 이제는 이런 정도로 발전된 거야"라고 기뻐하며, "총리 이하 전 각료에게 보이도록 해"라고 지시했다.

제1차 시제품에 대한 시사(試射)가 끝나자마자 곧이어 72년 1월부터 제2차 시제 작업으로 들어갔다. 제1차 시제품의 결점을 보완해서 더욱 완벽한 시제품을 만드는 작업이다. 제2차 시제의 기한은 3월 말로 정해져 있어 90일의 여유밖에 없다.

▶ 4 국산 병기 시제품 시사회, 성공리에 끝나다

제2차 시제품이 나오자 1972년 4월 3일, 박 대통령 참석하에 시사회가 열렸다. 식장에는 3부 요인, 각군 총장, 언론 기관, 시제 업체 대표 등이 참석했다. 바라고 바라던 국산 무기의 시험 발사를 한다는 것은 가슴 벅찬 일이 아닐 수 없다.

▶ 시사회

맨 처음이 카빈총 차례였다. 발사 명령에 따라 요란하게 총소리가 터졌다. 순식간에 표적 여기저기서 접시가 박살이 났다.
㊟ : 명중 여부를 알기 위해 표적으로 '접시'와 '타일'을 사용했다.

접시가 박살이 난 후에도 사격은 계속되었다. 총알이 떨어질 때까지 쏘는 것이다. 내빈석에서는 박수 소리가 터져 나왔다. 다음은 기관총 차례다. 사격 명령에 따라 백색 타일 조각이 공중으로 튀어나갔다. 총알을 다 쏘고 보니 표적 가장자리에만 타일이 좀 남아 있었다.

이런 식으로 수류탄, 유탄발사기, 3.5인치 및 66㎜ 대전차 로켓포, 대인지뢰, 대전차지뢰 순서로 이어져 갔다.

수류탄의 위력도 대단했다. 수류탄 한 개가 터지는 것이 아니었다. 병사들 10여 명이 일시에 던지니 삽시간에 벼락 때리는 소리가 나고 온통 불바다가 되고, 폭음에 의해 지진 같은 진동이 생겨났다. 이 시사회의 클라이맥스 가운데 하나였다. 유탄발사기라는 것은 명중도가 좀 떨어지는 병기인데도 우리 나라 병사들의 사격 솜씨가 좋은지 100여

■ 도표 Ⅱ-14

제1차 국산병기 시사회장 약도

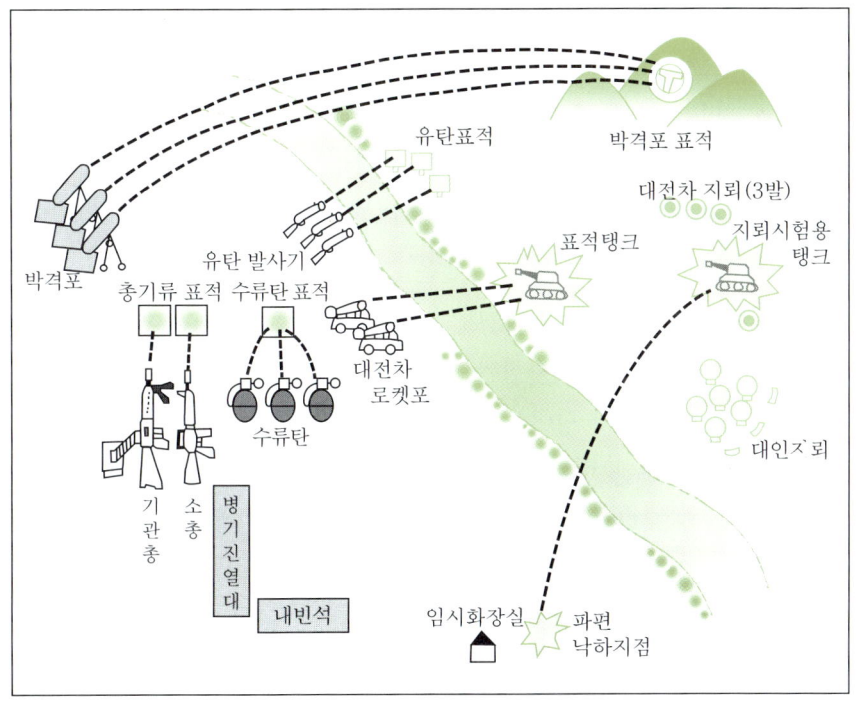

미터 표적에 맞아 불길이 치솟는다. 유탄발사기의 위력도 대단했다.

대전차 로켓포의 표적은 고물 전차였다(이날 고물 전차는 두 대가 동원되었다). 약 150m 거리에서 목표물을 향해서 로켓 포탄이 날아갔다. 순식간에 탱크에서 섬광이 빛나며 폭발 소리가 났다. 그 순간 탱크에서는 또 한번의 폭발음이 나더니 큰 불길이 하늘로 솟았다. ADD의 심 소장은 설명하기를 "로켓탄이 탱크에 명중하고 탱크를 관통했는가를 알아보기 위해서 휘발유 한 통을 탱크 안에 넣어 두었습니다. 두 번째의 큰 불기둥은 휘발유에 붙은 불입니다"라고 했다. 로켓 불길이 탱크를 관통했다는 증거라는 설명이었다. 모두 다시 한번 박수를 쳤다.

　대인지뢰 시사는 전시 효과를 내기 위해 1,000개의 고무풍선을 높이 1~2m 공중에다 매달아 놓았다. 풍선 터지는 것으로 파편에 맞았다는 것을 눈으로 확인할 수 있도록 한 것이다. 그런데 대인지뢰가 한 개가 아니라 몇 개가 동시에 폭파되니 풍선은 일시에 모두 없어져 버렸다. 파편에 맞은 것도 있겠지만 강력한 폭풍에 모두 터져 버린 것이다.

　이때 큰 사고가 발생할 뻔했다. 대전차지뢰 시험 때이다. 네 발을 터뜨렸다. 그 중 맨 처음 한 발은 고물 탱크 밑에 지뢰를 설치했다. 그 위력은 대단했다. 불기둥이 10m나 솟아오르고 까만 연기는 100m나 치솟아 올랐다. 다들 깜짝 놀라 '와' 하고 소리질렀다. '저렇게 폭발력이 강하니 무쇠 덩어리 탱크가 폭파되는구나' 하고 실감했다.

　그런데 이 순간 내빈석에 '휘―' 하는 소리가 들려왔다. 모두 소리나는 하늘을 쳐다보니 무슨 시꺼먼 물체가 이쪽을 향해서 포탄같이 날아오는 것이 아닌가? 모두 '악' 하는 소리를 내며 몸을 움츠렸다. 다행히 그 물체는 내빈석을 넘어서 멀리 날아가 버렸다. 모두 '휴―' 하고 소리를 질렀다. 나도 마찬가지였을 것이다. 기억은 없다. 그런데 '탁' 하고 내 발 밑에 무엇인가 떨어진다. 허리를 굽히고 보니 철 조각이다. 나는 아찔해서 박 대통령을 보았다. 그런데 이 어찌된 광경인가? 박 대통령만은 아직도 쌍안경으로 폭발 지점을 보고 있지 않은가? 미동도 하지 않는 자세였다. 그러고는 잠시 후 "지뢰란 대단한 것이구먼. 포신(砲身)이 떨어져 나갔어" 한다. 이 말로 모두들 제정신을 차렸다. 이 광경은 지금도 생생하다. 일생 잊을 수 없을 것이다.

　이런 사고가 나니 ADD의 심 소장은 제정신이 아니었다. 유재흥(劉載興) 국방장관은 자리에서 벌떡 일어나더니 "중지!"라고 소리쳤다. 그러자 대통령은 침착한 목소리로 "순서대로 진행해" 라고 지시를 했다. 시사회는 다시 속개되었다. 지뢰 세 발이 0.5초 간격으로 연속적으로 터져 나갔다. 지축을 흔든다는 말은 바로 이런 광경을 말하는가 보다. '꽝, 꽝, 꽝' 소리가 나더니 땅이 흔들렸다. 관람석까지 진동이 왔다. 불기둥은 차례로 몇 십 미터나 하늘로 솟았다. 연기가 가신 후 지뢰가 터진 곳에는 큰 구멍이 팬 것이 육안으로도 보였다.

잠시 뒤 경호실에서 온 보고에 따르면, 문제의 시꺼먼 물체는 탱크의 캐터필러 조각이라는 것이었다. 캐터필러가 박살이 나며 한 부분이 날아온 것이다. 떨어진 곳은 내빈을 위해 임시 가설한 변소라고 했다. 충분한 안전 거리(300m 정도)를 두었는데도 이런 사고가 났다.

마지막이 박격포 시사 차례이다. 목표 지점은 내빈석 앞 1~2km 되는 산허리에 흰 석회가루로 T자가 적혀 있었다. T란 타깃(Target)이라는 뜻이다. T에는 작은 원이 그려져 있고, 그 주위에는 또 하나의 큰 동심원이 그려져 있다. 동심원의 직경은 박격포의 정확도를 알 수 있도록 규정된 크기로 되어 있었다. 이 동심원 안에 포탄이 떨어져야 한다.

심 소장이 "지금부터 박격포 시사를 하겠습니다. 금일 실시하는 박격포에는 세 종류가 있습니다. 60㎜ 박격포에 경량화(輕量化)형과 표준형이 있습니다. 우선 경량화 60㎜포를 쏘고 난 후 표준형을 쏘겠습니다. 그리고 81㎜ 박격포 시사로 이어지겠습니다. 앞에 T자가 써 있는 곳이 표적입니다"라고 설명했다.

그리고 난 후 무전기로 발사 명령을 내렸다. 포를 설치한 장소는 보이지 않았다. 잠시 후 '휘' 하는 소리가 들려왔다. 박격포탄 날아가는 소리이다. 순간 T표적 주위 여기저기에 폭발 연기가 솟기 시작해서 그 근처가 연기 속에 파묻히는 것이 보였다. 이때 '꽈—과—광' 하는 폭발 소리가 들려왔다. 10발은 되는 성 싶었다. 모두 동심원 속에 들어

▲ 1972년 4월 3일 제1차 국산병기 시사회. 카빈 소총을 살펴보는 박정희 대통령과 그 왼쪽에 김종필 국무총리, 이낙선 상공부장관, 김현옥 내무장관, 오른쪽 끝의 리본을 단 사람이 ADD 심문택 소장.

가는 것은 물론이고 T자에 맞아떨어지는 것도 있었다.

내빈들은 모두 힘껏 박수를 쳤다. 잠시 후 표준형 60㎜ 포탄이 10여 발 날아갔다. 그리고 81㎜ 포탄 뭉치가 날아갔다. 표적 주위는 연기투성이인데 이 속에서 불꽃이 튀는 것을 보니 목표에 명중하는 것을 알 수 있었다. 내빈들은 박수치기에 여념이 없었다.

나는 책임상 박 대통령을 보았다. 목표에 포탄 떨어지는 것은 육안으로도 보이는데 박 대통령은 쌍안경으로 보고 있는 자세 그대로였다. 박 대통령은 포병 출신이다. 전문가이다. 일반 사람이 모르는 특별한 기술적 감각이 있는가 보다. 그래서 박격포 떨어지는 것을 쌍안경으로 확인하고 있다고 느껴졌다.

흥분이 좀 가라앉은 뒤 국방장관이 일어서더니 "각하! 마지막으로

TOT 사격을 하겠습니다" 라고 한다. 나는 TOT가 무엇인지 알 수가 없었다. 군에서는 TOT라면 모두 통하는가 보다. TOT 사격 명령이 떨어졌다. 잠시 후 표적 T는 온통 쑥밭이 되었다. 일시에 수십 발의 포탄이 한곳에 떨어진 것이다.

나중에 안 일이지만 TOT란 'Target On Time'이란 뜻이라고 한다. 60㎜ 박격포는 사정 거리가 짧다. 그러니 포를 쏘고 난 후 포탄은 짧은 시간에 목표에 떨어진다. 그러나 81㎜는 사정 거리가 기니 시간이 더 걸린다. 그래서 60㎜와 81㎜를 동시에 쏘면 탄환 떨어지는 시간이 다르다. TOT라는 것은 60㎜와 81㎜의 포탄이 동시에 떨어지도록 시간을 조절해서 발사하는 것이다. 그러니 정확한 계산과 정확한 발사가 이루어져야 한다. 포병의 기술 수준을 말해준다. 실전에서는 적을 기습해서 쑥밭을 만들 때 사용되는 전법이라고 했다. 전쟁 때는 박격포뿐 아니라 장거리포도 함께 TOT를 한다고 했다. 이날 TOT 발사로 포병의 기술 연마 성과를 선보인 격이 된다.

이것으로 시사회는 끝이 났다. 박 대통령은 비로소 박수를 치고 환하게 웃었다. 무척 기쁜 얼굴이었다. 그러고는 관람석 계단을 서서히 내려와서 심 소장에게 악수를 하고 수고했다는 치하를 했다. 다음은 곧바로 병기 진열대 쪽으로 갔다. 박 대통령은 병기 하나를 손수 만져 보고 난 뒤 81㎜ 박격포 쪽으로 가서 박격포 포신 윗부분을 몇 번이나 쓰다듬었다. 꼭 귀여운 자식의 뺨을 어루만지는 것과 같았다. 비로소 국산 병기를 만들 수 있다는 자신감을 얻었으니 그 기쁨이란 말로는 다 표현할 수 없었다. 누구보다 박 대통령이 제일 기뻐했다. 시사회에 참석한 인사들은 그제야 겨우 북한에 대한 좌절감에서 벗어나게 되었다. 내가 대통령 명령을 받은 지 5개월 후의 일이었다.

5 ▶ 방위산업 육성 본격화 지시

다음날 아침 박 대통령이 찾는다는 전갈이 와서 서재로 올라갔다. 박 대통령은 어제의 시사회 때 출품된 병기만 대량 생산하면, 250만 예비군을 전력화할 수 있으니, 그 군사적 의의는 실로 막대한 것이라고 느꼈던 것 같다. 그리고 병기개발에 대해 크게 자신을 얻었고, 지난 밤 많은 생각을 한 것 같았다.

박 대통령은 "오(吳) 수석, 앞으로 방위산업을 어떤 방향으로 끌고 갈 것인가?"라고 하문(下問)했다.

나는 다음과 같이 답변했다.

"병기 공장은 효율성을 높이기 위해 민간 주체로 건설한다는 방침을 세웠습니다. 여기에는 많은 건설 자금이 소요됩니다만 군에서 국산 병기를 수주하겠다는 보장만 해준다면, 민간 기업가들은 공장을 증축하고 기계 시설을 보완할 것입니다. 다음 단계는 병기를 대량생산해서 납품하는 단계인데, 그러자면 구매자금, 즉 국방비의 증액이 필요합니다."

결론적으로 앞으로 막대한 자금이 소요될 것인데 돈만 있으면 문제 없다는 답변이었다. 좀 긴 설명이었는데도 박 대통령은 묵묵히 듣고만 있었다. 심사 숙고하는 태도였다. 그러고는 잠시 후 박 대통령은 "남북관계가 심상치 않아. 북한은 대대적인 화력 증강을 하고 있는데, 우리 쪽은 대구경(大口徑) 화포에서 크게 열세에 놓여 있어. 시급히 105㎜ 곡사포를 개발하도록 하게"라고 하는 것이었다. 이어서 박 대통령은 엄숙한 말투로 "우리 나라 공업 수준은 임자가 잘 알고 있을 테니

▲ 국내 과학기술진에 의해 개발된 각종 무기를 살펴보고 있는 박정희 대통령

본격적인 방위산업 건설 계획을 수립토록 하지. 방위산업 업체는 될수록 후방 지역에 배치시키는 것이 좋겠어. 새로 짓는 공장은 처음부터 후방에 배치하고, 경인 지구에 있는 방위산업 공장도 중요한 시설은 후방으로 이전시키도록 해." 이 지시는 박 대통령의 역사적 결단이었다. 1970년 8월 15일, 박 대통령이 김일성에게 제안한 '선의의 경쟁'에서 전면적인 경제전으로 확대되는 사건이기도 하다. 이날의 결단을 '72년 4월 4일 결단'이라고 칭하게 된다.

| 1972년 4월 4일 결단의 요점 | 첫째는 '방위산업' 업무의 확대 지시이다—대구경(大口徑) 화포는 현역군용이다. 따라서 대구경 화포의 개발 지시는 현역군용 병기까지 국 |

산화하겠다는 강력한 의지 표명으로 보아야 한다. 앞으로는 탱크, 항공기, 대형 함정까지 국산화하겠다는 결심이 내포되어 있다. '한국군 장비의 현대화'에 드는 비용 중 15억 달러를 미국에서 원조해주기로 되어 있는데 그 추진 상황은 지지부진했다. 이런 상황 아래에서 박 대통령은 현역군용 병기도 국산화하기로 결심한 것이다.

둘째는 본격적인 방위산업 건설 계획을 수립하라는 지시이다.

현역군용 병기를 생산하기 위한 방위산업의 질과 규모는, 지금까지 추진하던 예비군 무장용 방위산업과는 근본적으로 차원이 다른 문제이다. 박격포까지만 생각하는 예비군용 방위산업은 기존 공장을 활용하고, 일부 기계만 보충하면 가능했는데, 현역군 무장을 목적으로 한다면 대규모의 새로운 공장을 건설해야 한다. 이는 바로 중화학공업 건설로 이어지는 것이다. 이를 수행하기 위해서는 막대한 자금이 소요된다. 더구나 이들 공장에서 병기가 생산되면 국방부에서 구매해주어야 한다. 여기에는 엄청난 정부 예산이 필요하다. 그런데도 박 대통령은 본격적인 방위산업 건설에 대한 발진 명령을 하달했다.

㈜ : 이후 중화학공업을 본격적으로 추진하게 됨으로써 방위산업 건설은 중화학공업 건설 계획에 포함되고, 필요한 자금은 '국민투자기금'에서 지원받게 된다. 그리고 생산 병기의 구매는 '율곡(栗谷)계획' 추진으로, 방위세에서 지출하게 된다. 모두 박 대통령이 손수 조치를 취하게 된다.

끝으로, 본격적인 방위산업 건설 계획의 작성을 나에게 담당시켰다.

이로써 나는 현역군용 병기까지 포함한 병기의 연구 개발과 생산 공장 건설, 후에 율곡(栗谷)사업 즉 '대대적인 국군현대화 사업'이 시작되면서 병기의 생산 및 획득까지 책임지게 된다.

▶ 국산 대구경화포 개발 성공

105㎜ 대구경화포는 악전고투 끝에 완성되고 발사에 성공했다. 명령이 떨어진 지 꼭 11개월 만인 1973년 3월이었다.

나는 이 보고를 전화로 통고받고 곧 박 대통령에게 보고했다. 그때 박 대통령은 일선을 순시 중이었는데, 최일선 천막에서 브리핑을 청취하고 있었다. 내가 쪽지에 '105㎜ 발사성공'이라고 써서 보고하니, 박 대통령은 브리핑이 끝난 후 "우리 나라에서 105㎜ 곡사포가 완성되어 발사에 성공했다. 장병들에게도 이 소식을 전해서 사기를 진작시켜라"라는 지시를 내렸다.

우리 나라가 대구경화포를 국산화했다는 사실은 일대 경사가 아닐 수 없다. 더욱이 박 대통령은 포병 출신이니 그 감개가 더 컸을 것으로 추측이 된다. 그래서인지 나에게 "105㎜ 포를 보고 싶으니 시사회 준비를 하도록" 지시를 내리는 것이었다. 이렇게 돼서 그해 6월 25일에 대구경화포, 즉 106㎜ 무반동포, 4.2인치 박격포, 105㎜ 곡사포에 대한 시사회가 열리게 됐다. 장소는 비무장지대 가까운 다락대였다. 참석 인원은 극히 제한되었다.

시제포는 모두 3문밖에 없으니 2문으로 사격하고, 한 문은 전시를 했다. 시사는 105㎜ 곡사포부터 먼저 시작했는데, 먼저 곡사(曲射)로 발사했다. 그리고 곡사포는 포차를 끌고 와서 직사(直射)를 하게 된다. 그 중간에 4.2인치 박격포와 106㎜ 무반동포의 시사를 했다. 모두 새로 개발한 시제품이다. 4.2인치라고 하면 직경이 10.67㎝로 60㎜나 81㎜ 박격포탄과는 위력이 다르다. 4.2인치 박격포에는 명중도를 높이기 위해 강선도 있다. 'T'라고 표시된 타켓에 명중되어 폭음이 둔탁하게 울려퍼졌다. 106㎜ 무반동포가 목표물인 고물전차 표적을 명중시

▲ 1973년 6월 25일 다락대에서 열린 제2차 국산병기 시사회에서 국산 105㎜ 곡사포의 시험사격 장면

킨다. 맨 나중에 105㎜ 곡사포의 직사 사격이 있었다. 근거리에서 포를 목표물인 바위에 정조준해서 쏘는 사격이다.

드디어 시범사격이 시작됐다. 많은 훈련을 한 포병들 덕분에 곡사, 직사 모두 명중을 하여 장내는 우레와 같은 박수와 웃음꽃이 가득했다. 시범사격이 끝난 뒤 박 대통령은 후면에 전시된 화포들을 돌아보고 개발종사자들과 일일이 악수를 나누었다.

다음은 개발종사자의 회고이다.

"아! 우리는 결국 해냈습니다. 그 당시의 우리는 젊었고 국방과학연구소도 활기가 넘칠 때였습니다. 그래서 그런지 우리는 불철주야 정신없이 뛰었습니다. 바로 이것이 공학도의 애국하는 길이라고 믿었던 것이지요."

제 5 장
100억 달러 수출하자면 무슨 공업을 육성해야 하지?

1972년 5월 30일, 중앙청 홀에서 무역진흥 확대회의가 개최되었다. 회의가 끝나면, 새로 수출하기 시작한 상품 전시회가 열린다. 이날 자동차 부품도 전시되었는데, 당시까지만 해도 주력 수출 상품은 섬유제품 등 경공업 제품이었기 때문에 기계제품이 수출된다는 점에서 박 대통령의 관심을 끌었다.

이날 오후 박 대통령이 불러서 서재로 갔더니 "차 한 잔 들지" 하며 집무용 의자에서 일어나 방 중앙에 놓여 있는 소파 쪽으로 가서 앉는 것이었다. 보통 때는 회의용 탁자에 앉는데 소파로 가는 것은 드문 일이다. 그러고는 "오 수석!" 하고 말을 꺼냈다. 이런 경우는 박 대통령의 기분이 아주 좋을 때이다. "오늘 무역확대회의의 보고를 들으니 수출은 계속 늘고 있더구먼. 그 이유는 새로운 수출 상품이 계속 개발되고 있기 때문이라는 것을 오늘 전시회를 보고 실감했어" 하고는 갑자기 내 눈을 쏘아보더니 "임자! 100억 달러 수출하자면 무슨 공업을 육성해야 하지?"라는 질문을 던지는 것이었다.

◀ 수출 100억 달러 기념식 행사장에서 참석자들의 환호에 답하는 박정희 대통령

　나는 바짝 긴장했다. 예사로운 질문이 아니라는 것을 직감했다. 국가 기본정책에 관한 질문이고, 어떤 의미에선 통치이념에 관한 자문이다. 나는 박 대통령을 바라보았다. 그러면서 두 가지 생각을 했다. 첫째는 "지금 박 대통령은 무슨 생각을 하고 있는 것일까?"라는 점이었다. 최고 결정권자를 최측근에서 보필하는 참모는 결정권자의 주된 관심사와 목표를 정확히 파악해서 '정확한 건의를, 간단명료하게 제시할 수 있어야 한다'고 나는 생각하고 있었기 때문이다.
　박 대통령은 지난 2월 20일 '1980년도의 수출 목표'를 55억 달러로 확정지은 바 있다. 그런데 불과 3개월 후인 지금에 와서 왜 갑자기, '100억 달러 수출'을 생각하게 되었을까? 더구나 100억 달러를 어느 해에 수출해야 한다는 목표 연도도 분명치 않다. '100억 달러 수출'이라는 사실만이 필요한 것이다. 그렇다면 분명히 수출 증대라는 면보다는 더 고차원적인 목적이 있다는 것을 직감할 수 있었다. 둘째는 100억 달러 수출이라는 숫자에 대한 생각이었다. 100억 달러 수출이라면, 업종 한두 개를 육성한다고 해서 달성되는 액수가 아니다. 그보다는 더 큰 테두리에서 생각해야 한다.

1. 산업구조 고도화 전략

박 대통령의 태도는 진지했다. 나의 눈을 계속 주시하고 있었다. 나는 곧 결심이 섰다. 드디어 오랫동안 구상해 오던 '산업구조 고도화에 대한 전략'을 밝힐 때가 되었다고 결심했다.

경공업에서 중화학공업 정책으로

나는 말했다. "각하! 중화학공업을 발진시킬 때가 왔다고 봅니다. 일본 정부는 제2차대전 후 폐허가 되다시피 한 경제를 소생시키기 위한 첫 단계로, 경공업 위주의 수출산업에 치중했습니다. 현재의 우리 나라 사정과 같습니다. 그 뒤 일본의 수출액이 20억 달러에 달했을 때, 중화학공업화 정책으로 전환했습니다. 이 때가 1957년도입니다. 그리고 10년이 지난 67년에, 일본은 100억 달러 수출을 하게 되었습니다. 지금 일본은 기계제품과 철강제품이 수출의 주력 상품이 되었습니다." 짧게 설명을 했다. 국가 원수의 중대 결심에는, 필요한 골자만을 설명하는 것이 가장 설득력이 있다. 특히 박 대통령에게는 군대식으로 '육하 원칙'을 모두 충족시켜야 한다. 즉, (Why)100억 달러 수출을 위해서, (What)중화학공업 육성을, (How)일본 정부가 중화학공업 육성을 국가 중요 시책으로 추진한 것과 같이, (Where)대한민국도, (When)앞으로 10년간, (Who)정부 주도 아래에 민간 기업체가 담당해서 추진한다. 아울러 제반 여건도 성숙되었다는 설명을 한 것이다. 즉 이 해(1972년)의 우리 나라 수출 목표가 18억 달러이다. 일본이 중화학공업을 발진시킬 때(즉 20억 달러 수출할 때)와 별 차이가 없다. 그리고 10년 만에 100억 달러를 수출하게 되었다는 실례를 든 것이다.

박 대통령은 이 말을 듣고 아무 코멘트도 없었다. 단지 뭔가 깊은 생각에 잠겨 있었다. 이것은 박 대통령 스스로 사안이 극히 중요하다고 느끼고, 판단에 골몰하고 있는 상태이다. 한참 후 "자료를 갖고 와서 다시 설명해" 라고만 말했다. 군사령관답게 확인 절차를 받겠다는 뜻이다. 그러고는 소파에서 일어섰다. 커피도 아직 시키지 않은 상태였다. 나는 일이 심각하게 되었다고 느끼면서 서재에서 나왔다. 나는 '박 대통령이 왜 갑자기 100억 달러 수출을 열망하게 되었는가'에 대해 골똘히 생각하기 시작했다. 우선 박 대통령의 심중을 헤아려야 한다. 그래서 최근의 발표문을 여러 개 찾아보았다.

그 결과를 요약한다면, 박 대통령이 생각하고 있는 민족적 역사적 과업이란 '조국근대화' '민족의 중흥'과 '평화적인 국토통일'로 압축할 수 있으며, 이를 달성하는 수단은 '부국강병(富國强兵)', 즉 '국력 증강'이라는 점을 강조하고 있다. 박 대통령은 국력 증강을 국가 경영의 최고 이념이라고 믿고 통치를 하고 있는데, 국력의 바로미터는 바로 수출이라고 생각하고 있다. 그래서 수출 목표만큼은 박 대통령이 손수 챙겨왔다. 이런 입장에서 생각하면 박 대통령의 수출에 대한 집념은 잘 정리할 수 있었다.

그러나 왜 '100억 달러여야 하는가'에 대해서는 설명할 수 없었다. 생각이 여기까지 미쳤을 때 문득, 몇 달 전 내가 '북한 경제의 분석'이라는 브리핑을 할 때의 일이 생각났다. 이 회의 때 박 대통령은 "북한의 수출액은 얼마나 되느냐"라는 질문을 했다. "1976년에 5~6억 달러가 될 것으로 추산된다"는 답변을 하자, 박 대통령은 "북한의 인구가 남한의 약 2분의 1이니 우리 나라의 1970년도 수준이구먼" 이라고 했다. 나는 이때 무심코 들었는데, 아마도 이때 박 대통령은 '북한의 수출액이 의외로 크다'라고 느꼈다고 보여진다. 그 후 박 대통령은 80년대 초의 우리 나라의 "50억 달러 수출로는 '남북대치, 즉 경제대결에서의 완전 승리'라고는 할 수 없고, 적어도 100억 달러는 되어야 하겠다. '100억 달러 수출'이라고 하면 북한으로서는 꿈도 못 꿀 것이 아니겠느냐?"라는 생각을 하기 시작한 것이 아닐까 하는 추측을 할 수밖에 없었다.

100억 달러 수출 과업

이러한 가정 아래에 박 대통령의 심중을 헤아리면 '100억 달러 수출'이라는 과제는 실로 엄청난 중요성을 내포하고 있다.

즉 '100억 달러 수출'이 달성되면, 우리 나라의 국력은 북한을 완전히 압도하게 되고, 국민들의 생활이 북한 주민보다 월등히 윤택해진다. 또한 방위산업을 비롯해서 모든 중화학공업이 북한을 능가해서, 감히 6·25 한국 전쟁과 같은 도발은 못하게 된다. 결과적으로 남한의 자유경제 체제가 북한의 사회주의 체제보다 우월하다는 것이 입증되어, 남북한 간의 '체제의 경쟁'에서 완승하게 된다.

결국 '100억 달러 수출 과업'은 국가 원수의 통치이념에 관계되는 사항인 것이다.

② '일본의 중화학공업 육성 성공사례'에 대한 보고

나는 2~3일 내에 자료를 만들어 김정렴 비서실장실로 가서, 박 대통령의 지시와 작성한 자료에 대해 설명을 하고, 그간 내가 생각한 바를 말했다. 김 실장도 이번 기회에 중화학공업을 본격적으로 추진하는 데 대해서 적극 찬성했다. 그래서 '자금확보 문제'에 대해서는 김정렴 실장이 책임지기로 했다. 그리고 김 실장과 함께 서재로 올라갔다. 나는 박 대통령에게 다음과 같은 설명을 했다. (〈도표 Ⅱ-15~18〉은 당시에 대통령에게 보고한 그대로이다)

"일본 정부는 1957년부터 중화학공업화 정책을 명백히 한 장기경제계획을 수립하고 추진한 결과, 오늘의 경제대국으로 발전하였습니다. 일본이 중화학공업화 정책을 택하게 된 이유는, 중화학공업이 자본·기술 집약적 산업으로써 수요의 탄력성이 높고 기술 진보가 빠르며 노동생산성 향상이 빠른 산업이라는 데 있습니다. 중화학공업은 수요의 폭과 깊이가 있고, 부가가치 및 생산성이 높으며, 후진국이 따라갈 수 없는 산업입니다. 일본은 중화학공업 정책 선언 후 10년 만에 100억 달러 수출 고지를 점령했습니다. 즉 1957년에 중화학공업화 정책 선언을 하였고, 67년에는 100억 달러의 수출 목표를 달성했습니다. (〈도표 Ⅱ-15〉 참조)

일본도 1957년에는 산업구조상 중화학공업 비율이 43%로서, 중화학공업 국가라고는 말할 수 없었습니다. 현재 우리 나라의 중화학공업 비율인 42%와 비교해 보면 별 차이가 없습니다. 이로부터 10년 후 일본은 78%로 급상승하게 됩니다.

도표 Ⅱ-15 일본의 수출달성 비교

연도	목표 달성	공업구조(%)	
		중화학공업	경공업
1955	수출 20억 달러 달성	41	59
1957	중화학정책 선언	43	57
1967	수출 100억 달러 달성	78	22

* 주 : 1957년만 해도 일본은 중화학공업 비율이 43%로 아직은 중화학공업 국가가 아님. 1955년이 기준연도임.

도표 Ⅱ-16 일본의 공산품 수출증가 추세

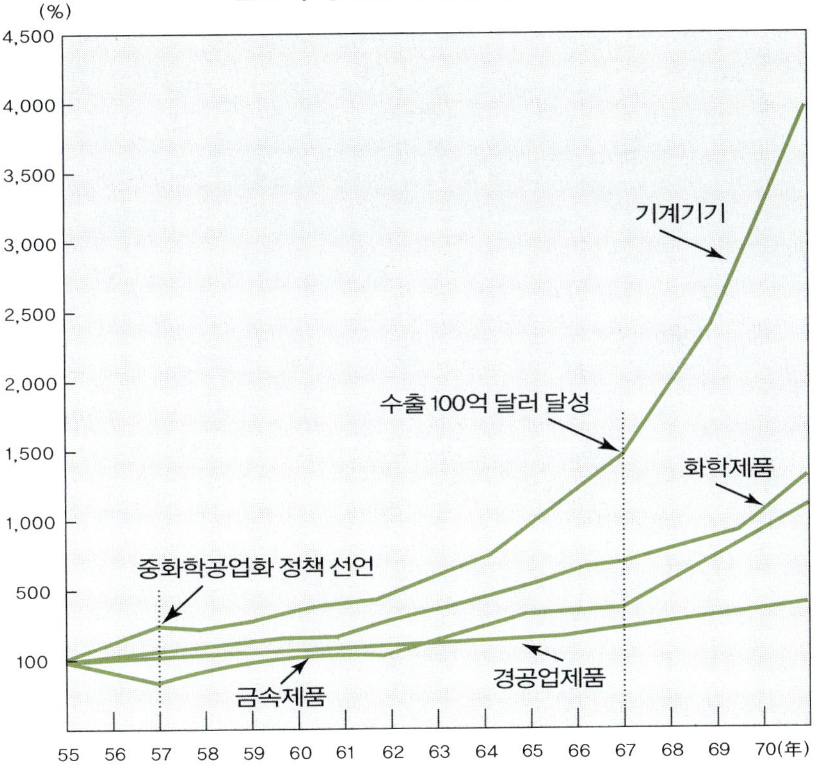

제 5 장 100억 달러 수출하자면 무슨 공업을 육성해야 하지?

〈도표 Ⅱ-16〉은 일본의 공산품별 수출증가 추세를 나타낸 표입니다. 1955년을 기준 연도로 해서 지수를 100으로 잡은 도표입니다.

경공업제품의 수출이 제자리걸음을 하고 있다는 것을 알 수 있습니다. 그런데 중화학공업 정책 선언 후 기계, 화학, 금속 제품이 비약적으로 증가하고 있습니다.

특히 기계제품은 67년에는 1,500%로 증가했고, 70년에는 4,200%로 증가하고 있습니다.

■ 도표 Ⅱ-17

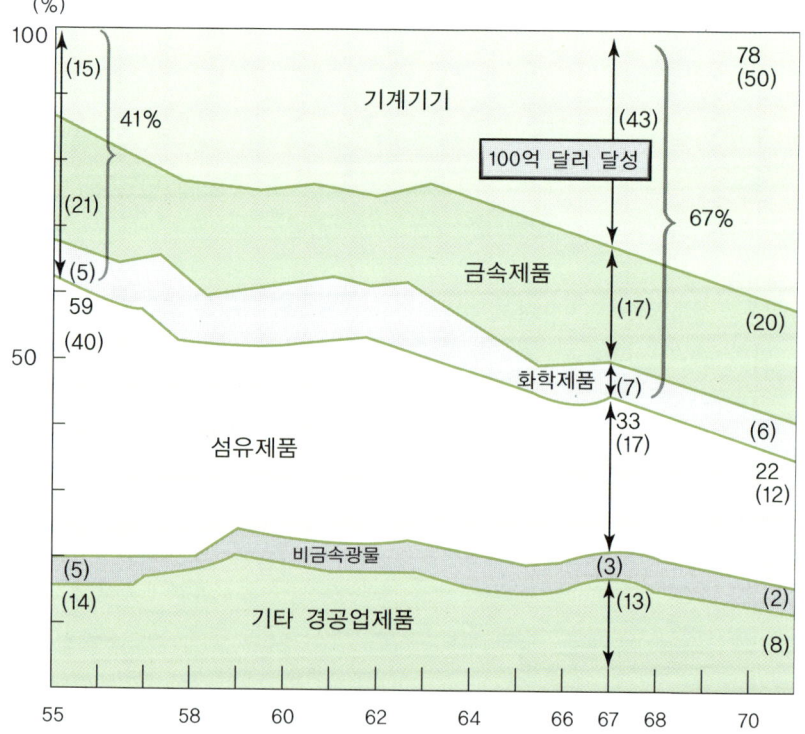

〈도표 Ⅱ-17〉은 일본 수출 상품의 구조변천 도표입니다. 기준 연도인 55년에 중화학 제품의 수출이 41%였는데, 67년에는 67%를 차지하게 되었습니다(기계 43%＋금속 17%＋화학 7%＝67%). 10년 만에 이러한 극적인 변화가 생겨난 것입니다.

더욱이 최근 일본에서는 '더 이상 중화학공업을 키우지 않겠다'는 정책을 쓰고 있습니다. 자원과 에너지를 덜 쓰는 산업구조로 개선해 가자는 논조입니다. 그렇다면 우리 나라로서는 60년대에 '선진국에서 사양화되어 가는' 섬유산업 등 경공업을 유치해서, 수출산업으로 육성함으로써 공업화의 터전을 만든 것과 똑같은 이치로, 지금은 중화학공업을 적극 유치해야 할 단계라고 보여집니다. 그리고 외국 사양산업 중 필요한 산업은 강력히 유치해서 기술전입, 고용증대, 수출확대, 공

■ 도표 Ⅱ-18
주요국의 임금상승 변화와 민생품 전자기기의 생산 중단 시기

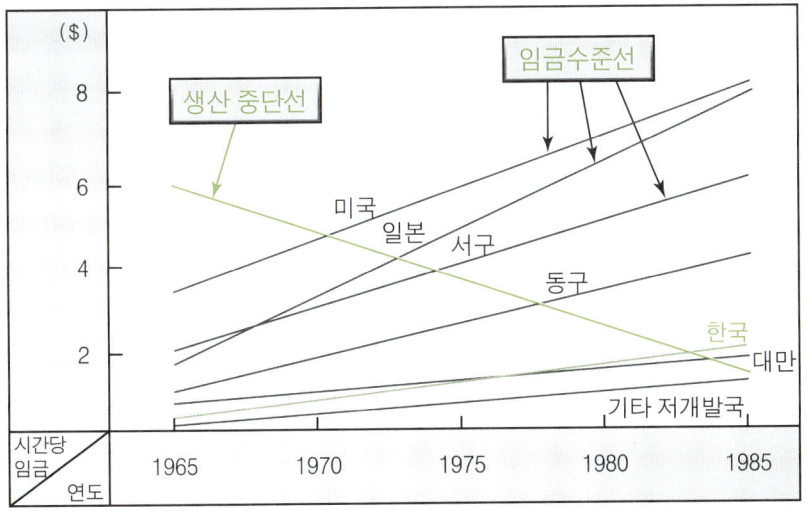

업구조의 개선에 노력해야 하겠습니다. 중화학공업 유치에 시기를 놓쳐서는 안 됩니다. 우리 나라와 경쟁 관계에 있는 동남아 국가들보다 먼저 출발해야 성공할 수 있습니다. 현 시점이 '중화학공업 진입에 대한 마지막 버스'를 탈 수 있는 기회입니다.

〈도표 Ⅱ-18〉는 세계 주요국의 임금상승률입니다. 임금이 올라가면 라디오, TV 조립공업 등 사람을 많이 쓰는 공업은 사양화됩니다. 미국에서 이러한 단순조립공업은 71년에 이미 사양화되고 있었습니다. 일본, 유럽도 곧 이런 사양화 시기를 맞게 될 것이라는 전망입니다. 한국의 인건비 상승률은 대만을 앞지르고 있기 때문에, 우리 나라는 이러한 사양산업 시대가 대만보다 먼저 올 것이란 예측도 나오고 있습니다. 이런 이유에서 우리 나라는 대만보다 하루라도 더 빨리 중화학공업화를 이룩해야 되겠습니다. 중화학공업에서는 대만보다 앞질러 가야 한다는 결론입니다."

▶3 우리 나라 중화학공업화 정책의 발진

여기까지 설명을 하고 잠시 말을 끊었다. 박 대통령은 도면을 손에 들고 처음부터 한 장씩 다시 보기 시작했다. 질문도 없었다. 침묵뿐인 시간이 몇 분 흘러갔다. 나는 설명을 계속했다.

"각하! 우리 나라는 이미 중화학공업 건설을 시작했습니다. 종합제철과 석유화학입니다. 그런데 그 규모는 국제 규모의 3분의 1입니다. 그러니 하루 속히 국제 규모의 공장을 건설해야 수출도 가능하지 않겠습니까. 조선공업이나 전자공업도 이미 출발을 했습니다. 이들 분야에서 현재 수입하고 있는 소재나 부품이나 중간제품은 하루 속히 국산화해야겠습니다. 이때 국제 수준의 공장을 건설해야만, 여기에서 생산되는 소재나 부품의 가격과 품질이 국제경쟁력이 있어 수출도 할 수 있고, 이들을 사용해 만든 최종제품도 비로소 수출이 가능하게 됩니다. '일본 경제의 예속화'라는 문제에서도 탈출할 수 있습니다. 나머지 분야가 정밀기계 분야인데, 이 분야는 방위산업과 자동차공업을 주축으로 부품생산공장을 건설해서 수출도 하겠습니다. 이들 부품공장들은 국제수준의 공장이라고 해도 대규모의 투자가 필요하지는 않습니다. 그리고 한 개 공장씩만 건설하겠습니다. 중화학공업의 전 분야를 일시에 출발시키는 것이 아니고, 이미 건설하기 시작한 종합제철, 석유화학, 조선, 전자, 방위산업과 자동차공업에 한해서 국제규모화하고, 부품공급 체제를 구축하도록 하겠습니다."

여기까지 설명하자, 박 대통령의 눈이 빛나기 시작했다. 아마도 '이 정도라면 할 수 있다'는 자신감을 갖게 된 것이 아닐까. 이때 김정렴 실장이 "각하! 자금 문제 중 내자(內資)는 별 문제가 없습니다. 제가 책임지겠습니다. 외자(外資)도 우리 나라의 수출이 순조롭게 증가하는 한, 차관이 가능합니다. 지난 4월 4일 회의에서 방위산업도 본격적인 공장을 건설하라는 지시를 내리지 않았습니까? 방위산업 쪽에서는 앞으로 상당 기간 대량의 수요가 발생하게 될 것입니다. 그러니 지금이야말로 중화학공업을 본격적으로 추진할 수 있는 절호의 기회라고 생각됩니다. 수출과 방위산업과 중화학공업 건설이 동시에 해결되니 '일석삼조(一石三鳥)'라고 생각합니다."

박 대통령은 그래도 잠시 아무 말 없더니, 마침내 "오 수석! 우선 중화학기획단 같은 것을 구성해서 계획을 짜보도록 하지!" 그러고는 김정렴 실장에게 "기획단 구성에 대해 내각에 지시하시오" 라고 했다. 이 간단한 지시가 역사적인 중화학공업 발진의 명령이었다. 박 대통령은 초인종을 누르더니 비로소 커피를 시켰다. 커피를 마시면서 나는 "중화학공업 시대가 되면 남성 기능공이 주역이 됩니다. 일자리가 많아지고 급료도 여성 기능공보다 많습니다. 그래서 국민생활이 윤택해지고, GNP도 급격히 상승하게 됩니다"라고 했다. 중화학공업을 건설하기 위해서 초기 단계에서는 막대한 투자를 하게 되어 일시적으로는 국민에게 부담을 주지만, 결국에 가서는 국민의 생활이 윤택해지기 때문에, 국민을 위한 사업이라는 뜻이다. 박 대통령은 1970년의 신년사에서 1970년대 말에 수출 50억 달러, 국민소득 500달러가 된다고 발표한 바가 있다. 지금 수출 목표를 100억 달러로 올리는 마당에 국민소득(1인당 GNP) 목표치도 의당 상향 조정할 수 있다는 암시였다.

4 ▶ 방위산업 건설과 100억 달러 수출을 위한 중화학공업 건설

박 대통령은 국운을 거는 거대한 과업을 연달아 지시했다. 1972년 4월 4일에는 '방위산업 건설에 대한 계획' 작성 지시가 떨어졌고, 5월 30일에는 '100억 달러 수출', 이어서 '중화학공업 건설계획' 작성 지시가 떨어졌다. 방위산업 건설과 100억 달러 수출을 위한 중화학공업 건설에 대한 계획 작성이란, 바로 '조국 근대화 및 민족중흥'과 '평화적인 국토통일'을 이룩하기 위해 정책 수단을 마련하라는 뜻과 같다. 국운을 거는 거창한 과업이었다. 나는 앞으로의 추진 방향을 구상하기 시작했는데 생각에 잠길수록 문제점이 많았다.

첫 번째 문제 중화학 공업 일본과는 달리 중화학공업 분야에는 경험도 없고, 따라서 아무런 기반도 없는 우리 나라가—일본이 중화학공업화를 선언한 지 10년 만에 100억 달러를 수출했다고 해서—10년 후에 중화학공업의 기초를 구축해서 100억 달러를 수출할 수 있겠느냐 하는 문제였다.

이상과 같은 생각에 잠기다 보니 절대 실패해서는 안 될 계획을 수립해야 하는 것이 급선무였다. 즉 안전 대처 방안이었다. 나는 세 가지 방안을 생각했다.

요소공격 방식

(1) 박 대통령으로부터 지시받은 '방위산업 건설계획' '100억 달러 수출계획' '중화학공업 건설계획'의 3개 과제를 한 시스템으로 통합한다. 즉 병기를 생산하는 중화학공업, 수출을 하는 중화학공업을 건설한다는 뜻이었다. 이렇게 함으로써 중복투자 방지, 건설비 감축, 작업량(특히 가동 초기) 확보와 가동량 증가, 평시 때의 방산시설 활용과 전시 때의 병기증산, 그리고 수출이 가능해진다.

(2) '임팩트 폴리시(Impact Policy, 요소공격 방식)'를 쓰기로 한다. 중화학공업의 모든 분야를 대상으로 하지 않고, 가장 파급 효과가 크고 성공 가능성이 많은 업종 몇 개만을 선정해서 집중적으로 육성하기로 한다. 이런 관점에서 ①철강 ②석유화학 ③조선 ④전자 ⑤기계(자동차 포함)의 5개 업종을 선정한다. 이들 분야는 이미 국내에서 착수되어 있고 장기 계획도 마련돼 있기 때문에 이 계획을 확대 보강해서 추진해 나가면 성공할 수 있겠다고 느꼈던 것이다. 여기에 방위산업에 관계되는 ⑥비철금속 분야를 추가해서 6개 업종으로 한다. 그리고 공장은 종류별로 한 개씩만 건설하되 단지화(團地化)한다.

(3) 단계별로 추진한다. 10개년계획을 둘로 나누어서 1973~77년까지의 전반부 5개년과, 그 후 82년까지의 후반부 5개년계획이다. 전반부 5개년에 마무리지을 수 있는 것을 먼저 착수해서 이 기간 중에 중화학공업의 기반을 구축, 성과를 보여줌으로써 그 후에 어떠한 정책 변경도 못하게 하자는 의도이다.

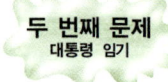

중화학공업을 건설하자면 국가 원수가 앞장서서 적극적으로 밀어주고 중단 없이 일사불란하게 추진

되어야 한다. 그러고도 최소한 10년은 필요하다. 어떤 의미에서는 10년간 계속되는 전쟁과 같다. 10년 후라면 1982년 말이 된다. 박 대통령은 제7대 대통령으로서 임기가 1975년 6월까지이다. 박 대통령은 제7대 대통령 선거 유세 때(부산 및 서울에서) "나에게 표를 찍어 달라고 부탁하는 것은 이번이 마지막이다"라고 했다. 그리고 1971년 6월 10일에는 '1975년 선거에서의 불출마' 의사를 천명한 바 있다. 그렇다면 1975년 7월부터는 다른 대통령이 집권하게 될 것이다. 만일 다른 대통령이 나와서 중화학공업화 정책을 비판하고 나선다면, 이 과업은 중단되거나 실패로 돌아갈 것이 아닌가?

생각이 여기까지 이르니 몸이 오싹해졌다. 국운을 거는 거창한 사업을 출발시켜 놓고, 중단되거나 실패한다면, 전쟁에서 패한 것과 똑같은 상황이 벌어질 것이다. 경제는 파산할 것이고 우리 나라는 위기에 처할 것이다. 국민은 절망에 휩싸일 것이고, 우리 후손들의 앞날은 암담해질 것이다. 그리고 박 대통령을 비롯해서 이 일을 추진하던 모든 사람은(나는 물론이고) 분노에 싸인 국민으로부터 역적 소리를 듣게 된다. 목숨이 위태롭게 된다는 뜻이다.

세 번째 문제 소요자금 이들 과업을 수행하는 데는 막대한 자원이 소요되는데 우리 나라에 과연 이를 뒷받침할 만한 능력이 있느냐는 문제였다. 두 번째 문제(대통령의 임기 문제)와 세 번째 문제(막대한 소요자금 문제)의 심각성에 대해서는, 박 대통령도 충분히 파악하고 있으리라고는 믿었지만 필자로서는 여기에 대한 답은 나오지 않았다.

㈜ : 대통령 임기 문제는 10.17 유신선언으로 해결. 막대한 자금문제는 1973년 1월 31일 중화학공업 브리핑 때 해결됨.

5 ▶ 100억 달러 수출

중화학공업 건설을 6개 업종으로 한정해서 중점 육성하기로 결정이 되자, 곧바로 상공부 장관을 만나러 갔다. 내가 박 대통령으로부터 100억 달러 수출계획 작성 지시가 떨어졌다고 전하자, 장관의 안색이 굳어졌다. 그리고 1980년에 55억 달러를 수출한다는 목표 아래 일하고 있던 상공부 실무자는, 100억 달러를 수출하라는 지시를 받고 어안이 벙벙해했다. 상공부는 70년 2월부터 장기 수출계획(10년 계획)을 작성하기 시작했는데, 그 해 8월 수출확대회의에서 확정이 됐다. 〈도표 Ⅱ-19〉의 제(1)안인데, 76년에 35억 달러, 80년에 53억 달러를 수출

■ 도표 Ⅱ-19

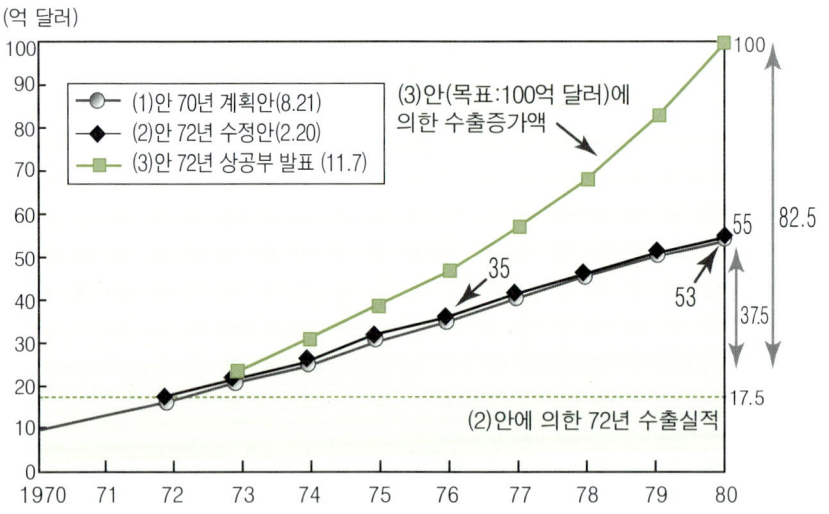

장기 수출계획 〈제(1)안~(3)안〉

하겠다는 것이었다. 1971년에는 13억 1,200만 달러 목표에, 13억 5,200만 달러를 수출함으로써 목표량을 초과 달성했다. 그래서 10개년계획도 약간씩 수정하다 보니 80년의 목표가 55억 달러가 됐다. 이것이 〈도표 Ⅱ-19〉의 (2)안인데 확정된 날짜는 2월 20일이다. 그런데 그 후 불과 100여 일 만에, 갑자기 100억 달러 수출계획을 작성하라고 한다. 수량적으로 살펴보면 72년의 수출 목표가 17억 5,000만 달러였으니―(2)안인 55억 달러의 수출 목표를 달성하자면―37억 5,000만 달러를 더 수출하면 된다. 그러나 80년에 100억 달러((3)안)를 수출하자면, 82억 5,000만 달러를 더 수출해야 한다. (2)안에 비하면 2.2배를 더 수출해야 달성 가능한 액수이다. 그러니 상공부 직원이 불가능하다고 느끼는 것은 당연했다.

그러나 계획 작성에 들어가지 않을 수 없었는데, 문제는 심각했다. 우선 과거에는 전년대비 증가율을 기준으로 해서 장기 수출계획을 수립했으나, 이번에는 중화학공업 제품의 수출을 별도로 책정해야 했다. 그러자면 우선 중화학공업의 각 분야별 육성 계획이 앞서 나와야 하므로, 이 작업은 단시간에 나올 성질의 것이 아니었다. 그래서 중화학공업을 담당하는 공업국에서는 밤샘을 하게 된다.

연말쯤 되자 중화학공업 건설 계획의 윤곽이 드러났다. 조선공업 육성 방안, 일반기계공업 육성 방안, 정밀기계공업 육성 방안, 전자공업 장기 육성 방안, 기계소재공장 건설안(및 철강재 수출계획), 호남화학공업단지 계획, 비철금속제련단지 계획. 상공부는 이들 계획을 토대로 해서 100억 달러 수출 계획을 작성해서, 1972년 12월 28일에 개최된 수출진흥 확대회의에서 다음과 같이 보고했다(요지만 발췌).

▲ 수출의 날 100억 달러 수출기념식 참석 공로자를 표창하는 박정희 대통령

100억 달러 수출에 대한 보고

"100억 달러 수출계획에서는 1973년에 23억 5,000만 달러, 76년에 46억 달러, 80년에 100억 달러를 수출. 73년부터 80년까지의 연평균 수출증가율을 24%로 계획했습니다. 이것은 '73년부터 76년까지는 성장률을 26.5%', '77년부터 80년까지는 21.4%'라는 비교적 안정된 증가율로 잡은 것입니다.

상품 구조별로 살펴보면, 60년에는 광산물이 총수출 실적의 42.2%로 가장 높았으나 72년에는 공산품이 총수출의 88.0%, 76년에는 그 비율이 더욱 높아져서 90.4%가 될 것이고, 80년대에 가서는 93%가 됨으로써 수출상품의 구조가 더욱 고도화될 것입니다. 그 중 공산품의 구조변화에 대하여 살펴보면, 72년에는 전자, 선박, 금속제품 등 중화학제품이 차지하는 수출비중이

27%인 4억 2,700만 달러에 불과한 것이, 76년에 가서는 공산품 수출계획의 44%인 18억 3,000만 달러가 되고, 80년에 가서는 그 비율이 더욱 제고되어 공산품 수출계획의 60.5%인 56억 3,000만 달러가 됨으로써, 중화학 기반이 더욱 확대, 공고하게 될 것입니다.

주요 품목의 연도별 수출계획을 보면, 전자전기기기 제품이 1976년 8억 3,000만 달러, 80년 24억 달러로써, 72년에 비하여 약 10배 신장됩니다. 선박은 76년 3억 달러, 80년 9억 8,500만 달러로써, 72년에 비하여 무려 66배 신장됩니다. 철강제품은 80년 7억 7,000만 달러로써 72년에 비하여 7.4배 신장하며, 일반기계류는 33배, 자동차 및 동 부품은 87배가 신장됩니다.

100억 달러 수출계획에 따른 무역수지를 잠정 추계해 본 결과, 73년 수출 23억 5,000만 달러, 수입 30억 달러로, 무역수지 면에서 7억 2,300만 달러의 적자인 것이 76년에는 수출 46억 달러, 수입 44억 1,800만 달러로 적어도 무역수지가 균형을 이루게 되고, 80년에는 수출 100억 달러, 수입 약 85억 달러로, 적어도 10억 달러 이상의 흑자를 실현할 것으로 추계됩니다.
100억 달러 어치의 상품을 만들어 수출하는 데는, 연 5,000만 명의 고용이 따르며, 이렇게 되면 모든 국민이 수출에 참여하지 않을 수 없게 됩니다."

이 보고를 듣고 난 박 대통령은 "10월 유신에 대한 중간평가는 수출 100억 달러를 달성하느냐 못하느냐에 달려 있다"고 말하고 "그렇기 때문에 행정, 생산양식, 농민생활, 국민의 사고방식, 외교, 문교, 과학기술 등 정부의 모든 정책 초점을 100억 달러 수출 목표에 맞추어 총력을 집중해야 한다"고 촉구했다. 꼭 전쟁을 시작할 때, 발령되는 '국가총동원령(國家總動員令)'과 같은 어조였다.

제6장
중화학공업화와 80년대의 미래상

 박 대통령으로부터 '방위산업 육성'과 '100억 달러 수출을 위한 중화학공업 건설 계획'을 작성하라는 명을 받은 나는, 과업의 내용이 국운을 좌우하는 중대사였기 때문에 신중에 신중을 기해야 했다. 우선 박 대통령이 품고 있는 이념이나 철학을 완전히 파악하고 체감(體感)할 필요가 있다고 생각했다. 혼연일치가 되어야만 비로소 박 대통령의 뜻을 '비전'으로 구성할 수 있기 때문이었다.

 이를 해결하는 방법으로, 지금까지 우리 나라가 공업을 발전시켜 오는 과정에서 얻은 경험을 정리해서 박 대통령에게 보고하기로 했다. 이 보고 때 박 대통령의 뜻을 확인하려고 생각한 것이다. 이런 목적으로 작성된 것이 '중화학공업화와 80년대의 미래상'이란 보고서인데, 중화학공업 정책수립의 기초 이론이기도 하다.

 이 때 보고한, **'중화학공업화와 80년대의 미래상'**의 내용은 다음과 같다.

1. 후진국 공업화의 개발 특성
   ① 개발모형
   ② 공업화 발전의 5단계

2. 경제개발계획의 이론과 실제
   ① 개발계획의 특징
   ② 계획상의 문제점
   가. 규모문제
   나. 독점과 경쟁 문제
   다. 수요와 타이밍 및 템포
   라. 안정성 문제

3. 계획작성과 '리더십'

4. 한국의 공업화 발전과 미래의 전망

* 주 : 이 보고서는 1973년 11월 16일 허만 칸(Herman Kahn) 박사가 주재하는 International Conference, Korean Futures에서 발표했다. 고려대학교 ASIATIC RESEARCH CENTER에서 1975년에 발간한 『Korean Futures』, pp. 268~291 참조. 또한 '엔지니어링 어프로치'라는 논문으로 정리해서 발표했다.

다음은 이 때의 보고를 간추려 설명한다.

 # 후진국 공업화의 개발 특성

 후진국 개발이론에 관해서는 국내외의 수많은 학자, 행정가들이 제각기 이론을 발표한 바 있으나 아직까지 정설은 없는 것 같습니다. 선진국 학자들은—후진국의 여러 가지 복잡한 사정들을 몸소 체험한 바도 없으면서—선진국들의 발전 방법, 즉 '선진국에서는 경제의 주체는 민간이다. 따라서 경제개발도 전적으로 민간기업이 주도해야 한다'는 자유경제이론을 그대로 답습하라고 주장하는데 여기에는 문제점이 있습니다. 과거 선진국이 발전해 온 상황과 지금 후진국이 처해 있는 입장은 판이하게 다른 것이며, 현재의 후진국은 좀처럼 선진국이 될 수 있는 여건하에 놓여 있지 않기 때문입니다.

 우선 200년 전만 하더라도 수송이 불편했기 때문에, 상품의 가격은 지역마다 큰 차이가 있었습니다. 따라서 각 지역의 생산업자는 그 지역에서 형성된 가격에 맞추어 생산하면 제품을 팔 수가 있었습니다. 그 결과 경제는 국가단위 혹은 지역단위로 발전해 왔습니다. 그런데 산업혁명 후 현재는 운반비가 싸져서—최신 기계로 대량생산해서—저렴한 제품을 만드는 공장만이 살아남게 됐으며, 이에 따라 공장규모는 해가 갈수록 커져만 가고 있습니다. 그러나 후진국으로서는 대형공장을 건설한다는 것은 불가능하며, 이를 담당할 만한 기업체도 없습니다. 후진국에게는 후진국 상태를 면할 수 있는 길은 없는 것입니다.

 결국 후진국은 엄청난 시간이 흐른 뒤에도 역시 후진국으로 남을 수밖에 없는 것이 현재의 실정입니다. 제2차 세계대전이 끝나고 27년이 경과하였습니다. 그간 많은 신생독립국가가 탄생하였으나, 공업 선진국이 된 나라가 없다는 사실이 이를 뒷받침합니다.

1 후진국 경제개발 전략의 방향 : 개발모형

공업화 추진방법의 유형에는 '최종 제품에서부터 시작하여 중간 원자재 생산, 기초소재 생산으로 거슬러 올라갈 것인가' 그렇지 않으면 '원료에서부터 출발해서 중간재를 거쳐 최종제품까지를 전부 만들 것인가'의 두 가지 형태를 생각할 수 있습니다. 전자를 '피라미드형(Pyramid-type model)', 후자를 '입목형(立木型, Tree-type model)' 또는 '역피라미드형'이라고 부릅니다. 바꿔 말하면, 공업화를 경공업에서부터 출발할 것인가 그렇지 않으면 중화학공업부터 착수할 것인가의 문제입니다.

인류는 원료를 생산하고 난 후 이 원료를 사용해서 필요한 최종제품을 생산했습니다. 한 예로 인류는 청동(靑銅)을 발명한 후 이를 활용해서 발달하기 시작했고, 철(鐵)을 만들고 동력을 발명해서, 산업혁명을 이뤄 선진국이 생겨났습니다. 이런 발전 방식이 후자인 입목형 경제발전 방식입니다. 즉 원료 생산부터 시작해서 원료의 가공과 최종제품을 동시에 발전시켜 나가며, 경제발전을 이룩하는 방식입니다. 그러나 후진국으로서는 모든 여건상 이러한 방식을 택한다는 것은 불가능합니다(다만, 천연 원료를 풍부하게 생산하는 나라, 예를 들어 원유생산국 등은 예외다).

우리 나라의 경우는 선진국과는 정반대의 길 즉 피라미드형을 택했습니다. 그리고 모든 단계에서 수출경쟁력을 가지도록 부단한 노력을 해왔습니다. 가격을 인하하고 품질을 향상시키기 위해 공장규모를 키우고 최신기계를 도입하고, 기술도입·기술혁신·원가절감 운동을 계속적으로 실시해 왔습니다. 그리고 최종제품 생산으로부터 시작해서 원자재 생산, 원료생산으로 공업구조를 고도화했습니다. 피라미드형 공업발전체제에 있어서 공업구조를 완성한다는 것은 피라미드의 정상을 정복하는 것을 의미합니다. 이 정상이란 바로 중화학공업 건설을 뜻합니다. 경공업의 기반을 구축한 우리 나라는 지금 여기에 추가해서 중화학공업을 건설함으로써 공업구조를 완성하자는 단계에 와 있습니다. 그리고 앞으로 추진될 중화학공업 건설에 있어서는 공장이 준공되자마자 수출경쟁력을 갖도록 계획하고 있습니다.

2 공업화 발전의 5단계

일반적으로 후진국이 경제개발에 착수할 때—무엇을 어떻게 해야 할지 모르기 때문에—누군가가 방향과 방법을 제시해 주어야 합니다. 후진국의 민간기업에는 이러한 능력이 없기 때문에 정부가 담당할 수밖에 없습니다. 우리 나라도 예외는 아니었습니다. 그래서 1962년 한국이 처음으로 경제개발계획을 착수할 때, 정부는 '지어야 할 공장명도 나열하고', '우선 순위도 정하여 주고', '공장을 지을 때 들어가는 자금도 지원해 주고', '공장이 지어진 후에는 어떻게 보호를 하겠다'는 계획도 미리 알려 주었습니다. 그렇지 않고서는 공장을 건설할 수가 없었습니다. 그러고도 민간에서 부담할 수 없는 사업은 정부가 직접 맡아서 공장을 지어야 했습니다. 이런 상황이기 때문에, 후진국으로서

■ 도표 Ⅱ-20

공업화 발전단계와 정책

공업화 단계	자립 발전			국제무대 진출	
	직접보호 단계	중점지원 단계	자립발전 단계	완전국제 경쟁	세계 일류화
정 책	정부계획 정부보조	정부계획 국내판매 보호 수출지수	민간주도 국제규모		
공업 단계	후진공업국	→			선진공업국
경제발전 방식	경제건설	→			경제운용
이 론 (예 식)	어머니역할론 (초등학교)	(중학교)	(고교)	(대학)	자유경제론 (사회)
경제정책	MICRO 개별공업정책	→			MACRO 통계적관리
주 도 형	정부주도	→			민간주도

처음부터 국제규모의 공장을 건설해서 수출경쟁력을 갖는다는 것은 불가능에 가깝습니다. 이런 이유로 우리 나라에서는 특정 공업을 발전시키고자 할 때, 공업종류별로 단계별 육성책을 써오고 있습니다(〈도표 Ⅱ-20〉 참조).

즉 (1)직접보호 단계 (2)중점지원 단계 (3)자립발전 단계 (4)완전국제 경쟁 단계 (5)세계일류화 단계의 5단계입니다. 제1단계인 직접보호 단계에서는 경제발전 단계상 무(無)의 상태이기 때문에, 계획도 정부에서 수립하고 준공 후에는 정부가 적극적인 보조까지 해 주고 있습니다. 제2단계인 중점지원 단계에서는 경쟁력 미흡과 규모의 비경제성 문제가 상존하기 때문에, 정부가 계획을 세우되 정부 지원은 '국내시장 보호를 위한 수입억제 정책과 수출지원 정책'에 집중하고, 제3단계에서는 민간이 주도하도록 유도하게 되는데, 정부는 경쟁력 제고를 위해 공장규모만 국제단위로 키우는 데 협력하고 있습니다. 이 단계가 되면 공업발전의 주체는 민간으로 이행하게 되고 공장규모도 국제경쟁 체제를 갖추기 시작합니다. 이런 상태가 되면 공업발전의 성격상 국제무대에 적극적으로 진출하지 않으면 안 되기 때문에, 계속 발전해서 제4단계인 완전국제경쟁 단계와 제5단계인 세계일류화 단계로의 진입이 필요합니다.

다시 말해 정부의 역할은, 각 공업이 국제규모로 커져 나가 국제경쟁력이 생길 때까지만 도와주고, 그 후에는 민간주도 형태로 전환한다는 뜻이 됩니다. 민간주도가 되면 정부는 '통계적 경제운용'만 하게 되는데, 선진국에서 하는 식과 꼭 같아지게 됩니다. 정부는 공업화의 초기 단계에서만 관장 내지 협조한다는 뜻입니다. 따라서 제1단계에서는 완전히 마이크로(micro) 정책을 취하게 되나, 차차로 매크로(macro) 정책으로 변하게 되는 것입니다. 마치 교육에 있어 재학시에는 선생님의 지도를 받지만, 졸업하고 나면 저마다 알아서 독립하게 되는 것과 똑같습니다.

세계 일류화의 개념

제5단계인 '세계 일류화'라는 개념은 제1단계로부터 제4단계로 이어지는 '국제경쟁 단계'와는 그 성격이 다르다. 제1단계에서 제4단계까지는 우리 나라의 생산제품의 품질과 가격을 국제수준으로 향상시킴으로써 국제경쟁무대에서 경쟁을 하자는 뜻이다. 그런데 제5단계인 '세계 일류화' 단계는 세계의 어떤 나라도 생산하지 못하는 고급제품이나 신제품을 발명하고 생산해서 세계시장에 독점적으로 공급하겠다는 뜻이다. 이러한 세계 일류제품 즉 명품(名品)은 다른 유사제품과 경쟁할 필요가 없다. 원하는 고객은 구매할 수밖에 없다. 이러한 명품은 기술이 발달한 공업선진국만이 생산할 수 있고 이윤도 크다. 스위스제 시계가 그 대표적 예이다. 우리 나라도 이러한 각종 명품을 생산해야 국가경제발전을 도모할 수 있다는 뜻이다.

한국의 공업은 개발 초기에는 정부주도로 출발해서 차차 발전해 오고 있습니다. 그러나 업종간에는 발전단계에서 큰 차이가 있습니다. 〈도표 Ⅱ-21〉는 우리 나라의 주요 업종별 발전단계입니다. 이 표를 보면 합판, 면방(綿紡), 신발, 시멘트, 제당 및 제분 등은 제1차 5개년계획 기간 중에 이미 제1단계인 직접보호 단계를 넘어 제2단계인 중점지원 단계에 와 있습니다. 그리고 제2차 5개년계획 기간이 끝나는 1971년에는 선발업종인 합판, 면방, 신발 등이 이미 제4단계인 완전국제경쟁 단계에 와 있고, 시멘트, 제당, 제분, 정유공장들은 제3단계 (자립발전 단계)까지 도달하고 있습니다.

그러나 중화학 업종인 전자, 조선, 석유화학, 철강, 기계(자동차 포함), 비철금속의 6개 업종은 아직도 제1단계인 직접보호 단계에 머무르고 있습니다. 이런 이유로 중화학공업 건설계획에서는 이들 6개 업종을 제4차 5개년계획이 끝날 때인 1981~82년까지 제3단계로 끌어올리겠다는 목표가 설정되는 것입니다.

즉 앞으로 10년 후에 이들 6개 업종은 자립발전 단계의 후반기에 도달해서, 규모는 국제단위가 되며 민간이 주도하게 될 것입니다. 그리고 이들 6개 업종은 연관 효과가 커서, 다른 중화학공업은 물론 경공업 등 여타 제조업이나 제3차 산업을 포함, 전 국가 경제발전에 크게 기여할 것입니다.

■ 도표 Ⅱ-21
업종별 공업자립화 발전단계

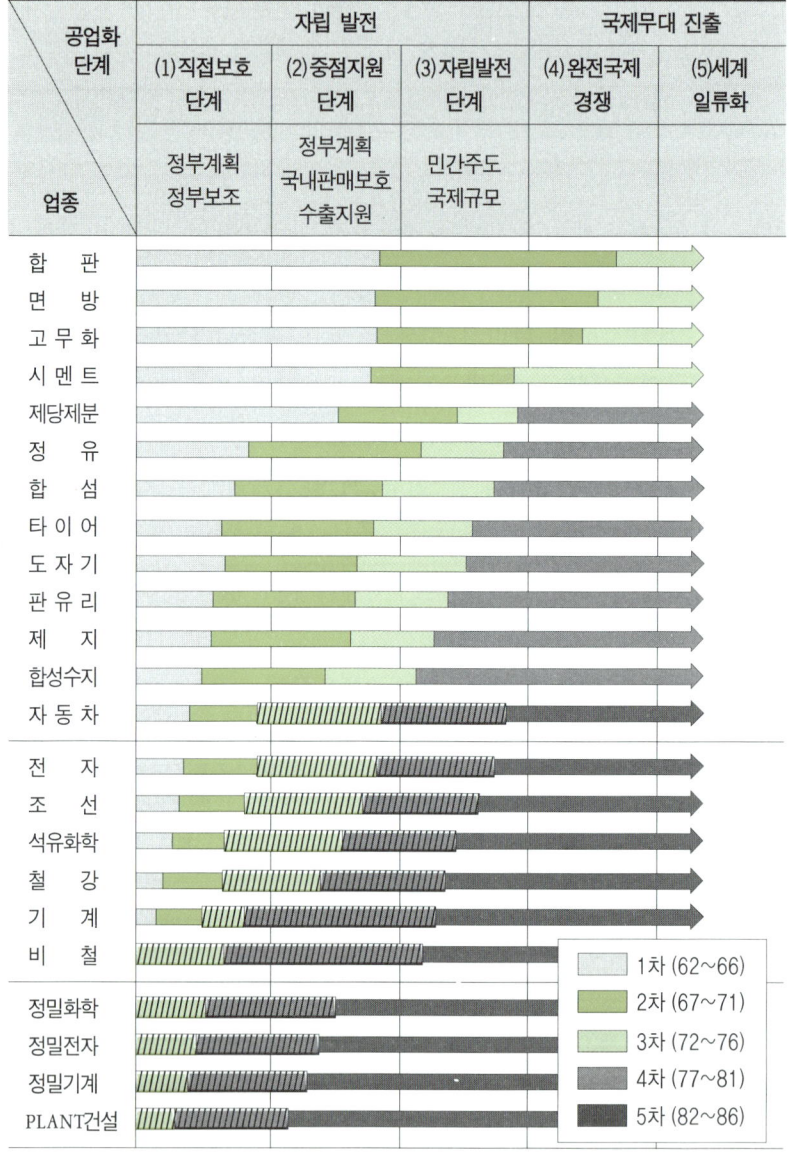

* 주 : ▓▓▓ 는 중화학공업 건설 목표

 ## 경제개발계획의 이론과 실제

1 개발 계획의 특징

경제발전은 자연발생적으로 이루어진다고 합니다만, 그러자면 엄청난 시간이 필요하게 되고 또한 비효율적입니다. 따라서 후진국이 경제발전을 하자면 계획을 세우고, 이를 뒷받침할 새로운 제도를 마련하고, 정부주도로 끌고 가야 합니다. 이것이 후진국 경제개발의 유일한 길이라고 믿습니다.

따라서 후진국이 맨 먼저 착수해야 하는 것이 경제건설계획의 수립입니다. 이 계획에서 방향과 방법이 옳지 않으면 그 성과는 기대할 수 없고, 오히려 회복할 수 없는 과오까지 범할 수도 있습니다. 계획 자체의 완벽성은 경제개발이 성공하느냐 못하느냐의 성패를 가리는 기본이 되며, 그 중요성은 아무리 강조해도 지나치다고 말할 수 없습니다. 후진국의 경제개발계획에는 우선 '어떤 사업을 하겠다'든지 '어떤 공장을 건설하겠다'는 일람표가 나와야 합니다. 이른바 쇼핑 리스트(Shopping list)입니다. 공산사회주의 국가식으로 사소한 공장까지 포함시키자는 것은 아닙니다. 국가적인 견지에서 선도적 역할을 하는 중요한 사업에 관한 이야기입니다.

이 쇼핑 리스트 작성시에는 각 산업 및 업종 간의 연관성을 고려해야 합니다. 우선 제품의 생산과 수요가 맞아떨어져야 합니다. 그러므로 공장 건설의 착수 시기, 준공 시기 등 '타이밍(Timing)' 문제에 대한 검토가 필요하게 됩니다. 주도업종의 결정, 우선 순위, 경쟁력 강화(품질 및 가격), 기술향상, 원료대책, 에너지대책, 자원조달(내자, 외자), 수출 가능성, 외화절약 또는 가득액(稼得額) 등에 대한 검토도 해야 하고, 기존 업종 중 뒤떨어진 산업(공업 업종)을 육성·합리화하는 문제도 함께 다루어져야 합니다. 따라서 쇼핑 리스트 작성이란 이러한 여러 가지 정책을 집약한 시행 방안이 되는 것입니다. 이런 작업을 할 때 방향 설정을 잘못하면, 세계조류에 역행하는 결과도 나올 수 있습니다. 한 예로 똑같은 제품을 제조하는 데 사용하는 원료를, 국산이 된다고 해서 석탄을 사용하느냐, 수입해서라도 석유를 사용하느냐 하는 문제는 극히 중요한 방향 설정이 되는데, 쇼핑 리스트를 작성할 때 결정짓게 됩니다.

우리 나라에서는 이상과 같은 작업을 정부에서 실시하고 있기 때문에, 외국학자나 이를 추종하는 국내학자 일부는, 우리 나라를 정부주도형 경제, 한국주식회사, 국가통제경제, 심지어 경제개발 독재라고까지 평하고 있습니다. 이는 경제개발에 대한 발상과 계획 작성을—선진국과 같이 민간에 맡기지 않고—정부에서 실시하고 있다는 피상적인 관점에서 비롯된 것입니다. 발상과 계획의 내용이 중요한 것이지, 작업을 누가 하느냐 하는 문제는 그리 중요하지 않다는 것을 잘 알면서도, 이러한 논쟁이 일어난다는 것은, 이들이 후진국의 실태를 전혀 파악하지 못하고 있기 때문입니다. 우리는 경제개발계획을 정부에서 수립해야 실효를 거둘 수 있다는 것을, 지금까지의 경험에서 확신하게 되었습니다. 또한 앞으로 우리 나라 경제가 발전한 후에는, 민간주도로 나가야 한다는 것은 이미 충분히 설명하였습니다.

2 계획상의 문제점

후진국에서 공업발전을 시도할 때 발생하는 일들 중에는 선진국에서는, 현재는 물론 과거에도 경험하지 못한 일들이 많습니다. 선진국에서도 공업이 발달되지 않았을 때인 과거시대에는, 모든 나라의 공업수준이 비슷비슷했기 때문에 서로간의 경쟁이 가능했습니다. 그러나 현재의 후진국의 입장에서는, 선진국들이 활개를 치고 있는 틈바구니 속에서 선진국과 경쟁해서 살아남고 발전하려고 하다 보니, 이 때 부딪치는 애로사항이란 당하는 후진국이 아니고서는 실감할 수가 없는 것입니다.

가 규모문제

후진국이 경제계획을 수립할 때 가장 큰 고민거리는 공장규모 문제라고 생각됩니다. 후진국은 국내수요가 적어서 국제 최소단위의 공장도 건설할 수 없을 때가 흔합니다. 경제단위가 못 되는 공장을 건설한다는 것은 생산가격이 비싸진다는 것과 같은 뜻입니다. 생산가가 비싸다는 사실이 공장운영에서 얼마나 불리한 요소이고, 따라서 이 공장의 장래에 위험 부담을 안겨주며, 결국에는 국민과 국가에 막대한 피해를 주는지를 우리는 과거의 경험에서 뼈저리게 실감했습니다.

제품가격이 국제가격보다 비싸지면 수요자들로부터 반발을 사게 됩니다. 또한 경제적 여건 변동으로 부득이 값을 인상할 경우, 소비자들로부터는 공격을 받게 되고 정부는 가격을 인하하라는 압력을 가하게 됩니다. 더욱이 이 공장에서 나오는 제품이 국제가격보다 비쌀 경우에는, 수출업자는 아예 구매할 생각을 하지 않고 수출용 원자재라는 명목으로 수입을 해서 씁니다. 그 결과 이 공장은 국내수요가 있는데도 불구하고, 조업단축을 할 수밖에 없게 됩니다. 이를 피하려면 이 공장에서는 적자를 감수하고서라도 국제가격으로 제품을 판매해야 합니다. 이런 일을 피하기 위해서는 하루속히 공장의 규모를 국제규모화하고, 국제가격으로 생산하는 방도를 강구해야 합니다.

비료공장의 국제화

한 예로 비료공장을 들겠습니다. 비료공장에서 가장 건설비가 많이 들고 중요한 시설이 '암모니아' 공장입니다. 암모니아가 싸게 생산되어야 비료 값이 싸지므로 선진국에서는 해를 거듭할수록 암모니아 공장의 규모가 커지고 있습니다. 우리 나라에서 최초로 건설된 제1 비료(충주비료, 충주공장)이나 제2 비료(호남비료, 나주공장)의 암모니아 공장 규모는 하루 150톤을 생산하는 규모였습니다. 그 후 세워진 제3비료(영남화학, 울산공장)와 제4비료(진해화학, 진해공장)의 암모니아 공장은 일산(日産) 310톤입니다. 따라서 제1, 2 비료의 암모니아 공장보다 규모가 200% 커졌으나, 여전히 국제규모 미달이었습니다.

따라서 암모니아의 생산원가는 제1, 2 비료공장보다는 쌌으나 국제가격으로 생산할 수는 없었습니다. 그런데 제5비료(한국비료, 울산공장)에서는, 당시 국제규모인 600톤 규모의 암모니아 공장을 건설했습니다. 한국비료가 생산하는 요소비료가 국제경쟁가격으로 수출되고 있는 이유가 바로 여기에 있었습니다.

현재 세계 최대 암모니아 공장의 규모는 일산 900톤입니다. 중화학건설 계획에서는, 일산 1,800톤을 생산할 수 있는 세계 최대급 비료공장(제7비료공장)을 건설해서 농민에게는 싼 값으로 비료를 공급해 주는 동시에, 우리 나라를 비료 수출국으로 등장토록 하겠습니다. 아울러 비효율적인 충주비료와 나주비료 공장은 폐쇄하겠습니다.

후진국으로서는 미약한 국내수요를 기초로 공업화에 착수한 다음, 점차 규모를 확대해서 국제규모의 공장을 건설함으로써, 품질이나 가격 면에서 국제경쟁력을 갖도록 하는 것이 경제개발계획의 목표가 됩니다. 마찰이나 말썽 없이 가장 경제적으로 최단시간에 목표를 달성하는 것이 후진 각국의 바람입니다만, 이를 달성하기 위해서는 올바른 정책이 우선 수립돼야 하고, 이 정책을 단계적으로 추진해야 합니다. 따라서 이를 집행하는 행정가에게는 시스템적인 종합능력과 일련의 연속적이며 복잡하고 미세한 행정수단이 요구됩니다.

실례를 들겠습니다.

합성섬유공장
국제규모로 시설확장

우리 나라에서 처음 시작한 합성섬유공장은 '나일론'으로서 첫 번째 공장은 불과 일산(日産) 2.5톤의 한국나일론(주)이고, '아크릴' 섬유의 경우는 경남모직(주)이 건설한 7.5톤 공장, '폴리에스터' 화이바 섬유는 면방(綿紡) 업계와 합동해서 건설한 6톤짜리 공장, '폴리에스터' 필라멘트 섬유는 선경합섬(주)에서 건설한 7.5톤 공장 등 모두 국제규모에 훨씬 못 미치는 공장이었습니다. 국제규모 30톤에 비하면 얼마나 영세했던가를 알 수 있습니다. 그래서 상공부는 합성섬유 업체의 수를 제한하기로 방침을 세우고, 기존 공장에 대해서만 확장토록 했습니다. 그리고 30톤 규모가 되면 자유경쟁 체제로 들어갈 예정이었으나, 그 사이 선진국의 국제단위가 30톤으로부터 100톤으로 커졌기 때문에, 자유경쟁을 시키는 것을 다시 보류하고 기존 공장을 100톤 규모로 확장시키는 작업을 진행 중에 있습니다. 상공부는 특정업자를 두둔한다고 비난이 들끓었습니다만, 우리 정부의 행정지도가 성공을 거둔 좋은 예라고 생각됩니다.

우리 나라는 과거 10여 년 동안 경제개발을 해 오면서, 후진국 경제개발 방법에 대해 많은 경험을 쌓았고 성과도 올렸습니다. 그리고 지금은 국제규모 단계로 끌어올리려는 마지막 단계에 와 있습니다. 결론적으로 '최신기술을 이용한 자동화된 국제규모 공장을 값싸게 건설해서, 국제경쟁가격으로 제품을 생산하여 이를 수출하자'는 것이, 각하께서 지시하신 중화학공업 건설 계획의 기본이념이라는 점을 강조하고자 합니다.

나 독점과 경쟁 문제

선진국에서는 독점이라고 하면, 거대한 기업이 국가 전체의 수요와 시장 기능을 자기 손아귀에 넣고, 경쟁회사의 출현을 불가능하게 하며, 소비자에게는 부당하게 비싼 가격을 강요하는 시장 깡패를 연상케 합니다. 그래서 선진국에서는 이러한 존재가 국가와 사회와 국민에게 해독을 준다고 판단하여, '독점금지법'까지 제정·시행하고 있습니다. 이러한 개념은 국민은 물론 선진 경제학자들이나 정부에서도 모두 신봉하고 있으며, 후진국에서도 당연히 실시되어야 한다고 믿고 있는 소위 자유경쟁원리입니다.

그런데 하루속히 국제규모의 공장을 건설하고자 하는 후진국 입장에서 생각하면, 수요가 부족할 때에는 부득이 단일 공장을 건설할 수밖에 없습니다. 그런 다음 이 공장의 규모를 키워나가야 합니다. 그러나 이 사실을 다른 각도에서 표현하면 정부는 공업화의 초기단계에서는 독점기업을 만들어서 이 독점기업을 적극 지원해야 된다는 이야기가 됩니다. 여기서 독점기업에 대한 시비가 붙기 시작합니다. 즉 "독점기업을 허용하고 지원하는 것은 자유경제 체제에 대한 중대한 도전이며, 이는 바로 정부가 '통제 경제정책'과 '재벌육성책'을 쓰고 있다는 것으로, 이런 정책을 쓰는 이유는 정경유착의 결과이며, 이를 강요하는 정부는 부패한 독재정권이다"라는 말이 나오게 됩니다.

이러한 일견 이율배반적인 문제를 해결해야 하는 것도 후진국 정부가 겪어야 하는 난제 중의 하나입니다. 따지고 보면 독점시비가 발생하게 되는 근본 원인은 '소비자가 국제수준의 물건을 국제가격으로 구입할 수 없다'는 점에 있습니다. 그런데 물건값을 국제가격으로 생산하자면 공장규모를 국제규모로 키울 수밖에 없으니, 독점시비를 무마하는 길은 정부가 비난을 받는 한이 있더라도 초기단계에서는 독점을 허용하여 하루 속히 국제규모화하고, 곧이어 경쟁체제로 들어가는 단계적 정책을 써야 하겠습니다. 여기서 또 한번 단계별 공업육성책의 중요성을 강조해 올리고자 합니다.

경쟁체제로 들어간다는 것은, 어떤 선발업체가 기반을 닦고 있는데 여기에 경쟁자가 나타났다는 뜻입니다. 이런 경우 후발업체는 선발업체의 시장을 잠식해야만 공장을 가동시킬 수 있기 때문에 갖은 노력을 다하게 되고, 선발업체는 시장을 빼앗기지 않으려고 필사적인 방어전을 펴게 됩니다. 시장을 점유한다는 것은 판매를 많이 한다는 뜻으로서, 그 방법이란 가격을 '인하'하는 길밖에 없으니 서로 간에 덤핑이 시작됩니다.

예를 들겠습니다.

경쟁체제의 시행착오

한때 한국유리(주)가 '판유리'를 독점 생산해서, 수지도 맞추고 사업을 계속 확장하고 있었습니다. 이런 상태가 되자 독점시비가 나오기 시작하고, 정부에 대한 공격이 시작되었습니다. 즉, 독점업체를 두둔하는 것은 '정경유착' 때문이라는 것이었습니다. 정부도 일리가 있다고 생각하고 ―한국유리(주) 공장은 북쪽(인천)에 위치하고 있기 때문에―남쪽(부산)에 공장을 하나 더 건설키로 했습니다. 이것이 연산 100만 상자 규모의 동성유리(주)인데, 1970년 말에 완공을 보았습니다. 이때 한국유리(주)도 생산규모를 170만 상자로 늘려서, 우리 나라의 총생산규모는 합계 270만 상자가 되었습니다. 당시 국내수요는 120만 상자 정도였습니다. 동성유리(주)가 가동에 들어가자 두 회사는 치열한 덤핑 경쟁에 돌입했습니다. 한국유리(주)는 인천에서 부산까지 수송해서 덤핑을 했고, 이에 질세라 동성유리(주)는 막대한 수송비를 들여가며 경인지구의 시장 확보에 주력했습니다. 결국 1년 만에 막대한 적자를 내고 양사 모두 파산지경에 이르게 되어 정부에 중재를 요청하게 되었으며, 이에 상공부는 합병을 해서 해결키로 한 경험이 있습니다. 환언하면 정부는 '독점은 안 된다'는 여론에 따라 경쟁체제로 유도했으나, 두 회사가 너무나 치열한 경쟁을 벌인 끝에 모두가 녹다운 되는 상황까지 이르러, 결국 정부가 중재에 나서고 또 다시 독점체제로 환언케 되었다는 결론입니다.

1972년 현재, 후진국인 우리 나라 경제상태 아래에서는, 경쟁체제가 '만병통치약'은 아니라는 것을 뼈저리게 느끼게 해 준 일들입니다. 중화학건설 계획에서는 '최종적인 결과가 좋아야 국가를 위한 최상의 전략'이라고 믿고, 일시적으로는 '독점기업 육성' '정경유착' '경제독재'

라는 비난을 받는 한이 있더라도, 국제경쟁 단위 공장을 건설하는 데 주력을 하겠습니다. 그리고 이들 공장이 국제규모 단위가 될 때에는, 시기를 놓치지 않고 경쟁체제로 전환토록 계획을 수립하겠습니다.

현재 건설 중에 있는 포항종합제철과 울산석유화학은 곧 완공이 될 것입니다. 이들 규모는 아직은 국제규모 단위가 못되지만, 중화학공업 추진계획에서는 우선 이들 공장을 국제경쟁력을 가질 수 있도록 조치하고, 곧 이어서 제2의 종합제철소와 제2의 석유화학공단을 건설함으로써 경쟁체제로도 끌고 갈 예정입니다. 그리고 독점기업에 대해서는 '기업의 합리화 촉진', '과도한 이윤의 억제', '품질향상' 등을 감독·지도해서 소비자 보호에 힘쓰겠습니다. 반면 국가 경제발전상 중요하지 않은 업종, 특히 중소기업에 대해서는 국제규모에 미달되는 한이 있더라도 과감하게 자유 경쟁토록 하는 것이 필요하다고 판단됩니다. 이러한 일 또한 후진국 정부가 부담해야 할 짐인 것입니다.

다 수요와 타이밍 및 템포 문제

수요가 있어야 공장을 건설할 수 있고, 수요가 증가해야 공장규모를 키워나갈 수 있습니다. 공장이 생겨나고 규모가 커나가야 고용이 늘어나고 GNP가 상승하며, 국력이 신장되고 국민생활이 윤택해집니다. 따라서 수요는 경제발전의 기본요소라고 할 수 있으며, 이런 의미에서 '소비는 미덕'이라는 말까지 나오고 있습니다.

그러나 후진국에서는 이들 수요를 국내생산으로 충족시키지 못하고 계속 수입에 의존하는 경우가 많습니다. 그 원인에는 가격문제 등 여러 가지 이유가 있겠지만, 그 중에서도 국제규격의 품질을 갖춘 제품 생산 능력이 없다는 데 큰 원인이 있습니다. 이 문제를 해결하는 방법은 후진국으로서는 대단히 힘든 일입니다.

지금까지 우리가 경제개발을 해 오면서 경험한 바에 의해, 그 해결방법은 오로지 수출을 통해서만 가능하다는 것임을 알게 됐습니다. 수출을 한다는 것은 국제무대에서 경쟁을 해야 하기 때문에 '품질을 국제수준화'할 수밖에 없었습니다. 그리고 현재 국내수요가 있는데도 국산화가 되지 않고 있는 분야는 주로 기계공업분야 및 전자분야입니다. 특히 자동차부품이나 전자부품은 아직까지 대부분을 수입에 의존할 수밖에 없는 것이 우리 나라의 실정입니다. 이러한 품목은 국산품이 있다고 해서 보호를 해 주거나 외화절약이라고 해서 저질품 생산을 허용할 것이 아니라, 수출 가능한 제품을 생산할 수 있는 공장을 새로 건설하는 것이 국가적으로 도움이 된다는 것을 강조하고자 합니다.

중화학공업계획 중 전자분야 및 기계분야에 대해서는—기존 공장은 염두에 두지 않고—처음부터 수출 가능한 국제수준의 공장을 새로 건설토록 하겠습니다.

수요예측의 중요성

어떤 공업이 발전한다는 것은 그 분야의 수요가 늘어간다는 뜻입니다. 기업가는 이런 분야에 투자해야 성공을 거둘 수 있는데, 이 때 공장을 건설하는 시기가 중요한 문제로 대두됩니다. 수요가 적을 때 너무 서둘러서 공장을 건설하면 공장 단위가 작아져 부실화의 요인이 되며, 너무 늦게 출발시킬 때에는 국내생산이 따라가지 못해서 수입 수요가 많아집니다. 즉 타이밍(Timing)의 문제인데, 후진국의 공업행정가로서는 쇼핑 리스트(Shop ping List) 작성시, 많은 조사와 연구를 해서 결정해야 합니다. 이 때 수요 산정을 해야 하는 데 기존 국내수요가 어느 정도 존재해야 하는 것은 기본이고, 더 중요한 것은 앞으로 어느 정도의 수요 증가가 있느냐 하는 데 있습니다. 현재의 국내수요가 크지 않더라도 앞으로 수요가 크면 클수록 큰 규모의 공장을 건설할 수 있기 때문입니다.

이런 이유로 수요를 유발하는 '정부의 육성책'은 이 분야(공장 포함)의 발전 여부에 지대한 영향을 미치게 됩니다. 현재 우리 나라는 전자공업, 자동차공업, 조선공업 등을 적극 육성하고 있으며, 더욱이 방위산업을 본격적으로 추진하려 하고 있습니다. 이 결과 이들 분야의 수요는 앞으로 급격히 늘어나게 될 것입니다.

이런 때야말로 우리 나라의 기계공업과 전자공업(전자부품 포함)을 발전시킬 수 있는 절호의 기회라고 할 수 있습니다. 현대식 최신공장을 건설해서 보호육성만 한다면, 우리 나라의 중공업은 정착을 하게 되고 수출 산업화할 수 있다고 믿습니다.

그러나 앞으로의 수요를 예측한 결과, 수요증가 템포가 늦어 국제규모로 확장이 요원할 것 같다는 결론이 나올 때도 있습니다. 이렇게 되면 이 공장의 전망은 암담합니다.

더욱이 계속 확장되어가는 선진국의 규모와는 격차가 더욱 심화돼서, 아무리 (후진국)정부가 보호를 해 준다고 해도 부실화될 수밖에 없게 됩니다. 이렇게 되면 공장을 세우지 않은 것보다 더 나쁜 결과를 초래하게 됩니다. 따라서 공장을 건설할 때에는, 수요증가의 템포가 빨라지리라는 확신이 서기 전에는 얼마간의 국내수요가 있다고 하더라도 공장건설을 유보하는 것이 현명하다는 점을 말씀드리고자 합니다.

라 안정성(Safety) 문제

후진국에서 새로운 공업을 육성하려고 할 때, 비록 크기는 국제규격 미달의 공장이지만 성격상 국가 기본 공업구조의 골격을 이룰 때가 있습니다. 이런 공장은 애로사항이 많아 부실화되기 쉬운 허약체질일 수밖에 없는데, 이들 공장을 방치해 둘 수가 없기 때문에 여기에 대한 보호를 하는 것도 후진국 정부가 담당해야 할 책임입니다.

후진국공업이 겪게 되는 애로사항

우선, 자체자금 부족으로 인해 차관을 얻어 소요 외화를 써야 하고, 은행으로부터 내자에 대한 융자를 받게 됩니다. 따라서 공장가동 후에는 상환문제도 나오게 되고 이자도 물어야 합니다.

후진국에서는 당장 제품을 생산하는데 필요한 기술도 부족한 판인데, 선진국에서는 새로운 공법이 계속 개발되어 생산 원가가 싸지며, 기술은 하루가 다르게 발전해서 품질이 향상될 뿐만 아니라 전혀 새로운 경쟁제품도 나오게 됩니다. 또한 후진국에서는 생산성 향상, 경영합리화 등에 대한 능력도 부족합니다.

원료를 외국에 의존할 때에는 국제정세의 변동에 따라 가격이 폭등하기도 하고, 어떤 때는 원료 공급이 삭감되거나 중단될 때도 있습니다. 이럴 때는 국제정세에 어둡고 국제적인 유대관계가 적은 후진국이 가장 큰 타격을 받게 됩니다.

수출에 있어서도 국제정세에 밝고 국제적인 판매망을 갖고 있어야 판로를 확보할 수 있고 좋은 값을 받을 수 있는데, 후진국은 이런 점에서도 불리합니다. 또한 국내적으로는 외환위기, 환율변동, 금융 재정 긴축 등이 발생할 때마다 기업의 근본이 흔들리게 됩니다.

이상 몇 가지 예를 들었습니다만, 이러한 일들이 일어날 때마다 후진국의 공장들은 위기를 맞게 됩니다. 우리 나라에서는 이러한 위험부담을 줄이는 한가지 방법으로 외국회사와 합작하는 방법을 써서 큰 효과를 본 경험이 있습니다. 바꿔 말하면 우리 나라에서는 자금규모가 크거나 기술적으로나 경영상 복잡한 새로운 공업에 착수할 때에, 제1단계에서는 합작으로 경험을 쌓고, 다음 단계에서는 100% 민족자본으로 전환하는 두 단계를 두었습니다. 지금 중화학공업 계획을 수립하는 데 있어서도 필요한 경우에는 합작하는 방법을 활용함으로써 안정성을 향상토록 하겠습니다.

공장이 건설되고 운영상태에 들어간 후에도—특히 허약한 공장들이 위기상황을 맞게 될 때에는—정부가 적극적으로 보호를 해 주어야 후진국 공장들은 살아남을 수가 있습니다. 그 수단으로써는 행정지도, 행정제도 개선에 의한 지원 조치, 나아가서는 새로운 입법조치도 필요하게 됩니다. 이 때 가장 중요한 것이 '타이밍' 문제인데, 후진국에 있어서 '타이밍'이라는 것은 응급환자에 대한 긴급조치와 같습니다. 시기를 놓치면 사후약방문이 되기 쉽습니다. 그런데 우리 나라에서는 매달 개최되는 월간 경제동향보고, 무역확대회의, 분기별 심사분석, 매년 초에 실시되는 대통령 초도순시 등의 제도가 있어 국가원수가 직접 참석해서 상황파악과 분석을 하며, 문제가 발생할 때마다 즉각적으로 수정, 보완, 지원 등에 대한 조치방안을 강구하는 제도가 운영되고 있습니다. 이렇게 신속하고, 강력하고, 효율적인 방법을 쓰고 있는 나라는 세계에서 우리 나라밖에 없습니다. 우리 나라가 후진국으로 출발해서 단기간에 공업화에 성공하고 수출을 신장시킬 수 있었던 비결은 바로 이런 점에 있습니다. 이런 제도는 중화학공업 건설기간 중 계속되고 발전되어야 한다고 확신합니다.

3 계획작성과 리더십

우리 나라는 과거 10여 년의 공업화 과정에서 어떠한 이념 아래에 정책을 구상했고, 어떠한 계획을 수립했으며, 추진과정에서 어떠한 도전을 받았으며, 이에 대해 어떻게 대처해 왔는가? 그리고 그 결과는 어떠했는가에 대해서 지금까지 설명을 올렸습니다. 아울러 후진국 공업화의 성격에는—선진국의 경제이론과 완전히 다른—이질적인 요소가 존재한다는 점도 강조했습니다.

선진국과 후진국의 경제이론

선진국의 경제이론은 이미 존재하는 '경제에 대한 운영(Operation of Economy)'에 있고 후진국의 경우는 공업이 전무한 상태에서 '공업구조를 건설하자(Construction of Economy)'는 것이니, 서로 대상이 다른 것입니다. 이해하기 쉽게 아파트 문제를 예로 들어 설명하면, 후진국의 경우는 우선 자금을 마련해야 하고 다음에는 땅을 구입해서 정지를 하고 자재를 구입해서 아파트의 건설 공사를 하는 쪽이고, 선진국은 이미 준공이 된 아파트 단지에 대한 관리문제라고 할 수가 있으니, 그 성격이 완전히 다른 것입니다. 아파트를 건설할 때에는 기술면이 더욱 강조되고 작업 형태는 마이크로(Micro)적인데 반해, 아파트의 관리에 있어서는 매크로(Macro)적인 경영문제가 주가 됩니다. 이렇게 양자는 계획 및 집행 면에서 너무나 상치되기 때문에 한 가지 이론만 갖고는 양쪽 모두에 통용되지 않는다는 것은 지극히 당연한 이치인데, 선진국에서는 자기들의 이론과 관례 및 법규를 강요하려고 하니 후진국으로서는 적용할 수가 없는 것입니다.

후진국이 공업화를 추진할 때 1차적인 관문은 우수한 계획을 수립하는 것입니다. 이 계획은, 그 나라의 실정을 완전히 파악하고 있고 아울러 세계정세에 밝으며 경험이 풍부하고 통찰력이 있는 공업행정가(소위 테크노크라트)가 작성해야 합니다. 물론 외국이나 국내 전문가의 협조를 적극적으로 받아들여야 하나, 최종적으로는 그 나라의 관료가 작성해야 성공할 수 있다고 믿습니다. 후진 각국에서는 '이러한 계획작성 그룹을 어떻게 구하느냐'가 큰 고민거리입니다. 우리 나라는 과거 10여 년에 걸친 경제개발 과정에서 간혹 시행착오도 하면서 많은 경험을 쌓은 결과, 현재는 우리 나라 스스로가 계획을 수립할 수 있는 능력이 생겨났으니 참으로 다행한 일입니다. 그리고 우리 나라는 주어진 여건을 토대로 해서 공업을 건설하고, 이를 발전시키는 데 있어서 우리 방식(한국형 경제모델)대로 추진해 왔습니다.

지금 우리 나라는 공업구조의 완성단계에 와 있습니다. 후진국이 중화학공업을 건설한다는 것은 세계 역사상 처음 있는 일로서, 우리 나라는 이 거대한 과업에 국운을 걸고 도전하고자 합니다. 중화학공업 건설이란 연관 분야가 많고 복잡합니다. 따라서 업무는 여러 부처에 걸치게 되는데, 이를 일사불란하고 신속하게 그리고 강력하게 추진하자면, 별도의 전담기구가 필요하다는 점을 건의올립니다.

중화학공업 건설은, 애국심과 의욕에 넘치는 정부와 기업가 그리고 국민이 일심동체가 되는 '한국주식회사' 형태로 추진되어야만 성공할 수 있다고 확신합니다. 목표는 오직 국력증강과 조국의 근대화에 두어야 하며, 흔히 후진국에서 발생하고 있는 바와 같이 사리사욕이나 정치적 목적에 의해 방해를 받아서는 결코 성공할 수 없다고 생각합니다. 그리고 무엇보다도 중요한 것은 후진국 경제개발에 있어서 '국가원수의 역할이 선진국에 비해 질과 강도를 달리한다'라는 점을 말씀드리고자 합니다.

 후진국일수록 훌륭한 지도자(Good leader)와 강력한 리더십(Strong leadership)이 더욱 절실하며, 경제개발 성공 여부에 절대적인 관건이 된다는 뜻입니다. 중화학공업 건설에 있어서는 각하께서 진두 지휘해 주셔야 한다는 점을 강조해 올리고자 합니다.

◀시청앞 지하철 1호선 공사 현장에서 작업 상황을 점검하고 있는 박정희 대통령

4. 한국의 공업화 발전과 미래의 전망

■ 도표 Ⅱ-22   **장기공업발전 정책**

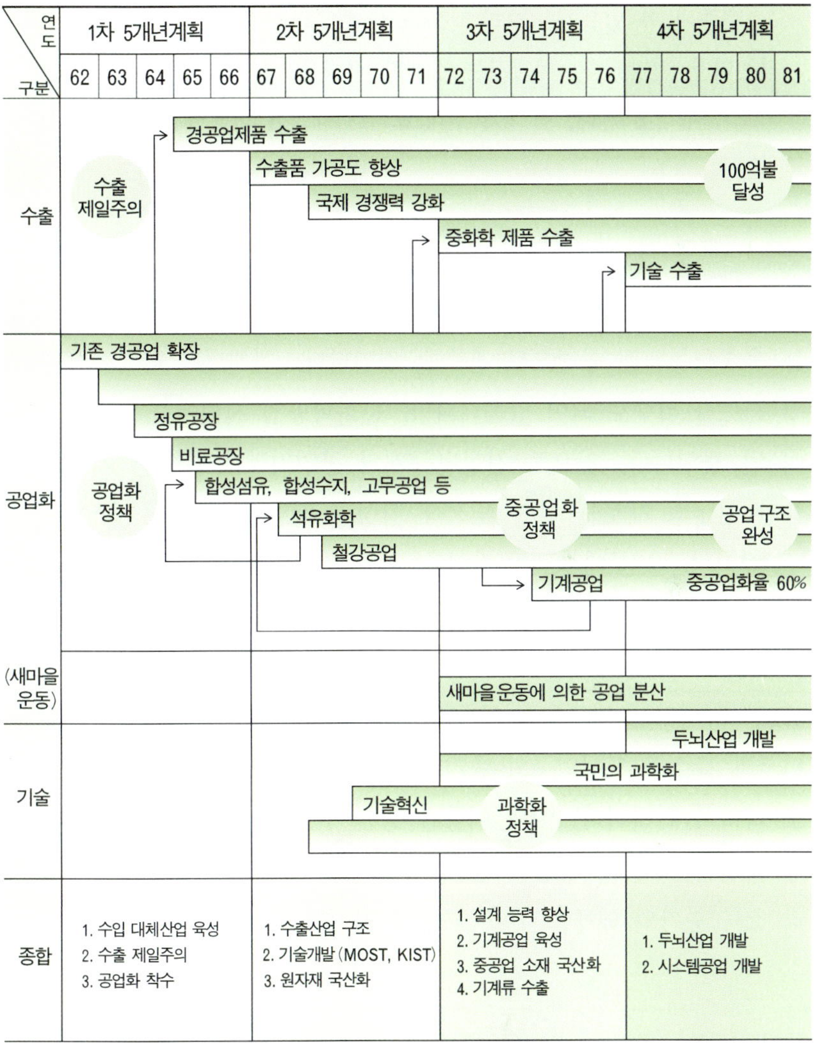

연도 구분	1차 5개년계획 62 63 64 65 66	2차 5개년계획 67 68 69 70 71	3차 5개년계획 72 73 74 75 76	4차 5개년계획 77 78 79 80 81
수출	수출 제일주의 → 경공업제품 수출	수출품 가공도 향상 / 국제 경쟁력 강화	중화학 제품 수출	기술 수출 / 100억불 달성
공업화	기존 경공업 확장 / 공업화 정책	정유공장 / 비료공장 / 합성섬유, 합성수지, 고무공업 등 → 석유화학 / 철강공업	중공업화 정책 / 기계공업	공업 구조 완성 / 중공업화율 60%
(새마을 운동)			새마을운동에 의한 공업 분산	
기술			기술혁신 / 과학화 정책 / 국민의 과학화	두뇌산업 개발
종합	1. 수입 대체산업 육성 2. 수출 제일주의 3. 공업화 착수	1. 수출산업 구조 2. 기술개발(MOST, KIST) 3. 원자재 국산화	1. 설계 능력 향상 2. 기계공업 육성 3. 중공업 소재 국산화 4. 기계류 수출	1. 두뇌산업 개발 2. 시스템공업 개발

나는 〈도표 Ⅱ-22〉 장기공업발전 정책을 제시하면서, 우리 나라가 1962년부터 제1차 5개년계획에 착수하여 1971년까지 10년간에 걸쳐 추진해 온 공업발전 정책에 대해 수출, 공업화, 기술, 종합정책 분야로 구분해서 설명했다. 그리고 우리 나라의 공업화 단계가 1972년 현재 어느 수준에 와 있는가? 그리고 앞으로 중화학공업 건설이 어떤 의미를 갖는가를 설명했다. 여기서는 상세한 설명을 생략하고 중화학 건설의 기초가 완성됐을 때, 즉 1980년대 초의 미래상에 대해서 설명을 이어갔다.

중화학공업 건설이 계획대로 완수되면, 현재 농촌에서 남아돌고 있는 유휴노동력은 공장으로 흡수될 것입니다. 현재까지 공장에서는 여성 근로자 위주로 되어 있습니다만, 중화학공업 시대에는 남성이 주역이 될 것입니다. 앞으로 건설될 6개의 공업기지에서는 한 기지당 약 50만 인구의 새로운 공업 도시가 형성될 것입니다. 기존 공업지구인 '포항'이나 '울산'에서도 공장이 새로 서고 확장되어 감에 따라 인구는 늘어날 것입니다.

이렇게 되면 앞으로 머지 않은 장래에 이들 8개의 공업지구에 약 400만 명이라는 새로운 인구증가가 발생하게 됩니다. 그 결과는 농촌인구의 감소와 도시인구의 증가 즉 농촌인구의 도시로의 이동 현상으로 나타나게 됩니다. 이때 이동한 농촌 인구는 새로운 직업과 직장을 얻게 되는 것이고, 농촌에 남게 되는 농민은 경작면적이 늘어남에 따라 소득 증가의 혜택을 누릴 수 있게 됩니다.

> **중화학공업 건설은
> 국토통일의 길**

중화학공업 분야의 수출은 60억 달러에 달해 우리 나라는 100억 달러 수출 국가가 되겠습니다. 이때쯤이면 국민 1인당 GNP도 1,000달러 수준으로 올라가 국민생활은 윤택해질 것입니다. 그리고 인구는 약 4,000만 명이 되니 우리 나라의 GNP는 400억 달러 수준이 될 것입니다. 이 정도면 당당한 중진국이 되어 조국 근대화의 첫 관문을 통과하고 선진국을 향해 진군하게 될 것입니다.

국가안보 면에서 생각하면 우리 나라의 현역군이나 예비군에게 필요한 각종 병기 및 장비는 대부분이 국산화할 수 있게 됩니다. 만일 GNP의 6%를 국방비로 사용한다면 국방비 규모는 24억 달러에 달하게 됩니다. 닉슨 독트린에 의한 '국군장비 현대화 5개년계획'에서 5개년에 걸쳐 15억 달러를 책정했던 것을 생각하면, 매년 20여 억 달러를 국방비로 사용할 수 있다는 사실은 감동적이기도 합니다.

즉 중화학공업 건설을 통해 북한의 무력도발을 저지하며, 종국에 가서는 평화적인 국토통일의 길이 열리게 된다고 확신합니다. 공업구조가 완성되어 필요한 소재나 원자재는 대부분 국내에서 생산·공급될 것이고, 기계설비도 국산화될 뿐만 아니라 각종 플랜트도 우리 나라에서 제작한 '기계설비'로써 건설될 것입니다.

중화학공업 건설은 조국의 근대화와 민족중흥을 이룩하기 위한 유일한 수단입니다. 조국의 국운을 거는 민족적이고도 역사적인 과업입니다. 우리 나라가 중화학공업 국가가 된다는 것은 '우리도 산업혁명을 이룩했다'라는 뜻이 되는 것입니다. 영국에서 시작된 산업혁명은 구미 각국에 전파되어 이들 나라를 세계의 강국으로 등장시켰습니다. 그리

▲ 박정희 대통령의 1년간 평균 출장 일수는 119일, 거리로는 15,039km였다.

고 일본이 뒤따랐는데, 그 후 어느 나라도 이에 성공한 나라는 없습니다. 이들 산업혁명에 성공한 나라 즉 영국, 독일, 프랑스, 이탈리아, 미국, 일본 등을 살펴보면 공통점이 하나 있는데, 이들 나라의 인구가 최소 4,000~5,000만 명은 된다는 사실입니다. 인구가 적은 나라는 모든 업종의 중화학공업을 발전시킬 수 없는 것입니다. 그런데 우리 나라가 가까운 장래에 이만한 인구가 된다는 것은 명백합니다. 이 점은 아주 중요한 뜻을 내포하고 있습니다.

즉 우리 나라도 산업혁명에 성공할 수 있는 기본적인 조건은 구비되어 있다는 뜻이 됩니다. 더욱이 우리 민족은 조상으로부터 우수한 두뇌와 놀라운 손재주도 물려받았습니다. 그렇다면 '우리라고 못할 것은 없지 않습니까? 마음만 굳게 먹으면 할 수 있는 것이 아니겠습니까?' 다만 일단 이 거창한 과업에 착수한 후에는 어떠한 도전이 있더라도 이를 해결하고, 어떠한 어려움에 부딪치더라도 이를 돌파해서 반드시 성공해야 하겠습니다. 10년간이라는 긴 세월에 걸쳐 중단 없이 강력하게 추진되어야 하며, 도중에서 중대한 정책 변경을 하거나 과업 자체를 중단하는 일은 절대로 일어나서는 안 되겠습니다. 만일 이러한 불행한 일이 생긴다면 역사와 국가와 국민 앞에 큰 죄가 된다는 점을 강조하고자 합니다.

중화학공업 건설은 남북간의 경제전 의미

각하! 우리 나라가 중화학공업을 건설한다는 것은 '남북간의 경제전'에 돌입한다는 뜻입니다. 이 전쟁에서 패하면 패한 쪽의 체제는 무너지게 될 것입니다. 중화학건설의 성공 여부로 남북문제는 결판이 난다는 뜻입니다. 그러니 우리 나라 국민은 앞으로 10년간 계속되는 '제2의 한국전쟁'을 치른다는 단단한 각오로 출발해야 하겠습니다. 정부나 기업가나 국민이 모두 필승의 신념을 갖고 분투 노력하겠다는 결의를 다져야겠습니다. 그러기 위해서는 전쟁을 개시할 때 선전포고를 하는 식으로, 각하께서 정부의 단호한 의지를 국민에게 다짐하는 절차가 필요하다는 건의를 올립니다. (여기까지가 그날의 보고였다)

Q 박정희 대통령의 질문
▶▶▶▶▶▶▶▶▶▶▶▶▶▶▶▶▶▶▶▶▶

1 새마을운동에 의한 공업분산과 과학화 정책

약 1시간에 걸친 긴 보고가 끝나자, 박 대통령은 고개를 두세 번 천천히 끄덕였으나 아무 말도 하지 않고 도면을 들추기 시작했다.

〈도표 Ⅱ-22〉의 내용을 일일이 살펴보고는 '새마을운동에 의한 공업분산'이라고 쓴 곳과 '과학화 정책'이라고 표시된 곳을 번갈아 손으로 짚으며 "이것은 뭐지?"라고 했다.

나는 이렇게 대답했다.

"우리 나라는 전국을 균형 있게 발전시키기 위해 공업의 지방분산 정책을 써오고 있습니다. 그 첫 번째 조치로써 각 대도시에 '지방공업단지'를 조성해 주었습니다. 그 결과 도시로의 인구 집중을 유발시키는 부작용도 생겨나고 있습니다. 현재 농촌에서는 '새마을사업'의 일환으로, 농민의 소득을 더한층 증가시키기 위해서 '새마을공장운동'을 시범적으로 실시하고 있습니다. 이 운동은 농촌의 유휴 노동력 활용 및 지역발전을 위해서 본격적으로 추진되어야 하겠습니다. 1,000달러 소득시대가 오면 고용부족 문제, 임금상승 문제 등이 발생하게 될 것입니다. 이 때를 대비해서 노동집약적인 단순 가공품 공장은 도시에서 농촌으로 이동해서 수명을 연장시키는 동시에, 농민에 대해서는 '농업외 소득(農業外所得)'을 올려주는 방법이 되겠습니다. 새마을정신으로 무장된 농민의 진가가 발휘될 것이며, 전 국토의 균형발전에도 크게 이바지할 것이라고 기대됩니다."

"'과학화 정책'은 '우리 나라가 선진공업국이 되기 위해서는 전국민이 과학화되어야 한다'는 뜻입니다. 그러나 당장 급한 문제는 기능공 양성입니다. 중화학공업 건설의 핵심분야인 기계공업은 최신 공장을 건설했다고 해서, 제품이 나오는 것은 아니다라는 것을, 병기개발을 추진하면서 실감하고 있습니다. 가장 중요한 점이 정밀도인데, 현재 우리 나라의 가공 수준인 1/10㎜를 1/100㎜로 향상시켜야만 국제수준의 제품을 생산할 수 있습니다. 우리 나라가 기계공업을 본격적으로

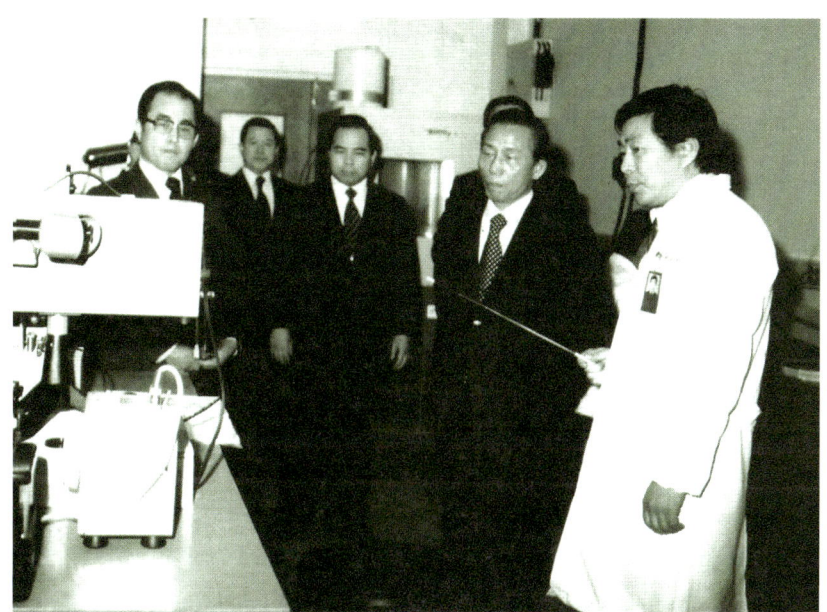
▲ 대덕과학연구단지를 시찰중인 박정희 대통령

건설하자면, 이러한 수준의 기능자(技能者)가 수만 명 단위로 필요합니다. 그리고 이들 기능자가 많은 경험을 쌓아야만, 비로소 일류 기능자나 기술자가 될 수 있습니다. 그리고 기계제품이란 하루가 다르게 개량되고 또한 새로 개발된 신제품이 나오기 때문에, 이들 기계기술자들이 새로운 제품을 고안해서 설계를 하고 정밀 가공을 해서 제품화해야, 비로소 수출 가능한 물건이 나옵니다.

그러나 우리 나라에는 이 분야의 기능자나 기술자가 태부족입니다. 그러니 지금부터 양성할 수밖에 없는데, 이런 기술은 어릴 때부터 훈련시켜야 가능합니다. 공업고등학교 1학년 때부터 시작한다고 하더라도—도중에 병역근무 기간이 있기 때문에—아무리 짧게 잡아도 10년은 소요됩니다. 그때 가서야 쓸 만한 기능공이나 기술자가 된다는 뜻

입니다. 기능자 양성에 10년이 걸린다는 것을 염두에 둔다면,

정부는 기능자 양성문제를 국가적인 최긴급 과제로 정하고 시급히 착수해야 한다는 점을 강조해 올리고자 합니다."

박 대통령은 이 설명이 마음에 들었는지 "기능자들이야말로 조국근대화의 기수야"라고 했다. 그리고는 "오 수석! 공단은 어디로 정하지?"라고 다른 질문을 했다.

2 공단은 어디로 정하지

나는 이렇게 대답했다.

"공단 위치를 정하는 기본 방침은 첫째, 각하께서 지시하신 대로 안보상 가급적 남쪽에 배치토록 하겠습니다. 두 번째로 공해대책에 만전을 기하겠습니다.

우선, 공업구역과 환경보호구역을 처음부터 구분, 설정해서 공단 배치는 공업구역에 한하도록 하겠습니다. 나머지 지구는 관광 및 농수산지구로 보존하고자 합니다. 공단 위치는 수질오염을 사전에 방지하기 위해서 공해발생 요인이 있는 공장은 큰 강의 상류에는 배치하지 않겠습니다. 주로 해안지방에 건설하되, 청정지구(淸淨地區)나 수자원지구는 피하겠습니다. 내륙지방에는 공해발생 요인이 없는 전자분야에 한하겠습니다.

이런 뜻에서 현재 문제가 되고 있는 대구공단과 같은 지방공단에는, 공해발생 요인이 없는 업종만 입주시키는 동시에 완벽한 배수처리 시설을 서둘러야겠습니다. 그리고 매연공해에 대해서는, 여러 가지 종류

의 매연이 한 장소에서 발생하게 되면 공해대책이 복잡해지고 공해 처리에 비용이 많이 듭니다. 예컨대 종합제철에서는 분진과 매연이 대량 발생하게 되는데, 종합제철 부근에 다른 업종의 공장을 건설하면 이들 공장들은 모두가 피해를 입게 됩니다. 석유화학도 똑같습니다만, 석유화학에서 나오는 매연은 종합제철에서 나오는 것과 종류가 다릅니다.

선진국에서는 종합제철과 석유화학 공장을 한곳에 건설한 결과 공해대책에 골치를 앓고 있습니다. 이런 이유로 우리 나라의 중화학공업 계획에서는 공업분야별로 각기 다른 지역에 배치토록 하겠습니다. 특히 비철금속은 공해발생 요인이 큰 업종이므로, 공해 피해를 방지할 수 있는 장소를 물색하고 있습니다. 우리 나라에서는 서쪽바람이 우세하기 때문에, 한반도의 동남쪽 끝부분이 해당된다고 생각하고 있습니다. 이곳은 한류와 난류가 서로 교차하는 장소이기 때문에, 배수공해 문제에도 도움이 되겠습니다. 이 공단에는 비철금속 외에도 공해 배출 요인이 큰 공장도 입주 가능토록 하겠습니다.

세 번째로, 될수록 전국적으로 균형 있게 배치할 예정입니다. 이런 취지에서 석유화학은 현재 호남정유가 있는 여수지구를 고려 중에 있으며, 서해안과 동해안에 수출자유지역을 건설하는 문제도 검토 중에 있습니다. 기타 중화학공업 건설 예정지로 전자는 구미공단 주변을 확장해서 쓰고, 기계는 창원지구에 대해 조사 중에 있습니다. 조선소는 전국 해안에 대한 조사를 실시 중에 있습니다만, 종합제철 및 기계공업과 연관관계가 많으므로 경상남도 해안이 될 가망성이 큽니다.

특히 해군함정 건조를 생각할 때 진해만 주변이 최적지라고 판단됩니다. 제2 종합제철에 대해서는 아직도 조사 중에 있습니다만, 종합제철은 연관단지와 주거지구를 포함해서 1,000만 평이라는 대지와 최소 15만 톤급의 선박이 출입 가능한 항만이 필수적이고, 대량의 공업용수가 필요하고, 공해발생 요인이 있으므로 입지선정이 까다롭습니다. 제 2종합제철 입지로는 현재 낙동강 하류 일대를 조사 중에 있습니다. 어느 정도의 기초 조사가 끝나면 외국의 전문 용역회사를 시켜 입지조사를 실시토록 하겠습니다. 여기에 대한 진행사항은 수시로 보고 올리겠습니다."

박 대통령은 말했다.

"공단을 설계할 때 주거지역의 도시계획도 동시에 실시하는 것이 좋겠어. 울산공단을 건설할 때 공장지역만 덩그러니 결정해 놓으니, 후에 울산시가 도시계획을 다시 한다고 골치를 앓고 있지 않아."

주 : 이렇게 해서 공업기지라는 새로운 단어가 탄생된다. 기존의 공업단지는, 공업지구만 생각하는 개념인데 비해, 공업기지는 공업지구, 주거지구, 행정지구를 모두 포함한다. 개발계획 단계부터 중앙 정부가 관장하는데 좋은 예가 '창원공업기지'이다.

3 한국형 경제건설 방식에 의한 중화학공업 건설

그런 다음 다시 "중화학공업 계획은 언제쯤 성안되지?"라고 물었다. 내가 "연말에는 보고 올릴 수 있습니다"라고 대답하니, 박 대통령은 "미국의 경제학자라는 자들이 후진국의 실정도 모르고 이러쿵저러쿵하나 우리는 우리 식대로 해 나갈 수밖에 없어"라고 했다. 이 시점이 바로 '한국형 경제건설 모델'이 탄생되는 순간이다.

나는 방으로 돌아오자 비서관들과 함께 이 날의 보고를 정리해 보았다.

> **한국형 경제건설 방식**
>
> (1) 종합적으로 박 대통령은 이 날의 보고, 즉 한국형 경제건설 방식에 의한 중화학공업 건설에 대해 만족한 것이 확실하다고 느꼈다.
>
> (2) 박 대통령은 '기능자는 조국근대화의 기수'라고 했다. 이렇게 되면 '기능자 → 중화학공업 건설 → 조국근대화 → 민족중흥'이라는 행정식이 성립된다. 그렇다면 이런 인식을 갖고 기능자 양성에 임하라는 지시라고 보아야 한다. 또한 공단계획을 수립할 때 주거지역에 대한 도시계획까지 포함시키라고 했다. 박 대통령의 뜻은 '공단+주거도시'의 복합개념을 갖고 계획을 수립하라는 뜻이고 공단만 생각하지 말고 국토 전체를 놓고 보라는, 다시 말해—국토개발을 한다는 관점에서—공업지구 문제를 생각하라는 뜻이다. 그렇다면—기술인력 양성문제나 국토개발문제 등—중화학공업 건설에 필요한 모든 사항을 이번 계획에 포함시키라는 지시가 된다. 이렇게 되면 중화학공업 건설계획의 범주를 넘게 되고, 우리 나라의 공업구조를 완전히 개편하는 계획이 되어야 한다. 군대식으로 표현하면 '작전계획'이 아니라 '전략계획'을 수립하라는 뜻이다.
>
> (3) 박 대통령은 중화학공업 건설 계획을 재촉했다. 그렇다면 박 대통령은 중화학공업 건설 추진에 대해서는 이미 결심을 했다는 뜻일 것이다. '남북간의 경제전'은 이미 개시된 것이다. 나는 임전태세를 취해야 했다.

생각이 여기까지 미치니—임무의 중대성과 책임의 막중함에—나는 숙연해졌다. 진인사 대천명(盡人事待天命)이란 뜻을 몸으로 실감했다. 하느님의 가호만 비는 심정이었다.

제7장
공업구조 개편론

나는 마음을 가다듬고 계획작성에 들어갔다. 계획서의 양식은 브리핑 형식으로 문장은 간결·명료해야 한다. 첫 작업은 계획작성을 위한 기본 방침의 설정이다. 지금까지 구상했던 바를 써 내려갔다.

㊟ : 이 초안을 김광모 비서관이 정리해서 성안을 했다.

제1장 계획작성

가. 수출 100억 달러, 1인당 GNP 1,000달러를 목표로 한 국가산업 기본모델을 작성한다.
 1) 이 모델에는 목표 연도에 있어서의 공업구조 문제와 양적 문제가 함께 다루어져야 한다.
 2) 이 모델 작성은 국가적 견지에서 장기적 관점으로, 국가자원의 종합적이고 합리적인 활용을 기할 수 있는 차원에서 검토·수립되어야 한다.

가. 80년대의 기본모델을 성공적으로 구축하기 위해서는 출발단계가 중요하다. 따라서 출발방식을 어떻게 할 것인가에 대한 연구가 있어야 한다.

나. 본 목표를 10개년에 달성하는 과정을 연차(年次)별로 풀이한 계획서가 작성되어야 한다.
  1) 연차별 계획을 세워 사전에 조치할 사항은 지금부터 서둘러 해결함이 요구된다. 예]기술자 양성에는 10년의 기간이 소요된다.
  2) 개발도상국가의 경제개발 이론은 확정된 정설이 없다. 우리 나라에서 과거 10년간의 경험으로 보면 정부에서 구체적 공장건설 일람표 및 공업단지계획 등을 작성하여 추진하고 강력한 정부의 지원이 있을 때 민간이 따라왔고 성과가 있었다.
  3) 정부 주도에 의한 공장건설계획 일람표 작성은 개발도상국가의 경제발전 계획에서는 필수 불가결하다.

다. 본 계획은 방임된 개개 사업의 추진만으로는 목적을 달성할 수 없다.
  1) 종합국가산업 개발계획의 테두리 내에서 계획적으로 규모, 품질, 가격 등을 국가적 차원에서 검토한 후 국민이나 정부가 피땀 흘려 노력하여야만 목표달성에 차질이 없다.
  2) 종합개발계획은 개발도상국가에서 재원이 큰 문제점이므로 투자가 가장 적게 드는 방법을 택하여야 한다.
  3) 정부는 앞으로 도전되는 문제점 해결에 적극적 자세로 계획단계에서 혹은 사업시행 기간 중에 해결하여야 한다.

라. 계획의 목표와 내용은 명확해야 하며 조기에 확정하여 공표하여야
한다.

〈당면과제〉
1. 목표 연도의 우리 나라 공업의 모델
　－공업구조 문제
　－양적 문제
2. 출발방식의 연구
3. 연차별 공장건설계획 수립
4. 문제점 검토(정부지원)

그 다음으로 어떤 사상을 가지고 공업구조를 개편하는가에 대해 썼다. 이념의 문제이다.

㈜ : 일반 독자에게는 무미건조한 이야기일지 모르나 아주 중요한 사항들로 박 대통령은 이를 숙독하고, 검토를 하고, 확신을 갖고 실천에 옮겼다. 독자께서 지루하거나 이해하기 힘들면 생략하더라도 이 책의 문맥을 이해하는 데 지장은 없다.

제2장 이념의 도출

1. 주도업종의 선정

가. 이 계획기간은 중화학공업을 주도업종으로 이끌어야 하는 단계이다. 특히 기계공업을 집중 육성하여야 하는 성숙기이다.
  1) 제1, 2차 경제개발 5개년계획의 성공으로 경공업을 중심으로 한 공업구조를 구축하였으며 중공업 육성을 위한 기반을 구축하였다.
  2) 종합제철 완공에 의한 각종 철강재 및 코크스의 국내공급 체제의 완비, 선철(銑鐵)공장의 착수, 비철금속공업의 완성, 수송망의 확장, 중공업 제품의 수출 개시 등이 바탕이 된다.

나. 일본에서는 1957년부터 중화학공업화 정책을 명백히 한 신장기 경제계획을 수립하여 오늘의 경제대국으로 유도하였다.
  1) 일본의 중화학공업화 정책의 이유는 자본집약적, 기술집약적 산업으로서 수요의 탄력성이 높고, 기술진보가 빠르고, 노동생산성 향상이 빠른 산업이라는 데 있다.
  2) 중화학공업은 수요의 폭과 깊이가 있고 부가가치, 생산성이 높으며 후진국이 따라올 수 없는 산업이라는 데 이유가 있다.
  3) 중화학공업 정책 선언 후 10년 만에 100억 달러의 수출 고지를 점령하였다.

다. 외국 사양산업 중 필요산업은 계속 강력히 유치하여 기술전파, 고용증대의 효과를 거두어야 한다. 일본의 열도개조론 대두와 함께 검토되고 있는 중화학공업 억제를 계기로 일본의 중화학공업을 유치함이 요구된다. 공업유치에서 중요한 것은 시기를 놓쳐서는 안 된다는 것이다.

라. 주도업종으로서의 중화학공업과 병행하여 수출 특화산업은 계속 강화 육성하여야 한다.
   1) 이와 동시에 이미 성공을 본 마산 수출자유지역과 같은 성격의 제2·3 수출자유지역을 설정하여야 한다.
   2) 앞으로의 수출자유지역에서는 100% 외국인 회사에서 이제부터는 합작, 투자 형태로 변경되어야 하며 이 경우 내국인 지분율을 증가하는 방향으로 지향하여야 한다.

2. 중화학공업

가. 이 계획기간 중의 주도산업으로서 중화학공업의 상대적 확대는 세계경제 및 세계무역 발달의 기본방향이다. 특히 기계공업은 장래성이 있고 고용 흡수도가 높으며 수출에 있어서 유망한 부문으로 대두된다.

나. 우리가 중화학공업화하는 데 있어서 중요한 업종은 ①산업기계 ②조선 및 수송기계 ③철강 ④화학 ⑤전자 등이며, 이러한 부문은 중점 집중 개발되어야 하며 동시에 화학 플랜트, 발전소, 조선, 자동차 등 종합기술공업의 유기적 결합이 요망된다.

다. 중공업 부문의 현재 수입액은 이미 연간 5억 달러에 달하였으며 앞으로 급증하게 될 중공업 제품의 수입 대체는 물론 수출 주도업종으로 개발해야 한다.

3. 공업구조

가. 우리 나라의 공업구조, 특히 중화학공업 분야의 주축을 이루는 기계공업의 구조는 아직 미정비된 상태이며 이러한 분야의 보완은 중화학공업의 육성에서 시급히 해결하여야 할 과제이다.

나. 각 업종에 포함된 단위공장은 품질·가격 면에서 처음부터 수출능력이 있게끔 계획되어야 한다. 중화학공업 제품은 이러한 수출능력이 있는 한 광대한 국제시장에 있어서의 전망은 밝으며 후진국과의 경쟁도 없고 선진국의 수입규제 문제도 이러한 분야에 대해서는 가까운 장래에는 예기되지 않는다.

다. 따라서 앞으로는 국제 단위공장 개념에서 국제 최대급 단계로 발전시켜야 할 것이다. 더욱이 화학 및 합성섬유공장 등 선발업종으로 이미 국제경쟁력을 갖기 시작한 업종은 다수 기업, 국제 최소 경제단위 시대로부터 소수 국제 일류기업화 작업이 시급히 추진되어야 하겠다.

예

업종별 생산능력

업 종	단 위
철강	1,000만 톤
화학	에틸렌 50만 톤
비철금속제련	10만 톤
(동, 아연, 알미늄)	
조선	100만 톤

4. 공업형태

가. 공업 형태면에서도 현재 노동집약적 공업에서 두뇌공업으로 방향을 바꾸어야 한다. 싼 노임을 주무기로 하여 제품을 수출하는 형태에서 기술을 가미한 제품을 수출하는 형태로 전환해야 한다. 즉 수작업에서 두뇌작업으로 전환해야 하는 것이다. 예로, 철강의 가격은 톤당 150달러인데 이것을 기계제품으로 만들면 그 값은 평균 2,000달러가 되는 것이다.

나. 한편 지금까지 외국에서 중간제품을 수입해서 약간만 가공해 수출하던 형태에서 중간제품까지도 국내에서 생산해서 수출하는 여력을 가져야 한다. 특히 개발도상국가에 대해서는 이러한 중간제품 수출형태로 전환하는 것이 시급히 요구된다. 이렇게 될 때 우리 나라와 개발도상국가와의 공업구조상의 격차가 뚜렷해지고, 우리 나라 공업은 선진국 대열에 끼게 되며 공업의 구조적 기반이 공고히 된다.

다. 각 공장의 건설 및 사업규모에 대해서는 각 기업가 위주의 관점으로부터 공기업이라는 국가적 관점에서 이루어져야 그 효과를 거둘 수 있다. 기업가도 선진국의 대기업 경영자로서의 태도로 개조하는 문제가 연구되어야 한다. 일본이 경제동물, 국가기업(State Company)이라는 칭호를 받은 이유와 그들이 단시일 내에 경제발전을 한 합리성이 여기에 있다고 보기 때문이다.

5. 연불수출

가. 개발도상국 및 후진국에 대한 수출과 자금지원과는 정비례한다. 자금이 풍부치 않은 개발도상국에 대한 수출의 획기적 확대를 위해서는 장기연불 수출정책이 뒤따라야 한다.

나. 기계장치공업의 수출에는 장기연불 조건이 수반되어야 할 절대적 요건이다. 이는 원자재가 국산화될 때 착수금 20%를 받을 수 있으면 외자 균형은 맞으므로 착수단계부터 가능하다.

다. 본 계획 기간 중에 연불수출이 적극 이루어져서 차관을 받는 나라에서 차관을 주는 나라로 향상 발전되어야 한다.

라. 대 월남 전후 복구에의 적극참여는 이 기간에 목표달성을 하는 중요한 계기로 등장하는 과제가 된다.

6. 과학기술

가. 과학기술 활동은 경제, 사회 발전을 선도하는 원동력으로 대단히 중요한 역할을 한다. 어느 선진국이고 과학기술이 발달되어 있지 않은 나라는 없고, 과학기술이 발달된 어느 민족도 후진국으로 머물러 있는 곳은 없다. 모든 선진국은 과학기술을 발판으로 번영을 이룩하였다.

나. 따라서 우리가 중화학공업 정책의 성공으로 선진국이 되려면 전국민,

전업종의 과학기술화가 요망된다. 국민 생활면, 국민 교육면, 각 산업면, 각 개개공장, 각 새마을사업장, 각 가정 등에서 과학기술 제일주의의 무드를 조성하여야 한다.

다. 과학기술자는 기술의 중요성에 대한 국가적 사명감을 가지고 사회에 봉사하는 각오로써 국가에 무엇을 공헌할 수 있겠는가를 항시 공부하고 있어야 한다. 기술자의 아집근성과 적당주의 습성을 버리고 각 기술자가 만든 제품이 최고제품이 되도록 노력하여야 한다.

7. 기술의 고도화

가. 중공업화에 있어서 기술은 관건 요소이다. 따라서 중공업을 개발시키고 산업형태 및 공업구조의 개선을 위해서는 기술자의 자질이 향상되어야 하며 기술자의 종류도 달라져야 한다.

나. 기술작업면에서도 단순기능공에서 고급기능공 및 기술자의 작업으로 전환되어야 한다. 따라서 기술자 양성을 위한 교육제도를 개편해야 한다.

다. 제품의 양적인 수출과 함께 질적인 고급제품 생산문제는 목표달성에 중요한 역할을 하는 요소이다. 기술향상과 연구개발 및 디자인에 대한 집중적 노력으로 제품의 가공도를 높여 고급화하고 신제품을 개발하여야 한다.

라. 각 생산공장의 기술자는 기술의 고급화에 적극적인 자세로 임하여야 한다. 공장장(또는 기술책임자) 회의를 정기적으로 가져 다음 사항에 대하여 협조, 추진하는 제도를 마련하는 것이 요망된다. 과학기술처의 협조를 얻어 공업진흥청이 행정 지도한다.
1) 도입기술의 토착화
2) 공장 상호견학
3) 기술문제점 상호토의
4) 각 공업분야의 외국현황 조사연구
5) 앞으로의 공업 및 기술개발 방향제시
6) 기술지 발간

8. 검사제도 확립

가. 품질향상을 위하여는 검사제도 확립이 요망된다. 제품에 대한 철저한 검사로 불량품 생산의 풍토는 불식되어야 하며, 동시에 기능공의 적당주의적 습성도 일소되어야 한다.

나. 검사는 국가관리 아래 책임제로 행한다.

다. 민간기업에서도 정부의 품질향상 정책과 검사철저에 호응하여 납품 후까지 보증하는 책임제도를 확립하여야 한다.

9. 국토계획

가. 국부의 증가를 위하여는 현상에만 집착하지 말고 창조적인, 여유를 가진, 장래성을 고려한 대담한 구상이 필요하다.

나. 각 지역의 자원 등 특성을 기반으로 하여 각 지역에 특유산업을 고착시켜 지역의 균형된 발전을 기하고 산업의 과밀과속의 공업혼잡을 탈피해야 한다. 공장의 도시 집중에서 오는 병해도시 현상을 막기 위하여 공업 및 인구의 지방분산 대책을 처음부터 수립해야 한다.

다. 새마을공장 운동은 전 국가 자원활용과 이의 균형 있는 지역발전에 이바지함으로써 강력히 추진하여야 한다. 1,000달러 소득시 고용 및 임금 등 문제가 생길 것이므로 노동집약적인 단순가공품은 도시에서 농촌으로 이전시켜 수명을 장기 지속화시켜야 한다. 이와 관련하여 중소기업 문제는 시설, 기술, 자금을 투입하여 계속 보호·육성해야 하나, 특히 시장을 무시한 자유 방임된 난립을 규제할 필요가 있다.

라. 중화학공업의 고도화 과정에서 발생하기 쉬운 공업혼잡과 동시에 환경오염 방지에 대한 철저한 대책이 수립되어야 한다. 일본과 같은 공업의 재배치 계획에 대한 전철을 밟지 말아야 한다. 공업구역과 환경보호구역을 구분 설정하여 공해에 의한 오염으로부터 관광 및 농수산 자원도 보호해야 한다. 그 방법으로 공해방지 임해 벨트(Belt) 또는 해안선과 5대강 상류의 공해방지 지구는 지금부터 설정해야 한다.

마. 공업입지 지역도 국가의 귀중한 자원이므로 장래를 위하여 유보하는 국가장기안목이 필요하다.

10. 공업구역 계획

가. 공업구역은 상기 국토종합계획 미래상에 근거를 두고 설정되어야 한다.

나. 공업입지 조건이 까다로운 업종의 입지로 적합한 지형학적 지대는 우리 나라에도 한정된 몇 개 장소밖에 없으므로 이러한 지대는 국가 자원으로써 유효 적절히 활용되어야 한다.

다. 자원의 낭비가 있어서는 안 된다. 조건이 까다롭지 않은 업종을 그 입지에 두게 함은 국가적으로 그 입지에 유치하여야 할 업종을 놓치게 되는 결과를 초래하게 되므로 자원의 낭비가 된다.

라. 공업단지는 대규모화하여 국제경쟁에 대처할 설비규모의 확대에 대비하고 산업규모의 확대, 기술의 집대성, 대량생산방식 체제가 이룩되도록 해야 한다.

|예|

중화학공업기지의 입지조건

단지	입지조건	후보지	비고
화학 복합 단지	20만 DWT 탱카 50만 톤 부두 1,000만 평의 대지 50만 톤의 용수 전기공급 전송망	울산 여수 강릉	일본에도 이러한 후보지는 2~3개소밖에 없음

마. 공업구역은 성격상 부합되는 업종에 따라 구분하여 구역 내 업종 상호 간의 경제성 상승효과 및 투자절감 효과를 거둘 수 있도록 조치한다.

바. 공업입지는 공업 벨트의 개념에서 전문 블록(Block) 개념으로 하고 가용대지만을 고려한 단지 개념에서 특성에 따라 행정기능, 검사기능 등을 부여하여 종합기지 체제로 전환한다.

주 : '기지 체제'라고 하면 공단과 거주지역과 행정을 겸비한 지구를 말한다.

1) 종합화학기지
2) 종합철강기지
3) 조선기지
4) 종합기계기지
5) 전자기지
6) 수출자유지역

11. 공업원료

가. 공업구조적으로 보아 소재공장에서부터 최종 제품공장까지 완성하는 일관 생산체제가 완비되어야 하나 자원이 빈약한 우리 나라로서는 공업의 기초 원료가 중대한 문제로 대두된다.

나. 저렴하고 풍부한 자원의 공급을 위하여 범국가적 노력이 경주되어야 한다.

1) 국내원료로써 지하자원을 활용하는 연구·검토를 실시할 단계에 도달했으며 국내에서 생산되지 않는 기본 주요 원료는 염가의 안정된 수입대책을 마련하여야 한다.
2) 해외자원에 대한 직접투자 또는 합작방안을 수립하여야 한다(일본에서는 55년부터 착수했다는 것을 염두에 둘 필요가 있다).
3) 수입창구를 단일화하여 중요 수입원료의 염가의 안정된 공급조치를 취해야 한다.

다. 에너지원으로써의 원유구입은 절대량 공급부족, 신유전 개발에 대한 막대한 투자비, 산유국과 국제회사와의 이해상반 등으로 공급부족·가격인상 등 심각한 문제가 예상된다.
1) 원유 구입원의 다각화를 위하여 지역의 확대, 산유국으로부터의 직접도입 방안도 고려되어야 하며 유류의 대체원도 사전에 검토되어야 한다.
2) 원유보다 많이 산출될 것으로 기대되는 액화천연가스(LNG)의 에너지원으로의 활용 및 원자력 발전에 의한 유류 에너지 대체방안 등이 모색되어야 한다.
3) 유류공급 부족은 목전의 현상이다. 유류는 아직 대체방안이 없는 공업용 원료이기 때문에 이를 절약하는 검토가 있어야 한다.

12. 관민협조(총력체제)

가. 이 공업구조 개편사업은 국가 최중요 사업으로 정부가 적극적이고 집중적인 노력을 경주하여야 한다.
1) 단시일 내에 이룩한다.
2) 투자를 적게 들인다.

3) 종합적 견지에서 합리적인 방법으로 한다.

나. 정부 각 부처간 원활한 협조가 이루어지고, 민간이 자발적으로 정부시책에 따르는 관민협조의 국민총력체제가 구축되어야 한다.
1) 법령, 제도 및 기구의 보완(예) 기계공업 기지법
2) 정부지원공사의 조기 완성
3) 자금의 적기 방출 등이 요구된다.

그러고는 주요사업의 시행계획 작성에 들어갔다. '공업구조 개편론'의 제3장이다. 여기에 대해서는 제목만 열거한다.

제3장 주요사업의 시행계획

가. 기계공업
나. 화학공업
다. 전자공업
라. 철강공업
마. 조선공업
바. 중화학공업 수출자유지역
사. 경공업 수출자유지역
아. 기지계획
자. 기술교육제도

'공업구조 개편론'을 연말에 제출했다. 타자지에 펜으로 썼더니 100여 장이 넘는 두툼한 서류가 되었다. "각하, 하명하신 대로 '중화학공업 건설계획'을 작성했습니다. 중화학공업을 건설하자면 공업분야에 한정할 수가 없고, 산업구조 전체를 개편해야만 가능하기 때문에 명칭을 '공업구조 개편론'이라고 했습니다"라는 나의 말에, 박 대통령은 아무 대답 없이 '제1장 계획작성'을 단숨에 읽어 내려가더니 "서류는 놓고 가"라고 한다. 이 서류에 대해서는 혼자서 직접 검토하겠다는 뜻이다.

그러고는 회의탁자로 자리를 옮겼다. 이럴 때에는 박 대통령은 탁자의 정면 윗자리에, 나는 측면 모서리에 앉게 되어 90도 각도에서 대하는 위치가 된다. 박 대통령은 "임자, 중화학공업이 완성됐을 때 우리나라 공업수준은 어느 정도가 된다고 했지? 대표적인 것 몇 개만 숫자적으로 말해 봐"라고 한다.

나는 "제강 능력은 1,000만 톤, 석유화학 80만 톤, 조선능력 500만 톤, 자동차 50만 대입니다. 이 정도면 북한을 완전히 압도할 수 있습니다"라고 하자, 박 대통령은 머리만 위아래로 끄덕끄덕하며 생각에 잠기는 듯했다. 그러고는 "80년 초의 우리 나라 산업전망을 수치로 해서 가져와"라는 말을 하고 자리에서 일어섰다.

제8장
세 개의 대통령 특별선언

박정희 대통령은 세 개의 대통령 특별선언을 한다. 그 첫 번째는 1972년의 '10월 17일 대통령 특별선언'(이른바 10월유신)이고 두 번째가 (유신선언 3개월 후인) 1973년 1월 12일 연두기자회견 때 이루어진 '중화학공업화 선언'과 '국민과학화 선언'이다. 이 세 개의 선언은 서로 밀접한 관계가 있다. 박 대통령은 1973년 초의 연두기자회견에서, 이들 선언의 상관관계를 상세히 설명했다. 이렇게 되어 세 개의 선언은 '한 세트의 대통령 선언'으로 통합하게 된다. 구호도 '10월 유신, 100억 달러 수출, 1,000달러 소득'으로 정해진다.

각 수석비서관들은 연말이 되면 연두기자회견 자료를 만드느라 바빠진다. 저마다 자기 소관 업무에 대해 자료를 작성한 후 박 대통령에게 보고해야 되는데, 박 대통령의 의중에 맞지 않으면 합격될 때까지 몇 번이라도 고쳐야 한다. 그래서 수석비서관들은 연말이 되면 몹시 긴장하게 되고, 합격이 된 후에야 비로소 연말 기분이 나게 된다. 연초가 되면 박 대통령이 수정·가필한 초고를 받아 공보수석이 정리하게 된다. 그러나 박 대통령은—기자회견 때 공보수석이 정리한 것을—그대로 읽어 내려가지는 않는다. 중요사항만 다시 손수 메모를 했다가 기자들의 질문에 답변하는 것이다. 이런 이유로 박 대통령의 연두기자회견문을 보면 연설조가 아니고 질의응답식이다.

해가 바뀌고 1973년 1월 12일, 우리 나라 역사상 큰 획을 긋는 연두기자회견이 개최되었다. 연두기자회견이란, 사실상 연두교서의 성격을 띤 중요한 행사였다. 1973년의 연두기자회견은 유신 이후 처음 발표되는 연두교서였는데, 전 국무위원과 여당 요인이 배석한 가운데 장장 2시간 17분 동안 계속되었다. 이 때 박 대통령은 '10월 유신'이라는 말을 43회, '유신과업'이라는 단어를 9번이나 사용해 가며 '10월 유신'의 '이념', '목적', '기본방향'과 '유신과업'에 대해 상세히 설명하고, 마지막으로 '80년대의 미래상' 즉 '유신과업의 비전'을 제시했다.

첫 번째로 '10월 유신'의 이념에 대해서는 "10월 유신은 …… 우리 스스로의 힘으로 우리의 진로를 설정하고, 민족의 안정과 번영을 이룩하여, 평화적인 통일을 촉진하자는 것"이라고 정의했다. "10월 유신의 목적은 국력의 배양과 국력의 조직화에 있습니다. 따라서 '유신과업'을 수행해 나가는 데 있어서 국력배양에 저해되는 요소를 우리가 과감히 시정해 나가야 하겠습니다." "이 목적을 달성하기 위한 기본방향은 '우리의 모든 행동을 생산과 직결시키는 것'입니다. …… 정치나 경제, 사회, 문화, 교육, 기타 모든 분야에 있어서도 마찬가지입니다……."

이어서 박 대통령은 '유신과업'에 대한 설명에 들어갔다. '80년대의 미래상'이라는 제목 아래 숫자를 제시해 가며 구체적으로 소상히 설명해 나갔는데, 우선, 기본목표에 대해서는 "우리는 80년대의 수출 목표를 약 100억 달러까지 올려보자, 그래서 1인당 GNP를 약 1,000달러 수준까지 끌어올려보자는 것입니다"라고 했다. 다음 대목으로 가서 박 대통령은 목소리를 가다듬고 "나는 오늘 이 자리에서 우리 국민 여러분들에게 경제에 관한 두 개의 중요한 선언을 하고자 합니다"라고 말했다. 이 순간 회의장은 일시에 조용해지고 긴장감이 감돌았다.

'중화학공업화 선언'과 '국민의 과학화 선언'

"우리 나라 공업은 이제 바야흐로 '중화학공업 시대'에 들어갔습니다. 따라서 정부는 이제부터 '중화학공업 육성'의 시책에 중점을 두는 '중화학공업 정책'을 선언하는 바입니다. 또 하나는 오늘 이 자리에서 우리 국민들에게 내가 제창하고자 하는 것은 이제부터 우리 모두가 '전 국민의 과학화 운동'을 전개하자는 것입니다. 모든 사람들이 '과학기술'을 배우고, 익히고, 개발해야 되겠습니다. 그래야 우리 국력이 급속히 신장할 수 있습니다. 과학기술의 발달 없이는 우리는 절대 선진국가가 될 수 없습니다. 80년대에 가서 우리가 100억 달러 수출, '중화학공업의 육성' 등등의 목표를 달성하기 위해서는 범국민적인 '과학기술의 개발'에 총력을 집중해야 되겠습니다. 국민학교 아동에서부터 대학생, 사회 성인까지 남녀노소할 것 없이 우리 모두 기술을 배워야 되겠습니다. 그래야만 국력이 빨리 신장하는 것입니다. 80년대 초에 우리가 100억

▶ 포항제철 1기 준공식에 참석한 박정희 대통령

달러의 수출 목표를 달성하려면, 전체 수출상품 중에서 중화학제품이 50%를 훨씬 더 넘게 차지해야 되는 것입니다. 그러기 위해서 정부는 지금부터 철강, 조선, 기계, 석유화학 등 중화학공업 육성에 박차를 가해서, 이 분야의 제품수출을 강화하려고 추진하고 있습니다.

참고로, 80년대 초에 가서 우리 정부가 구상하고 있는 중요한 중공업부문의 생산시설 능력을 몇 가지만 예를 들어 말씀드린다면, 제철능력은 지금 현재의 100만 톤에서 80년대 초에 가서는 약 1,000만 톤까지 끌어올리고, 조선능력은 현재 약 25만 톤 되는데, 이것을 약 500만 톤까지 끌어올리며 …… 석유화학 원료가 되는 에틸렌 생산은 지금 10만 톤인데, 80년대 초에 가서는 80만 톤 수준까지 끌어올리며, 전력은 지금의 380만 kW에서 1,000만 kW까지 끌어올리고, 시멘트는 지금의 800만 톤에서 1,600만 톤 수준까지 올려야 되겠으며, 기타 자동차는 현재 약 3만 대가 되는데, 그때에 가서는 약 50만 대 정도의 생산능력으로 올라갈 것입니다. 그 외에 전자공업 등 여러 가지 부문이 많이 있습니다마는 중요한 것만 몇 가지 얘기했습니다. 이러한 대규모의 공장들을 수용하기 위해서 정부는 지금부터 동해안, 남해안, 서해안 지방에 여러 가지 대단위 국제규모의 공업단지, 또는 기지(基地)를 조성해 나갈 생각입니다.

첫째는, 포항과 같은 제2의 '종합제철공장' 건설을 앞으로 추진해야 하겠고, 또 '대단위 기계종합 공업단지'도 만들어야 되겠습니다. 지금 울산에 있는 '석유화학 공업단지'와 같은 제2의 '종합화학 공업단지'를 또 만들어야 되겠습니다. 또 100만 톤급의 '대규모 조선소'를 하나 내지 두 개 더 만들어야겠고, '대단위 전자부속품 생산단지'도 지금 추진하고 있으며, 마산(馬山)에 있는 '수출자유지역'과 같은 단지를 앞으로 제2, 제3을 더 만들어야 되겠습니다. 이런 것을 다 했을 때에 100억 달러 수출이 되는 것입니다. 이렇게 하기 위해서 전국민이 과학기술개발에 총력을 경주해야 되겠다는 것입니다. 정부는 앞으로 중화학공업정책을 선언하고, 이 방면에 중점적인 지원과 시책을 펴나갈 것입니다. 그 밖에 우리 농어촌에도 '새마을운동'을 뒷받침하기 위한 중소공장들이 많이 들어서게 될 것입니다. 그렇게 함으로써 우리 농어민들의 소득증대에 크게 이바지하여, 우리 농촌도 도시 못지않게 살기 좋은 농촌으로 만들어 보자는 것입니다.

또한 국토를 효율적으로 활용하기 위해서, 지금 추진하고 있는 4대강 유역개발을 촉진하고 기타 주요 하천도 개발해야 하겠으며, 항만개발, 도로망 확장, 고속도로, 고속화 도로, 기존 국도의 포장, 이런 것을 빨리 서둘러야 하겠고, 전 국토의 녹화를 위해서는 앞으로 10개년 계획을 수립하여 80년대 초면 우리 나라 전체가 완전히 푸른 강산이 되도록 해야겠습니다. 아름답고 살기 좋은 그런 국토를 만들어야 하겠습니다. 77년엔 농어촌에 전기가 다 들어갑니다. 100%까지 달성할 수 있습니다. 이렇게 공장이 서고 여러 가지 산업시설이 늘어나면, 국민들 모두가 여기에 나와서 일을 할 수 있는 기회를 많이 갖게 될 것입니다. 그렇게 되면 국민들도 모두 기술이 있어야 되겠습니다. 직업교육을 앞으로는 대폭적으로 강화해서 '전국민의 과학화 운동'에 박차를 가해 나가야 하겠습니다. ……"

마지막으로 박 대통령은 말했다. "근면하고 검소한 생활을 하고, 절약을 해서 저축하면 (국민이나 국가는) 부자가 되게 마련입니다. …… 우리의 땀과 노력만이 새로운 역사 창조를 가능케 합니다. 〈서로서로 도와서 땀을 흘려 일하고, 소득증대 힘써서 부자마을 만드세! 살기 좋은 내 마을 우리 힘으로 만드세〉라는 소박한 노래 한 구절에 10월 유신의 정신이 전부 포함되었다고 말씀드리고 싶습니다."(1973. 1. 12 연두기자회견)

2 ▶ '체제과업'과 '혁명과업'

이 기자회견에서 박 대통령은 "'10월 유신'은 …… 5·16(혁명)과 그 기조를 같이 하고 있다"고 설명했다. 박 대통령 스스로가 10월 유신을 혁명이라고 정의내리고 있는 것이다. 그렇다면 좀 낯선 '유신'이라는 단어 대신 10월 '혁명'이라고 생각해야 피부에 와 닿는 해석이 가능하다. 혁명에는 이념이 있게 마련이다. 박 대통령은 "우리 스스로의 힘으로 민족의 안정과 번영을 이룩하며, 평화통일을 촉진하자"라고 했다. 즉 조국의 근대화와 민족 중흥을 자주적으로 달성한다는 뜻이다. 이와 함께 박 대통령은 혁명의 내용을 두 가지로 구분했다. 하나는 '체제개혁'이고, 다른 하나는 '혁명과업 수행'이다. 혁명을 달성하기 위해서는 국력을 배양하고 국력을 조직화하는 데 저해되는 요소는 과감히 시정하겠다고 했다. 그리고 이미 '10·17 특별선언'에 따라 '유신헌법의 제정' '제4공화국의 출범' 등 우리 나라 역사에 새로운 장(章)이 될 만한 중요한 사건들이 순서에 따라 진행되고 있다고 말했다.

박 대통령은 유신헌법의 절차에 따라 대통령으로 재당선됐다. 임기는 6년, 즉 1978년 12월까지가 된다. 대통령 연임(連任)에 대한 제한은 없어졌고, 대통령의 권한은 막강해졌다. 박 대통령은 제4공화국 출범 후 구성된 내각을 '유신내각'이라고 했다. 혁명을 수행하기 위한 내각이라는 뜻이다. 즉, '체제개혁'은 정치적, 제도적 개혁에 초점을 맞춘 것이라고 볼 수 있다.

그리고 박 대통령은 혁명과업에 대한 장기 목표와 중간 목표를 제시했다. 장기 목표는 조국의 근대화와 민족중흥이다. 우리 민족이 선진국이 되는 것이다. 그러기 위해서 국민들은 근면, 자조, 협동, 절약, 저축이라는 새마을 정신으로 무장하자는 것이고, 전국민이 과학기술을 배우고 익히고 개발함으로써 민족적 생산성을 높이자는 것이다. 또한 조상으로부터 물려받고 후세에 넘겨줄 우리 국토를 산업권(圈)화하는 동시에 아름답고 살기 좋게 가꾸자는 것이다.

중간 목표는 100억 달러 수출, 1인당 1,000 달러 국민소득을 80년대 초에 이룩함으로써 국력면에서 북한을 압도, 북한으로부터의 위협에 대처하자는 것이다. 국운을 거는 거창한 과업인 중화학공업 건설을 추진함에 있어, 전국민의 단단한 각오와 자발적인 협력을 촉구하는 의미에서 박 대통령은 '선언' 형식을 취했던 것이다.

이렇게 볼 때, 박 대통령은 거의 동시에 '3개의 선언'을 한 것이 된다. '10·17 특별선언'과 '1·12 중화학공업화 및 국민의 과학화 선언'이 그것이다. 10·17 특별선언은 '체제개혁'에 대한 것이고, 1·12 선언은 '혁명과업'에 관한 선언이다. 10월유신(혁명)은 서로 성격이 다른 2대 지주(支柱)로 구성되어 있다. 마치 차량(車輛)의 두 바퀴와도 같다(10월유신을 체제개혁에만 한정해서 보는, 일반적인 인식이 빠질 수 있는 함정을 경계하여야 한다. 10월 유신은 체제개혁뿐만 아니라 혁명과업이라는 측면과 함께 바라보아야 한다).

방으로 돌아와 보니 기자회견에 참석했던 비서관들이 모여 있었다. 모두 흥분해 있었고 만세라도 부르고 싶은 듯한 표정들이었다. 비서관들이 "오늘 기자회견은 완전히 중화학공업 이야기뿐으로 중화학공업을 위한 기자회견과도 같았습니다. 박 대통령은 원고도 없이 메모만 가지고 그 긴 시간 설명한 것을 보니, 아마도 '공업구조 개편론'을 숙독(熟讀)한 후 완전히 납득하고 통치 이념화한 것으로 보입니다. 그렇지 않고서는 비상시에만 사용하는 '선언'이란 조치를 취했겠습니까. 특히 경제문제에 대해서 '선언'을 한 것은 전무후무한 일입니다. 그것도 '중화학공업화에 대한 선언'과 '전국민의 과학화에 대한 선언'이라는 두 개의 선언을 했으니 예사로운 일이 아닙니다"라고 했다.

나는 "박 대통령은 유신 대통령으로 취임하자마자 '1·12 중화학공업화 선언'을 했습니다. '앞으로 10년간 계속되는 남북간 경제전에 대한 선전포고'입니다. 드디어 '중화학공업 건설에 대한 발진명령'이 떨어진 것입니다. 이 전쟁에서 꼭 승리해야만 합니다. 그래서 박 대통령은 목숨을 건 것입니다. 우리들도 모두 목숨을 걸고 일합시다"라고 각오를 다짐했다.

제9장
중화학공업 사업추진 결단

1960년대까지만 해도 후진국의 경제발전 이론에는 정설이 없었다. UN의 경제발전 기구에서조차 어떤 후진국가가 '어떠한 전략과 정책을 쓰면 (그 나라의) 경제를 발전시킬 수 있겠는가?'라고 질문을 던졌을 때 이에 대한 답을 내놓을 수가 없었던 것이다. 그래서 후진국들은 사회주의식의 '계획경제 방식'에 큰 매력을 느낄 수밖에 없었다.

그런데 후진국 중의 후진국이었던 한국의 박 대통령은 '수출 제일주의', 즉 EOI(Export Oriented Industrialization) 전략을 지시하고 실천에 옮긴 결과 큰 성공을 거두기 시작했다. 그리고 우리 나라 경제는 '산업혁명 단계'로 접어들게 된다. 실로 역사적인 사건이다. 박 대통령은 EOI의 다음 단계 전략인 '전 산업의 수출화 방식에 의한 중화학공업 건설'을 단행하게 된다.

연두기자회견이 끝나면 박 대통령의 일정은 바빠진다. 각 부처와 지방관서에 대한 '연두순시'가 한 달 이상 계속되기 때문이다.

나는, 이미 신청한 '방위산업'에 대한 브리핑과 '공업구조 개편론'에 대한 브리핑이 초도순시 행사가 끝나야 가능하다고 느끼고 있었다. 그런데 박 대통령의 연두기자회견 직후, 의전실에서 통고가 왔다. 브리핑 날짜가 1월 31일 오후 1시, 장소는 '국산 병기진열실'로 정해졌다는 것이었다. 그리고 브리핑은 '방위산업'과 '공업구조 개편론'을 함께 하라는 것이었다. "그렇게 되면 시간을 오래 끌게 된다. 적어도 4시간은 걸릴 것 같다"고 하니, 의전실 쪽에서는 "각하의 결정사항이다. 그날 오후 각하 일정은 없다"는 것이었다. 이렇게 되어 1월 31일에 두 가지 중요한 안건이 동시에 상정되었다. 그리고 이날 중화학공업과 방위산업은 접목이 되어 큰 울타리로 생각한다면 한 가지 사업으로 통합되는 것이다. 역사적인 사건이다.

박 대통령 이하 김종필(金鐘泌) 국무총리, 태완선(太完善) 부총리, 남덕우(南悳祐) 재무, 유재흥(劉載興) 국방, 이낙선(李洛善) 상공, 장예준(張禮準) 건설, 최형섭(崔亨燮) 과기처, 민관식(閔寬植) 문교, 심문택(沈汶澤) ADD소장 등 각 장관과, 청와대에서는 김정렴(金正濂) 비서실장 이하 관계 특별보좌관, 수석비서관이 참석했다. 좁은 방이다. 할 수 없이 큰 의자는 3개만 놓고, 나머지는 소형 간이의자를 놓을 수밖에 없었다. 이렇게 작은 방에서 국무회의 격인 큰 회의가 개최된 예는 전무후무하다. 오후 1시 가까이 되자 각 장관들은 속속 도착했는데, 장소가 어딘지 몰라 직원들의 안내를 받아서 들어왔다. 방에 들어오자마자 진열된 병기를 보고 모두 놀라는 눈치였다. 우선 청와대 안에 병기진열실이 있는 것을 보고, 박 대통령의 방위산업에 대한 강한 의지를 피부로 느꼈다. 그리고 그간 개발된 국산병기의 종류에 놀라는 듯했고 신기해했다.

㈜ : 대통령이 노린 참뜻이 이 점에 있었다고 느껴졌다.

유재흥 국방이 열심히 설명하는 것을 보고, 나는 몹시 반가웠다. 당시까지만 해도 국방부 일각에서는 국산병기에 대해 부정적 견해가 있었기 때문이었다. 1시 정각에 회의가 시작되었다. 회의라고 하지만 나의 브리핑이다. 첫 번째 브리핑은 '1972년도 병기개발 추진사항'이다. 브리핑 매수는 57매나 된다. 한 장에 평균 2분 걸린다고 해도 2시간이 소요된다. 그런데 한 장을 2분 동안에 설명한다는 것은 불가능하다. 더구나 그 다음에 있을 '공업구조 개편론'은 80매나 된다. 그리고 '공업구조 개편론'은 그날 꼭 설명이 끝나야 한다.

박 대통령에게는 수시로 보고를 했지만, 체계적으로 설명하는 것은 이번이 처음이다. 이 브리핑에서 구체적 내용까지 설명해서, 박 대통령이 세부계획까지 확신을 갖도록 해야 한다. 더욱이 국무총리 이하 국무위원은, 중화학공업 육성 내지는 '공업구조 개편'에 대해서 처음으로 설명을 듣는 기회인 것이다. 이 회의에서 반대가 나오면, 중화학공업은 출발도 하기 전에 백지화된다. 나로서는 문자 그대로 사활을 거는 중대사가 된 것이다. 그래서 방위산업에 관한 보고는 시간 관계상 대폭 줄이고, 다음 기회로 미루기로 했다.

다음으로 '공업구조 개편론'에 대한 브리핑에 들어갔다. 첫 장은 다음과 같다.

> **공업구조 개편론**
>
> 대통령 각하의 중화학공업화 정책 선언에 따라, 이 계획 기간 중에 필수적으로 요구되는 '공업구조의 개편과 산업의 확대'를 완수해야 한다. 이 계획은 국가 장기 종합개발계획으로 발전시켜 추진되어야 한다.

제1장이 계획작성, 제2장 이념의 도출, 제3장이 주요사업의 시행계획 등이다(제7장 〈공업구조 개편론〉 참조). 나는 제2장까지 설명하고 나서 방위산업과 중화학공업과의 관계를 설명하기 시작했다.

"중화학공업과 방위산업은 표리일체입니다. 우선 화약공장 문제부터 설명하겠습니다. 화약을 생산하는 기초원료는 질산(窒酸)입니다. 다른 나라에서는 비료공장에 사용됩니다마는, 우리 나라에서는 질소(窒素)비료로는 요소비료만 생산하고 있기 때문에 이 화공약품은 생산하지 않고 있습니다. 이번 중화학공업 계획을 추진하면서, 질산(窒酸)을 비롯한 각종 무기(無機) 화공약품을 대량 공급할 수 있는 종합화학공장을 건설하겠습니다. 국내 화학공업 발전을 위한 기반도 구축될 것입니다. 평상시에는 비료생산에 더 많은 양이 사용되지만, 비상시에는 주로 화약 제조용으로 공급되겠습니다(제7비료 즉 남해화학). 그리고 그 공장 근처에 현대적 화약(火藥) 공장을 건설하겠습니다. 새로운 현대식 공장입니다(여천 한국화약 제2공장).

▲ 현대조선소를 방문하여 정주영 회장으로부터 현황을 듣고 있는 박정희 대통령

포탄공장은 소구경에서 대구경까지 만들 수 있는 공장을 신설하겠습니다. 위치는 물론 남쪽입니다. 72년 8월에 정부승인이 나고, 9월에 착공해서 현재 건설 중에 있습니다. 포탄을 생산하는 데는 화약도 필요하지만, 탄피로써 놋쇠(동과 아연의 합금)가 필요합니다. 소구경 탄에는 납도 필요합니다. 그래서 이들 세 가지 금속, 즉 동과 아연과 납 제련소를, 온산공업기지에 건설하게 됩니다.

두 번째가 조선소입니다. 어느 조선소나 민간용 배를 만드는 곳이라면, 크기는 다르지만 군함도 건조할 수 있습니다. 이번 중화학공업 계획에서는 세계에서 어떠한 대형 군함이라도 건조할 수 있는 대형 조선소를 건설하겠습니다. 필요하다면 초대형 항공모함도 건조할 수 있는 시설을 갖추어 놓겠습니다. 전시에는 군함의 수리도 하게 됩니다. 이 계획에서 새로 건설하는 조선소는, 보안상 진해 해군기지 가까운 곳에 위치하게 될 것입니다. 해군이 방어를 맡아주게 되기 때문입니다. 가능하다면 진해만 안에 건설토록 하겠습니다.

㊟ : 진해만 입구에 위치하는 옥포(玉浦)조선소 및 진해만 안에 있는 삼성조선소

전자병기는 구미공업기지에서 생산하게 됩니다. 기존 공장도 구미(龜尾)공업기지에 이전시키며, 신설되는 전자병기 공장은 구미공업기지 외에는 건설 못하도록 하겠습니다.

끝으로 기계공업 쪽입니다. 방위산업의 근간은 기계공업입니다. 그런데 우리 나라의 기계공업은 아직은 유치원 단계입니다. 이번 기회에 국제적 기계공업으로 키워 나가겠습니다. 어떠한 기계제품도 만들 수 있는 기계공업, 즉 정밀기계 제품부터 최대형 제품까지, 못 만드는 것이 없는 기계공업으로 만들겠습니다. 이런 기계공장들을 한 곳에 모아서 창원에 건설하겠습니다.

저는 일본 용역회사에게, 일본에서 제일 큰 기계공장의 규모를 알아달라고 했습니다. 들어온 보고에 의하면, 일본에서 제일 큰 기계공장은 히타치(日立)라고 합니다. 아시다시피 히타치는, 전기제품부터 기계제품 일체를 생산하고 있습니다. 발전소도 만들고 있고 군함에 쓸 대형엔진도 제작하고 있습니다. 기차와 병기도 만들고 있습니다. 못 만드는 기계가 없습니다. 소위 종합기계 메이커입니다. 지금 중화학공장을 추진하면서, 우리 나라는 히타치 기계공장과 똑같은 규모의 공장을 한 세트만이라도 설치하고자 하는 것입니다. 물론 히타치의 공장은 일본 여러 곳에 분산되어 있습니다만, 우리 나라는 창원공업기지에 모

아서 건설코자 합니다. 일본에는 히타치 외에도 IHI, 미쓰비시(三菱) 등 종합기계공장이 여러 곳 있습니다만, 우리 나라는 단 한 세트라도 국제적 최대급 기계공장을 건설하자는 안입니다."

㊟ : 나는 이때 "단 한 세트의 공장만이라도"라고 하면서, 이 점을 강조했다. 창원에 들어갈 기계공장의 수는 100개가 넘으나, 다 합쳐 봤자 일본의 히타치 산하의 공장규모밖에 안 된다. 그리고 창원기계공업기지라고 해서 단지 공장용지나 조성해서 기계공장을 입주시키겠다는 안이 아니고, 창원기지 전체가 시스템화된 종합기계 메이커가 된다는 점을 강조한 것이다. 따라서 창원에 입주할 대규모 공장은, 종류별로는 단 한 개의 공장씩 건설한다는 안이다. 소규모 기계공장은 여러 개 있어도 된다. 히타치의 경우도 동일하다.

"각하! 창원기계공업기지가 완성되면, 각종 대구경 포에서 탱크·장갑차가 생산되고, 항공기용 제트엔진에서부터 군함에 쓸 대형 엔진까지도 모두 생산 가능합니다. 방위산업의 기초소재가 되는 특수강 공장도, 최신 공장을 건설하겠습니다. 민수용(民需用)으로는 각종 기계뿐 아니라, 산업용 기계 및 장치, 선박 또는 자동차 부품, 객차, 기관차, 선박용 초대형 엔진 등이 나오게 됩니다. 화학공장 등 각 플랜트도 생산됩니다. 과거에는 완전히 수입에 의존하던 발전소도 제작할 수 있게 될 것입니다. 계획만 잘 짜면 병기나 민수품이 동일한 기계공장에서 생산이 가능합니다. 바로 창원에 이러한 시설을 갖추고자 합니다.

각하, 중화학공업 육성이나, 방위산업 육성이나, 똑같은 하나의 사업입니다. 병기란 중화학공업에서 나오는 제품입니다. 중화학공장은 평화시에는 산업기계를 만드는 곳이고, 비상시에는 병기가 나오는 곳입니다. 후진국에서는 중화학공업이 뒤떨어져 있기 때문에, 외국에서

▲ 전투비행단을 방문한 박정희 대통령. 국산 '폭탄 운반 및 장착장치'를 살펴보고 있다. 1972. 5. 25

병기를 사게 되는 것입니다. 그렇다고 후진국이 중화학공업을 육성할 수는 없는 것입니다. 돈과 기술이 없다는 것도 문제지만, 가장 큰 애로점은 수요가 없다는 것입니다. 그런데 지금 우리 나라에서는 수요가 생겨난 것입니다. 산업기계 쪽에서 수요가 생겨났고, 방위산업 쪽에서도 수요가 나왔습니다. 이 좋은 기회를 놓치면 언제 또 이런 기회가 올지 모르겠습니다. 지금 중화학공업과 방위산업은 상부상조하는 역사적인 절호의 기회입니다.

후진국에서 중화학공업, 특히 기계공업을 육성 못하는 또 하나의 이유가 기술부족입니다. 성능이 나쁜 기계는 국내에서건 해외에서건 사주는 사람이 없습니다. 더욱이 병기라는 것은, 성능을 발휘하지 못하는 한 쓸모가 없습니다. 그런데 우리 나라에서는 미군병기와 성능이 똑같은 병기를 생산할 수 있는 기술개발을 끝낸 단계입니다. 고도의 병기도 국산화할 수 있다는 자신도 생겼습니다. 국제수준의 병기를 만든다는 것은, 우리 나라의 기계공업의 수준을 국제수준까지 일시에 향상시킬 수 있다는 가능성을 말해줍니다. 고쳐 말하면 방위산업을 육성함으로써 기계공업의 수준이 향상되어 산업기계의 수출까지 가능해진다는 뜻입니다. 일석이조입니다. 서로 상부상조하는 것입니다. 검사제도를 확립시키는 것도 똑같습니다. 병기생산을 할 때의 검사방법을 그대로 쓰면, 산업기계도 품질을 보장할 수 있게 됩니다. 기능공이나 기술자의 자질향상도 정밀병기를 만들어 봄으로써 가능하다고 보여집니다.

공업의 지방분산 문제도 방위산업을 육성할 때 해결하는 것이 좋겠습니다. 서울이나 수도권에 있는 어느 기업체가 만사가 불편한 시골 구석에 가겠다고 나서겠습니까? 그러나 방위산업을 하고자 하는 기업에 대해 정부에서 적극적으로 지원해 주면서, 방위산업의 보안 문제 때문에 창원으로 가라고 권하면, 그때 비로소 가능하다고 보여집니다. 즉 공업의 지방분산과 방위산업의 안보문제가 동시에 이루어질 수 있습니다.

중화학공업 육성은 만일 지금 안 한다 해도 어느 때인가 꼭 해야 되는 사업입니다. 방위산업도 똑같은 입장입니다. 그렇다면 중화학공업과 방위산업을 따로 분리해서 육성하는 것보다는, 이 두 사업을 같은 울타리 안에서 생각해서, 즉 한 시스템으로 생각해서 추진하는 것이 합리적이고 경제적입니다. 우리 나라의 현 실정으로 보아서는, 방위산업 쪽을 전면에 내세우고 기계공업을 육성해야 출발이 용이하다고 판단됩니다. 이런 의미에선 안보문제가 초긴장 상태에 이르고 있는 최근의 상황이, 중화학공업을 육성하는 절호의 기회라고 생각됩니다.

병기생산 쪽에서만 생각해도, 세계 최신기계를 설치한 현대식 새 공장에서 대포나 탱크가 쏟아져 나온다면, 국군병사도 그 성능을 믿어주고 사기가 충천할 것입니다. 어두컴컴한 하코방 공장(주 : 장기영 부총리가 쓰기 시작한 후 당시 유행하던 말이었다. 이 브리핑 때 실제로 사용한 말이기에 그대로 쓴다)에서, 정밀병기가 나오는 장면이 신문에 공표된다면, 병사들의 사기뿐 아니라 국민들도 실망할 것입니다. 이런 의미에서 중화학공장의 웅장한 모습들은 국민의 사기 진작에도 큰 역할을 할 것으로 기대됩니다.

국민들은 우리 나라가 총 한 자루도 못 만드는 데 비해, 북한은 개인 화기는 물론 대포, 탱크, 잠수함까지 만들어 쓰고 있다고 알고 있습니다. 이번 중화학공업 건설로써, 우리 나라의 병기생산 능력을 북한이 감히 따라오지 못하는 수준으로 끌어올리고자 합니다. 아울러 미국을 비롯한 우방국에도 우리 나라 국력을 과시하겠다는 계획입니다."

나는 여기까지 설명을 하고 말을 끊었다. 박 대통령을 보니 만족해하는 듯했다.

주 : 박 대통령은 중화학공업 선언 후, 우선 국무위원들을 설득할 필요를 느낀 것이 틀림없다. 박 대통령의 바쁜 일정에도 불구하고, 1월이 끝나기 전에 브리핑 날짜를 정한 점과, 방위산업과 중화학공업 육성문제를 동시에 브리핑시킨 점, 병기진열실을 택한 점으로 미루어 내린 추측이다. 박 대통령이 국무위원을 설득하

면서 방위산업과 연관시킨 데 대해 만족한 것도 이 때문일 것이라고 느껴졌다. 당시 국가안보는 그만큼 심각할 때이다.

박 대통령은 빙그레 웃으며 "오 수석! 커피나 한 잔씩 들고 계속하지"라고 한다. 브리핑 시간은 벌써 두 시간을 훨씬 넘어섰다. 박 대통령 말에 좀 쉬었다 하라는 뜻이 담긴 것같이 느껴져서 고마웠다. 그런데 각 장관들은 더 급했던 것 같다. 생리작용도 필요했고, 담배 생각도 났을 것이며, 더구나 딱딱한 소형 의자에 앉아서 두 시간이나 브리핑을 듣자니 피로했을 것이다. 갑작스러운 휴식 시간인지라 한쪽에서는 직원들이 커피를 준비하느라 비상이 걸렸다.

장관들은 방에서 나와 화장실에도 가고, 담배도 피웠다. 신선한 공기를 마신 후 다시 방으로 들어오면서, 어디서 구했는지 재떨이를 갖고 왔다. 커피를 마신 후 브리핑은 다시 시작되었다. 나는 이미 브리핑의 클라이맥스를 넘은지라 여유가 생겼다. 브리핑 내용은 중화학공업 6개 업종에 대한 세부육성 계획이다.

겨울철이라 해는 이미 기울기 시작했다. 브리핑이 4시간 가까이 걸린 셈이다. 브리핑의 마지막 장을 들추었다. 여기에는 큰 글씨로 '감사합니다'라는 다섯 자만 써 있다. 나는 오른쪽 손에 브리핑 봉(棒)을 수직으로 든 정자세로 "이상으로 브리핑을 마치겠습니다"라고 했다. 이 순간 장내는 일시에 조용해졌다. 숨소리조차 들리지 않았다. 박 대통령 차례가 된 것이다.

박 대통령은 소파에 기댔던 몸을 일으켜, 꼿꼿이 세우고는 양손을 무릎 위에 올려놓았다. 군사령관으로서의 정자세를 취한 것이다. 그리고는 "오 수석, 돈이 얼마나 들지?"라고 했다. 온화한 표정의 조용한 말씨였다. "내·외자 합쳐 약 100억 달러입니다"라고 답하니 박 대통령은 고개를 한번 천천히 상하로 움직이고는, 먼 산을 바라보듯 시선을 위로 옮겼다.

그리고는 "남 재무! 돈을 낼 수 있소?" 바로 뒷줄에 있는 남덕우(南悳佑) 장관을 돌아보지도 않은 채 질문을 했다. 박 대통령의 이 뜻은 "돈을 마련해 보라"는 지시와 같은 내용이다. 남 장관은 "액수가 커서……"라며 말을 잇지 못했다.

박 대통령은 엄숙하나 조용한 말투로 "내가 전쟁을 하자는 것도 아니지 않느냐?"라고 하고는 말을 끊었다. 그리고 아주 천천히 "일본은 국가의 운명을 걸고 전쟁을 일으켰는데도, 국민들은 기꺼이 따라 주었다." 말을 또 끊고 잠시 후 "태평양전쟁 때 패전을 해서, 국민들에게 엄청난 피해를 주었지만" 여기서 또 말을 끊은 후 "이 정도의 사업에 협조를 안 해 주어서야 되나."

그러고는 김종필(金鐘泌) 국무총리에게, "총리! 총리를 위원장으로 하는 중화학공업 추진위원회를 구성토록 하시오. 그리고 중화학공업을 육성하는 데 필요한 외자도입 조치를 하시오." 이것으로 이날의 역사적인 회의는 끝났다.

박 대통령은 브리핑에 앞서 이미 확고한 결심이 서 있었고, 오늘 회의는 총리 이하 각 장관에게 그 내용을 알리고자 한 것이 틀림없다. 또한 박 대통령은 이 브리핑에서 자금조치를 하기로 결심했다고 보여진다. 그렇지 않고서는 재무부 장관에게 "돈을 댈 수 있는가?"라는 질문을 안 했을 것이고, 소요외자는 무조건 허가하라는 지시를 내리지 않았을 것이다. 더욱이 총리를 위원장으로 하는 위원회 구성지시를 즉석에서 내린 것을 보니 '대통령은 이미 모든 결심을 끝내고 난 후 회의에 임했다'고 생각을 할 수밖에 없다.

이 날의 클라이맥스는 브리핑이 끝나고 난 후, 박 대통령의 짧은 네 문장의 말이었다. 아주 엄숙하나 조용한 말투였으며, 한 마디 하고 말을 끊고, 한참 후에 다음 말을 하고, 또 말을 끊었다. 이때 박 대통령의 얼굴 표정은 중대 결심을 앞둔 군사령관과 같이 입을 굳게 다물었고, 미동조차 없는 자세였다. 시선은 줄곧 정면을 보고 있었지만, 보고 있는 것이 아니라 홀로 깊은 생각에 잠겨 있는 듯했다. 박 대통령은 중대 결심을 할 때에는 이런 상태가 되는데, 생사를 거는 오랜 전투경험을 통해 습성화 됐다고 여겨진다. 그래서 '박 대통령이 최종 결단에 앞서, 또 한번의 정리를 하기 위해 자문자답(自問自答)을 하고 있구나'라고 느껴졌다.

"내가 전쟁을 하자는 것도 아니지 않느냐"라면서도 계속 먼 곳만 바라보고 있었다. 이 말은 "나(박 대통령)는 6·25와 같은 전쟁의 재발을 막으면서 평화통일을 하자는 것이지, 동족상잔의 전쟁을 하자는 것은 아니다. 이런 목적 아래 중화학공업을 추진코자 하는 것이다"라는 뜻에서 나온 말일 것이다. 이어서 박 대통령은 "일본은 국가의 운명을 걸고 전쟁을 일으켰는데도, 국민들이 기꺼이 따라 주었다"라고 했는데, 이 말은 러일(露日)전쟁 때의 이야기이다.

주 : 청일전쟁이 끝난 직후, 러일전쟁이 불가피하다고 느낀 일본은 군사력 강화에 나섰다. 청일전쟁 때의 정부 예산은 1억 엔(¥) 정도였는데, 전쟁이 끝난 다음 해의 예산은 2억 엔(¥)으로 2배가 되었다. 이때 군사비 비중은 32%에서 48%로 증가되었고, 다음 해에는 55%로 올라갔다. 이런 상태가 10년간 계속되었다. 이렇게 과

중한 부담에도 불구하고, 일본 국민은 이를 감수했다는 뜻이다. 일본은 이 전쟁에서 승리함으로써 국가위기를 극복했다.

박 대통령은 "국가가 위기에 처할 때는 가만히 앉아서 당할 수만 없지 않은가. 적극적으로 대응해서 이를 극복하는 것이 국가원수인 나(박 대통령)의 책임이다. 지금의 국가 위기를 타개하는 길은, 우선 '유비무환'이다. 이를 위해 군사력을 강화해야겠는데 특히 방위산업 육성이 시급하다. 그리고 '국력증강'이다. 이 목표를 달성하기 위해 나는 중화학공업을 건설하려는 것이다"라고, 자문자답을 하고 있었던 것이 아닐까?

이어서 박 대통령은 "(일본이) 태평양전쟁 때 패전을 해서, 국민에게 막중한 피해를 주었지만"이라고 했다. 일본은 해서는 안 되는 태평양전쟁을 일으켰다. 피할 수도 있는 전쟁이었다. 박 대통령의 생각은 "나는 전쟁만큼은 피하려고 한다. 국가와 국민 그리고 민족에게 엄청난 피해를 주기 때문이다. 100억 달러가 소요되는 중화학공업을 건설하자면 국민에게 큰 부담을 주는 것도 사실이지만, 전쟁으로 인한 고통과 피해와는 비할 바가 아니지 않느냐" '장차 우리 나라가 맞게 될 운명. 중화학공업의 성패. 이기면 공신 패하면 역적' 등등이었을까?

이윽고 박 대통령의 눈빛이 빛나기 시작했다. 최후의 결단을 내린 것 같다. '중화학공업은 꼭 해야만 한다. 그 결과는 역사가 증명해 줄 것이다. 최후의 결단은 국가원수인 내가 혼자서 내려야 한다' 그래서 "이 정도의 사업에 협조를 안 해 주어서야 되나"라고 힘주어 말했을 것이다.

이때의 박 대통령은 몹시 고독해 보였다. 쓸쓸해 보였다. 이를 바로 눈앞에서 지켜본 나는 눈시울이 뜨거워졌다. 큰 역사적 현장에는, 격한 감정이 굉음(轟音)을 내며 서로 부딪치는 것이 예사이다. 그런데 이 날의 역사적 현장에는 적막만이 감돌고, 그 가운데 고독한 박정희 대통령이 홀로 앉아 있었다.

제10장
에너지 위기와 중동진출

석유파동(波動)이라는 말은 우리 나라에서만 사용되는 표현이다. 이 말을 맨 처음 사용한 사람이 누구였는지는 찾아내기가 힘들지만 현재는 사전에까지 나오는 말이 됐다. 영어로는 '오일 쇼크'(Oil Shock)이다. 오일 쇼크에 의해서 석유위기(Oil Crisis) 또는 에너지 위기(Energy Crisis)가 발생했다고 표현하고 있다. 일본에서도 석유위기라고 한다.

파동이란 말은 물리학에서 나오는 말인데 호수나 바다에서 물결이 일어나면 점차로 파급돼 나간다는 뜻이다. 석유파동이란 말까지 창안한 나라는 우리밖에 없다. 그러나 석유파동이란 말은 1973년도의 석유위기 상황을 표현하기에는 어딘가 부적절하다. 더욱이 우리 나라에서는 석유위기 때 석유파동이나 석탄파동이 일어났고, 전기파동 및 물가파동까지 일어났다.

이런 의미에서 우리 나라로서는 '에너지 위기'라고 표현하는 것이 적절하다고 느껴진다. 나는 이 글을 쓰면서 '에너지 위기'나 '석유위기'란 말과 '석유파동'이란 말을 구분하기로 한다.

'에너지 위기'라는 것은 오일 쇼크에 의해서 우리 나라 경제가 위기에 처하게 되는 국가적 견지에서 사용하고, '석유파동'이라는 말은 석유라는 단일품목이 수급면에서 차질이 생겨 값이 뛰고 품귀상태가 일어났다는 뜻—즉 국내 물가파동의 일종—으로 사용코자 한다.

우리 나라의 에너지 위기

여기서 '과연 우리 나라는 1973년에 에너지 위기를 당했다고 보는가?'라는 중요한 질문이 나온다. 여기에 대한 답변은 제각기 다르다. 우선 나와 같이 1973년의 에너지 위기를 직접 당한 연령층은, "원유 값이 4배나 올라갔으며 전세계가 공황상태가 됐는데, 우리 나라와 같이 에너지 자원이 부족한 나라로서는 이루 말로 표현 못할 정도의 곤경에 빠지는 것이 당연하지 않았겠느냐. 우리 나라는 망하는 줄 알았다"라며 질문 같지 않은 질문이라고 비꼴 것이다.

외국 경제학자는, "우리 나라도 73년의 오일 쇼크로 큰 곤경을 당했는데, 당시 개발도상국이었던 한국이 이 시련을 용하게 극복했다"고 놀라워한다. 그런데 우리 나라의 젊은 경제학자들의 의견은 완전히 다르다. "73년의 제1차 오일 쇼크는 위기도 아니었다. 78~79년에 일어난 제2차 오일 쇼크가 진짜 위기였다"라고 한다.

이런 견해 차이는 어디서 나올까? 그것은 외국이나 우리 나라의 젊은 학자들은 당시의 경제 실황을 전혀 알지 못하고 단지 경제지표로만 보기 때문이다. 내가 이 글을 쓰는 것도, 이러한 국내외의 젊은 학자나 후세의 경제사 연구자에게 당시의 실상을 알리기 위한 이유에서이다.

각종 통계지표를 보면, 당시 우리 나라는 기적을 이루어냈다고 표현할 수밖에 없다. 에너지 위기라는 상황 속에서도, 우리 나라 GNP는 1973년에 13.2%, 74년에 8.1%라는 놀라운 성장률을 기록했다. 13.2%라면—1968년에 13.8%라는 기록을 제외하고는—그 후 다시는 이룩하지 못한 성장률이다.

많은 나라에서는 마이너스 성장을 하고 있을 때이다. 우리 나라의 73년도 광공업 성장률은 27.7%이다. 이러한 성장은 그 전에도 그 후에도 다시는 없다. 74년에도 15.3%의 성장을 했다. 수출은 73년도에 전년대비 무려 98.6%가 증가했다. 물론 우리 나라의 최고 기록이다. 74년에도 38.3%의 신장을 했다. 모두 세계적인 기록이다. 그러니 어느 누가 우리 나라 경제가 위기였다고 말할 수 있겠는가? 이런 이유로 "우리 나라에는 에너지 위기는 없었다"는 결과론적인 판단만이 나오게 되는 것이다.

그러나 그 당시를 직접 경험한 나는 "우리 나라에 에너지 위기가 닥쳐왔다. 자칫 잘못됐다면 우리 나라는 돌이킬 수 없는 경제파탄에 빠져서 다시는 헤어나지 못했을 것이다. 그러나 우리 나라는 박 대통령의 진두지휘하에 정부와 국민이 합심해서 이 시련을 극복하고, 기적적인 발전을 했다"라고 답변할 것이다.

내가 지금부터 쓰려는 내용이 여기에 대한 것이다.

▶ 에너지 위기와 원유확보 작전

우리 나라의 60~70년대의 경제사에 있어 가장 큰 시련을 꼽으라고 한다면, 그것은 '제1차 에너지 위기'이다. 1973년 10월에 시작해서 75년 중반에 가서 끝났으니, 약 1년 반에 걸쳐 벌어졌던 사건이다. 이 사건은 우리 나라의 경제 및 사회를 세 가지 면에서 위기로 몰고 갔다. 첫째는 아랍 산유국이 우리 나라에 대해 원유 판매를 금지함으로써 우리 나라가 석유부족 상태가 됐다는 점이고, 둘째가 아랍 산유국이 원유값을 4배나 올려 전세계에서 각종 물가가 급상승했고, 우리 나라는 원유값 인상뿐만 아니라 국제 상품값 인상으로 극심한 물가파동을 겪게 됐다는 점이다. 셋째는 원유값 인상으로 우리 나라의 무역적자가 심화돼서, 국가경제가 파산상태에 이르게 됐다는 점이다. 더욱이 당시 우리 나라는 산업구조나 공업구조가 정비되어 있지 않은 상태였으며 경제력도 미약할 때이니만큼, 이로 인한 타격은 실로 막심하였다. 그런데 우리 나라 국민은 이 위기를 슬기롭게 타개해 나갔으니 참으로 위대한 민족이었다. 나는 이를 (1)원유확보 작전, (2)물가파동, (3)중동진출의 순서로 설명하기로 한다.

1 ▶ 제4차 중동전쟁과 석유의 무기화

1973년 10월 6일 중동에서 전쟁이 일어났다. 제4차 중동전쟁이다. 이집트의 사다트 대통령은 이스라엘 군에 기습공격을 가했다. 소련제

미사일과 로켓으로 이스라엘 공군과 탱크를 격파해 서전의 승리를 장식했다. 방위산업을 책임지고 있던 나로서는 '한반도에서 다시 전쟁이 일어나면 소련제 신무기에 의해 막심한 피해를 입게 되겠구나' 하는 걱정에 마음이 무거웠다. 전쟁이 발발한 다음 날, 이라크 정부는 국내의 미국계 석유회사 자산에 대해 국유화를 발표했다. 이로써 중동전을 둘러싼 에너지 위기의 막이 올랐다.

미국은 10일 "소련이 시리아, 이집트에게 대규모 군수물자를 공수하기 시작했다"고 발표하고 즉시 무기 공수를 개시했다. 이에 대항이라도 하듯, 6개 아랍 산유국 대표들은 16일 쿠웨이트에서 비상회의를 소집하고 석유가격을 종전의 배럴당 3.12달러에서 3.65달러로 17% 인상한다고 발표했다. 17일에는 10개 OPEC 회원국 대표들이 쿠웨이트에서 회의를 열고 "이스라엘이 아랍 점령지로부터 철수할 것"을 주장하면서 (9월로 소급하여) 매월 5%의 원유감산조치를 취하기로 결정했다.

18일에는 페르시아 만에 있는 아부다비가 대미 단유를 선언했고, 뒤이어 미국의 최대 원유 공급국이던 사우디아라비아도 대미 단유를 단행하고 나섰다. 11월 4일에는 OPEC는 원유생산량을 25% 감축하기로 결정했다. 이 조치로 전세계는—세계전쟁이 일어난 것과 같은—위기감에 휩싸였다. 그러던 중 OPEC는 석유소비국을 아랍 우호국과 비우호국으로 구분하고, 우호국에 대해서만 73년 9월 수준으로 원유를 공급하겠다고 발표하였다. 그런데 우리 나라는 비우호국으로 분류되어 있다는 것을 이때 비로소 알게 되었다. 그래서 당장 감량조치를 당하게 되었던 것이다. 발등에 불이 떨어져 불붙기 시작한 것이다. 이에 따라 11월 6일에 '걸프(Gulf)'측은 '(11월 이후) 원유공급을 30% 감축하겠다'는 통고를 해 왔다. 이와 동시에 '칼텍스(Caltex)'는 10%, '유니온 오일(Union Oil)'은 20%를 감량하겠다는 통고를 했다. 이렇게 되면 평균 22%를 감량하게 되는 결과가 된다. 22% 감축이라면, 우리나라 경제는 당장 마비가 될 것이 뻔했다. 이런 의미에서 이 통고는 실로 충격적인 통고였다.

2 석유확보 긴급작전

여러 기자들이 저마다 내 방에 찾아와서 서로 걱정을 나누었다. 그러고는 "이제는 중화학공업 추진도 중지할 수밖에 없게 되었다"고 했다. 바로 이때 김정렴 비서실장으로부터 올라오라는 긴급통고가 있었다. 내가 실장실에 들어가니, 아무 설명도 없이 서재로 올라가자는 것이었다. 나는 영문도 모른 채 따라 나섰다. 김 실장이 방에 들어서자, 박 대통령은 책상에 앉아서 깊은 생각에 잠겨 있는 듯했다. 김 실장은 박 대통령 앞으로 다가서더니 "각하! 석유 구하러 오원철(㊟ : 오 수석이라고 부르지 않았다)이를 보내야겠습니다. 정유공장 건설할 때 관여해서 석유 3사의 최고위층과 친분이 많습니다"라고 한다.

나는 이때만큼 놀란 적이 없다. '내가 이런 판국에 무슨 수로 석유를 구해 온다는 말인가?' 나는 아마도 얼굴이 잿빛으로 변했을 것이다. 그래서 나온다는 말이 "제가 간들 석유 구하는 것은 불가능합니다"라고 했다. 그리고 나도 모르게 한 발자국 뒤로 물러난 것으로 기억된다. 그랬더니 김 실장이 내 팔을 쥐고는 박 대통령 정면으로 끌고 나갔다. 박 대통령은 나의 당황하는 모양새를 보고 아무 말 없이 한참 동안 주시하더니 "다녀와! 내일 떠나도록 해" 이 말뿐이었다. 설명도 없고 격려도 없다. 그러나 이 때의 이 간단한 명령은 천근만근과 같은 무게를 느끼게 했다. 나는 저절로 "예, 다녀오겠습니다"라고 했다.

김정렴 실장 방으로 돌아오니 김 실장은 "오 수석! 당신밖에 없지 않소. 지금 각하께서는 캐나다에 출장 중인 상공장관을 미국에 보내 석유교섭을 하라고 하시는데, 석유 3사와 친분도 없는 상공장관이 가서 일이 잘 되겠소? 그러니 당신이 가서 수고를 하소."

나는 방으로 돌아와서 김광모 비서관에게 자초지종을 이야기했다. 나는 비장한 마음으로 작전계획을 짜기 시작했다.
① 첫째, 미국측 석유 3사의 원유공급 결정권자를 만나서 결판을 지어야 한다. 그렇다면 회장과 담판을 지어야 한다. 그래서 걸프와, 칼텍스와, 유니온 오일에 회장 면회요청을 했다.
② 에너지 위기의 비상시이니, 회장 면회요청을 한다고 해도 이루어지지 않을 수도 있다. 회장이 바쁘다면서 아랫사람에게 미룰 경우도 있을 수 있다. 그래서 '박 대통령 친서'를 전달한다고 통고했다. 꼼짝 못하게 만들어야 한다. 만일 외국에 출장 중이라면 그곳으로 면회하러 간다고 전달했다.
③ 다음은 조직을 짜야 했다. 그래서 한국측 석유 3사를 불렀다. 긴급회의 소집이다. 석유공사에서는 미국측 부사장을 불렀다. 호남정유는 구인회(具仁會) 사장, 경인에너지는 김종희(金鐘喜) 사장이다. 그러고는 '나와 함께 가서 교섭하라는 대통령 명령'이 하달됐으니, 미국에서 만나자고 일정을 정해 주었다.
④ 나는 한국측 석유 3사 사장에게, 미국측에서 한국에 나와 있는 대표, 즉 걸프, 칼텍스, 유니온 오일의 파견대표인 부사장을 꼭 대동

하라고 지시를 했다. 원유공급은 미국측에서 책임지게 되어 있으니, 책임 추궁을 하라는 뜻이다.

⑤ 그리고 우선 '걸프'부터 찾아가기로 했다. 당시 걸프측은 우리 나라 정유공장의 50%를 점하고 있다는 점, 걸프가 30%라는 가장 많은 감축을 통고해 왔다는 점, 그리고 석유공사는 국영기업체이니 정부가 나서야 한다는 점, 걸프를 설득하면 다른 회사도 따라올 것이라는 점 때문이었다. 더구나 걸프의 도시(Dorsey) 회장은 한미경제협의회 회장이었다. 한미경제협의회의 미국측 회장이니만큼, '우호적인 입장이 될 수밖에 없지 않겠느냐'는 계산이었다(㈜:이 협의회는 박 대통령의 지시에 의해 몇 달 전 내가 도시 회장을 직접 면담해서 구성했다). 이런 의미에서 '걸프' 쪽부터 찾아가기로 했는데, 한미경제협의회 구성이, 이처럼 시기에 딱 맞아떨어져, 유용하게 활용되리라고는 한 달 전만 해도, 미처 생각지 못했던 것이다. 이것이 행운이라는 것인가 보다.

⑥ 나는 강공책을 쓰기로 마음먹었다. 나는 대통령 친서 3장을 작성했다. 각기 미국측 석유회사의 회장 앞으로 된 것이다. 그리고 김정렴 실장에게 한국측 사장에게 전화를 걸어 "결사적으로 노력하라"는 지시를 내려 달라고 부탁을 했다. 나중에 미국에서 사장에게 들으니 김 실장은 "각 사장은 원유확보에 총력을 기울이라는 각하의 지시입니다"라고 했다고 한다. 이렇게 되어 각 석유 3사에서는 비상이 걸렸다.

나는 김광모 비서관과 단 둘이서, 석유 얻으러 미국길을 떠났다. 11월 9일이었다. 나는 대통령 지시를 받는 순간부터, 전권 특공대장이 된 것이다. 신경이 날카로워질 수밖에 없었다. 밤에 잠이 올 리가 없고, 식욕이 있을 리 없다. 비행기 안에서도 마찬가지 상태였다. 머리가 아프다 못해 쪼개지는 것 같았다. 걸프 본사가 있는 피츠버그로 직행했다. 걸프 본사에 도착하니, 현관에 대형 태극기가 나부끼고 있었다. 이 순간의 감격과 신선함을 평생 잊을 수가 없다. 태극기는 나에게, 조국에 대한 사명감과 책임감을, 다시 한번 일깨워 주는 것이었다. 그래서 차에서 내리자마자, 오른손을 들어 내 심장 위에 올려놓고, 국기에 대한 경례를 했다. 나의 조국에 대한 충성을 다짐하는 경례였다. 김 비서관도 따라서 경례를 했고, 안내하던 미국인도 함께 경례를 했다. 이때 왜 그런지 내가 외롭지 않다는 느낌이 들었다. 여기에도 친구가 있다는 신뢰감이 생겼다.

3 걸프와의 교섭

우리는 도시 회장실로 안내되었다. 한미경제협의회 관계로 박충훈(朴忠勳) 회장과 함께 5월에도 찾아왔던 방이다. 고층 빌딩에 있는 방인데도 바닥은 두터운 나무가 깔려 있었다. 그리고 중앙에만 카펫을 깐 30평쯤 되는 그다지 크지 않은 방이다. 사무용 책상이 있는 방과 식탁이 놓여 있는 별실로 나누어져 있다. 서로 인사를 나누고 나는 대통령 친서를 전달했다. 그리고 도시 회장이 다 읽기를 기다린 후 다음과 같은 설명을 했다.

㊟ : 이 설명문은 귀국 후 박 대통령에게 올린 보고서에 포함되었던 내용이다. 이 보고서는 일을 끝마치고 귀국할 때, 나와 동행했던 김 비서관이 작성했다. '제1차 에너지 위기' 내용을 정확하게 기록한 귀중한 자료이기 때문에 좀 상세하게 설명한다.

> **걸프 도시 회장에게 설명한 내용**

'걸프는 11월 이후의 원유공급을 30% 감축한다'는 제1단계 통보를 해 왔다. 아무 예고도 없이, 사전 협의없이 통보한 것이다. 칼텍스의 10%, 유니온의 20% 감량이 이와 동시에 통고되어, 전국적으로 22%를 감량하는 결과가 되므로 충격적인 사실이다.

정부는 비상각의를 소집하고 비상대책을 강구하기에 이르렀다. (나는) 각하 지시에 의거, 귀하를 방문하게 되었고, 한국의 실정을 설명하는 것이다.

우리 나라의 유류 문제는 어떤 심각성이 있는가를 다음과 같이 요약해서 설명하니 실정을 감안하여 선처 있기를 바란다.

① 우리 나라에는 에너지원은 아무것도 없다. 미국이나 일본과 다르다.

[예] : 미국—석탄, 천연가스, 원유, 원자력, 수력.

② 수입 유류밖에 없는데, 100%를 중동에서 가져오고 있다.

[예] : 일본은 70% 중동 의존.

③ 그것도 100%를 3개 미국계 회사를 통하여 공급받고 있다. 일본은 미국계 회사를 통해서 공급받는 것은 70%밖에 안 되므로 동일시해서는 안 된다.

④ 우리 나라의 유류소비는 산업용이 주며, 중유가 55%나 된다. 자동차를 더 타겠다든가, 난방용으로 쓰겠다는 것이 아니다. 휘발유는 7%밖에 안 된다. 절약하면 절약할수록 산업은 점점 더 위축되는 결과만 가져올 뿐이다.

⑤ 60만 대군을 유지하는 데 석유는 필수적이며, 기름은 곧 전력이다. 따라서 군사용 기름은 절대 줄일 수 없다. 주한 미국 대사도 UN군을 포함한 군용은 절대 줄이지 말라는 통고가 있었다.

[주] : 당시 주한 미군용 유류는 한국 석유회사에서 공급하고 있었다.

⑥ 기름 감축은 경제적, 사회적 불안을 조성한다. 다시 말하면 한 달 25달러의 급료를 받고, 하루 12시간 일하는 대부분의 노무자의 직장을 빼앗는 결과가 된다.

⑦ 우리가 아무 자원도 없이, 과거의 축적도 없이 단지 열심히 일하는 것만으로 경제성장을 이룩하려고 하는 노력을 (귀하는) 막으려고 하는가? 금년도의 경제성장률은(작년비) 17∼20%, 수출목표액은 24억 달러인데, 석유문제만 해결되면 30억 달러 이상을 돌파할 수 있으리라고 추정된다. 이러한 한국인의 경제자립 노력을 인식하고, 대통령 각하와 한국민에 성의 있는 보답 있기를 기대한다.

이상과 같은 설명을 하고, 도시 회장에게 "지금까지가 나의 특사로서의 역할입니다. 다음에 나는, 석유공사의 50%의 주주의 입장과 석유공사를 감독하는 정부 입장으로서, 석유공사 직원인 원유담당 부사장(㈜: 걸프 파견 직원으로, 석유공사의 수석 부사장이다. 나는 이 자리에서 따지기 위해서 동행을 시켰다. 작전의 하나이다)에게 한마디 이야기해야 되겠는데 양해해 주시오"라는 일방적인 통고를 했다. 그러고는 석유공사 미국인 부사장에게 기합을 넣기 시작했다.

"여보, 당신은 석유공사에서 원유공급 담당이 아니오. 그런데 세계 원유사정이 어떻게 돌아가는지도 모르고 있지 않았소. 그간 아무 보고도 없다가, 갑자기 30% 감량 통고를 해 온 것 아니오. 그렇다면 당신은 당신 책임을 다하지 못한 직무태만 아니오. 세계의 원유사정이 위태롭다고 생각하면, 석유비축을 하든지, 무슨 대책을 썼어야 했을 것 아니오. 도대체 당신이 지금까지 한 일이 무엇이오? '걸프는 원유공급에 전 책임을 진다는 조건'하에, 독점적 원유공급 계약을 했던 것 아니오! 그러니 걸프는 책임지고 원유공급을 해야 할 것이오!" 하고 큰 소리로 따져 들어갔다. 걸프와의 원유공급 계약에는 '독점공급을 시키는 대가로, 안정공급 책임은 걸프에 있다'고 명기되어 있다. 나는 이

점을 따져 들어간 것이다. 물론 중동사태는 불가항력 조항인 전쟁상태이다. 하지만 걸프측은 사전에 아무 대책도 없었던 것이 아니냐? 그리고 걸프는 중동 이외에서도 원유를 구할 수 있지 않느냐? 그러니 계약 조건대로 원유공급을 해야 된다는 논리였다. 그렇다고 도시 회장에게 막바로 따질 수 없으니, 도시 회장 대신 걸프 파견 석유공사 부사장이 희생양이 된 것이다. 형식은 어디까지나 석유공사의 직원에게 기합을 넣은 것이다. 그러나 걸프에 대한 책임추궁이었다.

석유공사 부사장은 갑자기 내가 큰 소리로 기합을 넣으니, 얼이 나간 것같이 얼굴만 붉히고 대꾸도 없다. 내 말은 계약조항으로 보아 틀린 말은 아니다. 그래서 대답도 못했겠지. 그리고 자기 회사 회장 앞이니 말도 제대로 나오지 않았겠지. 도시 회장도 갑자기 상황이 이렇게 변하니 좀 당황하는 듯했다. 보통 때는 원유담당 책임자가 당하는 것인데, 회장에게 바로 따져 들어갔으니 미국식으로는 '무례한' 일이 벌어진 것이다. 도시 회장은 갑자기 큰 소리로 "싸움을 하려거든 내 방에서 나가서 하라!"고 한다.

나는 "이상은 내가 석유공사의 직원에게 기합을 넣은 것뿐이오" 하고 조용히 이야기했다. 그랬더니 도시 회장도 다시 조용한 말투로 돌아갔다. 그러고는 "걸프 본사의 원유담당 사장에게, 한국에 대한 원유공급을 최대한 돕도록 계획을 짜 보라고 지시를 하겠소. 원유담당 사장은 당신도 잘 아는 굿맨 씨요" 라고 한다. 나는 이 말을 듣고 크게 마음이 놓였다. 도시 회장은 "점심에 허만 칸 박사가 오기로 했는데 함께 만나 보는 것이 어떠냐"고 한다. 나는 "고맙다" 하고 방에서 나왔다. 그리고 옛 친구 굿맨 사장실로 갔다. 굿맨 씨와는 원유공급 문제, 원유값 문제 때문에 몇 십 번 만나서 입씨름도 하고 농담도 하던 친구이다. 이 사람이 원유담당 사장으로 영전되어 걸프 본사에 와 있는 줄은 모르고 있었다. 굿맨 씨는 반갑게 만나주었다. 그러고는 "당신도 내게 부탁할 일이 생기는구먼"이라고 한다. 그러더니 "내가 최대한도로 계획을 짜 볼 테니 약 2시간만 기다려 달라"고 한다. 그래서 나는 밖으로 나왔다.

점심을 먹고 나니, 굿맨 사장이 서류를 들고 왔다. 도시 회장과 한참이나 이야기한다. 그러더니 도시 회장이 방 중앙으로 나와, 내게 서류를 건네준다. 그리고는 "이 서류는 굿맨 씨가 작성한 것인데, 걸프 회사로서 최선을 다한 것이오"라고 한다. 내용을 보니 나로서는 성과 이상이다. 흡족하다. 그런데 도시 회장은 거의 부동자세로 엄숙한 태도를 취했다. 그러고는 나를 직시한다. 나도 긴장하며 같은 태도로 대했다. 도시 회장은 천천히 힘있는 말을 시작했다. "나는 걸프 회사를 대표해서, 내가 사랑하는 대한민국과 존경하는 박 대통령에게 30만 톤의 원유 수송선 한 척분을 추가해서 특별 배정합니다. 이 뜻을 박 대통령에게 전해 주시오"라고 한다. 나는 이때 이 순간을 일생 잊을 수 없다. 감격적인 순간이었다. "Yes sir, I do." 저절로 이 말이 나왔다.

나는 즉시 굿맨에게 갔다. 굿맨은 뒷이야기를 들려 주었다. 굿맨은 "한국에 원유를 주려면 다른 나라로 가는 것을 깎을 수밖에 없었다. 쿠웨이트에서 20~30%나 감량되는 판에, 다른 나라로 가고 있는 원유 수송선의 항로를 변경해서 한국에 보내야 하는 것이다. 다른 나라에서도 내용을 뻔히 알고 있는 판에 항로 변경까지 한다는 것이 예사로운 일인가 한번 생각해 보시오. 이렇게 어렵게 짠 계획인데도, 도시 회장이 수송선 한 척 분을 더 내놓으라는 것이오. 도시 회장이 개인적으로 박 대통령과 한국에 인심을 쓰겠다는 의도란 말이오. 그러니 나는 이

배 한 척을 더 빼느라고 진땀을 뺀 것이오. 못하겠다고 버틸까 하다가, 나도 한국에 애정이 있어 억지로 끼어 맞춘 것인데, 걸프 본사에서도 뒤처리에 골치가 아프게 되었소. 여하간 당신은 귀국하면 박 대통령으로부터 큰 훈장(Big Medal)깨나 받게 되었소" 한다. 역시 오랜 친구이다. 고맙기 짝이 없었다. 나는 "당신은 정말로 나의 old friend요. 당신의 이번 협조에 진심으로 감사하오"라고 했다.

즉시 청와대 김정렴 실장에게 전문으로 보고를 했다.

① 걸프로부터의 4/4분기 원유공급을 일당 16만 5,000배럴로 증가 확정시켰음.
② 당초 걸프의 대 상공부 통고량 12만 8,000배럴에 비하면 3만 7,000배럴이 증가된 것임(28.9% 증가).
③ 작년도(72년) 4/4분기 15만 3,000배럴의 공급량보다 7.8% 증가되었음.

일이 이렇게 호의적으로 잘 풀려가니, 도시 회장 앞에서 석유공사에 파견근무 중인 미국인 부사장에게 기합을 넣은 것이 마음에 걸렸다. 그래서 굿맨에게 "그 직원이 좌천이나 당하지 않겠소? 그리고 도시 회장이 기분 나쁘게 생각하지 않았소?"라고 물어 보았다. 굿맨은 껄껄 웃으며 "원유 얻으러 여러 사람이 와서 다들 굽실대며 부탁하는데, 따진 것은 당신뿐이었소. 당신 특기 아니오? 걸프 본사에서는 당신 성격과 수법을 다 알고 있으니, 또 그런가 보다 했을 것이오. 또한 원유 얻으러 와서 모두 나를 상대했는데, 당신은 박 대통령과 사이가 좋은 도시 회장에게 곧바로 가서 따진 것도 특색이었소"라고 한다. 모든 일이 잘 되었으니 다행이라고 생각했다.

4 칼텍스와의 교섭

다음 날 아침 호남정유의 구인회(具仁會) 사장이 호텔로 찾아왔다. 금성사의 박승찬(朴勝燦) 사장도 함께 왔다. 나는 두 사람에게 걸프와의 교섭 결과를 이야기했다. 그리고 두 사장에게 "칼텍스와는 우선 두 사장이 교섭을 해서 결과를 알려 주시오. 결과를 알고 난 후, 나는 박 대통령 친서를 전달하러 가겠소"라고 했다. 우선은 두 사장이 '필사적 노력을 하라'는 뜻이었다. "칼텍스도 걸프와 똑같은 수준으로 교섭하는 것이 목표요"라고 했다. 소위 군대식 임무 부여였다.

두 사장은 칼텍스로 떠났다. 나는 그 결과만 기다리고 있었다. 두 사장은 돌아오더니 다음 날 칼텍스 본사로 함께 가자고만 한다. 칼텍스의 터커(Tucker) 회장이 내일밖에 시간이 없다는 것이었다. 결과는 어떠냐 하고 물으니 내일 결정키로 했다고만 한다. 좀 이상한 기분이 들어 따져 물어보니 '걸프는 원유사정이 좋지 않은데, 한국에 그만큼의 원유공급을 하기로 했다는 것을 믿지 않는 모양인 것 같다'는 답변이었다.

㊟ : 걸프는 주로 쿠웨이트에서 원유공급을 받았는데, 쿠웨이트는 석유무기화에 참여했다. 이에 반해 칼텍스는 이란과 사우디아라비아에서 공급을 받고 있으며, 이란은 아랍국가가 아니라서 석유무기화에 동조하지 않았다.

나는 이 말을 듣고 곧 칼텍스에 대한 작전계획을 세울 수 있었다.

나는 걸프와의 교섭결과에 대해 본국에 보고를 한 전문을 복사해서, 다음 날 칼텍스 본사로 갔다. 터커 회장이 기다리고 있었다. 회의실에 들어가니 호남정유에서 부사장으로 일하던 밀러(Miller) 씨가 배석하고 있었다. 그는 칼텍스 본사로 돌아와서 원유담당 부사장 직책을 맡고 있다고 소개했다. 나는 박 대통령의 친서를 전하고 걸프에서 설명한 것과 꼭 같은 설명을 했다. 그리고는 "걸프 쪽에서 원유공급하는 비율만큼 칼텍스에서도 공급하면 이 문제는 해결될 것이오. 여기에 대해서 칼텍스 쪽에서 대답해 주시오" 하고는 말을 끝냈다. 여기에 대한 답변은 하나밖에 없을 것이다. 즉 "똑같은 비율은 책임지겠소"라는 답변일 것이다. 아니나다를까 터커 회장은 즉시 "좋소. 우리 회사도 똑같은 비율을 책임지겠소"라고 나왔다. 이 대답만 나오면 다음 문제는 간단했다. 나는 김 비서관에게 걸프와의 교섭결과에 대해 본국에 친 전문 사본을 터커 회장에게 전달하라고 했다. 터커 회장은 이 전문을 보더니 밀러 부사장과 상의를 하기 시작했다.

그러더니 점심식사나 하고 다시 만나자고 했다. 나는 구인회 사장과 박승찬 사장에게 '밀러' 부사장을 따라다니며 조르라고 했다. 점심때가 되었다. 터커 회장은 점심때인데도 칵테일 파티부터 시작했다. 이때 칼텍스사의 거의 전 간부들을 소개했다. 그리고 이들과 식사를 함께 했다. 식사가 끝나고도 결론이 나기까지는 꽤 오랜 시간이 걸렸다. 나중에 알아보니 밀러는 꼼꼼한 실무자라서, 걸프에 문의까지 했다고 한다. 오후 늦게 결론이 나왔다.

나는 본국에 보고해야 되니 밀러 부사장에게 서명하라고 했다. 이제는 경험이 생겨서 '유니온 오일'과 교섭할 때 써먹기 위해 서류화할 필요가 생긴 것이다. 만일 걸프와의 교섭을 전문으로 보고하지 않았던들, 걸프와의 교섭성과에 대한 증거가 없어 칼텍스와 교섭하는 데 애먹을 뻔했기 때문이다. 다음은 김정렴 실장에게 보고한 내용이다. 보고서의 원문 그대로이다.

칼텍스로부터의 원유 공급량을 다음과 같이 증가 확정시켰음.

① 11월 가동기준 6만 4,000배럴/일, 도착기준 5만 8,330배럴/일
② 12월 가동기준 17만배럴/일, 도착기준 17만 7,000배럴/일
③ 11월 및 12월의 월간평균 가동기준 11만 7,000배럴/일, 도착기준 11만 7,800배럴/일

㈜ : 이 숫자를 보면 칼텍스로서는 큰 고민을 했다는 것을 명확히 알 수 있다. 칼텍스는 에너지 위기가 나니 11월에는 5만 8,330배럴의 원유를 공급할 계획이었다. 도착기준이다. 다시 말하면 한국에 보낼 원유를 딴 곳으로 돌렸던 것이다. 그리고 6만 4,000배럴 즉, 정상가동 때의 약 50%만 가동할 계획이었다. 그런데 12월에는 이를 보충하기 위해 17만 7,000배럴/일(日)의 원유를 도입하겠다는 것이다. 11월에 비하면 300%의 증가이다. 즉 이번에는 딴 곳으로 배정했던 것을 무리해서 한국 쪽으로 빼돌린 것이다. 그리고 17만 배럴로 가동하겠다는 것이다. 그러니 밀러 부사장이 땀깨나 흘린 것이다. 그래서 이 조정을 하느라고 몇 시간씩 걸린 것이다. 아마도 이때 교섭을 하지 않았더라면, 우리 나라에 대한 원유공급량은 얼마로 줄었을지 모르는 일이다. 원유가 모자라는 상태에서는 급한 곳부터 먼저 배정하게 된다. 우리 나라 속담에도 '우는 애에게 떡 하나 더 준다'라는 말이 있지 않은가.

또한 호남정유는 시설용량에 여유가 있어, 하루 2만 배럴의 원유를 위탁가공해서 제품으로 수출하고 있었다. 이 원유 중 1만 4,000배럴은 국내용으로 돌리기로 했다. 그리고 6,000배럴만 가공해서 수출키로 했는데, 이 6,000배럴을 가공할 때 생산되는 제품 중 중유는 국내에서 쓰기로 했다. 당시 우리 나라에서는 산업용(발전용 포함) 중유의 수요가 가장 컸을 때이다.

5 유니온 오일과의 교섭

다음이 '유니온 오일'이다. 이 회사는 LA에 있다. 경인에너지의 김영일(金永日) 부사장과 함께 유니온 오일 본사로 찾아갔다. 나는 파커(Parker) 사장과는 경인에너지 창설 때 몇 번 만난 적이 있다. 그리고 경인에너지에서 부사장으로 근무하던 톰슨(Thomson)이 유니온 오일의 원유담당 부사장으로 일하고 있었다. 한국에서 부사장 하던 사람이 3사 모두 원유담당 책임자로 있었던 것이, 우리 나라로서는 큰 행운이었다. 파커 사장실로 가니 김종희 사장이 와 있었다. 김 사장은 별명이 다이너마이트라고 할 정도로 폭발적이고 저돌적이다. 나는 걸프나 칼텍스에서 한 것과 똑같이 대통령 친서를 전달하고 같은 설명을 했다. 그러고는 교섭에 들어갔다. 나는 <u>걸프의 교섭결과(電文)와 칼텍스의 교섭결과(사인까지 있는 서류)</u>를 김 사장에게 먼저 보여 주었다. 그리고 나는 "김 사장! 딴 회사와 똑같은 비율만 책임지시오. '유니온 오일'의 파커 사장과는 형제지간과 같이 친하다고 했으니, 김 사장이 노력해 주시오. 나는 대통령에게 김 사장 노력의 결과만 보고하겠소"라고 말했다. 김 사장은 내가 본국에 통고를 한 내용을 보고는, 그 전문이 박 대통령에게 직접 보고된다는 것을 금세 알아차렸다. "나는 유니온 오일과의 교섭에는 나서지 않겠소. 잘하든 못하든 김 사장 책임이오. 경인에너지의 원유 소요는 전국적 총 소요에 비하면 큰 것도 아니지 않소"라고 했다.

다음은 김영일 부사장에게서 들은 이야기이다. 김종희 사장은 내가 한 말에 불끈했다. 그러고는 파커 사장을 데리고 사장실로 갔다. 그러고는 둘이서 언쟁이 붙었다. 파커 사장도 몸집이 크고 성격이 괄괄해서, 김종희 사장과 꼭 같은 스타일이었다. 그러니 서로 교섭한다는 것이, 꼭 언쟁하는 것 같았다. 잠시 후 두 사장이 돌아왔다. 그러고는 파커 사장을 제치고, 김 사장이 통고하는 것이었다. "유니온 오일도 똑같은 비율로, 원유공급하겠다고 약속했소"라는 것이다. 내가 "수치로 얼마요" 하고 물으니, 역시 "똑같은 비율이오"라고만 말한다. 똑같은 비율로 한다는 결정만 합의한 듯싶다. 나는 이래서는 안 되겠다고 생각했다. 김 부사장 보고, "영문으로 타자를 쳐 오시오. 다른 회사의 교섭결과 보고와 꼭 같은 양식으로, 숫자를 적어서 가지고 오시오"라고 했다. 김 부사장은 톰슨 부사장과 함께 방에서 나갔다. 잠시 후 가지고 온 서류를 보니, 4만 배럴/일로 되어 있다. 나는 김 사장보고 "3만 5,000배럴/일에서, 4만 배럴/일이라면, 20%도 못 되는 것 아니요. 유니온 오일에서 20% 삭감하겠다고 했으니, 최소한 원상복구는 되어야 하지 않겠소. 4만 배럴/일이라면 보고거리도 되지 않소"라고 했다. 김종희 사장은 이 말을 듣더니, 파커 사장을 보고 20%를 내라고 윽박질렀다. 3만 5,000배럴/일의 20%면, 총량은 4만 2,000배럴/일은 되어야 한다. 그러니 2,000배럴이 부족하다. 파커 사장이 마지못해 2,000배럴을 추가키로 결정했다.

㈜ : 그래도 계산상으로는 약간 모자란다. 그래서 2,000 배럴 또는 그 이상이라고 쓰게 되었다.

나는 파커 사장에게 사인하라고 했다. 파커 사장이 사인을 하자, 나는 이 서류를 김 비서관에게 건네주고, 김 부사장에게는 전문 기안을 해 오라고 했다. 그 결과 다음과 같은 보고서를 본국에 타전했다.

① 유니온 오일로부터의 원유공급에 대해서는 3만 5,000배럴/일로부터 40,000/일 배럴로 증가토록 하고, 2,000배럴 또는 그 이상을 추가로 더 공급하여 줄 것을 약속받았음.
② 따라서 4/4분기 중 11월 및 12월의 원유공급 확정량은 다음과 같음.
- 걸프(對 유공) 16만 5,000배럴/일(日)
- 칼텍스(對 호남정유) 11만 1,000배럴/일(日)(수출용 6,000배럴은 별도)
- 유니온(對 경인에너지) 4만배럴/일(추가분 2,000배럴은 별도)

가. 칼텍스로부터의 수출용 원유 중 국내에 공급될 수 있는 중유 3,000배럴과 유니온의 추가 공급분 2,000배럴을 합치면 32만 1,000배럴이 됨.
나. 이 외에 3사로부터 국내수요량이 가장 많은 중유는, 제품상태로 별도 공급하는 데 최선을 다할 것을 약속받았음.

이상이 전문보고 내용이었는데, 필요한 원유는 충분히 확보했다는 뜻이었다.

6 원유도입 교섭의 성과

이 글을 쓰면서 당시의 교섭 결과, 실제로는 원유가 얼마나 도입됐는지 알아보기로 했다. 우선 석유공사를 알아보았다.

㈜ : 오랜 친구인 석유공사 김태문(金泰文) 고문에게 부탁했다. 20년 전의 기록이니 이 숫자를 찾아내는 데, 석유공사 직원 한 명이 창고에서 꼬박 3일을 소비했다고 한다. 그래서 다른 회사에는 미안해서 그만두기로 했다.

■ 도표 Ⅱ-23
1972~74년의 유공 원유도입 실적

(단위 : 천 배럴)

	1972	1973	1974
1월	4,000	4,729	3,376
2월	3,056	3,704	6,227
3월	3,525	5,282	5,018
4월	4,333	4,612	4,654
5월	3,293	4,086	4,544
6월	5,328	5,415	8,157
7월	4,849	3,765	1,912
8월	3,474	5,451	4,990
9월	3,276	3,890	3,326
10월	3,897	3,763	5,046
11월	4,560	4,572	5,433
12월	4,935	6,606	5,045
합계	48,531	55,879	57,733
전년비 증가율	—	15% 증가	3.3% 증가

〈도표 Ⅱ-23〉은 1972년부터 73년까지의 월별 원유 도착량이다.

〈도표 Ⅱ-23〉에서 보면, 73년에 1월부터 10월까지는 44,697만 배럴의 원유가 도입되었다. 월평균 447만 배럴이다. 그런데 11월에 457만 2,000배럴, 12월에는 껑충 뛰어 660만 6,000배럴의 원유가 도착했다. 가히 기록적인 숫자이다. 11월과 12월에 총 1,118만 배럴의 원유가 도착했으니, 월평균 559만 배럴이 된다. 1~10월까지 월평균 도입량 447만 배럴에 비하면 25% 증가이다. 우리 나라는 에너지 위기 중에 원유 도입량이 줄어든 것이 아니라, 오히려 25%가 증가했다는 결론이다. 또한 연도별로 보아도 73년에는 72년보다 115%의 원유가 도입되었다. 그렇다면 73년 11~12월에 충분한 원유가 도입되었다는 결과이며, 우리 나라는 석유부족 없이 에너지 위기를 넘겼다는 말이다. 참으로 다행한 일이다.

7 원유도입 교섭 결과보고

동행했던 김광모 비서관은 귀국길 비행기 안에서 원유 확보 기간 중 나와 토의했던 상황을 '보고서 양식'으로 정리했다. 그래야만 도착 즉시 보고가 가능하기 때문이다. 이렇게 하는 것이 당시 청와대 비서진들의 행동방식이었다. 귀국한 다음 날 아침 김정렴 실장에게 보고하려고 하니 김 실장은 수고했다는 말과 함께 내용도 보지 않고 사인을 하고는 서재로 같이 가자고 한다. 박 대통령에게 직접 보고하라는 뜻이고, 이때 김 실장도 함께 설명을 듣겠다는 뜻이다.

서재로 들어서니 박 대통령은 의자에서 일어나 옆에 있는 회의용 탁자 쪽으로 가서 앉았다. 탁자에서 설명하라는 뜻이다. 그러고는 "오수석! 수고했어"라고 딱 한 마디 했다. 그리고 커피를 시켰다. 이것은 박 대통령의 최고의 치사이다. 박 대통령은 청와대 직원에게는 좀처럼 과분한 찬사가 없다. 다른 직원이 합석하고 있을 때는 더욱 그렇다. 칭찬을 받는 쪽에서도 '다른 직원 앞에서 칭찬을 받는다는 것'은 불안하기까지 하다. 굿맨이 이야기하던 미국식 Big Medal은 한국에서는 있을 수도 없고, 받아서도 감당을 못한다. 이런 점을 박 대통령은 꿰뚫어보고 있는 듯했다. 당시 청와대 직원이란, 일이 잘 되었을 때도 '임무완수'라는 자기 만족뿐이었다.

나는 보고서를 대통령 앞에 놓고 설명하기 시작했다. 보고서 내용은 제1항 〈원유확보에 대한 결과〉, 제2항 〈앞으로의 수급판단〉, 제3항 〈앞으로의 전망 및 대책〉, 제4항 〈건의사항〉이다.
이 중 〈건의 사항〉은 '①각료급으로 구성된 에너지 비상대책위원회 구성, ②중동 산유국과의 외교교섭, ③3개 미국 석유회사 관계자에 감사 서한 발송'인데, 여기서는 지면 관계상 다른 것은 생략하고 ②항 중동 산유국과의 외교교섭에 대해서만 설명한다.

이 건의는,
① 원유공급은 사우디아라비아를 비롯한 중동 산유국에 의존치 않을 수 없으므로, 당분간 양과 가격면에서 계속 문제점이 있을 것임. 중동문제가 해결된다고 하더라도 과거와 같이 저렴하고 안정된 공급은 기대할 수 없을 것임.
② 중동 각 나라는 석유를 무기화한 후, 국제 석유재벌을 통한 판매로부터 직접판매 방식으로 전환하게 될 것이 확실시되고 있음.

③ 따라서 우리 나라도 앞으로는 원유확보를 위해서 중동 여러 나라와 정부 차원에서 외교를 강화해야 되겠다는 아주 중요한 건의였다.

이 점에 대해서는 3개 미국 석유회사도 권장하고 있으며, 특히 도시(Dorsey) 회장은 박 대통령에게 꼭 보고해 달라고 당부했다. 당시 우리 나라는 아랍 여러 나라와의 마찰을 피하기 위해 이스라엘과는 대사교환을 하지 않고 있었다. 그런데 우리 나라가 중동의 아랍 여러 나라와 국교를 맺는다면, 친 이스라엘 정책을 쓰고 있는 미국이 어떻게 생각할까 걱정이 됐다. 그래서 나는 걸프의 도시 회장에게 "미국 정부에서는 어떤 견해를 갖고 있느냐?"고 물어보았다. 도시 회장은 "반대할 이유가 없다"고 말하며, 참고로 "12월 사우디아라비아에서 원유 경매 입찰이 있으니 응해 보라"는 이야기까지 했다.

나는 박 대통령에게 설명할 때, 도시 회장의 말, "No reason to object"라는 영어 그대로 쓰며 보고했다. 담긴 뜻은 '우리 나라가 아랍 제국과 국교정상화를 해도 미국은 반대치 않을 것'이라는 도시 회장의 의견을 전달한 것이다. 도시 회장의 말은 미국 국회와 정부의 견해일 것이다. 도시 회장은 한미경제협의회 회장으로서 친한(親韓)적인 충고를 해 준 것이다.

설명을 듣는 순간 박 대통령은 고개를 들고 먼 곳을 쳐다보았다. 아마도 석유를 확보하기 위해서는, 이스라엘의 반대를 무릅쓰고라도 아랍 산유국과의 국교를 정상화해야 되겠다고 결심하는 것이 아닌가 하고 느껴졌다. 그리고 최규하 특사의 파견은 이로부터 약 1개월 후에 이루어진다.

8 박정희 대통령의 사인

박 대통령의 사인에 대해서는 당시 청와대 안에서는 여러 가지 이야기가 있었다. 첫째, 박 대통령의 사인이 무슨 글자인지 아는 사람이 없다. 모두 제각기 추측할 따름이다.

그런데도 박 대통령의 사인에는 등급이 있다는 것을 청와대 근무자는 공통적으로 느끼고 있었다. 중요도에 따라 3등급이 있다. 하(下)에 속하는 것은 사인을 끝까지 하지 않는다. 그림에서 보는 박 대통령의 사인과는 달리 끝부분이 없고 반쯤만 사인한, 소위 꼬리가 없는 사인이다. 박 대통령이 중요하다고 느끼지 않는 서류이다. 중(中)에 속하는 것은 사인은 하되, 힘이 약하다. 상(上)에 속하는 것은 사인에 힘이 있고, 꼭 연월일을 기입한다. 더욱이 연월일을 기입하고 난 후, 우측 끝 윗부분에 힘주어 점을 찍는다. 이때 꼭 '만년필'을 쓰는데 어떤 때는 펜촉이 부러질 것같이 꼭 눌러 쓴다. 이 서류는 중요하니 잘 보관하라는 뜻이다. 청와대 근무자는 '영구 보관문서'라고 칭했다.

이상 上中下가 끝인 줄 알았는데, 이번 보고서에는 그림에서 보다시피 결재란을 넘치게 사인을 했다. 힘찬 사인이다. 그리고 날짜를 쓰고 난 후, 점으로 마무리짓고는 날짜 밑에 줄까지 그었다. 나도 처음 보는 사인이었다. 초등학교 학생이 시험지에 동그라미 5개를 받고 그 위에 별표를 받은 것과 같아서, 나는 좀 놀라며 크게 기뻤던 것이다. 이 서류를 갖고 내 방으로 돌아와 직원들에게 보여 주었다. 모두 처음 보는 사인이라고 하며 기뻐했다.

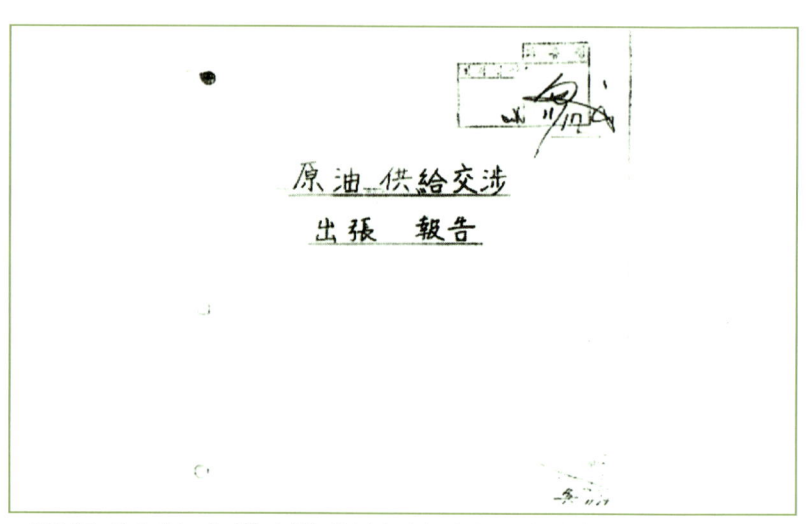

▲ 원유공급교섭 출장보고에 대한 박정희 대통령의 사인. 사인 등급이 '상(上)의 상(上)'이라 할 만큼 힘차다.

 김정렴 실장의 사인은 틀림없이 'CyK'이다. 상공부 때부터 똑같은 사인이다. 상공부 때와 달라진 것이라곤 청와대로 온 후, 사인 크기가 10분의 1쯤으로 줄어들었다는 점과, 사인 위치가 아래 구석으로 옮겨진 것뿐이다. 대통령을 보좌하는 마음가짐을 잘 나타내고 있다. 청와대 비서진은 몸을 숨기고 일해야 한다. 이렇게 되면 나와 같은 비서관은 사인할 자리를 찾기가 힘들어진다. 보통은 수석비서관의 결재란은 비서실장 좌측에 있는데, 수석비서관들은 할 수 없이 사인 글씨를 실장보다는 작게 하고 구석 쪽을 택할 수밖에 없게 된다. 이 보고서는 결재하는 것이 아니고, 보고안건이기 때문에 밑에다 사인을 했다.

2 물가파동의 시작

1 1973년 원유 고시가격의 인상

석유수출국기구(OPEC)가 정하는 원유 고시가격(아랍산 경질유 기준)은, 1972년 1월 20일에는 배럴당 2.479달러였던 것이 1973년 1월

■ 도표 Ⅱ-24

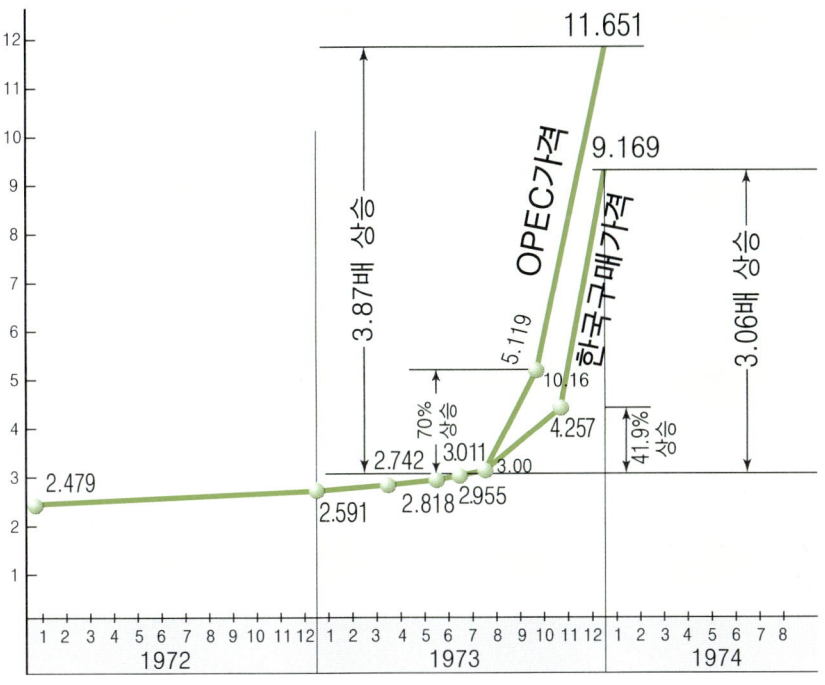

원유가격 변동

제10장 에너지 위기와 중동진출

1일에는 2.591달러가 됐으니 약 1년간에 0.112달러가 상승했다. 그러던 것이 1973년에 들어서자 수시로 올라가기 시작했다. 4월 1일에는 2.742달러, 6월 1일에는 2.818달러, 7월 1일에는 2.955달러, 8월 1일에는 3.011달러로, 7개월 사이에 0.420달러가 올라간 것이다.

이 결과 세계의 물가는 동요하기 시작했고, 우리 나라가 수입하는 상품가격도 뛰기 시작했다. 이러한 영향을 받아 우리 나라의 도매물가도 계속 올라갔으니, 1973년도는 물가불안의 해였다. 이런 와중에 제4차 중동전쟁이 발발하자 OPEC는 10월 16일 석유를 무기화하고, 10월 1일 3.011달러 하던 원유값을 5.119달러로 올렸다. 무려 70%를 올린 것이다.

이것이 '석유의 무기화'가 우리 나라를 덮친 첫 장면이다. 다행히 우리 나라는 걸프, 칼텍스, 유니온 오일 등의 석유회사와 원유공급계약을 맺을 때, 원유값을 깎을 수 있는 한도까지 깎았으니 OPEC가 정한 고시가격을 다 주고 원유를 사온 것은 아니었다. 그래서 73년 8월 1일, 즉 원유값 인상 전에는—배럴당 2.514달러로 구입했는데, 여기에 운송료가 0.486달러가 소요돼서—한국 도착가격이 3.00달러였다. 이것이 73년 11월 1일에는 4.257달러로 올라갔으니, 도착가격 기준으로는 41.9%가 올라간 것이었다. OPEC의 가격인상 70%에 비하면 훨씬 낮은 비율이다.

정부로서는 국내 기름값을 올리는 데 무척 망설였다. 만일 기름값이 올라가면 국내 물가는 모두 올라가서 국내 경제는 걷잡을 수 없게 되기 때문이었다. 그러나 석유비축이 없는 우리 나라로서는 기름값을 올릴 수밖에 없었다.

2　제1차 가격인상 : 석유류 가격 등 10개 품목

1973년 12월 5일 태완선(太完善) 경제기획원장관, 남덕우(南悳祐) 재무, 정소영(鄭韶永) 농수산, 장예준(張禮準) 상공 등 4부 장관은 합동기자회견에서 종합물가대책을 발표했다. 이날 석유류 가격은 41.9%가 인상됐는데도 불구하고, 30.0%만을 인상했다. 그리고 석유류값 인상으로 인해 직접적인 영향을 받는 부분만 고려해서, 전기료를 7.0% 올렸다. 그리고 석유값과 전기료 인상분을 고려하여, 8개 공산품의 가격 인상률을 다음과 같이 발표했다. 비료 30%, 나일론 사 32.6%, 설탕 16.7%, 배합사료 25.5%, 전분 42.0%, 판유리 25.5%, 목장우유 15%, 분유 10.8% 유류가격의 계속적인 인상문제에 대해서는 '미정'이라고 말했다.

태완선 장관은 이 '가격현실화'와 병행해서 당면한 인플레의 근본적인 방안으로 ① 개별품목 가격인상에 대한 규제를 대폭 강화하기 위해 60개 주요 품목에 대한 가격인상 사전 승인제를 제도화하고, ② 고시가격 이상으로 거래되는 품목에 대한 규제책으로 특별세를 신설하겠다고 말했다.

3　생필품 파동

12월 5일의 10개 품목 가격인상 조치는 소비자들의 매점 심리를 자극해서 세탁비누, 껌, 광목, 와이셔츠, 돼지고기, 쇠고기, 설탕, 조미료 등 사소한 생활필수품들까지 덩달아 품귀현상 또는 오름세를 보였다. 이 같은 연쇄파동은 6·25 전쟁을 겪고 몇 차례의 통화개혁 등을

▲ 74. 8. 15 육영수 여사 서거로 지하철 1호선 개통식에 참석을 못해 수개월 뒤 지하철을 시승하는 박정희 대통령

경험한 일반 소비자들의 잠재적인 생활방위 의식 때문이었는데, 더욱 중요한 문제는 이러한 의식이 연쇄반응을 일으켰다는 점이다. 이렇게 되면 곤란을 받는 것은 도시 서민층과 농민이다. 도시 근로자의 봉급은 변하지 않았다. 농민들은 이미 가을 양곡을 정부수매 값으로 판매를 끝낸 상태였다. 그런데 갑자기 생필품 값이 올라갔으니 생계가 쪼들리게 되는 것은 당연했다.

신문지상에서는 "소비자들이 너무 민감해서 필요 없는 것도 비축해 두려는 경향이 심해 시세를 부채질하고 있는 실정"이라고 하면서도 "부유층들이 더욱 민감하게 매점을 하고 있어 물가고의 부채질은 사실상 이들이 하고 있는 셈"이라며 부유층을 비꼬았다. 서민층이나 농민은 돈의 여유가 없으니 사재기를 하려고 해도 불가능하다는 뜻이며,

가진 자를 나무라는 기사였다. 결국 에너지 위기는 계층 간에 사회적 불화를 조성해 갔다는 뜻이다.

4. 경제불안

 석유값이 올라가자—당시만 해도 화력발전소가 위주였던 우리 나라로서는—전기료도 오르게 됐다. 수도료도 올랐다. 에너지 값이 올라갔으니 모든 공산품값이 뛰었다. 비료값이나 농약도 오르니 쌀값도 올라갔다. 외국에서도 똑같은 입장이었으니, 외국에서 수입하는 물품 값도 1974년 한해 동안에 31.2%나 올라갔다. 이렇게 돼서 1974년의 전국 도매가격은 전년도 대비 44.6%가 올랐던 것이다. 6.25 한국전쟁 후의 최고치였다. 그렇다고 근로자나 농민의 수입이 그만큼 오르지는 못했다. 자연히 서민층 생활은 어려워지고 실업자가 생겨났다. 선진국에서도 사정은 마찬가지였다. 그래서 자국의 수출은 장려하면서 수입은 억제하는 '신보호주의 정책'을 전개했으니 우리 나라의 수출도 어려움을 겪게 됐다. 그렇다고 원유도입을 중단할 수는 없었다.

 1974년에는 절약해서 전년대비 9.2%만 증가한 1억 1,270만 배럴을 수입했다. 그러나 원유값이 상승했기 때문에 1973년의 3억 519만 달러에서 1974년에는 11억 78만 달러로 약 8억 달러를 더 지불해야만 했다. 이렇게 돼서 무역 역조는 더욱 심화됐다. 즉 우리 나라는 에너지 위기로 인해 비용 상승(Cost-Push) 인플레, 그리고 국제수지 적자 심화라는 어려움을 함께 겪게 됐다. 이렇게 되니 국가경제는 암담해졌고, 국민 생활은 고난을 겪게 됐으며, 사회는 불안해졌다. 이것이 제1차 에너지 위기의 진상이다.

3 에너지 10% 절약 운동

'석유 10% 절약이라는 과제'는 결코 쉬운 문제가 아니다. 그래서 여기에 대해서는 좀 상세하게 쓰려고 한다. 그 이유는 그 후에도 제2차 에너지 위기를 겪었고, 장래 언젠가는 이러한 에너지 위기를 반드시 또 겪게 되어 있기 때문이다. 석유자원은 한정되어 있다는 것은 엄연한 사실이고, 우리 나라에 석유자원이 없다는 것도 숙명적이다. 더욱이 석유자원은 일정 지역에서만 생산된다. 그리고 세계적으로 석유 소비는 늘어만 가고 있다. 지금의 개발도상국들—예컨대 중국이나 인도—의 경제가 향상되고 생활 수준이 좋아지면, 석유 부족사태가 일어난다는 것은 불을 보듯 뻔하다. 그렇다면 에너지 위기는 필연적으로 생길 수밖에 없는 것이다. 1차 에너지 위기 때 우리 나라의 석유수요는 보잘것없었다. 그런데 현재의 우리 나라 석유수요는 이미 막대한 양이 됐고, 계속 엄청난 속도로 증가하고 있기 때문에 또 다시 '에너지 위기'가 발생한다면 석유공급을 원활히 한다는 것은 불가능하다고 보아야 한다. 이럴 때 우리 나라는 어떻게 대처해야 되는가는 국가 존폐에 관계되는 문제로 보아야 한다. 그래서 과거의 경험을 기록해 놓아야 한다고 생각하게 된 것이다. 우선 석유를 10% 정도를 절약한다는 것이 얼마나 힘이 들고, 그 영향이 얼마나 컸으며, 국민들은 얼마나 불편했는가, 그리고 성과는 어떠했는가를 이야기한다.

수치상으로 10% 절약은 충분히 가능한 목표였다. 그리고 국민이 자발적으로 협력만 했다면, 조용한 분위기에서 절약할 수도 있었을 것이다. 간단한 예를 들어보자. 현재 입장에서 각 가정에서 전기를 10% 절약한다고 생각해 보자. 90%의 전기만 꼭 써야지 그 이상의 전기는 없다는 조건이라면, 10% 전기절약은 가능할 것이다. 그렇게 하지 않으면 한 달 중 27일만 전기를 쓰고, 나머지 3일은 전기 없이 살아야 하기 때문이다.

전기가 모자란다고 해도 냉장고 안의 물건이 썩으면 안 되니 냉장고의 전기만은 꼭 사용해야 한다. 우선 순위 1번이다. 나머지 분야, 즉 에어컨을 좀 덜 쓴다든가 전기난방기구나 전기다리미를 덜 쓴다든가 전등을 몇 개 덜 쓴다든가 TV보는 시간을 좀 줄인다든가 하는 절약방법은 얼마든지 있는 것이다. 마음만 먹으면 10% 정도는 무리 없이 큰 불편 없이 가능한 것이다.

자동차도 휘발유 10% 정도 절약하는 것은 간단하다. 사무실도 마찬가지이고, 상점도 똑같다. 공장에서조차 연구만 하면 가능하다. 그리고 일본이나 서방 선진국에서는 성공을 했다. 그러나 우리 나라에서는 단속을 위주로 한 변칙적인 요란한 방법만 동원되었고, 그 결과 사회적 혼란만 일어났지 실효는 크지 않아, 10%까지는 절약을 못했다는 결론이 나왔던 것이다. 그렇다면 그 실패의 원인은, 국가가 위기에 처했을 때의 비상 대처능력과 국민의 자진협조에 대한 문제로 귀착될 수밖에 없었다. 이 점을 꼭 이야기하고 싶은 것이다.

1 유류소비 억제상황

우선 1973년 11월 중순 이후의 유류소비 억제상황을 알아본다. 시간이 흐를수록 규제가 강화되어 나간다.

㋙ : 독자 여러분께서는 우리 나라가 또다시 '에너지 위기'를 맞을 때—10%의 석유 절약이 실시된다면—이러한 조치가 이루어질 가능성이 있다는 것을 알 필요가 있다.

① 영업시간 단축

서울시는 에너지 소비절약 방안의 하나로, 11월 17일부터 다방, 음식점 등 접객업소의 영업시간을 단축 실시케 하고, 각 구 보건소를 통해 단속에 나섰다. 각 업소의 단축된 영업시간은 목욕업소가 오전7시부터 오후 8시까지, 다방은 오후 9시까지, 다과점이나 음식점은 오후 10시까지다. 시 당국은 업소들이 영업시간을 위반할 경우 1회에 영업정지 5일, 2회에 영업정지 10일, 3회를 어길 때엔 영업정지 30일의 행정처분을 내리기로 했다. 이에 대해 일부 목욕업소들은 영업시간을 하루 4시간씩 줄여가며 매일 새로 물을 데우는 것보다는 차라리 정기휴업일을 늘리는 편이 낫다는 의견을 내놓았다.

② 네온사인 규제

서울 시경(市警)은 16일 에너지사용 절감을 위해 의료기관과 관광업소를 제외한 사치성 광고용 네온사인을 오는 19일부터 규제키로 했다. 적용대상은 유흥업소, 음식점, 다과점, 목욕탕, 영업을 끝낸 백화점 등이다.

③ 차량운행 제한

서울시는 유류난 타개를 위해, 버스, 관용차 규제에 이어 공휴일에 한하여 자가용 승용차의 운행을 규제했다. 22일부터 버스 배차 간격을

2배로 연장 실시키로 한 서울시는, 배차간격 규제를 받지 않는 러시아 워의 배차간격에 대한 세부지침을 발표했다. 이에 따라 3분 배차까지는 2배로, 4분은 7분, 5분은 8분, 6분~10분은 10분, 10분~15분은 각각 15분으로 연장키로 했다. 시 운수당국의 추계에 따르면, 배차간격 조정으로 하루 367드럼의 기름이 절약되며, 공휴일 20% 운휴제(運休制)를 실시하면 1일에 487드럼의 기름이 절약될 수 있다는 것이었다.

④ 난방용 유류 대책

정부는 각종 유류제품의 감량공급으로 빚어지고 있는, 난방용 유류의 유통혼란과 공급차질 현상을 완화하기 위해, 비영업용 난방유류에 대한 긴급대책을 마련, 22일부터 실시키로 했다. 즉,

▶ 대도시의 아파트, 병원, 학교, 호텔 등에서 사용하는 벙커C유는 이미 발표된 감량공급 비율에 따라 일정량을 공급하고,

▶ 일반 가정에서 쓰는 경우에 대해서는 일반 가정의 재고량을 조사한 후 최고 3드럼까지 우선 순위에 따라 공급해 주며,

▶ 서울시 유류대책본부가 일정량의 기름을 비축해 두었다가, 병원 등 긴급사태가 발생하는 곳에 공급해 주기로 했다(㈜ : 병원에서 신생아가 태어났는데, 난방이 제대로 안 돼서 신생아가 새파랗게 되었다는 보도도 나왔다). 또한 정부는 난방용 유류공급의 보완대책으로

▶ 유류판매가 거절되는 경우, 유류 판매자는 서울시 대책본부에 신고, 공급을 받도록 하고,

▶ 지금까지 대리점 및 주유소를 통하지 않고 비정기적으로 기름을 사 쓰던 일반 수요자도, 서울시에 신고하여 새로운 거래처를 지정받아 벙커C유는 감량비율대로, 경유는 최고 3드럼까지 배정하며,

▶ 기름의 유통과정에서 빚어질 우려가 있는 매점매석 행위 및 가격위반 행위를 강력히 단속하도록 조처했다.

⑤ 에너지 절약 추가 조치

73년 11월 29일 에너지대책 실무위원회는 에너지 절약과 영업시간 단축을 핑계로 제품의 가격을 인상하거나 종업원을 해고 또는 노동조건을 변경하는 행위를 철저히 규제키로 했다. 이 위원회는 이달부터 전체 관공서와 국영기업체의 전구(電球) 중 3분의 1을 빼기로 하고, 이를 일반 기업과 가정에도 권장키로 했다. 이밖에 사우나, 스팀탕(湯) 및 대중목욕탕에 부설된 사우나 시설의 사용을 일체 금지하는 한편, 관공서 및 국영기업체의 난방용 전열기 사용도 금지하고 각 접객업소에 대해서도 이를 권장키로 했다.

이날 회의는 각 국영기업체는 에너지 절약 계획서를 작성해서 주무부서에 보고토록 하고, 오는 12월 3일부터는 공무원 출근시간을 30분 앞당겨 오전 9시에서 오후 5시로 조정했다. 이에 따라 전 관공서는 공무원이 퇴근한 30분 후인 오후 5시 30분부터 전면 소등하게 됐다.

유류난으로 26일부터 2시간 30분 줄이기로 했던 텔레비전 방송시간은, 1시간 30분 더 줄여 4시간 단축시키기로 했다. 평일 아침 프로는 —오전 6~11시에서 7~10시로—2시간 줄이고, 저녁 방송은—오후 5~12시를 6~11시로—2시간을 줄였다. 또 토, 일요일 종영시간을 오후 12시에서 11시 30분으로 각각 앞당겼다. 서울시 극장협회는 22일 산하 118개 극장주 회의를 소집, 에너지 절약을 위해 상영횟수를 매일 1회씩 줄이기로 했다.

그런데 이상과 같은 조치는 계획과는 달리, 순조롭게 진행되지는 않았다.

2   유류공급 부족으로 인한 대혼란

유류공급이 제대로 안되니 아우성이 났다. 몇 가지 예를 든다. KAL은 73년 11월 21일 항공유(航空油) 재고가 부족해 22일부터 현재 10개 노선에 취항하는 국내선 중 7개선은 임시 휴항할 것을 교통부에 신청했다.

KAL에 의하면, 현재 보유하고 있는 항공유 재고는 42만 갤런에 불과해서, 국제선을 포함해서 현 상태로 운항하면 25일부터는 전면 운휴할 수밖에 없다는 것이다. KAL은 앞서 교통부의 종합유류 절약방안에 따라, 지난 20일부터 서울-부산 간을 하루 13회에서 10회로, 서울-제주 간을 7회에서 5회로, 부산-제주 간 5회를 4회로 줄이는 등 전 노선 45회 운항 횟수를 32회로 줄였는데, 이번에 다시 서울-부산 간에 하루 4회, 서울-제주 간 4회, 부산-제주 간 3회로 재조정하고 나머지 7개 노선은, 기름사정이 호전될 때까지 운휴하겠다는 것이다.

유류파동으로 기름을 공급받지 못한 서울 답십리 방면 버스 82대가 운행을 한때 중지, 출퇴근 승객들이 차를 타지 못해 소동을 빚었다. 답십리-효창동을 운행하는 신흥교통 소속 버스 52대와 답십리-서부이촌동을 운행하는 서진교통 소속 30대 등, 입석버스 82대는 기름이 없어 20일 밤 9시부터 다음 날 오전 9시까지 발이 묶였다. 21일 서울시 유류수급 대책본부에는, 일반시민, 생산업자 등 수백 명이 이른 아침부터 몰려와 유류구입을 호소했다.

이날 대책본부가 접수한 신고건수는 난방용이 102건, 생산업체 71건, 여관 및 목욕탕 49건, 병원 12건, 아파트 23건, 호텔 7건, 기타

13건 등 총 277건에, 요구량은 벙커C유 3만 2,138드럼, 경유 6,814드럼이었다. 이중 벨기에 대사관 등이 호소한 3건만이 유류판매 대리점의 협조로 요구량의 일부가 해결됐을 뿐, 나머지는 접수로 끝났다.

대책본부는, 수요자의 호소가 줄을 잇고, 요구를 관철하지 못한 수요자의 항의가 빗발치자 "병원, 아파트, 일반 가정용은 대리점에서 우선 공급하니 평소 거래하던 중간업자 거래선의 대리점을 찾아가라"며 설득시켜 돌려보내고, 목욕탕 등 접객업소와 생산업체는 우선 신고만 받는 형식을 취했다. 그리고는 대책본부 책임자는 "유류감량 내용을 알 수 없고, 수급을 조절할 권한도 없으며, 대책본부가 확보한 비축량도 없기 때문에 어쩔 수 없다"고 말했다. 유류수급 체계가 전혀 수립되지 못한 상태라는 뜻이다. 그러니 석유파동이 일어날 수밖에 없었던 것이다.

사고도 터지고, 범죄도 생겼다. 21일 밤 10시 55분쯤, 서울 사직동에 사는 현(玄) 회장 집 보일러실에서 경유를 못 구해 석유를 사용하다 불이 났다. 또한 28일 밤 11시 30분쯤에는 부산시에서 주유트럭의 탱크가 폭발, 운전사는 숨지고 조수가 중화상을 입었다. 중유의 수송량이 줄어들자 경유를 운반하려고 탱크 내부를 청소하다가 폭발사고가 난 것이다.

또한 21일 서울 남대문경찰서는 S석유회사 직원 등 4명을 특수절도 혐의로 구속했다. 이들은 지난 9일 밤 9시쯤 경유 30드럼을 배달하면서 20드럼만 연료탱크에 붓고 10드럼을 빼돌린 혐의를 받고 있다. 서울시경은 22일 에너지 위기에 편승하여 암거래, 매점매석, 가격조작 등으로 에너지 위기를 부채질하는 업자들의 농간을 막기 위한 일제 단속에 나섰고, 이날 서울 성북구 Y주유소 등 8개 주유소 및 석유산매상 주인을 물가안정법 위반혐의로 적발했다.

3 연탄파동

석유값이 오르니 석탄이나 연탄을 쓰는 쪽이 연료비가 덜 먹히게 됐다. 그 결과 가정에서나 공장에서는 석탄소비가 갑자기 늘어났다. 그런데 생산이 따라가지 못했으니 연탄파동이 벌어질 수밖에 없었다. 연탄은 품귀상태가 되었고 가격도 뛰었다. 배달료까지 인상되었으며 매점매석 행위도 성행했다.

예를 들면 대구 시내의 하루 평균 무연탄 소모량은 3,000톤 정도였는데, 유류파동 직후 갑자기 4,000톤 규모로 늘어났고 수요는 계속 늘어나갔다. 수요증대와 함께 외상거래가 없어지고, 일부 산매업자들은 수요가 늘자 배달료라는 명목하에 연탄값을 더 받았다. 이런 현상은 전국 어느 도시에서나 일어나고 있었다.

한편 연탄파동의 열쇠를 쥐고 있는 탄광에서는 늘어나는 공급 요청에 부응할 만한 시설이나 인력을 갑자기 갖출 수가 없었다. 예를 들어 화순(和順)탄광은 정부의 주유종탄(主油從炭) 정책에 밀려 탄광에서는 수지가 맞지 않았기 때문에, 전년도에 500여 명의 광부를 감원하고 생산량도 연간 31만 톤으로 줄였다. 그런데 에너지 위기로 갑자기 연탄수요가 급증, 전남도 내 150여 연탄공장으로부터 평소의 3배가 넘는 3만 8,000톤의 공급 주문이 들어왔으나, 평시의 공급량인 1만 톤 정도밖에 생산할 수가 없었다. 이런 현상은 날이 갈수록 심화돼 나갔다.

드디어 품귀현상까지 발생하게 되니 상공부로서는 "석탄생산이 수요를 따라가지 못한다"는 것을 자인할 수밖에 없게 됐다. 이 결과로 정부는 주유종탄 정책에서 주탄종유(主炭從油) 정책으로 다시 급선회하게 된다. 우리 나라의 석탄정책이 왔다갔다한다는 말을 듣게 된 연유이다.

4 유류파동의 교훈

이상이 11월 말까지의 '석유 10% 절약'의 추진 내용이었다.
이렇게 혼란을 겪을 수밖에 없었던 이유는 다음과 같다.
정부는 각 정유공장에 10%를 절감한 양만큼만 생산 공급토록 했으나, 각 정유공장은 대량 수용가에게는 직접 공급하고 나머지는 각 주유소에 공급했다. 그런데 주유소에서 제멋대로 팔아, 이런 결과를 가져오게 되었다. 그러니 석유가 수요자에게 골고루 돌아가지 않게 됐던 것이다.
더욱이 11월에는 국내 석유류 값은 인상을 하지 않고 있었다. 그러다가 세계적인 에너지 위기가 났다고 하니 일부 국민들이 사재기를 하게 되었던 것이다.
이때 나는 이웃 일본이나 서방 선진국에서는 정부에서 에너지 절약

▲ 유류파동 때 석유를 사려고 줄지어 선 시민들

방침을 발표하면 그 지시대로 국민이 협조해서 효과를 거두고 있으나, '왜 우리 나라에서는 정부가 단속까지 해도 별로 성과가 없느냐' 하는 문제에 대해서 깊이 생각하게 됐다. 그리고 정부의 홍보와 처벌만으로는 에너지 절약은 불가능하다는, 귀중한 경험을 뼈저리게 느끼게 됐다.

나는 당시 한 나라의 경제라는 것은, 사람과 꼭 같다는 생각을 또다시 느끼게 되었다. 사람은 심히 불안해지면, 이상한 행동을 한다. 국가경제도, 사회가 불안해지면 마비가 된다. 그래서 처음부터 국민에게 불안을 주지 않는 방법을 연구해야 한다고 느꼈다.

오랜 생각 끝에 에너지 위기 때는, 쿠폰제(배급제)를 실시하는 길이 유일한 방법이라는 결론이 나왔다. 예컨대 기름은 10%를 감한 쿠폰을 발급해 주고, 전기도 사용량 한도를 정해 주는 식이다. 이 한도 내에서 각자가 절약을 하라면 불평 없이, 그리고 조용히 이루어질 수 있겠다는 생각이 들었던 것이다. 그 결과 사전에 쿠폰을 인쇄해 두자는 안이 나왔다.

그리고—을지연습이나 민방위연습 같이—시범지구에서 쿠폰 발부연습을 해보기로 했었다. 이 안은 시행되지는 않았지만 참고로 기록에 남긴다.

㊟ : 석유류 10% 절약은 석유확보가 부족해질 때, 또는 석유류 값이 턱없이 올라가서 국민들이 석유를 절약할 수밖에 없을 때, 앞으로도 부득이 실시하게 될 수도 있다고 보아야 한다. 이런 뜻에서 독자 여러분은 또다시 에너지 위기가 닥쳐왔을 때, 선진 국민답게 대처하려면 어떻게 행동해야 할지를 미리 생각해 둘 필요가 있다.

4 ▶ 대통령 긴급조치 제3호 발동과 가격현실화

크리스마스 전날 조간 신문을 보고 국민들은 제3차 세계대전이 일어난 것이 아닌가 하고 놀랐다. 그 내용은 석유수출국기구(OPEC)가 74년 1월 1일부터 원유값을 배럴당 11.651달러로 올리겠다고 발표했다는 것이다.

73년 12월 5일에 30%의 기름값과 주요 공산품 값을 올리면서 태완선 부총리가 "금년도(1973)에는 더 이상의 추가적인 가격인상은 없다"고 잘라 말한 지 채 한 달도 안 되는 시기에, OPEC는 기름값을 2.28배나 또 다시 올린 것이다(〈도표 Ⅱ-24〉 참조).

1973년 10월 16일에 인상한 것까지 합치면, 무려 3.87배 올려놓은 것이다. 그러니 불난 집에 기름까지 퍼부은 격이었다. 국민들은 당황하다 못해 기진맥진해졌다. '이제 우리 나라는 망하게 됐구나' 하는 생각이 저절로 나왔다. 이렇게 해서 우리 나라는 최악의 경제 및 사회적 위기를 맞게 된다.

OPEC의 석유값 인상을 보고받자, 박 대통령은 즉시 김정렴 실장에게 "경제난국을 이겨 나갈 수 있는 근본적인 조치"를 마련토록 지시했다. 김 실장은 이 일을 내각에 맡기지 않고 청와대에서 직접 다루기로 했다. 이렇게 돼서 이 과제는 김용환(金龍煥) 경제 제1수석비서관의 총지휘하에 고병우(高炳佑) 비서관이 실무책임을 맡고, 8·3 조치 작업에 참여했던 이현재(李賢宰) 과장, 심형섭(沈亨燮) 과장이 중심이 되어 일을 해 나가게 됐다.

발표 시기는 대통령의 1974년 연두기자회견을 전후해서 스케줄이 마련됐다. 이렇게 되니 불과 20일이라는 시간 여유밖에 없게 됐다. 이 안에는 세법개정, 예산 등이 포함되기 때문에 국회통과 사항이 된다. 그러나 국회에서 통과시키자면, 시간상 도저히 불가능했다. 나머지 방법이라고는 '대통령 긴급 조치권'을 발동하는 길뿐이었다.

이때 박 대통령은 "지금 우리 나라는 경제적 위기에 처하고 있는 것이 아니냐? 우물쭈물할 때가 아니지 않느냐?" 하면서 OK를 했다.

헌법 제53조, 즉 "대통령은 천재지변 또는 중대한 재정 경제상의 위기에 처하거나 국가의 안전보장 또는 공공의 안녕질서가 중대한 위협을 받거나 받을 우려가 있어 신속한 조치를 취할 필요가 있다고 판단할 때에는 …… 필요한 긴급조치를 할 수 있다"에 해당된다는 뜻이었다.

이렇게 돼서 이 건은 '대통령 긴급조치 제3호'라는 명칭이 붙게 됐다.

㈜ : 긴급조치 제3호 해제 날짜는 1975년 1월 1일. 긴급조치 제1호는 '유신 개헌논의 금지'에 관한 것이고, 제2호는 '긴급조치 위반자를 심판하기 위한 군법회의 설치'에 관한 것이니 이 두 개의 긴급조치는 유신체제를 위한 것이다. 그러니 긴급조치 제3호야말로 국가위기 때 발동된 첫 번째 긴급조치였다고 말할 수 있다. 작업방향은 에너지 위기 이후 물가파동에 따른 민생불안을 안정시키고 불황의 늪으로 빠져드는 기업경기를 부양하는 문제로 초점이 모아졌다.

1 긴급조치 3호의 골자

긴급조치 제3호의 골자는 다음과 같다.

▶ **서민층의 실질소득을 올리기 위해** : 재산세 면세점을 인상하고, 근로소득세, 사업소득세 및 주민세를 1974년까지 면제 또는 대폭 경감. 국민복지연금 및 교원연금제도의 실시를 1년간 연기
▶ **서민의 생활 안정 대책으로써** : 쌀, 보리, 등유, 연탄 등 생필품 값 안정, 버스 및 택시에 대한 통행세 감면
▶ **농민소득 증대를 위해** : 73년 미곡수매가를 가마당 500원씩 인상해서 수매량을 늘리고, 이미 정부가 수매 완료한 것에 대해서도 같은 금액을 추가 지불
▶ **영세민의 소득 마련을 위해** : 영세민 취로대책비 100억 원 확보
▶ **공무원 소득 증대를 위해** : 공무원 급여인상과 급여체계의 조정을 앞당겨 1974년 2월부터 실시
▶ **근로자의 권익을 위해** : 임금의 우선변제제도를 신설, 시행하고 임금체불, 부당해고 및 근로조건의 악화를 방지하기 위해 악덕기업가에 대해 가중처벌
▶ **중소상공업자를 위해** : 특별저리융자금 300억 원 지원
▶ **부유층의 사치성 소비 억제를 위해** : 각종 사치성 입장세, 보석, TV, 냉장고, 고급주택, 자가용 승용차에 대한 조세 중과
▶ **에너지 대책으로써** : 유류절약을 위한 휘발유 세율 인상과 에너지자원의 개발 지원
▶ **긴축 재정정책 수행을 위해** : 정부예산 500억 원 절감과 총수요 억제. 비생산적 대출 억제와 예금 금리의 탄력적 운영
▶ **강력한 물가대책을 위해** : 통제가격제 실시

2   박정희 대통령의 대국민 호소

1·14 조치의 내용이 1974년 1월 13일에 유인물로 만들어지자, 14일 새벽 비상 국무회의를 소집하여 박 대통령 주재 아래 김 수석이 내용을 브리핑했다. 별다른 이의 없이 확정되었다. 국무회의 의결이 끝나고 청와대 대변인이 대통령 긴급조치 선포를 발표키로 했다. 박 대통령은 담화문에서 침통한 어조로 우리 나라가 그 어느 때보다도 어려운 고비에 처해 있다고 상세히 설명하면서 다음과 같이 호소했다.

> 긴급조치선포
> 박정희 대통령 담화

"…… 지금 세계 각국에서는 경기후퇴와 인플레가 동시에 진행되는 이른바 '불황 속의 인플레'가 점차 심화되고 있습니다. 이에 겹쳐서 에너지, 양곡, 금속류 및 석유화학 관련 제품 등의 구득난은 세계적인 자원파동을 야기하고 있으며, 또한 이들의 가격 앙등(昂騰)을 불러일으키고 있습니다.

…… 특히 우리 나라와 같이 부존자원이 빈약하여 대부분의 주요 원료를 해외로부터 조달해야만 하는 나라에게는 그 충격과 시련이란 더욱 심각할 것으로 예상해야 할 것입니다. 수출시장의 전망은 세계적인 경기후퇴 때문에 당분간 불투명할 것이며 수입원료 가격은 계속 상승할 것이기 때문에 올해 우리 나라의 외화부담은 더욱 가중될 것으로 보입니다.

…… 우리는 앞으로 국내자원을 서둘러 개발하는 한편, 값비싼 수입 자원을 최대한 절약해야만 하겠습니다. 그리고 주요 원자재의 공급 부족 등으로

인하여 일부 기존 산업시설의 가동률을 저하시키는 일이 없도록 만전의 대비책을 강구함으로써 성장에 타격을 주고 고용을 저하시키는 일이 일어나지 않도록 최선의 노력을 다해야 하겠습니다. 그리하여 우리 나라 경제만은 세계적인 '불황 속의 인플레'에 말려들지 않도록 대처하여야 할 뿐 아니라, 오히려 이것을 전화위복의 계기로 삼아야 할 것입니다.

이처럼 지금 우리 나라 경제는 해외로부터의 영향 때문에 그 어느 때보다도 어려운 고비에 접어들고 있습니다. 물론, 지난날을 돌이켜볼 때 우리가 걸어온 길은 반드시 탄탄대로는 아니었습니다. 지금까지 우리는 마치 태산준령을 넘고 거센 풍랑을 헤쳐나가듯 여러 가지 난관을 극복하면서 세계적인 성장과 발전의 기록을 세워왔던 것입니다.

…… 그렇기 때문에, 나는 지금 우리가 남들보다 더 어려운 여건에 처해 있으면서도 자신을 갖고 이 새로운 도전을 능히 극복해 나갈 수 있다고 믿습니다. 따라서, 새해에 들어서는 무엇보다도 심기일전하여 자신과 용기를 갖고 정부와 국민이 합심하여……이 시련을 극복해 나가고자 합니다. …… 국민 여러분에게 총화적인 참여와 협조를 당부합니다."

이 날의 각 신문은 '국민생활 안정을 위한 대통령 긴급조치 3호 선포'라는 제목하에 제1면을 긴급조치 내용으로 완전히 바꾸었다. 여야가 모두 환영했으며 '서민에 대한 희소식'이라고 해설을 했다.

박 대통령의 긴급조치가 발표되자, 국민들은 안정을 되찾았다. 박 대통령이 에너지 위기를 국가적 위기상황으로 인식하고 있다는 점에서 국민들도 각오를 단단히 해야겠다고 느꼈다. 긴급조치의 내용은, '극빈자의 일자리 창출'과 '서민층과 농민, 중소기업자를 위한 조치'였고, '생필품의 수급 및 가격 안정', '부유층의 사치풍조에 일격을 가하는 내용'이었다. 박 대통령이 정부 예산을 삭감하면서까지 긴축정책을 써서 경제를 건실하게 하고 나아가 경제성장을 지속하겠다는 데 대해서도 믿음이 갔다. '하면 된다. 못할 것이 있겠느냐'라며, 정부와 국민이 합심해서 이 시련을 극복하자는 박 대통령의 호소에 동참하기로 했다.

3   질서회복의 중요성

앞에서 에너지 위기(전반기)에 대해서 설명했다. 1973년 10월 16일부터 1973년 말까지 2개월 반 동안 우리 나라가 겪었던, 에너지 위기 전반기에 대한 이야기이다. 석유류 10% 절약과 석유류 값 30% 인상에 따른 생산파동, 생필품파동, 에너지(석유, 전기, 무연탄) 파동 등에 관한 것이다. 이때의 혼란스러웠던 상황은, 실제로 경험하지 않은 사람은 실감하기가 곤란하다.

파동이란 후세 사람들이 통계적 숫자로는 파악할 수 없는 것이고, 통계 숫자로 따질 때에는 파동이 나지 않은 것처럼 보이더라도 실제로는 엄청난 파동이 일어났기 때문이다. 파동이란 단적으로 말해 '질서가 무너졌다'는 뜻과 같다. 꼭 러시아워 때 자동차가 네거리에서 서로 먼저 가려고 제멋대로 회전을 하다가 진행로가 막혀 버려, 서로가 움직일 수 없어 교통이 마비되는 것과 같다.

이런 상황이 벌어지면 사람들은 너나할것없이 모두 피해를 보게 된다. 약속시간을 어겨 각종 손해를 보는 경우도 있겠고, 심한 예로 중환자는 응급조치를 받을 수 없어 목숨까지 잃을 수도 있을 것이다. 차 속에 갇힌 사람들은 짜증이 심해지고, 시간이 흐를수록 감정이 악화돼서 불만투성이가 될 것이다. 그리고는 자기만 먼저 가려고 신호나 차선을 위반한 몇 사람에게 욕을 퍼붓고 '교통마비를 빨리 해결 못한다'며 교통순경을 나무랄 것이다. 그러나 따지고 보면 이런 교통마비는, 모두 교통법규만 제대로 지키면 피할 수 있는 것이었다.

또 다른 예를 든다. 에너지 위기란 전세계적으로 발생했던 사건이다. 세계 각국은 저마다 석유값을 올리고, 석유 절약운동을 폈다. 어떤 나라(미국)에서는, 석유값이 수시로 올라갔기 때문에, 주유소에서는 흑판에 그날의 석유값을 분필로 기입하면서 팔았다. 그리고 정부 지시에 순응해서, 수요자에게 골고루 나눠주기 위해 소량씩만 팔았다. 그러니 자동차 운전자는 주유소에 자주 들러야 했고, 주유소 앞에서 장사진을 치고 오래 기다려야 했다. 그러나 국민들은 비상시라고 생각하고 참고 견뎠다. 질서가 있었다는 뜻이다. 그러니 값만 오른 것뿐이고, 생산파동이나 생필품파동은 없었다. 어떤 의미에선 국민성과 교양에 관한 문제였다. 그러나 국민성을 따질 시간은 없었다.

박 대통령은 우선, 엉킬 대로 엉킨 질서부터 바로잡고 인플레 심리를 안정시켜야 되겠다고 생각했다. 그래서 대통령이 취할 수 있는 가장 강력한 '긴급조치권'을 발동하게 된 것이다. 박 대통령의 뜻은 정부나 기업, 가진 자나 서민과 농민 모두가 허리띠를 졸라매고, 시련을 참고 이겨 나가자는 뜻이었다. 성공하느냐 못하느냐는 우리 국민이 어떻게 행동하느냐에 달려 있는데, 그것이 바로 우리 나라의 운명을 결정짓게 된다는 결론이었다.

긴급조치 발동의 효과는 즉각적으로 나타났다. 질서가 회복된 것이다. 우선 국민의 감정이 안정됐다. 이렇게 해서 정부로서는 유류값 인상과 물가체계를 재편할 수 있는 분위기를 마련할 수 있게 됐다. 국민들도 이에 대처할 마음의 준비를 했다는 뜻이다.

4 외국회사의 가격인상 통보

대통령의 긴급조치(3호)가 발동된 지 5일 후인, 1974년 1월 19일, '걸프, 칼텍스, 유니온 오일' 3사는 원유값 인상액을 통보해 왔는데, 1월 1일부터 적용하겠다고 했다. 걸프는 배럴당 9.50달러(운임을 제외한 FOB 가격), 나머지 회사는 8.50~8.80달러였다. 정부에서는 가격협상을 한 후, 운임 포함 9.169달러로 결정했다. 당시까지의 국내 도착가격은 4.257달러였으니 9.169달러라면 115.4%가 인상된 것이다(〈도표 Ⅱ-24〉 참조).

석유위기 발생 후로부터 계산하면, 3.00달러에서 9.169달러가 됐으니, 두 번의 인상으로 3.056배가 올라갔다는 결론이다. 그런데 그간 국내 석유값 인상은 73년 12월 5일에 승인한 30%뿐이었다. 그래서 정부는 여기서 큰 고민을 하게 된다. '얼마를 올려주어야 하는가' 하는 문제였다. 오랜 논의 끝에 물가 담당국에서는 82%만 올려주기로 했다. 또다시 단계적 인상책을 쓴 것이다.

5 1974년 2월 석유값 82% 인상과 가격현실화

1974년 2월 1일 태완선(太完善) 경제기획원장관, 장예준(張禮準) 상공부장관, 김신(金信) 교통부장관 3부 합동기자회견에서 유류값을 평균 82%, 전력요금 30%, 시내버스 평균 20%, 택시요금 66.1%, 철도요금 화물 5% 승객 15%, 해운요금 50.3% 내지 109.3%, 항공요금 60.3%, 고속버스요금 20%, 시외버스(완행) 32%씩 각각 인상한다고 발표했다.

주요 생필품의 경우 세탁비누 11.4%, 라면 17.4%, 설탕 44.1% 인상, 건축자재는 시멘트 34.2%, 9mm 이하 철근 20.1%, 12mm 이상 철근 16.4%, 합판 10%, 판유리 16% 인상, 섬유류는 면사 15.7%, 아크릴사 10%, 폴리에스텔사 13%, 비스코스사가 34% 올랐으며, 이밖에 농약이 25.2%, 어망이 24.8%, 다이너마이트가 27.1%, 크라프트지(紙)가 42.3%, 신문용지가 23.8% 인상되었다.

요약하면, 정부가 일시에 최하 10%에서 100%까지의 가격을 인상했으니 이런 엄청난 일을 우리 나라 경제사에서 다시는 찾아볼 수 없을 것이다. 그러나 국민들은 침착한 마음으로 받아들였다. 정부가 가격의 정상화 조치를 취하고 나니 매점매석과 사재기, 암거래가 완전히 없어지고 품귀상태가 자취를 감추었다. 그리고 갑자기 신기할 정도로 조용해졌다. 폭풍우 뒤의 고요함과 같았다.

남은 것은 폭풍우가 할퀴고 간 상처뿐이었다. 농공산품 가격인상 조치가 발표된 5일 후, 서울의 남대문, 동대문 시장 등 큰 시장과 상가는 고객이 별로 없이 한산했다. 동대문시장에서 면사류 도매상을 하는 김정귀 씨는 "예상보다는 덜 인상된 것 같다"면서 "면사와 아크릴사, 폴리에스텔사 등의 인상으로 가뜩이나 어려운 서민의 의생활에 큰 타격을 주게 될 것"이라고 내다봤다.

지난 4일까지, 제조회사 등에서 출고를 꺼려 동이 났던 라면은 이날 오전부터 다시 정상적인 공급을 받아 점포마다 쌓여 있었으나, 찾는 손님이 별로 없었다. 비교적 계절을 많이 타는 농약품에 대해서는 "인상조치 이전과 별다른 차이가 없다"는 상인들의 말이었다. 서울 종로 5가 S농약 주인 K씨는, "농약은 농민들에게 비료 못지않은 필수품이라 매상고엔 별 지장이 없을 것 같으나, 농민들의 부담은 크게 늘 것 같다"고 걱정했다. 이번 조치에서 생필품 중 가장 많이 오른 설탕 도매업소에서는 물건을 많이 내놓았으나, 고객이 전혀 없어 개점휴업 상태였다.

여기에는 여러 가지 이유가 있다. 우선 가격이 너무 올라갔으니 관망하는 사람도 있겠고, 가격 정상화가 이루어졌으니 더 이상은 값이 올라갈 이유가 없으므로 급할 것이 없다고 생각했을 것이다. 그러나 근본적인 이유는 1973년 25일 우리 정부가 친아랍 정책을 발표함으로써 아랍 산유국으로부터의 원유공급 제한이 해제됐다는 점과, 일본도 원유공급 제한이 풀려 우리 나라에 대해 원자재 공급을 재개하기 시작했다는 데 있을 것이다. 그리고 우리 나라의 울산석유화학과 포항제철이 준공돼서, 제품을 생산하기 시작한 것이 천만다행이었다.

그러나 가장 효력이 컸던 것은, 긴급조치 자체의 위력이었다. 당시 술자리에서는 "긴급조치법을 어겼다가는 군법회의에 회부된다고 하더라. 박 대통령은 본때를 보이기 위해 일벌백계(一罰百戒)식으로 기업가 몇 사람을 혼내주는 것 아냐?"라는 루머가 돌았다. 즉 박 대통령의 긴급조치로 '시장의 기능이 정상화될 것'이라고 국민들이 믿게 된 것이다.

5 ▶ 국제수지 개선과 경기회복을 위한 특별조치

1974년은 우리 나라로서는 시련의 해였다. 에너지 위기로 경제계는 물가폭등의 광란 속에 있었으며, 게다가 남북관계까지 긴장이 악화돼서 사회혼란이 막심했다. 즉 2월 15일 서해상에서 북한 함정이 우리 어선(守元號) 한 척을 격침하고 한 척을 납치해 가더니, 4월 3일에는 민청학련(全國民主靑年學生總聯盟) 사건으로 대통령 긴급조치 제4호가 발령됐다. 그리고 8월 15일에는 문세광(文世光)에 의한 박 대통령 저격사건이 발생, 육영수(陸英修) 여사가 피살됐으며 이로 말미암아 한일관계는 단교 직전까지 갔다.

이렇게 해서 경제적 불안과 사회적 불안이 전국을 휩쓸자, 박 대통령은 74년 9월 18일 내각을 대폭 경질(9부 장관)했다. 이때 태완선 경제팀은 새로운 멤버로 갈리게 된다. 부총리 겸 경제기획원장관으로 남덕우(南悳祐), 재무장관으로 김용환(金龍煥)이 임명됐다. 모두 김정렴 비서실장의 추천이었다. 이렇게 해서 김 실장을 장으로 하는 남 부총리, 김 재무의 '경제 트리오'가 탄생했으며, 이 '트리오'는 1974년 9월부터 1978년 12월 22일까지 만 4년간 우리 나라 경제를 실질적으로 이끌었고, 퇴진할 때에도 함께 하게 된다.

당시 우리 경제는 74년 하반기부터 수출부진, 생산활동의 저조, 재고 누증, 기업수지 악화 및 고용감퇴 현상을 나타내기 시작했다. 인플레 속에 본격적인 불황이 닥쳐왔던 것이다. 국민들은 이대로 가다가는 '우리 나라 경제는 파국으로까지 몰려가는 것이 아닌가' 하고 불안해했다. '경제 트리오'는 이 경제난국을 타개하기 위해서는 안정(安定)보다는 공세(攻勢)로 전환해야겠다고 판단했다.

즉 기본 경제정책 방향은 수출을 위주로 한 성장의 길을 택하며, 국내 석유류 값을 포함한 물건값은 단계별로 올리는 방식을 지양하고 일시에 해결함으로써 국민에게 고통을 주는 한이 있더라도 이번 기회에 에너지 위기에서 완전히 벗어나자는 방침이었다. 태완선 경제팀과는 정반대의 길을 택한 것이다. 이렇게 해서 작성된 안이 '국제수지 개선과 경기회복을 위한 특별조치'였다.

1 74년 12월 7일 환율 21% 인상, 석유값 31.3% 인상

'국제수지 개선과 경기회복을 위한 특별조치'가 발표된 것은 1974년 12월 7일이었는데, 이날 남덕우 경제기획원장관은 김용환 재무, 김재규(金載圭) 건설, 고재필(高在珌) 보사부장관, 심의환(沈宜煥) 상공차관과 함께 회견을 갖고 대미 달러 환율을 현행 400원에서 480원으로 20% 인상(㊟:박 대통령 재임시의 마지막 큰 환율 변동임), 석유류 제품값을 평균 31.3%, 전기요금을 42.4%, 철도화물요금은 39% 인상한다고 발표했다. 그리고 환율 인상과 그에 따른 물가의 추가 인상 요인을 덜기 위해 연간 총통화 증가율을 35% 내외로 제한하며 생필품을 포함하는 주요 공산품 58개 품목에 대해서는 당분간 정부의 가격 승인제를 실시한다고 했다.

12월 7일 조치로 인해 우리 나라 물가는 또 한차례 격동기를 맞게 돼서 75년 상반기 중에 도매물가는 14.1%가 상승했다. 그러나 후반기에 들어가서는 진정이 돼서 5.3%의 상승에 그쳤다. 에너지 위기가 우리 나라에서는 1975년 중반에 가서야 진정됐다는 뜻이 된다. 이날 발표된 석유류 값을 에너지 위기가 시작하기 전인 1973년 8월과 비교한 것이 〈도표 Ⅱ-25〉이다. 휘발유는 3.3배가 올라갔다. 휘발유 세금도 200%에서 300%로 올렸는데, 당시만 해도 자동차는 사치품으로 간주됐기 때문이고 세금징수의 목적이 있었다.

이에 반해 등유는 당시만 해도 농민들이 쓰는 필수품이기 때문에 세금을 30%였던 것을 면세함으로써 1.99배만 올라갔다. 생산업체에서

■ 도표 Ⅱ-25
석유류 최종 판매가격 변동 상황

(단위: 원/ℓ)

	1973. 8. 8	1974. 12. 7	인상률	최종판매처	특별소비세율
고급휘발유	67.00	222.00	3.31배	주유소	200% → 300%
보통휘발유	57.50	189.50	3.30배	주유소	200% → 300%
등 유	35.50	70.50	1.99배	주유소	30% → 0%
경 유	29.25	67.50	2.30배	주유소	40%
경질중유	18.00	50.34	2.80배	대리점	20%
중 유	16.27	49.38	3.04배	대리점	20%
벙커C유	10.77	42.63	3.96배	대리점	10% → 5%
제트유	13.10	53.88	4.11배	정유회사	
나프타	8.57	41.52	4.84배	정유회사	10%
용 제	27.73	137.31	4.95배	정유회사	10%
아스팔트	11.39	39.03	3.43배	정유회사	
프로판(원/kg)	91.00	295.00	3.24배	주유소	
부탄(원/kg)	63.42	215.22	3.39배	대리점	

▶반잠수식 석유 시추선

사용하는 벙커C유도 세금을 10%에서 5%로 감면했다. 항공기용 제트유는 사치품시했기 때문에 4.11배나 올라갔고, 나프타는 석유화학용 원료인데—세계의 석유화학제품 값이 턱없이 올라갔기 때문에—4.84배나 올렸는 데도 울산석유화학에서 나오는 제품 값은 국제경쟁력이 있었다. 이로 인해 중화학공업의 필요성과 중요성을 다시 한번 깊이 인식하게 된 계기가 되었다.

2 에너지 위기로 인한 도매물가 상승

도매물가는 1973년 15.1%, 74년에 무려 44.6%, 75년에는 20.2%가 올라가서 3개년 사이에 100.0%가 상승했다. 가히 '물가광란'이라고 표현할 만하다. 부문별 상승률과 기여도는 〈도표 II-26〉과 같다.

여기서 특기해야 할 사항은, 박 대통령의 농민우대 정책으로 정부의 곡물류 수매가격을 비교적 높게 책정함으로써 도매물가 상승 원인의

■ 도표 Ⅱ-26
에너지 위기로 인한 부문별 도매가격 상승률(연말 기준)

	가중치	1973~75년	기여도(%)
총지수	1000	100.0	100%
①연료 및 전력	117.6	210.3	25
②토석 및 유리제품	47.9	109.5	5
③농수산식품	179.4	106.8	19
④가공식품	133.6	96.2	13
⑤화학제품	83.7	113.2	10
⑥합성수지 및 그 제품	20.1	86.0	2
⑦종이류	23.5	97.6	2
⑧기계 및 그 부분품	75.7	48.4	4
⑨목재 및 그 제품	30.4	63.0	2
⑩금속 및 그 제품	75.1	89.8	7
⑪섬유 및 그 제품	125.9	35.2	4
⑫생고무 및 고무제품	14.6	54.5	1
⑬기 타	72.4	47.9	4

＊자료 : 경제기획원 「경제백서」 1975, 76년판

32%를 차지했다는 점이다. 그 다음으로 화학제품 값 인상(10%), 금속 및 그 제품 값 인상(7%) 등이 뒤따른다.

3   에너지 위기로 인한 소비자물가 상승

소비자물가는 73년에 8.5%, 74년에 26.4%, 75년에 25.4%가 올라 에너지 위기 기간 중에 72.0%가 상승했다(〈도표 Ⅱ-27〉 참조).

도표 Ⅱ-27
에너지 위기로 인한 부문별 소비자물가 상승률(연말 기준)

	가중치	1973~75년	기여도(%)
총지수	1,000	72.0	100%
①식료품류	461.3	90.8	58
②광열비	57.9	64.9	5
③피복비	102.7	60.0	9
④주거비	97.4	41.5	6
⑤잡비	280.7	54.6	21

* 자료 : 경제기획원 「경제백서」 1975, 76년판

당시는 우리 나라 국민이 빈곤할 때라 국민의 소비품 중 먹는 것이 46.13%나 차지할 정도로 중요했다. 그런데 이렇게 중요한 비중을 차지하는 식료품 값이 90.8% 인상됐으니, 물가상승에 대한 기여도가 58%나 되었던 것이다. 주로 농산물 값을 인상해 주었기 때문인데, 농민들은 기뻐했지만 도시민은 우울해했다.

4 다른 나라와의 비교

OECD 7개국과 동남아 4개국의 도매물가 상승률을 비교해 본다(〈도표 Ⅱ-28〉 참조). 1973년부터 75년까지 3년간의 OECD 7개국의 평균 인상은 49.3%인 데 비해 동남아 4개국은 80.6%이다. 동남아 국가는 OECD 국가보다 도매물가가 63%나 더 올라갔다는 뜻이다. 선진공업국과 개발도상국의 차이다.

■ 도표 Ⅱ-28

각국의 도매물가 상승률

(단위 : %)

	1973	1974	1975	1973~75 (3년간)
미국	13.1	18.9	4.2	40.1
일본	15.9	31.3	1.1	53.9
영국	7.3	23.5	20.2	59.3
서독	6.6	13.4	2.5	23.9
프랑스	14.7	29.2	-4.4	41.7
캐나다	21.5	22.1	3.6	53.7
이탈리아	17.0	40.7	4.9	72.7
OECD 7개국 평균	13.7	25.6	4.59	49.3
대만	26.4	34.9	-0.6	69.5
필리핀	24.5	54.5	-1.1	90.2
태국	22.9	28.9	2.7[1]	62.7
한국	15.1	44.5	20.2	99.9
동남아 4개국 평균	22.2	40.7	5.3	80.6

*자료 : 경제기획원「경제백서」1975, 76년판
*주 : 1) 태국의 75년은 1~9월 중

    OECD 7개국의 경우를 보자. 1973년부터 75년까지 3년간 도매물가 상승률은, 서독이 23.9%로 가장 낮았고, 미국은 40.1%이다. 서독은 에너지자원으로 석탄에 대한 의존도가 가장 높고, 미국은 석유, 가스, 석탄 등 에너지자원이 많다. 다음은 프랑스가 41.7%이고, 캐나다의 53.7%, 일본의 53.9%로 이어진다. 영국은 59.3%였고, 이탈리아는 72.7%로서 OECD 7개국 중 인플레가 가장 심했다.
    동남아 4개국을 보면, 가장 낮은 나라가 태국으로 62.7%, 다음이 대만으로 69.5%이다. 필리핀이 90.2%, 우리 나라가 99.9%로서 가장 인플레가 심했다. 우선 다른 나라는 에너지 위기를 73년과 74년에 수습을 하고, 75년부터는 완전히 정상화했다. 그런데 우리 나라와 영국만이, 73년에는 미봉책만 쓰다가 74년과 75년에 해결을 했다.

5 에너지 위기로 인한 국제수지 적자와 물가파동의 실상

원유값도 올라가고 수입 상품값도 올라가서 무역적자가 크게 늘어났다. 자원이 없는 우리 나라는 파산을 피하기 위해서는 수출하는 길밖에 없었다. 그래서 수출장려책으로 환율을 20% 인상해야 했던 것이다. 이상과 같이 정리해 보면, 당시 우리 나라의 경제 기반이 얼마나 빈약했던가 알 수 있다.

당시 우리 나라는 에너지자원을 비롯해서 천연자원이 절대 부족한 나라로서 생계가 곤란한 농민 인구가 50%를 넘어 농민대책이 경제발전에 부담을 줄 때였다. 공업구조도 발전 초기 단계라 수입의존도가 높았다. 값이 싸고 풍부한 노동력을 이용해서 외국에서 원자재를 도입, 임(賃)가공을 해서 수출하던 시기였다. 인생에 비유하면 우리 나라 경제는 빈한한 농가에 태어난 소년 가장과 같은 신세였던 것이다. 이런 때에 허리케인과 같은 오일 쇼크가 몰아닥친 것이다. 이로 말미암아 국내에는 극심한 물가파동이 일어났는데, '단계별 현실화' 조치를 취하다 보니 국민들은 물가파동을 네 차례나 겪게 됐다. 이 기간 중 도매물가는 100%, 소비자물가는 72%가 상승했다. 이렇게 높은 인플레를 겪은 나라는 전세계에서 우리 나라밖에 없었다. 이것이 제1차 에너지 위기 때에 일어난 물가파동의 실상이었다.

6 중동진출 전략과 중동 건설사업

1 늘어가는 경상수지 적자 : 부도 직전의 국가

1963년에, 우리 나라의 외환 보유고가, 1억 달러 밑으로 떨어져서 우리 나라가 파산 직전까지 갔다는 데 대해서는 앞서 이미 설명했다. 그런데 이번에는 '오일 쇼크'와 그 후폭풍으로 인해 또 한번 위기를 맞게 됐다.

1973년에 우리 나라가 지불한 원유값은 3억 516만 달러였는데, 74년에는 11억 78만 달러를 지불해야 했으니, 원유값 인상분만 해도 8억 264만 달러나 됐다. 그런데 원유값만 오른 것은 아니었다. 1973년의 경상수지 적자는 3억 880만 달러였는데, 1974년에는 20억 2,270만 달러로 늘었다.

자본거래 통계를 보면, 1973년엔 2억 9,000만 달러를 빌리면 됐는데, 1974년엔 19억 9,840만 달러를 빌려와야 했다. 경제총사령관인 김정렴 비서실장은 출근하자마자, 부도 직전에 몰린 회사 사장처럼 여기저기 전화를 걸어야 했다.
"오늘 결제 준비는 돼 있나?", "어제 홍콩에서 돈을 꿔오겠다는 건은 해결됐어?", "걸프에게 주는 원유대금은 며칠만 기다려 달라고 해" 등등이었다.

2 중동진출 전략

조국근대화 작업 즉 중화학공업 건설, 방위산업 육성, 100억 달러 수출 등에 목숨을 걸고 일하고 있던 나는 '석유위기'가 닥치자 눈앞이 캄캄해졌다. '석유위기'로 말미암아 나라 경제가 파탄이 나면 중화학공업 건설 등 내가 책임지고 추진하던 사업들은 백지화될 수도 있기 때문이었다. 그러나 하늘이 무너져도 솟아날 구멍이 있고, 하늘은 스스로 돕는 자를 돕는다는 말도 있지 않은가. 가만히 앉아서 한탄만 한다고 일이 풀리는 것은 아니다. 무엇인가 대책을 마련해야 했다. 나는 우선 다른 나라의 예를 알아보기로 했다.

나는 찾아오는 외국 손님을 만날 적마다 "당신 나라에서는 석유파동에 대한 대책을 어떻게 하고 있소?"라는 질문을 던졌다. 그런데 돌아오는 답에 한 가지 공통적 사항이 있었다. 특히 일본 쪽의 답이 흥미로웠는데, 그 답은 "원유값 인상으로 중동 산유국에 달러가 모여들어 넘쳐흐르고 있다. 중동에서는 이 돈을 가지고 경제건설을 한다는 정보가 있다. 그래서 일본은 6·25 한국전쟁 때나 월남전쟁 때 돈을 벌어들인 것과 같이 이번에는 중동에 진출하려고 노력 중에 있다"라는 것이었다.

이 답을 듣고 나는 "바로 이것이다"라고 느꼈다. "우리 나라도 월남전 때 〈월남 붐〉을 일으킨 경험이 있지 않느냐? 이번에는 중동에 진출하자. 그것도 다른 나라보다 앞서 진출해서 교두보를 확보하자. 그리고 기반을 구축하자"라는 결론에 도달했다.

그래서 다음과 같은 기본 방향을 정했다.

진출 분야는,

① 군(軍)관련 분야에 대한 용역 : 제1단계로는 군출신 기술자를 파견해서 군 장비지원과 기타 기술용역
② 공업분야
③ 건설사업분야
④ 기술협력 및 전문가 파견
⑤ 통상확대

추진 방향에 대해서는,
① 사우디의 나제르 기획상(企劃相)이 2월에 서울에 온다고 하니, 이때를 잘 활용한다.
② 중동사절단 파견 : 장관급을 단장으로 해서 관계 분야의 전문가 및 업계 대표로 구성한다.
③ 추진기구 및 예산 : 경제기획원, 국방부, 상공부 등 관계 부처의 협조하에 외무부가 총괄한다. 이를 위하여 외무부 내에 상설 태스크포스 팀(Task Force Team)을 설치한다. 예산은 74년도 예비비, 또는 추가경정예산(追加更正豫算)으로 충당한다.
④ 기타 문제 : 중동에서의 사업 주체는 어디까지나 민간 업체이다. 민간 업체가 뛰어야 한다. 정부가 할 일은 기본 방침을 정하는 것과 외교면에서의 지원 및 자금지원 등에서 협조하는 일이다. 민간인이 활동하려면—당시의 외환관리법에 의한 공식적인 자금으로는—턱없이 부족하다고 느꼈다. 그래서 민간 기업이 좀 자유스럽게 쓸 수 있는 외화를 마련해 주기로 했다.

이상이 중동진출 방안의 골자였다.

3   중동진출 방안 보고

나는 이러한 방안을 작성하여 김정렴 실장에게 가지고 갔다. 김 실장은 내용을 살펴보더니, "요즈음 각하께서는 '석유위기' 문제로 걱정이 많으신데 이 보고를 보시면 기뻐하실 것이야. 함께 가서 보고를 올리지" 한다. 그러고는 서재로 갔다. 김 실장은 "각하! 에너지 파동으로 인해 가장 염려되는 점은 국제수지의 적자폭을 어떻게 하면 축소하느냐 하는 문제입니다. 지금 오 수석이 중동으로 진출하자는 아이디어를 가지고 왔습니다."

"우리 나라는 현명하신 각하의 영도하에 시련을 극복하면서 눈부신 경제발전을 해 왔습니다만, 이번 에너지 위기도 각하께서 진두지휘만 해주신다면 극복할 수 있다고 자신합니다" 라고 서두를 꺼냈다. 내가 중동진출 방안을 설명하니 박 대통령은 "국내 업자를 불러다가 설명회를 개최하고, 중동진출에 적극적으로 나서라는 뜻을 전하라"는 지시를 내렸다.

그런데 이날 오후 다른 결재서류를 갖고 들어가니, 박 대통령은 결재를 끝내고는 "오 수석! 중동진출 문제에 대해 좀 상세히 설명해 봐"라고 한다. 박 대통령은 중동진출 문제에 대해 계속 생각에 잠겨 있었던 것 같았다. 그러나 '박 대통령은 아직 확신을 갖지 못한 것 같다'고 나에게는 느껴졌다.

이럴 때에는 구체적인 시책은 그다지 중요치 않다. 기본적인 사상에 대해 이론적으로 설명해야 박 대통령은 납득을 한다. 그래서 나는 다음과 같은 사항을 힘주어 강조를 했다.

> **중동진출에 대한 우리의 세 가지 장점**

"각하! 우리 나라에는 세 가지 장점이 있습니다. 첫째는, 우수한 인력을 보유하고 있다는 것입니다. 중동은 작업 환경이 가장 나쁜 곳입니다. 고온이고 사막 지대입니다. 종교나 풍습이 다르고 오락도 없는 곳입니다. 이렇게 나쁜 조건이야말로 우리 나라에게는 극히 유리한 조건이 되는 것입니다."

이 설명을 듣고 박 대통령은 의아하다는 감이 들었는지 나를 쳐다보았다.

나는 말을 계속했다.

"선진국 기술자는 돈을 아무리 준다고 해도, 갈 사람이 없습니다. 그런데 우리 나라에는 군인 정신으로 무장한 수십만 명의 제대 장병이 있습니다. 월남에서의 경험도 있습니다. 각하! 에너지 위기는 국난(國難)의 일종입니다. 한국 남아(男兒)가 국난을 극복해야 하지 않겠습니까? 그리고 지금까지는 어린 여자 근로자가 수출을 해서 우리 나라 경제를 지탱해 왔습니다만, 이번에는 남자가 나서야 할 때가 아니겠습니까? 두 번째의 장점은, 우리 나라 남자 기능공은, 선진국보다 훨씬 인건비가 싸고 후진국보다 월등히 높은 기술 수준을 보유하고 있다는 점입니다. 종합해서 말하면, 우리 나라가 가장 싸게 건설할 수 있다는 결론이 됩니다. 세 번째가 공사기간 단축 문제인데, 우리 나라가 자신 있는 점입니다. 공사를 발주하는 쪽에서 공사기간 단축이라는 것은 크게 유리한 조건이라고 생각합니다. 우리 나라의 건설업체는 경부고속도로 건설 때 이미 돌관작업(突貫作業)에 대한 기법을 익혔습니다. 그래서 세계 어느 나라보다 훨씬 더 공사기간을 단축시킬 수 있습니다. 이상과 같은 조건을 고려한다면, 중동진출은 자신 있다고 판단할 수 있습니다."

▲ 사우디의 나제르 기획상을 접견한 박정희 대통령(1974. 2. 18). 이때 정부는 중동진출을 적극 탐색하고 있었다.

　박 대통령은 설명을 다 듣고 난 후 "오 수석, 소신이 있어 좋구먼" 하면서 빙그레 웃었다. 박 대통령의 기분이 좋아진 것을 알고 나는 한 가지를 더 추가했다.
　"각하! 중동에 진출하자면 뒷거래가 꼭 필요하다고 합니다. 그런데 우리 나라는 이 방면에는 소질이 있지 않습니까?"
　이때 박 대통령은 소리를 내며 웃었다.
　이어서 나는 "중동진출은 민간 베이스로 할 수밖에 없습니다. 그러자면 사장과 회장들이 선두에서 뛰어야 하는데 아직까지는 연줄이 없습니다. 그래서 '한미경제협의회' 같은 조직을 만들어서 중동 사업가를 초청, 서로 친숙해질 수 있는 기회를 마련해 주는 것이 필요하다고 느껴집니다"고 건의하니, 박 대통령은 "박충훈 무역협회 회장과 상의해 보지"라고 했다.

박 대통령에게 보고가 끝나자, 나는 장예준 상공장관과 이낙선 건설부장관을 찾아가서 박 대통령의 지시를 전달했다. 그러고는 박충훈 무역협회 회장을 찾아갔다. 둘이서는 우선, 사우디 나제르 기획상의 방한을 계기로 해서, 사우디와의 민간 협력기구를 구성키로 합의했다.

㈜ : 박충훈 회장과 나는, 1973년 5월 미국 피츠버그로 걸프의 도시(Dorsey) 회장을 방문해서, 한미경제협의회를 창설한 바 있다. 박 회장은 한국측 회장을, 도시 회장은 미국측 회장을 맡았다. 박 대통령의 지시였다.

4 중동진출에 대한 대통령 지시 전달

중동진출에 관한 회의는 광화문에 있던 중앙청 회의실에서 개최됐는데, 국무총리실에서 주관했다. 관계 부처와 여러 업체에서 참석한 자리에서 나는 중동진출에 대한 정부의 기본 방침과 박 대통령의 지시 사항을 하달했다.

그러나 이에 대한 반응은 냉담했다. 모두가 원유값 인상과 이에 수반되는 물가파동으로 앞길이 캄캄할 때였는데, 갑자기 회의를 소집하더니 생전 생각해 보지도, 알지도 못하는 중동으로 진출해서 달러를 벌어오라고 하니, 어리둥절할 수밖에 없었다.

그래서 나는 삼환(주)으로 하여금, 그간 경험했던 바를 설명하라고 했다. 삼환에서 "중동 시장은 아주 유망하며, 전도도 양양하다. 수주받는 값도 좋으며 결제는 현금이다"라고 하니, 청중들은 차차로 진지해졌고 질문도 많이 나왔다. 나는 "우선 각 기업체에서는, 직접 중동에 가서 현지를 보고 오라"고 했다. 이럴 때에는 '백문(百聞)이 불여일견(不如一見)'이다.

5 나제르 기획상 방한

이 회의가 있고 나서 며칠 후인 2월 13일, 사우디의 나제르 기획상이 서울에 도착했다. 중동 산유국으로서는 우리 나라에 처음 방한하는 각료급 인사였다. 더욱이 에너지 위기 때인지라, 귀중한 손님일 수밖에 없었다. 나제르 기획상은 석유자원성 차관을 지냈으며, 1973년 12월 최규하 특사의 사우디 방문시에는 외유 중인 야마니 석유상을 대리해서 우리 나라에 대한 원유공급 문제를 다룬 적이 있다.

그는 우선 김동조(金東祚) 외무장관과 만나서 두 나라의 공동 관심사에 대해서 협의했다. 이때 나제르 기획상은 건설 및 용역 진출, 통상증대 등 양국간의 경제기술 협력에 관해 의견을 교환했다. 2월 14일에는 총리공관에서 김종필 당시 총리가 주최하는 조찬회가 있었다. 이때 나도 참석했다. 나제르 기획상은 경제발전, 특히 공장건설에 대해 관심이 컸으며 발전소 건설에 대한 기술협조를 요청했던 것이 기억에 남아 있다.

6 한국-사우디 경제협력위원회 설립

이때 민간 차원의 중동진출에 대한 발판도 구축하기 시작했다. 무역협회, 대한상의, 전경련 등 3개 경제단체가 발기한 '한국-사우디아라비아 경제협력위원회'가 16일 오후 무역회관에서 창립되었다. 이날 발기총회에는 태완선 경제기획원 장관과, 방한 중인 나제르 사우디 기획상 및 발기인 100여 명이 참석했다.

태완선 경제기획원 장관은 치사를 통해 "한국 정부의 친아랍 방침에 따라 민간 교류가 확대될 것이며, 두 나라의 경제협력 관계가 증진될 수 있는 바탕이 될 것"이라고 말했다. 이 자리에서 나제르 기획상은 "한국—사우디아라비아 경협위의 발족을 기쁘게 생각한다"고 소감을 밝히고 "사우디아라비아의 파이잘 국왕도 모든 인류의 상호이해와 경제협력을 바라고 있다"고 전하면서, "사우디아라비아는 앞으로 한국을 비롯한 전세계와 인류의 평화를 위해 경제협력은 물론 활발한 문화교류도 전개하겠다"고 말했다.

또 이날 총회에서는 한국—사우디아라비아 경협위의 회장에 박충훈(朴忠勳) 무역협회 회장을 선임하고, 고문에 김성곤(金成坤) 대한상의 회장, 김용완(金容完) 전경련 회장과 데자니 주일 사우디아라비아 대사를 추대하는 한편, 진봉현(陳鳳鉉 : 쌍용양회), 구평회(具平會 : 호남정유), 김인득(金仁得 : 한국건업)을 부회장으로, 전민제(全民濟 : 全엔지니어링)는 상임부회장으로 임명했다. 그 밖에 회장단은 이사 18명과 감사 2명을 임명했다. 우선은 민간차원의 상설기구가 설립된 것이다.

7 각료급 사절단 중동파견

1974년 4월 25일 중동에 첫 번째 각료급 사절단이 파견되었다. 상공부의 이낙선 장관과 건설부의 장예준 장관은 73년 12월 서로 장관 자리를 맞바꾸어 당시 상공부는 장예준 장관 시대였다. 그래서 장 장관이 민간기업체장을 대동하고, 4월 15일부터 5월 11일까지 약 2주간에 걸친 중동 방문에 나서게 되었다.

이 사절단에는 중동진출에 관심이 있는 굵직한 민간기업들이 참여하였다. 장 장관이 출발하기에 앞서 쌍용시멘트, 삼성, 선경 등 7개 민간업체 대표들은 이미 중동으로 떠나서 현지 실정을 살피며 사절단이 도착하기만을 기다리고 있었다. 주요 수행공무원으로는 상공부 박필수(朴弼秀) 상역차관보, 외무부 김동휘(金東輝) 경제담당차관보, 수산청 이종휘(李鐘輝) 기획관리관이 동행했다.

이 때를 회상하며 장예준 장관은 일화 하나를 소개했다.

"우리 일행에는 국군체육관에서 차출한 태권도 고단자가 2명 포함되어 있었다. 코리아라는 인상을 심어주기 위해서 태권도 시범이 좋겠다는 방침이 나왔기 때문이다. 2월 중순에 한국을 방문했던 나제르 기획상이 한국사절단 일행을 위해 만찬 초대를 했는데, 이때 태권도 시범을 하기로 했다. 그때까지만 해도 사우디를 비롯한 중동 국가들은 '코리아라는 나라는 경제개발도상 국가이며 멀고도 먼 동쪽의 조그마한 나라' 정도로만 생각하고 있을 때였다. 그러니 태권도란 게 무엇인지 알 리도 없었다. 만찬 후의 여흥 정도로 알고 있었다.

그런데 흰색 태권도 도복을 입은 조그마한 체구의 한국 청년 두 명이 나와서 서로 예의바르게 인사를 하고 난 다음, 갑자기 힘찬 기합소리가 아라비아의 밤하늘을 찌르고 퍼져나가기 시작하면서부터 관중들은 완전히 숨을 죽이기 시작했다. 쇠붙이 한 점 없는 맨손으로 나무판자를 절단하고, 이마나 주먹으로 벽돌을 깼다. 몸을 공중으로 날려 사람 키보다 높은 곳에 있는 나무판자를 발로 차서 조각을 냈다. 손은 칼날과 같았고, 주먹이나 이마는 쇠망치와 같았다. 몸은 비호같이 날렵했고, 발목은 나무 몽둥이와 같았다.

이 만찬회에는 사우디 정부의 왕자(王子), 장관, 그리고 군의 고급장성 등 고위급 인사가 많이 참석했었다. 시범이 진행되어 감에 따라 열광을 더하기 시작하여 한 시범이 끝날 때마다 박수 소리가 요란했다. 이 시범이 있고 난 후 코리아라는 강력한 이미지를 심을 수 있었고, 사우디 왕실의 경호실과 사우디 군에서는 태권도 사범을 정식 초청하게 되었다. 우리 나라 태권도가 중동에 진출하게 된 계기가 된 셈이다."

장예준 상공부 장관은 중동 시찰에서 돌아온 후, 다음과 같은 발표를 했다.

"우리 나라 정부는 최근 관민 경제사절단의 중동지역 방문을 계기로 사우디아라비아 및 쿠웨이트로부터 우리 나라에서 소요되는 원유를 장기적으로 공급해 주겠다는 보장을 받았으며, 특히 우리 나라와 사우디 정부는 올해 안에 경제와 기술협력에 관한 기본협정을 체결하기로 합의했다."

장 장관은 이어서 "중동 방문이 우리 나라와 중동 산유국 간의 경제 및 통상증대의 계기가 되었으며, 특히 사우디 정부는 원유에 대한 장기공급 보장 이외에도, 우리 나라에 일산(日産) 15만 배럴 규모의 정유공장을 합작으로 건설키로 하는 한편, 양국이 공동 참여하는 무역회사를 설립키로 합의했다"고 밝혔다.

한국과 사우디 정부는 이 밖에

① 우리 나라가 사우디에 관수용 시멘트를 공급하고
② 사우디의 제다에 한국상품 전시관을 설치키로 했으며
③ 앞으로 약 40억 달러가 투입될 '리야드' 도시 건설에 우리 나라 건설업체가 참여토록 적극 협조하기로 하고
④ 사우디의 고속도로 건설에 우리 나라 한일개발이 1,300만 달러에 참여키로 하는 한편
⑤ 사우디에 겸임대사(駐일본 사우디 대사) 대신 우리 나라에 상주

대사 임명을 요구했으며, 사우디와 빠른 시일 내에 이를 실현할 것을 합의했다고 말했다.

그리고 사우디 정부는 우리 나라 정부에 대해 경제계획 전문가, 내수면 개발요원 등을 파견해 줄 것을 요청했는데 우리 나라는 이를 수락했으며, 사우디에 페인트공장, 강관(鋼管)공장, 알루미늄 새시 공장 등을 합작으로 건설하는 문제도 합의했다.

또 쿠웨이트 정부는 우리 나라에 수산요원, 선원 등의 파견을 요청했고, 우리 나라는 이를 수락했다. 쿠웨이트 정부는 우리 나라가 요청한 대형 유조선의 건립 및 어업합작회사의 설립문제에 적극 협조할 것을 약속했다.

사우디뿐만 아니라 이란과의 협력도 이루어지기 시작했다. 4월 25일에는 이란의 하원 여당의 원내총무가 내한해서 한국과의 경제협력 방안에 대해서 논의했다. 이래저래 우리 나라는 중동 각국과 경제협력 면에서 점차로 친숙해지기 시작했으며, 각 기업체는 중동진출에 적극적으로 나서게 되었다.

8 건설부 해외건설 진흥시책

1974년 당시만 해도 우리 나라의 해외건설은 아직도 초창기여서 대규모 해외공사를 맡아 시행해 본 회사는 거의 없었고, 대부분의 회사는 해외공사를 맡아서 처리할 능력을 갖추고 있는지조차 의문이었다. 해외건설이란 많은 위험이 뒤따르는 사업이다.

만일 중동진출 업체가 공사를 맡아놓고 품질이나 공사기간 면에서 실패하게 되면, 그 타격은 엄청나게 커서 중동진출 사업 전체가 실패할 수도 있다고 판단한 정부는 '양보다는 질'의 정책을 쓰기로 방침을 세웠다. 그래서 초창기에는 우수한 건설업체 몇 개만 진출시키도록 방침을 수립했다. 그러나 우리 나라 입장으로서는, 외환위기를 해결하는 것이 무엇보다도 더 심각한 문제였다. 한두 업체가 중동에 진출했다고 해서 큰돈을 벌어들일 수는 없기 때문이었다.

1974년 9월 18일 김재규(金載圭) 건설장관이 새로 취임했다. 임명식 때 박 대통령은 김 장관에게 "오일 쇼크로 인한 외환위기는, 오일 쇼크로 부자가 된 중동에서 처방책을 찾아야 한다"고 하며, 중동진출 진흥책을 마련하라는 강력한 지시를 내렸다. 이 지시를 받고 김 장관은 중동진출에서 질(質)과 양(量)을 모두 추구하기로 결심했다. 김 장관은 건설부에 돌아오자마자, 차관 이하 간부를 불러 박 대통령의 지시사항을 전달하고, "중동이라는 커다란 시장을 먹기 위해선 우리 업체들의 입(口)이 너무 좁다. 입을 넓히는 작업을 하라"고 지시했다고 한다.

그러나 실제로는 많은 어려움이 뒤따랐다. 우선 큰 해외공사를 맡아 공사를 하려면 막대한 자금이 소요되는데, 우리 나라 업체에게 그런 자금이 있을 리 없었다. 자기자금이 없으면 은행에서 지급보증이라도 받아야 하는데 담보도 없었다. 따라서 당시로서는 아무리 큰 업체라도 1,000만 달러 이상의 공사수주는 곤란한 상태였다. 그리고 상품수출에는 여러 가지 제도적인 혜택(인센티브)이 부여되고 있었으나, 건설수출에는 아직은 그런 혜택이 없을 때였다.

그래서 건설부는 1개월 간의 긴급작업을 했다.

① 해외건설에 대해선 물적 담보 없이도 신용으로 지급보증을 내주고

② '상품수출과 마찬가지로' 건설수출 소득에 대해서도 50%의 법인세 감면을 인정하며

③ 25개 업체의 공동출자로 한국해외건설주식회사(KOCC)를 설립하는 것 등을 골자로 한, 해외건설 지원방안을 수립했다.

그러나 이 방안에 대해 경제기획원과 재무부가 완강히 반대했다. 그 주요 이유는 위험도가 높은 해외건설에 대해 신용으로 지급보증을 해주고 난 후, 해당업체가 제대로 공사를 못하거나 결손이 나서 도산했을 경우, 보증을 서준 은행도 함께 당하게 된다는 논리였다. 이에 대해 건설부는 중동건설 진출이야말로 외환위기를 극복할 수 있는 유일한 길이라고 주장하면서, 25개 대기업체를 묶어 KOCC라는 수주전문회사를 설립하고 이 회사에 대해서는 신용으로 보증하자는 안을 내놓았다. 즉 중동 수주에 있어 창구를 단일화하고, 업계 연대보증회사를 만들겠다는 뜻이었다.

그래도 재무부에선 선뜻 납득하려 하지 않았다. 이 보고를 받은 박 대통령은 "소도둑이 무서워서 소를 기르지 않겠다는 것과 같지 않느냐? 도둑을 맞기 전에 외양간을 튼튼히 할 생각을 하라. 건설부는 우수한 회사만 선정해서 중동에 진출시키고, 부실공사가 생겨나지 않도록 철저히 감독을 하라"고 하며 이 안에 대해 승인을 했다. 아울러 관계 부처에서도 적극 협조할 것을 지시함으로써, 힘겨운 결말을 보게 되었다.

이 안은 그 해 '해외건설촉진법'의 제정으로 구체화되었으며, 이로써 중동진출에 대한 국가적 뒷받침이 확고하게 됐다. 이 같은 지원에 힘입어 중동건설 수주는 활발해졌으며, 수주액도 74년의 8,900만 달러에서, 75년도에는 7억 5,100만 달러로 급격히 늘어났다. 이렇게 돼서

우리 나라는 질(質)과 양(量)을 모두 추구하게 됐다.

> **중동진출의 세 가지 단계**

중동진출에는 단계가 있었다. 세 단계로 나눌 수 있었다. 첫 단계가 도로공사로서, 중동국가들도 개발 초기라서 우선 도로공사가 급했기 때문이다. 이 공사는 순전히 단순기능공이 노력으로 처리하는 일이었다. 그 다음 단계가 기술이 가미된 공사, 즉 항만공사 등으로서 여기까지가 토목공사에 속하며, 그 후 건축분야로 이어진다. 그리고 마지막 단계가 플랜트 건설이다.

9 도로공사

도로공사의 선두 주자인 삼환(三煥)은 제다시(市)의 1, 2차 미화(美化) 공사 등을 따냈다. 이에 자극받은 다른 기업들도 열심히 뛰어들어 중동에서 수주를 맡게 된다. 중동에서 우리 기업들이 이같이 공사를 맡을 수 있었던 이유는, 초기 진출 업체의 간부와 근로자들이 성실히 일한 결과 현지 당국이나 주민들로부터 크게 인정을 받았기 때문이다. 이 당시 중동으로 일하러 떠나는 근로자를 보내는 국민들의 심정은, 꼭 전쟁터로 나가는 군인들을 바라보며 성공하기를 비는 마음과 같았다. 그래서 중동으로 파견된 근로자들은 열심히 일했다.

이를 증명이라도 하듯, 이른바 '횃불신화'라는 유명한 이야기가 있다.

삼환이 1차 제다 시 미화공사를 시공 중에 있을 때였다. 1974년 9월 착공한 지 한 달이 조금 지난 어느 날 제다 시장으로부터, 회교순례기간이 시작되는 12월 20일까지 공사를 끝내 달라는 요청이 왔다. 이에 삼환은 횃불로 야간공사를 강행하기 시작했다. 밤중까지만 일을 하는 것이 아니었다. 밤을 새워가며 일했다. 횃불을 피워놓고 작업을 하니, 수많은 횃불이 장관을 이루었다. 시민들도 처음 경험하는 일이라 놀랍기도 하고 또 구경거리, 화젯거리가 되었다.

어느 날 이곳을 지나던 파이잘 왕도 이를 보고 크게 감탄하면서, "저렇게 부지런하고 성실한 사람들에겐 공사를 더 주어야 한다"고 지시했다고 한다. 사우디 신문에 보도되었고, 우리 나라 신문에도 사진까지 곁들여 '횃불신화'라고 소개되었다.

삼환의 공사장뿐이 아니었다. 초기 중동진출 업체의 간부와 근로자들은 모두 성실하고 열심히 일했다. 그래서 현지 당국자나 주민으로부터 크게 인정을 받게 되었다. 소위 '코리아 넘버 원'이란 칭호를 받게 된 것이다. 그 후 우리 나라는 중동에서 계속 공사를 맡을 수 있게 되었다.

10 항만공사로 확대

우리 나라의 중동진출 업체는 도로공사에서 큰 성과를 거두는 동시에 항만공사로 파고들어갔다. 첫 발주는 1975년 3월에 신원개발(新源開發)이 이란에서 코탐사 항(港) 확장공사(4,076만 달러)를, 10월에는 현대가 바레인에서 ASRY 조선소 건설공사를 수주받았다. ASRY 공사는 공사금액 1억 3,700만 달러로, 당시까지 국내 건설업체가 중동에서 수주한 공사 가운데 최대 규모였다. 이 공사로 말미암아 우리 나라는 명실공히 새로운 중동진출 시대를 열게 된다. ASRY 공사는 1975년

10월 1일 착공, 만 2년 만인 77년 9월 30일 완공됐다. 공사 내용은 바레인의 무하라크 섬에서 남쪽으로 8km 떨어진 매립지에, 50만 톤급 유조선 건조와 수리를 할 수 있는 드라이독을 비롯해 각종 건물, 공장 등을 건설하는 것으로서 토목·건축·기재·전기 등 각 분야의 기술이 종합적으로 요구됐다.

이 공사에 참여한 인원은 상주 요원 160명, 각종 기능공 1일 평균 2,000명으로 연인원은 토목공사 33만 명, 건축공사 26만 명, 전기공사 25만 명으로 모두 90만 명이 넘었다.

ASRY 공사에 이어 1975년 11월 21일, 현대는 두 번째로 대형공사를 수주했다. 이 공사는 사우디아라비아의 해군기지 확장공사(SNEP: Saudi Naval Expansion Program, Offshore Facilities)였는데, 걸프 연안의 안전보장과 출입 선박의 안전운항을 위해 동부 주베일 지역의 기존 해군항을 확장하는 사업이었다. 한국업체의 사우디 진출이 아직 본격화하기 전에 맡은 공사였던 만큼 관심도 컸다. 현대는 사우디 최초의 이 공사를 공사기간을 앞당겨 성공적으로 완공, 사우디 시장에서 기반을 다졌다. 공사 규모가 처음엔 1억 8,150만 달러였으나 공사 도중 설계변경으로 2억 2천만 달러로 늘어났다.

11 주베일 항만공사 수주

1976년에는 현대건설이 사우디에서 '주베일 항만공사'를 수주받았는데, 그 액수가 무려 9억 4,000만 달러에 달해 우리 나라 해외공사 사상 획기적인 일이었다. 주베일 항만 건설은 공사 규모가 워낙 커서, 이를 한국기업이 따낸 것 자체가 국제적으로 커다란 화젯거리였다. 그리고 이 공사를 성공적으로 완수함으로써, 이를 시공한 현대건설은 물론 한국 건설업계가 세계 일류급으로 인정받게 되는 계기가 되었다. 이 공사를 설계한 영국의 윌리엄 할크로우 사는—사우디 정부의 요청에 의해 공사 참가업체를 선정하였는데—세계적인 건설회사 중 9개 업체를 점찍고 있었다. 1975년 7월까지만 해도 현대는 이러한 사실조차도 모르고 있다가, 그 후 뛰어들어 총력을 기울인 결과 그 해 12월 입찰에 초청됐고, 다음해 2월 16일 실시된 입찰에서 최저가로 응찰했다.

그러나 경쟁자들은 재정보증 문제와 기술능력 등을 거론하며 집요한 방해공작을 벌였다. 그때까지만 해도 중동 각국은 우리 나라 은행의 지급보증을 믿지 않았기 때문에, 제3은행의 복(復)보증을 요구했으며, 이것이 우리 업체의 중동진출에 커다란 장애요인이 되어 왔었다. 현대는 사우디 정부요원을 한국에 초청, 현대조선소와 울산 및 창원공업기지 등을 시찰시켰다. 그 결과 사우디 정부는, 현대건설이 이미 울산조선소를 자체적으로 건설한 바 있으며 우리 나라 은행이 한번도 국제사회에서 부도를 낸 일이 없다는 점과 한국의 중화학공업발전 상황을 실제로 눈으로 보고 실감하고는, 주베일 항만공사에서는 복(復)보증을 면제해 주었다.

그래서 이 공사는, 우리 나라의 외환은행을 주축으로 한 국내 7개 은행의 보증만으로 계약을 체결하게 된다(주 : 그리고 난 후 중동의 다른 나라에서도 점차 우리 업체에 대한 복보증 의무를 면제해 주게 된다. 이 공사 수주는 우리 나라의 대외신용도를 크게 높였다는 점에서도 의의가 크다). 모든 문제가 해결되어 드디어 1976년 6월 16일 공사계약이 이루어졌다. 이 공사를 수주받았다는 것이 보도되자, 온 국민은 국가적인 경사로 받아들였다. 9억 4,000만 달러라는 액수가 당시의 국민에게 주는 느낌은, 현재에 느끼는 9억 달러와는 비교할 수가 없다. 이 액수는 당시의 환율로 따져 4,500억 원으로, 당시 정부 예산의 약 25%에 해당하는 엄청난 금액이었다. 그때 외국 보도에서도 20세기 최대의 역사(役事)라는 말로 표현했다.

12 주베일 항만공사 개요

당시 사우디에서는 경제개발을 착수했는데 항만이 태부족이었다. 그래서 주베일에 일대 산업항(産業港)을 건설하게 되었던 것이다. 우선 호안(護岸) 공사(7,900m)와 방파제 공사(1,680m)를 하고, 이 항만 내에 선박 정박용 부두를 만들기 위해 암벽 공사를 실시했다. 이 부두용 암벽 공사는 수심 6m 지점에 550m, 수심 14m 지점에 2,350m에 달하는 것이었다. 그런데 이것만으로는 부족했다. 30만 톤 유조선이 접안할 수 있는 부두가 꼭 필요했다. 그렇다면 수심이 30m는 필요하다. 그래서 해안으로부터 12km나 떨어진 수심 30m의 바다 한가운데에, 30만 톤급 유조선 4척이 동시에 접안 할 수 있는 '해상유조선 정박시설' (이하 OSTT(Open Sea Tanker Terminal))을 건설하는 사업이 포함된 것이다. 총 길이가 3.48km에 달하니, 그 모양은 꼭 대형 항공기가 이착륙할 수 있는 '해상 활주로'와 같은 시설이 됐다. 이 공사를 하기 위해서 30m 수중에 직경 1~2m의 파일을 660개나 박았다. 그러고는 이 파일 위에 원통형 파이프를 설치하고 그 내부에 철근과 콘크리트를 주입해서 교각 비슷한 것을 만든 후, 이 원통형 파이프에다 종횡으로 철제를 연결해서 보강하고 그 위에다 콘크리트를 타설해서 완성하는 것이었다.

그러나 당시 사우디 정부는 한국 민간기업에 대한 경험이 없었으므로 그들에 대한 신뢰도를 문제삼아 현대건설과 직접 계약하기를 거부하고 정부를 대표한 현지 대사와 계약하기를 원했다. 동시에 대사 자신의 개인적 지불 보증서를 요구했다. 따라서 계약은 사우디 정부와 유양수 한국 대사 사이에 이루어졌으며, 대사는 개인적 보증서를 제출함으로써 1976년 6월 16일 공사계약이 이루어졌다.

이러한 대역사(大役事)를 1979년 12월까지 완성토록 계약을 했으니, 실제 공사기간은 단지 3년 반밖에 없었다. 더욱이 완공일을 앞당길수록 보너스 상금을 많이 받으며, 기간을 넘기면 지체보상금을 물도록 되어 있었다. OSTT 사업이 가장 시간이 걸리는 부분이었는데, 여기서 '한국형 돌관작업(突貫作業)'이 진가를 발휘하게 된다.

당초 외국 기술자들은 울산조선소에서 부품을 만들어서, 공사장에서 조립할 것을 강력히 권했다. 그런데 정주영(鄭周永) 회장은 "시간은 돈이다. 시간을 단축하라"는 기본지침을 내리고는, 시간단축에 대한

▲현대건설이 성공적으로 완공한 사우디아라비아 주베일 항의 OSTT(Open Sea Tanker Terminal)

아이디어를 총동원했다. 우선 OSTT의 철(鐵) 구조물을 쪼개서 89개로 나눈 후(이를 재킷(Jacket)이라고 칭함), 비용을 싸게 하고 시간을 단축시키기 위해 울산조선소에서 만들기로 했다. 이 재킷 하나 하나는 크기가—가로 18m, 세로 20m, 높이 36m로—웬만한 10층 건물만 했으며, 중량은 400~500톤이나 됐다. 다음은 '이렇게 크고 무거운 구조물을 어떻게 운반해서 설치하느냐' 하는 문제였다. 구조물이 너무 커서 화물선 갖고는 운반할 수가 없었다.

그래서 1만 5,800톤급과 5,500톤급 바지선 두 척을 연결해서, 그 위에 OSTT용 재킷을 4~5개씩 싣고, 예인선(tugboat)으로 끌고 간 것이다. 수송거리는, 1만 2,800km(한국식으로는 3만 2,000리)나 됐으니, 무려 35일이나 소요됐다. 그리고 89개의 재킷을 운반하는 데 19차례나 왕복해야 했다. 재킷을 실은 바지선이 태풍이나 풍랑에 휩싸일 수도 있다고 생각한 간부들은, 수송에 들어가기 전에 보험가입을 준비했다.

그러나 정 회장은 "뭐 보험? 그런 것 필요 없어. 바다에 바지선이 빠지면 보험이 건져주나. 문제는 공사기간 단축과 경비절감이야. 보험에 들자면 시간이 필요해. 그리고 설사 사고가 났다고 치자. 보험금이 즉각 나오는가? 조사니 뭐니 해서 또 시간을 잡아먹게 된다. 지금 우리에겐 시간이 돈이야"라고 했다.

그러고는 태풍으로 해난사고가 나더라도 재킷이 해면에 떠 있을 수 있도록 하는 공법을 마련했다.

수송은 시작됐다. 그리고 성공했다. 재킷 수송 작전은 말 그대로 상식을 뛰어넘은 일대 결단이었다. 세계적으로도 처음 시도된 것이었다. 터그보트 1척에 2대의 바지선을 연결, 항해한 것도 세계 최초의 일이었다.

현대가 불가능한 일을 해낸 것은 아니었다. 다만 다른 사람들이 불가능하다고 생각하는 일을 행동에 옮겼을 뿐이었다. 이 공사에는 콘크리트 작업량만도 110만 m³로, 2년 동안 하루 평균 1,500~2,000m³의 콘크리트 타설 작업을 했다. 하루 평균 8톤 트럭 500대분에 해당하는 양이다. 해상 철 구조물에 쓰인 강재는 10만 4,000톤이었다. 당시 제법 큰 공사가 5,000~6,000톤, 아무리 큰 공사라도 1~2만 톤 이상은 쓰지 않았음을 생각하면, OSTT의 규모가 어느 정도였는가 짐작이 된다.

이 공사에는 200여 명의 토목·건축·기계 및 설비 분야의 상주 기술자와 관리자를 비롯해, 100여 종에 이르는 각 분야의 기능공이 하루 최대 3,600명까지 참여했다. 연인원으로 환산하면—국내에서 구조물 제작과 이를 현장까지 수송하는 데 동원된 인원을 제외하고도—총 250만 명에 달했다.

13 건축공사

중동 산유국에서는 건축사업도 활발히 추진해 나갔다. 영빈관, 백화점, 호텔, 학교, 병원, 장병 숙소, 신시가지 및 주택단지 조성 등이었다. 이에 따라 우리 나라가 수주받은 건축공사 액수도 급격히 늘어났다(〈도표 Ⅱ-29〉 참조).

그러나 뜻하지 않은 애로사항도 생겨났다. 산유국에서는 오일 머니(Oil Money)가 늘어나자 양이나 염소를 키우는 유목민을 정착화시키기로 했다. 정부에서 무상으로 집도 지어주고, 무료로 공부도 시켜주고, 공짜로 병도 고쳐주겠다는 정책을 썼다.

그런데 정작 유목민들은 가축과 떨어져 살기를 원치 않았다. 집을 지어 주어도 다시 벌판으로 나가버렸으니, 새로 지은 집들 중 빈 집이 많이 생겨나게 됐다. 이렇게 해서 산유국 정부는 완성된 주택단지를 인수하기를 꺼렸다. 그 여파로 검사를 엄격히 하기 시작했고, 그 결과 우리 나라 시공업체는 잔금을 받지 못해 골탕을 먹기도 했다. 〈도표 Ⅱ-29〉를 보면, 도로공사에서 출발해서 항만공사, 건축분야로 발전해 가는 상황이 잘 나타나고 있다.

■ 도표 Ⅱ-29
토목진출 분야의 종별 수주실적
(단위 : 백만 달러)

		1966~75	1976	1977	1978	1979	1980
토목	도로	443	94	254	286	210	1,087
	항만	479	1,325	727	313	170	496
	기타	190	29	590	1,420	1,299	2,156
건축		263	590	1,022	4,979	2,979	3,852
합계		1,375	2,038	2,593	6,998	4,658	7,591

* 자료 : 해외건설 민간백서, 1984년판.

14 중동에서 성공한 이유

1977년 무역진흥 확대회의 때 중동진출 성과에 대한 보고가 있었다. 당시는 무역진흥 확대회의가 끝나면, 박정희 대통령은 3부 요인, 관계 장관, 경제단체장 등과 오찬에 참석하는 것이 순서였다. 중동진출 붐이 한참 일고 있을 때라 박 대통령도 기분이 몹시 좋았던지, 오찬 도중에 현대건설의 정주영 회장에게 "정주영 회장, 중동에서 성공을 거둔 이유가 무엇이오?" 하고 질문을 던졌다.

정주영 회장은 오찬 도중이어서인지 부담 없는 답변을 했는데, 그 대답이 걸작이었다. "각하! 제가 공부를 제대로 했습니까, 대학을 나왔습니까, 영어를 할 줄 압니까? 그리고 현대 간부가 세계 일류의 외국회사에 비해, 기술이나 경영면에서 우수하다고 할 수 있겠습니까? 그러니 저나 회사 간부가 잘했다고 할 수는 없습니다. 현대가 잘 한다는 것은 우리 나라 근로자가 열심히 일하고 성실히 일한다는 뜻입니다. 전적으로 근로자의 공입니다"라고 답변했다.

박 대통령도 "정 회장 말이 맞아"라고 맞장구를 쳤다. 오찬에 참석했던 모든 사람의 감정이기도 했다.

60년대에는 우리 나라의 여성 근로자들, 즉 여공(女工)들이 달러를 벌어들였다. 그래서 우리 나라의 공업기반을 구축할 수 있었다. 그런데 70년대에는 남성 근로자들이 중동의 열사(熱砂)의 공사터에서 달러를 벌어들여, 에너지 위기라는 국난을 극복하게 된 것이다. 참으로 자랑스럽다. 우리 나라의 국운(國運)은 행운의 여신 쪽에 서 있었다.

플랜트 건설과 엔지니어링 산업 육성

1 토목건축에서 공장건설 분야로의 전환

우리 나라가 중동진출에서 공장건설 분야로 박차를 가한 데는 두 가지 이유가 있었다.

첫 번째 이유는 다음과 같다.

중동 산유국은 도로공사, 항만공사 등 사회간접 시설과, 학교, 병원, 주택건설 등 사회복지 시설에 대한 긴급투자를 하고 난 후부터 전기, 통신시설 확충과 공장 건설 등에 주력하기 시작했다.

〈도표 II-30〉은 1975~77년 간의 '중동발주 공사 내용의 구성비'인데, 우리 나라는 '사회간접자본', '건축', '용수' 등에 있어서는 선진

■ 도표 II - 30

중동발주 공사내용의 구성비[1]

(단위 : %)

	플랜트 건설	사회 간접 자본	전화 사업	건축	용수	기술 용역	기타	계
한국	13.5	31.2	4.8	42.2	5.7	0.5	2.1	100
선진공업국 6개국[2]	33.1	20.1	14.5	20.5	2.8	4.7	4.3	100

*자료 : Middle East Economic Digest
*주 : 1) 1975~77년 간의 구성비임
    2) 미국, 서독, 프랑스, 이탈리아, 일본, 네덜란드

국을 완전히 압도하고 있는 반면, '전화사업'이나 '플랜트 건설'에 있어서는 부진하다는 것을 알 수가 있다. 그렇다면 우리 업체가 일감을 따내기 위해서는, 이들 분야에 파고들어야만 했다.

두 번째 이유는 다음과 같다.

토목공사나 건축공사 등은 저임금을 바탕으로 하는 소위 노동집약적인 공사로서, 주역은 단순기능공이었다. 우리 나라는 이 분야에서 실력을 발휘했던 것이다. 우리 나라가 중동에 진출하던 초기에는, 이런 분야에서도 제3국(태국, 방글라데시, 인도, 파키스탄, 필리핀, 스리랑카)인보다 기술수준이 우수해서, 이들 제3국인에게 일을 가르치면서 일을 했다. 그런데 제3국인의 기능이 차차로 숙달돼 가면서, 우리 나라의 단순기능공은 점차로 위협받기 시작했다. 이런 상황이 되면 사업주는, 한국인 노무자 대신 인건비가 저렴한 제3국인으로 대체하는 것이 유리해진다. 제3국인을 고용한다는 것은 우리 나라가 벌어들이는 외화가득액이 그만큼 줄게 된다는 뜻이 된다. 그렇다면 우리 나라가 지향해야 할 길은, 노동집약적인 분야에서 기술집약적인 분야로 전환하는 방법뿐이다. 그래야만 제3국인이 따라오지 못하고 외화 가득액도 커지기 때문이다.

2 플랜트 건설과 엔지니어링 회사

공장 건설이라는 것은, 건설부 소관 업무가 아니고 과학기술처나 상공부 관장 사항이다. 따라서 우선 상공부가 추진해 오던 '플랜트 건설 육성과정'을 이해해야 한다. '플랜트 건설'이란 광의(廣意)로는 공장 건설의 일종이지만, 사업 내용에 있어서는 크게 차이가 난다. 플랜트 건설을 할 때에는 엔지니어링 회사가 중심이 된다. 회사 명칭이야 어떻든, 업무 내용이 엔지니어링 회사란 뜻이다. 그래서 입찰을 하고 발주를 받는 것도 엔지니어링 회사가 하게 되는 것이다.

작업 내용은 '①특허를 구입하고 ②상세 설계를 하고 ③기계, 자재 등을 발주하고 ④공장대지를 조성하고 ⑤전기, 수도 등 유틸리티(utilities)를 설치하고 ⑥공장건물을 짓고 ⑦기계장치를 설치하고 ⑧시운전을 끝내는 8개 항목'이 된다. 즉 공장을 계획부터 시작해서 설계, 구매, 시공, 시운전까지를 책임지고 완성을 해야 한다.

그런데 기계공장이나 전자기기 제조공장을 건설할 때에는, 건설회사가 공장 건물만 지으면 기계 선정은 사업주가 하기 때문에 이상과 같은 복잡한 과정은 필요가 없으며, 따라서 플랜트 건설이라고는 하지 않는다. 이에 반해 화학공장, 종합제철소, 발전소 등은 상기 8개 항목의 작업이 모두 필요하기 때문에, —Chemical Plant, Steel Mill Plant, Power Plant 등—'Plant'라는 이름으로 불려지게 되는 것이다. 공사 내용도 토목, 건축, 용수, 전기, 전자, 기계 등의 작업이 모두 포함된다. 자재나 기계시설의 구매 및 설치도 발주받은 엔지니어링 회사가 하게 된다.

따라서 '플랜트'를 건설한다는 것은 공장을 통째로 건설한다는 말이 되니, 종합적 기술이 필요하게 된다. 그래서 '시스템 엔지니어링' 산업이라고도 한다. 각 분야에 걸치는 기술과 최신기술이 요구된다.

그러나 당시 우리 나라의 실정은 그렇지 못했다. 1950년대 충주비료나 나주비료공장을 건설할 때에는, 선진국 회사에게 일괄도입 방식으로 발주를 했다. 일괄도입 방식이라는 것은 영어로는 '턴키 베이스'(Turn Key Base) 혹은 '턴키 시스템'(Turn Key System)이라고 한다. 턴키 베이스 계약이란, 이미 설명한 8개의 공정 일체를 엔지니어링 회사에 맡겨 버리는 계약 방식을 말하는 것이다. 엔지니어링 회사가 시운전까지 끝낸 후 공장의 열쇠(key)를 주면, 공장 주인은 그 열쇠로 공장 문을 열고 들어가서 스위치만 누르면 생산이 개시된다는 뜻에서 붙여진 말이다. 자동차를 살 때 대금을 치르고 자동차 key를 받는 식과 같다는 뜻에서, Turn Key라는 말이 나온 것이다.

3 국내 엔지니어링 산업 육성

나는 1972년 중반기부터 중화학공업 건설계획('공업구조 개편론')을 수립하기 시작했는데, 이때 가장 큰 고민거리가 기계공업을 육성하기 위해 될수록 많은 일감을 만들어 주는 문제였다. 그 방법으로는, 국내에서 공장을 건설할 때 될수록 많은 기계설비를 국내에서 제작하는 방법밖에 없었다. 그러기 위해서는 우리 나라에서 설계를 해야, 어떤 기계장치가 필요한지 알 수 있고 국내에 일감이 생긴다. 외국 회사가 설계를 할 때에는 한국에 제작을 시키는 일은 거의 없기 때문이다.

한번은 박 대통령이 발전소를 시찰했다. 발전소 건물은 4~5층쯤 되는데, 바닥은 모두 철판(鐵板)으로 된 구조물이다. 그 안에는 수많은 '철제사다리'가 있다. 이것을 목격한 대통령은 "그래, 우리 나라 기술자라는 작자들은 '사다리'조차 못 만들어 수입해 쓰고 있느냐?"라며 크게 나무란 적이 있다. 그렇지 않아도 나나 엔지니어들은 '언젠가는 우리 기술자가, 우리의 힘으로 비료공장 등 플랜트를 건설하자'는 것이 꿈이요, 책임이라고 느끼고 있었다. 이런 이유에서 엔지니어링 산업의 육성이 시급했다.

나는 과학기술처로 하여금 '기술용역육성법'을 제정케 했다. 1973년

2월에 공포된 이 법의 주요 골자는, '국내에서 발주되는 모든 용역은 국내에서 모두 소화하는 것을 원칙으로 하고, 외국 업체에 용역을 발주하는 부득이한 경우에는 과학기술처 장관의 승인을 받도록 규정'한 것이었다. 소위 사전 승인제였다. 이 법의 제정으로, 대기업들은 속속 엔지니어링 회사를 설립했다. 74년 2월 현대종합개발회사(현재 현대엔지니어링), 74년 7월 대림엔지니어링, 76년 4월 동아엔지니어링 및 대우엔지니어링, 78년 10월 럭키엔지니어링 등이다. 이들 회사는, 엔지니어링 능력이 향상되어 감에 따라 외국 회사로부터 하청받는 규모가 커졌고, 특히 발전소 건설에서는 설계만 있으면 한국에서 건설할 수 있는 능력이 생겨났다.

4   플랜트 수출

이란의 '쉬자즈' 종합비료공장의 예를 든다. 대형 화학플랜트 공장 건설로서, 한국측이 턴키 방식으로 모든 책임을 진 공사였다.

1973년 오일 쇼크 여파로 부자가 된 이란은 대규모의 종합비료공장 건설에 착수했는데, 이 공장은 암모니아 생산량이 하루 1,200톤으로써, 최종 제품인 요소가 연산 50만 톤, 초안(硝安)이 45만 톤 규모로, 우리 나라 남해화학에 버금가는 큰 공장이다. 이란은 세계적인 '플랜트 메이커'인 영국의 '데이비 파워'에 이 공장의 '건설에 대한 감리'를 맡겼는데, 데이비 파워사는 건설업자를 선정하는 권한도 갖도록 이란 정부와 계약을 맺고 있었다. 공사감리에 대해 책임을 지는 이상, 건설업자 선정은 자기 회사가 해야 되겠다는 것이다. 중동에서는 흔히 있을 수 있는 계약 양식이다.

이 회사는—우리 나라 중화학공업 계획에 포함된—대규모 메탄올공장을 여천(麗川)에 건설한 회사이다. 이때, 설치공사의 일부를 신한기공(주)라는 회사가 맡았는데, 당시 건설의 총감독자였던 데이비 파워의 톰슨(R.G. Thopmson)은, 신한기공이 설계도면대로 충실히 작업하는 것을 보고 크게 감명을 받았던 것 같다. 특히 신한기공의 현장책임자였던 이남주 사장을 완전히 믿게 되고 친구지간이 됐다. 톰슨은 내 방에도 찾아온 적이 있는데, 한국의 플랜트 건설 능력을 높이 평가하며 세계적 수준이라는 이야기를 한 바 있다. 톰슨이 이번에는 이란의 비료공장 건설 총책임자가 됐는데, 톰슨은 "메탄올공장 건설 때와 똑같이 공사를 한다면, 이란 공사를 한국에 발주하겠다. 이남주 씨가 모든 책임을 진다는 조건이다"라는 공식서한을 보내왔다. (주: 톰슨은 그 후 데이비 파워의 사장으로 영전)

나는 이 공사가 우리 나라의 플랜트 건설능력을 국제적으로 인정받는 절호의 기회이기 때문에 국가적인 문제라고 판단했다. 그래서 국내 비료공장의 공장장들을 소집해서 상의했다. 그 결론은 "과거 충주비료나 나주비료공장을 엉터리로 건설했기 때문에 우리 기술자들이 얼마나 고생을 했느냐? 공장의 기계나 장치를 수없이 분해하고 보수하고 수리해 가면서 가동을 했다. 이로 말미암아 비료공장의 기계나 장치에 대해서는 구석구석까지 파악하고 있다. 설치공사쯤이야 문제가 없다. 비료공장을 설계해서 새로 건설한다 해도 자신 있다. 만일 이남주 씨의 능력이 부족하다면, 우리들이 중동에 가서 도와 주겠다. 한국 기술자 모두의 명예를 걸고 완수하자"라는 것이었다.

그 후 신한기공의 중동진출에 대한 정부허가가 나왔고, 77년 2월 8

일 '신화건설'은 이란 국영화학회사인 NPC와 계약을 맺었다. 계약금은 5,730만 달러였는데, 여기에는 기계 및 자재 구입비는 포함되지 않는 금액이므로 당시로서는 대단한 금액이었다. 그리고 5월 1일에 착공식을 올렸다. 우리 나라로서 이렇게 큰 플랜트 공사를 우리 나라 기술자가 건설키로 계약한 것은 처음 있는 일이다. 당시 우리 나라로서는 국가적 경사라고 생각했다. 우리 나라 건설기술이 국제적으로 인정받았다는 증거이기도 했기 때문이다.

계약 후 일은 순조롭게 진행되어 갔다. 그런데 79년 2월 이란에서 혁명이 일어나서 철수를 하게 되었고, 79년 10월에 다시 착공을 한 후 80년 5월 이란 주재 미국대사관의 인질사건이 터져서 이란 정세가 또다시 험악해지자 할 수 없이 또 한번 철수를 하게 되었다.

다음은 이남주 사장의 회고담이다.

"이란 쪽에서도 문제는 심각했습니다. 서방 각국은 이란 혁명에 반대하고 나섰기 때문에 비료회사 건설 관계자들은 모두 철수를 해버렸는데, 비료의 필요성은 날로 급해졌습니다. 그러던 중 80년 9월 이란과 이라크의 전쟁이 발발하였습니다. 전쟁이 치열한 가운데 81년 1월 13일 이란의 NPC측 대표 7명이 서울에 왔습니다. 이때 이란 측은 "공사기간이 길어짐으로써, 당초 설계에 표시된 기계부품들은 이미 생산이 중단되어 구입할 수가 없게 되었다는 점과, 설계를 맡은 회사나 기자재를 납품한 회사, 관리감독을 담당하였던 유럽 회사들이 이란혁명으로 그 임무를 포기했다는 점, 이런 회사들은 발주자인 NPC와 좋지 않은 관계에 있으므로 그들의 협력을 구할 수가 없었다는 점"을 솔직하게 털어놓은 것이었습니다. 그리고는 "신화 외에는 세계 어느 곳에서도 그 일을 해줄 사람이 없다. 그러니 이란 NPC가 취할 수 있는 마지막 방안으로 한국에 부탁하고자 한다"는 것이었습니다. 우리 회사에게 공장건설의 전 책임을 맡아달라는 것이고, 성능 보장까지 해달라는 것이었습니다. 심지어 일정 기간 공장 운전까지 맡아 달라는 요구도 나왔습니다. 즉 "공장건설부터 시운전, 정상운전까지 해주고, 공장이 잘 돌아간 후에야 인수받겠다"는 조건을 내세운 것입니다. 20~30년 전(1950년대 중반) 충주비료공장을 건설할 때, 우리 나라 정부가 미국 회사에게 부탁했던 것과 꼭 같은 조건을 제시해 온 것입니다. 모든 것을 다 맡기겠으니 알아서 해달라는 식입니다.

결국, 신화는 전 책임을 지기로 하고 일종의 턴키 방식의 재계약을 했습니다. 그리고 81년 8월 25일 3차 공사에 착공하게 되었습니다. 3차 공사부터는 모든 책임이 한국측에 있게 되고 시운전까지 해야 되니, 3차 착공을 할 때에 비료공장에서 근무하던 경험 많은 한국 기술자를 따로 모집해서 이란에 보냈습니다. 기술자들이 이란 현장에 도착해 보니, 문제가 산적해 있다는 것을 알게 되었습니다.

77년 5월 제1차 공사가 착공된 후 4년 간의 공백 기간이 있었으니, 그간 없어진 기자재, 노후된 기계부품, 훼손된 것 등 보충해야 되는 것이 많은 것은 당연했습니다. 또한 부품 일람표가 이란 NPC 쪽에는 없었고 기계제작 회사인 유럽 본사에 있다고 해서 유럽 본사로 가야 했습니다. 그런데 오랜 공백 기간이 있었고, 이란 비료회사 공사는 포기하고 말았으니 자료를 구할 길이 없었습니다. 더구나 기계설계 도면이 없어져서, 할 수 없이 한국 기술자가 설계를 다시 만들어 발주해야 할 형편이었습니다. 다행히도 한국에서 암모니아 공장이나 요소비료 공장에서 장기 근무했기 때문에 기계 내용을 소상히 알고 있어 큰 도움이 되었습니다. 이런 어려운 일을 다 해냈으니 우리 나라 기술자는 참말로 능력도 있고 훌륭했습니다.

마침내 1985년 1월 15일 공장은 완공을 보게 되었습니다. 준공식에는 호메이니 영도자도 참석하는 대대적인 경축 행사가 거행됐습니다. 이란 혁명정부가 성공한 첫 번째의 대공사였고, 그 후에도 이렇게 큰 공사는 없는 것으로 알고 있습니다. 초기에는 85% 가동했으나 곧 100%를 가동하게 되었으며, 지금은 이란 경제에 크나큰 공헌을 하고 있는 것으로 알고 있습니다. 준공식이 끝나고 이란 혁명정부는 신화건설에 호메이니의 사진과 감사장을 보내 왔습니다. 혁명정부의 최고의 치사라고 했습니다. 신화의 명성은 크게 올라갔고, 나아가서는 한국의 플랜트 건설 능력이 국제적으로 인정받게 됐습니다. 그 후 신화에 대해서는 어떤 나라도 기술문제에 대해서 의심하는 일이 없어졌고, 심지어 신화의 제시 가격이 다른 회사보다 비싸더라도 신화에게 맡기는 형편이 됐습니다. 그 후 신화건설이 발주 받은 주요 공사는 Lavan LPG 플랜트, 이스파한 석유화학 콤플렉스(Complex), 타브리즈 석유화학 콤플렉스 등으로, 1997년 1월 현재 이란에서만 총 4억 달러의 계약고를 보이고 있습니다."

5 사우디 담수화 플랜트 건설

플랜트 수출은 계속돼 나갔다. 1979년 4월 현대건설에서는, 사우디에서 '알코바' 발전 및 담수화 플랜트를—독일, 프랑스, 미국 등의 유명 건설회사와—컨소시엄으로 수주했는데, 75만 kW의 발전소와 하루 22만 5,000 톤의 해수 담수화 공장건설이 주 내용이었다. 그리고 별도로 담수화 공장을 전담하여, 이로써 현대는 총 공사비 8억 5,000만 달러 중 절반이 넘는 4억 3,000만 달러의 일감을 시공했다.

외국 유명회사와 어깨를 나란히 하면서 플랜트 건설을 하게 됐다는 이야기가 된다. 그리고 이 사업에서 특기할 사항은, 담수화 공장에 설치할 기기들을 우리 나라에서 제작했다는 점이다. 해수 담수화 공장에서 가장 문제가 되는 것은, 바닷물로 인해 부식되는 것을 견뎌내도록 제작하는 일이다. 그래서 구리-니켈 합금, 구리-알루미늄 합금, 티타늄 합금, 탄소강 등 특수금속을 사용하게 된다.

이 프로젝트에서는 이러한 특수금속이 1만 9,300톤이나 필요한데, 당시 국내에서는 그런 소재를 생산할 능력이 없었을 뿐만 아니라, 특수금속을 용접할 수 있는 기능인력조차도 없는 실정이었다. 물론 담수화 플랜트에 대한 기술수준이 높은 일본이나 유럽의 업체에게 하청을 주어 제작하는 것이 손쉬운 방법이었으나, 그렇게 하면 가격도 문제지만 이 공사를 수주한 의미를 잃는 것이다.

현대는 어려움이 따르더라도, 자체 개발하거나 국내 관련 업체를 선정, 개발·생산하기로 결정했다. 과감하게 담수화 플랜트 국산화를 시도한 것이다. 이렇게 돼서 국내의 동합금 메이커인 '풍산금속'에서는 구리-니켈 합금판(合金板), 구리-니켈 합금튜브, 구리-알루미늄 합금판 등을 개발, 6,000톤을 공급했으며 나머지는 현대에서 자체 생산했다. 이와 함께 특수금속 용접기술을 개발해 200여 명의 특수 용접기사를 양성하기도 했다. 이들은 울산에서 6개월 간 훈련과정을 거친 뒤, 영국의 '로이드' 검사증을 취득하도록 했고, 검사증을 취득한 사람은 곧바로 알코바 현장에 투입시켰다. 당시 알코바 담수화 플랜트공사에 투입되는 모든 자재나 제작물들은 로이드 검사를 받도록 돼 있었기 때문에, 로이드의 검사요원이 울산이나 현장에 상주하고 있었다.

이 공사는 성공적으로 완성됐다. 내가 여기서 강조하고 싶은 점은 중동진출이 우리 나라의 중화학공업, 특히 플랜트 산업의 발전에 크게 공헌했다는 사실이다.

8 중동진출 효과

1 수주액

〈도표 Ⅱ-31〉는 연도별 해외건설 수주액(受注額)이다. 1965년부터 73년까지 9개년 간의 수주액은 4억 2,300만 달러였다. 이 중 중동지구에서는 2,400만 달러의 수주를 받아 5.7% 정도의 비중밖에 되지 않았다.

도표 Ⅱ-31

연도별·지역별 해외건설 수주액 추이

(단위 : 백만 달러)

	해외건설 수주액				수출액	A/B (%)
	중동	동남아	기타[1]	계(A)		
1965~1973	24	300	98	423	88,754	0.5
1974	89	145	27	261	4,460	5.8
1975	751	43	21	815	5,081	16.0
1976	2,429	35	38	2,502	7,715	32.4
1977	3,387	119	10	3,516	10,046	35.5
1978	7,982	91	72	8,145	12,711	64.1
1979	5,958	378	15	6,351	15,055	42.2
1980	7,819	409	31	8,259	17,505	47.2
1981	12,671	838	172	13,681	21,254	64.4
누계	41,111 (93.5)	2,358 (5.4)	484 (1.1)	43,958 (100.0)		

* 자료 : 건설부 「해외건설 민간백서」, 「해외건설현황」, 1981. 12. 31
* 주 : 1) 알래스카 및 캐나다 공사 포함

그러던 것이 정부의 중동진출 정책에 의해 74년에는 34.0%, 75년에는 92.2%, 76년에는 97.1%에 달했다. 1965년부터 81년까지 17년간, 해외건설 수주액 총계는 439억 5,000만 달러라는 막대한 액수가 됐다. 이 중 중동지구가 411억 1,000만 달러로써 93.5%를 점하고, 동남아 지구가 5.4%, 기타지역이 1.1%를 차지하게 됐다. 그리고 연도별 우리나라의 수출액(B)과 대비해 보면, 74년까지도 5.8% 정도였던 해외건설 수주액이 그 후 급격히 증가해서, 75년에는 16.0%, 78년에는 64.1%로 껑충 뛰어올랐다. 그리고 76년부터 81년까지의 평균치는 47.6%가 된다. 해외건설 특히 중동진출이, 오일 쇼크를 극복하는 데 얼마나 중요한 역할을 했는가를 이해할 수가 있다.

2 건설산업 국가로의 부상

1973년에 중동에 진출한 업체는 삼환(株) 한 개 업체뿐이었다. 그러던 것이 74년에는 7개, 75년에는 20개로 늘어났으며, 79년에는 60개로 늘어났다. 이들 업체들은 중동진출 초기에는 도로공사, 항만공사 등 비교적 기술이 필요치 않은 공사를 수주했으나, 뒤이어 건축공사나 전기통신 분야로 진출했고, 더 나아가서는 플랜트 건설에까지 뛰어들게 됐다.

처음에는 선진국에서 설계 및 감독을 했으며, 이때 선진국 건설업체와의 합작공사도 실시했다. 1982년에 미국, 영국, 독일 등의 업체와 합작으로 총 22건에 22억 6,000만 달러 상당의 공사를 수주한 것으로 나타나고 있다. 이러한 과정을 통해서, 우리 건설업체의 기술 수준은 차차로 국제 수준으로 발전하게 됐다. 그리고 이미 앞에서 설명한 것과 같이, 우리 건설업체들은 대형 공사를 계속 수주하게 됨으로써 건설장비면에서도 국제 수준급이 됐다. 그 결과 우리 나라의 해외 건설업체들은 1982년 현재 수주실적 순위로 볼 때 미국에 이어 2위를 차지한 것으로 나타났다. 특히 중동 지역에서는 미국의 36.1%에 이어 우리 나라는 20.9%를 차지함으로써 3위인 프랑스 7.2%를 크게 앞지르고 있다(〈도표 Ⅱ-32〉 참조).

■ 도표 Ⅱ-32
1982년도 국가별 해외건설 수주현황

(단위 : 억 달러, %)

국별	총계		중동 지역	
	수주액	점유율	수주액	점유율
미국	449	36.5	185	36.1
한국	138	11.2	107	20.9
프랑스	114	9.3	37	7.2
독일	95	7.7	24	4.7
일본	93	7.6	25	4.9
이탈리아	78	6.3	28	5.5
영국	75	6.1	30	5.8

* 자료 : ENR, 1983

한편 ENR(주 : 〈Engineering News Record〉, 건축설계 관련 유명저널(잡지)임)은, 1982년 중 전세계 건설업체들의 세계 전지역에서의 해외 건설공사 수주 실적을 중심으로 250대 회사를 선정하였다. 우리 나라에서는 현대건설이 세계 10위에 드는 등, 30개 해외 건설업체가 250위 안에 들게 되었다.

▲ 뜨거운 태양 아래 열사를 딛고 도로 건설을 위해 측량 작업을 하고 있는 중동진출 한국 기술자들

 즉 중동진출로 우리 나라는 건설산업 국가가 됐으며, 동시에 플랜트 수출 국가가 됐다는 뜻이다. 우리 국민은 오일 쇼크의 국가적 위기를 슬기롭게 극복했을 뿐만 아니라, 오히려 이를 도약의 발판으로 삼았던 것이다.

9 에너지 위기 후의 조치

 에너지 위기는—1973년 말에 시작해서 1975년 상반기에 막을 내렸으니—약 1년 반에 걸친 일종의 국난(國難)이었다. 박정희 대통령은 "우리 나라와 같은 에너지 빈국은 언제 또다시 에너지 위기를 겪을지 모르니 사전에 만전의 대비책을 세울 것"을 김정렴 비서실장에게 지시했으며, 그 외에도 에너지와 관계되는 여러 인사를 만날 때마다 똑같은 뜻을 강조했다.

 김정렴 실장과 나는 에너지 문제에 대해서 상공부 시절부터 깊은 인연이 있다. 5·16혁명 직후 우리 나라에서 첫 번째로 착수한 울산정유공장에 대해 계획을 수립하고 걸프(Gulf)와 합작작업을 추진한 후 공장건설을 할 때—김 실장은 상공부 차관(1964년 5월 부임)이고 나는 실무 책임자인 상공부 화학과장이었다(그 후 호남정유와 경인에너지 건설 때도 관여했다). 울산 석유화학단지를 건설할 때는 김 실장은 상공부 장관이고 나는 공업국장이었다. 그러던 중 김 장관은 나를 상공부 계획관리실장으로 승진시켰다. 이 때 계획관리실 소관은 아니지만 석유 관계 업무는 계속 내가 맡도록 특별 지시를 내렸다(주: 이를 위해 박 대통령 재가도 받았다).
 김정렴 장관은 상공부 장관 재직시 석탄 부족과 전력 부족으로 인해 격심한 연탄파동과 전기파동을 겪은 뼈저린 경험이 있다. 이 때 나도 상공부의 '테크노크라트'로서 그 고통을 함께 겪었다. 이런 연유로 김 장관과 나는 에너지 문제에 대해서 공감대를 갖게 되었다. 김정렴 장관은 1969년 10월 청와대 비서실장으로 영전했고, 나는 1970년 1월 상공부 광공전(鑛工電) 차관보가 돼서 광업, 공업, 전기 분야를 총괄하게 됐다. 그 후 김 실장은 기술 분야에 대해서는 나에게 자주 자문을 했고 나는 이에 답신을 했다.

나는 김정렴 실장의 지시에 의해 작업을 개시하되 장기적이고 완벽한 종합 계획서를 작성하는 것보다는 당장에 실천 가능하고 효과가 큰 것부터 한 가지씩 방안을 작성해서 상부에 보고하고, 그 시행방안은 관계부처에서 검토 실시하도록 방침을 세웠다. 우선 '중화학공업기획단'을 활용하기로 하였다. 이 기획단에는 관계 부처의 차관보들과 유관기관의 중역들이 참석하는 '차관보회의'가 마련되어 가동 중에 있었다. 이 차관보회의에서 에너지 문제를 다루기로 했다. 그 결과 많은 안이 나왔으므로 그 내용을 책으로 만들어 배포했다. 이들 안은 1980년 이후까지도 다양하게 활용되었지만 여기서는 생략하고 기본 시책에 대해서 몇 가지만 약술(略述)한다.

1 석유 비축 문제

제1차 에너지 위기 때 우리 나라가 30일치의 석유 비축량만 확보하고 있었더라도 그 난리는 겪지 않았을 것이다. 이때 석유 3사는 평균 22%의 원유 도입을 감축했으니, 매달 6일치의 원유가 부족하다는 계산이 나온다. 그렇다면 30일치의 비축만 보유하고 있었더라면 5개월은 버틸 수 있었기 때문이다. 그래서 이번에 치른 위기를 계기로, 비상용 석유비축 문제가 강력히 대두됐다. 남아프리카는 7~9개월치를 비축하고 있으며, 우리 나라와 똑같은 입장에 있는 일본은 70~80일치를 비축하고 있다.

우리 나라도 대대적인 비축기지 건설사업이 추진되기 시작했다. 석유비축에는 막대한 자금이 소요된다. 그래서 원유도입을 할 때 일정비율의 액수를 비축기금으로 징수해서 사용하기로 했다. 그리고 한전, KAL 등 민간의 대량 수요처도 자체적으로 충분한 비축을 하도록 결정이 됐다.

2005년 6월 현재, 우리 나라는 정부에서 55.3일, 민간에서 54.9일 합계 110.2일치를 비축하고 있다. 2005년 3월 현재, 각국의 비축량은 미국이 118일치, 일본이 136일치, 뉴질랜드가 72일치, 프랑스가 98일치, 독일 256일치, 스위스 151일치 등이다.

2 국제 석유재벌로부터의 독립성 모색

에너지 위기 후, 산유국과 직접 합작을 해서 정유공장을 건설한다면 유류파동이 재발하더라도 원유공급에 지장이 없겠다는 판단이 나왔다. 이런 방침하에, 1975년 10월 13일 이란의 국영석유회사(NIOC)와 50 : 50 합작으로 한이석유(株)를 설립했다. 현재의 SK석유이다.

3 송배전(送配電) 시설의 개혁

전기라는 것은 먼 거리를 가다 보면 손실이 생기기 마련이어서 1961

년 당시에는 송전(送電) 및 배전(配電) 손실(이하 송배전 손실)이 29.35%나 됐다. 생산된 전기의 약 30%가 도중에서 없어져 버린다는 뜻이 된다(현재 북한의 실태가 이런 상태일 것이다).

그래서 우리 나라에서는 송배전 시설 개선에 혼신의 노력을 기울였

도표 Ⅱ-33

송배전방식 비교도

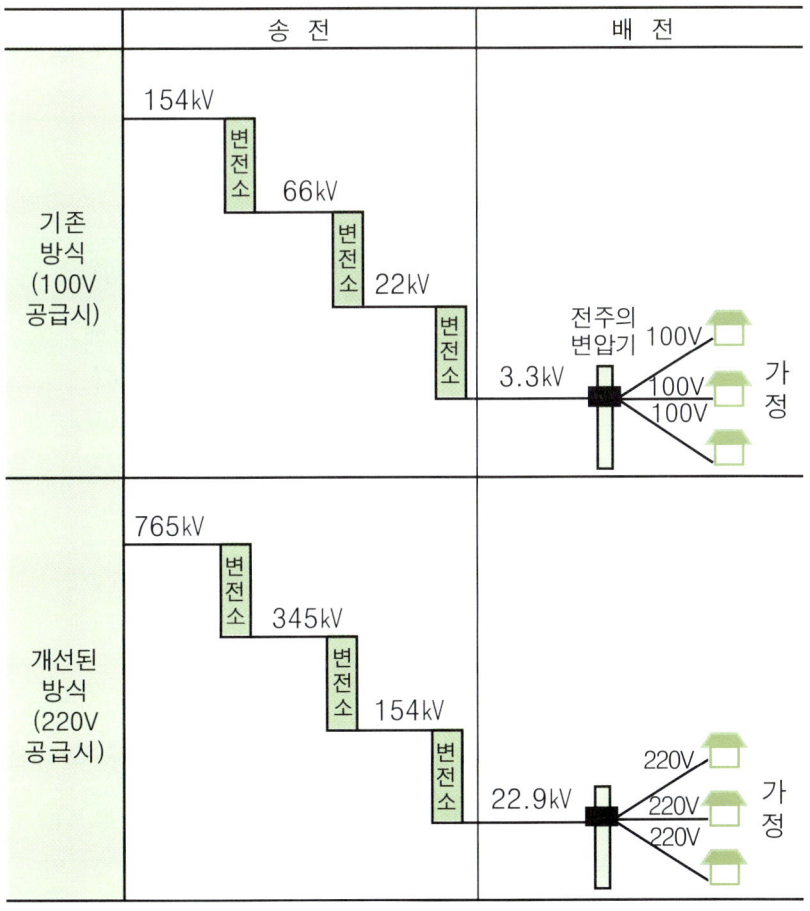

다. 송배전을 할 때 손실을 줄이는 방법은 고압(高壓)으로 바꾸는 방법밖에 없다. 〈도표 Ⅱ-33〉을 보면 종전 방식은 발전소에서 154kV (15만 4,000볼트)의 전기를 생산해서 3회의 변전소를 거쳐 3,300볼트의 전기로 만들어 송전을 한 후, 주택 근처의 전봇대에서 100볼트의 전기로 내려서 공급을 했다. 그러던 것을 현재는 765kV(76만 5,000볼트)라는 초특고압(超特高壓)으로 송전을 시작, 3회의 변전소를 거쳐 2만 2900V의 전기로 배전하면, 집 근처의 전선주에서 220볼트의 전기로 만들어 가정에 공급한다(북한의 최고압 송전은 22만 볼트이고, 가정용 전기는 100볼트이다).

도표 Ⅱ-34

각국의 송배전 손실

	1977	1979	1980
한국	9.29	7.50	6.69
스웨덴	8.1	8.5	8.8
미국	6.4	6.3	6.6
프랑스	7.5	7.1	7.1
서독	5.2	4.4	4.7
이탈리아	8.9	8.8	9.2
영국	8.4	8.7	8.5
(구)소련	8.7	8.7	8.9

〈도표 Ⅱ-34〉를 보면, 우리 나라는 70년대 말에 이미 선진국 수준에 도달했다는 것을 알 수가 있다. 그리고 70년대 후반기에 가서는 창원기계공업기지에서 154kV, 354kV 등 대형 변압기가 국산화되었고,

송전탑 제조용 각종 철강재도 대량생산하기 시작했으며, 기술도 크게 향상됐다. 그 결과 중동 및 동남아에 진출해서 송전탑 공사 등 대형전기공사를 하게 된다. 현재 우리 나라는 765kV-초특고압용 모든 송전설비도 국산화하여 수출하고 있다.

4 발전용 연료전환 대책 : 동력자원부 신설

당시까지는 전원개발계획이란 전력의 수급문제에 국한했다고 할 수 있지만, 이후로는 발전용 연료문제에 대해서도 근본적인 대책을 세워야 했다. 발전연료의 확보문제도 장기적인 입장에서 검토되어야 하고, 발전연료의 가격동향에 대해서도 장기적 전망을 해야 했다. 이렇게 돼서 전원개발계획은—수급문제를 주로 다루던 시기에서—발전 연료 문제도 함께 다루어야 하는 시기로 접어들게 되었다. 기본방침은 석유의존도를 줄이자는 것이다. 정부는 에너지 문제의 중요성을 깨닫고, 1978년에 동력자원부(動力資源部)를 창설하고 초대장관에는 장예준(당시 상공부 장관)을 임명했다.

5 석탄연료 사용

우리 나라에서 산출되는 연료는 무연탄뿐이다. 질이 좋은 무연탄은 민생용 구공탄 제조용 원료로 공급해야 했다(㈜구공탄이란 말은 십구공탄(19孔炭)에서 유래). 구공탄으로 쓰지 못할 저질 무연탄은 가루로 분쇄하여 석유(重油)와 함께 때면 발전이 가능했다. 그리고 국산 무연탄이 부족하다면 무연탄이든 유연탄이든 수입이 가능하며 가격도 안정돼 있다. 그래서 석유위기에 대한 대비책이 된다. 이런 이유로 발전소를 석탄 혼소(混燒) 또는 석탄 전용 장치로 전환하는 정책이 강력하게 추진되어갔다.

6 양수발전소 건설

수력발전소 건설에는 투자비가 많이 든다. 화력발전소의 4~5배의 투자가 필요하다. 건설 후에도 100% 가동이란 있을 수 없다. 비가 와야 제대로 가동이 된다. 홍수 때를 기준으로 해서 설비를 하다 보니 항상 100%의 발전을 할 수 없다는 것이 수력발전소의 결점이다. 그러나 일단 건설만 해 놓으면 연료 걱정은 안 해도 된다. 석유위기가 닥쳐와도 수력발전소에는 영향이 없다. 이런 이유로 수력발전소 건설에도 중점을 두기로 결정했다.

전기라는 것은 남아돈다고 해서 전기상태로는 저장해 둘 수가 없다. 1979년에 완성된 청평(淸平) 양수발전소를 예로 든다. 이 발전소에는 20만 kW 발전기 2대가 있는데 40만 kW의 전기를 하루 약 6시간 동안 발전할 수 있다. 양수발전소는 시동스위치를 넣으면 4분 50초 만에 발전이 개시되고, 그 후 40초가 지나면—즉 스위치를 넣고 5분 30초만 지나면—100% 가동을 해서 40만 kW의 발전이 가능해진다. 그 후에는 1분 내에 100%의 변동이 가능하다. 즉 양수발전기는 민첩성이 있다는 것이 큰 특징이다. 그러니 민첩성이 없는 대용량 화력발전소, 특히 원자력발전소에서 심야에 발전되는 전기는 남아돌 수밖에 없는데, 이를 양수발전소에서 활용해서 물을 저축했다가 전기가 가장 많이 소요되는 최대부하(最大負荷) 때 효율적으로 활용할 수 있다. 또한 전력 수요 조절에 적합하기 때문에 양질의 전기를 공급하는 데 큰 보탬이 된다.

7 천연가스 도입

석유파동을 겪고 나니 석유값은 4배가 폭등했으나 천연가스 값은 뛰지 않았다. 천연가스란 그 특징상 대량생산되기 때문에 ①산출지에는 대용량의 저장시설이 있어야 하고, ②대량 수송수단이 있어야 하며, ③소비지에도 대용량 저장시설이 있어야 하고, ④대량 소비처가 있어야 한다. ⑤그래서 막대한 자금이 필요하다. ⑥소비하는 쪽에서는 공급을 해주지 않으면 곤란하게 되지만 생산하는 쪽도 소비를 해주지 않으면 파산하게 된다. 그래서 양자는 공동운명체가 되게 마련인데 이런 특징 때문에 아주 장기간에 걸치는 '공급 및 소비계약'을 맺게 된다. 즉 천재지변이 일어나지 않는 한 천연가스 공급은 안전성이 있다. 이런 이유로 우리 나라도 천연가스(LNG)를 적극적으로 도입해서 사용함으로써 석유소비를 감축하기로 했다. 더욱이 LNG로 발전할 때에는 공해문제가 거의 없다. 그래서 대도시 주변의 발전소는 천연가스 발전소로 대체키로 했다.

8 원자력발전소 건설

원자력발전소에서 쓰는 연료는 핵연료이다. 석유위기 때도 가격 폭등은 없었다. 오히려 원유값이 상승하고 보니 원자력 발전비가 석유

발전비보다 싸다는 결론이 나왔다.

　박정희 대통령은 우리 나라에서 처음으로 건설하는 원자력발전소인 고리(古里) 1호기의 조기 완공을 당부하면서 "앞으로 우리 나라는— 막대한 건설비가 소요되더라도—원자력 발전에 의존할 수밖에 없다. 원자력 발전에 중점을 두고 발전소 건설계획을 수립하라"는 지시를 내렸다. 그 결과 우리 나라는 원자력발전소 건설에 박차를 가하게 된다.

　우선, 고리(古里) 1호기의 공사를 서둘러 1978년 4월에 준공을 보았는데 계약 후 8년이 소요되었다. 고리 2호기는 76년 11월 계약하여 83년 7월에 완공, 세 번째인 월성발전소는 75년 1월 계약, 83년 4월 완공, 제5호기(고리 3호기)는 78년 4월 계약, 85년 9월 완공, 제6호기(고리 4호기)는 78년 4월 계약, 86년 4월에 완공되었다. 제7호기, 8호기(영광 1호기, 2호기)는 79년 11월 계약하고 86년 8월과 87년 6월에 완공했다. 제9호기, 10호기(울진 1호기, 2호기)는 80년 11월 계약하고, 1988년 9월과 89년 9월에 완공되었다. 1995년 당시 가동 중인 원자력발전소는 모두 1970년대에 착수한 것이거나 교섭 막바지에 있었던 것들이다.

　그리고 전두환 정권으로 바뀌자 모든 원자력사업은 일시 수난기를 맞게 된다. 그 결과 다음 차례인 제11호기(영광 3호기)는 87년 4월에 가서야 계약을 했으니, 10호기를 계약한 후 7년이라는 긴 세월 동안 원자력발전소 건설은 모두 중단됐다는 결론이 나온다. 그 후 원자력발전소 건설 사업은 또다시 추진된다.

　2005년 현재 우리 나라에서는 19개의 원자력발전소가 가동 중에 있다. 총 발전 용량은 1,671만 6,000kW이며, 우리 나라는 세계 제5위의 원자력발전 국가이다(1위: 미국, 2위: 프랑스, 3위: 일본, 4위: 독일). 이외에도 건설 중에 있는 것이 100만 kW이고, 곧이어 순차적으로 착공될 발전소는 7개로써, 그 규모는 680만 kW이다. 이것까지 모두 합치면 무려 2천 451만 6,000kW라는 막대한 양이 된다.

9 연료대체 성과

석유파동 후 이상과 같은 연료전환 정책을 계속 추진해 왔는데, 그 추진 결과를 보자.

도표 Ⅱ-35

에너지원(源)별 발전 전력량

(단위 : GWh)

	원자력	석탄	중유	경유	LNG	수력	합계
1975	–	1,029 (5.2%)	16,965 (85.5%)	160 (0.8%)	–	1,683 (8.5%)	19,837 (100%)
1980	3,477 (9.3%)	2,481 (6.7%)	28,876 (77.6%)	421 (1.1%)	–	1,984 (5.3%)	37,239 (100%)
1985	16,745 (28.9%)	17,639 (30.4%)	19,646 (33.9%)	318 (0.6%)	–	3,659 (6.3%)	58,007 (100%)
1990	52,887 (49.1%)	19,961 (18.5%)	17,928 (16.7%)	928 (0.9%)	9,604 (8.9%)	6,361 (5.9%)	107,670 (100%)
1995	67,029 (36.3%)	48,813 (26.4%)	38,739 (21.0%)	3,306 (1.8%)	21,296 (11.5%)	5,478 (3.0%)	184,661 (100%)

원자력발전소는 계획 단계부터 따지면 9~10년이라는 긴 세월이 필요하다. 화력발전소도 연료전환 작업은 시간이 많이 소요된다. 그래서 발전소의 연료전환은 서서히 이루어졌다.

〈도표 Ⅱ-35〉는 에너지원(源)별 발전량의 변천사이다. 한편 〈도표 Ⅱ-36〉를 보면, 2004년 현재 석유로 발전한 양은 4.8%에 불과하다. 우리 나라는 발전만큼은 석유의 속박에서 벗어났다고 할 수 있다.

도표 Ⅱ-36

에너지원(源)별 발전설비와 발전량(2004)

순번	에너지원(源)	발전설비(천kW)		발전실적(GWh)	
1	원자력	16,716	27.9%	130,715	38.2%
2	유연탄	16,340	27.2%	122,760	35.9%
3	LNG	15,746	26.2%	55,959	16.4%
4	석유	4,666	7.8%	20,953	*** 4.8%
5	수력	3,879	6.5%	5,818	1.7%
6	무연탄	1,125	1.9%	5,787	1.7%
7	기타	1,489	2.5%	—	1.3%
	합계	59,961	100%	341,992	100%

30년 앞을 내다본 결단

 독자 여러분! 우리 나라는 현재 막대한 전기를 생산한 후, 가장 효율적인 송배전을 해서, 질이 좋은 전기를, 풍족하게 사용하는 국가가 되었습니다.

① 현재 우리 나라가 보유하고 있는 발전 설비는 6,000만 kW이고, 여기서 발전한 양은(2004년 현재) 3,420억 kWh로서, 세계 8위의 전기 생산국입니다(〈도표 Ⅱ-36〉 참조).

② 우리 나라는 이 전기를 76만 5,000볼트의 초특고압으로 일차 송전을 하고, 이를 34만 5,000볼트와 15만 4,000볼트의 두 단계 변압을 통해, 최종 소비지로 송전을 한 후…… 이를 2만 2,900볼트로 배전을 하며, 일반 수요가에게는 220볼트로 공급하는 체계를 갖추어

도표 Ⅱ-37
전기의 질에 대한 세계 각국과의 비교

	한국	일본	대만	프랑스	미국
정전시간(분)	18.87	37	83	57	973
전압유지율(%)	99.87	99.9+	96.6	94.5	100.00
주파수유지율(%)	99.99	99.9	93.4	99.9	99.9

* 한국 : 2004, 기타 : 1996~1999

놓았습니다. 이러한 '송배전 시스템'은 현재의 기술로서는 최상의 방법이며, 송배전시의 손실을 최하로 떨어뜨리게 합니다. 아직 미국이나 일본에서도 갖추지 못한 송배전 시스템입니다(〈도표 Ⅱ-33〉 참조).
③ 또한 우리 나라의 전기의 질(質)은 정전시간, 전압 유지율(維持率), 주파수(周波數) 유지율에서 세계 최상급입니다(〈도표 Ⅱ-37〉 참조)

현재 우리 나라는 석유를 사용해서 발전하는 양은 (2004년 기준) 4.8%에 불과합니다. 나머지는 원자력 (38.2%), 유연탄 (35.9%), LNG (16.4%) 등을 사용합니다(도표 Ⅱ-36).
8년 후인 2014년도의 예상치에 의하면 석유 의존도는 1.7%로 감소될 것입니다.

바꿔 말하면 앞으로 우리 나라는—석유 위기가 또다시 닥쳐오더라도—발전(發電) 분야에서는 영향을 받지 않게 됐으며, 석유값 폭등으로 인한 전기값 인상도 일어나지 않는 국가가 됐다는 뜻입니다(2006년 석유값이 20달러에서 70달러 선까지 올라갔는데도—전기 절약운동이나 전기값 인상 등 전기파동이 일어나지 않는 것은 이러한 이유에서입니다).

그리고 우리 나라는 발전 설비, 송배전 설비 일체를 국산화해서 수출하는 나라가 됐습니다.

▲ 고리원자력발전소

이 시점에서 꼭 기록에 남겨야 할 사항이 있습니다. 원자력발전소의 국산화 추진에 관한 일입니다. 박정희 대통령은 에너지 위기가 닥치자, 석유의 속박에서 벗어나고 전기값을 안정시키는 방안으로, ㉠ 우리나라 발전시설을 원자력발전 방식으로 일대 전환할 것 ㉡ 원자력발전소를 계속 건설해 나가자면, 막대한 작업량이 발생하고 거액의 자금이 지출되는데—이 기회를 놓치지 말고—중화학공업 건설사업과 연관시켜 원자력발전소를 국산화할 것 ㉢ 원자력 발전에 필요한 핵연료(核燃料)도 국산화할 것을 지시했습니다. 즉 '원자력산업의 국산화' 내지는 '원자력 기술의 완전 독립'에 관한 지시였으며, 또한 '원자력의 평화적 활용'에 대한 천명이었습니다.

이 지시에 따라 '원자로에 대한 국산화 연구'는 현(玄) 소장에게(당시 국방과학연구소 부소장이고 원자력 전문가인 현경호(玄京鎬) 박사를 원자력 연구소장으로 임명), '발전소 부문은' 김(金) 사장에게(한국전력에서 출자해서 발전소 건설을 주임무로 하는 '엔지니어링' 회사를 새로 설립하기로 결정하고, 한전의 기술총책임자인 김종수(金鐘洙)

전무를 신설회사의 사장으로 임명), '발전소 제작'은 창원기계공업기지의 (주)한라중공업(現 : 두산중공업)에게 담당시켰습니다. 군대식으로 표현하면, 부대 편성과 명령 하달이었습니다.

원자력발전소에서 연료로 사용되는 핵연료는 '핵연료공단'을 설립해서 생산하기로 했는데, 때마침―경제성은 미지수이지만―국내에서 우라늄 자원이 발견된 것이 큰 행운이었습니다.

그 후 30년이 지나갔습니다. 이제 우리 나라는 원자력발전소의 국산화 개발을 성공적으로 끝마치고, 이를 생산해서 가동하고 있는, 당당하고 자랑스러운 세계 5위의 원자력 산업국가입니다. 연료도 국산화해서 사용하고 있습니다.

'우리 나라가 '한국형 원자력발전소'를 제작해서 북한에 건설해 주겠다는 사업'이, 바로 KEDO 사업입니다. 이러한 일들은 박정희 대통령의 강한 의지가 없었더라면, 결코 가능한 일은 아니었다고 봅니다. 그 후 박 대통령, 현경호 소장, 김 사장은 이미 세상을 떠났고, 역사는 크게 변했습니다.

이러한 변화 속에서도 우리 나라의 원자력 산업은―30년 전의 박 대통령의 큰 결단을 중심축으로 해서―계속 운행되고, 발전하고 있으니, 나로서는 감개가 무량할 따름입니다. 원자력 산업이야말로 국운을 좌우하는 중차대한 과제입니다. 불(火)이나 화약(火藥)과도 같이, '건설과 파괴'라는 양면의 특성을 함께 갖고 있기 때문입니다.

행운의 여신(女神)이―우리 나라의 원자력 산업과 여기에 종사하는 여러분, 그리고 우리 나라와 우리 국민들과―항상 함께 하시기를 간절히 비옵니다.

제Ⅲ부

1970년대 경제정책과
조국근대화의 결산서

우리는 확실히 개인적으로나 민족적으로나 스스로의 과거를 자랑하는 데 너무나 겸허했다. 이제 우리가 민족적 주체 의식과 새로운 문화의 확립을 위해 간직해야 할 기본 자세는 바로 '온고지신' 그것이다.

노동을 천하게 여기고, 근로자의 존귀함을 이해하지 못하는 사회가 건전한 발전을 이룩할 수 없다는 것은 너무나 자명한 진리인 것이다. 특히 조국 근대화의 드높은 기치 아래 한마음으로 뭉쳐서 모든 국민이 생산과 건설과 수출에 총진군해야 할 이 마당에 우리 근로자가 차지하고 있는 위치와 사명은 실로 막중한 것이라 아니할 수 없는 것이다.

66. 3. 10 〈근로자의 날〉 박정희 대통령 치사 중에서

제1장
1970년대 경제정책

1970년대의 우리 나라 경제정책을 간략하게 간추려 본다. (〈도표 Ⅲ-1〉 참조)

이 시대의 우리 나라 경제는 북한과의 군사분쟁을 고려하지 않고는 설명할 수가 없다. 1970년대의 첫 해인 1970년은 우리 나라로는 수출 10억 달러를 돌파한 역사적인 해이고, 잘살 수 있다는 자신감을 갖기 시작한 때였다. 바로 이때에 우리 나라는 북한으로부터 도전을 받게 됐다. 김일성은 1970년대를 '무력 적화통일의 연대'로 정하고 그 첫해인 1970년 공격을 개시한 것이다.

1970년 6월 5일에는 해군방송선 피랍사건이 일어났고, 같은 달 22일에는 국군묘지(현재 서울 국립현충원) 현충문 사건이 일어났다. 현충문 사건은 1968년 1월 21일에 있었던 청와대 습격사건에 이은 두 번째 박 대통령 암살기도였다. 그런데 하필 이럴 때, 닉슨 대통령은 주한미군 철수정책을 펴나가기 시작했다. 우리 나라로서는 자주국방 문제가 국가 초긴급 과제로 등장할 수밖에 없었다. 우선 방위산업 육성이 시급해졌다. 국방과학연구소(ADD)가 창설되고, 고속정 건조가 착수됐다. 1971년 주한

도표 Ⅲ-1
1970년대 경제정책과 국내외 정세

연 도	1970	1971	1972	1973	1974	1975	1976	1977	1978	1979	1980
경제기본전략	수출제일주의·공업입국·전산업의 수출화											

대북관계: 북한, 1970년대를 무력적화통일의 연대로 선포
- 해군함정 납치 70.6
- 현충문 사건 70.6
- 서해침해 74.1~7
- 문세광 사건 74.8
- 월남 패망 75.4
- 판문점 만행 76.8

대미관계: 주한미군 철수
- 닉슨독트린 (미7사단 철수) 71.3
- 방위성금 모금 74.10
- 방위세 신설 75.6
- 카터성명 (주한미군철수) 77.3

주요정책:
- 방위산업 육성 추진
- 자주국방 / 국력증강 / 경제자립
- 유신 선포 목표: 100억불 수출 1000불 소득
- 중화학공업화 선언 → 중화학공업 육성 추진
- 국민투자기금설치
- 엔지니어링 산업 육성 및 플랜트 수출
- 석유위기 → 에너지정책 재검토 및 해외진출
- 기술인력 공급
- 국민의 과학화 선언 → 기술교육제도 개편 및 연구기관 육성
- 산업 합리화 및 자원 절약형 산업 구조로의 개편

수출실적:
- 10억불 수출 (1970)
- 1000억불 수출 달성 (1977.12)
- 1970년대 말 100억불 수출 목표

미군 7사단이 철수를 했으나, 미국이 약속한 한국군 현대화 계획에 대한 지원은 지지부진했다. 그래서 미국에만 의존할 수는 없게 되었다. 당초 제3차 5개년계획에는 전혀 포함되지 않았던 방위산업이 1971년 11월부터 본격적으로 출발하게 된다.

북한의 도발은 그 후로 계속 격화되었다. 1974년 8월 15일에는 문세광 사건이 일어났다. 이것은 세 번째의 박 대통령 암살기도였다. 이 해에는 연초부터 북한 함정의 서해 침입사건이 빈번하게 일어났으며, 이로 인해 방위산업 육성은 가속화해 나갔다. 그리고 75년 6월에는 재원 마련을 위해 방위세를 신설하게 된다. 75년 월남이 패망하자, 북한의 도발 위험은 더욱 고조되어 갔다. 설상가상으로 77년 3월에는 카터 대통령의 주한미군 완전철수 정책이 발표되었다. 이렇게 해서 도표에서 보듯 방위산업 육성은 우리 나라 경제개발계획에서 최우선 순위로 격상하게 된 것이다.

1973년 1월, 박 대통령은 '중화학공업화 선언'과 '국민의 과학화 선언'을 하였다. 그 목적은 공업구조의 조속한 개편을 통해서 선진공업국을 건설하여, 국력을 증대하고 동시에 자주국방을 하기 위한 것이었다. 이에 따라 중화학공업의 본격적인 추진이 개시되었으며, 이를 뒷받침하기 위해 기능사 및 기술자 양성이 본격화되었다. 이 두 분야 역시 당초 3차 5개년계획에는 포함되지 않았던 사업들이다. 그리고 이들 사업추진에 필요한 재원확보를 위해 국민투자기금 제도가 신설되었다.

그런데 1973년 말 제1차 석유위기가 발생했다. 정부는 에너지정책을 총점검하여 일대 수정을 가하게 되었고, 인상된 원유대금(代金)을 벌어들이기 위해 중동 진출을 긴급 추진한다. 처음에는 도로공사부터 시작하여 차차 플랜트 건설공사까지 수주받게 되었다. 한편 국내에서는 중화학공업 추진이 본격화되어 감에 따라 기계공업도 발달되어 각종 기계나 철구조물을 생산할 수 있게 되었다. 즉 중동진출과 중화학공업 육성의 결과 플랜트 엔지니어링 산업도 본격적으로 발전하기 시작한 것이다. 우리 나라는 플랜트(공장)까지 만들 수 있는 나라로 발전한 것이다.

> **1970년대 우리나라의 경제사**

1970년대 우리 나라는 '남북 간의 긴장고조, 석유위기, 미군철수' 등 외부 여건의 변화로 인해 당초의 3차 5개년계획과는 근본적으로 다르게 진행되었다. 우리 나라는 여러 난관이 닥쳐왔음에도 불구하고 이를 극복했다. 우리는 기능사 및 기술자를 양성해 가면서, 방위산업과 중화학공업 그리고 엔지니어링 산업을 육성함으로써 공업구조를 선진화했고, 해외에 진출해서 플랜트까지 수출할 수 있는 공업구조로 발전했다. 수출액도 1970년에는 10억 달러였으나 불과 7년 뒤인 77년에는 그 10배인 100억 달러에 이르렀다. 중화학공업 비율도 50%를 넘어섰다. 우리 나라는 중화학공업국가 대열에 진입한 것이며, 이로 인해 '산업혁명'을 성공적으로 이룩한 나라가 된 것이다. 우리 나라는 70년대에 완전히 선진 공업국으로 성장했다. 우리 국민은 기적과도 같은 업적을 이룩한 것이다.

이상이 우리 나라의 70년대 경제사의 골격이다. 당시 정부는 이를 위해 각종 새로운 정책을 수립하고 시행해 나갔다. 그것을 항목으로 분류하면 다음과 같다.

① 방위산업 건설
② 중화학공업 건설
③ 기술교육제도 개편 및 연구소 설립 및 육성
④ 에너지 정책 재검토 및 중동진출
⑤ 플랜트 엔지니어링 산업 육성

우리 나라는 제1차 석유위기를 겪는 동안 쓰라린 경험을 했다. 그래서 정부는 '자원·에너지 절약형 산업구조'로 개편하기 위해서 근본적인 대책을 수립하기 시작했다. 이 계획이 완성되고 출발하는 시기는, 이미 착수한 중화학공업 건설을 대충 끝마치는 80년대 초로 잡았다.

참고로 이때 작성한 '80년대를 위한 공업입국 장기계획'을 소개한다 (첨부 〈원색 도표 Ⅲ-2〉 참조).

주 : 정부에서는 1965년부터 공업입국 장기계획을 수립하기 시작했다. 그 후 이 계획은 계속 보완해서 작성됐으며, 이 〈원색 도표〉는 제4차분이다.

이 표에는 1962년도부터 착수한 제1차 5개년계획부터 공업의 업종별 개발계획과 발전과정이 기재되어 있다. 우선 업종 구분은 '경공업'이 섬유와 화학으로 구분되어 있고 '중화학공업'으로는 화학공업, 금속공업, 조선공업, 기계공업, 전자공업이 있다. 별도로 '기술 및 엔지니어링'이 있고 맨 밑에 '기본정책'란이 있다. 기본 정책란에는 중요한 정책 방향이 나와 있으며, 특히 대통령 기본전략은 마름모꼴 형태(◇)로 발표시기에 맞춰 표시되어 있다. 즉 '수출제일주의', '공업입국', '중화학공업화 선언', '과학화 선언', '경제강국 선언' 등이다.

기본 정책란을 보면, 제1차 5개년계획 초기는 '수입대체산업 육성'이었다. 즉 면방(綿紡), 화학섬유, 합판, 고무화, 타이어, 시멘트, 판유리, 비료, 정유, 라디오, 전화기 등이 그 예이다. 그러나 1964년부터 경제개발 기본전략이 '수출제일주의'로 전환되자 이들 제품의 수출이 개시됐고 수출이 늘어나자 국제규모로 되어 갔다. 그리고 80년대에는 '세계일류화' 즉 세계무대에 군림하겠다는 계획이었다.

'석유화학', '제철', '비철금속', '조선', '기계', '전자' 등 중화학공업 6개 업종은, 1973년 '중화학공업화 선언' 후 국제경쟁력을 갖는 규모로 성장해 갔다. 그리고 1977년에 가서는 중화학공업의 부가가치 비중은 50%를 넘어섰고 수출에 있어서도 중화학공업 제품의 비중이 50%를 초과하기 시작했다. 우리 나라도 중화학공업국가가 된 것이다. 수출 100억 달러, 소득 1,000달러도 달성했다.

이 표를 보면 1980년 초, 박 대통령은 '행정수도 이전과 전국토의 개편이라는 전략사업'과 함께 '경제강국 건설에 대한 구상'을 발표하게 되어 있었다. 소위 '2000년대의 미래상'이다. 기본 정책란을 보면 '유신 2기 목표설정' 즉 '연구시설 확충' '산업합리화' '에너지 및 자원절약 포함'을 강력하게 추진토록 되어 있다.

분야별로는 ①국제 일류화 즉 제품의 고급화와 양적 확대 ②정밀화(즉 화학, 금속소재, 기계, 전자제품 등에서 선진기술을 활용한 최고급 품목의 개발과 생산) ③기술 선진 분야인 플랜트 수출이 가세된다. ④이를 위해 대학원 교육을 강화해서 대량의 우수한 과학기술자를 배출하는 동시에 전문형 연구소와 기업형 연구소를 대폭 증설 강화하고자 했다.

모두 국제경쟁력을 강화해서 경제강국을 이룩하여 선진국가를 건설하자는 뜻이었다. 그러나 이들 계획은 박 대통령의 서거로 햇빛을 못 보고 백지화됐다.

제2장
조국 근대화의 결산서

> 박정희 대통령은 중화학공업선언 후 국력을 총동원해 가며 목표달성을 위해 혼신의 노력을 경주했다. 그리고 5년이 지났다. 1977년 말이다.

1. 수출·중화학공업·방위산업

1. 수출과 국민소득 증가

 수출액은 1977년 말(통관기준으로) 100억 4,645만 달러로서 '목표량인 100억 달러 수출'을 달성했다. 5년간의 수출증가율 평균(73~77)은 46.57%에 달했다(71년부터 79년까지 연간 수출증가율 평균은 39.8%이다). 국민 1인당 GNP도 1,000달러를 넘어섰다. 1979년에는 147

억 달러를 수출했고, 1인당 GNP는 1,546달러가 됐다.

2 중화학공업국가 건설

중화학공업도 급진전을 해서 부가가치 기준으로 경공업 전체의 생산액을 웃돌게 됐다. 우리 나라도 중화학공업국가의 반열에 들어가게 된 것이다. 수출도 중화학 제품의 비중이 50%를 넘어서게 됐다.

이로써 우리 나라의 중화학공업은 중화학공업화 선언 후 5년 만에 목표를 달성한 것이다. 그리고 앞으로 계속 급속한 발전을 해서 산업혁명을 성공적으로 완수할 것이다.

3 방위산업 육성

① 국산무기 화력시범대회

1977년 6월 23일, 중부전선 승진기지에서는 창군 이래 최대규모의 국산무기 화력 시범대회가 개최됐다. 71년 말 방위산업이 본격화된 후 국민들은 방위산업의 발전이 괄목하다는 소식만 들었을 뿐 그 실제 사정은 알 수가 없어서 몹시 궁금했다. 더욱이 국민들은 74년과 75년에는 방위성금을 갹출했고, 75년부터는 과중한 방위세를 납부하게 되었다. 박 대통령은 국민에게 그 성과를 알려야 하겠다고 생각했던 것 같다. 그래서 이 대회에는 3부 요인, 주한 외교사절, 한미 주요 군지휘관, 각계 지도급 인사 등 약 2,000명을 초청했다. TV로 방영해서 국민들에게 실감을 느끼게 했다. 이 대회에는 소총으로부터 155㎜ 대구경포까지의 각종 국산무기가 등장했다.

▲ 대한항공 김해공장에서 500MD 헬기 동체를 제작하고 있는 모습. 500MD에는 두 가지 형(型)이 있다. 4인용 수송기와 공격형 헬기이다. 공격용 헬기에는 대전차공격용 '토우' 미사일을 4발 장착하고 있는데 명중률이 높다. 1977년 10월에 화력평가시험이 거행됐는데, 그 보고서 결론은 "일발필중(一發必中 : 한 발에 명중) 초전박살(초탄에 박살났다)"의 단지 여덟 자였다. 그 후 우리 나라의 500MD 조종사가 사격대회에서 Top Gunner로 우승했다는 기사가 자주 나온다. 500MD는 1977년에 국산 1호기가 나온 후 총 300여 대를 납품했다. 그리고 500MD의 기체는 500여 대가 수출됐다. 500MD의 엔진은 삼성항공에서 생산한다. 이로써 우리 나라도 세계 항공연보에 오르게 되었다. 항공기를 생산하는 나라로 등록된 것이다.

    과거에는 미국에서 대여받아 쓰고 있던 무기들인데, 이제 모두 국내에서 생산해서 국토방위를 할 수 있게 된 것이다. 더욱이 한국형 소총, 발칸포, 장갑차, 500MD 헬기 등 과거 국군에서 보유하지 못했던 병기도 갖게 됐다. 국방의 자주화가 이룩된 것이다. 박 대통령은 카터 미 대통령의 주한미군 철수정책에 대항해, 자주국방에 대한 우리 국민의 저력을 만천하에, 특히 북한에 인식시키고자 했을 것이다. 이 날 대회에는 정부와 여당 인사들뿐만 아니라 이철승(李哲承) 당시 신민당 대표, 박순천(朴順天) 여사 등 야당의 주요 정치인들이 모두 참석했다.

> **국산 신형무기
> 화력 시범대회**

이날 행사의 클라이막스는 공군의 지원하에 육군 1개대대 병력이 적진지를 공격하는 장면이었다. 공군의 F-5기가 폭탄과 네이팜탄을 투하함으로써 적진지를 파괴하고 불바다로 만들었다. 국산포로 무장한 포병대가 국산포탄으로 지원사격을 했다. 백발백중이었다. 이어서 헬멧으로부터 소총, 기관총, 박격포까지 국산무기로 완전무장한 보병 1개대대가 적진지를 공격했다. 실탄이 비 오듯 했다. 특히 500MD는 산골짜기를 따라 저공으로 침입하다가 갑자기 급상승하여 전투 현장에 나타나서 공격을 가하고는 곧바로 산골짜기로 숨어 버리는 재주를 부려, 모두 박수갈채를 보냈다. 이어서 율곡사업으로 도입한 신형무기가 소개됐다. F-4팬텀기가 나타나서 스마트 폭탄을 투하했다. 스마트 폭탄은 월남전 때 최초로 선을 보인 신형폭탄으로, 모기(母機)(F-4팬텀기)에서 유도함으로써 정확히 목표에 명중시키는 신형 무기였다. 다음 F-4 팬텀기는 '마브릭'이라는 공대지 미사일을 발사했는데, 마브릭은 적 토치카의 총구(1m×1m) 안으로 들어가서 폭발했다. 모두 감탄을 아끼지 않았다. 그러고는 보병들이 최후 공격을 감행하여 적진지를 점령하고는 태극기를 꽂고 우렁차게 만세를 불렀다.

화력 시범을 보고 난 후, 박 대통령이 이철승 대표에게 "미군이 간다고 너무 걱정하지 마시오"라고 말하자, 이 대표는 "오늘 화력시범을 보니 금석지감(今昔之感)이 있다"고 소감을 피력했다. 국방 문제에 있어서만큼은 여야가 따로 없었던 것이다.

또 이날 시범을 주관한 한 부대장은 "국민의 방위세 지원 등 적극적인 뒷받침으로 우리 국군의 힘이 이만큼 강해졌다"라고 말해 참관자들의 열띤 박수를 받았다. 이날 허리띠를 졸라매고 방위세를 부담한 우리 국민은 감격에 넘쳤으며, 또 다시 한마음으로 굳게 뭉칠 수 있었다. 아마 이 날은 박 대통령 생애에서 가장 기쁜 날이었을 것이다.

박 대통령은 "지금 우리 국군은 북괴 공산군보다 훨씬 강하다. 장비와 훈련에서도 북괴군을 능가하고 있다. 오늘 우리 항공기의 사격술을 보니, 우리 공군 조종사들의 사격술도 매우 뛰어나다"며 국방에 대한 자신감을 표현했다. 그리고 국민을 안심시켰다. 방위산업이 출발한 지 불과 6년 만의 성과였다. 아마도 이렇게 놀라운 성공은 다른 나라에서는 찾아볼 수 없을 것이다. 제일 놀란 것은 북한일 것이고, 당황한 것은 다름 아닌 철군만 고집하던 카터 대통령이었을 것이다.

자주국방 의지의 실현

1971년 말 율곡사업에 착수할 때는 20개 예비사단을 경보병 사단화하는 것이 목표였다. 그런데 이 사업이 본격화되어 감에 따라 우선 6개 후방경비사단과 11개 방위사단부터 장비를 보충하기 시작했다. 장비가 현역 수준으로 증강되자 율곡사업 1차계획년도(80년)까지 전투사단 17개, 후방경비사단 6개, 전투준비사단 4개, 합계 27개 사단으로 개편했다.

결국 현역사단 외에 현역사단과 똑같은 장비를 갖춘 27개 사단이 탄생한 것이다. 방위세를 부담한 국민의 공이었고, 자주국방 의지의 실현이었다.

② 한국형 전차 개발

전차는 육군의 상징이며 지상전의 왕자이다. 전차전에서 적을 제압하면, 지상전에서 승기(勝機)가 마련된다. 현재 우리 나라는 세계적으로 자랑할 수 있는 최신형 한국형 전차를(군에서 요구하는 수량만큼) 생산해내고 있으니 국군의 자주화는 크게 진전됐다고 볼 수 있다. 전차까지 북한군의 성능을 능가하게 됐다면 육군의 현대화 사업은 완성됐다고 해도 좋다. 더욱이 우리 스스로가 한국형 전차를 개발함으로써 우리 나라는 전차의 개발 및 생산능력을 갖게 됐다. 한국형 전차에 개선점이 있다면 우리 스스로 업그레이딩할 수도 있다. 그 결과 한국형 구난 전차나 한국형 교량 전차 등 신규 개발품도 생산할 수 있게 됐으며, 필요하다면 더 우수한 전차도 우리 힘으로 개발 가능하게 됐다. 이제 전차는 외제품을 쓸 필요가 없게 된 것이다. 이런 사업들이 모두 국민의 혈세인 율곡자금으로 이루어졌다. 이제 육군의 지상장비는 북한군을 완전히 압도하고 있다. 만일 북한이 또 다시 남침을 한다 해도 군이 목숨을 바쳐 나라를 지키겠다는 각오만 돼 있다면 국민으로서는 두려울 것이 없다. 그리고 적도 감히 전쟁도발을 못할 것이다. 국민의 간절한 소망이 바로 이 점에 있다는 것을 국가안보를 책임지는 모든 기관은 알았으면 한다.

③ 탱크 생산업체 지정

하루는 현대 정주영(鄭周永) 회장이 찾아와서 "대통령이 탱크를 만들라는 지시를 내려서, 나는 '명령이니 하기는 하겠습니다만 탱크에 대해서는 생각해 본 적도 없고, 아는 것이 있어야죠' 했다. 그랬더니 '吳수석과 상의하라'고 해서 찾아왔다"고 하는 것이었다.

박 대통령은 현대라는 마지막 카드를 사용했음을 나는 곧 알아차릴 수 있었다. 탱크사업체로서 현대가 적합하다는 데 대해서는 당시 김정렴 실장과 나의 의견이 일치했다. 중기계 제작에 경험이 많았기 때문이다. 나는 정 회장에게 탱크문제의 심각성을 이야기하고, 물량도 많다는 이야기를 한 후 즉시 창원에 공장을 지으라고 권했다. 정 회장은 "공장을 짓는 것까지는 좋은데, 탱크 개조사업이 끝나면 그후 일감이 있어야지"라고 망설었다. 사업가로서는 당연한 걱정이다. 나는 이 점이 초점이라고 생각했다. 이 의문에 대해 정 회장을 설득시키지 못하면 정 회장은 임시변통식 소형공장을 지을 것임이 명백했다.

나는 정 회장에게 "일감은 계속 있다. 전차 성능향상 사업과 동시에 신형전차 개발을 시작하기로 했다, 이미 대통령도 결심을 했다, 이 신형전차는 한국에서 설계 개발하는 한국형 전차다"라고 했다. 정 회장은 "미군에는 신형전차가 있을텐데 왜 하필이면 한국에서 설계까지 해가며 개발하겠다는 것인지 그 이유를 모르겠다"고 한다. 나는 "북한제 탱크는 소련식 전차인데, 미국의 전차보다 우수한 점이 많다. 우선 기본설계 개념부터 다르다. 소련식 탱크의 높이는 미국식 탱크보다 70㎝가량이나 낮다. 소련제의 높이는 2.4m밖에 안되는데 미국의 M48A5 전차는 3.1m나 된다(주 : 한국형 전차의 높이는 2.25m). 높이가 더 높다는 것은 모양이 크다는 것인데, 포탄에 맞기 쉽다는 것 아닌가? 장갑판의 두께는 30㎝나 되는 무쇠덩어리이니 70㎝가 높아지면 탱크 전체의 중량이 많아지는 것은 당연하다. 중량이 많아진다는 것은 엔진 마력을 늘려야 한다는 이야기가 되고, 엔진 크기를 키우면 더 큰 엔진을 탑재하기 위해 탱크 크기가 또 커져야 하고 그러자니 또 전차 무게가 많아진다는 결과가 나온다. 그 결과 소련식 T54, 55의 중량은 34톤 정도인데 비해 미제 M48 전차는 44.5톤이나 돼서 10톤 정도의 차이가 나게 된다. 그래서 새로 미국이 개발중인 신형 M-1 전차는, 할 수 없이 디젤엔진 대신 제트엔진을 사용했는데 그래도 총 중량이 50톤이 넘게 된다는 것이다. 그래서……" 하고 여기서 잠시 말을 끊고 정 회장의 눈치를 살폈다.

정 회장은 어떤 문제점이 생기면 기상천외한 독특한 방법을 생각해서 해결해 나가는 독창적 창의력을 갖고 있다는 것을 나는 잘 알고 있었다. 그래서 여기서 정 회장의 반응을 본 것이다. 정 회장은 생각한 대로 큰 흥미를 갖기 시작했다. 나는 "정 회장! 어떻게 해결하면 되겠습니까?" 하고는 다시 말을 끊었다. 정 회장의 머리는 과연 비상했다. "소련 전차는 어떻게 그렇게 작아도 될까?" 하고 질문을 한다.

나는 "바로 그 점이 중요하다. 소련에서는 전차 탑승은 키 작은 사람만 골라서 선발한다. 특히 동양계 사람이다. 키가 작은 사람이 타면 전차도 작아질 수 있는 것 아니겠는가? 미국에서는 2m나 되는 덩치 큰 사람도 탈 수 있게 만들었으니, 탱크가 커질 수밖에 없다. 그리고 전차 내부에도 여유공간을 많이 두고 있다. 열대지방에 배치할 때는 에어컨까지 단다. 그래서 덩치도 커지고 무게도 많아진 것이다. 새로 제작하려는 한국형 탱크는 엔진마력도 크게 증가시키고, 속도도 늘리고, 기동성도 향상시킬 것이다. 새로 개발된 장갑판도 사용해서 방어력도 늘릴 것이다. 최신 사격장치를 채택해서 명중률도 높이고 주행 중 포사격이나 야간 전투능력도 갖게 될 것이다. 기타 최신 장비를 모두 갖춘 최신 전차를 만들 계획이다. 그러나 전차의 크기는 소련제와 거의 같게 하려고 한다. 앞으로는 전차 탑승자로는 키가 작은 사람이 선발될 것이다."

여기까지 설명하니 정 회장은 흥미가 최고로 고조되었다. 정 회장의 창조력에 불이 붙은 것이다. 정 회장은 "오 수석! 신나는 전차 한번 만들어 볼께"라고 하며 웃더니 "수출도 될 것 같다"라고 덧붙인다. 나는 "그렇지 않아도 미군 해병대에서는 이런 전차개념에 대단한 흥미를 갖고 있다. M-1 전차는 상륙작전에서는 덩치가 크고, 미 해병대가 갖고 있는 수송 항공기에 탑재할 수가 없어 작전상 불편하다는 견해가 있다. 한국형 전차의 성능이 좋으면 미국 해병대에서도 사겠다는 뜻도 비쳤다"라는 이야기를 해 주었다.

나는 곧 대통령 서재로 올라갔는데, 분위기가 좀 여유로와 보였다. 그래서 좀 상세하게 보고하고 나서 마지막으로 "정 회장으로부터 탱크 사업을 하겠다는 약속을 받고 난 후, 다음 이야기를 전해 주었습니다. '정 회장! 탱크를 하겠다는 사람에게 각하께서 보너스를 주시기로 했소. 박 대통령은 방위산업체는 비상시는 병기를 만들고 평화시는 민수품을 만든다는 원칙을 세우고 있는데, 탱크 만드 공장에 대해 철도 기관차도 만들도록 조치를 했소. 그래서 나는 이 공장에 철도 인입선을 끌어들일 수 있도록 이미 배치를 했소'라고 했습니다. 그랬더니 정 회장의 얼굴에서는 금새 웃음이 나오더니 '오수석! 보너스 이야기부터 먼저 해주지 않고' 하는 것 아니겠습니까 그리고는 정 회장은 날아갈 듯이 방에서 나갔습니다"라고 보고했다.

박 대통령은 크게 소리내고 웃더니 "기관차도 국산화할 때가 됐어. 정 회장은 사업 욕심이 많으니 잘 해낼 것이야. 정 회장, 몸집도 큰 사람이 어지간히 좋았던 모양이지"라고 했다. 이렇게 돼서 탱크와 기관차 공장이 창원에 입주하게 되었다. 날짜는 1976년 7월 21일이고 명칭은 現代車輛(현 現代精工)이다. 창원기계공업기지에 현대차량 공장이 긴급 건설되고 M-48 전차는 A5형으로 개조돼서 105밀리포를 달게 됐고 중고 전차가 신품이 됐다. 한국형 전차에 대해서는 전차의 성능요구서를 작성한 후 미국의 탱크전문 기술용역회사와 설계 계약을 체결했다. 1979년 초에는 설계한 전차를 현물 크기로(나무) 만들어 한국으로 가져 왔다. 국방색으로 도장을 했으니 실물과 같이 당당한 위용을 과시했고 위압감마저 느끼게 했다. 승무원의 동작에도 문제점이 없는가 체크를 하기 위해 실제로 전차 내부에 들어갈 수도 있게 되어 있었다. 이 모형은 현 현대체육관(도곡동)에 설치하고 검토에 들어갔다. 박 대통령은 전차모형이 도착하자마자 즉시 참관하고 탑승해 보았다. 국방부 장관 이하 간부진도 모두 앞다투어 참관하고 설명을 들었다. 그리고는 모두 "이제 우리도 전차까지 만들 수 있게 됐다. 그것도 세계 최상급 전차이다"라며 벅찬 감정에 휩싸였다. 모두 흥분하고 기뻐하고 감격했다. "북한 탱크도 이제는 꼼짝 못하게 됐다"라며 한국전쟁 때 북한군 탱크에 당했던 울분을 풀었다. 그리고는 모두 이 한국형 전차가 생산되는 날을 간절히 기다렸다.

④ 한국형 전차

'95 서울 국제군수산업전'(1995년 9월 28일~10월 1일)에서 한국형 전차(K1-MBT)를 보고 나는 감개무량했다. 이 전차의 개발계획을 담당하던 내가 17년 전에 본 전차는 실물 크기로 만들기는 했지만 목제품 모형이었는데, 이 전람회에 전시된 것은 위용이 당당한 전투용 실물이었다. 나로서는 실로 17년만의 재회였으니 그 기나긴 세월에 어떤 변화가 일어났는지 흥분에 가까운 호기심이 솟아올랐다. 그래서 그 내용을 유심히 살펴보고 설명을 들었다. 그 결과 당초의 개발 목표가 그대로 준수되고 있다는 점을 알고 난 후 크게 안도를 했다. 우선 전차의 높이가 2.25m라고 한다. 세계에서 가장 낮은 전차이다. 전차 높이가 높으면 적에게 발견되기 쉽고 적탄에 맞기 쉬우니 가능한 한 낮게 설계한다는 방침에 따른 것이다.

둘째, 엔진은 1,200마력이다. 북한제 최신형 전차인 T-72의 엔진이 780마력인데 비해 1.5배나 크다. 엔진을 크게 한 이유는 속도 및 기동성을 좋게 할 뿐만 아니라, 구릉지나 계곡 등이 많은 우리 나라의 특수 지형을 염두에 두었으며, 될수록 고지(高地)로 올라가서 적을 내려다보며 사격을 할 수 있도록 하기 위한 것이었다. 고지로 올라갈 때 수목 등 장애물을 밀고 올라가려면 엔진 마력이 커야 한다. 전차가 고

▲ 현대정공에서 개발·생산하고 있는 한국형 전차(K1-MBT)

지에 자리잡고 엄폐를 하면 포신만 노출된 상태에서 사격할 수 있으니 생존성이 좋은 데 반해, 적 전차는 고지에서 내려다 보면 완전히 노출되는 상태가 되니 극히 불리하다. 이런 전투를 가능케 하기 위해 한국형 전차는 마이너스 10도(즉 수평보다 10도 이하)로 사격이 가능케 설계했다. 반면 소련제 전차는 평지에서만 전투를 한다는 개념에서 설계했기 때문에 포신은 마이너스 5도까지 밖에 내려가지 못한다. 한국적 전략 개념에 의해 설계한 전차이다.

셋째, 거리측정기나 탄두계산기는 미국제가 소련제보다 월등히 우수하다. 한국형 전차는 미국의 최신 전차인 M-1 전차와 동일형을 사용했으니 세계 최고급이다. 예를 들면 소련제 T-72 전차는 500~3,000미터 범위의 거리측정만이 가능한 데 비해 한국형 전차는 200미터에서 8,000미터까지 가능하다. T-72 전차는 3,000미터 이상에서는 거리측정이 안 되니 사격이 불가능하다. 야간에 T-72 전차는 800미터까지의 거리측정이 가능한 반면, 한국형 전차는 1,200미터까지 측정할수 있다. 즉 야간 전투에서 한국형 전차는 1,200미터 거리의 적 전차를 발견하고 사격할 수 있지만, 적 전차는 우리 전차를 발견하려면 800미터까지 접근해야 한다는 뜻이 된다. 탄도계산기는 T-72 전차는 '아날로그 방식'인 데 비해 한국형 전차는 '디지털 방식'이다. 화면에 여러 개의 표적이 동시에 표시된다. 한 표적을 사격하고 난 후 곧바로 다음 표적을 공격할 수 있다.

넷째, 보통 전차에서 사수는 포의 방향 즉 전방에 대한 사격 조준을 담당한다. 그러니 후방의 적을 공격하려면 포를 회전하고 난 후에야 조준이 가능하다. 그런데 한국형 전차에서는 전차장(戰車長)이 별도로 360도 회전하는 사격조준장치를 갖고 있어 전진하는 도중 좌우 또는 후방의 목표물을 조준 컴퓨터에 입력시킬 수 있다. 즉, 주행 중 전후방을 가리지 않고 신속하게 사격이 가능하다는 뜻이다.

다섯째, T-72 전차는 주행 중 고저 방향만 스테이빌라이저(Stabilizer : 안정화장치)가 돼 있는 데 비해, 한국형 전차는 고저 및 좌우 모두 안정화 장치가 돼 있어 주행중 사격이 가능하다. 즉 이동 중인 적 탱크를 아군 탱크는 이동하면서 사격이 가능하다는 뜻이다. 그외에도 장점은 많다. 한국형 전차는 자동변속기에 의해 운전된다. 제자리에서 360도 회전도 가능하다. 화생방 보호장치나 자동 소화장치도 부착돼 있다. 모두 당초의 계획대로였다. 다만 이번에 전시된 전차는 총중량이 51톤이나 됐다. 당초 계획했던 것보다 5~6톤이나 무거워진 것이다. 방어력을 세계 최상급으로 증가시켰기 때문이라고 한다.

어쨌든 한국형 전차는 105mm 전차포를 장착한 탱크로서는 세계 최강의 전차라는 점에는 이론(異論)의 여지가 없다. 현재 북한은 T-62

형이 주력전차이고 소수의 T-72 전차를 보유하고 있다. 그러니 한국형 전차가 T-62를 격멸하는 것은 문제거리가 되지 않는다. 그리고 만일 북한이 장차 T-72 전차를 대량 확보한다고 하더라도 큰 위협은 되지 않는다. 이럴 경우에는 한국형 전차의 105㎜포를 120㎜포로 업그레이딩하기만 하면 된다.

⑤ 국산 유도병기 공개시험발사

1978년 9월 초에 실시된 제3단계인 완전 국산 유도탄(제7호 및 제8호)의 발사시험도 성공했다. 이 유도탄에 사용된 외국제 부품은 유압장치 한 개뿐이어서 거의 완전한 국산품이라고 할 수 있다. 이 유압장치는 수량이 적어 국산화하는 것이 비경제적이라서 수입한 것이다.

그러고는 국군의 날 5일 전인 9월 26일 박 대통령을 모시고 시험발사를 하기로 했다. 유도탄 시험을 실시할 때에는 발사지점에서 탄착지점까지의 바다와 하늘에 대한 통행금지를 실시해야 한다. 이때 미국에게도 통보하고 협조를 받게 된다. 그래서인지 박 대통령은 아예 공개행사로 실시하도록 지시를 내렸다.

미사일 시대를 열다

1978년 9월 26일, 이날은 바야흐로 우리 나라가 '미사일 시대'를 여는 역사적인 날로 기록될 것이다.

이 날 종합시험기지엔 박정희 대통령을 비롯한 이민우 국회 부의장, 정래혁 국회 국방분과위원장, 노재현 국방장관, 최각규 상공장관, 최형섭 과학기술처장관 등등 3부 요인들과, 김종환 합참의장 3군참모총장, 존 베시 주한 유엔군 사령관 및 국내 보도진 등 100여 명이 참관하는 가운데 시험발사에 성공했다.

이 날 공개된 국산 유도병기는 모두 우리 과학 기술진에 의해서 개발된 장거리 유도탄, 중거리 유도탄, 다연장(多聯裝) 로켓, 대전차 로켓 등등이었다.

이 날 시험발사는 대전차 로켓으로부터 시작됐는데, 발사된 로켓포는 발사 순간 맞은편 절벽에 백색으로 표시된 목표에 정확하게 꽂혔으며, 그때마다 지각을 찢는 폭음과 함께 바위에 큰 구멍이 뚫렸다.

다음은 다연장 로켓이었다. 발사신호가 떨어지자, 탄착지를 확인하기 위한 첫번째 로켓은 연기를 뿜으며 단숨에 바다를 건너 약 5km 떨어진 무인도 앞바다로 날아가, 목표물에 명중되어 불꽃이 오르고, 잠시 후에 폭음이 산울림으로 되돌아왔다. 뒤이어 수십 발의 로켓이 비 오듯이 날아갔고, 목표 지점은 삽시간에 불바다로 바뀌었다.

다음, 가장 하일라이트인 장거리 지대지 유도탄의 카운트다운이 떨어지자, 화살 모양의 비행체가 불기둥을 뿜으며 수직으로 솟아오르고, 1단계 로켓이 떨어져 나간 다음, 2단계 로켓이 점화되고, 포물선으로 궤도를 잡아 순식간에 시계를 벗어났다. 몇 분 후에는 명중신호가 전해왔으며, 관람대와 통제소에선 일제히 환호성이 터졌다. 이때, 기술진들은 서로 얼싸안고 감격의 눈물을 흘렸다. 박 대통령의 얼굴은 반가움과 만족과 자신감이 뒤섞인 표정이었다.

이로써 우리는 세계에서 7번째로 유도탄을 자체개발하고 보유한 나라가 된 것이다. 또한 이 유도탄시험발사 성공은 우리 나라가 독자적인 무기체계를 이룩하는 획기적인 계기가 되었을 뿐 아니라, 우리 방위산업은 고도정밀 과학 병기까지도 만들어 낼 수 있는 수준에 도달했음을 입증하는 것이었다.

⑥ 대통령의 일기

박정희 대통령은 1979년 10월 1일, 다음과 같은 일기를 썼다.

대통령 일기

'국군의 날, 건군 30주년을 맞이하게 되다. 오전 10시 여의도 5·16 광장에서 국군의 날 행사가 거행되었다. 우리 국군은 건국 초부터 공산침략 도배들과 혈투를 거듭하면서 오늘의 막강한 대군으로 성장하였다. 1970년대에 들어오면서 우리는 자주국방을 위한 우리 스스로의 결의와 노력으로 이제 해가 거듭될수록 내실을 기해가고 있다. 오늘의 행사에 동원된 장비 중 70~80% 이상이 우리 국산장비라는 것을 확인할 수 있었다. 특히 지난 해 9월 26일 시험발사에 성공한 다연발 로켓과 중장거리 유도탄이 처음으로 국민들 앞에 선을 보임으로써 시민들의 열렬한 박수와 환영을 받았다. 이제 외형적으로나 내용적으로나 우리 군이 엄청나게 성장했고 강해졌다는 것을 피부로 느낄 정도로 달라졌다. 사기가 문자 그대로 충천하다. 아마 우리 역사상 이처럼 막강한 국군을 가져본 것은 처음이리라. 장병들이여, 더욱 분발하여 조국을 빛내도록 하자. 국군장병들에게 신의 가호가 있으라.

자주국방에 혼신의 노력을 경주한 박정희 대통령의 유언이었다. 박 대통령은 이 일기를 쓰고 난 후 한 달도 못되어 세상을 떠났다. 삼가 명복을 빈다.

4   쌀 : 자급자족

우리 나라는 1977년 대망의 쌀 생산 4000만 석(石)을 돌파했다. 정확한 숫자는 4,177만 6,000석, 즉 600만 6,000톤이다. 이 해 헥타르당 (1정보) 수확은 전국 평균 4.94톤인데, 충청남도는 평균 5.52톤을 생산함으로써 대통령이 하사하는 '쌀 다수확우승기(旗)'를 받았다.

박 대통령은 특별방송을 통해 100% 순쌀밥을 먹어도 좋고 쌀막걸리 (Rice wine) 제조도 허가한다고 했다. '보릿고개'로 찌들었던 우리 국민이, 기아선상에서 허덕이던 절망적인 우리 국민이 이제 처음으로 '흰 쌀밥'을 마음껏 먹을 수 있게 된 역사적인 해이다.

그 동안 우리 나라는 매년 10만 톤 내지 90만 톤의 쌀을 수입해서 국내소비에 충당해 왔다. 그리고 쌀수입을 줄이기 위해 값이 싼 잡곡 (雜穀)을 권장했다. 그러나 근본적인 대책은 쌀 수확을 늘리는 길이라고 확신한 박 대통령은 '쌀 생산 4000만 석'이라는 목표를 내걸고 진두지휘했다.

① 우선 한발을 막을 길을 찾아야 했다. 그래서 저수지 및 관개시설 개선을 해서 수리안전답으로 개량했다.
② 비료공장이나 농약공장을 건설해서 충분하게 공급했다.
③ 농업기술을 연구하고 보급시켰다.
④ 종자개량을 해서 수확을 늘렸다.
⑤ 농업의 기계화를 했다.

그 결과 우리 나라의 쌀 수확량은 급격히 늘어났다.

쌀을 4000만 석 생산하고 보니 그간 강력히 실시해 온 쌀 소비 절약 즉 잡곡 권장 정책이 주효해서 쌀 소비는 1977년 3억 3,347만 석에 불과했다. 그래서 재고량은 1,500만 석이나 됐다(주 : 쌀이 남아돌자 인도네

■ 도표 Ⅲ-3
우리 나라의 쌀 수확량

(ha당/톤)

연도	생산량
1908~1912	1.14 톤
1918~1922	1.36 톤
1933~1937	1.63 톤
1970	3.30 톤
1974	3.71 톤
1975	3.86 톤
1976	4.33 톤
1977	4.94 톤

＊주 : 박진환 著「한국경제 근대화와 새마을운동」p. 4 및 p. 88 참조

시아에 7만 톤을 대여했다. 대여조건은 10년 분할상환인데 이자를 합쳐 88,520톤을 도로 받게 된다). 1977년 이후 우리 나라에서는 쌀 부족 문제는 일어나지 않게 됐다. 어떤 의미에서는 우리 나라의 1960~70년대는 원시농경국가에서 탈피하고 현대적 산업국가로 진입하는 역사적 변혁의 시대라고 말할 수 있다.

5 달라진 농어촌 풍경

'농어촌 전화(電化) 10개년 사업'의 성공으로 농어촌 구석구석까지 전기가 들어가게 됐다. 이로써 농어촌에서는 밤에도 일하거나 공부를 할 수 있게 되었고, 농촌의 문화, 정보 및 동력화에 혁명적 변화가 일

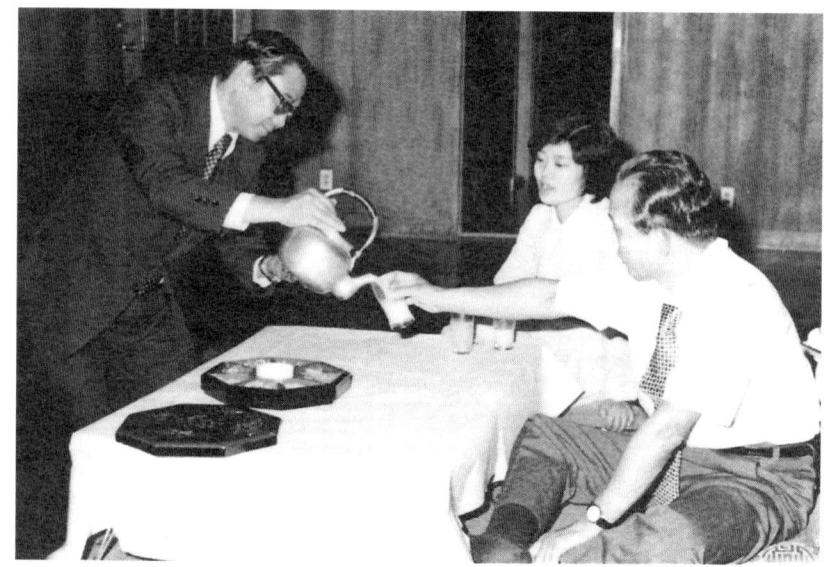

▲ 박정희 대통령은 1977년 따님(소영 씨)을 대동하고 옥천에 있는 육영수 영부인 생가에 들렀다. 예고 없이 갑자기 들르는 바람에 생가를 돌보는 이가 한참 망설이다가 "추석 성묘 때 쓰려고 햅쌀로 빚은 쌀막걸리가 있습니다" 하고 내놓았다. 대통령의 허리띠나 시계는 너무나 소박해 보인다. 사진 중앙은 따님 소영 씨. 술을 따르는 필자 오원철

어났다. 그리고 새마을 사업의 진척에 따라 콘크리트로 건조된 새마을 주택이 보급되고 농촌 골목 끝까지 포장 도로가 뚫리고 경운기가 보급되었다. 경운기란 농업의 기계화인 동시에 농촌의 수송수단인 것이다. 가정용 연료문제, 의류문제도 완전 해결됐다. 전국의 산림녹화도 완성됐다. 농어촌 소득증대 사업의 성공으로 도시와 농촌 간의 소득차도 없어졌다. 더구나 농토의 땅값이 상승해서 농촌에 부자가 생겨나기도 했다.

1979년 한국을 방문한 싱가포르의 이광요 수상은 박 대통령에게 한국 농촌의 변화된 광경을 보고 "아, 비로소 각하의 위대함을 실감하게 됐다"고 말했다.

▶ 아시아의 두 거인 박정희 대통령과 이광요 싱가포르 수상

6 남북한 체제경쟁

우리 나라의 경제는 국민생활에 필수적인 농수산업이나 경공업은 물론이고 철강, 석유화학, 기계공업, 조선, 전자공업, 방위산업 등 모든 중화학공업 분야, 그리고 3차 산업인 전력·석유·원자력 등 에너지 분야, 고속도로·항만·해운 등 수송수단에 이르기까지 모든 면에서 북한을 완전히 압도하게 됐다.

그런데 북한의 경제사정은 심각한 상태였다. 1976년이 목표연도였던 6개년계획은 사업이 부진해지자, 75년 8월에 중단하고 77년까지 조절기를 갖게 된다. 그리고 국민생활은 악화일로로 빠지기 시작한다. 이것이 1970년 박 대통령이 제안했던 '선의의 경쟁'의 결말이다.

7 주한미군 철군 저지

창원기계공업기지 완성으로 카터 대통령의 주한 미군철수 문제가 해결됐다.

> **주한미군 철수 VS 창원기계공업기지**

창원기계공업기지 내에 있는 공장부지 100만 평의 '초대형 기계가공 공장(현재의 두산중공업)'은 약 800톤의 무게를 가진 쇳덩어리까지를 운반하고 가공하는 기계공장이다. 원자력발전소를 제작하고 있는 미국의 '웨스팅하우스' 공장도 이런 규모이다. 이런 기계를 설치하고 있는 공장은 세계에서도 몇 군데 없다. 이 공장은 원자력발전소는 물론, 원자력잠수함이나 원자력항공모함도 제작이 가능하다. 세계 최대의 선박 엔진도 여기서 만들고 있다. 각종 대형 플랜트도 제조되고 있다.

이 공장이 세워진 동기는 미국 정부의 한 고위관리의 말로 인해서이다. 그가 말하기를 "미국은 일본과 같은 공업국에서는 철군하지 않는다. 그러나 월남이나 한국과 같은 농업국은 버릴 수 있다." 즉 미군철수는 미·소 간의 '힘의 밸런스의 득실문제를 고려해서 결정된다'는 뜻이었다. 그렇다면 주한미군의 철군을 반대하고 있는 한국으로서는 일본과 똑같이 '미·소 간 힘의 밸런스에 영향을 줄 만한 공장을 건설하면 될 것이 아니겠느냐' 하고 생각하게 되었다. 그 결과 창원에 '초대형 가공공장'이 들어서게 된 것이다. 더구나 이 공장 근처에 세계에서 가장 규모가 큰 조선 독(dock)을 보유하는 옥포조선소를 건설했다. 아무리 큰 항공모함이라도 건조나 수리가 가능하다. 당시 카터 미 대통령은 주한미군 철수를 선거공약으로 내세웠으니 재선을 노리는 카터로서는 미군철수가 필수요건이었다. 이런 이유에서 이 공장은 주한 미군철수 문제와 맞물려 큰 쟁점으로 등장하게 된다.

이 공장이 제 모습을 갖추기 시작한 1978년부터 무수한 고급 미국 관리들이 시찰차 창원까지 왔다. 한 예로 1978년 2월 11일에는 페리 국방차관, 11월 8일에는 브라운 국방장관 일행(국방성, 국무성, 국가안전보장위원회 요직 인사 등 총 17명)이 왔다. 이때 브라운 국방장관은 '인크레더블(Incredible)'이라는 말만 연발하면서 "창원을 보고서야 비로소 한국이 급속히 발전하는 이유를 알게 됐다"고 했다.

　10일 후인 11월 21일, 미 하원은 군사위원회의 멜빈 프라이스 위원장을 대표로 하는 현지 확인반을 구성하여 창원에 왔다. 13명이라는 대대적인 규모였다. 위원장은 한국을 떠나기에 앞서 "'미국의 관심이나 한국방어공약은 조금도 변함이 없다'는 것을 명백히 해야 한다. 이번에 창원기지를 방문하고 난 후 '한국이 현대공업국가가 됐다'는 것을 확인했고, 방위 소요증가에 대한 책임을 점차로 한국 스스로가 떠맡을 수 있는 능력을 갖게 됐다는 것을 확신하게 됐다. 워싱턴에 돌아가면 우리 시찰단은 방한 결과를 분석하여 하원에 보고서를 제출하게 되는데, 다음 회기 때 '태평양지역의 방어정책에 대한 중요한 논의가 있을 것'으로 확신한다"고 했다.

　79년 5월 8일 앤소니 레이크 국무성 기획실장과 카린 리사커스 정책기획실 부실장을 주빈으로 한 일행 20여 명의 대부대가 창원에 왔다. 5월 12일에는 미 백악관의 의전담당관 일행 7명이 창원에 들렀다. 카터 미 대통령의 창원 방문 스케줄과 보안문제를 검토하기 위해서 왔다는 것이다. 결국 카터 미 대통령의 창원 방문은 이루어지지 않았으나 카터 대통령 자신이 창원을 시찰해야 할 필요성이 대두됐을 정도로 주한미군 철수에 대한 반대 여론이 미국 내에서 강해졌다는 뜻이 아니었을까?

**주한미군
철수방안 철회**

1979년 6월 19일 방한한 카터 미 대통령은 귀국 후 주한미군 철수계획을 근본적으로 수정했다. 그리고 7월 20일에는 "78년까지 이미 철수한 제1진 3,400명을 제외한 나머지 주한미군 철수는 81년에 가서 재평가하기로 한다"고 발표했다. 다시 말하면 주한미군 철수는 사실상 철회한다는 것이었다. 결국 창원기계공업기지를 포함한 중화학공업의 건설은 우리 나라 안보상 지대한 역할을 한 일등공신이라고 평가된다.

제 IV 부

한국인 : 경제전의 전사들

20세기 후반기에 들어서면서 경제전이라는 말이 등장한다. 이때부터 세계 각국은 '경제전'에서 승리하기 위해 필사적인 노력을 기울이기 시작했다.

전쟁이라면 '무력전'이건 '경제전'이건 승리를 해야만 살아남을 수 있으며, 전쟁에서 승리하자면 ①탁월한 최고사령관 ②우수한 전략과 전술 ③적을 능가하는 군장비 그리고 ④군병력의 수(數)와 질(質)이 필수적이다.

경제전에서도 이치는 이와 똑같다. ①탁월한 국가원수 ②효율적인 정부와 국가정책 ③'세계일류급의 생산시설'과 '국제경쟁력이 있는 제품의 생산'이 구비되어야 '경제전에서 승리할 수 있다.' 이 책의 제1부, 2부, 3부에서는 여기까지가 설명되어 있다. 그렇다면 나머지 부분은 최전방에서 싸우는 '경제전의 전사(戰士)들'의 이야기가 거론되어야 할 것이다.

나는 '우리 민족은 위대하다', 그리고 '무한한 가능성이 있다'는 관점에서 이 글을 쓰고 있다. 1960~70년대에 일어났던 일들은 이를 사실로 증명하고 있다. 당시는 '하면 된다. 우리도 할 수 있다'는 오기가 발동하고 있을 때이다. 그래서 국가원수를 비롯해서 공무원, 기업인, 그리고 국민 한 사람 한 사람이—부국강병(富國强兵)의 나라를 건설하고자—똘똘 뭉쳐서 땀을 흘렸던 것이다. 그 결과 우리 국민은 경제적 기적을 이룩하였다. 나는 이러한 과정을 설명함으로써 후손에게 자부심을 심고 용기를 주고자 한다. 그래서 이 글에는 한국인에 대한 이야기가 많이 나온다. 이 책의 독자, 특히 먼 훗날의 독자를 위해서 1960~70년대의 실상을 먼저 이야기해야겠다.

제 1 장

보릿고개와 여성근로자

우리 나라에는 고래로 '보릿고개'라는 말이 있다. 인류 역사상 가장 비참한 말이다. '먹을 것이 없어 굶는다'는 말과는 차원이 다르다. 보릿고개는 농토가 적어서 자기 가족이 먹을 양식을 생산 못하는 농가에서 일어난다. 따로 소득도 없다. 그러니 보릿고개의 절박함은 당해 보지 않은 사람은 도저히 이해할 수가 없다.

가난한 농가는 봄이 되면 식량이 떨어진다. 당장 먹을 저녁거리뿐 아니라, 내일도 모레도 먹을 양식이 없는 것이다. 나 혼자만 못 먹는 것이 아니다. 어린 자식이 밥 달라고 보채고, 산모의 젖이 제대로 나오지 않아 젖먹이조차 굶주린다.

모두 비슷한 처지라 양식을 꾸어올 데도 없고 꾸어 줄 사람도 없다. 할 수 없이 여물지 않은 보리이삭을 태워서 가루로 만든 다음 초근목피(草根木皮 : 풀뿌리와 나무껍질)와 함께 넣어서 죽을 쑤어 먹는다. 소위 '찢어지게'(㊟ : 이렇게 먹으면 변(便)이 굳어져서, 배설할 때 항문이 찢어진다. 그래서 고래로 우리 조상들은 가장 비참한 가난을 표현할 때 이 '찢어지게'란 말을 사용했다) 가난한 생활을 하는 것이다. 보리 추수가 돼야만 끼니라도 때울 수 있는데, 그때까지 못 견디면 굶어 죽는다. 보리추수가 됐다고 해서 문제가 해결되는 것도 아니다. 내년, 그 다음 해에도 이런 상태는 계속되는 것이다.

즉 보릿고개의 심각성은 나 혼자만의 일이 아니고 가족 전체의 문제라는 좌절감과 영구히 해결될 수 없다는 절망감에 있는 것이다. 그래서 보릿고개를 당하는 농가는 식구(㈜ : 食口, 밥을 먹는 입의 수 즉 가족수를 표현한 말이다)를 줄이려고, 10세도 안 된 어린 자식을 양자로 보낸다. 이때 주로 딸자식을 내보내는데, 아기를 보거나 식모살이(현재의 가정부)를 했으니 종살이나 다를 바 없었다.

보릿고개를 참다못해 도시에 나와도 일감이 없다. 지게를 지거나 잡부일을 해도 먹을 거리를 구하기 힘든 것은 마찬가지였다. 날씨라도 나빠서 일감이 없으면 매일 매일이 보릿고개가 될 수도 있다.

이런 보릿고개는 1977년에 가서야 마침내 해결된다. 이 점을 이해하지 않고는 우리 나라의 1960~70년대를 이해할 수가 없다.

다음으로 이웃나라 일본과—우리 나라와 똑같이 일본의 식민지였던—대만의 사정을 알아본다. 패전 직후의 일본은 어느 면으로 보나 우리 나라보다 낫다고는 할 수 없었다. 그런데 놀랍게도 일본 경제는 소생을 하고 발전을 하기 시작했다. 우리 나라와 비슷한 상태였던 대만조차도 1950년대 말에는 미국의 원조를 중단하고 자립경제 단계에 이르렀다.

그러나 우리 나라 경제는 날이 갈수록 나빠지기만 했다. 이런 상태가 되니 우리 국민은 완전히 용기를 잃고, 스스로를 비하하기 시작했다. 이 무렵 "엽전이 별수 있간디", "'와라지' 주제에 무엇을 할 수 있다고"라는 말이 유행했다(㈜ : '와라지'라는 것은 '짚신'이라는 뜻의 일본말. 일본은 명치유신 이후 단발령을 내렸다. 양복을 입게 하고 구두를 신게 했다.

그러나 천민들은 이에 따라갈 수 없었다. 그래서 이들을 와라지라며 천시했다. 식민지 시대에 일본인들은 짚신을 신고 있는 한국인들을 보고도 '와라지'라고 했다).

여기서 '엽전'이나 '와라지'라는 말은 우리 국민이 스스로를 비하하는 뜻으로 쓰였다. '달러 세상이 됐는데 엽전으로 무슨 힘이 있겠느냐'는 뜻이고, '다른 나라 사람은 모두 구두를 신고 다니는데, 우리는 짚신이나 신어야 할 신세'라는 뜻이었다. 이때 국민들의 사기는 패잔병의 심리와 다를 바가 없었다. 5·16 군사정부는 '기아선상에 허덕이는 절망적인 민생고'라고 표현했는데, 당시의 국민들에게는 무척 동감이 가는 표현이었다. 이런 상태에서 우리 나라는 역사상 처음으로 '자립경제'를 하겠다고 나섰다. 자립경제라는 것은, 미국 원조 없이 나라살림을 꾸려가겠다는 극히 소박한 욕망이었다.

1 경제자립과 인력

1960~70년대 초반. 공업분야가 거의 황무지였던 당시, 우리 나라의 유일한 자원은 '한국인이라는 인력(人力)'뿐이었다. 이 '인력'을 활용함으로써 국민이 먹고 살고, 나라의 경영을 해야 하는 것이 우리의 피할 수 없는 운명이었다. 그러나 당시(1960~70년대)만 하더라도 '한국의 인력'에 관해서 아는 사람도 없고, 조사된 자료도 없었다. 모두가 감으로 느끼는 정도가 고작이었다.

그래서 새로운 분야에 대한 계획을 수립할 때마다 '한국인이란 과연 무엇인가'라는 의문이 나를 괴롭히기 시작했다. 여기에 대한 답이 나오지 않고서는 계획을 세울 수가 없기 때문이었다.

2 인력의 양(量)

'인력'에는 양(量)과 질(質)이 있는데, 가장 기본적인 양조차도 문제가 있었다. 1964년 말, 내가 '공업의 수출 체제로의 전환' 작업에 심혈을 기울이고 있을 때였다. 농촌에서 남아도는 유휴노동력을 활용하여 섬유제품 등 경공업 제품을 생산하고 수출을 한다는 전략이었다. 이 분야는 젊은 여성근로자(女工)들의 몫이었다. 그렇다면 연도별, 학력별, 사회진출 여성들의 총인원수만큼은 알아야 했다. 그런데 이러한 통계는 구하려야 구할 수가 없었다. 통계를 작성할 만한 근거자료도 없었다.

구체적인 예를 든다. 국가 통계상 가장 중요한 기초자료가 '인구통계'인데, 이것조차 믿을 수가 없었다. 5·16 혁명정부는 국민에게 6년제 의무교육만큼은 꼭 수행하겠다는 공약을 했다. 그래서 5개년계획을 수립하고, 이에 따라 대대적으로 학교를 세우고 교실을 확충했다. 그런데 해가 갈수록 교실 부족 상태가 점점 더 악화되더니, 3부제는 보통이고 심지어 4부제까지 등장했다. 계획상으로는 도저히 일어날 수 없는 현상이 발생한 것이다.

정부는 긴급 조사팀을 구성, 현지로 내려가서 내용을 파악해 보니, 계획작성시 기초로 삼았던 '인구통계'가 엉터리였다는 것이 판명됐다. 결국 당시(1960년대 초)에는 믿을 만한 인구통계조차도 없었다는 뜻이다. 부득이 나는 여러 가지 가정(假定)을 설정, 스스로 통계를 작성한 후 업무를 추진할 수밖에 없었다. 윤곽이나마 파악하지 못하면 수립된 전략은 사상누각(砂上樓閣)이 되기 때문이었다.

이렇게 작성된 통계에 의하면, 1965년 봄 사회에 진출한 여성의 총수는 26만 명(100%)이었다. 이 중 초등학교도 못 나온 수가 3만 6,

000명(13.9%), 초등학교 출신이 16만 6,000명(64%). 따라서 초등학교 졸업 및 그 이하의 학력소지자가 78%를 점한다는 결과였다. 중학교 출신은 2만 1,000명(8.2%)에 지나지 않았고, 고등학교 출신은 당시로서는 부유한 집안의 딸들이었다. 본인이나 부모나 모두 육체노동은 원하지 않았으니, 생산현장의 인력에서는 제외하기로 했다. 이를 토대로 당시의 여성인력 실태를 정리해 보았다.

중학교까지 의무교육을 실시하고 있는 일본이나 대만과 경쟁을 하려면, 우리 나라도 중학교 출신이 주대상이 되어야 했다. 그런데 그 당시 우리 나라에서는 연간 2만 1,000명이 사회에 배출되었다. 이 중 30% 정도를 수출 현장에서 활용한다고 가정하면, 6,000명이라는 숫자밖에 나오지 않는다. 이런 정도의 인력으로는 국가적인 계획을 수립할 수 없었다. 그렇다면 부득이 초등학교 졸업생까지 활용할 수밖에 없다는 결론이 나왔다. 이 중 30%만 활용한다고 가정하면(16만 6,000명×30%) 5만 명 정도였다.

더욱이 당시 우리 나라 농촌 여성은 20세가 되기도 전에 결혼을 했으니, 인력으로서는 5년 정도의 수명밖에 안 되었다. 결국 우리 나라의 여성인력 총수는 6만 명이 5년 일한다고 보고 30만 명 정도였다. 상향 조정하더라도 50만 명이 한도였다. 그리고 학력은 일본이나 대만보다 한 단계 낮은 초등학교 출신이었다. 이것이 우리 나라의 여성인력 자원의 전모(全貌)였다.

3 노동 가치관

'수출체제로의 전환' 정책이 성과를 거두기 위해서는, 될수록 많은 수출공장을 될수록 단시간 내에 건설해서 수출액을 늘려야 했다. 그래서 각 도마다 20만~30만 평의 공업단지를 조성하기로 했다. 각 도는 제각기 공업단지의 규모를 크게 하기를 원했다. 정부(당시 상공부)는 '인력' 공급계획에 의해 결정해 주기로 했다. 그 결과 서울, 인천, 대구, 경남만이 충분한 인력을 공급할 수 있다는 증거(㈜: 군(郡)에서 제출한 취업희망자 통계)를 제출했다.

서울의 구로수출공업단지, 인천수출공업단지, 대구공단, 마산수출자유지역 등이 창설된 후로도 계속 확장되어 나간 연유이다. 이에 비해 다른 지방에서는 양상이 달랐다. 광주공단의 예를 든다. 도청이나 출신 국회의원들의 열성은 대단했다. 도유지 약 100만 평을 제공, 이를 공단화해서 낙후된 공업기반을 일시에 향상시키겠다는 것이었다.

그러나 실제로 나타난 결과는 신통치가 않았다. 공장대지가 팔리지 않아, 결국에는 연탄공장이 9개나 들어서게 된다. 다음은 내가 현지 확인차 방문해서 들은 이야기이다. "딸자식은 바깥 세상을 구경시키지 않고 시집을 보내야지, 어디라고 공장에서 일하게 할 수 있느냐"라는 것이 이곳 사람들의 공통된 심정이었다. 여성인력에 대한 노동가치관이 지방마다 특색이 있었다는 이야기이다.

나는 부득이 '가내공업 정책'을 쓰기로 했다. 각 도마다 '가내공업센터'를 설립하여 여기서 기술교육을 실시한 후 작업은 각 가정에서 하기로 한 것이다. 예를 들어 '뜨개질'이나 '홀치기' 등은 수출공장에서 재료를 받아 집으로 가지고 가서, 여유 시간이 생길 때마다 일을 해서 납품을 했다. 이 정책은 아주 효과적이어서 기혼 여성들이 대거 참여하여 수출에 큰 몫을 했다.

4 여성인력의 노임

이상과 같이 우리 나라 여성인력은 다른 나라에 비해 학력에서 큰 격차가 났다. 더 큰 문제는 노임의 국제경쟁력이 없다는 데 있었다. 그래서 박 대통령은 이를 시정하기 위해서 당시 환율 130원 : 1달러를 약 2배인 255원 : 1 달러로 인상했던 것이다. 이로써 우리 나라 인력의 시간당 평균 노임은 약 10센트(¢)가 되고, 비로소 대만이나 태국, 필리핀보다 싸져 국제경쟁력을 갖게 됐다. 시간당 10센트(¢)라면 하루 80센트(¢)로, 1달러($)도 못된다. 월간 20달러이다. 이러한 값싼 인력이—'우리 나라 공업의 수출체제로의 전환'이라는 국가적 전략을 추진하는 데 있어서—유일무이한 자원이 되었던 것이다.

5 1960년대의 여인상(女人像)

'과거의 우리 나라 여인상'에 대해 생각해 본다. 이 대상을 사대부나 부잣집에서 찾아서는 안 된다. 국민의 대부분을 차지하는 빈곤한 농촌에서 찾아야 할 것이다.

예로부터 남존여비 시대, 우리 농촌의 여성생활이란 남성보다 훨씬 더 비참했다. 동트기 전에 일어나 밤늦게까지 고된 육체노동의 연속이었다. 남자와 똑같은 조건에서의 힘든 농사일뿐 아니라 하루 세 끼의 먹거리 마련도 해야 했다. 나물을 캐러 산으로 들로 나가야 하고, 때가 되면 김치, 된장, 고추장, 간장 등을 담가야 했다. 식량이 모자랄 때 식량을 꾸어오는 것도 여자들의 몫이었다. 얼음을 깨고 차가운 개울물에서 빨래도 해야 했다. 호롱불 밑에서 밤늦게까지 이어지는 바느

질로 밤이 돼도 쉴 틈이 없었다.

그리고 연이은 출산과 양육, 학비 걱정, 엄한 시부모님 봉양과 가족들의 병간호, 제사와 차례상 마련. 이래저래 모든 의식주 문제를 주부가 해결했다. 아이들을 주렁주렁 매달고 시장에 나물이나 채소를 팔러 가기도 했다. 그러나 경제권은 남자가 틀어쥐고 있어서 현금은 만질 수도 없었다.

이러한 농촌 가정에서 태어난 한 여성근로자의 예를 들어, 1960년대의 여인상을 이야기 형태로 구성해 본다.

1960년에는 우리 나라 인구 중 65%가 농촌에 살았다. 조그만 농가에 자식은 보통 5~6명이나 되고 그 중의 반은 여아였다. 식구가 많으니 배불리 먹을 수 없었고 '보릿고개' 때가 되면 나물을 캐다 죽을 쑤어 허기를 달랬다. 이 소녀는 초등학교 졸업 후 가사를 돕다가 만 15세가 됐다. 동생들의 수가 늘고 성장해 감에 따라 식량 사정은 더욱 어려워졌다. 그래서 장녀인 이 소녀는 공장으로 일하러 가기로 결심했다. 돈을 벌어 집에 보탬을 줘야겠다는 생각보다는, 우선 자기가 먹을 식량만이라도 절약해 보자는 절박한 가정 형편 때문이었다.

소녀는 동네 친구 몇 명과 함께 공장으로 떠났다. 당시 공장에는 기숙사도 없었다. 이들은 조그마한 사글세방 하나를 얻어, 공동으로 자취하기 시작했다. 가진 거라고는 초등학교 졸업장뿐이니 기술이 있을 리 없었고, 더욱이 시골 농촌에서 자랐으니 모두가 낯설고 두려울 뿐이었다.

생전 처음 재봉틀이란 것을 보았다. 전기모터로 돌아가는 재봉틀은 요란한 소리를 내며 바늘이 위아래로 움직이는데, 그 속도가 하도 빨라서 눈에 보이지도 않았다. 잘못해서 바늘이 손가락에 박히는 장면이 저절로 떠올라, 자신도 모르게 눈을 감았고 몸서리를 쳤다. 그러나 이를 악물고 달라붙을 수밖에 없었다. 이 소녀는 배우지는 못했지만 머리가 총명하고, 손재주도 좋았으며, 일도 열심히 했다.

그때는 토요일도 반나절만 일할 때가 아니다. 일주일에 꼬박 6일을 일해야 할 때이니 월 25일을 일했다. 야간작업도 서슴지 않았다. 돈을 더 많이 버는 것은 물론이고, 점심시간뿐 아니라 저녁식사까지도 회사 급식으로 해결할 수 있기 때문이었다. 이때(1964년)의 방직공장 여성 근로자들의 평균 월급은 3,440원이었다.

㊟ : 1) 1964년도의 서울 소비자물가를 보면 쇠고기(600g) 129원, 연탄(10개) 76원, 비누(375g) 38원 2) 쌀값(20ℓ)은 736원, 보리쌀(20ℓ)값은 626원이었다.

이 소녀가 받는 월급은 취업 초기에는 평균 월급 액수보다 적었을 것이다. 그러나 절약하고 또 절약해서 부모님께 송금을 했다. 그리고 약간의 저축을 했다가 추석 때는 선물을 사 들고 그리운 고향으로 갔다. 모두가 긴요한 물건이었으나 특히 '라디오' 선물이 한때 대유행을 했다.

㊟ : 1964년 1월 공보부가 조사한 바로는, 우리 나라의 라디오 보유 총대수가 65만 9,830대였다. 63년 말 총인구가 2,718만 명이니, 라디오의 전국 평균 보급률은 2.42%에 불과했다. 주로 도시에 많이 보급되었다는 사실을 고려한다면, 시골에는 한 마을에 한 대 정도 있었을까? 아무튼 시골에서는 신기한 문화용품일 때이다.

이 여성은 열심히 일해, 차차 기술을 익혀 70년이 되면서 일류 기능공이 됐다. 급료도 올라가서 일급 413원이 됐다. 그래서 한 달에 받는 급료가 10,325원(413원×25일)이었다. 당시 쌀값이 20ℓ에 692원이었으니, 한 달 급료는 쌀 300ℓ에 해당하는 금액이었다. 이만한 급료를 받는다는 것은 농촌 사정으로서는 아주 큰 수입이었다. 그래서 아무 불평도 없었다.

▲ 여성근로자들이 일하는 모습을 둘러보는 박정희 대통령과 육영수 여사

 이제 소녀의 나이 21세, 어엿한 숙녀로 성장했다. 도회지 생활을 하다 보니 옷맵시도 좋아졌고 머리 모양이나 화장도 세련되어, 고향에라도 가면 농촌 사람들은 이 처녀가 영화배우나 된 것같이 느꼈다. 출세한 여자 대우를 받았고 선망의 대상이 됐다. 동생들의 학비도 마련해주어 중학교에 다니게 했으니 효녀라는 칭찬도 받았다. 부모는 대견해 했고 "딸자식이 아들 녀석보다 낫다"고 자랑을 했다. 그래서 막내 여동생도 중학교를 나오자마자 만 15세 때, 동네의 다른 소녀들과 함께 언니 따라 공장에서 일하게 됐다.

6 못 배운 것이 한이었던 여성근로자들

당시 여성근로자들의 대부분은 가정 형편상 중학 진학을 못했다. 그러니 동창들이 중학교 교복을 입고 다니는 것이 그렇게 부러울 수가 없었다. 이들 중 한 여성근로자의 이야기이다.

박정희 대통령은 자주 공장시찰을 했다. 하루는 한 섬유공장을 들렀다. 수천 명의 여성근로자들이 열심히 수출용 스웨터를 만들고 있었다. 시골에서 온 앳된 소녀들은 나이보다 어려 보였고 키도 작았다. 먹을 게 귀했던 당시, 시골에서 영양분 섭취를 제대로 했겠는가. 박 대통령은 자신의 어린 시절 생각이 났을 것이다. 여성근로자들이 기특해 보이면서도 애처로웠을 것이다.

그래서 어느 여성근로자의 머리를 쓰다듬으며, 소원이 무엇이냐고 물었다. "공부 못한 것이 한입니다. 영어 글씨를 모르니, 감독님 말을 알아들을 수가 없어요" 수출을 할 때라, 영어 글씨가 여기저기 있을 때이다. 대통령을 쳐다보는 소녀의 눈에는 눈물이 고여 있었다. 대통령의 눈시울도 젖었다. 주위 수행자는 순간적으로 숙연해졌다. 대통령의 시선이 옆에서 안내하던 사장의 눈과 마주쳤다. 박 대통령의 의중을 눈치챈 사장은 "당장 야간학교를 개설하겠습니다. 중학교 과정부터 시작하겠습니다."

박 대통령 "돈 없어 공부 못한 것이 한이라는데, 시설을 충실히 해주시오. 자부심을 느끼게." 이렇게 해서 여성근로자들의 야간교육이 시작되었다. 강요하는 것도 아닌데 나이가 든 여성근로자까지 모두가 이에 참여했다. 낮에는 일하고 밤에는 열심히 공부했다.

학교 건물은 물론이고 새로 마련된 시설은 어느 학교 못지않았다. 교사 문제도 걱정이 없었다. 많은 사원들이 자원봉사에 나섰기 때문이다. 회사에서는 교복도 무료로 지급하는 등 소요경비를 모두 부담했다. 이들 여성근로자들은 휴가로 고향에 갈 때에는 꼭 교복을 입고 갔다. 그렇게도 입어보고 싶던 한맺힌 교복. 그래서 고향 땅에서 교복을 입고 싶었던 것이다.

짧은 휴가가 끝나고 공장으로 돌아올 때 이들은 자기 고장의 잔디를 한 장씩 떠 가지고 왔다. 그것을 학교 마당에 깔았고, 이를 '팔도(주: 팔도강산, 전국을 뜻함) 잔디밭'이라고 불렀다. 그런데 졸업이 가까워지면서 문제가 생겼다. 문교부에서 수료증은 줄 수 있지만, 졸업장은 안 된다는 것이었다. 교과과정(커리큘럼)이 규정에 맞지 않는다는 것이다.

이 보고를 듣고 박 대통령은 즉시 문교부 장관을 불렀다. "장관, 돈이 없어 공부를 못한 것이 한이라는데, 어린 소녀가 낮에 일하고 밤에 열심히 공부를 했소. 그래, 그 한도 못 풀어주오? 그런 규정은 당장 뜯어 고치시오" 하는 호통이었다.

졸업식 때 학생들은 서로 부둥켜안고 울었다. 울다 보니 감정이 복받쳐 엉엉 소리를 냈다. 재학생도 따라 울었고, 교사도 울었다. 사장도 울었고, 참석한 귀빈도 울었다. 졸업식장이 울음바다가 되어, 행사는 잠시 중단돼 버렸다. 못 배운 한을 푸는 날, 이럴 때는 마음껏 울어야 한다. 얼마나 감격적인 광경인가.

여성근로자들은 중학과정을 끝내고 고등학교 과정으로 진급했고, 고등학교 졸업생 중에는 대학에 입학한 학생도 생겼다. 이들 대학생에게는 회사에서 장학금을 주었다. 직장 야간학교 제도는 전국적으로 확대되어 나갔다. 이는 정부나 기업이 여성근로자들에게 베푼 '정'이었다. 이 '정'이 순수했기 때문에 여성근로자들은 이를 사랑으로 받아들였고 고마워했다. 서로가 학우로서 친하게 되니, 협동심도 생기고 단결심도 생겼다. 일의 능률도 올랐다. 이직률도 줄었다.

▲ 박정희 대통령은 산업체 부설학교를 세워 공부 못한 여성근로자들의 한을 풀어주었다. 여학생들을 격려하는 박 대통령

그때 각 공장에는 월별로 품목마다 수출목표가 정해져 있었다. 여성근로자들은 이 목표량을 생산하는 데 스스로가 노력했다. 목표량이 달성될 때마다 기쁨의 환성을 올렸고, 기업주는 이에 보답했다. 모두가 우리 나라 경제건설에 앞장서는 개척자였으며, 그들의 목적의식은 뚜렷했다. 그래서 신명나게 일했다. 이런 일을 정치적이나 노동착취의 관점에서만 해석하려고 한다면, 이는 당시의 실정을 왜곡하는 것이며 우리 민족의 아름다운 정을 모독하는 일일 것이다.

이런 일들이 진행되다 보니, 사회적으로 큰 변화가 일어났다. 첫째로, 우선 농촌 여성들이 공장으로, 도회지로 몰려드니, 인구의 대이동이 시작됐다. 둘째는, 여성들의 수입이 커지다 보니, 가정 내에서 '여성의 지위'가 달라졌다. '여성도 남성 못지않게 어떤 면에서는 남성보다 낫다는 자부심'이 생겨났다. 그 결과 고래로 내려오던 '남존여비 사상'이 퇴조하고 '여성해방' 내지는 '남녀평등' 관념이 싹트기 시작했다. 셋째로, 이들 여성근로자들은 20세가 되어도 결혼하지 않았다. 직장에 만족하는 동시에—돈을 더 벌어—저축을 하기 위해서였다. 목돈이 생긴 후에도 농촌으로는 돌아가지 않았다. 도시 사람과 결혼을 하고 도시에 정착했다. 그러고는 무리를 해 가며 자식들에게 대학 교육을 시키려 했다. '못 배운 한'을 자식 대에서 풀고자 한 것이다.

㈜ : 그 결과 가뜩이나 교육열이 높은 우리 민족은 과외수업 열풍을 일으키고, 급기야는 '불량품 생산 대학'이라는 유행어까지 만들게 된다.

한편 농촌 총각에게는 결혼상대가 귀해졌고—고등학교를 졸업했다고 해도—일자리 얻기가 힘들었다. 1960년대의 한국 남성은 별 볼일 없는 신세였다.

7 한국 여성인력의 특성

1960년대 초 우리 나라는 경제적으로 파산 상태였다. 정부는 경공업 제품을 생산, 이를 수출함으로써 국가적인 위기를 극복하고자 했다. 이렇게 중대한 사명을 부여받은 것이 60년대의 여성근로자들로 이들은 역사상 특이한 존재라고 할 수 있다. 50년대나 70년대와는 판이하게 다르다.

그 특성을 살펴보면,
① 당시의 여성근로자들은 진취적이었다. 15~16세의 어린 나이에도 불

구하고, 미지의 세계에 뛰어드는 용기가 있었다. 미국의 서부개척자와 유사한 정신이다.
② 당시의 여성근로자들은 인내심이 강했다. 고된 일도 마다하지 않았고, 매일 반복되는 지루한 일을 하루 10여 시간 끈기있게 해냈다.
③ 향학열이 강했다. 머리가 좋았다. 특히 암산에 능했다. 손재주가 뛰어났고, 눈이 좋아 장시간 미세한 작업을 능숙히 해냈다.
④ 가족 간에 우의가 돈독했고, 가족을 위해 희생할 줄 알았다.
⑤ 국가나 회사에서 설정한 목표량(수출량)을 달성하는 데 스스로가 노력했다. 대부분의 여성근로자들은 자기 직장에 만족했고, 보수에도 불평이 없었다.

이렇게 정리해 보니 1960년대의 여성근로자는 참으로 자랑스럽다. 진심으로 존경하는 마음이 우러난다. 이들 여성근로자들의 노력으로 1964년에 1억 2,000만 달러, 1967년에는—우리 국민이 갈망하던—3억 달러를 수출했다. 3억 달러라는 금액은 우리 나라가 전적으로 미국의 도움을 받아 나라 살림을 꾸려가던 시절의 원조 액수와 같기 때문에, 의의가 컸던 것이다.

그리고 1970년에는 10억 달러를 수출했다. 이로서 우리 나라는 하마터면 파산할 뻔했던 국가위기에서 벗어날 수 있게 됐다. 그리고 국민에게는 희망과 자신과 용기를 주었다. 이런 의미에서 60년대의 여성근로자들은 조국방위의 애국자들이다. 애국자에게는 순수한 마음으로 존경하고 감사하면 되는 것이다. 어느 시대이든 간에, 또 누구이든 간에, 어떤 의도를 갖고 색안경을 통해 해석하려고 든다면, 이는 60년대의 여성근로자들을 잘못 판단하는 것이다.

제 2 장
남성근로자

　1970년대에 들어가서는 여성근로자도 큰 변화를 겪게 된다. 수출이 늘자 새로운 공장이 우후죽순격으로 생겨났다. 이에 따라 여성인력은—수요에 비해—공급이 부족해지기 시작했다. 새로 생긴 공장에서는 봉급을 올려 주면서 스카우트를 했다. 스카우트는 임금상승을 부추긴다. 스카우트를 하는 쪽은 임금을 올려 주겠다며 유인하는 것이고, 스카우트를 당하는 쪽은 임금을 올려 주어야만 사람을 뺏기지 않는다. 그래서 모든 임금이 올라간 것이다. 그 결과 70년대의 우리 나라 여성근로자 노임은, 일본의 경우를 제외한 동아시아의 어떤 경쟁국보다 높아졌다.
　그 후부터 '값이 싼 한국 노동자'라는 말은, 다시는 나오지 않게 되었다. 바꿔 말하면 '값싼 인력 시대'는 여성근로자에 관한 한—1964년 중반부터 70년까지—약 7년간이라는 짧은 기간밖에 존속하지 않았다는 뜻이다. 이들의 노동가치관도 차차로 달라지기 시작하여 제 몫을 찾는 데 열중하게 되었다. 주위에서 부추기는 세력도 있었다.
　'여자 단순기능공'을 국가자원으로 해서 경제발전을 도모한다는 것은 70년대에는 불가능해졌다. 그러니 우리 나라가 경제발전을 계속하기 위해서는 남자가 나서야 했다. 더욱이 남자는 여자와는 달리 정년이 될 때까지 30~40년 근무할 수가 있다. 문제는 '남자에게 어떻게 일자리를 마련해 주는가' 하는 것이었다.

 ## 월남과 중동 진출

1 한국 남성인력의 재발견

'한국인이란 무엇인가' 다시 한번 생각해 본다.

우리 민족은 13세기에 원(元)에게 패하여 속국이 됐다. 중국의 왕조가 명(明), 청(淸)으로 변했지만 속국 신세에서 면할 수 없었다. 그 후로 이어지는 일본의 식민지 시대. 해방 후는 미국의 원조시대. 우리 민족은 오랜 기간 타민족을 상전으로 모시며 살아왔다. 그 결과 우리 민족이 외국인에 대해 심한 열등의식을 갖게 되는 것은 당연했다. 이러한 한국인이 역사상 처음으로 해외로 나아갔다. 1965년부터 시작된 월남파병이다.

월남전은 6·25 한국전쟁과 본질적으로는 똑같은 성격이다. 특이한 점이 있다면, 전쟁터가 월남에 한정된 점과 전투양식이 게릴라전이라는 점일 것이다. 월남전이 확대되고 장기화함에 따라, 미국은 계속 병력을 확충해갔다. 이렇게 되니 '월남전 때문에 주한미군이 철수하지 않을까' 하는 우려가 우리 정부로서는 큰 걱정거리로 대두됐다.

2 당시의 한국 상황

북한은 휴전 후 경제재건에 총력을 경주한 결과 큰 성과를 올렸다. 국민의 의식주 문제를 완전히 해결했고, 모든 산업 분야에서 남한을 앞서고 있었다. 군사면에서는 군장비를 소련 수준으로 현대화하고, 대부분의 병기, 장비, 탄약류를 자급자족했다. 모든 전쟁준비를 끝냈다.

이에 반해 우리 국군은 6·25 한국전 때 쓰던 구식병기를 그대로 쓰고 있는 형편으로, 미국의 도움 없이는 도저히 나라를 방어할 수가 없었다. 주한미군만큼은 한사코 붙들어 놓고 있어야 했다. 그 방안으로 주한미군에 상응하는 병력을 월남에 파견하기로 결론을 내렸다(1965. 1. 8).

이런 와중에 중국의 마오쩌둥(毛澤東)은 김일성에게 "월남의 베트콩식 무력해방을 남한에서 실시하라" 즉, 제2의 베트남전을 개시하라는 강요를 했다(1965. 9. 3. 인민일보). 이렇게 해서 1967년부터 남한에서 게릴라전이 발생하게 된다.

이 당시 우리 나라는 마치 전시를 방불케 했다. 각 마을, 각 직장마다 예비군을 창설, '내 마을, 내 직장은 내가 지킨다'는 각오 아래 방어시설을 갖추고 전투훈련을 쌓았다. 이런 관점에서 본다면, 남한에서 일어난 게릴라전은 베트남전의 연장선상에 있었다.

결론적으로 주한미군이 한국을 방위해 주는 대신, 파월 한국군은 미군을 대신하여 월남에서 싸웠다. 그 임무는 '조국방어'였다. 월남에 파병된 한국 남아는 지혜롭게 그리고 용맹스럽게 싸웠다. 전투에 임하는 헌신성, 개개인의 자질, 전술 등 모든 면에서 월등히 뛰어났다. 혁혁한 전과도 올렸다. 미국 군인과 같은 기준에서 같은 대우(Same Base, Same Level)도 받았다.

1965년부터 한국군이 베트남에 파견되자, 일본 상사들은 재빠르게 한국군에게 공급할 각종 군수물자에 눈독을 들이고, 주월미군과 막후 교섭을 벌이기 시작했다. 그들은 한국군이—신체 규격의 차이로—미군 군복을 그대로 입을 수 없다는 점과 한국인의 기호에 맞는 김치 등 한국 고유의 음식물이 필요하다는 점에 착안해서, 이들을 미군사령부에 납품하고자 했다.

이에 대해 우리측은 한국군용 군수물자는 한국에서 조달하기를 강력히 요구했으나, 미군측은 '한국 산업의 후진성과 국제입찰에 대한 실적 등'을 이유로 우리의 요구를 받아들이는 데 주저하였다. 그러나 장병들이 "일본제 군복을 입고는 전투를 못하겠다"고 강하게 거부하자, 미군사령부의 태도가 바뀌어 결국에는 한국군용 군수물자는 한국산을 택하기로 결정이 났다.

그러나 실제 문제에 있어서는 애로가 많았다. 당시까지만 해도 우리나라의 공업수준은 국제규격에 맞게 생산할 수가 없었던 것이다. 몇 가지 예를 보자.

초기에 납품된 피복은 땀에 젖으면 색이 바래고 질도 떨어졌다. 그러나 장병들은 국산품을 입는다는 '자부심과 애국심'으로 아무런 불만도 없이 즐겨 입고 용감하게 싸웠다. 그 후 품질 문제는 단시일 내 해소되었고, 이때의 경험이 바탕이 되어 다른 나라에도 많은 군복을 수출할 수 있게 됐다. 한국군의 전투 식량은 베트남군으로부터 공급되는 쌀과 미군용 야전식량인 C-레이션에 의존했다.

한국군은 초기 몇 달 동안은 C-레이션에 대해서 별로 불편함을 느끼지 못하고, 별식을 먹는 기분으로 적응해 나갔다. 그러나 날이 갈수록 한국 음식, 특히 김치를 먹고 싶다는 여론이 일기 시작하였다. 한국군 사령부에서는 본국에 "한국인 기호에 맞는 야전식량 개발이 시급하다"는 건의를 보내는 동시에 주월 미군사령부에 요청한 결과, 1967년부터 한국군에 알맞은 식량인 K-레이션을 한국에서 조달·공급하도록 결정을 보았다.

한국 정부는 K-레이션을 당시 국내 통조림업계에서 손꼽히는 한국종합식품상사에 의뢰 개발하게 하였으나, 처음에는 미국의 위생검사에 합격되는 제품을 만들 수가 없었다. 결국은 고생 끝에 품질개선을 해서 파월 국군이 사용하기 시작했고, 그 후 파월 기술자도 애용하게 됐다.

또한 정글지대에서 전투할 때에 필요한 정글화도 1969년부터 한국에서 군납하게 되었다. 이들 군수품 구매에 소요되는 자금은 전액 미국의 군사비에서 지원받게 되어 있었는데, 한국군의 야전식량(K-레이션)과 피복류를 한국에서 조달·공급하게 됨으로써 연간 약 5,500만 달러 정도의 외화를 획득할 수 있게 되었다. 순전히 파월 장병이 입고 먹는 것이니 월남파병의 대가라고도 할 수 있다. 그러나 대단한 금액은 되지 못했다.

3 월남 인력진출은 수출 10억 달러 달성의 밑거름

정부는 월남에 대한 물품 수출에는 한계가 있다고 판단하고, 그 돌파구로 인력수출을 추진하기로 했다. 그 결과 많은 민간인이 월남에서 일하게 됐다. 한국 남아가 비록 '단순기능직 노무자'일망정 처음으로 일자리를 갖게 되는 역사적 순간이기도 했다. 한국 남성이 비로소 인력자원으로서 스스로를 자리매김하는 계기가 되었다는 뜻이다. 주로 외국업체에 고용되어 하역작업 및 수송, 축항, 도로공사, 병원, 주택, 학교 및 군 시설 공사를 시공했다. 파월 노무자는 젊은 한국 청년들로서 모두 제대군인이었다.

그래서 민간회사에 근무하면서도 군대식 규율 속에서 생활했고 상급자의 명령에 따랐다. 힘든 일도 마다하지 않았고 책임완수에 철저했다. 그래서 외국 회사들은 "한국의 남성인력은 다른 나라 사람보다 머리도 총명하고, 일도 열심히 하고, 생산성도 높다"고 평가, 고용을 늘려 나갔다. 인력진출이 최고조에 달할 때에는 15,571명(68년)까지 달했으며, 이들 인력 덕분으로 우리 나라의 파월 업체 수도 최고 79개(69년)에 달했다.

4 파월 한국군에 대한 군수품 납품

월남에 대한 무역 외 특수(特需) 수입은(한국은행 결제기준) 66년에 6,049만 달러, 67년 1억 3,497만 달러, 68년 1억 6,556만 달러, 69년 1억 5,886만 달러, 70년에는 1억 5,815만 달러에 달해 66년부터 70년까지 5년간 6억 5천만 달러를 상회했다. 68년이 최고 액수인데, 68년의 월남 특수는 우리 나라 총수출의 36%에 달했다. 우리 나라는 70년에 대망의 10억 달러를 수출하고 큰 축하행사를 치렀는데, 이때, 월남특수가 큰 몫을 했다. 그러나 큰 액수는 아니었다. 월남전에 대한 '피'의 대가라고 하기에는 걸맞지 않는 숫자이다.

남성인력시대 개막

월남이라는 무대에 등장한 한국 남아는 20대로서, 현역군인이 아니면 군을 갓 제대한 근로자들이었다. 자연히 전국 각지의 농촌 출신자가 주류가 되었고, 학력은 초등학교나 중학교를 졸업한 정도였다. 거의 전부가 외국에는 가본 적도 없었고, 자기 자신을 외국인과 비교해서 생각해 본 경험도 없었다. 이러한 한국 남아가 연인원으로 쳐서 30~40만 명이 외국에 갔으니, 한국인의 가치관에 일대 변화가 일어나게 된 것은 당연했다.

'한국인이란 과연 어떤 민족인가?' '다른 나라 사람과 비교하여 한국인은 어떤 수준인가?'라는 근본적 문제에 대해서도 자문자답(自問自答)을 했을 것이다. 그 결과 '한국인은 우수하며 다른 나라에 비교하여 결코 뒤떨어질 게 없다'는 확신을 얻게 되었다.

결론적으로 월남파병은 우리 나라 남성으로 하여금 오랜 열등의식과 피지배의식에서 벗어나 스스로의 자질에 새롭게 눈뜨고 자부심과 자신감과 용기를 갖게 하는 큰 계기가 되었다. 자주성 확립이라는 견지에서 우리 나라 역사상 획기적인 전환점을 이루는 대사건이었다. 이때부터 '한국의 남성인력 시대'가 시작된다.

5 중동에 진출한 '조국 근대화의 기수'

우리 민족은 나라가 진짜로 위태로울 때에는 백성들이 목숨을 걸고 스스로 나섰다. 이들을 의병(義兵)이라고 한다. 그 중에는 10대 후반의 청소년도 많았다. 삼국통일 때의 화랑이 그랬고, 임진왜란 때의 나이 어린 의병들이 그랬고, 한국전쟁 때는 고교생들이 학도병으로 싸웠다. 1973년 석유위기로 말미암아 우리 나라 경제가 파국지경에까지 이르렀을 때도 나라를 구하기 위해 분연히 나선 어린 용사들이 있었다. 중동에 파견된 17~18세의 청소년 기능사들이 그들이었다. 그리고 이들은 나라를 구했다.

6 중동파견 기능사 환송식

1976년 전국의 각 시도에 있는 11개의 공업고등학교에서는 중동파견 기능사(技能士 : 기능사 시험 합격자) 과정을 이수한 학생들이 전교생이 지켜보는 가운데 교장 선생님 앞에서 신고식을 가졌다. 이들 학생들은 얼룩무늬의 작업복을 입고 있었는데 가슴과 옷소매에는 태극기와 함께 '조국 근대화의 기수'라는 글씨가 새겨져 있었다. 학생 대표는 힘찬 목소리로 "일동, 차렷!" 하고는 거수경례를 했다. 그러고는 다음과 같이 선서했다.

"우리 일동은 중동파견 기능사 과정을 끝마치고 중동파견을 명 받았기에 이에 신고합니다. 우리 일동은 중동에 근무하는 동안 교장 선생님과 여러 은사님의 가르침대로 '조국 근대화의 기수'라는 것을 명심하고 국가의 발전을 위해 그리고 모교의 명예를 위해 몸과 마음을 바쳐 열심히 일하겠음을 서약합니다."

마치 전쟁터로 나가는 군인의 출정식과 같았다. 이해 공업고등학교 졸업생 약 2,000명이 중동으로 떠났다. 그리고 파견학생 수는 매해 늘어갔다.

7 중동 현장의 기술인력 부족

1974년부터 진출하기 시작한 중동은 전혀 새로운 개척지였다. 그러나 중동진출 첫해인 74년 말에는 이미 해외 수주액이 2억 6,000만 달러에 달했다. 다음 해인 75년에는 무려 226.3%나 늘어난 8억 5,000만 달러로 급성장했다. 이렇게 일감이 갑자기 늘어나자 큰 애로가 발생했으니, 다름 아닌 기술인력 부족문제였다. 해외에서 발주받은 일감도 처리 못할 지경이 되었고, 일감은 더 딸 수 있는데도 기술인력 부족으로 인해서 수주를 맡을 수가 없는 상황에 이르렀다.

월남진출 때와 다른 점은 우리 나라의 건설업체들은 그간 경험도 쌓았고, 국제적으로 인정도 받게 되어 74~75년 무렵이 되자 하청일망정 우리 나라 건설업체가 주 계약자가 돼서 공사를 하게 되었다는 점이다.

따라서 월남진출 때 우리 나라의 인력은 주로 외국회사에 고용되어 단순기능 노동자로서 일을 했으나, 중동진출 때는 기술과 실기를 겸비한 기능사에 의지하게 되었던 것이다. 75년 말 해외진출 건설업체 수도 현대건설, 대림산업, 동아건설 등 32개 사에 달했다. 이 당시만 해도 아직 초기 단계라서 전세계에 진출한 해외 취업자 수는 6,000명 정도밖에 되지 않았다.

8 극심한 기술인력 스카우트

〈도표 Ⅳ-1〉은 각 업체별 수주액과 해외 인력진출 현황이다. 현대건설은 중동에서만도 3억 5,000만 달러의 새로운 수주를 맡았는데 해외에서 근무하는 근로자 수는 561명밖에 되지 않았으니 인력부족 현상이 생기는 것은 당연했다. 그래서 현대건설은 우대조건을 내세우며 대대적인 중동파견 기능자(技能者) 모집을 실시했다.

그런데 놀고 있는 기능자가 있을 리 없었으니 자연히 다른 건설업체에 근무하고 있던 기능자들이 응시하게 되었고 채용된 자는 중동으로 떠났다. 그 결과 국내에서는 극심한 기능사 '스카우트전'이 벌어졌고, 각 건설업체는 자기회사 기능자의 유출을 방지하느라 비상이 걸렸다.

■ 도표 Ⅳ-1

1975년도 업체별 해외건설 수주액 및 인력진출 현황

업체명	해외건설 수주액(천 달러)						인력진출(명)
	중동	동남아	태평양	아시아	중남미	계	
현대건설	350,292	7,726	2,398	—	—	360,416	561
동아건설	87,694	—	72	—	—	87,776	390
삼환기업	88,389	2,888	—	—	—	91,277	992
대림산업	33,249	5,235	—	8,130	—	46,614	1,328
신원개발	40,766	—	—	—	—	40,766	369
한국건업	29,297	—	—	—	—	29,297	82
대한전선	9,719	—	—	—	—	9,179	7
한양건설	8,000	—	—	—	—	8,000	390
공영건업	—	—	762	—	—	762	48
남광토건	—	6,277	—	—	—	6,277	140
초석건설	5,868	—	—	—	—	5,868	85
고려개발	—	5,546	—	—	—	5,546	366
한일개발	—	1,647	1,098	—	—	2,745	478
협화실업	—	2,067	—	—	—	2,067	35
진흥기업	—	—	897	—	—	897	10
신한기공	—	969	—	—	566	1,535	194
공영토건	—	—	—	6,932	—	6,932	18
건설산업	—	—	208	—	—	208	23
국제실업	—	67	—	—	—	67	74
경남기업	—	9,389	—	—	—	9,389	52
기 타	115,586	18,850	—	—	—	134,436	309
계	768,860	60,661	5,435	15,062	566	850,584	5,951

* 자료 : 주 사우디 한국대사관,「제3국 인력고용과 관리」, 1982. 11

스카우트를 막으려면 부득이 모든 직원의 임금을 올려 주어야 했으니 건설업계의 불평은 대단했고 비난의 화살은 현대 등 몇 개 회사로 쏠렸다.

1975년도 다 가는 12월 말쯤 현대건설의 정주영 회장이 나의 사무실을 찾아왔다. 정 회장은 "현재 중동 각국, 특히 사우디아라비아와 이란에서는 쏟아져 들어오는 '오일 달러'를 주체할 길이 없어 본격적인 경제개발을 서두르고 있다. 지금이야말로 한국에서 적극적으로 참여해서 달러를 벌어들여야 한다. 그래야만 석유위기로 인한 우리 나라의 경제적 타격을 회복할 수 있다"는 설명을 했다.

그리고는 "중동에서 일감을 따내는 데는 자신이 있다. 요새 국내의 건설업계에서는 현대가 스카우트를 한다고 야단들인데 근로자에게 급료를 더 주겠다는 데 무엇이 나쁜 일이냐. 중동에서 돈을 많이 벌어서 근로자에게 급료를 올려 주는 것이 사업가가 할 일이 아니겠느냐!"라고 했다.

그는 이어서 "우리 나라에서는 매해 수십만 명의 군인이 제대해서 사회로 나오지 않느냐. 정부에서 제대하기 전에 기술훈련을 시킨다면 기능자 양성은 얼마든지 할 수 있다. 그러니 정부는 이런 일을 해 주었으면 좋겠다"라고 했다. 그리고는 "정부에서 기능인력만 양성해 주면 중동에서 일감을 따는 것은 문제없다"라고 되풀이했다.

그래서 나는 어떤 종류의 기능자가 얼마만큼 필요한가 물어 보았다. 그랬더니 정 회장은 현대에서는 토목건설 쪽의 인력이 부족하다는 것인데, 특히 크레인 등 토목공사에 쓰이는 중장비 운전기사를 구할 길이 없다고 했다. 철구조물 공사에 필요한 용접, 배관 등 기능자는 현대조선의 근로자 중에서 융통이 가능하다는 것이었다. 그리고 기능자 수는 많을수록 좋다고 했다.

그래서 나는 "토목장비 운전기사는 비교적 단순 기능공이 아니냐. 몇 달만 훈련시키면 되는 업종에 속한다. 그러니 굳이 제대를 앞둔 군인을 훈련시키는 것보다는 현대에서 직업훈련소를 개설해서 제대군인을 모집, 현대가 원하는 실기교육을 시키는 것이 효율적이라고 생각한다. 정부가 나설 일도 아닌 것 같다"라고 했다.

그랬더니 정 회장은 한참 생각하더니 "알았다. 즉시 현대에 직업훈련소를 만들겠다"고 하며 돌아갔다.

나는 이때만 해도 정 회장이 찾아온 것은 아무래도 스카우트전에 대한 사회적 비난에 대해 해명을 하려고 온 것이 아니었던가 하고 생각했다. 그런데 문제는 그렇게 단순하지가 않았다. 이번에는 대림산업의 이정익(李鼎翊) 사장이 찾아왔다.

9 심각한 기능사 확보 문제

이 사장은 성격이 진실하고 책임감이 강하다. 그런데 첫마디부터가 애원하는 태도였다.

"대림산업은 울산정유공장부터 시작해서 여러 비료공장, 그리고 발전소 건설 등에서 주로 플랜트 설치공사를 해 오면서 기초를 닦았다. 그리고 1970년에는 해외에도 진출했는데, 부루나이에서 천연가스 액화공장의 설치공사(936만 달러)를 하청받고 일해 왔다. 74년부터는 중동에 뛰어들었는데, 75년에는 쿠웨이트의 정유공장 기계정비, 남아공의 정유공장 배관공사 등 여러 공사를 이미 수주맡았고, 앞으로도 수주단계에 있는 것이 많다. 문제는 기능사 확보 문제다. 현재까지는 이미 채용한 종업원을 중심으로 해서 새로운 인원을 보충하는 식으로 그럭저럭 메꿀 수 있었는데, 75년 말에 와서는 한계에 도달했다"는 설명이었다.

그리고는 "대림이 맡은 공사는 플랜트 설치 공사인데 여기에 소요되는 인력은 기술을 완전히 갖춘 기능사여야 한다. 이러한 기술인력은 구할 수가 없으니 정부가 방위산업을 위해서 양성한 기능사 중에서 일부라도 할애해 달라. 그렇지 않고는 공사를 해나갈 수가 없으니 제발 도와주시오" 하는 것이었다.

그래서 이 사장에게 어떤 직종의 기술인력이 필요하냐고 물어봤다. 이 사장은 "대림에서는 플랜트 설치 공사를 하기 때문에 용접, 배관(配管), 제관(製管), 전기공사, 기계조립을 할 수 있는 기능사가 필요하다. 공사 내용이 고도의 기술을 요하기 때문에 단기 훈련으로는 양성이 불가능하다. 당장 보충해야 할 인원만도 1,600명이나 되는데 이만한 기능사를 국내에서 구한다는 것은 거의 불가능하다. 무슨 방법이 없을까요?" 하며 한숨을 쉬는 것이었다.

나는 기능사 확보 문제가 이렇게까지 심각한가 하고 적잖이 놀랐다. 그러나 나로서는 현대와 대림의 두 회사만을 상대로 해서 정부대책을 마련할 수는 없기 때문에 다른 회사의 사정도 알아보기로 했다.

2. 기능사 양성 교육

1. 중동파견 기능사 양성 계획

이런 연유로 해외진출업체 간담회가 상공부 회의실에서 개최되었다. 이 회의에 참석했던 당시 문교부 과학교육국 박일재(朴日在) 국장(후에 학술진흥재단 이사장 역임, 현재 은광여중고 이사장)의 회고를 들어본다.

㊟ : 박 국장은 성격이 차분하고 생각하는 것이 치밀하고 합리적이다. 문교부 관료로서는 보기 드물게 진취적이고 대국적인 사고방식을 갖고 있었다. 그는 공업고등학교를 실기 위주의 교육방식으로 개편하는 데 크나큰 공헌을 했다. 이후 박 국장은 전두환 국보위장의 미움을 받아 부정축재라는 죄목으로 억울하게 심한 고초를 당했다. 가진 재산이 없어 무사히 풀려났지만 공직에서 떠나게 되었다. 박 국장의 명예를 위해 해명해 둔다.

"이 회의는 문교부가 주관해야 했지만 문교부는 업체와의 유대관계가 없어 청와대에서는 상공부가 업자 소집을 하도록 했습니다. 이 회의 때 들어보니 각 해외진출 업체의 기능인력 확보 문제는 아주 심각했습니다. 해외진출의 성패는 기능인력의 확보에 달려 있다는 것이었습니다. 스카우트전도 대단한 것 같았습니다. 그래서 문교부에서 인력양성을 하자면 별도의 자금이 필요한데—이미 금년도 정부예산은 확정된 상태이기 때문에—각 기업체에서 자금지원이 가능한가 물어보았습니다. 그랬더니 현대와 대림에서는 '비용문제는 걱정하지 마라. 자기들 회사에서 기꺼이 내놓겠다'는 것이었습니다. 다른 업체에서는 '기능사 스카우트전이 더욱 심해지면 국내 건설업체는 모두 심한 상처를 입게 된다. 제발 현대와 대림에서 기능사 스카우트만 하지 말아주었으면 좋겠다. 그러니 문교부의 기능사 양성계획은 현대와 대림에 한정해도 의의가 없다'는 것이었습니다."

나는 이 보고를 받고 다음과 같은 판단을 내렸다.

① 우리 나라의 해외진출 건설업체에는 두 가지 형태가 있다. 첫째가 토목건설을 위주로 하는 업종이다. 이 업종에서는 중장비 등을 이용해서 도로, 항만공사 등을 하게 된다. 소요되는 인력은 토목건설에 필요한 단순기능 노무자가 주가 된다. 둘째가 정유공장, 화학공장 등 플랜트 건설공사이다. 여기에 소요되는 인력은 용접, 배관, 기계조립 등 기술이 요구되는 기능사이다.
② 단순 기능공은 6개월 정도의 기능만 훈련시키면 되기 때문에 직업훈련과정으로 가능하다.
③ 그러나 기능사는 이론과 실기를 겸해야 되기 때문에 공업고등학교에서 양성해야 한다.
④ 각 업체에서는 이들 기능인력 확보에 큰 애로가 발생하기 시작했다. 그래서 심한 스카우트전이 벌어지고 있으나 현대와 대림 외에는 비용을 들여가면서까지 훈련시키고 싶은 생각은 없다. 그리고 각 기업체에서는 '공업고등학교 학생을 단기간 훈련시켰다고 해서 쓸 만한 기술자가 될 수 있겠느냐?'는 기본적인 의구심을 갖고 있다.

이상과 같은 판단하에서 76년도의 해외진출 기능사 양성계획은 현대, 대림 두 회사를 상대로 해서 마련했다. 그 골자는, ① 시설이 비교적 갖추어진 공업고등학교를(시도당 1개 학교씩) 11개 교를 선정해서 ②중동진출에 소요되는 기능인력 1,500명을 양성한다. ③양성코스는 기계조립, 판금용접, 배관, 전기의 4개 과정으로 하며 ④교육방법은 3학년 재학생 중 이론과 기초 기능을 이미 습득한 우수 학생을 선발해서 실기교육을 6개월 간 중점적으로 실시한다는 것이었다.

2 기능사 중점육성을 위한 시범공고 지정

나는 이 안을 갖고 1976년 3월 박 대통령에게 보고차 서재로 올라갔다. 나는 방위산업 육성을 위해 기계공고를 설립해서 '정밀기능사'를 양성하는 문제에 대해 박 대통령이 지대한 관심을 갖고 있다는 것을 알고 있었으며, 박 대통령이 "우수한 기능사를 매해 5만 명만 양성할 수 있다면 우리 나라는 선진국이 될 수 있다"는 지론을 몇 차례나 강조해 왔기 때문에 이 보고에 대해 박 대통령이 크게 만족할 것으로 느끼고 있었다. 그런데 보고를 끝냈는데도 아무 말이 없었다. 만년필(㈜:박 대통령은 재가할 때 꼭 만년필을 사용했다)로 보고자료를 탁탁 치고만 있는 것이었다. 순간 나는 무엇인가 잘못이 있다고 느끼고 긴장했다.

한참 후에 "기능사 부족 문제에 대해서는 나도 이미 정주영 회장한테서 이야기는 들었어! 그런데……" 하고 또 말을 끊는다. "고등학교 졸업이라면 18세가 아닌가. 아직도 어리잖아. 부모 곁을 떠나서 기후조건도 나쁜 중동에 가서 일해야 된다고 생각하니 좀 측은한 생각이 들어"라고 했다. 그러고는 "정 회장은 제대 예정자를 훈련시켜 해외에 파견하자고 하던데 임자 생각은 어때?"라고 한다.

그래서 "정 회장이 요구하는 인력은 토목공사용 중장비를 운전할 수 있는 인력을 말합니다. 이런 기술은 비교적 간단한 기술이기 때문에 현대건설 안에 직업훈련소를 설치해서 양성키로 이미 정 회장과 합의를 보았습니다. 훈련 대상으로는 이미 제대한 사람을 선발토록 했습니다. 그러나 각하 분부대로 제대 예정자를 위한 직업훈련 계획도 시범적으로 실시해 보겠습니다"라고 답변하니, 박 대통령은 "우선은 공업고등학생 중 몸이 건강한 학생만 선발해서 시범적으로 실시해 보지(주 : 이런 연유로 '시범학교'라는 명칭이 붙게 됐다)"라고 하며 약간 내키지 않는 듯 사인을 했다.

결재가 끝나고 내가 입구 쪽으로 걸어가자, 뒤에서 박 대통령이 "중동에 가더라도 자기 자식 대하듯 잘 보살펴 주라고 사장에게 전해. 그리고 각 기업체에서는 기술자 양성을 정부에만 의뢰하지 말고 자체적으로도 양성토록 지시해"라고 한다.

그래서 나는 돌아서서 "분부대로 전하겠습니다"라고 대답했다. 이렇게 해서 이 계획은 '중동진출 기능사 중점육성을 위한 시범공고(示範工高) 지정'이라는 공식 명칭이 붙게 됐다. 그리고 첫해인 76년에는 시범공고에서 1,500명을 양성키로 했다.

군(軍) 기관에서는 100명만 양성하기로 했다. 기능사라면 기술과 실기를 모두 갖추어야 하는데, 기술적 기초가 없는 제대 예정자에게 실기를 단기적으로 가르쳐 보았자 기능사는 될 수가 없다는 결론이 나왔기 때문에 우선 100명으로 한 것이다. 다만 중장비 운전 등 단순기능 28종은 제대군인을 위주로 실기를 가르쳐서 활용하기로 했다. 이를 위해 현대에서는 직업훈련소를 설치했는데, 대림에서는 더 고도의 기술을 요하는 인력이 필요하기 때문에 기술전문학교(주 : 현재의 대림공전)를 설립하게 된다.

■ 도표 Ⅳ-2

1976년도 대림, 현대의 해외진출 기능사 수급

(단위 : 명)

	1976년 소요			양성 계획				
	대림	현대	계	회사 자체	공고	군기관	직업 훈련	계
기계조립 외 4종 (공고 양성)	1,646	33	1,679	79	1,500	100	—	1,679
크레인운전 외 2종 (직업훈련소 양성)	843	1,260	2,103	—	—	—	2,103	2,103
계	2,489	1,293	3,782	79	1,500	100	2,103	3,782

〈도표 Ⅳ-2〉는 대림과 현대 두 회사에서 필요한 해외진출 기능사의 양성계획이다. 76년도에는 회사 자체에서 79명, 공고에서 1,500명, 군기관에서 100명, 직업훈련소에서 2,103명, 합계 3,782명을 양성키로 했다.

3 학생들에 대한 특전

해외진출 기능사 중점양성 코스에 선발된 학생에게는 파격적인 특전을 베풀기도 했다. 이러한 조치는 공고 재학생 쪽에서 생각하면 당시로서는 엄청난 낭보였다.

> **공고출신 기능사 중동서 꿈 펼치다**

① 당시 공고에서는 실습시설과 실습비가 부족해서 실습도 제대로 받지 못하고 졸업을 할 때이다. 그런데 중동진출 과정에 선발되면 충분한 실습을 시킬 뿐 아니라 과외로 400시간의 실습을 더 시켜준다. 고맙기 이를 데 없다.

② 6개월만 고생해서 실습하면 기능사 2급 자격을 따게 된다. 기능사 2급 자격이란 공고생으로서는 꿈에 바라던 자격이다.

③ 기능사 자격을 받고 난 후는 3개월간 현장교육을 받는다. 이 때는 2만 원씩의 보조금도 준다.

④ 졸업과 동시에 취직이 보장된다. 당시는 취직이 무척 힘들 때이다. 그런데 최일류 회사에 취직이 되는 것이다.

⑤ 취직과 동시에 중동에 파견된다. 당시 외국에 간다는 것은 선망의 대상이었다. 중동에 진출했을 때는 숙박비, 급식비 및 현지 생활비는 회사에서 공짜로 지급해 준다. 그리고 많은 급료가 따로 나온다(졸업과 동시에 숙식비 제공에 15만 원의 월급을 받게 된다. 당시 환율로 환산하면 300달러가 넘는 액수로 꿈만 같은 높은 급료였다. 그리고 매해 5만 원씩을 인상해 준다).

⑥ 병역도 특혜를 주기로 했다. 박정희 대통령은 중동에 파견된다는 것은 국난(國難)을 위해 몸을 바치는 일과 같다고 생각한 것이다. 그리고 나이 어린 학생들이 수만리 이국 땅에서 모든 난관을 극복하기 위해서는 무엇보다도 정신무장을 시켜야 하겠다고 느꼈다. 그래서 병역면제를 시켜주는 대신 교육기간 중 철저한 정신교육을 시키도록 지시한 바 있다.

그렇다면 학생들로서는 1년간의 고생이 일생을 좌우하게 된다는 뜻이 된다. 누구보다도 가장 빠른 기간 안에 가장 숙련된 기능을 익히며 현장경력을 풍부하게 쌓을 수 있으므로, 다가오는 기능인의 시대를 목전에 바라보며 기능인으로서 웅비할 수 있는 앞날의 전망이 누구보다 밝다는 뜻이 되기도 한다. 그리고 당시 국내 임금수준으로는 최고봉의 대우를 받게 되는 것이다. 이래서 학생들이나 학부모는 흥분했다.

당시 한 학부모의 글을 통해 이런 분위기를 알아보기로 한다. 안양공고 기계과 배관반 이풍호 군의 아버지 이종필 씨의 글이다.

기능사가 될 자랑스런 아들을 보며

어느 날 직장에서 돌아와 보니 집안 식구들이 온통 무슨 경사라도 난 듯이 풍호를 중심으로 이야기 꽃을 피우고 있었다.

"큰오빠가 세계적인 기술자가 되게 되었대요"라는 막내 딸아이의 자랑스러운 이야기였지만 무슨 영문인지 종잡을 수가 없었다. 꿈에 부푼 풍호의 이야기를 들어 보니, 재학 중인 안양공고가 3월 14일에 중점 기능사 양성 시범학교로 지정받았고 학생 선발이 있었는데, 풍호가 거기에 끼게 되었다는 것이었다. 풍호를 공업학교에 진학시켰을 때에도 그러했지만 공업한국의 기수로서 조국 근대화의 일익을 담당할 수 있는 보람된 자식의 성장을 눈앞에 보는 듯하여 벅차 오르는 감격의 소용돌이를 억누를 길이 없었다.

이 때 중동진출 기능사 양성 시범공고로 지정된 학교와 양성목표는 〈도표 Ⅳ-3〉과 같다. 이렇게 해서 각 시도에서는 방위산업을 위한 정밀기능사 양성학교 한 학교와, 중동진출 기능사 양성 시범학교 한 학교씩이 생겨나게 된 것이다.

■ 도표 Ⅳ-3

시범공고 지정 및 1976년도 양성목표 인원

(단위 : 명)

학교명	지정 학급			양성 목표 인원				
	기계과	전기과	계	기계조립	판금용접	배관	전기	계
서울공고	2	1	3	50	25	25	50	150
용산공고	3	—	3	—	100	50	—	150
부산공고	3	1	4	—	50	100	50	200
안양공고	2	1	3	—	50	50	50	150
춘천공고	1	—	1	—	50	—	—	50
천안공고	1.5	1	2.5	50	25	—	50	125
전주공고	2	1	3	—	50	50	50	150
목포공고	1.5	1	2.5	—	25	50	50	125
대구공고	3	—	3	—	75	75	—	150
진주공고	2	1	3	—	50	50	50	150
울산공고	2	—	2	—	50	50	—	100
계(11교)	23	7	30	100	550	500	350	1,500

4 교육연구비 국고지원과 교재 발간

문교부에서는 이들 시범공고에 '정부가 지정하는 직종의 숙련기능사를 양성해서 기능사 2급 자격을 취득하게 한 후 해외진출 업체에 공급할 것'을 지시하면서 시범공고 운영지침을 시달하여 학생을 선발케 하였다. 그리고 산업계의 요구에 부응하는 수준의 우수한 기능사를 효율적으로 양성 공급하기 위해서는 주어진 여건을 어떻게 활용하고 개선하여야 할 것인가에 대한 연구를 할 것을 지시했다. 이를 위하여 한 학교당 100만 원씩의 연구비를 국고로 지원했는데, 이것이 우리 나라의 고등학교에 연구비를 교부한 최초의 사례가 된다. 이에 따라 각 학교에서는 산업사회에 적응할 수 있는 효율적 실기지도 방안, 기능사 합격률 제고 방안을 연구하기 시작했다.

해외진출 기능사 양성 코스의 실습교재는, 더욱 전문적인 분야의 기능숙달과 현장에서 즉시 적응할 수 있는 수준의 기능을 숙련시켜야 했기 때문에 일반 공고용과는 다른 별도의 실습교재를 필요로 하였다. 이에 따라 국고예산 600만 원을 책정해서 중동진출 기능사 중점육성을 위한 실습교재 편찬에 착수하였다. 1976년 4월부터 같은 해 6월까지 3개월간에 걸쳐 기계조립, 판금, 용접, 배관, 제관, 전기공사 등 6종의 특수교육용 실습교재를 긴급 발간하였다.

교재 편찬은 문교부 주관 아래 국제기능올림픽 한국위원회, 대림산업, 현대건설의 관계자들과 공업고등학교의 해당 교사 등이 함께 참여해서 작성했다. 산업체에서 요구하는 기능의 내용과 수준을 기초로 해서, 학교 교육과정상의 교과목 및 이수단위를 종합 검토하였고, 교육대상 학생의 기능수준과 기타 교육여건을 고려하여 가장 능률적으로 기능을 숙달시킬 수 있는 실습과제를 엄선하였다. 이 교재를 완전히 이수할 때에는 2급 기능사 자격검정에 전원 합격하는 것은 물론이고, 현장 조업시에는 그 숙련된 기능을 곧 발휘할 수 있도록 하였다.

5 실습시설의 보수와 제작

시범공고로 지정된 학교는 대부분 제1, 2차 IDA(국제개발협회) 차관에 의해 상당량의 실습시설이 도입되어 비교적 많은 시설을 보유하는 편이었으나, 그 보유 시설로는 일반 교육용밖에 충당할 수가 없었다. 해외진출 기능사의 중점지도를 위해서는 한정된 분야에 많은 학생을 동시에 투입해야 하는 특수성 때문에 별도의 추가시설을 하지 않을 수 없었다. 그래서 국고 2억 3,566만 원을 들여 실습시설의 구입과 보수를 서둘렀다. 보유 시설은 비록 노후된 것이라도 모두 보수하여 최대한 활용케 하였으며 부족한 시설은 긴급히 제작 또는 구입키로 했다. 박일재 국장의 회고를 들어 본다.

"시설 보완 과정에서 교사와 학생들이 보여준 열성은 대단했습니다. 주어진 예산으로 좀더 많은 시설을 확보하려는 의욕으로—부득이 구입할 수밖에 없는 기계를 제외하고는—교사와 학생들이 손수 수리를 하고 제작을 했으니까요. 버려졌던 기계의 먼지를 털고, 기름을 치고, 부품을 갈아 끼워 재사용키로 했는데, 수리가 끝난 후 시험 가동이 성공할 때마다 환호성을 올리며 새로운 보람을 느꼈다고 합니다. 수리된 기계가 질서있게 배치되어 힘있게 가동하고 있는 실습장 안에는 새로운 활력이 넘치기 시작했고, 이에 용기를 얻은 교사와 학생들은 재료만 구입해서 모든 작업대, 용접 실습실, 배전판 등을 스스로 제작하였던 것입니다. 실습시설의 보수와 제작은 학생들에게 많은 것을 얻게 하였습니다. 자신의 기능 수준을 새삼스럽게 인정받은 학생들은 자신감을 갖게 되었으며, 자신이 수리한 기계로 기능을 익힐 때 애착심과 열성이 생겨났다고 봅니다."

6 산학 협력 체제 구축

공업계 고등학교의 학생 실험 실습비는 기술 수준이 좀 낮은 일반기능사 2급 자격을 취득할 수 있는 정도의 실습을 하기에도 부족한 액수였다. 국가기술 자격검정이 1975년부터 의무화됨에 따라 모든 공고는 실습비 부족으로 고통이 심한 상태였기 때문에 기존 예산을 중점양성 코스에 투입할 수는 없었다. 그러므로 중점양성을 위한 교원수당, 공공요금, 실습재료비 등 막대한 지출 증가를 해결하는 방법으로 양성기능사 1인당 20만 원씩을 회사측에서 학교에 공급하는 소위 '위탁 제도'를 마련키로 하였다. 그리하여 대림산업과 현대건설에서는 3억 원을 사전에 학교에 공급하였다.

이상과 같이 회사측의 절실한 요구에 의해 해외진출 기능사 양성이 필요하게 되었던만큼, 회사측의 직무내용과 직결되는 중점교육을 시도하여야 했다. 그래서 회사측과 공업고등학교가 서로 긴밀한 협조적 유대관계를 유지하기 위하여 자매결연을 체결토록 했다. 막연한 예산지원보다도 회사별로 자매결연학교를 지정함으로써 완전 일체감 아래 수시로 상호 협조하는 체제를 마련하기 위한 조치였다. 이러한 관계를 통하여 현장기사의 학교 파견 협조, 중점교육 내용의 설정, 현장실습의 실시, 그리고 졸업생의 취업 등 모든 문제가 원활히 이루어지게 되었다.

7 교육과정

해외진출 기능사 양성과정은 지금 와서 생각하면 초비상 교육과정이었다. 6개월 간에 필요한 이론도 가르치고, 실기도 훈련시켜 2급 기능사 자격을 취득게 해야 했고, 졸업과 동시에 해외에 파견되어 현장에 곧바로 투입되어 책임 있는 일을 도맡아 해낼 수 있는 능력을 부여해야 했기 때문이다. 상식적으로 무리한 일을 해내야 하는 것이었다.
　당시 정부에서 지시한 공업고등학교의 교육과정을 보면 주당 보통학과를 14시간, 전문교과를 27시간 교육시키는데, 전문교과 중 20시간은 실기훈련을 하도록 돼 있었다. 실기훈련을 주당 20시간 시킨다는 것은 총 교육시간의 약 50%에 해당되므로 대단한 비중이다. 그런데 주당 20시간을 교육시킨다 해도 6개월이면 400시간 정도밖에 되지 않는다. 그러나 요청되는 기술습득을 하려면 최소한 800시간은 필요하다는 계산이 나왔다. 할 수 없이 중동파견 과정에서는 과외로 400시간을 더 교육시키기로 했다. 따라서 주당 실습시간이 40시간이 되었던 것이다. 평균 하루 7시간의 실기교육을 한다는 계산이 된다. 800시간 중 기초실습을 100시간 전공실습을 500시간, 응용실습을 200시간 하기로 했다. 이러한 시간 배정은 실습과제별로 나누어지게 된다.

■ 도표 Ⅳ-4
실습 시간 편성
(단위 : 개)

	실습과제 수				평가과제 수			
	기초 (100시간)	전공 (500시간)	응용 (200시간)	계 (800시간)	기초	전공	응용	계
용　접	41	37	25	103	4	4	2	10
판　금	28	40	22	90	2	3	3	8
제　관	29	59	15	103	—	4	4	8
배　관	15	42	18	75	2	5	2	9
기계조립	10	35	7	52	2	3	—	5
전기공사	33	39	11	83	2	2	1	5
계	156	252	98	506	12	21	12	45

한 예로 〈도표 Ⅳ-4〉에서 보면, 용접전공을 하는 학생은 기초실습(100시간)으로 41개의 과제를, 전공실습(500시간)으로 37개 과제, 응용실습(200시간)으로 25개 과제를 실제로 제작해야 한다. 그리고 실습시간 중 평가과제라는 것이 있는데 소위 시험문제에 해당된다. 이 평가과제에는 꼭 합격을 해야지 불합격되면 처음부터 다시 제작해야 한다. 따라서 기초실습에서 4과제, 전공실습 때 4과제, 응용실습 때 2과제 해서 합계 10과제에 합격해야 하는 것이다. 이상이 평균적인 학생의 시간배정이니 평균보다 못한 학생은 800시간 이상이 필요할 수도 있다. 그러니 휴일이나 방학이 있을 수 없었던 것이다. 그러나 학생들의 사기는 대단했다.

8 투철했던 사명감과 책임감

"해외진출 기능사 양성 코스에 선발된 학생은 3학년 재학생 중 우선 신체가 건강하고 두뇌가 명석하며 학업성적이 우수할 뿐 아니라 기능을 통하여 조국번영에 기여하겠다는 푸른 꿈을 가진 자들이었다. 이들 공고학생들은 신체적으로나 정신적으로나 아직 성장과정에 있는 어린 꽃망울들이다. 이들에게 그토록 많은 실기실습을 과하여 국제적으로 수준 높은 기능인으로 양성하기까지 어찌 어려움이 없으랴. 보드라웠던 손바닥에 물집이 잡혀 터지면서 못이 박히고 기름에 전 작업복 속에서 몸의 때가 씻길 겨를이 없다. 새벽에 등교하여 밤늦게야 집으로 돌아갔다. 한여름에는 무더위와 싸우고 한겨울에는 매서운 추위를 이기면서도 실기실습의 손길은 그칠 수가 없었다. 이들은 그 가정이 비록 가난할지라도 그 책임을 부모형제에게 돌리지 아니하고, 내 가정이 잘 사는 길과 내 나라가 잘살게 할 책임이 바로 자신에게 있다는 책임감을 가지고 있으며, 내 책임은 내가 감당한다는 굳은 의지로 묵묵히 실습에 임했다. 오직 내 가정과 내 국가에 대하여 내가 봉사할 수 있는 길은, 이 기능을 남보다 높이 그리고 정밀하게 갈고 닦아서 기능인으로서 산업사회에 나아가는 것이라는 확신을 가지고 온 심혈을 기능연마에만 기울였다. 그러면서 날마다 신장되는 기능도에 보람을 느끼며 방학과 휴일은 아예 아랑곳하지 않았다."

이상이 그 당시의 학생들의 감격스럽고 믿음직한 모습이었다.

다음은 박일재 국장의 회고담이다.

"70년 초 당시만 해도 공업학교에 대한 사회적 인식은 높지 않을 때입니다. 학교시설이나 실습비도 충분치 못했고 공업고등학교를 졸업해도 취업이 힘들 때였습니다. 그래서 공업고등학교의 사기도 높지 않았고 우수한 학생도 공고에는 가지 않을 때였습니다. 그러던 것이 73년부터—방위산업과 중화학공업에 절대 필요한—정밀가공사 양성문제가 국가적 과제로 등장했던 것입니다. 그래서 정밀가공사를 양성하기 위해서 공고 중 11개 학교를 정밀가공사 양성 지정학교(즉 기계공고)로 지정해서 정부에서는 대대적인 지원을 하기 시작했습니다. 실습시설을 대폭 확충하고 실습비도 일반 공고보다 몇 배나 더 주었습니다. 심지어 학교 기숙사까지 지원해 주었습니다. 장학금도 주고 병역도 면제해 주니 정밀기능사 양성 지정학교에는 우수한 학생이 모이기 시작했고 교사나 학생들의 사기도 높아질 수밖에 없었습니다. 결국 정밀기능사 양성 학교는 다른 일반 공고와는 완전히 다른 유형의 학교 형태로 변하게 된 것이지요.

이런 상태가 되니 일반 공고에서 불평이 나오게 되는 것은 피할 길

▲ 부산한독기계공고 순시 때의 박정희 대통령과 오원철(오른쪽 끝)

이 없었습니다. 76년 초 중동진출 기능사 양성이라는 국가적 요청이 나왔던 것입니다. 그러니 중동진출 기능사 양성 시범학교(이하 시범학교)로 지정된 학교에서는 교장, 교직원, 학생 모두 환호성을 올렸습니다. 그리고 '우리도 할 수 있다'는 강한 의욕을 보였습니다. 정밀기능사 양성학교와의 선의의 경쟁이 붙게 된 것이지요. 오히려 '시범학교' 쪽에서는 뒤늦게 시작했으니 '오기'까지 발동했다고 보아도 될 것입니다. 그래서 교장 이하 전교직원과 학생들이 전력투구를 한 것입니다.

또 한가지 특기할 사항은 당시 우리 나라는 제1차 석유위기로 경제가 암담했을 때인데 중동진출로 경제회복을 해야 한다는 강한 국민적 호응이 있어 기업체에서도 적극적으로 협조해 준 사실입니다. 어린 공고생들과 교직원들이 밤잠을 자지 않고 휴일이나 방학도 없이 고생한다는 소식이 전해지자 무엇인가 도와 주어야 한다는 여론이 컸습니다. 한 예로 학생들이 사용하는 각종 실습재료를 기증 또는 염가공급하는 등 적극적인 지원을 아끼지 않았습니다. 한정된 예산으로 보다 많은 실습재료를 확보하기 위해 고민이 크다는 것을 알게 된 실습재료 생산회사들은 중간상인을 거치지 않고 직접 학교에 공급해 공장도 가격보다도 2~3할 할인한 가격으로 공급해 주었습니다. 무엇이든 어려운 문제에 부딪쳤을 때 관련업체에 요청하기만 하면 즉시 해결해 주는 아름다운 산학협동이 이때 이루어졌던 것입니다. 제1차 연도의 해외진출 기능사 중점양성 사업이 예상보다도 성공적으로 이룩된 것은 바로 이러한 국민적 성원에 의한 것이라고 말할 수 있습니다."

도표 IV-5
업체별 용접용 실습재료 지원실적

업체	지원품목	단위	기간 공급				지원조건
			1기	2기	3기	4기	
포항종합제철	산소	병	2,100	3,400	2,750	8,250	염가공급
고려용접봉	전기용접봉	kg	26,400	30,800	30,800	88,000	염가공급
	가스용접봉	kg	2,475	—	—	2,475	
삼척산업	아세틸렌	병	2,730	4,420	3,575	10,725	염가공급
현대건설	철편	kg	55,000	55,000	—	110,000	무료제공
한국비료	산소용기	개	538	—	—	538	무료제공

〈도표 IV-5〉를 보면 6개월 간의 용접교육을 위해 산소를 8,000 병, 아세틸렌가스 1만 병, 용접봉 9만 kg을 사용했다. 어마어마한 실습을 강행했던 것이다. 다음은 전에 소개한 이풍호 군의 아버지 이종필 씨의 글이다.

선생님들께 감사드립니다

'기능사의 사명이 국가 성장의 운명을 좌우한다'는 교장 선생님의 방침으로 담당교사들은 학생들의 기술지도가 마치 신앙처럼 몸에 젖으신 것 같았다. 풍호는 바쁜 나날이 계속되었으며 2급 기능사 합격이라는 목표를 눈앞에 두고 이마의 땀방울이 마를 겨를이 없었다. 특히 산업체에서는 학생들에게 특별 급식으로 고깃국까지 끓여주며 격려해 주시고 보살펴 준다니 그 은혜는 부모된 도리로 무어라 감사해야 좋을지 모르겠다. 드디어 2급 기능사 시험이 실시되었고, 교장선생님과 지도 선생님들의 노력으로 풍호를 비롯하여 전 학생이 합격하여 경기도에서 1위를 했다는 쾌보를 접했을 때는 학부형의 입장에서 눈물까지 핑 돌도록 선생님들께 고마운 생각밖엔 없었다.

이 글은 고된 실습을 하고 있는 학생 주변의 성원이 어떠했는가를 잘 말해 주고 있다.

9 전원 합격과 목표 초과달성

6개월 간의 중점양성 교육기간 중 교사와 학생은 참으로 피땀어린 노력을 다했다. 자신을 돌볼 겨를도 없이 오직 기능연마에만 몰두했다. 그 결과 1976년 8월에 시행된 국가기술 자격검정에 당시까지만 해도 까다롭기로 이름이 난 기능사(2급) 자격시험에 전원 합격을 했다. 각 학교에서는 정부가 목표로 정해 준 인원을 양성하기 위해서는 목표

인원보다 더 많은 학생을 선발해서 훈련을 시켰다. 불합격될지도 모를 학생 수를 감안해서였다. 그래서 목표인원 1,500명보다 640명이 더 많은 2,140명을 훈련시켰는데, 훈련생 전원, 즉 2,140명이 전부 합격해서 정부 계획인 1,500명보다 43%를 초과 달성한 것이다. 심지어 진주공고(晋州工高)에서는 양성목표가 150명이었는데 350명이나 합격했다. 놀라운 성과였다. 나는 이 보고를 듣고 우리 민족이란 하려고 들면 무엇이든지 할 수 있다는 강한 자부심을 갖게 됐다. 단지 6개월을 훈련시켜 일류 기능사가 될 수 있는 소질을 갖는 민족이라는 것을 깨달은 것이다.

10 현장실습과 취업

기능사 자격을 딴 후에는 현장실습에 들어갔다. 자매결연 회사에 가서 '현장에서 사용되는 작업 기자재를 갖고 현장에서 일하는 것과 똑같은 조건' 하에서 실습을 하는 것이다. 현장 경험이 풍부한 현장기사의 지도 아래 실시되는데, 사전에 정해진 실습코스에 의해서 이루어졌다. 이 실습코스를 모두 끝내면 현장작업 기술을 완전히 익힐 수 있게 된다. 일반적으로는 약 2년이 소요된다는 현장 경험을 단지 2개월이라는 짧은 시간 내에 모두 골고루 갖추게 돼서 국내외 어디다 내놓아도 손색이 없는 현장기능사로서의 완벽한 기능을 갖게 되는 것이다. 일반적으로 공고 졸업예정자는 졸업 전에 현장실습을 하도록 법제화되어 있다. 이때는 학교측 입장과 현장실습을 하는 회사측의 입장이 서로 다르고, 취업과는 전혀 연관이 없기 대문에 흔히 무성의하게 이루어지는 것이 보통이었다.

그러나 시범공고의 경우는 완전히 달랐다. 회사 입장에서는 '실습받은 학생은 장차 그 회사에 취직해서 해외로 나가 회사를 위해 일을 하게 되는 일꾼'인 것이다. 그리고 학교측으로서는 학생들이 우수한 성과를 올려야만 책임을 다하는 입장이고, 학생들은 한 가지라도 더 배워서 회사로부터 인정을 받아야 했던 것이다.

그러니 삼자(三者) 모두 똑같은 처지가 됐다. 그래서 현장실습에서는 회사측이 책임지고 실기지도를 했고, 학교측의 열의 있는 순회지도가 뒤따랐으며, 학생들은 의욕에 넘쳤다. 더욱이 현장실습 기간 중 회사에서는 숙식을 제공해 주었고, 학생 1인당 월 2만 원의 수당을 지급했다. 그래서 학생들은 난생 처음 받은 급료(수당)를 손에 쥐고 앞으로의 꿈에 부풀어 실기연마에 몰두했다.

1976년도에 양성된 2,140명은 완전 취업이 됐다. 당초에 약간의 의구심을 갖고 출발했던 대림이나 현대에서는 현장실습 과정에서 학생들이 보여준 기능수준과 정신상태에 만족했다. 대림에 1,070명, 현대에 447명으로 합계 1,517명이 취업이 됐다. 대우개발(大宇開發), 동아건설(東亞建設) 등 다른 업체에서도 77년부터는 시범공고 양성사업에 참여하겠다는 뜻을 밝혔고, 우선 76년도 양성인원 중에서 할애받기로 했다. 그래서 대우에 105명, 동아에 48명, 기타 업체에 236명이 취직됐다. 이들 시범공고 출신 기능사들은 중견 기능사로서 자부심과 긍지를 갖고 있을 뿐 아니라 기능을 통한 국위선양의 기수로서의 사명감을 갖고 있었으며 매사에 임하는 자세가 진실하고 능동적이었다.

이들의 기술 또한 하나를 보고 열을 습득하는 빠른 속도로 향상돼 갔으며, 항시 자기 기술이 부족하다고 생각하면서 기술향상에 노력했다. 그래서 이들 시범공고 출신 기능사는 높게 평가받았다. 76년도 시범공고 출신의 한 기능사(고영석 군)의 글을 소개한다.

교장 선생님께

제1회 용산공고 시범과 중동진출반 470명 중 오늘 현장 사무소에 배속된 13명을 대표하여 인사드립니다. 그동안 저희들을 떠나 보내시고 나서 선생님의 마음은 한강 물가에 어린애를 보낸 부모님의 마음과 다를 것이 없다고 사려되옵니다. 김포공항에서 부모님과 집안식구 그리고 선생님들, 반 급우들의 환송하는 손짓과 어린 자식을 먼 이국 땅에 떠나 보내는 아쉬움과 서글픔에 눈물을 글썽이시던 어머님의 참한 모습이 눈물에 어릴 뿐입니다. 눈물을 흘리지 말자고 몇 번 다짐했건만 부모님께 드리는 편지를 쓰고자 펜대를 쥐는 순간 솟구치는 서글픔을 억누를 수 없는 것은 조국이 멀리 있어서만은 아닐 것이옵니다.

그 동안 저희들의 기능과 인격을 키워주시고자 몸을 아끼시지 않으셨던 교장 선생님을 비롯하여 여러 선생님의 은혜와 저희들을 낳아주시고 길러주신 부모님의 높은 은혜를 깨닫지 못하다가 이렇게 먼 이국땅에 와서야 깨닫게 되는 저희들의 못난 행동이 너무 바보스럽고 철이 없었음을 회개하는 눈물인지도 모르겠습니다.

그러하옵고, 오늘 처음으로 작업장 배치를 받아 난생 처음으로 사회에 첫발을 내딛는 근무를 했습니다. 같이 일하는 분들이 어린 공고생들이 처음으로 와서 그런지 그렇게 무리한 일을 시키지 않고 가볍고 쉬운 일을 시킬 뿐 친절히 대해 주셔서 여간 다행스런 일이 아닐 수 없습니다. 이미 와 있는 일반인 기능공의 지식수준이나 인격수준이 저희들과는 맞지 않는 점이 많이 있을 줄 알고 있습니다만, 그럴수록 저희들은 정신자세의 방어벽을 견고하게 쳐서 그들의 나쁜 습관이나 행동을 과감하게 물리치는 한편, 굳은 의지와 신념으로 앞으로 어떠한 고난과 역경에 처하더라도 인내하고 자중해서 하나의 오점도 남김없이 귀국하는 그 순간까지 겸허와 이해로써 일관할 것을 밝혀 아뢰는 바입니다.

저희들이 기거하는 숙소는 ARAMCO(Arabia American Oil Company)회사가 건설한 BERRI CAMP로서 식사 메뉴는 물론 오락시설과 욕조시설 등이 가히 최상급이라 할 수 있습니다. 방 하나에 4명이 기거를 하는데, 공고생 2명에 일반인 기능공 2명 꼴로 배치되어 있습니다. 아직은 서로 서먹서먹하지만 부드럽고 화기애애한 분위기를 조성하고 조절하는 것은 저희들의 의무와 책임이 아닐까 생각합니다. 저희들에게 못마땅하거나 거슬리는 일이 있더라도 꾹 참고 견디며 인내하는 것이 현명한 방법이며 생활의 조화를 이루는 최선의 방법이 아닐까 생각하는 바입니다.

아무쪼록 폐쇄와 금기의 나라 사우디아라비아에서 나 자신과 가족, 모교, 더 나아가서는 조국의 명예를 걸머지고 사명감과 자부심을 가지고 땀 흘리는 저희들을 위해서 하느님께 기도하여 주십시오. 여기에 있는 동료들과 자주 접촉을 하여(타국에서나마 모교의 이름을 빛낼 수 있는 저희들에게) 역경이 닥쳐오더라도 당황함 없이 받아들이고 맞이할 수 있는 능력을 길러, 하루 빨리 유능한 기술인이 되어 조국 근대화의 사업에 크게 일익을 담당할 수 있는 초석이 될 것을 다짐하며 이만 줄일까 하옵니다. 그럼 다음 연락드릴 때까지 안녕히 계십시오.

1977. 1. 3.

제1회 용산공고 시범과 중동진출반 1차 선발대 13명 일동 대표
고영석 올림

3 국가안보와 테크노크라트의 활약

1 국가안보 비상사태 발생

1969년 새로운 미국 대통령으로 당선된 닉슨은 월남전에서 손을 떼기로 했다. 닉슨 대통령은 1970년 2월 18일 '닉슨 독트린'을 발표했다.

다시는 해외에서 국민을 희생시키지 않기로 결심한 것이다. 이 일이 있고 난 후부터 우리 정부는, 닉슨 독트린의 거센 물결이 언젠가는 한국에도 밀어닥쳐올 것을 예견하지 못한 것은 아니나, 2개 사단 이상의 대 병력을 월남에 파병하고 있는 이상, 주한미군의 감축은 있을 수 없을 것으로 판단하고 있었다.

그런데 '현충문 폭파사건'이 있은 지 2주일 후인 1970년 7월 상순, 미국정부는 주한미군 2개 사단 중 1개 사단의 철수방침을 통고해 왔다. 이어 8월 24일에 내한한 애그뉴 미국 부통령은 1년 후인 1971년 6월 말까지 철수시킬 방침임을 밝히는 동시에 "앞으로 5년 이내에 나머지 주한미군도 완전히 철수될 것이다"라고 말했다.

미국은 1971년 3월 주한미군 1개 사단을 철수하고, 다음 달에 '핑퐁외교'를 개시한 다음 곧이어 '닉슨 대통령의 중국 방문' 계획을 발표했다. 주한미군 철수를—애그뉴 부통령이 통보한 날짜보다—3개월이나 앞서 실시한 것을 보니, 중국 방문에 대한 닉슨의 선물이었을까? 이때 우리 국민은 심한 배신감과 약소국의 설움을 느꼈다.

주한미군 철수로 크게 고무된 것은 북한이었다. 소련 현역군 수준으로 무장된 북한군, 6·25전쟁 때의 경험으로 한국군을 얕잡아보는 이들은 '70년대를 적화통일의 해'로 설정, 전쟁준비에 박차를 가했다. 그 전략은 베트콩식 게릴라전으로, 남한 내부를 붕괴시키자는 것이었다. 이렇게 해서 우리 나라는 국가안보 초비상 상태가 됐다.

그때까지만 해도 우리 나라는 '자위국방(自衛國防)'이라는 슬로건을 사용해 왔다. 북한 공격으로부터 우리 나라를 방위(防衛)한다는 방어적인 개념으로, 주한미군도 염두에 두고 있었다.

그런데 미국이 한국에서 손을 떼겠다고 한다. 그러나 우리 국민은—조선시대와는 달리—결코 좌절하지 않았다. 오히려 "Go man go! (미군이여 갈 테면 떠나라!)" 하며 분연히 일어섰다.

국방개념도 '자주국방(自主國防)'으로 바뀌었다. '자주국방'의 가장 큰 과제는 '국군장비의 현대화'였다. 특히 게릴라전에 대처하기 위해 '예비군의 무장화'가 시급했다. 예비군이 조직되어 있었지만 카빈 소총뿐으로—기타의 개인무기, 공용무기, 통신기, 수송장비 등은 물론—전투모, 대검, 수류탄조차 지급되지 않았다.

정부는 예비군 20개 사단을 '박격포까지 장비하는 경보병사단' 수준으로 전력을 강화하기로 하고, 이에 소요되는 병기 탄약류 및 장비 등을 국산화하기로 했다. 이렇게 해서 방위산업이 국가 최긴급과제로 등장했다. 우선 이들 병기 개발연구가 시작됐는데, 우리 나라의 연구진은 이를 100일 만에 끝냈다. 놀라운 성과였다. 그리고 현역군의 장비현대화, 즉 대구경화포, 전차, 항공기, 함정 등의 개발에 나섰다. 그런데 무기생산에서 문제가 발생했다. 다름 아닌 '정밀기능사' 부족이었다.

2 '정밀기능사'는 조국 근대화의 기수

병기란 초정밀 가공품으로, 100분의 1mm의 정밀도를 요구한다. 그러나 당시 우리 나라에서 가공할 수 있는 한계는 10분의 1mm 정도였다. 과거 식민지 시대부터 일본인들은 "한국인은 정밀가공을 할 소질이 없다"고 평해 왔다. '정성'들여 '정직'하게 작업해야 '정밀'한 제품을 만들 수 있는데, 이 정성, 정직, 정밀 정신이 한국인에게는 없다는 뜻이었다. 그러니 여기서 또 한 번 '한국인의 소질'에 대한 의문이 생겼다.

이 의문은 실험을 통해서 풀 수밖에 없었다. 그래서 시범공업학교를 설립했다. 일본교사를 초빙해서 일본식대로 교육과 실습을 시켰다. 정신교육이 중요하다고 생각해서 전원 기숙사에 집어넣고 군대식으로 규율을 잡았다. 이 학교가 금오공업고등학교였다. 그 후 100분의 1mm를 가공할 수 있는 '정밀기능사'를 양성하기 위해, 각 도에 하나씩 기계공업고등학교를 설립하고 금오공고와 같은 개념으로 교육과 정신 훈련을 실시했다.

박 대통령은 이들 공업고등학교에 '조국 근대화의 기수'라는 휘호를 내리는 동시에, '하면 된다. 우리도 할 수 있다'라며 분발할 것을 촉구했다.

주 : ①각 학교에서는 이 휘호를 각자(刻字)한 탑(塔)을 세웠다. 그리고 아침 조회 때마다 이 탑을 향해 "나는 조국 근대화의 기수이다. 하면 된다. 우리도 할 수 있다"라고 크게 합창한 후 교육장으로 향했다. ②"하면 된다. 우리도 할 수 있다"에서 우리도 할 수 있다는 것은, 우리도 일본과 같이 경제대국이 될 수 있다는 뜻이다. 당시 우리 나라의 목표는 일본이었다.

이들 학생들은 '조국 근대화의 기수'라는 자부심을 갖고 기술연마에 나섰다. 그 결과 졸업 때에는 모두 '정밀기능사' 자격을 획득했다. 졸업 후 이들은 방위산업에 취업하여 병기생산을 함으로써 국가방위에 이바지하게 된다. 정밀가공까지 할 수 있는 민족이라면 어떠한 기술도 습득할 수 있다. 그 증거로 각 분야의 선수들이 국제기능 올림픽에 출전하여 매해 종합우승을 했다. 우리 민족은 기능면에서 세계 최고의 소질을 갖고 있다는 것이 증명된 것이다.

중동에 진출한 '조국 근대화의 기수', 병기생산 및 중요 기간산업에 종사하는 조국 근대화의 기수들은 모두 공업고등학교 출신으로 이들의 연령은 18세, 어린 티가 남아 있는 소년들이었다. 이들이야말로 우리 민족의 희망이요, 소중한 자원이다.

정부는 전국의 공업고등학교에서 이들 조국 근대화의 기수를 매해 5만 명씩 양성하기로 했다. 이들을 근간으로 해서 중화학공업을 건설·운영함으로써, 모든 국민(특히 남성인력)에게 일자리를 마련하여 '보릿고개'를 영구히 추방키로 했다.

3 테크노크라트에 의한 후진국 개발

마지막 질문이다. "우리 민족은 왜 그다지도 가난해야만 했는가?"

나는 지금까지, 우리 민족의 우수성에 대해서 설명했다. 여성이든 남성이든 간에 그 소질을 발굴하고 연마하면 주옥과 같은 보석이 된다고 했다. 그러나 우리 조상들은 이에 눈뜨지 못했고 노력도 하지 않았다. 아마도 그 원인은 과거 우리 나라의 통치체제에 있었던 것이 아닌가 생각된다. 사농공상(士農工商) 사상을 절대시하고 이를 신분적으로 계급화하여 드디어는 양반제도를 만들었다. 우리 나라밖에 없는 계급

▲ 박정희 대통령은 식량자급을 가난 추방의 첫걸음으로 간주했다. 그는 식량문제 해결 없이는 국가안보 또한 없다는 신념의 소유자였다.

제도였다.

사농공상 중 사(士)만을 통치자(배출) 계급으로 하고, 나머지 농공상(農工商) 계급은 '상것(常民)'이라고 천시하는 준노예 계급으로 격하시켰다. 통치자가 경제의 중요성을 인식하지 못했을 뿐 아니라 이를 천시했으니, 이런 조직하에서는 경제가 발전할 수 없다. 상공업이 발전되지 않은 나라에서는 농사나 짓고 살아가야 한다. 이러다 보니 농토가 적은 우리 나라에서 '보릿고개'가 발생하는 것은 당연했다. 유교의 본 고장인 중국이나 일본에서 중상(重商) 제도를 채택, 경제를 발전시킨 것과는 사뭇 대조적이다. 결국 우리는 고래로 경제정책 없이 살아온 민족이라는 뜻이다.

'보릿고개'를 없애는 길은, 실업자(농민을 포함한 유휴 노동력)에게 일감을 주는 방법밖에 없다. 이를 해결해야 하는 것은 정부의 책임이다. 그리고 현대 경제는 과학기술을 근간으로 해서 성립되기 때문에 이 문제 해결은 테크노크라트가 담당할 수밖에 없다. 특히 후진국에서는 테크노크라트가 경제 개발의 성패를 좌우한다. 명치유신 후 일본이 근대화에 성공한 것이나, 전후 일본이 경제 대국이 된 것도 일본의 '테크노크라트' 층이 이룩한 업적이다. 대만 또한 유사하다. 중국 또한 우리 나라와 똑같은 길을 가고 있다. 이것이 '테크노크라트에 의한 후진국 개발' 이론이다.

4 1960~70년대는 테크노크라트의 시대

이 내용은 '1960~70년대 우리 나라의 테크노크라트들이 ①어떠한 전략과 정책을 세우고 ②우리 나라 인력의 소질을 발굴하고 ③이를 연마해서 ④이들에게 일자리를 마련해 주면서 ⑤경제를 발전시켰는가'를 그 줄거리로 하고 있다.

전략을 수립할 때에는 '엔지니어링 어프로치'가 중요하다는 점도 강조되고 있다. 그러나 가장 중요한 점은, 국가원수가 테크노크라트였다는 점과 진두지휘를 했다는 사실이다. 박정희 대통령은 테크노크라트에게 전략을 수립케 하고 이를 완전히 파악한 후 결단을 내렸다. 그 집행 또한 테크노크라트에게 일임했으나, 본인 스스로 철저히 점검을 했다. 탁월한 '사령관형 테크노크라트'였던 것이다. 이런 점을 이해하지 못하고는 1960~70년대의 실상을 이해할 수 없을 것이다.

1973년 1월은 우리 나라 역사상 큰 획을 그은 달이다. '중화학공업(정책) 선언'을 했고, 중화학공업 건설추진에 대한 최종 단안(斷案)을 내렸다.

중화학공업 건설을 추진하는 목적은
① 자주국방을 위한 방위산업 건설로 북한군 위협에 대처하고,
② 원료, 원자재, 기계, 시설 등을 국산화함으로써 수입을 억제하며, 선진국(특히 일본)과의 종속적(從屬的) 관계로부터 공업적 독립을 이룩함과 동시에 모든 공업 생산능력에서 북한을 압도한다.
③ 1980년까지 100억 달러를 수출함으로써 국력면에서 북한을 압도한다.
④ 일자리를 마련해 줌으로써 '보릿고개'를 완전 해소하며, 국민 1인당 GNP를 1,000달러로 끌어올림으로써 국민의 생활수준을 향상시키고 북한과의 경제전에서의 완전 승리를 거둔다.

특히 강조한 점이 "6·25와 같은 동족상잔의 전쟁을 피하고 평화적 남북통일의 기반을 구축하겠다는 것이지, 전쟁을 하자는 것도 아니지 않느냐"라는 것이었다. 박정희 대통령이 취한 길은—군사적이 아니고—순수한 테크노크라트적 전략이었던 것이다. 박 대통령은 경제총수도 테크노크라트적인 인사로 배치했다. 결론적으로 우리 나라 1960~70년대는 테크노크라트가 경제를 운영하는—우리 나라의 역사상 전무후무한—특이한 시대였다.

제3장
1960~70년대 국민생활
—쌀값과 노임의 악순환

　박정희 대통령은 '민생고 해결'을 혁명 공약으로 내세운만큼, '국민생활 안정'에 최대 역점을 두는 것은 당연했다. 그런데 이 과제는 간단한 문제가 아니었다. 그래서 악전고투를 하게 되는 것이다. 집권하자마자 경제기획원을 창설(1961. 7. 22)했고, 초대 경제기획원 장관에게, 첫 번째로 지시한 것이 '국민생활 안정'이었다. 그런데 물가는 천정부지로 치솟았다. 그래서 장관을 교체했다. 취임 후 8개월 만의 일이었다. 그 후 24개월 간에 6명의 장관을 바꾸었는 데도 물가는 잡히지 않았다.

 **국민생활 안정에 진력**

1 당시 우리 나라의 물가체계

　〈도표 Ⅳ-6〉을 보면 두 개의 사이클이 있다.

우선 국내 사이클을 보면, ①물가가 상승하면 생계비가 올라가서 국민생활이 힘들어진다. 그러니 인건비를 올려줄 수밖에 없다. ②인건비가 올라가면 제조원가가 상승한다. ③제조원가가 상승하면 제품 값이 올라간다. 즉 물가 상승이다. 결국에 가서는 생계비가 올라가고, 또다시 인건비를 올려줄 수밖에 없게 된다. 이렇게 되어 악순환 고리는 계속돼 나가는 것이다.

두 번째가 대외 사이클인데 ④인건비가 상승하면, 국제경쟁력이 약화된다. 이때 취할 수 있는 길은 두 가지가 있다. 환율을 인상하는 방법과 인상하지 않고 버티는 방법이다. ⑤환율을 인상하면 ⑥그 즉시 수입품 값이 오르고 ⑦뒤따라 물건값이 일제히 오르게 된다. 환율인상분만큼만 오르는 것이 아니라 덩달아 모든 물건값이 뛰어오르는 것이다.

■ 도표 Ⅳ-6
인건비와 물가의 악순환 고리

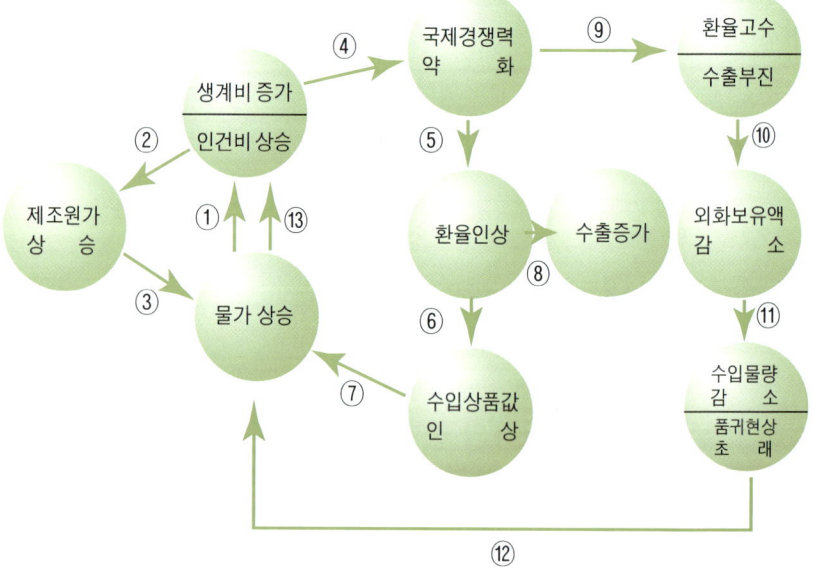

■ 도표 Ⅳ-7
인건비와 물가의 국내·대외 사이클 관계

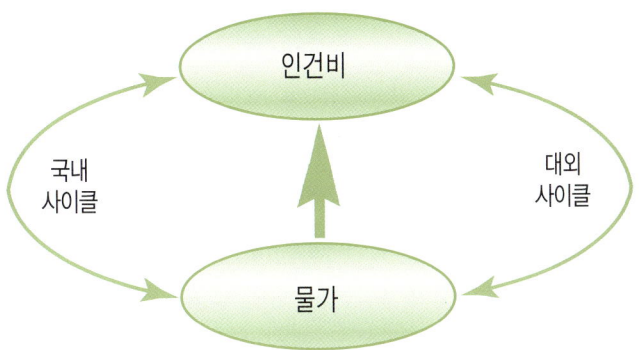

이것이 인플레 심리인데, 우리 나라는 특히 심하다. 그래서 결국에는 인건비까지 오르게 된다. 그러나 ⑧수출이 증가하는 장점도 있다.

또 하나의 방법 즉, 국제경쟁력이 약화되는데도 ⑨환율인상을 하지 않으면 수출부진이 나타나고, ⑩그 결과 정부의 외화보유액이 줄어든다. ⑪부득이해서 수입을 줄이게 되는데, 수입이 줄면 품귀 현상이 일어나서 ⑫물가를 상승시키고 ⑬인건비가 올라가게 된다. 이러지도 저러지도 못하는 딱한 입장인데, 이런 것이 후진국이 흔히 경험하는 실상인 것이다.

더욱이 국내 사이클과 대외 사이클은 따로 따로 움직이는 것이 아니고, 서로 상통해서 동시에 일어나는 것이다. (〈도표 Ⅳ-7〉 참조)

2 당시 환율정책

환율의 안정은 경제안정에 절대적으로 중요하다. 경제뿐만 아니라 정치, 사회 나아가서 국민의 의식까지도 안정이 가능해진다.

일본은 태평양 전쟁에서 패전 후, 환율을 360 : 1로 고정시켜 왔고, 대만도 40 : 1로 정한 후 변동시키지 않았다. 그런데 우리 나라에서는 환율은 계속 올라갔다. 그러니 물가는 올라갈 수밖에 없었고, 물가가 올라가면 환율을 또 올려야만 했다.

혁명정부는 환율을 절대로 올리지 않기로 결심했다. 혁명 당시(1961년 5월 16일) 환율은 1달러당 130원이었다. 이 환율은 64년 5월 4일까지 2년 반 동안 계속 유지되어 나갔다. 그런데, 그 결과는 수출 부진으로 나타났다. 무역업계에서는 수출을 하자는 의욕조차도 사라졌다. 그래서 정부보유 달러(KFX)는 줄어만 갔다.

5·16 혁명이 일어났던 1961년 말에 2억 520만 달러였던 KFX는, 1년 9개월 후인 1963년 9월에 1억 달러로 줄어들었다. 우리 나라의 총 외화보유고가 1억 달러밖에 되지 않는다면, 우리 나라는 파산 직전이라는 뜻이다. 그래서 정부는 외환사정이 호전될 때까지, 생필품의 수입을 극도로 제한했다. 이것이 우리 나라의 첫 번째 '외환위기'였다. 국민들은 미국의 원조가 해마다 줄어들어 가뜩이나 불안하던 차에 정부보유 달러가 바닥이 나서, 생필품 수입도 못하게 됐다는 소식에 극도의 위기감에 휩싸였다. 그 결과 물가는 하루가 다르게 치솟았고, 품귀현상이 발생했다. 〈도표 Ⅳ-6〉의 ⑨⑩⑪⑫의 상황이 실제로 유발되어, '악성 인플레의 악순환 고리'가 강하게 발동하기 시작한 것이다.

박 대통령은 근본적인 대책을 강구하기로 했다. 우선 '수출 제일주의'의 채택이다. '외환위기 문제'부터 해결해야 했기 때문이다. 그래서 고정 환율정책을 지양하고, 환율을 인상키로 했다. 1964년 5월 4일 당시 환율 130 : 1을 255 : 1로 대폭 인상했다. 일시에 약 배로 올린 것이다. 이로써 시간당 노임은 8.2센트(¢)가 되어 일본이나 동남아 국가

보다 저렴해졌다.

3. 장기영 부총리의 등장

 박정희 대통령이 환율을 바꾸고 난 1주일 뒤인 5월 10일, 7대 경제기획원 장관으로 장기영(張基榮)을 임용했는데, 부총리라는 직함도 함께 부여했다. 이로써 장기영은 경제 각부 장관을 실질적으로 총지휘하는 강력한 부총리가 된 것이다. 동시에 수출 총책임자로 박충훈(朴忠勳)을 상공장관으로 임명했다.

 장기영 부총리는 환율만큼은 절대로 올리지 않기로 결심을 했다. 당시는 대통령 이하 온 국민이 수출에 총력을 기울일 때였다. 1964년에 1억 2,000만 달러를 수출했다. 전년대비 40%의 수출증가를 했다. 그런데, 우리 나라와 같은 신생개발도상국으로서, 공업제품을 수출해서

■ 도표 Ⅳ-8

제조업 종사자의 월간 급여액(원, $, ¢)

연도	월간급여(원)	환율조정 후 월 당(미국 $)	시간당 (미국 ¢)	환율
1960	2600	40.00	20.8	65
1961	2840	21.86	11.4	130
1962	2990	23.00	12.0	130
1963	3310	25.46	13.2	130
1964	4010	15.73	8.2	255
1965	4680	17.27	9.0	270

40%의 수출증가를 한다는 것은 상식적으로는 불가능한 일이다. 더욱이 당시의 수출업계는 '보세가공(保稅加工)'이 주류를 이루고 있을 때이다. 보세가공이라는 것은 인건비만 챙기는 업종이다. 따라서 인건비가 올라가는데도 환율을 고정시키면, 적자가 나는 것은 당연하다. 1964년도에는 인건비가 21%나 상승했고, 1965년에 들어가서도 상승기세는 꺾이지 않았다.

무역업계에서는 "조금만이라도 환율을 올려달라"고 읍소를 했다. 상공부 장관도 "수출업자의 사기를 올려 주기 위해서라도"라며 거들었다.

〈도표 Ⅳ-8〉은 제조업 종사자의 연도별 급여액이다. 매해 가파른 속도로 인상하고 있는데, 1964년도는 전년대비 21.1%, 1965년도에는 16.7%가 상승했다. 이 액수를 당시 환율로 나누면, 달러로 환산할 수 있다. 시간당 급료로 따지면 1960년도에는 20.8센트(¢)이다. 다음 해인 1961년도에는 환율이 65:1 에서 130:1로 바뀌었다. 그래서 시간당 노임은 11.4센트로 뚝 떨어지게 되는 것이다. 1964년도에는 환율이 130:1에서, 255:1로 바뀌었다. 255:1로 환산하면 시간당 8.2센트가 되는데 만일 환율이 바뀌지 않고 130:1이였다면 시간당 16.0센트가 되었을 것이다.

박 대통령은 1965년 6월 30일 1달러당 270원으로 인상하는 데 동의했다. 이로써 고정환율 정책은 1년 만에 깨지는 듯했다. 그런데 장부 총리의 뚝심은 이때부터 발동했다. 수출이 본궤도에 올라가자 1967년에는 268.12원으로 인하까지 했다.

수입상품에 대해서는 세무서 직원을 수입상에 보내 조사케 하고는, 적정가격으로 내리지 않으면 세무상의 불이익이 있다는 것을 알리도록 했다. 가격이 이상하게 높이 형성된 품목은 상공부에 통고해서 '수입 쿼터'를 늘려, 수입량을 증가시켰다. 연일 이런 조치를 취하자, 물가는 점차 떨어지기 시작했다. 그래서 〈도표 Ⅳ-7〉의 '대외 사이클'은 비교적 단시일에 해결을 보았다. 문제는 '국내 사이클'이었다. 생필품의 대부분은 여기에 속해 있기 때문이다. 그 중 연탄 제조용 석탄과, 시멘트 문제가 가장 복잡했다. 성수기가 되면 폭발적인 수요가 갑자기 생겨나, 품귀현상이 일어나기 때문이다. 이것을 피하려면 1년 내내 생산해야 한다. 그렇지 않으면 수요기에 가서 부족상태가 생겨나서, 물자파동이 발생한다. 생산한 물품은 저장해야 한다. 생산 현지에 저장하는 것은 물론이고, 소비지에도 저장을 해 두어야 한다. 생산비, 저장비, 시설비가 막대하게 소요되는데, 생산자가 부담하기에는 너무나 큰 금액이다. 그러니 정부가 지원해 주어야 한다.

그리고 성수기에는 생산 현장에 있는 제품을 소비지까지 운반하게 되는데, 그 양이 어마어마하다. 1,000만 톤 단위이다. 그래서 항구가 있는 도시에는 배로 나르기도 하고, 가까운 곳은 트럭으로 운송해야 한다. 마치 전시의 수송작전을 방불케 한다. 장 부총리는 상공부의 석탄과장, 시멘트를 담당하는 화학과장, 철도청의 수송담당관 등을 총지휘하면서 독려하고 확인하면서 이런 작업을 손수 챙겨나갔다. 대단한 정력가였다.

그래서 이들 실무자들은 기합을 받으면서도 장 부총리에게 복종을 했다. 나머지가 국내에서 생산되는 생필품의 가격문제인데, 여기에는 대기업 제품과 중소기업 제품이 있다. 대기업 제품에 대해서는 장 부총리가 직접 나서서 해결한다. 강압도 하고, 지원도 해 준다.

전구 등 전기용품, 학용품, 식료품 등 중소기업 제품에는 종류도 많은데, 당시까지만 해도 품질면이나 가격면에서 문제점이 많았다. 이들에 대한 책임은 담당 과장이 지게 된다. 장 부총리의 지론은 "물가는 파리채로 파리를 잡듯이 앉아 있을 때 하나하나를 때려 잡아야지, 한 마리가 날기 시작하면 모든 파리가 일시에 날아 걷잡을 수 없게 된다"는 것이었다. 실행해서 성과를 거두고 보니, 과연 명언이라고 느껴졌다. 정부 지원도 많이 해 주었다. 정부가 가격과 품질에 책임을 지기 시작한 것이다. 모두 '국민생활 안정'을 위해서 열심히 일할 때이다.

2 쌀값과 인건비

1 쌀 소비자 쪽의 입장

쌀값 결정은 정치, 경제, 사회 문제에 있어 '태풍의 눈'과 같은 존재였다.

1960년대는 먹고 살기가 힘들 때이다. 서울 소비자가 물가의 가중치를 1,000으로 잡았을 때(1964년 당시) 식료품의 비중은 464.4, 그 중에서 곡가(쌀값, 보리쌀값)의 비중은 282.9이다. 간추려 말하면 서울시민의 평균 생계비의 약 50%가 식료품 구입비인데 그 중 쌀값이 약 30%를 차지한다는 뜻이다. 이 수치는 평균치이다. 가난한 살림살이를 하는 가정에서는 쌀값의 비중은 30%보다는 훨씬 크다. 그러니 쌀값이 올라가면, 당장에 생계가 힘들어지는 것은 당연하다. 이렇게 되면 '굶느냐? 사느냐?'의 문제로 변한다. 그래서 노임은 올라가게 마련이다. 그리고 일단 노임이 인상되는 순간부터—이미 설명한 대로—'인플레의 악순환 고리'는 발동하기 시작한다.

2 농민 쪽의 입장

1964년 당시 우리 나라에서는 총인구의 55.6%가 농사를 짓고 있었다. 농업이 올리는 소득은 국민 총생산의 42.4%를 점한다. 공업이 차지하는 비율은 10.3%, 도·소매업이 10.5%, 서비스업이 9.9%인 점을 감안하면 이 당시만 해도 우리 나라는 '농자 천하지대본(農者天下之大

本)'인 나라였다.

그러나 농민 1인당 경작면적은 논(畓)이 246평, 밭(田)이 177평, 합해서 423평으로 지극히 영세하다. 여기서 나오는 소출을 갖고 먹고 산다는 것은 불가능하다. 이렇게 해서 '보릿고개'가 일어나는 것이다. 일단 '보릿고개'가 발생한 농가는, 부득이해서 '고리채(高利債)'를 쓰게 된다. 이 '고리채'는 보통 월 5%(年 60%)이다. 농민으로서는 갚을 길이 없다. 할 수 없이 조상으로부터 상속받은 농토를 팔게 되고 소작인 신세가 된다. 결론적으로 당시의 우리 농민은 '잠재적 실업자 신세'이다.

3 해마다 일어나는 쌀값 소동

추수기가 되면 농민들은 쌀을 팔기 시작한다. 빚도 갚아야 하고, 꼭 필요한 물건도 이 때 마련하게 된다. 농민들은 곡식을 저장할 창고도 없다. 그래서 너도나도 팔게 돼서 곡식값은 일년 중 이 무렵이 가장 심하게 떨어진다. 이때 돈 많은 쌀 장수가 몽땅 사들인다. 소위 매점(買占)하는 것이다. 이들은 창고도 준비되어 있으니 값이 올라가기를 기다린다. 심지어 서로 단합해서—쌀값을 올리려고—쌀을 팔지도 않는다. 소위 매석(賣惜) 행위이다. 이렇게 해서 쌀값은 가파르게 올라갔다(〈도표 Ⅳ-9〉 참조).

한 예로 1963년 쌀값은 전년대비 60%, 보리쌀은 59% 폭등했다. 1964년이 되자, 1월에(20리터당) 593원 하던 쌀값이 5월에 904원으로 52%가 뛰었다. 보리쌀값도 806원이 됐다. 이런 사태가 일어나면, 서민층에서 아우성이 터지는 것은 당연하다. 더구나 이런 소득이 농민에

■ 도표 Ⅳ-9

서울 소매가격

년도	쌀값 (원/20ℓ)	보리쌀값 (원/20ℓ)	보리쌀값/쌀값
1960	304	201	66%
1961	367	272	74%
1962	377	290	77%
1963	602	462	77%
1964	736	626	85%

게 가는 것이 아니고 매점매석하는 쌀장수에게로 가는 것이니 분통을 터뜨리지 않을 수 없었다.

 장기영 부총리가 임명된 것은 바로 이럴 때였다. 박 대통령은 "쌀값부터 잡으라"는 지시를 내렸다고 전해진다. 1964년 5월에 부임한 장 부총리는 쌀장수에게 철퇴를 가했다. 그 결과 쌀값은 637원, 보리쌀값은 512원까지 내려갔다. 이 때부터 매점매석 행위는 위법사항으로 간주돼서, 법적으로 처벌받게 된다.

4 양곡수매 특별회계 (양특)

 매점매석 행위를 근절하는 방법은 정부에서 충분한 정부보유미(政府保有米)를 갖고, 쌀값을 조정하면 되는 것이다. 가을 추수 때 정부가 농민으로부터 쌀을 수매해서, 정부 소유의 창고에 넣어서 보관하다가, 쌀값이 오를 때에 판매하는 제도가 된다. 이를 실시하기 위해서는 막대한 예산이 필요하다.

박 대통령은 이를 위해 '양곡수매 특별회계(㈜ : 일반적인 회계연도는 1월 1일부터 12월 31일까지인 데 반해 양곡연도는 11월 1일부터 다음 해 10월 말까지이므로 양곡관리 특별회계에는 양곡관리기금이라는 계정이 있는 점이 특색이라 할 수 있다)'라는 기금을 마련해서 운영하도록 했다. 국내에서 생산되는 쌀이 부족할 때에는 '미국의 정부미(잉여 농산물)' 특히 보리쌀을 장기 연부로 수입해서 국민에게 공급했다. 국제 시장에서는 보리쌀값이, 쌀값의 절반이었기 때문이다(㈜ : 우리 국민이 마음놓고 쌀밥을 먹게 되는 것은 우리 나라의 쌀 생산이 4,000만 섬을 돌파한 1977년도라고 이미 설명했다). 이 조치 후 쌀값은 계절에 관계없이 연중 안정된 가격을 유지하게 된다.

5 저곡가(低穀價) '10% 인상' 정책

당시 우리 나라는 '수출 제일주의 시대'였다. 정부의 모든 시책은 수출을 위해서 동원됐다. 수출을 하자면 '경제안정' '국제경쟁력 강화'가 필수적이다. 이런 입장에서 판단할 때는 '노임인상'이나 '물가인상'은 방해가 되는 요소일 수밖에 없다. 그래서 쌀값 안정과 환율 안정은 당시 정부로서는 가장 중요한 과제로 인식됐다.

장기영 부총리는 ①환율은 절대로 올리지 않는다. ②정부미 '수매가 인상 10% 유지'를 철칙으로 정하고, 박 대통령의 승인을 받았다. 그러고는 불도저식으로 밀고 나갔다. 〈도표 Ⅳ-10〉을 보면 장 부총리 재임 중에 추곡 매입 가격 인상폭은―65년 이후 67년까지―3년간 10%로 유지됐다. 67년 10월, 장 부총리에 이어 취임한 박충훈 부총리도 임금과 물가안정에 최대 역점을 두었다. 그 결과 1967년도는 10%, 68년도 인상은 13.7%였다. 10%는 못 지켰지만 10%대는 유지할 수 있었다.

■ 도표 Ⅳ-10

연도별 환율, 물가, 노임의 연평균 인상률

(단위 : %)

연도	환율	물가(도매)	제조업 노임	추곡 수매가
1965	4.47	7.7	18.6	10
1966	1.85	8.8	17.8	10
1967	-0.3	7.5	22.5	10
1968	2.26	7.0	26.5	13.7
1969	4.16	7.6	34.2	22.6
1970	7.77	9.1	26.9	35.9

* 주 : 1965년 환율 인상은 64년을 255원으로 계산한 것임.

그 결과 우선 환율이 안정됐다. 1967년에는 환율이 떨어지기까지 했다. 물가도 63년에 30.3%, 64년에는 27.5%이었던 것이 10% 이하로 떨어졌다.

6 고곡가(高穀價) 정책으로 전환

〈도표 Ⅳ-10〉을 보면 제조업 노임은 1965년에 18.6%, 66년에 17.8%, 67년에는 22.5%가 인상됐다. 더욱이 68년에는 26.5%가 인상되니, 드디어 농민들이 분통을 터트렸다.

국회에서는 여야를 가리지 않고 크게 문제삼았고, 박 대통령도 저곡가 정책에서 고곡가 정책으로 전환키로 결심했다. "수출도 이제는 본 궤도에 올라가고 있지 않느냐?" "이제부터는 농민에 대한 혜택도 함께 생각하시오." "물가에 영향을 다소 주더라도 쌀값을 올리시오!"가이 때의 지시였다. 그래서 1968년에는 10%선이 깨지고 13.7%가 올라갔던 것이다.

1969년 6월 취임한 김학렬 부총리는 69년산 미곡의 정부 매입가격을 무려 22.6%나 올렸다. 그리고 70년산은 35.9%, 71년산은 25.0%를 인상하면서 고미가(高米價) 정책으로 궤도를 바꿔 나갔다. 이러한 고미가 추세는―72년 취임한 태완선 부총리 시대 및 74년 취임한 남덕우 부총리 시대인―76년까지 지속됐다. 68~75년간 정부수매가격 인상률은 연평균 24.8%로써, 같은 기간의 도매물가 상승률을 크게 앞섰다. 이 조치로써 농민들의 생활은 크게 좋아졌으며, 한때 농가소득이 도시 근로자의 소득보다 높아지기도 했다.

고곡가 정책을 쓰면서 수출 증가율 40%를 유지하자면, 환율은 올라가게 마련이다. 환율은 조금씩 올라가서 77년에는 484 : 1이 되었다. 이 해 수출이 100억 달러에 이르자 박 대통령은―수출 템포는 좀 줄어들더라도―환율은 변동시키지 않기로 결심했다. 이렇게 해서 79년 박 대통령이 서거할 때까지 484 : 1의 환율이 유지됐고, 64년부터 79년까지의 15년 5개월 간에 총 89.8%의 환율 인상으로 마무리했다. 그 때의 여건 그리고 인건비의 폭등이 계속되는 와중에서, 이러한 환율 유지는 아주 성공적이라고 평가할 수 있다. 이런 기반이 있기에 우리나라는 경제성장이 가능했다고 할 수 있다.

박 대통령은 '보릿고개'를 겪고 있는 농민의 생활대책에 깊은 관심을 쏟았다. 우선 혁명 직후 농민의 암적 존재였던 고리채를 해결했다. 1964년에 극심한 한발이 있자 지하수 개발에 힘썼고, 67, 68년도에 또다시 심한 가뭄이 있자 본격적인 수리안전답 사업을 추진해 나갔다. 67년에 58%인 수리안전답을 85%까지 향상시키겠다는 목표하에 추진했는데, 71년에 81%, 79년에는 87.3%까지 향상시켰다.

기계화 영농을 하기 위해 경지정리 사업도 추진했다. 축산, 잠업, 연안과 내수면 양식도 권장했으며, 특용작물(양송이, 과일, 담배 등)도 장려했다. 비닐을 사용해 볍씨 파종을 일찍 시행하여 수확을 빨리 끝내게 하고, 보리농사를 짓는 이모작(二毛作)도 널리 보급시켰다. 특히 겨울철의 농한기 노동력을 활용하기 위해 비닐하우스 농법을 권장했다. 모두 농민의 소득을 향상시키기 위해서였다. 종자 개량도 했다.

새마을운동도 실시했다. 농촌에다 새마을공장을 건설했다. 농어촌의 모든 가정에 전기를 가설해서, 밤에도 일할 수 있게 했고, 동력으로 쓸 수 있게도 해주었다. 경운기 등 농업용 기계도 보급해서 농업을 기계화했다.

그 결과 많은 효과가 발생하기는 했으나, 도시나 공장 근로자의 노임이 더 급격히 인상되어, 농민의 소득과는 큰 차이가 나기 시작했다. 농촌 사람들의 살림살이가 도시 사람들보다 훨씬 못하게 됐다는 뜻이다. 당시 농가의 소득이란 쌀을 파는 돈이 거의 전부였다. 그래서 농민은 꽁보리를 먹고, 될수록 많은 쌀을 팔아서 생계에 보탰다. 농민에게는 쌀값이 곧 임금이었던 것이다. 그러니 농민의 소득을 올리기 위해서는 쌀값을 인상할 수밖에 없었다. 그러나 쉬운 문제는 아니었다.

그 피해도 컸다. 〈도표 Ⅳ-10〉를 보면 추곡 수매가를 인상하자 제조업 노임이 올라갔고, 환율도 올라갔다. 그 결과 우리 나라는 '인플레의 악순환 고리'에서 헤어나지 못하게 된다. 할 수 없이 정부는 이중(二重)곡가 제도를 택하게 된다. 즉 농민으로부터 수매하는 값보다 싼 금액으로, 도시인에게 판매하는 제도이다. 쌀을 비싸게 사서 낮은 가격으로 팔면 손해가 나는데, 이것은 국민의 세금으로 메우게 된다. 쌀값 상승이 정치, 경제, 사회 전반에 미치는 악영향을 조금이나마 줄여 보자는 의도에서 내려진 조치이다.

결론적으로는 국민의 세금으로 농민을 먹여 살려야 했다는 뜻이다. 또한 우리 나라의 쌀값은 국제가격의 3~4배나 비싼데도 불구하고, 매해 쌀값을 또 올려 주어야 하니, 국민의 부담은 커져만 간다. 이를 피하는 길은 우선 환율과 인건비와 물가의 안정이다. 두 번째가 농민 대책인데 ①농업인구를 대폭 줄이고 2차 산업과 3차 산업에서 활용하는 방법 ②그리고 나머지 농민에게는 더 많은 소득을 올리도록 선진국형 농촌으로 개선하는 방법뿐이다. 결국 전 국토를 산업권화하기 위해 '근본적인 국토개편'을 진행할 수밖에 없다는 결론이 나온다.

3 하면 된다 우리도 할 수 있다

▶ 단련할수록 강해진다

먼저 '우리 민족의 정신상태'. 우선 "정신이란 환경에 따라 변하고, 정신력(精神力)은 단련할수록 강해진다"는 점을 지적하고 이야기를 시작한다. 1964년, 박정희 대통령은 우리 나라의 경제구조를 수출위주의 체제로 개편하고, 그 해 1억 달러를 수출했다. 1970년의 10억 달러 수출목표에 대해서—국민이나 언론계에서는 이를 달성할 수 있으리라고 아무도 믿지 않았는데도 불구하고—박 대통령은 '하면 된다'라며 박차를 가했다. 그리고 이 해 우리 국민은 10억 달러를 수출해냈다. 이때 비로소 국민들은 자신과 용기, 희망을 갖게 되었다.

박정희 대통령은 "우리 민족은 똘똘 뭉치면 위대한 힘을 발휘할 수 있다. 고구려 시대에는 수(隋)의 100만 대군을 물리쳤고, 임진왜란 때는 의병들이 일어나 국난을 극복했다. 그리고 지금은 10억 달러 수출이라는 기적을 이루고 있지 않느냐……. 선진국과 같이 잘살려면, 먼저 우리 나라가 선진국이 되어야 한다. 선진국이 되려면 우리 국민은 '선진국 국민이 어떠한 방법으로 선진국을 건설했는가'를 본받아 노력할 수밖에 없다. 우리 국민 개개인의 능력이 선진국(당시는 일본)보다 못한 것이 없지 않느냐? 그렇다면 '하면 된다. 우리 국민도 할 수 있다' 그 방법은, 경제면에서는 '수출제일주의', 정신면에서는 '자조 근면 협동'과 '근검 절약 저축'의 새마을정신이다"라며 '국가적 목적의식과 국민적 행동의식'을 국민들에게 심어 주었다.

이때 비로소 위정자(정부 또는 우리 나라)와 우리 국민의 의식구조가 혼연일치하게 됐다. 그 후 '하면 된다. 우리도 할 수 있다'라는 의

◀ 공업단지 예정지인 광양만 일대를 해상시찰하면서 선상에서 작업지시를 하고 있는 박정희 대통령

식구조는 70년대의 정신적 지주 역할을 했으며 국가 발전의 원동력이 됐다. 그 후로도 우리 나라는 전년대비 40%라는 수출신장을 계속한다 (㈜ : 1973~79년의 평균 신장율 : 39.6%). 그리고 1977년에는 대망의 100억 달러 수출을 이룩하게 된다. 10억 달러 수출에서 10배인 100억 달러를 수출하는 데 단지 7년이 소요됐다는 뜻이다.

세계 언론계에서는 한국이 '한강의 기적'을 이룩하고 있다고 했다. 20세기 후반에 들어서 경이적인 발전을 하고 있는—한국, 대만, 싱가포르, 홍콩 등—4마리의 용(龍) 중 한국을 선두주자라고 했다. 한 저명한 미국의 잡지(〈Newsweek〉 1977, June)는 커버스토리로 '한국인이 몰려온다(The Koreans are coming)'라는 특집 기사를 썼다. 이 글에서

'한국인은 미국이나 일본과 같은 공업구조와 국민생활을 갖기 위해 열심히 일하고 있다. 일본인을 게으른 사람으로 보고 있는 세계 유일한 국민이다'라고 소개하고 있다. 우리 민족은—훌륭한 지도자가 나와서 '목적의식과 행동의식'을 제대로 심어주고 신념화하면—무한한 능력을 발휘할 수 있는 위대한 민족이라는 것을 여실히 증명하고 있다.

박정희 대통령은 1979년 10월 26일 서거했다. 그 해의 수출액은 147억 달러이다. 5·16혁명이 일어나기 전 해인 1960년도의 수출액이 3,283만 달러였으니, 집권 19년 간에 448배의 수출 증가를 이룩했다는 계산이 나온다. 박 대통령의 굳은 의지의 표출이었다.

▲〈Newsweek〉1977, June 한국인이 몰려온다

그 후 30~40년이 흘렀다. 1960~70년대의 사건들은 역사 속에 파묻힌 일들로서 많은 부분이 망각 속으로 사라졌다. 당시를 경험 못한 새로운 세대가 인구의 대부분을 차지하게 되었다. 많은 사람들이 당시의 실정을 모르거나 현실로 착각하고, 자기 나름대로의 잣대로 그때를 판단하고 비판하고 있다.

그럼에도 불구하고 박정희 대통령은 현재까지도 현실로 살아남아, 너무나 가까운 거리에서 큰 작용을 하고 있다. 이에 따라 박정희의 산업혁명 사상을 공감하는 분들을 위해 이 글을 쓴다.

跳躍

一九六七年 九月
大統領 朴正熙

제 V 부

2000년대를 위한 국토개편

박정희 대통령은 '중화학공업 건설 즉 우리 나라의 산업혁명'이 성공적으로 추진되자, 다음 과제는 '국토개편사업'이라고 확신하고 여기에 대한 계획 수립을 지시했다. 이 계획은 1979년 10월 초에 완성됐다.

국민에게 브리핑하는 마음으로

　박정희 대통령이 서거한 지 19일 후인 1979년 11월 14일, 청와대 1층에 있는 대통령 집무실에 수석비서관 전원이 함께 들어갔다.

　박 대통령의 유품을 정리, 보관하기 위해서였다. 대통령 집무실에는 집무용 책상과 회의용 탁자, 소파, 서가 그리고 폭 1m, 길이 2m 가량 되는 남·북한을 합친 한국지도가 걸린, 이동식 궤도판이 있었다. 그런데 집무용 책상 동쪽 창문 아래에 처음 보는 책상이 하나 따로 있었다. 그 책상 위에는 두 권의 책자가 놓여 있었는데 한 권은 '행정수도 건설을 위한 백지계획'이었고 다른 한 권은 '2000년대의 국토구상'이었다. 그 책상 위에 전기 스탠드와 확대경이 있었던 것으로 미루어 보아, 그 계획안이 워낙 방대하고, 중요한 국가 장래 정책이었기 때문에, 대통령이 브리핑을 듣기 전에 밤늦게까지 확대경으로 지도를 들여다보며, 미리 공부하고 구상한 것으로 여겨진다.
　나는 대통령에게 1979년 10월 초에 올린 그 두 책을 기초로 해서 요약한, 별도의 브리핑 책자(150쪽 분량)를 만들어 브리핑 준비를 완료해 놓고 기다리고 있었다. 그러던 차에 10·26이 발발하여 그 계획은 박 대통령의 영원한 유작이 되어 버렸다.

　〈월간조선〉에서는 그 브리핑 차트를 입수해, 1991년 12월호에 게재하겠다고 나에게 그 사실을 알려 왔다. 그러나 완강하게 인터뷰를 거부해 오던 나는 마침내 박 대통령을 대신하여 국민에게 브리핑한다는 마음가짐으로, 일주일 동안 30시간 가량 이 거창한 계획의 내용을 〈월간조선〉 유용원(庾龍源) 기자에게 구술하였다. 〈월간조선〉은 그 내용을 정리해서 게재했다(㈜ : 제Ⅴ부의 글이다).

제1장
2000년대를 바라보며

 행정수도 건설안과 국토개발안

1975년 여름 박 대통령은 진해 휴양지에서 "서울 인구 증가를 막자면 수도를 옮기는 길밖에 없다"는 얘기를 하였고, 상경 후 김정렴 비서실장은 나에게 이에 대한 계획안을 작성하라는 하명을 전달했다. 즉 '행정수도 건설안'과 이에 따른 '국토개발안'이었다.

나는 이 중대한 일을 맡은 후 그 방법을 곰곰이 생각한 끝에 7가지 원칙을 정했다.

국토개발안 일곱 가지 원칙

1. 우선 행정수도는 국토의 일부이기 때문에 국토문제부터 풀어 간다.
2. 국토문제를 다루는 방법은 '공학(工學)적 접근방법'을 취한다.

3. 국토란 무엇이냐? 국토란 국가의 기본요소이며, 국가란 국토와 국민으로 구성된다. 국가의 질은 문화와 경제이며 국가를 보전하는 힘은 '안보'이다. 따라서 다루는 분야는 '국토, 국민, 문화, 경제, 안보'의 5개항으로 정한다.

4. 목표는 2000년대를 바라보며, 중간 목표는 수치로 표시한다. 우리 나라의 1인당 GNP는 1976년 약 1,000달러였는데 2000년대 초, 즉 2001년경에는 10배인 1만 달러(계획 당시 불변가격)가 되며, 인구는 약 5,000만 명으로 늘어난다. '즉 2000년대를 바라보며 1인당 GNP 1만 달러, 우리 나라 인구 5,000만 명이 되는 2001년을 중간 목표로 하는 국토구상을 한다'

   주: 당시의 GNP 1만 달러는 현재의 가치로 따지면 2만 달러도 넘는다. 선진국 수준이라는 뜻이다.

5. 국내외 여러 석학들의 의견을 폭넓고 심도 있게 수렴한다.

6. 중화학기획단 안에 별도의 기획기구를 둔다. 명칭은 행정수도란 용어가 너무 민감하기 때문에, 중화학기획단이라고만 칭한다. 요원은 건설부, 문교부, 상공부 등 각 부처에서 우수한 사람을 차출해서 보직한다.

7. 자료 조사 및 정리를 위해 국내 용역회사를 활용한다(산업개발연구소, 전(全) 엔지니어링 등). 그리고 전문 기술적 지원을 할 수 있는 기구를 KIST(한국과학기술연구원)에 부설한다(KIST산하 지역개발연구소). 그리고 외국에서 이 분야에서 활약하고 있는 학자를 영입한다.

이상과 같이 원칙과 방침을 세우고 작업을 시작하였다. 때마침 여러 분야의 석학들로부터 폭넓은 고견을 들을 기회가 준비되어 있었다.

나는 1973년부터 각계의 원로 저명인사들이 모여 만든 '밝은 내일을 위한 위원회'에 참여하고 있었다. 이 모임은 박충훈(朴忠勳) 한국무역협회 회장이 만든 것으로, 김옥길(金玉吉) 이화대학 총장, 신태환(申泰煥) 전 서울대총장, 이한림(李翰林) 전 스위스 대사, 박종홍(朴鍾鴻) 대통령 특별보좌관, 김점곤(金占坤) 경희대 교수, 백영훈(白永勳) 산업연구소장, 이만갑(李萬甲) 서울대 신문대학원장, 언론인 심연섭(沈鍊燮) (이상 無順)이 회원이었으며, 필요에 따라 새로운 멤버도 추가됐다. 우리 역사와 현실을 냉철하게 분석·종합하여 우리 민족의 잠재 역량을 소생시키고, '밝은 내일'을 앞당기자는 취지의 비공식 모임이었다. 자연스럽게 이 모임에서 2000년대의 국토개발안에 대한 토의가 진행되었다.

1 과밀한 도시국가

우리 나라의 가주지(可住地)에 대한 인구밀도는 $1km^2$당 1,021명 (1969년)으로 세계에서 제일 조밀한 나라이다.

스위스(인구 600만)는 산악국가라지만, 국토의 약 1/2이 가주지이다. 네덜란드는 작은 나라이지만(인구 1,400) 가주면적은 우리보다 넓고 이탈리아(5,600)의 가주지는 우리의 7, 8배나 된다. 앞으로 우리 인구가 5,000만 명이 되면 $1km^2$당 인구는 1,552명이 되며, 이것은 인구 1인당 193평의 가주지밖에 돌아가지 않는다. 가주지란 평지로 쓸 수 있는 땅으로 여기에 농사를 짓고 도시, 공장, 주택을 건설하며 도로를 내고 운동장을 만들어야 하는 곳이다.

인구 1인당 193평밖에 없다면 이것은 도시에 불과하다. 따라서 우리

■ 도표 V-1

각국의 가주지에 대한 인구밀도

국별	연도	총면적 (1,000ha)	가주지 면적 (1,000ha)	세계 총면적 중의 각 나라별 면적 비율(%)	인구 밀도($인/km^2$)	
					전면적	가주지 면적
한국	1969	9,848	3,220	0.07	334	1,021
미국	〃	936,312	643,855	7.00	22	32
일본	1972	37,227	11,539	0.30	291	939
영국	〃	24,404	22,453	0.20	229	249
프랑스	1970	54,703	40,690	0.40	95	128
서독	1972	24,772	17,595	0.20	249	351
이탈리아	〃	30,123	23,913	0.20	182	229
네덜란드	〃	3,676	3,376	0.03	329	358
스웨덴	〃	44,975	22,262	0.30	18	36
스위스	1974	4,129	2,208	0.03	15	287
세계		13,399,275	9,408,632	100.00	28	40

나라는 일반 개념의 국가라기보다는 '도시국가'이다. 곧 홍콩이나 싱가포르와 같은 상황이라고 할 수 있다.

[참고] : 싱가포르의 인구 1인당 국토 면적은 약 50평이다. 우리 나라의 가주지 면적이 1인당 193평이라면, 우리 나라는 싱가포르보다 약 4배의 면적을 갖고 있을 뿐이라는 뜻이다.

그렇다면 이 좁은 땅에서 어떻게 살아야 할 것인가?

2 1만 달러 시대의 농업

우선 1만 달러 시대, 더 나아가 2만 달러 시대의 농업을 생각하면 비관적이다.

농업이란 노력을 해도 생산성 향상이 극히 서서히 나타난다. 그렇다면 그 해결 방법은 미국과 같이 1인당 농지면적을 확대하고 기계화해서 1인당 소득을 올리든가, 특용작물을 재배한다든가, 값이 비싸도 한국에서 꼭 생산해야 할 작물을 생산한다든가(저장성이 나쁜 야채 등) 하는 방법밖에 없다.

그런데 우리 나라는 쌀이 주산물이기 때문에 1인당 경작면적 확대와 기계화를 하는 길밖에 없는데, 그 결과는 농민 수의 급격한 감소와 천수답의 소멸, 그리고 황량해진 농촌일 것이다. 그렇다고 식량 안보상 농업을 폐기할 수는 없다.

여기서 두 가지 예를 들자. 스위스와 일본이다. 스위스는 농업을 거의 포기했다. 때문에 식량은 수입한다. 스위스의 빵이 세계에서 가장 맛이 없다고 한다. 그 이유는 스위스 사람들은 비상시를 대비해 3년분의 밀을 항시 보존하고 있으며, 빵을 만들 때는 3년 전의 밀부터 사용하기 때문이라고 한다.

일본은 우리 나라보다는 양호한 편이지만 역시 인구가 조밀한 나라이다. 그런데 지금 일본의 농촌에 사는 사람들은 이미 농민이 아니다. 농업 외(外) 소득이 70%나 된다. 농사는 농경대행회사가 농업용 기계로 중무장하고는 파종부터 수확까지 도맡아 농사를 지어준다. 그리고 수확 후 농가에 이익만 분배한다. 다시 말해 일본 농민은 자기 땅에서 자기가 농사를 짓지 않는다. 별도의 직업을 갖고 있는 것이다. 요식업, 관광 등 3차산업에 종사하는 사람도 많고, 주변의 공장, 회사 등에 출근도 한다. 쓰바메라는 마을은 전 주민이 살길을 찾아 양식기(洋食器)를 만들기 시작했었다. 지금 쓰바메 마을은 세계에서 유수한 양식기 제조 마을이 되었다.

그 밖에도 '도자기마을' '유리마을' '직물마을' '식품가공마을' '공예품마을' 등 예를 들 수 없을 정도로 많다. 정부는 이를 적극 지원한다. 특히 주말을 시골서 보내기 위해, 도시민들은 주말주택(호화별장이 아님)이나 팬션을 많이 이용하고 있는데, 여기에서도 많은 일감이 생겨난다. 한 예로 테니스 코트를 만들면, 쌀농사짓는 것보다 수입이 더 많다고 한다. 또한 대만이나 동남아는 1년에 3~4번씩 수확을 하니 부럽기 짝이 없다.

당시(1976~79년) 우리 나라의 쌀값은 국제가격의 약 4배였다. 계속 이중곡가제도를 써 나간다면, 1만 달러 시대의 쌀값은 국제가격의 10배가 될 것인데, 양특적자를 세금으로 메워 가면서 전통적 농사방법을 고집할 수는 없을 것이다.

1차산업인 농업이 비관적이라면, 우리 나라의 살길은 2차산업인 제조업을 발전시킬 수밖에 없다는 결론이 나온다. 5,000만 인구가 열심히 공산품을 만들어서 수출을 많이 하고, 그 돈으로 식료품이나 원자재를 수입해서 살아가는 길이 유일한 방법이라는 뜻이 된다.

결론적으로 우리 나라는 공업을 주종으로 하는 산업국가 건설을 뒷받침할 수 있는 '국토개편'을 하여야 한다는 대전제가, 바로 과밀한 국토문제에서 쉽게 도출된다.

2 주변국과의 관계

우리 나라가 공업을 주종으로 하는 산업국가가 되어 수출을 하게 된다면, 무역 경쟁국과의 치열한 싸움이 전개된다. 수출에는 크게 두 가지 유형이 있다.

첫 번째는 다른 나라가 못 만드는 신제품, 고급제품 등을 만드는 것이고, 두 번째는 같은 물건이지만 가격을 상대적으로 싸게 하는 방법이다. 고품질 제품은 과학기술이 발달한 나라, 즉 선진국형이고 부가가치도 높다. 저가제품은 가격경쟁이 심하고, 노임이 싼 쪽이 유리한 후진국형 상품이며 부가가치도 낮다.

이런 면에서 우리 나라는 중진국형이며 1만 달러 시대까지만 해도 큰 변화는 없을 것이다. 그런데 만일 후진국이 싼 노임으로, 기술을 향상시키고 생산성을 높인다면 우리 나라 제품의 판로는 이러한 나라에 뺏기게 되는 것은 당연한 이치이다.

1 2000년대의 중국

이런 점에서 2000년대에 가서는 가장 무서운 경쟁국은 중국이 될 것이다. 10억 인구라는 거의 무한정한 인력 공급원을 갖고 있다. 그리고 아마도 그때까지 중국은 1인당 GNP가 우리 나라보다 훨씬 낮으며, 따라서 극히 싼 노임이 계속 유지될 것이다. 이 점은 무서운 사실로서, 우리 나라 GNP가 높아지고 인건비가 올라갈수록—우리 수출상품은 잠식당할 것이며, 중국의 기술과 생산성이 조금만 높아져도—우리 나라의 수출시장은 그만큼 줄어들 것이다. 중국은 우리 나라를 뒤에서 바짝바짝 죄어오고 있는 것이다.

훗날 중국의 기술이 우리 나라와 같아진다고 가정한다면, 우리 나라 상품은 시장을 완전히 잃어버리든가, 거꾸로 살아남기 위해서는 우리 나라 임금이 중국과 같아져서, 중국 사람과 같은 생활 수준이 되어야 할 것이다. 우리의 1인당 GNP 1만 달러 시대는 한낱 꿈일 뿐, 중국이 1만 달러 시대가 된 후에야 우리도 이를 바라볼 수 있다는 이야기이기도 하다. 중국은 자원이나마 풍부하고 농사라도 지으면서 자급자족이 될 수 있어 문제가 없지만, 우리 나라 국민은 어떻게 살아남을 수 있을까?

2 일본 등 선진국과의 관계

그렇다면 고품질 제품 수출 쪽은 어떤가? 이것은 일본과의 기술경쟁, 생산성 경쟁인데 상당히 긴 기간 가망이 없어 보인다. 기술개발 능력, 과학기반, 자본, 생산성(생산시설과 노동력의 질), 상술 등 어느 면에서나 비관적이다. 일본의 노임이 올라가서 국제경쟁력을 잃은 상품이나 얻어 차지해야 될 판이다. 물론 한두 품목은 고품질 수출제품이 나올 수도 있겠으나 이것은 드문 예일 것이다. 일본과 경쟁하려면 기술혁신을—필사적으로 장기간—계속하여야 조금 서광이 보일 것으로 판단이 되었다.

그렇다면 우리는 일본과 중국 사이에서 최대한 열심히 뛰며, 기술혁신을 하고 생산성을 높여, 준선진국 위치를 계속해서 유지하고 있어야 살아남을 수 있다는 결론이다. 즉, '뛰지 않으면 죽는다'는 것이다. 그래서 당시 우리 나라에서는 '자전거 경제' 즉 페달을 계속 밟아야 넘어지지 않는다는 비유가 나올 정도였다.

3 한국보다 10년 앞섰던 대만

대만은 한국과 자주 비교 대상이 된다는 점에서, 한국이 왜 대만에게 뒤떨어지는가 하는 비판과 의문이 제기되기도 한다. 하지만 나는 중화학공업화를 추진하면서 대만을 경쟁상대로 생각해 본 적이 한번도 없다. 어떻게 하면 대만을 따라잡을 수 있을까만 몰두했을 따름이다.

1970년대 중반까지만 해도 대만은 거의 모든 면에서 한국보다 앞서 있었다. 1957년에는 미국 원조가 끊어졌고, 우리가 원조물자로 국가경제를 지탱하던 1964년에 첫 무역흑자를 기록했던 나라이다. 이런 기초 위에 기계, 석유화학 등 중화학공업에서도 한국보다 10년은 더 앞서 있었던 것이다.

1976년 당시 대만의 석유화학이 연산 약 100만 톤(에틸렌 기준)일 때, 우리 나라는 울산에 15만 톤짜리가 가동 중이었고, 여수에 35만 톤짜리를 건설 중이었다. 여수석유화학이 완공되었다 해도 합계 45만 톤으로 대만의 약 2분의 1이고, 대만 인구가 우리 나라 인구의 반이라는 것을 생각하면 인구 비율로 볼 때 우리 나라의 4배이다. 더군다나 대만은 이 공장에서 나오는 원료를 사용해서 플라스틱 제품, 섬유 제품을 만들어 대부분을 수출할 정도로 강한 경쟁력을 갖고 있었다.

중화학공업 계획에서는 여수에 35만 톤짜리 두 개를 순차적으로 지을 계획이었고, 두 번째 공장은 '럭키화학'에 인가까지 했으나 10·26

▲ 대만을 방문하여 장 제스(蔣介石) 총통과 포즈를 취한 박정희 대통령

후 과잉투자라고 비판받고 취소되었다. 그 후 국내에서 석유화학제품 부족으로 파동이 나니, 최근 부랴부랴 한꺼번에 공장을 마구 지어 총 국내생산량이 315만 톤이나 돼서 과잉 상태가 됐는데, 이는 정부가 중요 원자재의 생산량을 미리 예측하여 수요·공급량을 조절해 주지 않고 방치한 결과이다.

① 빚을 지지 않는 대만기업들

대만의 성공 요인으로 국민성을 드는 사람들이 많다. 나 역시 대만을 몇 차례 방문했었는데, 그때마다 국민성에 감탄하곤 했다. 대만에는 대물림을 하는 가족 단위의 중소기업이 많다. 곧 온 가족(부인, 자식)이 함께 일하고 있다.

대만인들은 공장을 짓든가, 확장하든가, 새로운 시설을 보충할 때에도, 은행 빚을 지지 않으려는 경향이 있다. 가능하면 자기 자본으로 사업을 하며, 은행 빚을 졌더라도 다 갚기 전에는 신규 투자를 하지 않으려 한다. 그러므로 자기자본 비율이 50%가 넘어 건실한 기업구조를 가지는 장점이 있다. 따라서 예금이 남아돌아 오히려 대출에 진땀을 뺀다. 제품을 납품하며 받은 어음은 은행에서 즉시 현금화해 준다.

이 때 은행측으로부터 고맙다는 인사도 받고, 은행 할인금리도 아주 싸다. 반면 대만기업가들은 제철, 조선, 자동차, 반도체산업 등과 같은 대규모 사업에는 좀처럼 용기를 내지 않는다. 안정성 위주이므로 빚까지 얻어 사업하기 싫다는 것이다. 대만을 이겨보기 위한 전략의 하나로 중화학공업을 추진하면서 제철, 조선, 자동차공업 등을 중점 육성했던 것도 이런 이유에서였다.

끈기, 근면, 신용도 큰 장점이다. 한 예를 들자. 삼성그룹의 이병철 회장을 작고하기 몇 달 전에 만나, 그가 이룩한 반도체사업 노력에 경의를 표한 일이 있다. 어떻게 연구를 진행시켰느냐고 물었더니 이 회장은 "미국에서 연구소를 운영하고 있다"며 미국 현지 연구소에서 생겼던 일을 들려 주었다.

"미국에 건설한 현지 연구소에는 당초 한국인 연구원을 돈을 많이 주고 고용했었는데, 처음에는 곧잘 하는 것 같더니 일은 완수하지 않고 요구조건만 많아져서 더 이상 고용할 수가 없었다. 다음 번에는 대만 사람과 계약했다.

그 대만인은 우수한 능력을 가지고 있었지만, 미국에선 인종장벽에, 본국에선 반도체산업이 없어, 대학에 남아 있을 수밖에 없는 처지였다. 이 사람에게 주제별로 연구자금을 줬더니, 밤잠도 자지 않고 열심히 일해서 정해진 기한 내에 일을 끝마치더라. 그래서 그 후부터는 대만 연구원을 많이 쓰게 되었다."

중국사람이 한국인보다 끈기면에서 우월한 것 같다는 말이었다.

② 장관의 반이 이공대 출신

내가 대만에 갔을 때도 우리 나라와는 다른 분위기를 느낄 수 있었다. 버스를 타고 가는데, 헌 쇠가죽 가방을 든 수수한 차림의 한 노인이 버스를 타자, 좌석에 앉아 있던 학생들이 경의를 표하며 자리를 양보했다. 평범하게 보이는 그 노인에게 왜 그럴까 하는 생각이 들어 안내인에게 물어봤더니, 이공학 교수라는 것이다. 과학 교수들이 이렇게 존경을 받으니, 연구에 종사하는 사람의 열의도 높을 수밖에 없을 듯했다.

대만정부 각료의 절반 가량이 이공대학 출신이다. "공업국가를 건설하면서 과학상식 없이 될 수 있겠는가?" 하는 의지에서였다. 그리고 공무원은 존경받으며 장시간 한자리에 근속한다. 각종 법률제도도 좀처럼 변경하려고 하지 않는다. 한 대만 고급관리가 나에게, 한국에서는 "필요하다면 법률까지도 쉽게 바꾸어 일할 수 있으니 부럽다"고 이야기한 적이 있다. 그땐 그런가 하고 좀 우쭐했지만 지금 생각해 보니 '법을 쉽게 바꾸는 나라'라고 비꼬는 말 같아 식은땀이 절로 난다.

중소기업들은 창설도 간단하고, 그만두는 것도 간단하다. 정부에 무엇을 해달라고 요구하는 것도 없고 시끄러운 간섭도 없다. 수지 맞으면 하고 싫으면 그만둔다. 농부들은 일 년에 3모작을 하면서 여름옷 한 가지로 난방도 필요 없는 집에서 유유히 풍족한 생활을 해 나가고 있다. 이 시점에서 세 가지 무서운 의문이 생긴다.

대만 국민은 중국 국민과 같은 민족이다.

▶ 중국과 대만 통일이 된다면? (대만 기술+중국 노임)＝？！

▶ 우리 나라가 대만을 따라잡고, 일본과 대만의 중간에 위치하려면 얼마만한 각오와 노력이 필요한가?
▶ 이제 우리에게 시간은 얼마나 남아 있나?

4 경쟁관계가 아닌 소련

　소련에 대해서는 특별한 고려가 없었으나, 일본사람들이 공장 건설, 무역 등으로 자주 소련에 가서 관리자들과 접촉하고 와서는 말을 전해 줘 흥미를 가지게 됐다. 일본의 모 대규모 무역회사 간부가 와서 "이번에 소련에 가니 시베리아 개발 제안이 있었다. 시베리아지구에서는 천연가스를 쓸 데가 없는데 달리 용도가 없겠느냐 하는 제안이었다"는 것이다. 일본이 투자해서―파이프라인을 블라디보스토크까지 건설하면―일부는 자기 나라가 쓰고 나머지는 일본으로 가져가라는 제안이었다는 것이다.

　그 일본회사 간부가 소련측에 "일본은 현해탄이 있어 불가능하니 한국에 천연가스를 팔아도 되느냐?" 하니 "오케이"라고 답했다면서, 우리에게 일차 검토해 보라는 제의를 해 왔다. 이때까지만 해도 소련은 적대국이었고 북한문제가 있어, 좀 당돌한 제안이라고 생각하였다. 그러나 일단 체크는 해보아야겠다는 생각이 들어 한 방법을 생각했다.

　마침 온산에 펄프공장 건설공사가 있어 입찰을 했는데, 핀란드의 한 회사로 거의 낙찰이 되어 갈 때였다. 그래서 핀란드 회사의 간부를 불러 조건을 붙였다. 공장 시설의 대부분을 시베리아 철도로 수송하고, 블라디보스토크에서 온산까지는 배로 수송하라고 해봤다. 그랬더니 의

외로 핀란드 회사 간부는 "소련은 그런 데 옹색하지 않다. 돈을 버는 일에 대해서는 하등 문제삼지 않을 것이다"라고 했다. 그 결과 온산 펄프공장 시설은 시베리아 철도를 이용해서 수송했다. 값도 쌀 뿐 아니라 수송기간도 반 달밖에 소요되지 않았다. 유럽으로부터의 선박 수송이 몇 달씩 걸리는 데 비하면, 엄청난 경제적 이익이었다.

남북한이 통일되거나 합의되었을 경우를 가정하였을 때, 서유럽 제품을 시베리아 철도와 우리 나라 철도를 이용해서 부산까지 운반하고, 여기서 일본 등 극동지구에 수송하거나 또는 거꾸로 극동지구 제품을 서유럽으로 수송하는 수송사업이 2000년대에는 가능하겠다는 결론이 나왔다. 이런 시대면 시베리아의 천연가스도 파이프라인으로 수입이 가능하게 되어, 공해 문제가 해결될 가능성도 있고, 가스나 유전지대에 발전소를 지어 송전선으로 전기를 공급받는 날도 있을 것 같다고 예상되었다.

우리 나라에서는 그 대가로 구상무역을 할 수 있을 것 같았다(지금은 소련이 자유경제 체제로 전환하고 있기 때문에 구상무역 개념은 없어지지만). 소련은 경쟁상대라기보다는 경제면에서 우리와 상호보완할 수 있을 것으로 인식됐다. 시베리아는 소련에게는 단점이 많은 지역으로 이를 개발하는 데는 한계가 있기 때문에, 군사부문을 제외하고는 경쟁상대가 아닌 협조상대로 인식된 것이다.

5 지정학적으로 편히 살 수 없는 나라

결국 우리 나라의 지정학적 위치와 주변 강대국과의 관계를 고려해 봤을 때, 몇 가지 우려를 가지면서 다음과 같은 결론을 내릴 수밖에 없었다.

'경제전 시대에 사는 우리 나라 국민은 지정학적으로 판단해도 편하게만 살 수 있게는 되어 있지 않다.'

왜냐하면 첫째, 주변국가는 우리가 남북통일이 되어, 인구 8,000만이 되고 경제대국이 되는 것을 정말 원할까?

둘째, 6·25전쟁시 중공군이 인해전술로 밀고 왔을 때는 미국의 도움으로 막았는데, 경제전에서 값싼 중국 노동력이 인해전술로 밀어닥칠 경우 과연 막아낼 수 있을까? 그것도 이젠 우리 나라의 힘만으로 해내야 하는데…….

셋째, 임진왜란 때 일본이 조총으로 무장하고 우리 나라를 침공했듯, 현재 첨단기술 제품으로 쳐들어오고 있는데 이를 방어할 수 있을까? 경제전에서 이순신 장군과 같은 지휘관이 나타날 것인가? 거북선은 누가 만드는가? 과연 의병은 어디에서 일어날 것인가?

결론적으로 국제경쟁력 있는 제품을 생산할 수 있는가의 문제로 귀착된다.

제2장
역사에 과오를 남기지 말자
— 이 땅은 자손만대의 터전

 **우리 민족이 살아온 땅**

 5,000년 동안 우리 민족이 살아온 땅, 앞으로 '동해물과 백두산이 마르고 닳도록' 살아야 할 땅, 우리 후손들이 행복하게 살아야 할 땅, 하나밖에 없는 이 신성한 땅에, 개발이라는 명목 아래 조금이라도 과오를 범해서는 안 될 것이다. 그래서 우선 보전해야 할 곳은 그대로 두고, 더욱 철저한 관리를 해 나가야 한다.
 '자연환경, 역사적 문화적 환경의 보전, 수계(水系)의 종합적 관리, 수자원의 보존과 개발, 산림자원의 보존과 개발, 삼면이 바다로 싸인 연안해역의 보존과 개발, 그리고 대기환경의 보전 등 대책이 이루어져야 한다.'
 일단 파괴된 것은 회복이 거의 불가능하다. 회복한다 해도 많은 세월과 비용이 든다. 이 때문에 공해 문제를 고려해서 공장설립 허가를 내주지 않은 적이 여러 차례 있었다. 현재 여수석유화학기지가 있는 삼일

항에 과거 한일 합작으로 '아연제련소'를 짓겠다는 제안이 있었는데, 허가를 하지 않았다. 만일 이 제련소가 여기에 세워졌더라면 현재 여수석유화학기지, 특히 남해화학의 건설은 불가능했으며, 그 공해문제는 심각한 사회문제가 되었을 것이다.

또 목포에 화신(和信) 회사가 정유공장을 세우겠다고 해서 공청회까지 열린 적이 있다. 만일 목포에 석유공사와 호남정유 같은 정유공장이 들어섰다면, 지금쯤 용수문제와 항만문제로 애를 먹고 있을 것이다. 나주비료공장만 하더라도 목포 시민과 용수문제로 매년 승강이를 벌이곤 했었다.

목포공단은 박정희 대통령도 관심이 있어서 검토를 했으나, 대형항구 건설은 불가능하며―목포 주변은 간척지 용지로서―우리 나라의 아주 큰 자원이 되기 때문에 남겨 두자고 건의를 했던 적이 있다.

신안군 전 지역, 즉 비금도·임자도 등 몇 개 섬을 연결해 가며 매립한다면 전라남도 농경지의 5분의 1 면적이 새로 생기는데, 그것은 충분한 조사와 검토를 거친 후 네덜란드식으로 몇 세대에 걸쳐서 천천히 실시해야 하는 것이다.

그런 이유로 '2000년대의 국토구상'에서는 대간척사업은 우선 순위가 높은 계획에서는 빼고, 후세에 맡기기로 했다. 바다는 가능한 건드리지 말자. 꼭 필요한 항만만 건설하고, 그 이외의 해안은 청정구역으로 남겨두자. 어류와 어민을 위하고 바다공해를 막자는 뜻이었다. 국토개발에는 소요자금과 환경보존이란 문제의 심각성으로 인하여, 당장 코앞의 문제만 해결하려고 했다가는 국가의 먼 장래를 크게 그르칠 수가 있다. 오히려 개발보다는 보전한다는 차원에서 이용해야 할 것이다.

1 2000년대의 안보문제

한편 국방·안보문제는 1970년대에 있어서 최우선 국가사업 분야였다.

73년부터 중화학공업화 추진을 한 것도 사실은 방위산업 육성이 큰 목적의 하나였고, 행정수도 추진도 안보상의 이유가 큰 비중을 차지했다. 그렇지만 2000년대가 됐을 때의 안보문제가 계획 당시와 똑같은 비중을 차지할 수는 없을 것이다.

2000년대의 안보문제는 우리에게 어떤 형태로 와 닿을까. 안보문제에 정통한 '밝은 내일을 위한 위원회'의 김용갑 교수는 "2000년대에는 안보에 큰 비중을 두지 않아도 될 것"이라며 낙관적인 견해를 표명했다.

"2000년대에 5,000만 명의 인구가 되면, 일단 안보상의 인력은 확보됐다고 봐야 한다. 또한 GNP가 1인당 1만 달러이니까 5,000억 달러가 되는데 그러면 연간 300억 달러의 방위비가 확보될 것이며, 첨단무기를 독자개발할 수도 있을 것이다. 이 정도면 북한이나 주변 강대국이 함부로 침공할 수 없을 것이다."

2 충격적이었던 북한 선전용 영화

우리 나라만을 고려한다면 안보문제는 낙관적이지만, 북한도 남한과 똑같이 발전한다면 얘기는 달라진다. 1970년대 초만 해도 북한은 중공업, 특히 군수산업에서 우리보다 앞서 있었고, 경제·기술력면에서 북한의 발전을 높게 보는 시각도 있었다.

1972년경 나는 북한경제의 발전상을 엿볼 수 있는 기회를 가졌었다. 중앙정보부가 조총련을 통해 '북한의 경제성장에 대한 선전용 필름' 3편을 입수해, 박 대통령을 모시고 전 각료들에게 비밀리에 보여줬던 것이다. 선전용 필름이라서 과장은 있었겠지만, 필름에 담겨 있는 북한의 경제 발전상은 당시로서는 충격적이었다.

텔레비전을 만들어 내는 공정이나, 두꺼운 철판으로 대형선박을 건조하는 모습이 그대로 비춰졌고, 섬유·전자·화학 공장 전경도 눈에 띄었다. 한마디로 남한보다 앞서 있었다.

세 시간여에 걸친 상영이 끝나고 불을 켜자, 박 대통령 앞에 놓인 탁자 위의 재떨이에는 태우다 만 담배들이 수북이 쌓여 있었다. 다 태운 담배꽁초가 아니라, 반쯤 태우다 끈 '장초'들이어서, 박 대통령의 심기를 짐작할 수 있었다.

박 대통령은 우선 ㅊ장관에게 "소감이 어떻소?" 하고 물었다. ㅊ장관은 "대단합니다"라고 한마디만 말하고는 더 이상 말을 잇지 못했다. 다음 날 결재를 받으러 서재에 갔을 때 박 대통령은 내게 "어떻게 생각했나?"라고 물었다. "아무것도 아닙니다" 하고 답했더니 "그래?" 하면서 "다음 주 안보회의에서 북한경제에 대해 브리핑하라"는 것이었다.

나는 김광모(金光模) 비서관과 함께 갱지 30여 장 분량의 브리핑 준비작업을 하면서 북한 경제를 본격적으로 분석했다. 그 다음 주에 국무총리, 중앙정보부장, 국방장관 등이 참석한 안보회의에서 "북한은 세계조류와는 다른 잘못된 방향으로 나가고 있기 때문에 경제개발에는 한계가 있다"는 요지의 브리핑을 했다.

북한경제의 가장 커다란 특징이자 단점은 인력, 기술, 설비, 자본을 자급자족하겠다는 자력갱생 정책, 즉 주체사상이다. 철강의 경우 원료인 철광석에서 철재, 철강재 그리고 최종 제품인 기계제품에 이르기까지 모두 북한산이다. 북한은 중화학공업으로부터 출발을 한 것이다.

기초원료부터 시작하였다 해서 북한 경제전략을 '입목형(立木型) 전략'이라고 했다. 원료나 중간제품에 결점이 있다 해도 그것밖에 쓸 것이 없으니, 여기서 나오는 제품은 품질면에서나 가격면에서 국제경쟁력이 없다. 그러니 수출도 할 수 없다.

3 통일을 위한 국토개편

북한 자력갱생 전략의 한계는 섬유공업에서도 잘 나타난다.

세계의 합성섬유는 면(綿)의 대치품인 폴리에스테르, 모(毛) 대치품인 아크릴, 생사의 대치품인 나일론 등 3대 종류인데 반해, 북한은 '자력갱생' 원칙상 자체 생산이 가능한—석회석과 석탄으로 만드는 비날론—한 가지만을 택할 수밖에 없었다. '비날론'을 섬유로 실용화한 나라는 북한밖에 없을뿐더러—원료인 석회석과 석탄을 가공하는 데는—엄청난 전기가 들어 시대착오적인 방법이었다. 대용품 정도의 품질이며, 수출은 불가능하다.

남한은 우선 천을 수입하여 보세가공해서 수출을 하기 시작하였고, 다음은 천을 국산화하고 실을 수입하였다. 다음 단계에 실공장을 세우고 끝으로 석유화학공업을 육성하였다. 우리 나라는 출발점을 최종 수출제품에 두었고, 수출할 수 있는 품질과 가격을 전제로 하였다. 국제시장을 기초로 한 '피라밋형 전략(CEOI)'이다.

다만 북한의 군수산업만큼은 어느 정도 발전할 수 있을 것으로 예상됐다. 싱가포르를 통해 수입한 북한제 특수강을 평가해 보니, 소련제와 맞먹는 수준이었다. 공작기계는 남한에서 만들 수 있는 것보다 성능이 떨어졌다. 종합적으로 검토해 봤을 때 북한의 자력갱생은 기술·자본 부족, 수출의 어려움 등으로 한계에 도달할 것으로 판단됐다. 따라서 2000년이 되면 남북한의 경제력 격차는 현저하게 커져 전쟁 위협으로부터 벗어날 수 있다고 믿었다.

우리 나라가 1인당 GNP 1만 달러 이상의 시대가 되고, 북한과의 격차가 커지면 2000년대에는 통일이 될 것이라고 믿어진다.

㊃ : 1970년대의 1만 달러는 현재 가치로는 2~3만 달러 수준이 된다.

여기서 1만 달러 혹은 그 이상의 경제력을 가지려면 국토개편이 꼭 필요하다는 결론이 나왔고, 통일을 하기 위하여서라도 국토개편을 꼭 해야 한다고 믿었다. 그리고 우리 나라의 수출형 산업구조가 국제경쟁에서 이겨서 살아남고, 국력의 기반이 튼튼하게 된 후에라야 통일 후의 처리도 순조롭게 진행시킬 수 있을 것이고, 그 능력도 가질 수 있다고 보았다.

그때 북한이 그들만의 산업구조로 인하여 경제가 몰락단계에 있다면, 우리는 북한의 싼 노임과 열심히 일하는 노동력을 자원으로 해서 남한이 60년대 70년대에 경험했던 단계를 밟도록 유도하여, 경제적으로 발전시켜야 할 것이다. 남한이 선진 경제권이 되고 북한이 후발 경제권이 된다. 그때 가서는 외교, 국방, 사법, 입법부 등의 지리적 위치는 그 중요성이 크게 바뀔 것이다. 그때쯤이면 정보통신망이 완비되어 수도가 어디든 간에 그 중요성은 크게 낮아진다.

미국, 서독 등의 행정부가 소도시에 떨어져 있어도 별 문제가 없다. 일본도 수도를 옮기는 안을 완비하고, 다만 그 시기만을 기다리고 있지 않은가? 그러므로 통일 후 수도가 한반도의 지리상 중심인 서울에 있어야 할 필요는 없다고 보았다.

2 환경문제

1 금강 상류에 생길 뻔한 미나마타 병

세 번째 고려 사항은 국민생활을 쾌적하게 하자는 문제이다.

우선 2000년대에 가면 공해문제는 더욱 심각해질 것이다. 숨쉬는 공기, 마시는 물, 먹는 식량이 무서워지고 소음, 눈병으로 고생을 하고 공해병까지 유행하고 사람은 살 곳을 찾아 헤매야 할지 모른다. 대도시일수록 공해가 심할 수밖에 없으니, 도시는 살 곳이 못 될지도 모른다.

제1차 5개년계획 시절만 해도 공해문제의 중요성을 덜 인식했었으나, 1960년대 말 나는 한 사건을 통해 그 중요성을 피부로 느꼈다. 당시 모 사장의 고집으로 자신의 고향인 금강 상류의 부강(芙江)에 PVC 공장이 건설되었다. 일본 NC사에서 만든 이 공장에는 염소 및 가성소다를 만드는 공정이 포함되어 있었다. 그 후 일본에서 수은공해병인 '미나마타병'이 발생해, 엄청난 파문이 일게 됐다. 문제는 부강의 공장도 일본의 경우와 똑같은 공법의 공장이라는 데 있었다.

당시 상공부 담당자였던 나는 깜짝 놀라 일본 회사 관계자를 불러들였다. 그 회사의 관계자는 걱정스런 표정으로 토양을 채취해 갔다. 그러고는 1980년대 중반이면 문제가 생길 소지가 있다고 통보해 왔다. 부강공장에서는 즉시 폐수를 콘크리트 연못에 모아, 하류로 못 나가게 한 후 고체화한 뒤 폐기토록 했으나, 그래도 못 미더워 부강공장을 폐쇄하도록 했다. 결국 가성소다 공장은 문을 닫았다.

이 때문에 국내의 모든 PVC공장은 그 중간원료인 VCM을 한동안 외국에서 수입해 써야 했다. 여수공단에 새로 건설된 VCM공장은 수은을 쓰지 않는 신공법을 채택하면서, 이 공법을 가진 미국 다우 사에게—당시 50% 투자가 일반적이었음에도 불구하고—공해문제의 심각성 때문에 부득이 100% 단독투자를 허용하게 되었다.

한강 상류에 있는 충주비료공장, 영산강 상류에 있는 나주비료공장 등도 문제였다. 이 두 공장은 제1공화국 때 세워진 우리 나라 최초의 대규모 현대식 공장으로, 우리 나라 공업의 얼굴 역할을 했으나, 80년대에 문을 닫았다.

이러한 쓰라린 경험을 하고 난 후 몇 가지 원칙을 정해 놓았다. 이 원칙은—공해는 어떤 형태로든 생길 수밖에 없는 것이기 때문에—공해는 없애는 것이 아니라 '관리'해야 되는 것이라는 차원에서 만들어졌다. '우물물과 화장실(공해)물은 떼어놓는 것이 좋다'는 옛 격언을 따른 것이다.

강 상류에 오염원이 되는 공단은 만들지 않고 바닷가에 만들며, 제철과 석유화학 등 대규모 공해배출업체는 서로 합쳐놓지 않으며, 비철금속, 제련 등 공해배출이 큰 업체는 온산공단처럼 한 군데 모아놓고 집중 관리한다는 정책이다.

2 공해공장은 해안으로

중화학공업 시대에 들어와서 공해발생 요인이 거의 없는 전자공업을 제외하고는 모든 공단을 바닷가로 내몰았다. 특히 공해가 많이 발생하는 업종을 한 곳에 모아서 관리하는 것이 좋겠다고 결정하고, 그 후보지를 온산으로 정하였다. 박 대통령은 공단 설정시에는 사전에 꼭 현

▲ 박정희 대통령 생애의 마지막 공식행사인 삽교호 준공식 1979. 10. 26

지답사를 하였다. 박 대통령은 헬기로 온산을 한 바퀴 돌아본 다음, 그 일대가 잘 보이는 야산 위로 올라갔다. "여기에 비철금속, 펄프공장 등 공해발생 소지가 많은 업체를 입주시키겠습니다. 이 지방은 연기가 바다로 잘 빠집니다. 해류도 난류와 한류가 여기서 일년에 한번 씩 교차하기 때문에 가장 피해가 적을 것입니다"라고 설명을 올렸다.

이에 대해 박 대통령은 주민 대책에 만전을 기하라고 지시했다. "여기 이렇게 좋은 곳이 있었구먼. 좋구먼. 주민도 몇 명 안 되니 보상을 잘해 주고 전부 이주토록 하라. 서풍이 많이 분다니 서쪽 산 너머 멀찌감치 이주단지를 새로 만들고, 어업권도 보상해서 불평 없도록 하라"고 지시해서 그대로 시행하였다.

2000년대의 국토구상에서도 이 원칙은 철저하게 지켜져야 한다. 그리고 강 상류에 위치한 공장들은 철저히 관리해야 하는데, 만일 유해

폐수를 처리치 않고 방류한다면 이것은 '우물에 독약'을 넣는 것과 똑같은 중죄인으로 인식되어야 한다.

그 다음 공해의 큰 발생지인 도시에도 문제가 있다. 건물·주택에서 나오는 연기, 생활하수, 자동차 매연이 그 주범들이다. 이에 대해서도 몇 가지 원칙을 세웠다.

도시의 공해방지 원칙

① 현 수돗물을 용수와 식수로 구분하여 배급한다. 식수는 완전히 규격에 맞도록 정제하여 공급한다. 일반 용수에 비하여 수량적으로 적기 때문에 배관의 번거로움 외에는 문제가 없다.

② 건물이나 주택에서 나오는 폐수와, 하늘에서 떨어지는 빗물은 분리·처리토록 배수시설을 만든다. 건물에서 나오는 폐수는 폐수처리장에서 완전 처리해 될 수 있는 대로 재사용한다.

③ 지역 중앙공급식 난방시설을 갖추어 건물 내에서는 유류 사용이 없게 한다.

④ 대중교통 수단을 잘 갖추어 승용차 사용을 억제한다. 보행자 천국의 도시, 자전거 애용의 도시 구조로 설계한다.

이상의 원칙은 기존의 대도시를 개조하기에는 막대한 자금이 소요되어 거의 불가능한 일이다. 결국 새로운 도시를 건설할 때에 이러한 구상 아래서 추진해야 한다는 결론을 내렸다. '2000년대의 국토구상'과 동시에 계획된 '행정수도 및 중핵도시 건설'은 이 원칙 아래 만들어졌다.

3 국토의 균형개발

1 균형개발 철학

수도 서울은 국토의 서북단에 위치하고 있다. 서울에서, 동남단에 있는 부산까지는 350km가 된다. 국토면적에 비하여 축선(軸線)이 한쪽으로 너무 길게 뻗어 있다. 이 축선상에 우리 나라 공업의 3분의 2가 집중되어 있으며, 서울을 비롯한 대전, 대구, 부산 등 대도시 및 중소도시에 인구가 집중적으로 몰려 있다. 전 국토의 0.6%에 불과한 수도 서울에만 전국민의 20%, 수도권까지 합치면 약 2분의 1이 살고 있다.

산업의 30%, 기관의 50%가 몰려 있으며 의료시설, 예술, 문화, 위락시설 등을 서울이 독점하다시피 하고 있다. 지방에 직장이 있는 사람은 이중생활까지 하고 있으며 이런 경향은 앞으로 심화될 것이다.

이러한 상태에서 전 국토를 효율적으로 활용하는 방법은 존재할 수가 없다. 간단한 예를 들자. 교통문제를 어떻게 해결할 수 있겠는가. 2000년대 초기에 국내 여객은 500억 인/km으로 현재(1976년)의 9배, 국내화물도 현재의 8배가 될 것으로 예상된다. 그러면 경부고속도로를 8개로 늘려야만 된다는 결론이 나온다.

만일 신행정 수도가 대전 근방에 위치하게 된다면, 부산에서 신수도로 오는 여객은 서울—대전 간의 구간은 사용하지 않을 것이고, 호남 사람은 경부고속도로를 전혀 쓰지 않게 되며, 대전 근처 신수도 주변의 인구는 고속도로와는 무관한 인구가 된다. 이때 서울과 신수도 사이에 고속

■ 도표 V-2

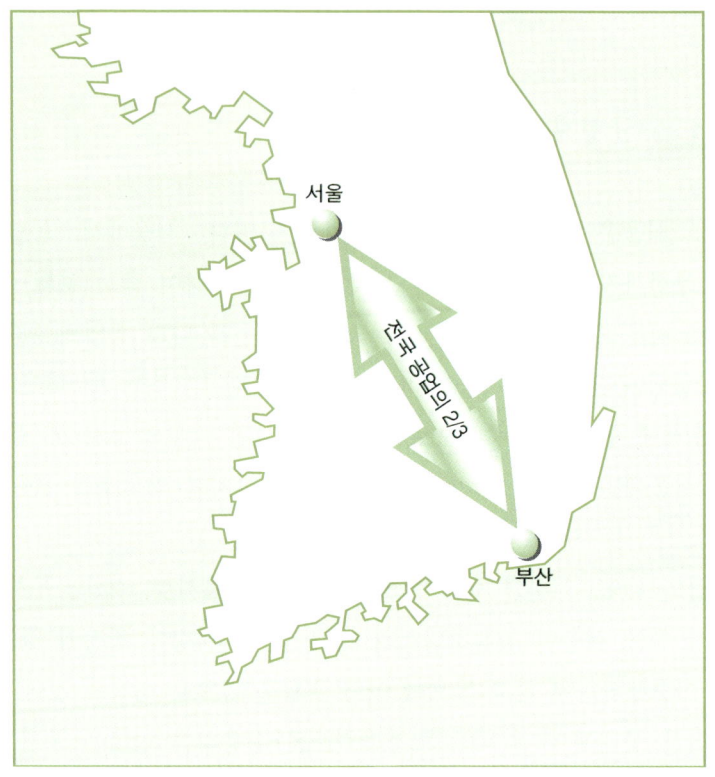

비효율적인 서울과 부산 간의 축선

전철을 건설하면 고속도로 수요량은 3분의 1 이하로 줄어들게 된다.

  도시란 인구 20만에서 50만까지가 적정규모이고, 100만 이상이면 비효율적인 도시로 규정하고 있다. 인구가 1,000만 명이 넘으면, 정부나 국가에서 통제불능의 괴물이 되어 버린다. 예컨대 생활수준이 오르면 자동차가 늘고, 자동차가 늘면 건물을 부수고 도로를 새로 만들어야 한다. 수돗물도 50km 이상 떨어진 곳에서 끌어와야 하고, 그 수원지의 수량과 수질도 문제가 된다. 쓰레기도 몇 시간씩 가야 버릴 수 있고 처리장도 구하기 힘들다.

정신면에서도 퇴폐, 사치, 불평, 갈등의 온상이 되며, 국력인 노동력이 비생산적 분야로 잠적해 버린다. 땅값이 뛰고 주택문제도 심각해진다. 출·퇴근에 2, 3시간이나 걸리니 이 시간을 유효하게 활용하면 얼마나 유익하랴. 또 에너지는 얼마나 낭비가 될까.

다른 나라의 경우를 보자. 뉴욕은 이미 주정부가 통제력을 잃은 지 오래고, 인구 1,000만 명이란 '위력과 마력'에 질질 끌려다니고 있다. 오죽했으면 마오쩌둥(모택동)이 중국을 통일했을 때—상하이(上海)를 없애 버리려고—상하이 시민을 농촌 지대로 추방했을까.

우리 나라의 좁은 국토는 효율적으로 활용해야만 한다. 균형 있게 개발하여야 한다. 박 대통령은 1978년 국토개발연구원을 설립하면서 '국토의 균형개발'이라는 휘호를 내리고 '균형개발'을 기본지침으로 지시하였다. 즉 국토개발연구원의 설립 목적은 국토의 균형개발이었다.

국토의 균형개발은 결국 인구의 대이동인데, 이것을 강력히 실시하려면 우선 행정수도가 제일 효과적이며, 살기 좋은 중핵도시의 건설, 그리고 멋있는 농촌 건설이 필수적이다.

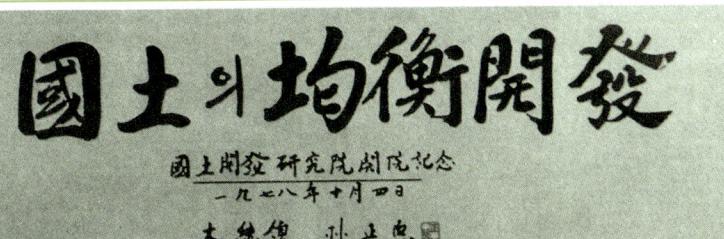

2 행정수도 계획

행정수도 계획이 처음으로 공개된 것은 1977년 2월 박정희 대통령이 서울시를 연두순시하는 자리에서였다. 당시 박 대통령은 "수도의 인구 집중 억제는, 여러 가지 다른 정책도 수립해서 강력히 밀어야 되겠지만, 결국은 우리가 통일될 때까지 '임시 행정수도를 어디 다른 데 옮겨야 되겠다'는 것이 지금 생각하고 있는 하나의 구상이다"라고 밝혔었다.

그해 3월 박 대통령의 지시로 '행정수도 건설을 위한 백지계획'을 수립할 팀이 중화학기획단 내에 만들어졌다. 기획단은 1979년 10월 박 대통령에게 종합보고서를 올릴 때까지, 300여 명의 관계 전문가에게 자문을 받고 여덟 차례나 외국의 여러 수도에 대한 현지답사를 다녀오는 등 밤을 새워 가면서 작업을 했다.

행정수도는 이미 널리 알려져 있다시피 안보상의 이유도 큰 배경이기 때문에 여기서 잠깐 안보문제를 언급하기로 한다. 기획단 안에 행정수도 팀이 만들어진 뒤 '행정수도(휴전선에서 평양과 등거리 기준)와 현 서울의 안보상 장단점에 대한 비교분석'을 국방대학원에 의뢰했었다. 얼마 뒤 국방대학원에서는 곤혹스런 표정으로 <u>"결론을 못 내리겠다"</u>면서 행정수도와 서울의 군사전략상 장단점을 비교한 표만 가져왔다.

이 표는 서울은 전쟁 수행면에서 절대적으로 불리한 반면, 행정수도는 안보면에서 이점이 많다는 것을 분명하게 보여주고 있다. 그럼에도 불구하고 명확한 결론을 내리지 않은 것은 서울의 취약성을 드러내는 것이 군사적으로 곤란했으며, 군사기밀상의 문제이기 때문이었을 것이다.

주 : 현재 국방부를 비롯해 육해공군본부가 계룡대로 남하하게 된 동기가 여기에서 연유된다.

■ 도표 V-3

행정수도 전체계획 과정

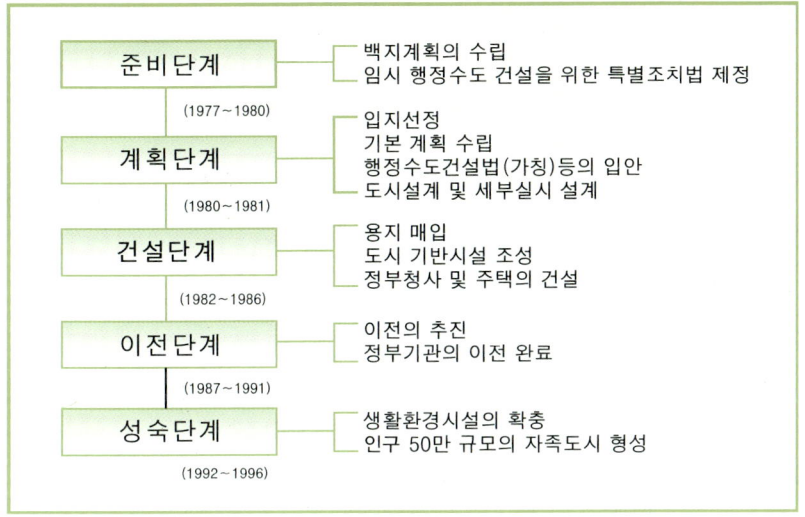

　행정수도에 관해서는 지면관계상 상술하는 것을 피하고 간략히 설명하기로 한다. 행정수도는 우리 나라의 중심부, 즉 우리 나라 면적·인구·산업의 중심부가 대전 부근에 모여 있기 때문에 대전 근처에 건설한다는 결정을 내렸고, 이어 '행정수도 백지계획'을 작성, 1979년 10월 '2000년대의 국토구상'과 함께 박 대통령에게 보고서를 올렸던 것이다.

　행정수도를 국토의 중심부로 이전하게 되면 '현 서울에서 부산 혹은 여수까지의 350km권'이 '행정수도를 중심으로 한 150km 반경권 내'에 들어간다. 서울에서 부산까지의 총 소요시간은 현재 6시간인 데 비해 3시간 반 정도로 단축된다. 이 단축되는 시간과 에너지를 산업에 활용하면 앞으로의 국제경쟁력 강화나 소득증대에 크게 기여하게 될 것이다.

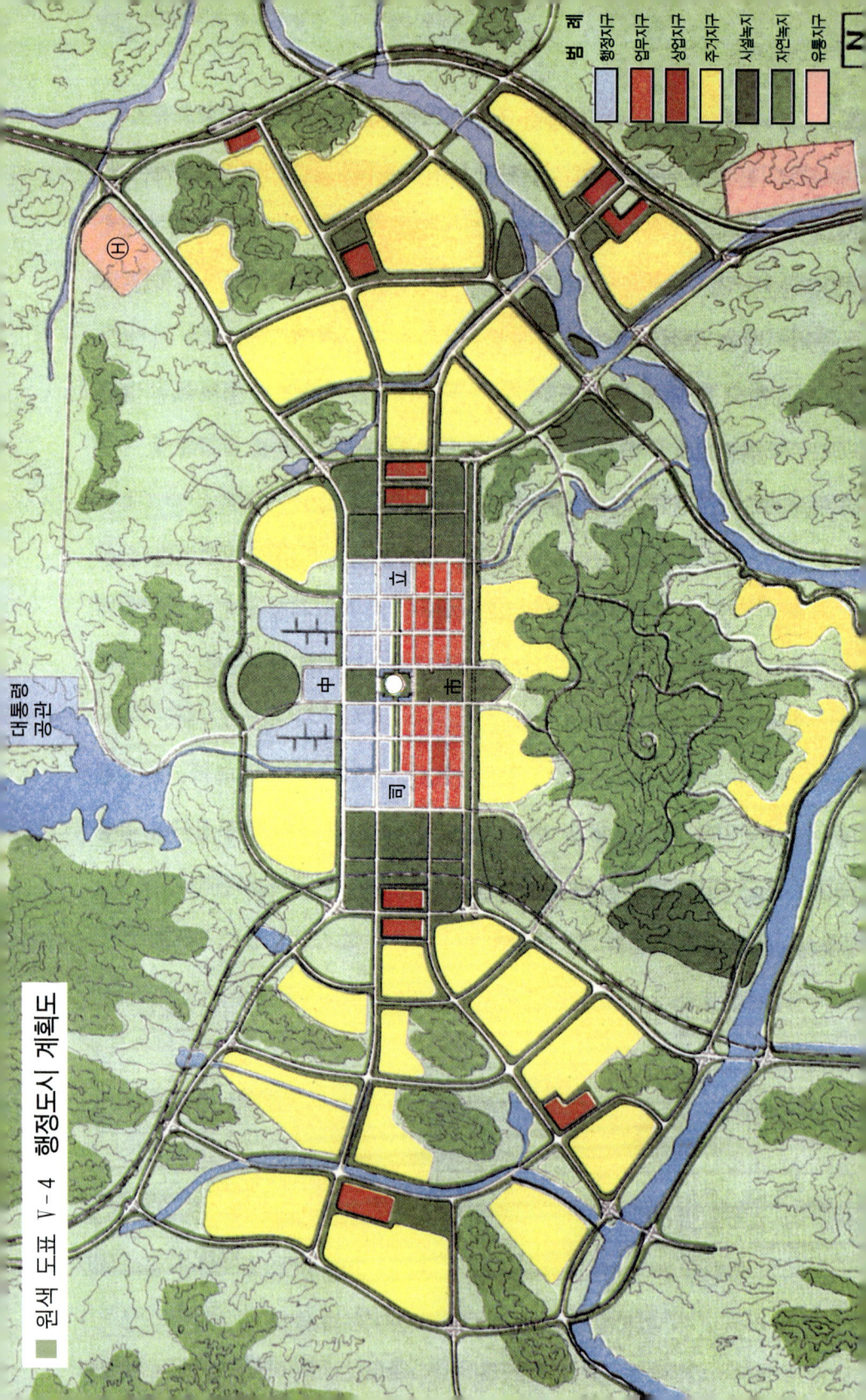

원색 도표 V-4 행정도시 계획도

도표 V-5
대통령 공관

※ 원색도면 V-4 부분확대

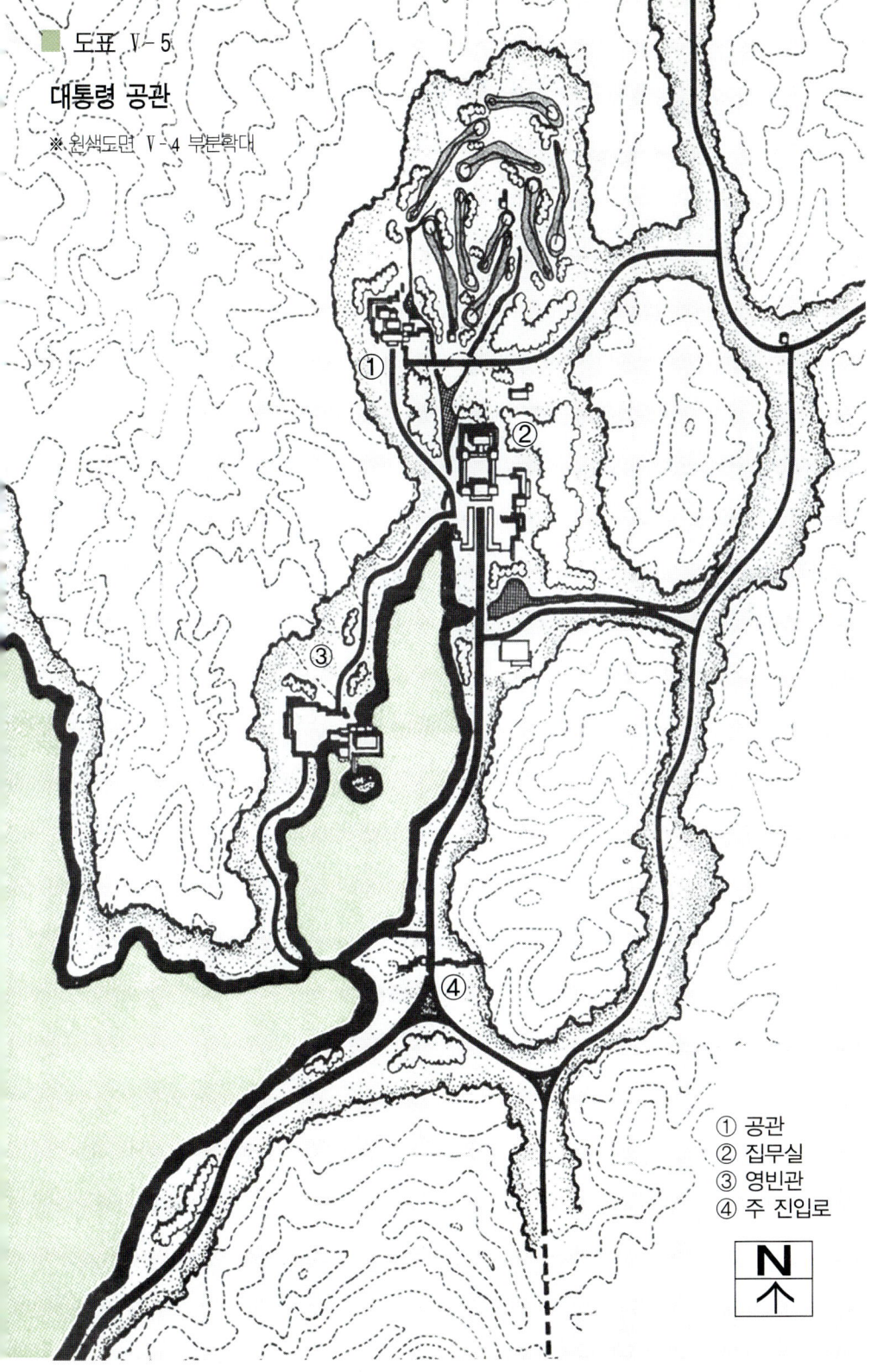

① 공관
② 집무실
③ 영빈관
④ 주 진입로

행정수도 북쪽에 위치한다(풍수지리상). 중앙청과의 접근성(약 4km), 경호상의 안전성과 편의성, 국가원수 공관으로서의 품위와 쾌락성 등을 고려했다. 좋은 수원(水原)이 있어 큰 연못을 만들 수 있다. 비상시 상수원(上水源)으로도 사용 가능하다.

① 공간 구성

중심축 중 주축은 남북(南北) 방향으로 길이 2km, 폭 500m의 공간으로서 중앙청을 정점으로 하여 '역사의 광장', '민족의 광장', '번영의 광장'으로 이어지며, 축의 중앙부 150m 폭은 녹지로 처리하고 그 외곽부에는 전시관, 미술관, 박물관 등 국가 기념적이고 도시 중심적인 시설을 배치한다(다음 그림은 원색 도면 중심부를 확대한 것이다).

■ 도표 V-6

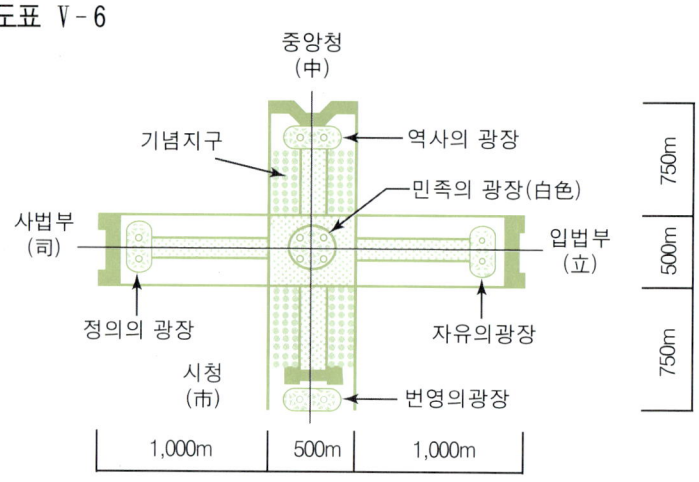

동서(東西)축은 주축과 직교(直交)하여 입법부(立으로 표시)에서 '민족의 광장'을 지나 사법부(司로 표시)로 이어지는 길이 2.5km, 폭 100m의 녹지공간으로 중앙에는 폭 40m의 대상(帶狀 : 띠 모양) 호수를 두어 의사당과 대법원 건물이 수면에 비쳐 보이도록 한다. 녹지에는 가로공원 내 보행로를 부정형으로 설정하여 '민족의 광장', '역사의 광장', '번영의 광장'과 유기적으로 연결시키며 주변 각종 기념시설과도 자연스럽게 연결되도록 한다.

② 지하공동구의 설치(행정수도)

우리 나라 도시의 지하에는 〈도표 Ⅴ-7〉과 같이 여러 가지 관(管)이나 케이블이 매설되어 있다.

■ 도표 Ⅴ-7

일단 고장이 나서 수리공사를 하던가, 수요가 늘어서 증설공사를 할 때에는 온통 땅바닥을 뒤집어 놓는다. 그래서 신도시를 건설할 때에는 〈도표 Ⅴ-8〉과 같은 공동구를 설치키로 했다.

공동구에는 급수관, 전력선, 통신케이블, 가스관, 지역 냉난방, 진개 수송관 등을 수용하여 부대시설로서 구내 환기설비, 조명설비, 배수설비, 탐지장치, 경보장치 및 자체 관리시설 등을 설치한다.

배수관만은 자연유하를 위해 구배(句配)를 유지하여야 하므로 매설 깊이가 깊어지며 점유 면적이 넓어 비경제적이므로 공동구 수용에서 제외한다.

■ 도표 Ⅴ-8

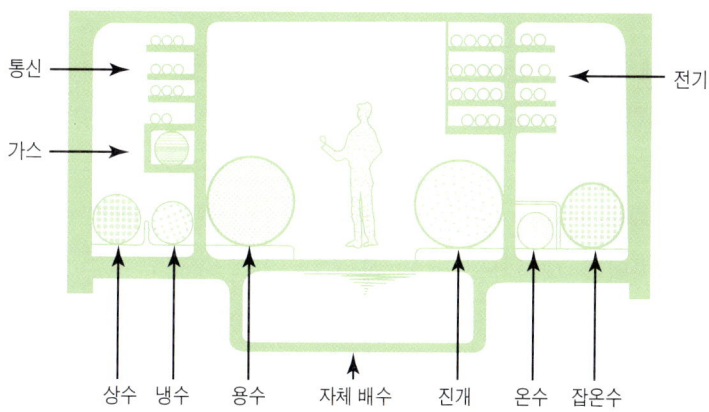

3 중핵도시와 내륙공단

국토의 균형개발은 국민에게 경제력 향상은 물론 정신적 만족을 줄 수 있는 큰 요소로서, 교육, 의료, 문화와도 밀접한 관련이 있다. 뒤에서 자세히 설명하겠지만 '2000년대의 국토구상'에서는 여러 중핵도시를 건설 육성함으로써 균형개발을 꾀하려 했다. 여기에서 핵심이 되는 것은 행정수도와 이를 중심으로 한 도로망 및 공업기지 및 공업단지의 건설이다.

각 지방에서 중심지 역할을 하는 중핵도시는, 인구 20~50만을 가지고 주위에 내륙공업단지를 거느리게 된다. 이들 도시는 기존의 도시를 뜯어고쳐 만들어지는 것이 아니라, 기존도시 근처에 완전한 신도시를 만드는 것이다. 예컨대 A라는 도시가 중핵도시로 결정되면, 구도시 A는 그대로 남고 근처에 신 A도시를 만든다는 것이다. 그리고 이때 주택 부족 문제도 근본적으로 해결키로 했다. 주택문제는 본 계획의 가장 중요한 과제의 하나였다. 중핵도시는 경제력, 교육, 의료, 문화를 모두 가지도록 배려했다. 경제력은 근처에 부설되는 내륙공업단지에 의해 확보되도록 했다.

한국인에게 가장 예민한 문제인 교육은 지역별로 명문 중·고교 육성과 명문대학(4년제) 분교 유치로써, 우수한 학생들을 지방에 묶어둘 수 있을 것으로 판단했다.

대학의 경우 서울에 몰려 있는 명문대학을 중핵도시로 이전시키되—전부 한 지역에 내려가는 것이 아니라—ㅅ대 공대는 A중핵도시라는 식으로 지역별로 특화시켜, 단과대학별로 내려보내자는 것이었다. 현재 몇몇 지역에 있는 서울 소재 대학의 지방분교는 이런 차원에서 당시에 추진됐던 것이다. 우선 대학의 분교를 지방에 만들고, 나중에 본교를 내려보낼 계획이었다. 이 계획에 대해 많은 대학들이 소극적인 반응을 보였다. 중앙대학에 반월시로 이전 의사를 타진했더니 반대해서 이뤄지지 못했고, 대신에 한양공대가 응낙해서 한양대 반월분교가 생기게 되었다. 교육문제에 대해서는 공과계통에 한해 뒤에 기술하겠다.

문화는 지역 주민들에게 자긍심을 심어 줄 수 있도록 지역 특색이 있는 것을 발굴해 보존하려 했다. 일본의 중소도시 육성책이 성공을 거둔 이유 중의 하나가 그 지역 전통문화를 발굴해 육성한 정책도 있는 것으로 알고 있다. 이러한 중핵도시 건설계획을 수립할 때 반월, 울산, 포항, 창원, 여수, 구미 등 과거의 공업단지 및 기지건설 경험이 도움이 됐다.

특히 창원은 중앙정부가 설계부터 건설에 이르기까지 전 과정에 개입해, 주거지역과 공단지역을 함께 건설하여 성공작으로 평가받았다. 울산이나 반월은 지방자치단체가 주관해 필요할 때마다 구역별로 계획을 수립하고, 각 업체로 하여금 건물을 짓도록 했기 때문에, 도시계획상 문제가 좀 있었다. 창원의 성공이 행정수도 및 중핵도시 건설에 자신감을 줬다. 즉 중핵도시는 창원식으로 하자는 계획이었다.

4. 농촌을 이상적 주말농장으로

농촌에는 농민만이 사는 것이 아니라 농촌을 좋아하는 사람, 자연을 애호하는 사람, 특히 노인층과 돈 있는 사람이 살아야 농촌의 황폐함을 막을 수 있다.

2000년대가 되면 선진국과 같이 주말 휴가 2일제도가 도래할 것이다. 농촌 황폐화 문제는 노인촌이나, 주말주택 등을 적극적으로 장려해서 해결하면 좋겠다고 보았다.

  특히 출근거리가 한 시간 이내라면, 누구나 자연 속에서 무공해 채소를 직접 가꿔 먹으면서 출퇴근하는 경향으로 바뀔 것이다.

  한 예로 창원에 공장이 있고 신수도에 사무실이 있는 직원(특히 간부)은, 그 중간거리인 산림 속에 거주하면서 공장이나 신수도에 한 시간 정도 걸려 출퇴근한다면, 이것이 이상적 형태가 아닐까? 우리 나라에는 야산이 많다. 우리 나라가 도시국가라고 한다면 야산은 우리 나라의 공원 역할을 하는 귀중한 자산이다. 좀 떨어진 농촌이라도 노인층이 주말주택을 관리하면서 이 야산들을 가꾸고 화초·채소 등을 재배하여 주말마다 자식들과 손자들을 반기면서 살면 얼마나 좋을까?

제3장
1000년 앞을 내다본다

 국토구상의 기본방향

'2000년대의 국토구상'에선 다음과 같이 기본방향을 설정하였다.

첫째, 국토활용의 극대화를 이룩하여 국토공간질서의 체계화 달성.
둘째, 신행정수도 형성에 따라 국토 전역을 재편성.
셋째, 물동량의 조속한 처리를 기하여 국토의 교통상 동맥경화증을 사전에 예방함과 아울러 수송 에너지를 절약.
넷째, 생산 및 항만기지를 개발하여 산업의 확대에 대비.
다섯째, 국토 동선을 구상하여 국토 간선체계를 형성.
끝으로, 자연환경의 보존을 이룩하여 맑은 물, 푸른 하늘, 살기 좋은 강산으로 가꾸어 나간다.

다음 글은 '2000년대의 국토구상안'의 원문에서 중요한 것만 발췌한 것이다.

1 전국토의 효율적 활용

앞으로 장기 전망하의 고도성장은—국토의 효율적 운용과 보호에 의한—국토 재편성 사업을 추진함으로써 이룩되어야 하겠다.

우리의 수출 위주 산업구조에 있어서 저렴한 인건비에 의한 이득은 점차로 없어질 것이며, 개인기업의 독자적 능력에 한계가 있는 만큼 전국민, 전국토가 합리적으로 동원될 때 국제 경쟁에서 이겨나갈 수 있다.

2 에너지 절약 방안

에너지 절약 방안으로는 여러 가지가 있겠으나, 국토 재편성의 견지에서 절약 방안을 강구하기로 하겠다.

경제성장과 더불어 물동량은 증가하게 되어 있으므로 ① 근원적으로 물동량을 감소시키는 방안과 ② 물동량을 수송함에 있어서 수송수단을 개선하는 대책 그리고 ③ 수송노선을 직선화하여 단축하는 방안이 있겠다.

■ 도표 V-9

물동량의 감소

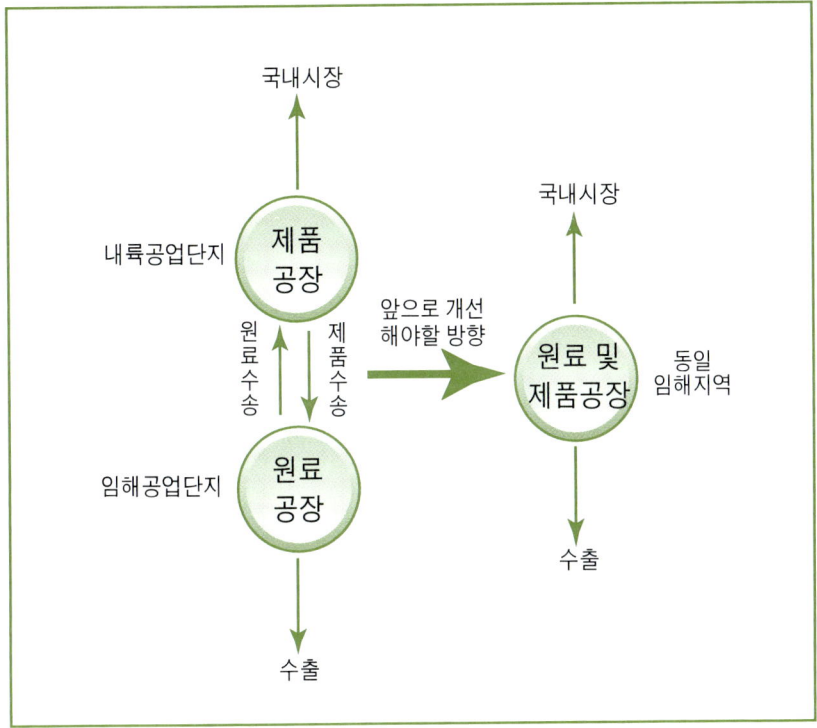

① 물동량 감소

우리 나라 산업구조는 외국으로부터 천연원료를 도입하여 이를 가공한 후, 제품으로 생산, 수출하는 형태이다. 이러한 형태를 살펴보면, ①임해산업기지에서 원료를 수입하여 ②공업용 원료로 만들어 ③대도시 부근의 내륙공업단지로 수송하고 ④이를 가공하여 최종 제품으로 전환하여 ⑤일부를 국내 소비지로 보내고 ⑥대부분을 다시 항구로 보내 수출하는 체계이다.

이 때 물동량 수송면에서 원료 및 제품을 이중으로 내륙수송하는 부담이 발생하게 된다. 이를 시정하기 위해서는 임해공업지역에 가공공장을 건설하여, 수입한 원료를 그곳에서 생산가공하고 제품화하는 일괄 생산체제로 개선함이 요구된다. 이렇게 하면 원료의 내륙수송에 의한 물동량을 감소시킬 수 있고, 이에 따른 에너지 절약 효과를 기대할 수 있다.

② 수송수단

물동량을 근원적으로 감소시키는 제도를 도입하더라도 경제성장에 따라 물동량은 증가되며, 이를 위한 육상 및 해상수송의 증대는 불가피하다. 현재의 우리 나라의 교통체계는 주로 철도 및 자동차에 의한 육상수송에 의존하고 있다.

육상수송은 해상수송에 비하여 에너지가 많이 소요되는데, 더구나 현재 철도 및 도로는 수송체증 현상을 보이고 있다. 새로운 노선을 구축하자면 막대한 자원과 장기간의 건설 시간을 요한다. 그렇다면 앞으로의 수송수단은 철도, 도로에 의한 육상수송은 성질상 불가피한 화물의 수송에만 활용하고, 이보다 더 경제적인 해상 수송으로 전환할 필요가 있다.

참고로 수송수단별 단위당 에너지 소모율을 비교하면(주) : 여객수송은 1,000인(人)·km당 항공기가 109ℓ, 승용차 56ℓ, 선박 31ℓ, 버스 9.9ℓ, 철도가 6.3ℓ임을 볼 때), 에너지 절약형 교통수단은 역시 대중교통수단인 철도와 버스이다. 화물수송은 1,000t·km당 화물트럭 74.5ℓ, 선박 10.7ℓ, 철도 9.4ℓ로써, 트럭은 철도의 7.9배, 선박의 7배에 해당되는 에너지를 소비시키고 있다.

■ 도표 Ⅴ-10　해상 및 내륙수송체계

③ 수송체계

앞에서 설명한 수송수단을 도시화한 수송개념이다. 삼면이 바다로 둘러싸인 우리 나라는 국내수송을 위해서는 해안수송망이 이상적이라고 할 수 있다. 임해공업기지, 주요 항만 간에 연안수송을 증강해야 함은 물론, 항만에는 화물처리 및 저장시설을 현대화해야 한다. 아울러 항만과 내륙 생산기지와 소비지 간 수송로를 단거리화하게 되면 가장 경제적인 수송체계가 될 수 있다. 국제 간의 수송은 대형 선박을 쓸수록 유리하다. 따라서—대형 선박이 출입할 수 있는—현대화된 대형 항구의 건설이 요구된다.

■ 도표 V-11
중핵도시 및 간선도로망 구상도

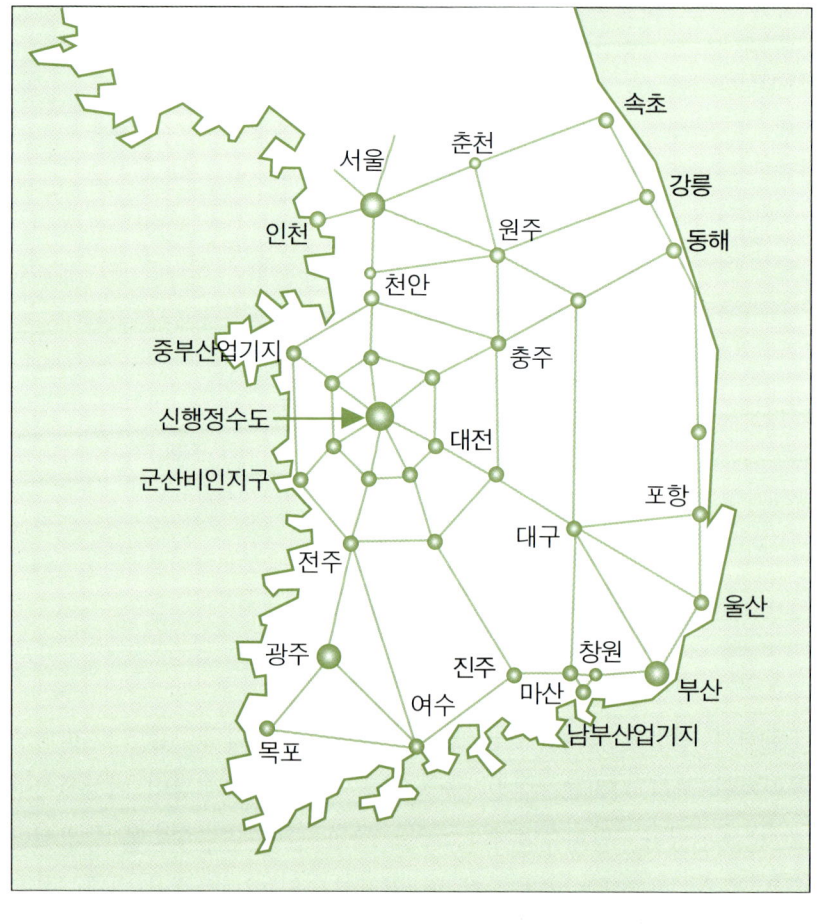

3 내륙수송체계

공업단지와 도시는 상부상조해야 한다. 공업단지는 도시를 필요로 하고, 도시는 공업단지를 뒷받침할 수 있는 산업을 보유하여야 한다. 따라서 내륙공업단지는 중핵도시 주위에 입지하는 것이 이상적인 형태라고 하겠다. 앞으로 전국의 중핵도시들은 교통체계를 통해 전국민과 밀접하게 연결하게 될 것이므로, 교통의 교차점에 배치하여야 하겠다. 내륙수송체계에 있어서는 생산기지와 생산기지 간, 생산기지와 소비지(내륙공단) 간은 가능한 한 직선화하고 수도를 중심점으로 하여 환상으로 연결되어야 한다.

이렇게 하면 수송거리와 시간단축에 따른 에너지 절약을 기할 수 있는 교통체계로 개편될 것이다. (㈜ : '직선화'란 직통고속도로를 연결한다는 뜻. 앞으로 장거리 직행고속도로보다 중핵도시 간의 고속도로 건설이 바람직하다)

국토 간선체계의 기본방향은 행정수도를 중심으로 각 권역의 중핵도시들과 산업기지들을 일체성 있는 시스템으로 연결한 것이다. 또한 전국을 '방사선' 및 '환상선'으로 연결하여, 전국의 각 권역을 반일 생활권화한다. 지역별 산업의 배치 비중에 따른 도로 및 철도의 양적 비중을 증대시켜 유통구조를 개선한다.

① 4개의 국토 환상선

국토 환상간선은 신도시를 핵으로 하여 각 지역의 특수성과 관계성을 고려하여 환상간선을 구상하여 동선체계의 골격망을 갖추도록 한다.

〈국토 환상 1호선〉은 수도권을 중심으로 간격 30km로 형성되는 순환간선으로 수도권 주변의 중핵도시들을 엮는 도시권 광역 동선임.

〈국토 환상 2호선〉은 평택—충주—김천—군산—중부기지를 연결하

■ 도표 V-12
4개의 국토 환상선

는 순환선으로 중부지방의 산업기지와 대단위 농업기지를 엮는 간선임.

〈국토 환상 3호선〉은 인천—서울—원주—대구—마산—순천—광주를 연결하는 순환선으로 현 서울과 내륙지방의 각 중핵도시들을 연결하는 동선임.

〈국토 환상 4호선〉은 속초—북평—포항—울산—부산—창원—순천

―목포를 연결하는 순환선으로 동해안과 남해안의 임해공업기지들을 연결하는 산업 및 관광의 주동맥이 되는 간선임.

■ 도표 Ⅴ-13
4개의 환상선과 8개의 국토 방사선

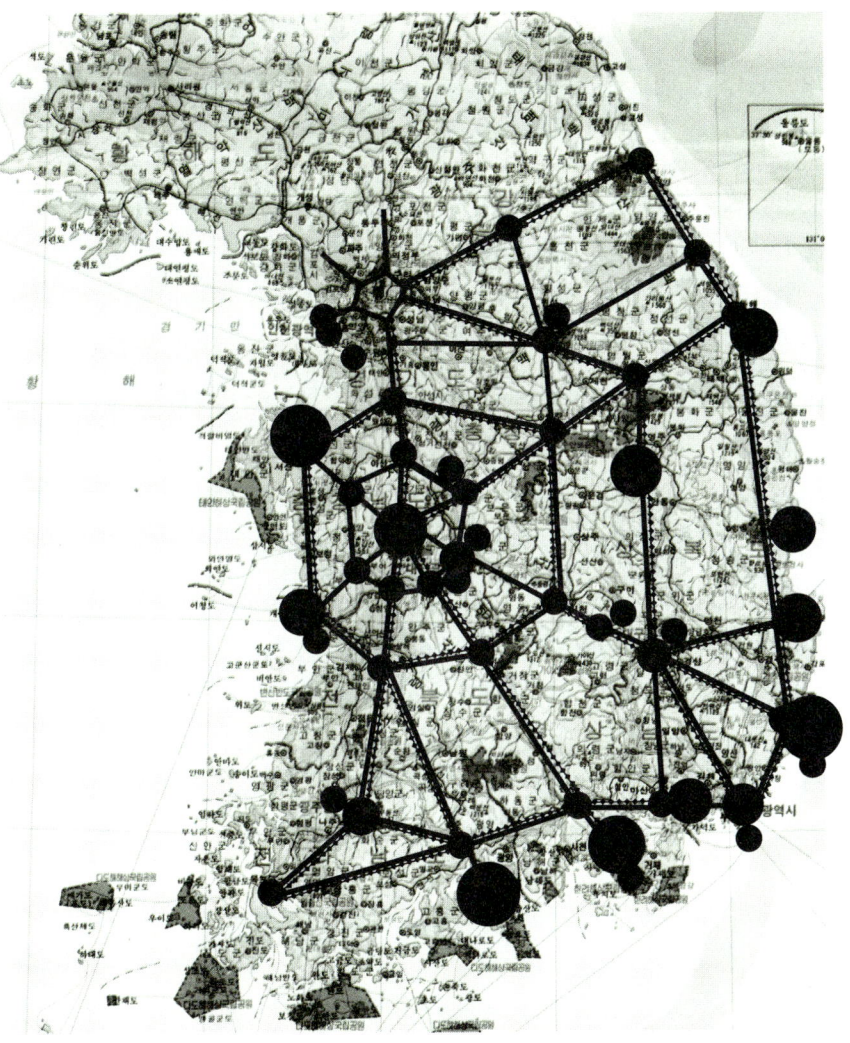

② 8개의 국토 방사선

국토 방사선 간선망은 수도권을 핵으로 하여 전국의 중핵도시들과 주요 산업기지들을 직결하는 동선체계임.

〈국토 방사 1호선〉은 신도시와 서울을 연결하는 현재의 경부선 서울~대전 구간에 해당됨.

〈국토 방사 2호선〉은 신도시와 북평을 연결하여 강원권의 공업기지 및 중핵도시들을 개발 거점으로 태백지구의 산업개발을 촉진시키는 산업 대동맥을 형성하는 것임.

〈국토 방사 3호선〉은 신도시와 대구, 부산을 연결하는 기존 경부고속도로에 해당되며 포항, 울산, 온산의 대규모 공업기지와도 연결되는 주동맥선임.

〈국토 방사 4호선〉은 신도시와 남부기지, 거창을 연결하는 방사간선으로 남부공업기지를 육성, 발전시키는 동선체계임.

〈국토 방사 5호선〉은 신도시와 여수를 연결하여 여천, 광양 등 공업기지와의 접근성을 높이며, 소백산맥에 의해 개발의 피해를 받아오던 내륙지방의 도시들을 중핵 거점도시로 개발 유도하는 노선임.

〈국토 방사 6호선〉은 신도시와 목포를 연결하는 현재의 호남선이며, 〈국토 방사 7호선〉은 신도시와 서해안 경공업지대를, 〈국토 방사 8호선〉은 신도시와 중부산업기지를 연결하는 산업노선임.

종합적으로 4개의 환상선과 8개의 방사선으로 전국을 행정수도 중심의 도로망으로 조직화하고 일체화한다.

4 전국이 반일 생활권으로

전국이 이와 같이 중부지방의 행정수도권이 중심이 되어 직선화된

■ 도표 V-14

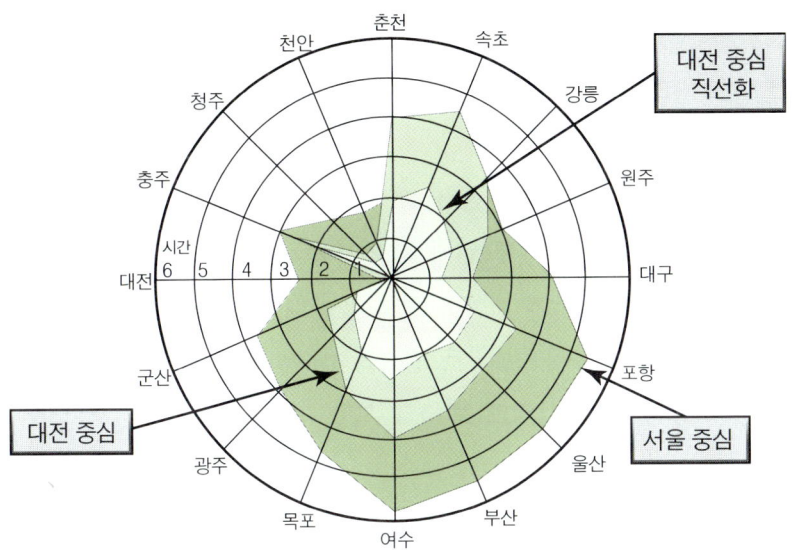

접근시간 비교

동선 체계로 확립될 때, 우리의 생활은 지역간 거리, 시간의 단축을 가져와서 전국이 완전 출퇴근권 내지는 반일생활권에 진입하게 된다. 이 동선 체계는 〈도표 V-14〉에서 보는 바와 같이 현재 서울 중심의 3분의 1로 단축하게 된다.

전국 지역 간의 유기적인 동선체계에 의한 거리·시간 단축은 심리적인 거리도 단축되어 반드시 수도에 살아야 한다는 거주 개념이 배제되고, 현재와 같은 서울·지방 이중생활의 부담이 전혀 필요치 않게 된다. 교통체계의 단순화와 고속화로 교통 부문이 차지하는 막대한 에너지가 절약된다.

전국 국토공간을 골고루 활용하게 되어 국토 이용의 효율화를 기할 수 있다. 전국 국토의 균형 있는 발전을 도모하는 동시에, 영남권과 호남권의 지역 갈등 해소에 지대한 효과를 가져오게 된다.

2 산업·임해·항만기지

1 산업기지 건설

① 필요한 산업기지 전망(추정)

한국의 입지 원단위(原單位)가 일본 수준으로 올라간다고 추정하면, 신규로 800여 km², 기존 단지와 합하여 약 1,000km², 약 3억 평의 면적이 필요하다. 이것은 전 국토 면적의 1%에 불과하나, 국토 이용 현황에서 평지가 34%인 점에 비추어 보면 상당한 부분을 점한다고 볼 수 있다.

연도별로는 77년 현재 202km², 81년까지 필요한 것이 345km², 91년까지 752km², 2000년대까지 1,040km²의 입지가 필요하다.

② 산업기지 선정

산업기지 선정원칙은 국토자원의 적극적이고 효과적인 활용을 이룰 수 있도록 하며 지역의 잠재력 및 특성에 부합되는 공업을 배치한다.

투자효율과 타산업의 유발 및 파급효과의 극대화를 꾀하는 데 두었다.

이상 원칙하에 공해를 수반하고 해상수송을 필수적으로 필요로 하는 대규모 생산기지는 임해기지로 개발한다. 소규모의 무공해 생산기지는 내륙의 교통중심부에 배치코자 한다.

③ 결정요소

산업생산기지를 선정하는 데 결정적인 요소는 ① 항만조건, 배후에 공업을 배치할 수 있는 수용면적, 공업용수 공급을 위한 수자원 확보 등 필수적인 요소와 ②입주하는 공업의 성격과 관련산업에의 파급 효과, 원료 및 제품의 수송 의존도 등 부수적 입지요소 등을 들 수 있다.

우리 나라의 입지조건으로 보아 산업입지 결정에 수자원 확보가 큰 제한 요건으로 등장하게 될 가망성이 많아졌으므로, 수자원 개발은 대단히 중요한 의의를 가지고 있다.

④ 수자원 확보

도표 V-15

수자원

여천-광양은 섬진강의 풍부한 용수를 활용할 수 있으며, 비인-군산은 금강 유역에 입지하고 있으므로 용수 공급이 가능하다.

중부지역은 일대에 호수와 연안을 막은 담수호(淡水湖)로 막대한 용수를 확보할 수 있고, 남한강, 금강의 일부 유역 변경에 의하여 충분한 수자원의 획득이 가능하다.

남부지역, 내륙공업단지는 많은 용수가 쓰여지는 지역이 아니어서 낙동강 강물을 사용할 수 있으므로 용수 확보에는 지장이 없다.

2 대규모 임해산업기지

현재 대규모 임해산업기지는 지형학적 유리성으로 동남해안에 치중되어 있다. 예를 들면 포항, 울산-온산, 마산-창원, 거제, 여천-광양기지가 되겠다.

따라서 장차의 임해기지는 서해안을 위주로 개발하되, 동해안 및 남해안의 임해기지는 보완을 해서 전국적 균형 발전을 가져오도록 하여야 할 것이다.

후보지구는 서해안에 중부지역, 비인만-군산, 그리고 남해안의 남부지역을 개발 고려 대상 지역으로 설정하였다.

3 남부기지

남부지구는 대규모 항만을 건설할 수 있는 자연적 조건과 항만을 낀 대규모 임해공업기지 및 항만과 산업기지를 지원하게 될 도시를 건설할 수 있는 입지적 조건을 구비하고 있다. 남부지구는 거제도의 주변에 조선기지, 창원에 기계기지가 있으므로 제2기계기지의 입지로서 가장 적지일 것으로 판단됨. 또한 이 기지에는 사료, 시멘트, 석탄, 석유 등 대규모 저장비축 시설과 가공공장의 입지로서도 적지이다.

군산-비인만은 항만개발의 제한조건이 있으나 배후에 군산, 이리, 논산 등 중핵도시를 보유하고 있고 연안에 공장을 설치할 수 있는 육지를 끼고 있다. 이 지역은 대규모 항만이나 산업기지보다 도시형 공업기지로 개발하는 방향으로 계획코자 한다. 목포지역은 영산강 하류에 위치하고 2만 톤급의 항만을 보유할 수 있으므로 군산-비인 지역과 같이 경공업과 도시형 공업을 배치할 수 있다.

4 중부종합기지

행정수도의 관문 역할과 산업면에서의 수도 지원 등 지리적·입지적 조건으로 보아 이 지역 개발은 대단히 중요한 의의를 갖고 있다. 중부기지는 수심이 깊은 해로가 있어 대형 선박이 출입할 수 있고, 주위에 풍부한 수자원을 갖고 있으며, 배후 대지는 3억 평 정도로, 어떠한 대규모 공장이라도 건설할 수 있는 입지로 판단된다.

입지선정상 가장 제약조건이 많은 제철, 정유공장, 발전소 등 대규모 공장을 설치하기에 이상적인 입지이기도 하다. 더욱이 수도가 중부에 위치함에 따라 이 기지는 인구, 산업, 교통의 중심지와 동일지역에 놓이게 되므로 국토 재편성 과정에서 가장 중요한 지구로 부상될 것이다.

5 대규모 항만기지

① 개발의 필요성

수출이 급격히 늘어나는 데 비례해서 국제화물도 증가한다. 현재 (1977년) 국제화물 수요는 4,100만 톤인데 2001년에는 약 4억 톤으로 약 10배로 늘어난다. 이러한 화물량을 처리하기 위해서는 기존 항만시설의 정비 및 확장은 물론 새로운 대규모 항만을 건설해야 하며, 또한 항만시설을 현대화하여 다량의 화물량을 조속하게 처리하는 새로운 유통구조를 확립해야 하겠다.

② 기본방향

대규모 항만건설에 있어서는 10만 톤급 이상의 대형 선박 출입이 용이하여야 하고, 연간 5,000만 톤 이상의 대량 화물 하역이 가능해야 하며, 또한 육상 교통과의 원활한 연계가 이루어져야 하겠다. 예를 들어 대량 수출입 화물로 예상되는 시멘트, 비료, 원유, 석탄 등의 화물을 자유로이 취급할 수 있어야 하겠다. 항만 주변의 배후 산업으로서는 상기 수출입 화물의 저장, 비축과 가공, 처리공장을 배치하여야 하겠다.

이와 병행하여 인근에 산업을 유치할 수 있는 임해공업기지와 배후 도시개발도 동시에 계획되어야 하겠다. 배후도시는 사전 계획하에 항만 및 산업기지와 병행 발전시키고 특히 도시 난방은 수입 석탄 또는 천연가스 등을 항구에서 가스화하여 파이프로 수송하여 도시에 공급하는 체계를 취하도록 하여야 하겠다. 보안과 안전성이 고려된 항만이어야 하겠다.

③ 항만 후보지

항만은 임해공업기지와 동시에 계획 건설되어야 하겠다. 대규모 항만은 국제항만으로서의 조선을 갖추도록 한다. 서해안의 중부지구 후보지는 중부종합 산업기지와 관련된 다목적 항만으로 개발 가능하며, 행정수도가 중부로 이전할 때 관문 역할을 할 것으로 기대된다.

남해안의 남부지구 후보지는 입지 조건이 대량 화물수송 취급의 국제항만으로써 이상적이며, 부산항의 화물량 처리를 완화하기 위하여도 절대적으로 필요한 항만이 될 수 있다.

> **남부 항만기지와 중부기지 구상**

남부기지의 가장 큰 의미는 무엇보다 '제2의 부산항'이라는 데 있었다. 당시만 해도 부산항은 이미 포화상태에 가까웠으나 항만시설을 확장하는 데는 부산의 지형적 특성상 한계가 있었다.

박 대통령은 문제의 심각성을 인식하고 "제2의 부산항을 찾아보라"고 지시했었다.

이렇게 해서 나온 후보지가 남부 항만기지이다. 경남 고성 안정리 항만은 앞바다의 수심이 5~22m로 비교적 깊고 거제도가 방파제 역할을 해줘 방파제도 필요없다. 항구의 안벽 길이가 30km가 넘어 부산항 6배의 역할을 할 수 있다. 30만 톤급 화물선도 접안할 수 있으며 넓은 야적장이 갖춰져 있다. 본격적인 석탄·천연가스의 비축시설도 갖추고 저장기지(CTS) 역할을 할 수 있게 설계됐다. 50만 명이 거주할 배후도시와 이를 뒷받침할 산업공단도 함께 구상되었다.

중부기지는 방대한 계획하에 구상이 이뤄졌다. 가로림만이라는 큰 '만(灣)'이 있는데 이 만을 메워서 공업단지화하고 주위 야산을 일부 사용하여 약 3억 평의 거대한 공업단지군을 만들어 약 400~600만 명의 인구를 수용한 공업권을 만들자는 구상이었다. 이 가로림만은 조력발전소를 만든다고, 여러 번 논의되었고 해당 부처에 건의도 되었으나, 중부기지 건설 구상으로 취소되었다. 박 대통령도 현지답사를 하고 우선 1차로 제2종합제철 건설지로 결정해, 도로까지 건설 포장하였다. 종합제철은 건설용역을 마치고 현지 사무실까지 설치했으나 1980년대에 광양으로 이전해 버렸다.

항만 규모도 엄청나 부산항의 네 배 역할을 할 수 있다. 수심도 18m로써, 준설하면 20만 톤의 대형선박도 출입이 가능하다. 중부기지는 행정수도와 불가분의 관계에 있다. 행정수도의 관문으로서 제2의 인천항 및 신수도권 역할을 하는 것이다. '2000년대의 국토구상'에서 행정수도를 새서울이라고 한다면 남부기지를 새부산, 중부기지를 새인천으로 부를 수도 있을 것이다.

조수 간만의 차가 큰 것이 문제인데 네덜란드 기술자의 자문을 구하니 기술이 발달돼 여러 가지 방법이 있어 별 문제가 없다는 것이었다 (네덜란드가 가로림만과 같은 조건임).

그리고 중부기지에는 총 400만 명이 거주할 수 있는 여러 개의 중핵도시가 건설되며, 여기에는 근로자용 중산층 위주의 주택이 완비될 것이다. 이때 근로자에 대한 장기할부 주택구매 제도가 계획되었다. 10년만 근무하면 주택을 소유할 수 있는 안이다.

▲ 충주다목적 댐. 높이 97.5m, 길이 464m, 저수용량 27억 5000만 톤, 1978년 준공.

6 5대강 수자원 보호

우리 나라 강수량은 세계 평균의 1.6배로 양적으로는 풍부하나, 조밀한 인구로 인하여 1인당 배당되는 물은 세계 평균의 8분의 1에 불과하다. 이는 연간 평균치이고, 여름 가뭄 때에는 용수부족 문제가 발생한다. 따라서 풍수기(豊水期)의 물을 저장하는 다목적 댐은 계속 건설해 나가야 하겠다. 우리 나라는 한강, 낙동강, 섬진강, 금강, 영산강 등 5대강을 수원으로 해서 전국이 혜택을 받고 있다. 용수가 부족하게 될 곳은 사전에 댐을 건설하는 선투자가 필요하다. 그리고 이 5대강의 수질은 절대적으로 보호해야 한다.

제4장
노동력과 가치관

1. 생산요소인 노동력

1 여공 시대에서 기술자 시대로

 이상 국토, 경제, 안보의 3개 분야를 다뤘고 마지막으로 남은 문제는 국민과 문화이다.
 나는 이런 문제에 완전히 문외한이고 다룰 능력도 없다. 그러나 국토 문제를 다루면서 피할 수도 없다. 우리 조상이 5,000년을 살아왔고 우리 후손이 살아야 할 땅, 문화를 꽃피우며 행복하게 살아야 할 땅, 이런 점 등을 생각하면 내가 이를 다룬다는 것이 황송하기 그지없다.
 따라서 국토개발 구상에서는 이 부문은 피할 수 없는 최소한의 분야로 축소시키고 또 축소시켜 나갔다. 국민을 생산요소인 노동력으로 보는 관점과, 이 국토에서 살아 나가는 국민으로서의 가치관을 보는 관점 등 두 가지만을 택해 공학적 접근법을 취하기로 했다.

노동력 문제는 사례중심으로 설명하고 가치관은 여러 석학들과의 대화를 소개하는 것으로 대신한다. 우리 나라가 유치공업단계에서 발전하면서, 노동력의 질이 단계별로 급격히 변하는 것을 경험해 왔다.

제1단계인 1960년대는 주로 면사, 직물, 가발, 운동화, 라디오, 텔레비전 등의 전자제품을 생산하여 수출해 왔다. 여자 단순기능공이 주역이었다. '어린 여공'이 우리 나라를 먹여 살린 것이다. 덕분에 우리 나라가 굶지는 않게 되었다.

제2단계인 60년대 말에서 70년대에 들어가서는 월남으로, 중동으로 '남자 단순기능공'이 합세를 하였다. 남자가 처음 일자리를 얻으니 열심히 일을 하고 칭찬도 받았다. 우리 나라도 차츰 GNP가 올라갔다. 수출도 본궤도에 올라갔다. 그러나 인건비도 오르기 시작하였고 지금까지의 경공업 수출이나 막노동 가지고는 곧 한계가 온다는 느낌이 들었다.

그래서 제3단계엔 중화학공업이 발진하였다. 70년대 중반부터는 '남자 기능공'의 시대이다. 공장이 세워지고 기능사를 국가적으로 양성·공급토록 했다. 설계사, 기계가공, 판금가공사, 측정 검사사, 전자공 등 이런 기능사들은 훨씬 고가의 물건을 만들어 수출할 수 있었다. 자동차, 선박, 철제품, 화학제품, 전자제품 등이다. 기능사가 주역이 되는 국가는 공업국가이다. 공업국가에서는 선진 국가이든 중진 국가이든 '기능사'가 주역이다.

제4단계는 생산성을 높이고 고가의 제품을 만들며 새로운 제품을 연구, 개발하는 단계인데 선진국형 공업국가이다. 과학자, 기술자가 빛을 본다. 수출제품은 고가이고 부가가치도 높다. 따라서 GNP도 높아질 수 있고, 국민도 윤택해질 수 있으며, 노벨상도 바라볼 수 있다. 그러나 노동력의 원천은 기능사이고, 과학자, 기술자는 그 '두뇌' 역할을 하는 것이다. 군대에 비유하자면, 과학자는 참모요, 기술자는 지휘관이고, 기능사는 하사관 및 사병이다.

우리는 지금 제3단계에 있는 것 같고 하루속히 제4단계에 올라가야 하겠다. 그런데 제3단계에 있어서도 새로운 공장을 세우고 생산량을 늘리려면, 노동인력의 수가 늘어야 하고 조금이라도 더 고급제품을 만들려면 기능사의 질을 높여야 한다. 결론적으로 우수한 기능사를 대량 양성해야 된다는 것이다.

2 공고(工高) 중심의 기능공 양성책

박정희 대통령은 일찍부터 과학기술 개발과 기능공 양성에 관심을 가졌다. 1968년 1월 연두기자회견에서 그는 이렇게 말했다.

"20세기 후반은 과학기술이 앞선 민족이 세계를 지배한다. 오늘날 경제성장도 기술혁신과 불가분의 관계에 있다는 것은 하나의 상식화된 통론이다. 특히 숙련공은 경제발전의 원동력이 되는, 나라의 재산이며 보배다. 기술이 개발되지 않고서는 국가의 안전보장도 기대할 수 없다. 기술자와 기능공은 바로 무기인 동시에 국가의 방패이기도 하다. 우리는 지금 이런 안목에서 과학기술 개발에 박차를 가하고 있다."

박 대통령은 이런 취지에서 1973년 '중화학공업 추진 선언'과 함께 '전국민의 과학화 선언'도 했다. 그는 "우수한 기술자가 5만 명은 있어야 한다"면서 한 학교당 몇 억 원씩의 특별지원금을 공고(工高) 등에 배정해 기능인력 양성을 독려했다. 공고생들을 '조국 근대화의 기수'라고 격려하면서 '3정주의(정직, 정성, 정밀)'를 강조했다.

▲ 정수직업훈련소를 시찰하는 박정희 대통령과 부인 육영수 여사

　대통령의 각별한 관심 아래 공고 중심의 기능공 양성책이 시행됐다. 기계공업을 육성하기 위해 금오공고, 부산기계공고 등 11개 특성화 기계공고를 1977년까지 만들었다. 공고의 교육 여건을 개선하기 위해 각 기업체로 하여금 공고에 선반을 기증케 하는 '선반보내기 운동'도 벌였다.
　각 국영기업체 및 민간 대기업체에 공고 설립을 강력히 권했다. 포항공고, 광산공고, 수도공고(한전 출자), 동아공고(동아그룹), 대림공고(대림산업) 등 여러 재단설립형 사립공고가 생겼고, 공고를 못 세우는 곳은 직업훈련소를 만들어 기능사 양성에 열을 올렸다.

육영수(陸英修) 여사도 서울에 정수직업훈련소, 창원에 한백훈련소를 설립하였다. 각 도마다 직업훈련소가 들어섰다. 박 대통령은 지방 순시 때에 현지에 있는 공고를 빼놓지 않고 들렀고, 기능올림픽 우승자는 올림픽 입상자와 같은 대우를 했으며, 기능경진대회 우승자는 국전 입상자와 같은 대우를 하였다. 공고 학생의 사기를 높이기 위해 대학에 가는 길도 마련하였다. 공고 졸업생이 같은 전공 대학에 진학할 때는, 아예 입학정원의 10%를 공고생에게 할당해 공고 졸업자들끼리만 경쟁시켰다. 그리고 공고 출신만 입학할 수 있는 구미의 금오대학, 창원의 기능대학도 설립하였다. 금오대학, 창원 기능대학은 시범 케이스이고, 앞으로는 공고 출신만 입학하여 이론교육을 강화하는 특수대학을 증설할 계획이었다. 장차 전문대학 중 우수한 학교를 4년제 대학으로 승격시켜 지방 중핵도시에 배치할 계획이었다.

3 교육제도 개편

이러한 구도하에서 보면 교육제도 즉 진학문제는 지금과는 큰 차이가 있을 것이다. 우선 첫 번째의 진학문제는 중학교 졸업 때에 생긴다. 일반고교에 갈 것인가, 공고에 갈 것인가?

이는 공고 졸업 후 먼저 기술을 익히고, 공고 졸업생만 다니는 우수한 대학이 지방에 많이 생기기 때문이다. 이들 대학은 공고에서 부족하였던 어학과 이론을 집중적으로 교육하여, 기술은 각자가 원하는 전문화된 분야만 심도 있게 최신 것까지 집중교육을 받는다. 현장실습을 받아가며 4년간 교육받으면, 현장 근무하는 데에 이상적인 능력을 갖추게 되며, 현장에서 환영받을 것이다. 이들 학교에는 정부 보조가 있어 학비도 싸다. 공고 졸업 기능사도 사기와 긍지가 높고, 능력에 따라 출세할 수도 있다.

인문계 고등학교 졸업생에게도 문제는 달라진다. 공업전문학교가 4년제 대학으로 승격하기 때문이다. 일반 대학에 여러 단과대학이 있는 반면 공업전문대학은 공과계통만 있고, 그 공과계통 또한 전문화되어 기계공업 전문대학이나, 전자전문대학으로 세분화되어 있을 것이기 때문이다. 실습기구도 많고 교수들도 우수하며 인원도 많다. 졸업 후에는 즉시 현장에 진출하여 기능을 발휘할 수 있도록 교육된다.

일반 종합대학은 연구요원 양성기관이다. 특히 서울대학 등 일부 명문대학의 경우 학부과정이 없어지고, 대학원 과정만 남게 된다. 즉 치열한 경쟁은 고등학교 때가 아니라 대학 졸업 후이다. 대학 때 열심히 공부해야만 명문 대학원에 갈 수 있다. 그리고 지방대학에서도 열심히 하면 명문 대학원에 진학이 가능하기 때문에, 서울에 있다는 이유만으로 학생이 모여든 대학은 새 수도가 생기면 명맥을 유지하기 힘들 것이다. 새 수도 내에는 대학 설립을 할 수 없다. 대신에 새 수도 주변 80km 내외의 중핵도시에 분산 배치될 것이다.

여자대학도 역시 변할 것이다. 대학을 나와야 좋은 신랑감을 고를 수 있다는 개념이 바뀌어지도록 지도될 것이다. 선진국처럼 21세기는 여자도 일해야 하는 시대가 된다. 대학은 공부를 하는 곳이고, 습득한 지식은 나라를 위해 쓰여져야 한다는 것이 원칙이다. 이런 의미에서 여자 대학생의 목표가 오직 현모양처가 되기 위한 목적이라면, 우수한 가정주부로 교육되는 특수학과나 학교가 신설되어야 한다. 육아, 건강, 요리에 대한 교육이 위주가 될 것이다. 그러나 21세기에는 가정에 정보장치가 투입되고 각종 기계, 전자기기들이 도입될 것이다. 바로 '주부의 과학화'이다. 전기, 수도, 자동차 등의 간단한 수리도 할 수 있어야 하고 컴퓨터 조작은 필수이다.

4 기능공 7, 8만 양성계획

박 대통령의 강력한 의지 및 공고생에 대한 애정과 격려로 아주 우수한 학생들이 공고로 몰려들었다.

1975년도(부산 기계공고, 전북 기계공고, 금오공고 등) 입학생의 67%가 중학교 성적 상위 5% 안에 드는 학생들이었다. 중학교 수석 졸업자들도 이들 학교 입학생의 10%나 됐다. 당시 학생들은 이렇게 우수한 자질을 가진 데다 어깨에 붙인 '조국 근대화의 기수'란 휘장을 자랑스럽게 여기며 열심히 공부하고 실습에 임했기 때문에 국제적으로 그 역량을 인정받았다. 기능올림픽을 계속 제패했고 중동에 진출한 기능공들이 격찬을 받았다.

'2000년대 국토구상'에서는 매년 7~8만 명의 공고 출신 기능사를 양성할 계획이었다. 참고로 보면 1977년 일본 공고 졸업생은 15만 명 가량이었다. 기술자 양성 및 연구소 설립도 같은 맥락의 일인데, 이에 관한 설명은 다음 기회로 미루고 두 가지 에피소드만 소개함으로써 최고 통치자로서 박 대통령의 관심과 애정을 기록고자 한다.

1978년경 결재를 받으러 가니, 박 대통령이 한 정보 보고서를 보이며 "모 연구소 간부가 카바레에 자주 나타난다는데 잘 하고 있는 거야?"라는 꾸중 비슷한 말을 했다. 그래서 "각하, 저는 밤늦게 야근을 할 때면, 돌아가는 길에 이따금 그 연구소에 들렀다 갑니다. 그때마다 연구소 건물에는 전등불이 환히 켜져 있는 방이 많았습니다. 열심히 일하고 있는 것 아니겠습니까?" 하고 답하니 "그래, 나도 부산에 가면 부산기계공고를 꼭 바라보게 되는데 밤새도록 불이 켜져 있더구만. 흐뭇했어. 연구하는 사람들도 머리를 식힐 겸 좀 놀 수도 있겠지"라고 말해 이 문제는 해결이 되었다.

또 한 예는 "기술정보는 어떻게 얻나?"라는 물음에 "일주일에 한 번씩 출근 전에 다방에 모여 기술자들로부터 정보를 얻습니다"라고 답했다. 이에 박 대통령이 "건물이나 하나 얻어 모일 장소를 마련하지" 한 것이 현 '엔지니어 클럽'의 창립 동기가 되었다. 설립기금도 하사했다.

2 국민으로서의 가치관

1 한국인의 가치관

한 나라의 진로를 결정하고 흥망성쇠를 가늠하는 것은 그 나라 국민들의 가치관이다. 국민들이 올바른 가치관을 가진 나라는 흥하고 그렇지 못한 나라는 망할 수밖에 없다. '밝은 내일을……' 모임에서는 한국인의 가치관에 대해서 가장 많은 논의를 했다. 지금도 잊을 수 없는 것은 서울대 사회학과 이만갑 교수의 충격적인 발언이었다. 그는 한국인다운 가치관의 확립이 시급하다고 하면서 우려를 표명했었고 우리 모두 공감하였다.

"우리 나라는 급격한 사회변동으로 가치관이 일대 변혁기의 와중에 있다. 가문·가족 중심의 사회에서 개인주의 사회로 바뀌어 가고 있으며, 전통사상은 단절되어 버렸다. 지금 올바른 가치관을 정립해 나가지 않으면 머지않아 우리 국민은 통제 불가능하다."

한국 사회의 몇 가지 커다란 변동은, 우선 한국 계급사회의 붕괴를 들 수 있을 것이다. 한일병합 후에 양반·관료 등 지배 계급이 없어지고, 해방 이후에는 지주계급이 사라졌고, 6·25 때는 살아남기에 급급해 온 국민이 막노동도 서슴지 않았다. 이렇게 돼서 귀천이 없어지고 빈부가 없어졌다. 금화나 은화는 없어지고 엽전(葉錢)만 남았다는 뜻이다. '무계급'의 사회가 되어 버린 것이다.

이런 상황에서 우리 사회엔 존경받는 사람이 없어졌고, 관료가 되거나 돈 버는 것이 출세하는 것으로 인식되어 갔다. 그 때문에 학벌 위주의 사회가 되었고, 부모들은 자녀들을 대학에 보내기 위해, 소 팔고 땅 팔아 서울로 보냈다. 그래서 1960년대엔 대학을 '우골탑(牛骨塔)'이라는 자조 섞인 말로 부르기도 했다.

한국사회 변동의 또 하나는 '국민의 대이동'을 들 수 있다. 해방 이후 일본 거주자·월남자 등 약 400만이 남한으로 유입됐으며, 6·25 이후에는 더욱 '서울로 서울로' 현상이 두드러졌다. 학생·상인·근로자 등 너도나도 서울로만 모여든 것이다. 학생들은 공부를 끝마치면 그대로 서울에 남았고, 결혼 후에도 대개 서울에서 살았다.

이리하여 일제강점기 40만, 1960년대 초 200만으로 계획했던 서울 인구가 지금은 1,000만 명이 넘을 지경이다. 온 국민을 고향 떠난 유랑민(流浪民)으로 만들고, 목적을 가리지 않고 출세하고 돈 버는 데만 열중케 하였다. 6·25 때는 싸움에 이겨야 했고 지금은 돈을 벌어야만 했다. 법과 공익과 의리와 예의는 멀어져만 갔다.

다음은 정신문명의 대변혁이다. 8·15 후에, 위대한 승리자요 우리의 해방자인 미군과 함께 미국 문명이 홍수처럼 밀려들었다. 이 새로운 물결은 주로 미군 사병을 통해서 들어왔다. 이른바 GI 문화이다. 우리의 처지로서는 해방 당시의 미군은 존경할 수밖에 없는 대상이요, 미국 문화는 GI 문화이든 아니든 본받을 수밖에 없었다.

이는 물질문명이요, 개인주의였다. 우리의 정신공백, 사회의 대혼란 속에 무비판적으로 흡수돼 버린 미국문화는 너무 강력하여 우리 나라의 전통정신·문화·사회질서를 강타하였다. 어설프게 미국화해 가는 것이었다. 이러한 대변혁들이 최근 수십 년 사이에 일어났다.

당시 박정희 대통령은 이 문제를 아주 중요시하여, 우리 나라의 석학들을 특별보좌관으로 임명하여 깊이 연구케 하였다. 박종홍 특보는 이 문제에 대해 기본이론을 다뤘고, 연구기관으로는 '한국정신문화연구원'이 설립되었다.

장동환 특보는 초등학교 교과서부터 고쳐나갔다. 그래서 그때까지 초등학교 1학년 첫 번째 과정은 '바둑아, 바둑아 이리 오너라'였으나, 이것을 '가자, 가자 앞으로 가자' '나라, 나라 우리 나라'로 바꾸어 나갔다. 박진환 특보는 '새마을운동 사업'을 주관했는데, 박 대통령 지시에 따라 우선 장관급부터 1주일씩 새마을교육을 시켰다. 그 후―국영기업체는 물론 민간기업체의―사장으로부터 종업원에 이르기까지 그 교육의 범위를 넓혀 나갔다. 박 대통령의 부인 육영수는 '예지원'을 세워 주부교육을 시켰고, 역시 대통령의 큰 영애 박근혜도 충효교육운동을 추진해 갔다.

'2000년대 국토구상'에서도 '한국 국민의 가치관 문제가 가장 중요한 과제'임을 인식하고 일했다. 특히 열심히 일하는 국민, 존경받는 근로자, 긍지를 갖는 중산층이 우리의 총자산이며 국력의 기초라는 인식하에 작업을 했다. 그리고 누군가가 '한국인이란 무엇인가? 무엇을 생각하고 어떻게 살아야 하나?' 하는 '정신 개조론'에 대해서 깊이 연구하고 방향을 제시해 주기를 간절히 바랐다.

최근 미국 록펠러 재단은 우리 나라의 새마을운동을 세계 정신문화운동 역사에 남겨야 한다고, 박진환 전 특보에게 영문으로 집필할 것을 부탁해서 스위스 소재 록펠러 별장에서 3개월 간 고생을 하였는데, 결론에 가서 어떻게 마무리를 해야 할지 고민이라는 것이다. 왜냐하면 각 마을에서는 어제까지 새마을 지도자로 있다가―전두환 행정부가

들어서자—갑자기 동일 인물이 정화위원회 간부가 되었기 때문이다. "앞장서서 일합시다"라는 입장에서 "잘못하면 고발하겠다"는 입장으로 바뀌었으니, 집필자로서는 결론을 낼 수가 없다는 것이었다.

2 인간욕구 4단계

1977년경, 일본의 저명한 동경대 교수 이토카와 히데오를 중화학기획단에서 초청해 강연을 들었다. 이토카와 히데오 교수는 전후 일본의 로켓 개발을 주관했고 그 후 '인간조직공학'이라는 새로운 분야를 발전시킨 학자였다. 그는 경제성장에 따른 인간의 욕구를 4단계로 구분하였다. 제1단계는 입(口), 제2단계는 수족(手足), 제3단계는 눈(眼), 그리고 마지막 제4단계는 머리(頭腦)라는 것이다.

1단계에서는 먹고 살기에 급급해서 의식주 등 최소한의 본능만 해결해 주면, 열심히 일하고 정부에 잘 따르므로, 통치도 그만큼 쉽다. 60년대의 우리 나라와 지금 북한의 경제사정이다.

2단계로 가면 역시 일은 열심히 하나, 1단계보다 편해지고 싶어해서 손·발로 하던 일에 재봉틀이나 경운기 따위를 이용한다. 재봉틀이나 경운기 따위는 지금 당장은 소지하고 있지 않더라도 나중에 살 수 있고, TV·세탁기·음향기기도 살 수 있다는 희망이 있어 정부통제가 가능한 단계이다. 1970년대의 한국경제 수준이 여기에 해당된다.

그러나 눈의 시대인 3단계에 이르면, 패션시대가 되어 사치와 허영심이 만연되어 아무도 만족할 수가 없게 된다. 1970년대 일본의 모습이다. 정부로서는 가장 정책을 펴기에 힘든 단계이다. 사치와 낭비가 심해지고 허영심으로 인하여 서로 질시·불화하고 불평불만이 쌓여 결국 사회적 갈등으로 폭발한다. 그리하여 경제 사회가 혼란해지고 나라가 위태롭게 되어, 선진국 문턱에서 후진국으로 전락한 예가 적지 않다는 것이었다.

그는 한국도 다가올 3단계를 슬기롭게 잘 넘기려면, 정부 주도가 가능한 제2단계인 지금(1977년)이야말로 국민 가치관 확립이 시급하다는 충고를 덧붙였다. 그 대책을 물으니 중산층 특히 근로자의 가치관 확립이 가장 중요하고 그 방법은 어릴 때부터 철저한 근로정신과 근검·절약하는 습관을 교육시키는 것이라고 답하여 주었다.

3단계 사람에게 가치관을 주어 물질적 욕구를 반감시키는 것이다. 알기 쉽게 설명하기 위해서 여기 A·B·C 라는 세 여직원이 있다고 하자. A가 갖고 싶었던 핸드백을 사서 기분이 좋았는데, B가 "내 것은 수입품이다"라고 하면 A는 자존심이 상하게 될 것이다. C가 내 것은 세계 최고의 이탈리아 제 명품이라고 하면, A는 물론 B까지 기분이 나빠지고 C 한 사람만 만족한다. 이 현상이 3단계인 눈의 단계이다.

여기서 A가 똑똑하여 오히려 B나 C의 사고방식이나 생활태도가 불건전하다고 느끼게만 되면, A는 만족감을 느끼게 될 것이다. 남는 돈은 저축하고, 국산품 애용의 긍지를 가지면 되는 것이다. 결과적으로 각자가 '자기분수에 맞게 사는' 중산층을 만들어야 한다는 결론이다. 문제는 어릴 때부터의 교육이요, 성인에 대한 정신교육이다. 자조·근면·절약(저축)·협동에 대한 새마을정신교육이 그 해결 방안이라고 생각했다.

마지막 **4단계**인 '머리' 시대에는 이미 물질적 욕구는 충족시킨 후라 정신적인 만족을 추구하는 단계이다. 노동을 기피하니 생산에는 도움이 안 된다. 그래서 종교·예술·사상가들과 같이 좋은 쪽으로 갈 수도 있고, 반대로 히피·허무주의자·자살자 등 나쁜 쪽을 선택할 수도 있다.

㈜ : 그런데 (2005년) 현재의 머리 시대는 IT시대이다. 당시로서는 상상도 못했던 상황이 벌어지고 있다.

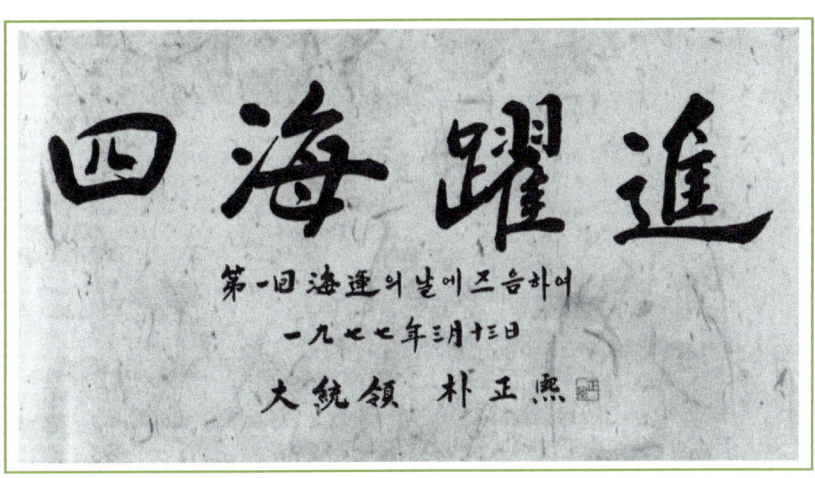

▶ 3 후손을 위한 1000년 대계

1 ▶ 행정수도 건설안과 올림픽

이 글을 쓰던 때인 1992년에, 서울시 예산이 7조 원이라는 기사가 났었다. 약 100억 달러. 서울시민 1인당 70만 원, 가족당 연 300만 원이다. 농촌 사람보다 서울 시민이 나라를 위해 무슨 일을 더 많이 했다고, 더구나 서울이 살기 좋은 곳도 아닌데 이런 막대한 세금을 써야 하는가?

인구 1,000만 명의 서울시가 괴물이 되었다는 증거이다. 서울시 예산안에는 공해측정기구 구입비가 30억 원이나 포함되어 있다. 대기측정을 강화한다는 내용이다. 이것은 단적으로 서울시의 대기가 위험수위라는 증거이다. 병원에서 정기적으로 검진을 받아야 하는 환자와 같다는 뜻이다.

서울은 산으로 둘러싸인 분지로서 안개가 자주 낀다. 공기 유통이 잘 안 되는 곳이다. 여기에 자동차는 자꾸만 늘어 공기는 나빠지고 교통체증까지 심해지고 있다. 서울은 이미 동맥경화증이 심화되어 가고 있다는 뜻이다. 그리고 농촌의 황폐화에 따라 서울로 서울로 모여드는 인구를 어떻게 막을 것인가? 50년 후, 100년 후의 자손들은 어떻게 될까?

한편 행정수도 건설비가 엄청난 비용이라는 오해가 있다. 새 수도의 규모는 처음엔 인구 25만을, 그리고는 인구 50만을 목표로 한다. 창원

(昌原)의 크기이다. 계획대로 1980년 초에 시작하였다면 지금쯤은 그 윤곽이 완전히 드러났을 것이다. 그 후 12년 동안 새로 건설한 관공서, 대기업체를 비롯한 각 업체의 본사 신축, 아파트 등이 현 서울이 아닌 새 수도에 있을 것이다. 과천의 종합청사, 법원(1978~79년에 예산이 확보되어, 새로 건축하고자 했으나 박 대통령은 새 수도에 건설토록 보류시켰다), 신축 청와대 관저 그리고 각 대기업체의 본사(63빌딩, 금성사, 현대, 삼성 등등), 분당, 일산 등의 신도시도 여기에 포함된다.

그리고 올림픽을 위한 막대한 투자는 새 수도 건설에 활용되었을 것이다(주: 박 대통령은 1996년에 새 수도로 이전할 계획이었으며, 이때 여기서 올림픽을 개최하자고 해서, 새 수도 계획에는 올림픽촌이 짜여 있었다). 독립기념관은 새 수도의 민족박물관이 되었을 것이고 예술의 전당은 3만 평의 문화지구 내 문화전당의 일부가 되어 있을 것이다. 새 수도의 공항은 청주로 정하고 부지도 확보해 놓았었다.

새 수도 예정지의 반경 10km 내 땅은 정부가 확보, 수익자 부담 원칙에 의하여 불하될 계획이었으므로, 초기 투자만 끝나면 새 수도 건설은 흑자 건설이 가능하도록 되어 있었다. 1977년 7월 '임시 행정수도 건설을 위한 특별조치법'이 제정 공포된 것은 이 때문이다. 1980년에 계획을 확정하고 96년까지 1차 건설 및 이전을 끝낼 예정이었다.

1982년 전두환(全斗煥) 전 대통령도 행정수도 건설안(案)에 대한 설명을 받았다고 전해 들었다. 그러나 그 보고의 결과는 '선진조국의 건설'이라는 기치와 함께 올림픽을 1996년에서 1988년으로 8년 앞당긴다는 쪽으로 전력투구한 것이다. 그런데 북한 쪽이 결사적으로 반대하기 시작하였다. 남북냉전이 치열하게 전개되었다. 이번에는 전선이 38

선이 아니라 우리 나라의 심장부인 서울이었다. 사회불안, 정치불안을 조성하여 88올림픽을 저지시키자는 전략이었다. 투석과 최루탄이 맞섰다. 우리 정부는 올림픽을 담보로 잡혀 제대로 데모 진압을 못한 반면, 데모대의 전술은 향상되었고 폭력화의 양상을 띠었다.

매일같이 우리 나라 데모 현장이 뉴스 망을 통해 전세계에 전해졌고 이 때문에 올림픽의 취소 문제까지 거론됐다. 그러나 소련을 비롯한 공산국가의 대거 참여로 올림픽은 무사히 개최되었을 뿐만 아니라 성공적이었고 기록도 훌륭했다. 국민들은 열광하였고 선진국이 된 것 같은 기분도 맛보았다. 그리고는 사전준비도 없는 상태에서, 사치와 과소비의 단계로 돌진하였다. 개인주의는 공익을 잊은 이기주의로 변하여 갔다. 봉급이 적다고 아우성쳤다. 물가는 뛰기 시작하였다. 일하는 열의는 식어만 갔다. 올림픽 이후에 노동쟁의는 기승을 더해 갔다.

그 결과 생산성은 떨어지고 우리 나라 제품은 국제 경쟁력을 잃기 시작하였다. 선진국의 꿈은 도리어 멀어져만 갔다. 외국 사람 누군가가 "한국은 샴페인을 너무 일찍 터뜨렸다"고 적절한 지적을 했다. 그는 동경올림픽의 후유증을 경험한 사람일 것이다.

2 우리 후손들은 어떻게 살까

우리 민족은 자랑스러운 민족이다. 5,000년이나 나라와 우리말을 지켜온 강인하고 착하고 근면한 민족이다. 국난이 있을 때에는 의병으로 조국을 수호하였다. 6·25 때는 '너는 조국을 위하여 무엇을 했나?'라는 포스터를 보고 전쟁터로 나갔다. 60년대, 70년대에는 '우리도 하면 할 수 있다'는 슬로건 아래 허리띠를 죄고 땀을 흘렸다. 이제 (주) : 1992

년) 우리는 또다시 위기를 맞았다. 그리고 잘잘못을 따질 시간적 여유도 없어졌다. 이런 상황에서 몇 가지 사항을 자문(自問)하게 된다.

첫째, 2000년대에 들어가서 우리 후손들은 어떻게 살고 있을까? 그때 우리 후손들은 우리를 어떻게 평가할까? 둘째, 지금 '나와 너'는 무엇을 생각하고 어떻게 행동해야 할까? 이 점이 나로 하여금 용기를 내어 이 글을 감히 쓰게 한 동기이다.

현 서울을 그대로 두고 국토개발을 다루는 것은, 근간(根幹)을 해결하지 않고 지엽적인 문제만 다루는 것이라는 점과, 지금이라도 서울문제를 해결해야 하며, 그 좋은 기회(시기, 비용 등)를 놓쳤지만, 빠르면 빠를수록 역사에 과오를 적게 남긴다는 점, 그리고 새로운 행정수도 건설이나 국토개발은, 우리 민족의 1000년 대계이다. 계획에서 시행에 이르기까지 절대로 과오나 실패를 해서는 안 된다는 점을 강조하면서 이 글을 끝마친다. 아울러 과거, 이 계획안 작성을 위해서 밤낮없이 노력해 주셨던 관계자 여러분에게 깊은 감사를 올린다(1991년 12월 몹시 추운 날 이 글을 쓴다).

1978년 6월, 당시의 경기도 시흥군 과천면 갈현1리에서 모내기를 하는 박정희 대통령. 박 대통령 시절, 대통령과 공무원의 모내기 또는 식목일 나무심기는 전시홍보용의 형식적 행사가 아니었다. 할당량을 각자 완수해야 했고 그 벼나 나무가 순조롭게 성장하도록 힘을 기울여 돌보았다.

제VI부

박정희 대통령 위대한 구상 :
가로림만 세계최대산업기지

누구나가 불가능하다고 체념해 버렸던 그 어려운 일들을 우리는 스스로의 힘으로 거뜬히 성취시켰고, 하면 된다는 인간 의지의 승리를 역사 앞에 실증하였다. 10년 성장의 힘겨운 과정에서 우리는 드디어 잠자던 민족의 얼을 일깨우고, 묻혔던 민족의 저력을 개발한 것이다. 유구한 반만년 역사를 통틀어 이처럼 희망과 의욕과 자신과 긍지와 생명력이 생동한 때가 과연 몇 번이나 있었는가? 이제 우리는 절망 속에서 희망을 되찾았고, 체념 속에서 의욕을 일깨웠으며, 불안 속에서 자신을 얻었다. 우리들의 이 희망, 이 의욕, 그리고 이 자신이야말로 민족의 생동하는 정신 자원인 것이며, 바로 여기에 조국의 앞날을 밝히는 빛이 있고 길이 있는 것이다.

71. 3. 17 대통령 후보 지명 수락 연설

제1장
'중화학공업화 정책사업'에 대한 시비

 ## 과잉투자 문제

우선 중화학공업 투자의 정의(定義)를 명확히 해야겠다. '중화학공업'과 '중화학공업화 정책사업'을 구분해야 이해가 가능하다. 중화학공업 투자 시비에 나오는 과잉투자 문제는 우리 나라 전체의 중화학공업에 대한 논쟁이 아니고, '박 대통령 당시에 추진되었던 중화학공업화 정책'이 잘못된 정책이라는 시비(是非)에 관한 문제이다.

박정희 대통령 서거 후 전두환 행정부가 들어서자마자, 국보위(國家保衛非常對策委員會)가 선두에 서서 박 대통령 시절의 중화학공업정책에 대해 극심한 비난을 하기 시작했다.

이러한 분위기는 학계, 언론계에 파고들었고, 시일이 흐르자 어느새 이런 생각들은 여과 없이 국민 전체에 숨어들어 보편적인 상식이 되고 말았다. 그러고는 국가 경제에 어려움이 닥칠 때마다 "그 원인은 잘못된 '중화학공업화 정책' 때문"이라는 말이 공공연히 입에 오르내렸다. 그 비난의 초점은 '중화학공업에 대한 중복투자와 과잉투자'라는 것이었다.

그런데 IMF 외환위기가 발생하자, 또다시 그 근원을 박 대통령이 추진한 중화학공업화 정책에 있다고 떠들기 시작했다. 중화학공업 추진을 주관했던 나로서는 여기에 대한 답변을 해야 할 책임이 있다고 느꼈으며, 다음 글을 쓰게 된 동기이다.

우리 나라 전(全) 제조업 중에서, 중화학공업 부분 투자자금을 (A)로 하고 경공업 부분의 투자자금을 (B)로 한다. 그렇다면 우리 나라의 제조업 전체에 투자한 금액은 (A+B)가 된다.

박 대통령의 중화학공업화 정책에 대해 비판하는 학계나 언론계의 요지는, "19××년도에 제조업에 투자한 금액(A+B)가 전년도에 비해 많이 늘었다. 그 내용을 보면, 중화학공업 분야의 투자(A)는 전년도에 비해 엄청나게 늘어난 반면 경공업 분야의 투자액(B)의 증가폭은 크지 않기 때문에, (A+B)에서 (B)가 차지하는 비중이 아주 적어졌다. 바로 이런 점이 '박정희 정부가 추진했던 중화학공업화 정책사업이 과잉투자가 되었다'는 것을 단적으로 보여준다"는 것이다.

그러나 박 대통령 시대의 중화학공업화 정책에 대해 그 내용을 조금이나마 파악하고 있다면 이런 식의 비교를 절대로 할 수 없을 것이다.

■ 도표 Ⅵ-1

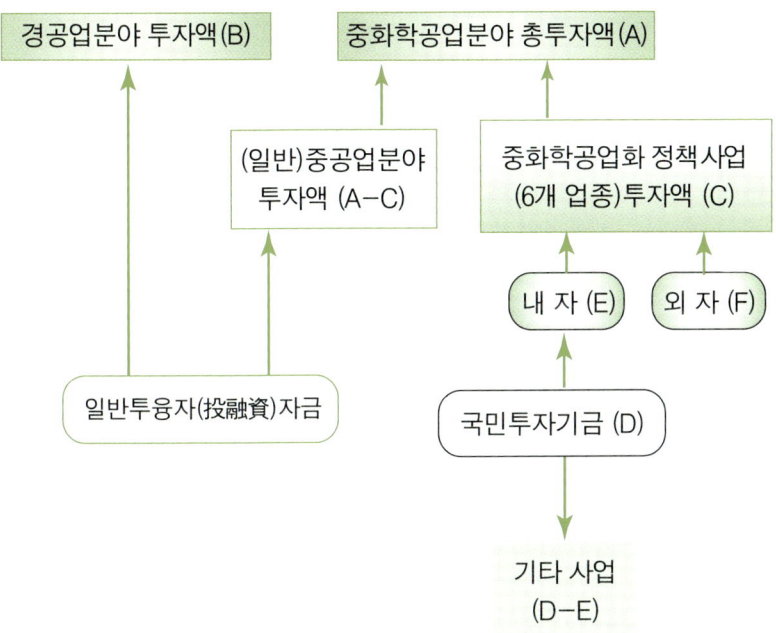

그 이유를 설명해 본다.

첫째, 이런 식으로 비교한다면 (A+B)에 대한 (A)의 비중이 (B)의 비중에 비해 엄청나게 크게 되는 것은 당연한 결과일 수밖에 없다. 그 이유는 똑같은 생산액 또는 부가가치를 생산하는 데 필요한 설비투자 자금은 (B)에 비해 (A)가 몇 배나 크기 때문이다.

즉 중화학공업 쪽이 자본계수(㈜: 資本係數, capital coefficient, 일정기간 생산량 1단위를 얻는 데 몇 배의 자본을 필요로 하는가를 나타내는 계수)가 크다는 뜻이다. 그래서 중화학공업을 장치산업 또는 자본재산업이라고 하지 않는가? 더욱이 선진공업국가 즉 중화학공업국가로 발전한다는 것은, (A)의 비중이 (B)의 비중에 비해서 커진다는 것을 뜻한다.

이런 뜻에서 우리 나라에서 (A)의 비중이 (B)의 비중보다 계속 커져 나간다면—격차가 커지면 커질수록—선진공업화가 잘 진척되고 있다는 뜻이다. 그런데 일부 학자들은 이것을—수출산업의 주도적 역할을 담당하는—경공업을 의도적으로 등한시한 결과라고 비난하는 것이다.

둘째, 내가 주관했던 중화학공업화 사업에 대한 투자는 이미 설명한 대로 '6개의 중화학공업기지 건설 및 여기에 입주한 공장의 시설자금'이 전부이다. 이것을 중화학공업화 정책 수행을 위한 투자(C)로 한다. 중화학공업화 사업 투자액(C)에는 내자(E)와 외자(F)가 있는데, 외자의 경우는 외자도입법에 의해 차관으로 도입하고, 내자는 해마다 조성되는 국민투자기금(D)에서 지원된다. 그런데 해마다 조성되는 국민투자기금(D) 중 전액이 중화학공업화 사업에 지원된 것은 아니다. 경제각료회의에서 의결을 거친 후 중화학공업화 정책사업 이외의 용도에도 사용했다.

그렇다면 내자 중 중화학공업화 사업에 투자한 금액은, 국민투자기금(D)의 일부로 조성된 (E)뿐이다. (A)가 아닌 것이다. 더욱이 (E)에는 산업기지개발공사가 사용하는 공업기지 조성사업비, 그리고 대덕(大德)연구단지 조성비도 포함되어 있다.

그렇다면 중화학공업화 정책사업에 대한 투자문제를 언급하려면 (A)라는 수치만을 가지고 논할 수는 없는 것이다. 그러므로 꼭 (C)나 (E) 및 (F)의 내용을 알고 난 후 이를 근거로 해서 다른 나라와 비교하면서 비판해야 마땅하다. 그런데 이러한 내용에 대해서는 중화학공업계획단만이 파악하고 있는 통계로서 한 번도 발표한 적이 없다.

이렇듯 근거 없는 숫자를 가지고 비교하면서 중화학공업화 정책이 과잉투자라고 단정한다면 이런 식의 평은 어불성설(語不成說)로밖에 볼 수 없다.

또 한 가지를 말하자면, 중화학공업화 사업에 소요되는 10년간의 총소요액 (C)는 내외자(內外資) 합해 약 100억 달러인데, 1973년부터 79년까지 약 80억 달러를 사용했다.

㈜ : 1973년 당시의 환율(400원 : 1달러)로 계산하면 3조 2,000억 원, 2005년 현재 환율(1,000원 : 1달러)로 계산하면 8조 원이다.

이 돈은 이자를 내야 하고 거치기간이 끝난 후에는 원금도 갚아야 한다. 그러니 국가나 국민이 부담하는 돈은 아니다. 그리고 외자나 내자나 자금을 얻기 위해서는—자기자금으로 30% 이상을 확보한다는 확인을 은행으로부터 받도록 제도화했는데—절차가 매우 엄격하고 까다로워서 이 절차를 통과하는 데 무척 힘들었다는 후일담이 많다. 즉 자기자금 없이는 (C)를 쓸 수 없도록 규제를 했다는 뜻이다. 중화학공업기지에 입주하는 기업들을 재정상 건실하게 하기 위한 조치였다.

㈜ : 그 절차에 대해 간략하게 설명하자면, 사업추진체에서 자금을 신청하면 상공부나 건설부에서 검토하고 난 후—중화학공업추진계획단에 설치된—차관보회의에 상정한다. 차관보회의에서 통과되면 경제각료회의를 거쳐 총리와 대통령에게 보고된 후 국민투자기금 관리은행인 산업은행에 통보된다. 산업은행에서는 자기자금 30%가 확보된다는 검증을 하고 난 후 융자를 하게 된다.

1973년부터 시작된 중화학공업화 정책사업은 큰 성과를 거두었다. 이 사업을 추진하기 위해 투입된 금액(1973~79년)은 이미 설명한 대로 내외자 합쳐서 약 80억 달러이다. 그렇다면 중화학공업화 사업이 과잉투자냐 아니냐를 따지려면, 먼저 '80억 달러의 투자에 대한 성과'

부터 평가하는 것이 순리가 아니겠는가.

또한 '만약 그 때 중화학공업화 정책을 추진하지 않았다면 우리 나라가 선진 공업국에 진입하는 시기를 놓치지는 않았겠는가?'를 생각해야 할 것이 아닌가.

그런데 아무 근거도 없이 덮어놓고 중화학공업화 정책을 과잉투자라고 비난한다면, 이는 중화학공업을 이론적으로 평가하려는 순수한 목적보다는 "박정희 행정부는, 불필요하게 또는 비효율적으로 국가재원을 낭비한, 행정적 정치적인 결함이 있는 정부"라는 여론을 만들어 내기 위한 의도적인 목적이라 생각할 수밖에 없다.

2 중복투자 문제

1) 중화학공업화 정책의 기본이념은 '임팩트 폴리시'의 적용이다. 모든 업종을 일시에 육성하는 것이 아니라 국가적 견지에서 꼭 필요한, 그리고 실천 가능한 선발 업종을 몇 개 선정해서 중점적으로 육성한다는 것이다. 이때 선정된 업종이 '①종합제철 ②석유화학 ③기계공업 ④전자공업 ⑤조선공업 ⑥비철금속'의 6개 업종이다.

2) 그 육성 방안은 낙후된 이들 중화학공업 업종을 최단시일 내에 국제규모화함으로써 국제경쟁력을 갖춘 후 수출화한다는 것이었다. 이를 위해서 각 업종별로 공업기지(工業基地)를 조성해서 입주시키기로 했다. 소위 블록(Block) 개념이다. 이런 원칙하에서 포항, 여천, 창원, 구미, 울산(미포) 및 거제도, 온산의 6개 공업기지가 탄생되었다.

3) 공업기지에 입주하게 되는 공장은 최종제품별로 한 공장씩만 건설한다. 즉 처음부터 중복투자는 하지 않는다는 원칙이다. 그리고 국제규모가 된 후에는 경쟁체제로 간다. 한 예로 종합제철은 연간 300만 톤의 철강 생산능력을 가져야 국제규모가 되는데, 초기 용광로의 능력은 105만 톤이었다. 그래서 300만 톤까지는 독점을 허용하면서 포항제철 한 공장만 확장시키고 국제규모가 된 후에는 곧 제2 종합제철을 건설해서 경쟁체제로 간다는 뜻이었다. 석유화학도 똑같은 개념이다. 제1의 울산 석유화학 공장은 10만 톤 규모였는데 당시 국제 규모는 30만 톤이었다. 그래서 울산공장은 계속 확장해나가기로 하고 별도로 여천

(麗川)에 국제규모 공장을 35만 톤 규모로 신설하게 됐다. 창원 기계공업기지도 똑같은 개념하에서 추진되어 나갔다. 그 예로 발전소 제작공장이나 345(34만 5,000볼트) 변압기(變壓器) 공장도 한 공장만 건설했으니 중복투자란 있을 수 없다.

그런데 전두환 행정부는,

① 발전설비의 중복투자 문제를 들고 나왔다.
―나의 답변: 현재까지도 발전설비를 제작할 수 있는 공장은 전국에서 창원공업기지 내에 위치하는 (주) 한라중공업(현 (주) 두산중공업) 한 곳밖에 없다. 그렇다면 중복투자라는 말은 발전설비에 관해서는 해당이 안 된다. (그런데 왜 그랬을까?)

② 345변압기 공장 건설이 중복투자라고 했다.
―나의 답변: 당시 345변압기라는 대형 변압기는 국내에서는 생산할 수 없었다. 더욱이 변압기는 출고하기 전에 꼭 엄격한 시험을 거쳐야 하는데 대용량의 변압기를 시험할 수 있는 장비를 설치하자면―일개 민간기업으로서는 담당할 수 없을 정도의―막대한 비용이 소요된다. 그래서 정부에서는 창원공업기지 내에 정부예산으로 전기시험연구소를 건설하기로 방침을 세우고, 동시에 대용량의 변전설비 제조공장을 창원공업기지 내에 건설토록 했다. 현재도 일반용 대형 변압기 제조공장은 (주) 효성중공업 한 곳뿐이니 중복투자가 아니다.

③ 35만 톤 규모의 여수석유화학도 중복투자라고 했는데, 석유화학제품의 수요가 늘어 생산이 따라가지 못하자 잠잠해졌다. 그리고 노태우

행정부 때 석유화학 증설을 자유화함으로써 한때 엄청난 과잉상태가 되기도 했다. 현재 우리 나라의 석유화학은 연간 600만 톤을 생산하는 세계 4~5위의 생산국이 됐다. 35만 톤의 여수석유화학 건설을 갖고 과잉투자라고 하던 시절이 오히려 낯간지럽다.

④ 자동차 공장도 중복투자라고 들고 나왔다.

―그런데 자동차 3사(현대, 기아, 대우)는 중화학공업 정책추진 이전부터 이미 존재하던 공장으로서, 공장입지도 6개의 중화학공업기지 내에 존재하지 않으며 중화학공업화 육성자금도 투여한 바 없다. 그러니 중화학공업에 빗대어 운운할 문제가 아닌 것이다. 더욱이 전두환 대통령과 노태우 대통령은 12.12 사태를 함께 거사한 동료지간이다. 그런데 노태우 정권 때 자동차 분야를 자유화했다. 그래서 자동차 생산업체는 9개로 늘어났다.

㊟ : 국내 자동차 생산업체―㉠현대자동차 ㉡현대정공 ㉢기아자동차 ㉣아세아자동차 ㉤대우자동차 ㉥대우중공업 ㉦쌍용자동차 ㉧삼성자동차 ㉨삼성중공업.

몇 년도 못 가서 '석유화학이나 자동차 공장을 자유화' 할 바에야 애당초 중복투자 문제는 거론하지 말았어야 했을 것 아닌가?

▶3 중화학공업 정책 시비가 초래한 악영향

1 박정희 대통령 시대의 자동차공업 정책

자동차공업의 예를 들기로 한다. 우리 나라의 본격적인 자동차공업 발전의 시발점은, 1973년 1월에 있었던 박 대통령의 중화학공업화 정책 선언으로부터이다. 이때 박 대통령은 "1980년대 초에 연간 50만 대의 자동차를 생산할 것이며 자동차산업을 수출화하라"는 지시를 내렸다. 이로부터 8개월 후인 1973년 9월 6일에는 '자동차공업 육성에 대한 대통령 지시각서'가 하달되었는데, 바로 이 지시각서가 우리 나라 자동차산업의 생산체제를 확정시키며 아울러 자동차공업이 획기적으로 발전하게 되는 결정적 역할을 하게 된다.

자동차공업 육성에 대한 대통령 지시각서

대 통 령 비 서 실
대비경(이) 310. 5-19
1973. 9. 6.
수 신 : 수신처 참조
제 목 : 자동차공업 육성에 대한 지시

자동차공업은 기계, 철강 및 화학공업 등 관련산업에의 파급효과가 큰 종합공업으로서, 우리가 목적하는 중화학공업화의 선도적 역할을 할 수 있는 공업입니다.

따라서 자동차공업의 육성으로, 앞으로의 중화학공업화에 따른 수송수단의 원활한 공급은 물론, 광범위한 관련산업의 육성을 유발하여, 80년대의 고도성장의 주역을 담당토록 해야 할 것입니다.

자동차공업은 광범위한 시설투자와 전문적 생산기술을 필요로 하므로, 제한된 자원에 대한 시설의 중복을 피하며, 관련산업의 유기적 참여로 전근대적 생산형태를 탈피하여, 개개 공장의 근대화를 기하며, 경제적 양산 체제를 확립하여, 국제경쟁력 있는 자동차공업으로의 육성을 기해야 할 것입니다.

우리 나라 자동차공업은 과거 10년간, 국산화 및 생산기술면에서 많은 진전을 가져왔으나, 아직도 해결해야 할 많은 문제점을 가지고 있으므로, 이에 자동차공업의 중요성을 감안하여, 자동차공업 육성을 위한 다음 사항을 지시하니, 이의 시행에 만전을 기하기 바랍니다.

① 자동차공업은 1975년 말까지 완전 국산화한다는 목표하에, 이를 위한 구체적 육성계획을 작성하여 추진할 것.

② 차종 및 차형은 경제개발 목적에 부합되도록 조정 단순화할 것. 자동차로 인해 매년 증가되는 유류 소비의 절약을 기하고, 비생산적 차량수요를 억제하며, 제도상의 육성체제를 정비하고, 빈번한 모델변경이 없는 경제적 차량을 양산토록 할 것.

③ 자동차공업은, 부품생산과 조립생산 부분으로 분리해서 육성하되, 조립공장은 더 이상 외자합작이나 신설함이 없이, 기존공장을 중심으로 육성하고, 생산체제의 합리적 재편성 방안을 강구할 것.

④ 부품공장은 조립공장별로 난립 건설하지 말 것이며, 공급규격의 부품

을 전문적으로 생산할 수 있는 국제규격의 공장을 합병, 공동투자 또는 외국과의 합작으로 건설하여, 수출할 수 있는 우수부품을 생산토록 할 것. 공장 입지는 가급적 창원기계공업기지 내에 건설토록 할 것. 끝.
대통령 지시에 의하여

대 통 령 비 서 실 장
수신처 : 국무총리, 경제기획원장관, 재무부장관, 상공부장관
사본배부처 : 경제제1수석비서관

㊟ : 이 지시각서에서 대비경(이)라는 것은 '대통령비서실 경제 제2수석비서관실'이라는 뜻이다. 중화학공업의 중요한 분야를 차지하는 자동차공업 육성은 박 대통령이 직접 관장하기로 했고, 이에 따라 그 담당부서를 경제 제2수석비서관실로 정했다는 뜻이다. 본 지시각서는 내가 직접 기안했다.

이 지시 각서를 보면, 박 대통령의 자동차공업 육성전략과 추진방안은 아주 명확하다. ③항을 보면, '자동차공업은 부품생산과 조립생산을 분리해서 육성하라'고 지시했다. 〈도표 Ⅶ-2〉를 보면, 그 개념을 잘 알 수 있는데 조립공장과 부품생산업체를 수평 관계로 계열화하라는 뜻이다. 또한 박 대통령은 '조립공장은 더 이상 신설함이 없이 기존 공장을 중심으로 육성하라'고 지시하고 있다. ④항에서 '자동차공업 육성은 부품공업 육성에 중점을 두되 국제규모화하고 수출화하라. 그러기 위해서는 부품공장을 난립시키지 말 것이고, 이들 공장은 창원공업기지 내에 입주시킬 것이며, 정부에서 적극 지원하라'고 지시하고 있다.

■ 도표 Ⅵ-2
자동차 부품공업 수평계열화 체제

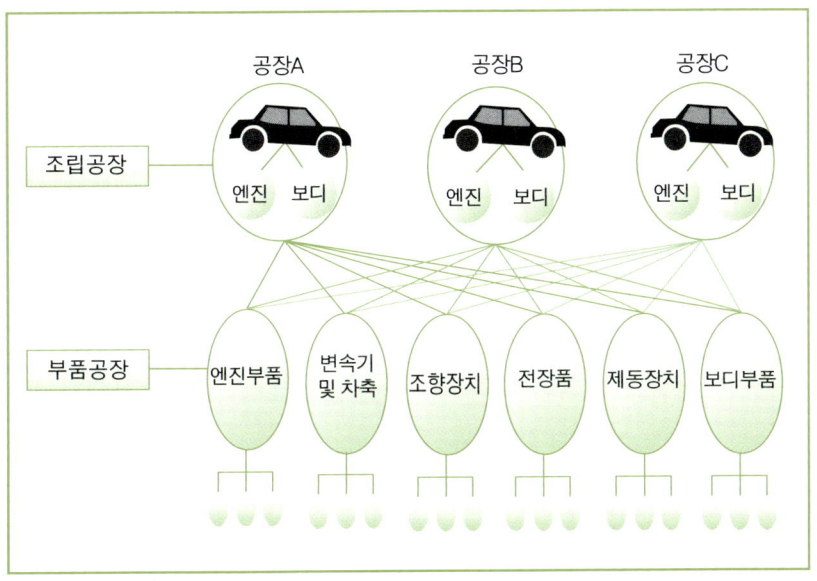

그 후 정부는 자동차 부품공장도 한 품종당 한 개 공장씩만 창원공업기지에 입주시켜 국제규모화하고 수출할 수 있도록 육성해 나갔다. 이 지시문을 보면, 박 대통령은 중복투자나 과잉투자는 하지 말라는 강력한 명령을 내렸고, 정부는 이 명령대로 시행했다는 것을 잘 이해할 수 있다.

심지어 당시 승용차 생산업체로서는 현대, 대우, 기아, 아세아 등 4개의 자동차업체가 있었는데—Fiat를 생산하던 (주)아세아자동차를 군용차량전문 생산업체로 개편하는 동시에—(주)기아자동차로 하여금 운영하게 함으로써 자동차 생산 4개 업체를 3사 체제로 개편했다.

이러한 정책하에서 우리 나라의 자동차 생산은 1976년부터 급격히 늘어가고 수출도 마침내 시작되었다. 〈도표 Ⅵ-3〉을 보면 자동차공업이 79년까지 급신장한 것을 알 수 있다.

■ 도표 Ⅵ-3
우리 나라 자동차 생산 및 수출실적

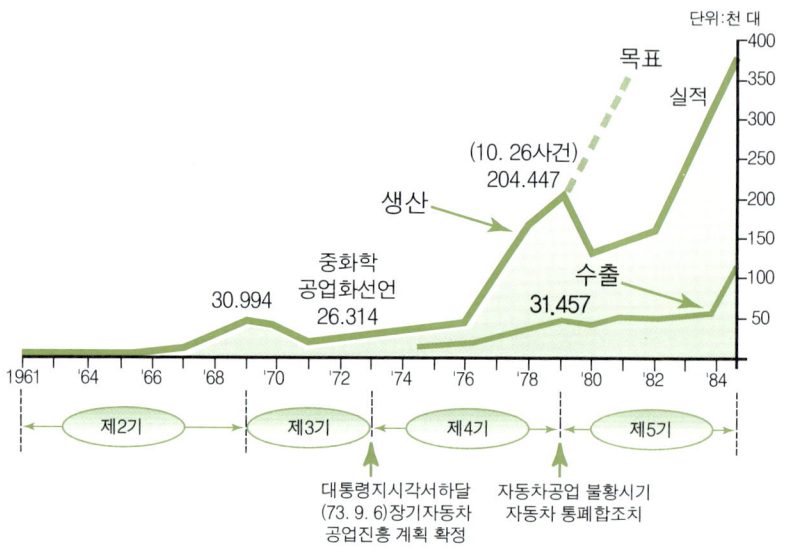

1977년도의 생산 대수가 8만 5,210대(72% 증가), 78년에는 15만 8,958대(86.5% 증가), 79년도에는 28.6% 성장해서 20만 4,447대를 생산했다. 3년간의 평균 증가율은 무려 62.4%에 이른다.

우리 나라의 자동차산업은 문자 그대로 대호황을 맞고 있을 때이다. 이대로 나간다면 2~3년 내에 박 대통령이 중화학공업 정책 선언 때 약속한 대로 연산 50만 대 생산은 낙관할 수 있었다. 이런 시기에 박 대통령이 서거(1979년 10월 26일)했다.

2 전두환 행정부 집권 후 자동차정책 돌변

1980년 8월 19일 국가보위비상대책위원회에서는 중화학공업에 대해 과잉투자라고 들고 나왔다. 그리고는 중화학공업화 정책을 과거정권의 엄청난 실책으로 몰고 간 후, '발전설비 및 자동차 분야 통합을 위한 투자조정'이라는 것을 발표했다.

소위 '중화학공업의 통폐합' 작업이 시작된 것이다. 전(全) 정권은 모든 문제를 '통폐합'으로 해결코자 했다. 언론기관 통폐합, 중화학공업 통폐합, 연구기관 통폐합 등 줄을 이었다. '과거 뜯어고치기 작전', 즉 '과거와의 단절' 작업이 진행된 것이다. 문자 그대로 상식을 초월하는 비상대책이었다. 발표문에서는 자동차공업에 관해 다음과 같은 내용이 있다. 원문대로 옮겨 보자.

① '투자조정' 발표문의 내용

①항 : 협소한 내수시장에 비해 제조업체 난립
　　　생산능력 : 35만 대
　　　80년 내수전망 : 11만 대(능력대비 34%), 5개사 과당경쟁으로 투자의
　　　　　　　　　　비효율화

과거 정권의 잘못으로 자동차업체를 난립시켜 5개의 자동차 공장이 생겨났다는 것이고, 80년도의 수요가 11만 대뿐인데 생산능력을 35만

대나 되게 과잉투자시킨 결과, 생산능력에 비해 34% 정도밖에 가동시킬 수 없다는 것이었다(㈜ : 자동차 5사—현대, 대우, 기아, 아세아, 동아).

> ②항 : 국내 자동차 업체의 최근현황
> 가동률 저하로 유급유휴(有給遊休) 인원 과다발생 : 4만 4,300명
> 재고자산 : 870억 원

자동차업체의 최근 현황은 유휴 인원(주로 생산직 근로자)이 4만 4,300명이나 발생했고, 재고가 늘어 870억 원이나 되었다는 것이다.

> ③항 : 승용차 경제생산단위 미달로 경쟁력 약화
> 경제생산단위 : 30만대/연(年) (현대 11.6만 대, 새한 7.3만 대, 기아 4.6만 대, 계 23.5만 대)

국제경쟁력이 없기 때문에 수출도 안 된다는 이야기인데, 국제경쟁단위는 승용차에 있어서는 연간 30만 대이다. 현대, 새한(대우), 기아 3사 모두 국제단위에 못 미칠 뿐 아니라, 3사를 모두 합쳐도 23.5만 대로 이것조차 국제단위가 되지 못한다는 것이다. 그러니 승용차 공장을 모두 합쳐서(즉 통합을 해서) 한 공장으로 만들면 국제경쟁단위가 된다는 것이고, 국제경쟁력도 생겨난다는 이론이 도출된 것이다.

그래서 조치내용은 다음과 같다.

> ④항 : 자동차공업 분야에 있어서는 기존 현대자동차와 새한(대우)자동차를 1개 법인으로 통합(합병)하여 현대그룹이 책임지고 경영토록 하며, 기아산업에 대하여는 중차량생산 전문업체로 육성한다.

② 통폐합조치의 비현실성

제④항의 통폐합조치는 자동차 업계의 불황을 타개하는 데 아무런 도움이 되지 못했을 뿐 아니라, 오히려 업계를 혼란시켜 더욱 곤경에 처하게 했다. 생각해 보자.

새한(대우)자동차는 GM과의 50 : 50 합작회사이며, GM이 원하는 차량(소위 World Car)을 만들어 판매하려고 할 것이다. GM의 의사도 무시한 채, 정부가 현대와 통합하라는 강제지시를 내려보았자 통할 리가 없다. 현대와 새한(대우)의 자동차 생산시설은 각기 달라서 현대는 현대 모델의 차를 생산하는 전용시설이며, 새한(대우)은 GM 모델차를 생산하게끔 설비가 되어 있다. 통합해 보았자 생산되어 나오는 차는 한 가지 차종이 아니고 현대차와 GM차 두 종류가 나올 수밖에 없게 되어 있다.

더욱이, 대우와 손을 끊고 현대와 합하라는 정부 지시가 GM에 먹혀들어갈 리가 없다. GM 쪽은 합병회사의 50%를 요구하며 경영권을 주장하고 나섰고, 현대는 25%를 고집했다. 그러니 합쳐질 수 없었다.

③ 통폐합조치 백지화

결국 국보위에서 내린 조치가 실행 불가능하게 되자, 업계는 중병을 앓기 시작했으며, 6개월간 허송세월을 하고 난 후는 빈사상태가 되었다. 1981년 2월 전두환 정부는 '자동차공업의 합리화조치(合理化措置)'라는 것을 발표하게 되는데 어휘만 '합리화조치'였다.

그 요점은, 현대와 새한(대우)은 도저히 통합할 수 없기 때문에 자동차 통합조치를 해제한다는 것이다. 이로써 현대와 새한(대우)은 자동차 통폐합의 굴레에서 일찍 벗어날 수 있어 큰 다행이었다. 더구나 '통폐합조치'로 기아는 승용차를 못 만들게 됐으니, 기아에서 승용차를 생산하던 몫까지도 현대와 새한(대우)으로 돌아가 손해 볼 것은 없었고, 트럭이나 버스도 생산할 수 있게 됐다.

기아 몫으로 남은 것은 중소형 버스나 중소형 트럭뿐이었다. 그러니 '통폐합조치'와 '합리화조치'로 기아만 억울하게 되었다. 기아 쪽에서 생각하면 승용차를 만들지 말라는 것은 승용차 생산시설은 가동하지 말라는 뜻이 된다. 그럼 여기서 일하던 직원은 무엇을 하라는 것이고, 또한 여기에 부속품을 납품하던 업자는 어떻게 하라는 뜻인지 그것 또한 알 수가 없었다.

이렇듯 자동차통폐합조치 파동으로 가장 큰 곤욕을 당한 것은 기아였다. 이런 와중에 기아 대주주인 김상문 회장(창업주 김철호 사장의 장남)은 기아자동차에서 손을 떼게 되었고, 주인이 없어진 기아의 경영 책임자로서 김선홍 상무가 사장으로 선출됐다.

3 자동차 생산의 회복

승용차 생산은 1979년 11만 2,314대에서 80년에는 5만 5,926대로 50%나 감소하였는데, 자동차통폐합 문제가 해소되고 사회 불안이 차차 가시자, 수요는 조금씩 회복되어 갔다. 81년에는 6만 6,602대로(전년대비 19.1%) 증가했고, 82년에는 9만 3,451대로(전년대비 40.3%), 83년에는 12만 557대로 늘어나, 79년 수준을 회복하게 된다. 결국 시간만 4년간을 낭비했다는 결론이다. 수출은 79년에 3만 1,457대였는데 84년도에 가서야 이 수준을 회복한다. 약 5년간 허송세월을 한 것이다.

기아는 승용차 생산은 못했으나, 종업원들이 일치단결해서 회사 재건에 나섰다. 그리고 봉고승합차를 세상에 내놓았다. 봉고승합차는 12

인승에 디젤엔진차라 세금도 쌌으며 기름값도 쌌다. 당시 국민의 시대적 욕구를 충족시키는 신형 차종이었다. 그래서 판매량이 늘어갔다. 81년 말에 선을 보였는데, 81년에 1,022대가 팔렸고, 82년에는 1만 1,311대, 83년에는 1만 7,141대를 판매했으며, 수요는 계속 늘어나 87년에는 3만 464대를 생산했다. 그래서 기아는 회생을 하게 된다. 세상에서는 기아의 '봉고차 신화'라고 했다. 1987년 1월에는 자동차 생산 자유화 조치가 취해졌다. 자동차업체의 차종규제가 철폐된 것이다. 이에 따라 기아는 승용차 생산을 재개했다. 87년에 9만 5,532대, 88년에는 13만 3,602대, 89년에는 18만 2,332대로 급상승한다.

이렇게 해서 자동차회사는 자동차공업의 통폐합이라는 악몽의 터널에서 벗어났다. 자동차 회사가 회생하니, 자동차 부품공업계도 활기를 띠기 시작했다. 자동차 생산이 늘어가니 모든 문제가 해결되었던 것이다. 현대, 기아, 새한(대우), 아세아자동차 등 국내의 자동차 회사는 실질적으로는 통폐합조치를 경험한 적은 없다. 그러니 '자동차 통폐합 조치'라는 것은 말만 요란했을 뿐 실행 한 번 못하고 슬그머니 소멸되었다는 결론밖에 나오지 않는다. 더욱이 언제, 어떻게, 무슨 이유로 폐지했다는 발표도 없으니, 폐지한 날짜를 아는 사람도 없다. 하물며 누구의 발상이었는지, 했다는 사람이 없으니 책임질 사람도 없다.

4 자동차 통폐합이 안겨 준 국민에 대한 피해

내가 1993년 중반 회고록을 쓰기 위해 자동차공업 협동조합을 방문했을 때 발견한 서류가 있었다. 자동차 통폐합 문제로 고통을 당하고 있는 업계의 실태를 상공부와 협동조합이 공동으로 조사한 후 그 결과를 전두환 대통령에게 보고한 내용이다. 꼭 조선시대의 상소문(上疏文)과도 같은 느낌이 들었다.

1981년 하반기에 작성된 것으로 그 제목은 '자동차공업을 지금 육성시켜야 할 필요성'으로 되어 있다. 지금 당장 응급조치를 취하지 않으면, 자동차업계는 붕괴해 버린다는 경고문이기도 했다.

그 내용을 내가 풀이해 보면 이렇다.

"전 대통령 각하! 지금 우리 나라의 자동차업계는 빈사상태에 놓여 있습니다. 정치적 회오리바람으로 자동차 수요가 급감했으며, 일감이 줄어드니 업계의 경영상태는 10·26 사태 후 악화일로에 있습니다. 앞으로 6개월이 고비라고 보여지는데, 가만히 내버려두면 완전 붕괴할 것으로 예측됩니다. 자동차 조립 회사의 경우는 현재 가동률이 35% 정도입니다. 금년(1981) 상반기 적자폭은 3사 합해서 231억 원이 되었는데, 이 손실은 자본금의 약 30%에 해당합니다. 하반기에는 적자폭이 더욱 클 것으로 예상되는 바, 이렇게 되면 각 회사는 자본금을 완전히 까먹은 회사가 돼 버립니다. 즉 완전 부실기업체가 되어 버리게 되니, 그 뒤치다꺼리는 국민의 세금으로 할 수밖에 없게 됩니다. 부품업계도 똑같은 양상입니다.

부품회사는 자동차 조립업체와 공동운명체이며, 독자적 자활능력은 없게 마련입니다. 지금 완성차 계열업체는 약 500개가 됩니다만, 완성차에 공급하는 비율이 57%나 됩니다. 나머지 43% 중 5.6%만이 수출이 되고 있는 실정입니다. 자동차 판매 대수가 급격히 감소하니 부품업체도 막심한 타격을 받아 현재 가동률은 39%로 붕괴 직전에 있습니다.

대통령 각하! 이번 조사 때 자동차 부품공장을 둘러보았습니다만 비참해서 볼 수가 없었습니다. 일감이 없으니 종업원들은 처음에는 기계 손질을 하고 청소를 했다고 합니다. 그런데 지금은 할 일이 없으니 환경미화 작업을 하고 있습니다. 일류 기술자가 잔디를 깎고 있었습니다. 정신 훈화도 해 보았지만 그것도 하루 이틀이어야지요. 종업원들은 잔디 깎는 것보다는 철야작업할 때가 정신적 고통이 덜했다고 합니다. 기업주도 생산을 못하면서 은행 빚을 내다가 잔디 깎는 사람에게 비싼 노임을 주고 있으니, 그 고통이란 자기 살을 깎는 것 같다고 합니다. 부품업체 중에는 부도가 난 회사도 수두룩합니다. 빚쟁이한테 몰려서 도망 중인 사람도 있었습니다. 팔려고 내놓아도 살 사람이 없습니다. 이대로 내버려 두면, 우리 나라 자동차공업은 6개월이 못 가서 붕괴할 것이 확실합니다. 만에 하나라도 자동차공업이 붕괴하면, 우리 나라 경제계에 치명적인 타격을 줄 것입니다.

우선 세수(歲收)만 보더라도 1,300억 원이 감소됩니다. 국내에서 자동차의 생산이 안 되면, 외국에서 자동차를 수입해다 쓸 수밖에 없는데, 연간 약 3억 달러가 소요될 것입니다. 자동차공업의 붕괴로 우리 나라의 기계, 철강, 화학, 전자공업 등도 위축될 것은 뻔한 사실이 아니겠습니까? 자동차 부품공업도 소멸될 것입니다. 부품공업 중 약 10% 정도만이 다른 업종으로 소생이 가능하다고 판단됩니다. 실업자도 10만 명 이상이 될 것입니다. 사회적으로 큰 문제가 야기될 것입니다. 이미 투자한 시설도 1조 원 이상이 되는데, 유휴시설화될 것입니다.

지금까지 전세계에서 일본 자동차가 판을 치고 있지만, 우리 나라만이 일본 차의 침입을 당하지 않고 있어 큰 자랑거리였습니다. 그러나 곧, 일본차의 홍수가 밀어닥칠 것이 뻔합니다. 그것도 5공화국 때에 와서 이런 결과가 초래되었다면, 각하의 치적에도 큰 흠집이 될 것입니다. 그리고 국민 대중에게 값싼 자동차를 공급하겠다는 꿈도 사라지게 됩니다.

현재 우리 나라의 자동차업계의 경영상태는 최악의 위기 상태입니다만, 현 상태를 그대로 유지하는 정책을 쓴다고 한다면, 그것은 위급환자를 치유하려고 하지 않고 위급상태로 내버려두겠다는 것과 같습니다. 세계적으로 1982~85년은 자동차공업의 일대 재편성 시대라는 것이 외국전문가의 견해입니다. 이에 발맞춰 가려면, 우리 나라도 모델이나 생산체제를 개체해야 되겠습니다. 신기술의 도입도 해야 하고, 새로운 시설을 하기 위한 차관도입도 해야 할 시기입니다. 이러한 중요한 시기에 장래를 대비하는 모든 활동이 중단된다면, 우리 나라의 자동차공업은 후퇴할 수밖에 없게 됩니다.

대통령 각하! 우리 나라의 자동차공업을 이대로 내버려두면 붕괴해 버리고 맙니다. 그리고 다시는 소생하기 힘들어집니다. 이렇게 되면 후세에 죄를 짓게 됩니다. 대통령 각하! 진심으로 호소합니다. 자동차공업을 죽음에서 구하여 주십시오!"

이상이 자동차 통폐합이 자동차업계, 나아가서는 전국민에게 안겨준 참담했던 실상이었다. 너무나 애절해서 눈물이 났다. 꼭 물에 빠져 빈사상태가 된 사람이 최후의 힘을 다해 구원요청을 하는 것과 같았다. 자동차산업 과잉투자 문제 내지는 자동차 통폐합 문제는 꼭 악몽과 같은 사태였다. 우리 나라 자동차산업에 끼친 피해가 막심했다.

자동차공업발전사(史)의 관점에서 보면 아주 중요한 시기에 4~5년이라는 세월을 낭비하게 했고, 자동차 조립업체나 부품생산업체에 대해서는 폐업, 휴업 또는 물질적 금전적으로 막대한 손실을 발생케 했고, 근로자에 대한 물적, 심적 손실과 고통은 말로 표현하기조차 힘들 정도였다.

이런 정책이 우리 나라에서 또 다시 재발되지 않기를 간절히 바라면서 이 글을 쓴다.

제 2 장
IMF 외환위기의 발생 및 해소

 IMF 외환위기 발생

1 IMF 긴급지원 요청

 김영삼 정부 임기 말인 1997년 11월, 우리 나라에서 'IMF 외환위기 사태'가 발생했다. 외환이 부족해서 외환채무(外換債務)를 결제할 수 없는 위기 상태에 빠지게 된 것이다. 대한민국이 파산 직전이 됐다는 뜻이다. IMF의 지원 요청을 결정할 때까지 숨가쁘게 진행된 5일간의 상황을 정리해 본다.

■ 1997년 11월 18일
 김인호 청와대 경제수석은 기자들과 만나 경제 당면과제인 외환위기 및 금융시장 안정에 관해 의견을 나눴다. 김 수석은 이 자리에서 IMF에 대한 구제금융 지원요청은, 정부가 19일 발표하는 금융시장 안정대책에 대한 해외의 반응을 보고 검토할 문제라는 입장을 밝혔다.

"강경식 경제부총리가 사의를 표명했다는데?"라고 묻는 기자의 질문에는 "확인된 바 없다. 현재 경제팀 어느 누구도 하고 싶어하는 사람은 없다. 현재의 상황에서 더 잘할 수 있는 사람이 있다면 누구라도 들어왔으면 좋겠다"고 밝혔으며, "국가적인 위기상황인데 대통령이 긴급명령권을 발동, 금융개혁법안을 추진할 수는 없는가"라고 묻는 질문에 대해서는 "법안이 국회에 제출되어 있는 상황에서 그럴 수는 없다고 본다"고 답변했다.

1997년 11월 19일

김영삼 대통령은, 언론에서 외환위기와 정책부재에 대해 집중 비난하고 금융위기에 대해 집중 보도하는 등 사태가 악화되자, 결국 강경식 부총리—김인호 경제수석 경제팀 체제를 임창렬 부총리—김영섭 경제수석 체제로 서둘러 물갈이를 하게 된다.

강경식 전 부총리는 이날 이임식에서 "우리 경제는 경제성장률 6%, 물가상승률 4%, 경상수지적자 140억 달러 등으로 기초 여건이 매우 건실하다"고 밝혀 펀더멘털(㈜ : fundamental, 우리말로는 기초경제여건이라고 풀이할 수 있으며, 보통 경제성장률, 물가상승률, 재정수지, 경상수지, 외환보유고 등과 같은 거시 경제지표들을 가리킨다)이 좋다는 종전 입장을 고수하면서 "금융개혁과 우리 경제의 구조조정을 가로막는 장애물을 제거하는 데 전력을 다해주기 바란다"고 당부하면서 금융개혁법안에 대한 강한 집착을 표시했다.

즉 강 전 부총리는 "우리 경제의 '펀더멘털'은 양호하기 때문에 현재 국회에 상정중인 금융개혁법만 통과되었더라면 IMF에 대한 지원 요청은 필요 없을 수도 있다"는 견해를 갖고 있었다. 신임 임창렬 부총리는 당초 19일 오후 5시로 예정됐던 취임식을 3시로 앞당기고 4시 30분 집무실에서 긴급 경제장관 간담회를 갖고, 곧이어 금융시장 안정대책을 발표하는 등 금융위기 파문을 줄이기 위해 초고속으로 대응하게 된다.

1997년 11월 21일

김영삼 대통령은 21일 오전 청와대에서 비상경제대책 자문위원회 1차 회의를 주재하고 자문위원들로부터 경제난 극복에 대한 의견을 들었다. 이날 회의에서 자문위원들은 당면한 외환위기를 극복하기 위해서는 IMF(국제통화기금)의 구제금융이 필요하다는 점과 정상외교를 통해 국제적 협력을 이끌어 내야 한다는 점을 강조했다.

1997년 11월 22일

오후 3시 30분쯤 기자간담회 자리에서 "2~3일 안에 IMF 자금지원 여부를 결정하겠다"고 했던 임창렬 부총리 겸 재정경제원장은, 당초 발언과는 달리 3시간도 못 된 오후 6시쯤 "오늘밤 10시에 기자회견을 준비하라"고 지시했다. 그러고는 이날 야간 회의에서 IMF에 유동성 조절 자금지원을 확정하였다. 이로써 우리 나라는 'IMF의 신탁통치' 시대로 접어들게 된다. 한마디로 '빚잔치'가 시작된 것이다.

긴급기자회견과 긴급구제금융 요청

이 당시 재경원 내부 의견 : 임기 말에 IMF로부터 수렴청정을 당하는 치욕을 피하려고 했던 김영삼 대통령이—그나마 기대했던 미국 및 일본으로부터 긴급차입이 양국 정부의 반대로 무산되자—결국 IMF 외에는 달리 길이 없다는 판단을 뒤늦게 내려 심야 기자회견이 결정됐다. 김영삼 대통령이 단독으로 자금지원 요청을 결정할 경우, 모든 책임을 뒤집어쓰는만큼 주요 대통령 후보의 추인을 받아야 하는 데다 미국측도 자금지원 조건으로 IMF와 약정하게 될 각종 구조개선 프로그램을 차기 대통령이 수용해야 한다는 입장을 전했을 것으로 해석했다.

또한 임 부총리가 하필이면 21일 밤 10시에 긴급기자회견을 개최하게 된 이유는 무엇일까. 무엇보다도 IMF가 있는 미국 워싱턴과의 시차 때문이며, 임 부총리가 직접 전화로 자금지원을 요청하는 의전절차를 거쳐야 하는만큼 캉드쉬 IMF 총재가 출근하는 현지의 오전 시각을 골랐을 것이다. 대외적으로는 22일 오전 10시로 예정된 대통령담화문을 통해 발표하는 것이 대국민 호소력이 있지만, 이럴 경우 미국 시각으로는 주말 밤인만큼 적절하지 않다는 판단 때문에 이같이 심야 기자회견을 갖게 됐다.

IMF측은 몇 주일 전부터 한국이 긴급구제금융을 신청할 것에 대비하여 조사단원을 미리 내정하는 등 철저한 대비를 하고 있었기 때문에, 한국정부가 공식적으로 지원을 요청하자마자 부국장급을 단장으로 하는 6~7명 안팎의 전문가를 급파했다.

한국경제의 국제적 신임은 급속히 저하되었다. 주가와 통화(원) 가치가 폭락했으며 외자(外資)가 빠져나감으로써 보유외화는 바닥이 났고, 대외채무의 반제(返濟)가 불가능해져 결국 IMF에 긴급지원 요청을 하게 되었다.

지원금액은 최종적으로 IMF 210억 달러, 세계은행 100억 달러, 아시아개발은행 40억 달러, 일본 100억 달러, 미국 50억 달러, 영국·독일·프랑스 등 11개국 83.5억 달러 등 총 583.5억 달러에 이르렀고 이는 IMF 사상 최대 규모였다. IMF는 자금 지원을 하면서 엄정한 조건을 붙여 경제정책에 전면적으로 개입하여 엄격히 감시하는 수법을 취했다.

한국을 지원하는 조건으로는 '첫째, 경상수지의 흑자화를 꾀하는 일로, 수입 억제, 외화반출 규제, 고금리 정책 등이 요청되었다. 둘째, 경제구조의 개혁을 추진하는 일로 불건전한 금융기관 정리, 재벌 개혁(재무 체질강화, 계열기업 간의 상호채무보증의 금지, 계열기업의 중점 업종으로의 정예화 등), 노동시장 개혁(정리해고제에 의한 노동력의 유동화) 등이 요구되었다. 셋째, 자본의 자유화를 촉진하여 외국인 투자에 유리한 환경을 조성하는 일' 등이었다.

우리 나라는 한국전쟁 이후 최대의 국난(國難)이라고 하는 IMF 비상사태 속에서 국민의 희생을 감내하면서 위기로부터의 탈출을 도모하지 않을 수 없었다. 국내경제계는 생산저하, 기업도산, 실업증대, 물가상승, 마이너스 성장이라는 참으로 어려운 상황이 계속되어 나갔다.

1997년 12월 3일

한편에선 IMF 외환위기 극복을 위해 대대적인 금모으기에 나선다. 내무부는 1997년 12월 30일 전국 시-도 부시장-부지사 회의를 열고, 주택은행과 (주)대우, 고려아연, 새마을운동중앙연합회, 전국소비자보호단체협의회, 귀금속업계 등과 함께 '장롱 속 금모으기 국민운동'을 추진해 나가기로 했다. 1월 5일부터 전국 446개 주택은행 지점에서 금을 접수하기 시작해서 1월 말까지 모두 117여 톤을 모았다. 이 캠페인은 초기에 외국 언론들이 '한국의 국수주의적 경향을 드러내는 이상한 행태'로 보기도 했지만, 시간이 흐르면서 '한국의 저력을 보여주는 단합된 모습'으로 높이 평가됐다.

2 김영삼 대통령 퇴임사

김영삼 대통령은 1998년 2월 20일 오전 청와대 출입기자단과 고별간담회를 가졌다.

"본인은 며칠 뒤면 제 일생에서 가장 영욕이 크게 점철된 청와대를 떠나 상도동으로 돌아간다. 지난 5년간 영광의 시간은 짧았고 고뇌의 시간은 아주 길었다. 특히 IMF 금융지원 체제로 국민 여러분께 큰 고통을 안겨드리게 되어 어떻게 죄송스러운 말씀을 드려야 할지 참으로 안타깝다. 사태가 이렇게 된 책임은 오로지 대통령인 저에게 있으므로 어떠한 책임도 마다하지 않겠다"고 했다.

'외환위기 책임소재'에 대해서는 "경제부총리나 경제수석이나 누가 나라 잘못되는 걸 생각하는 사람이 있겠는가"라고 했다.

"국회 등에서 대통령에 대한 조사를 하게 된다면 응할 생각인가?"라고 질문하자 "지금 내가 얘기한 그대로만 받아들이면 된다. 개별 사안에 대해선 얘기 안 하겠다"고 했다.

마지막으로 소회의 일단을 피력해 달라는 기자의 말에 "대통령 자리는 외롭고 고독한 자리이다. 저녁이 되면 집사람과 둘만 남아……이 얘긴 그만 하죠"라는 말로 쓸쓸히 퇴임사를 마무리했다.

3 김영삼 대통령의 장밋빛 경제개혁과 그 성과

김영삼 대통령은 1993년 취임 직후 '신(新)경제5개년계획'이라는 장밋빛 계획을 발표했다. 1993년 7월 김영삼 대통령은 신5개년계획을 '경제정의 실현을 위한 경제분야 개혁의 청사진'이라고 장담했다. 96년

경제협력개발기구(OECD)에 가입하고, 98년에—1인당 GNP 1만 4,000달러 달성으로—선진 경제권에 진입하고, 물가는 3%대로 억제, 7%의 경제성장, 94년부터 수출증가율 9% 달성, 경상수지는 1994년도부터 흑자로 반전되면서 점진적으로 확대돼 계획기간 말에는 104억 달러에 이른다는 전망을 했다. 그리고 김영삼 정부는 약속한 대로 1996년에 OECD에 가입을 했다.

그런데 퇴임한 해인 1998년도의 GNP는 겨우 7,355 달러로, 취임 전 해인 1992년도의 7,527 달러에도 미치지 못했다. 결국 6년간 허송 세월을 한 것이다. GNP 1만 4,000달러의 꿈도, 약속한 해인 98년보다 6년 후인 2004년에 가서야 비로소 이뤄진다. 이것이 IMF 비상사태로 인한 김영삼 행정부의 성적표였다.

4 김대중 대통령 취임사

1998년 2월 25일 김영삼 행정부는 김대중 행정부로 바뀐다. 새로 취임한 제15대 대통령은 경제문제에 대해서 다음과 같은 취임사를 했다. (요점만 기술)

> **정경유착과 관치금융 때문에**
>
> 우리에게는 불행하게도 이 중차대한 시기에 6·25 이후 최대의 국난이라고 할 수 있는 외환위기가 닥쳐왔습니다. 잘못하다가는 나라가 파산할지도 모를 위기에 우리는 당면해 있습니다. 막대한 부채를 안고, 매일같이 밀려오는 만기외채를 막는 데 급급해하고 있습니다. 참으로 어이없는

일이 아닐 수 없습니다. ……

올 한햇 동안 물가는 오르고 실업은 늘어날 것입니다. 소득은 떨어지고 기업 도산은 속출할 것입니다. 우리 모두는 지금 땀과 눈물을 요구받고 있습니다. 도대체 우리가 어찌해서 이렇게 되었는지 냉정히 돌이켜봐야 합니다.

정치·경제·금융을 이끌어 온 지도자들이 정경유착과 관치금융에 물들지 않았던들, 그리고 대기업들이 경쟁력 없는 기업들을 문어발처럼 거느리지 않았던들 이러한 불행한 일은 일어나지 않았을 것입니다. 잘못은 지도층이 저질러놓고 고통은 죄 없는 국민이 당하는 것을 생각할 때 한없는 아픔과 울분을 금할 수 없습니다. 이러한 파탄의 책임은 국민 앞에 마땅히 밝혀져야 할 것입니다.

경제를 살리기 위해서는 먼저 물가를 잡아야 합니다. 물가안정 없이는 어떠한 경제정책도 성공할 수 없습니다. 대기업과 중소기업을 똑같이 중시하되 대기업은 자율성을 보장하고 중소기업은 집중적으로 지원함으로써 양자가 다같이 발전해 나가도록 하겠습니다. (다음 생략)

IMF 외환위기에 관해서는 ①정치, 경제, 금융을 이끈 지도자들의 정경유착과 관치금융을 나무랐고 ②대기업에 대해서는 경쟁력 없는 기업들을 문어발처럼 거느린 것에 대한 책임을 거론하면서 이런 점들은 국민 앞에 마땅히 밝혀져야 한다고 강조했다.

2. IMF 사태 어떻게 해결할 것인가

1. 한국전쟁 후 최고의 국난

1997년 11월 IMF 신탁통치가 시작되고 난 직후의 우리 나라는 마치 전쟁이 발발해서 우왕좌왕 갈피를 못 잡는 상태였다. 그래서 '한국전쟁 후 최고의 국난(國難)사태'라는 말이 돌았다. 우리 나라를 어떻게 끌고 갈 것인지 정부로서도 방향조차 잡지 못했다. 학계의 반응도 "IMF에 전적으로 의지할 수밖에 없지 않느냐"는 태도였다.

이에 몇몇 신문사가 나섰다. 우리 나라 원로를 위시해서 각계를 대표하는 인사들에게 "IMF 비상사태에서 탈출하자면 어떻게 해야 할 것인가?"라는 의견을 게재하기로 한 것이다.

나에게도 이러한 요청이 왔다. 〈동아일보〉 편집국장으로부터 연락이 왔는데, 박정희 시대의 경제팀에서도 한 마디 해 달라는 것이었다. 제1면에 박스기사로 싣기로 했고 매수는 7~8매라고 했다. 그래서 작성된 것이 '〈특별기고〉 수출에 달렸다'라는 글이다(㈜:다음 박스의 글 참조). 이 글은 원고를 보낸 그날 바로 인쇄되어서 1997년 12월 11일 가판부터 실렸다.

그런데 다음 날 아침 편집국장으로부터 전화가 왔다. "이 글은 신문사 국장회의에서 시기 적절한 좋은 내용이라고 평가되어 가판부터 싣기로 했는데, 부득이한 사정이 생겨서 본판(本版)에서는 뺄 수밖에 없게 됐다" 하고, 미안하다는 말을 몇 번이나 되풀이했다.

박정희 시대의 정책이나 업적에 관계되는 글은 이 정도의 것도 발표할 수 없는 때였다. 그러나 이 글의 취지는 잡지나 강연에서 여러 번 언급되었다.

〈특별기고〉

수출에 달렸다

吳源哲

동아일보 1997.12.11

　현재의 경제 위기는 외화 고갈로부터 시작되었다. 따라서 난국 해결방법은 달러를 벌어들이는 방법밖에 없다. 국제통화기금(IMF)에서 빌려온 돈을 갚아 버리면 문제는 해결되며 또 IMF에서 빌려온 돈을 갚기 전이라도 이를 갚을 수 있다는 능력만 인정받으면 해소된다고 본다.

　63~64년도 우리 나라의 외화보유고는 1억 달러도 못 되었다. 그래서 공업을 수출체제로 개편해서 해결했고, 73~74년도의 석유파동 때는 나라가 파산하는 줄 알았으나 중동진출 작전으로 급한 불을 껐으며, 이러한 사태가 다시는 발생하지 않도록 '100억 달러 수출전략', 즉 '중화학공업의 국제수준화'라는 개혁을 실시했던 것이다.

　이번에도 역시 기본전략은 수출증대이다. 대통령이 직접 매달 수출확대회의를 개최해서 수출의 애로사항을 해결하고 수출에 도움이 되는 모든 지원을 진두 지휘해야 한다.

▶ 국가위기 타개 지름길

　다행히도 지금 우리 나라의 공업구조를 볼 때 정부가 조금만 지원한다면 수출상품화할 분야가 많다. 최근 우리 나라의 환율이 75% 정도 급등했으나 달러로 환산한 노임은 3분의 1이 싸졌다. 따라서 국제경쟁력이 대폭 향상되어 수출에 유리해졌다. 앞으로는 수출가득액이 높은 품목에 정부시책의 임팩트가 가해져야 한다.

정부는 현재의 수출계획보다 가득액 기준으로 매해 100억 달러를 더 수출하는 '수출가득액 100억 달러 증가계획'을 작성해서 강력히 밀고 나가야 한다. 또 현재의 위기를 극복하기 전까지는 임금 인상을 자제해야 한다.

두 번째는 수입대체산업 육성이다. 국산품이 수입품에 비해 품질면에서 뒤지지 않으면 국산품을 사용하도록 해야 한다. 또한 품질면에서 수입상품과 경쟁이 안 되는 품목은 적극적인 기술향상 대책을 실시해야 하며 지금까지 국산화하지 못한 품목도 국산화에 박차를 가해야 한다. 특히 중화학공업제품, 그 중에서도 기계·전자제품에 역점을 두어야 한다. 부가가치가 크기 때문이다. 이런 조치는 중소기업에 일감을 주고 나아가 고용증대와 실업대책에 크게 이바지할 것이다.

▶ 경쟁력 강화의 기회로

세 번째는 소비절약이다. 정부는 '100억 달러 외화소비 절약운동'을 실시해야 한다. 그 첫 번째는 달러소비 액수가 제일 많은 에너지 소비절약인데 모두가 합심하면 당장에 30억~40억 달러의 절약이 가능할 것이다. 그 외에도 소비성 또는 사치성 외화낭비가 심한 분야가 많기 때문에 마음만 먹는다면 100억 달러 절약은 가능하다고 본다.

우리가 1,000억 달러를 수출함에도 불구하고 국제수지가 적자인 것은 정부책임이 가장 크다. 70년대의 공업구조 개편을 끝낸 후 바로 금융부분도 국제수준화했어야 했다. 민족자본이 충분치 않았던 70년대 중화학공업 추진 때에도 기업의 자기자본비율을 30% 이상으로 규제했었다. 그런데 그 후 이런 규제가 느슨해지면서 현재 대부분의 대기업들은 자기자본비율이 10%에도 미치지 못하는 부실기업이 되고 말았다. 어떤 고통을 감수하더라도 이번 기회에 일대 금융개혁을 실시해야 한다.

아울러 정부를 소수정예주의로 개편해야 한다. 물가폭등 기업도산 실업사태 등으로 인해 사회적 불안요인이 가중되는 것을 예방하기 위해서 우선 정부는 진심으로 국민에게 사과하고 용서를 빌어야 한다. 그리고 사회적인 안정을 위해서라도 대통령 긴급명령과 같은 비상사태 선언이 꼭 필요하다. 그리고 '기업주는 근로자를 자식처럼, 근로자는 공장을 내 집 같이' 생각하는 정신을 다시 한번 강조하여 파업만은 피해야 이 난국을 극복할 수 있다.

2 한국경제 회고와 전망-총력 수출만이 살 길

김대중 정부 출범 후 한 달이 지났을 때(1998년 3월) 『월간중앙』의 정재령 편집부장이 찾아와서 IMF 비상사태에 대해 많은 이야기를 나누었다.

"새 정부가 들어섰는데 아직까지 구체적인 정책방향은 마련하지 못한 것 같다. 그래서 『월간중앙』에서 특별기획을 마련하게 됐다. 충분한 지면을 줄 터이니 지면에 구애받지 말고 IMF 비상사태 발생의 원인과 그 대처방안에 대해 원고를 써달라"고 나에게 부탁하면서 "논문에 대해 반대하는 논객의 의견도 함께 게재하겠으니 양해해 달라"고도 했다.

'월간중앙 WIN 1998년 5월호'에 나의 글〈한국경제 회고와 전망, 총력수출만이 살 길〉이 실리게 된 연유이다.

㈜ : ①이 글이 IMF 당시에 쓴 글이기 때문에 당시의 '현재' 시제가 7년이 지난 시점에서 읽는 독자에게 혼란을 빚을 것 같아 부득이하게 'IMF 당시'로 수정하였다. ②글의 내용을 일부 수정·삭제하였다. ③독자의 이해를 돕기 위해 '글의 요지'를 삽입하였다.

월간중앙 WIN 1998년 9월호 특별기고

한국경제 회고와 전망
총력 수출만이 살 길

오원철
전 청와대 경제수석

눈부신 고도성장을 이룩했던 한국경제는 지금까지 중국을 비롯한 아시아 각국의 교과서였다. 그 '한국형 경제건설 모델'이 1997년 한국이 IMF 경제위기를 맞자 심한 비판을 받고 있다. 국내 학자, 외국 학자나 언론계 일부는 60~70년대부터 시작된 무리한 고도성장에 따른 당연한 결과라고 했다. 전두환 정권이 박정희 대통령을 폄하하기 위해 주장하던 '중화학공업의 중복투자, 과잉투자' 문제까지 또다시 제기되었다.

이런 와중에, 외국인 학자인 나의 한 친구가 다음과 같은 충고를 해왔다. '1960년대 초 제1차 경제개발 5개년계획을 입안할 때부터 1970년대 말까지—상공부에서 10년, 청와대에서 8년 등—18년 동안 공업정책을 다루는 중심부에서 일했던 사람으로서, 의당 의견제시가 있어야 하지 않겠느냐'는 것이었다. '한국형 경제건설 모델'이 아직도 유효한가? 연속성이 있는 진리인가를 해명하라는 요청이었다. 이것이 이 글을 쓰게 된 직접적인 동기이다.

이 글에는 두 가지 명제가 있다. 첫째는 현재 우리 나라가 당하고 있는 'IMF 사태란 무엇인가'이고, 둘째는 'IMF 사태는 어떤 방법으로 타개할 수 있는가'이다. 그러나 이 두 가지 명제를 풀기 위해서는 우선 경제시스템의 현 실체를 파악해야 한다. 그런데 우리 나라의 현 시스템은 약 40년에 걸쳐 변천해 온 결과의 소산이다. 그렇다면 답을 얻기 위해서는 우리 나라의 산업구조가 어떠한 정책 아래, 어떻게 발전해서 현재에 이르게 됐는지를 알아야 한다.

이 글에서는 먼저 과거 우리 나라가 겪었던 경제위기를 예로 들어, 당시에는 어떤 방법으로 타개했는가를 알아본다.

두 번째로, 우리 나라의 경제건설 전략, 즉 '한국형 경제건설 모델'에 대해서 설명한다. 이 모델의 기본이념은 후진국이 경제개발에 성공하자면 구체적이고 장기적인 경제발전 전략을 마련한 후, 강력한 정부 주도 아래 실시해야 한다는 것이다. 그 기본전략은 수출제일주의이고 수단은 국제경쟁력 강화이다. 그런데 이 전략은 박정희(朴正熙) 대통령 서거로 막을 내린다.

세 번째로, 1980년대부터 '한국 경제건설 모델'이 어떻게 변질되어 가는지를 기술한다. 수출제일주의가 사라지고 국제경쟁력이 약화되어 가는 과정이다. 그 원인은 무엇이며 어떤 상태로 변질되어 왔는가에 대한 이야기이다.

네 번째로, IMF 사태의 원인과 발생과정에 대해서 기술한다.
끝으로 IMF 타개책을 기술한다. 이 글의 논지는 다음과 같다.
① 선진국과 후진국을 막론하고 경제가 잘 되느냐 못 되느냐는 정부의 역할에 달려 있으며, 국가원수의 능력과 리더십의 책임이 제일 크다.
② '한국형 경제건설 모델'에는 두 가지 과정이 있는데, 경제건설 단계와 경제운영관리 단계이다. 우리는 경제건설 단계에서는 성공을 거두었지만 운영관리 단계에서는 실패해서 IMF를 맞게 됐다.

1. 한국의 경제위기와 그 타개책

> **글의 요지**
>
> 한 가정에서 수입이 부족하고 쓸 곳이 많아 적자생계를 꾸려 나가다가 갑자기 목돈이 필요한 일이 생기면 무리해서 빚을 얻게 된다. 빚을 얻었다가 약속한 날짜에 갚지 못하면 신용이 떨어져서 더 이상 빚을 얻을 수 없게 된다. 그러다가 결국 그 집안은 '빚잔치'를 당한다. 가지고 있는 모든 재산을 빚쟁이들이 나눠 갖는 것이다. 이런 일들은 과거 조선시대에 흔히 있었던 일로서, 지금도 비슷한 일은 흔히 발생하고 있다.
>
> 이런 일은 가정에서 일어나는 것만이 아니고, 기업체에서도 발생하는데 그 용어(用語)만 다를 뿐이다. 즉 '기업부실 → 적자경영 → 은행부채증가 → 부채한도초과(은행대출중지) → 차입금독촉 → 사채업자로부터 융통 → 신용불량 → 은행부도 → 파산 → 공매처분'이라는 일들이 일어나는 것이다.
>
> 이런 일들을 방지하는 방법은 아주 간단하다. 평상시부터 '돈벌이(수입)'을 늘리고 '씀씀이'를 줄여서 자기재산(재산 또는 자산)을 늘려가는 길이다. 사업확장을 할 때에도 빚을 갚을 수 있는 방도를 미리 마련해 놓고 실시하면 된다. 이외에는 뾰족한 해결 방법이 없다는 것이다.
> 재산이 불어나면 자연히 신용도 생기게 되고 돈 빌려주는 사람도 나타나게 되는데 이 때는 이자도 싸지게 마련이다.
>
> 이상이 사람 살아가는 데 통용되고 있는 진리이다. 이런 진리는 국가경영에도 똑같이 적용되고 있다. 우리 나라가 겪었던 IMF 외환위기 사태가 바로 이런 예에 해당된다.

1960년대 초 경제개발에 착수한 후 우리 나라는 세 번째의 경제위기를 맞은 것이다.

첫 번째가 1963~64년의 '외화고갈'에 따른 위기이고, 두 번째가 73년도의 제1차 석유위기(소위 석유파동) 때였다. 그리고 이번이 세 번째가 된다. 경제위기라는 것은 그 속성상 경제문제에만 국한되는 것이 아니고, 사회불안으로 발전하고 이어서 정치불안, 심지어 안보위기로까지 몰고 간다. 따라서 국가와 국민 모두가 위기에 처하게 된다.

경제위기의 형태는 나라마다 다르다. 국가단위로 생각하더라도 경제발전 단계에 따라 차이가 있다. 선진국에서는 경기불황으로 출발해서 실업자가 급증하고 결국에는 사회불안으로 이어지는 것이 보통이다. 이에 비해 우리 나라의 경우는 제1차 위기 때나 제2차 및 이번의 IMF 사태 등 모두가 '외화고갈'로부터 연유되고 있다.

그 이유는 간단하다. 천연자원이 없는 우리 나라는 식료품을 비롯해서 에너지, 천연원료, 기본소재, 중간부품과 완제품, 심지어 기술까지 수입해야 하기 때문에 외화(여기서는 달러로 약칭)가 필요하다. 이 '달러'가 고갈되면 국가의 경제운영을 지탱할 수 없게 되고, 이것이 바로 경제위기로 발전하게 되는 것이다.

우선 우리 나라는 '달러고갈'로 인한 위기상황이, 다른 나라에 비해 훨씬 심각하다는 것을 강조하고 싶다. 경제위기를 설명할 때 자주 인용되는 멕시코와는 근본적으로 차이가 있다.

멕시코는 광대한 국토와 온화한 기후, 그리고 석유를 비롯한 풍부한 천연자원, 그리고 미국이라는 막대한 소비시장이 있다. 그래서 국민들의 의식주나 에너지 문제는 달러를 소비하지 않더라도 자체적으로 해결 가능한 나라이다. 이런 이유로 경제위기가 닥치더라도 국민이 굶거나 얼어 죽는 일은 없다. 더욱이 석유수출 등으로 기본적인 국가경제 운영은 가능한 나라이다. 태국이나 말레이시아, 인도네시아도 멕시코와 거의 똑같은 양상이기 때문에 국민의 의식주 문제는 자체해결이 가능하다.

이에 비해 우리 나라의 경우는 식료품이나 에너지 등 생필품까지도 수입에 의존해야 하기 때문에 문제는 심각할 수밖에 없다. 단적인 예로 우리의 처지와 똑같은 곳이 북한인데—달러가 고갈되자—국민은 굶고 헐벗게 되며, 전깃불도 없고 난방도 없는 비참한 생활을 강요당

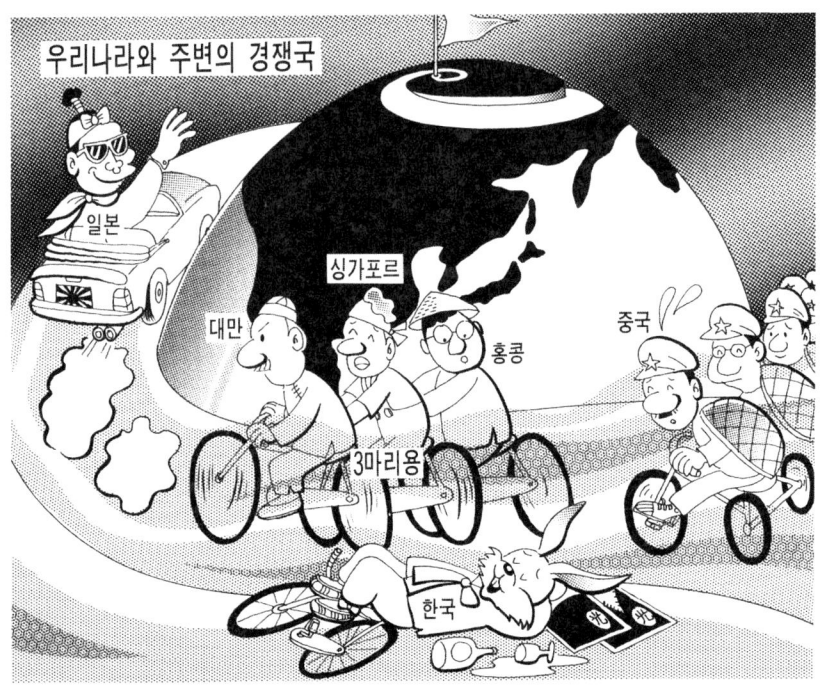

하게 되는 것이다.

20세기 후반 들어서 아시아에는 '네 마리의 용(龍)'이 있었다. 경제성장의 모범국들이다. 그런데 이들 네 마리 용 중 IMF 위기를 맞은것은 불행히도 대한민국뿐이다. 우리 나라와 가장 유사점이 많은 대만(臺灣)은 끄떡도 하지 않았다. 그렇다면 우리 나라가 현재 IMF 위기를 맞게 된 것은 대만이나 홍콩·싱가포르 등 세 마리 용이나, 60~70년대의 한국과는 다른 길을 가고 있다는 뜻일 것이다.

네 마리의 용은 모두 수출을 해야 국가경영을 해 나갈 수 있는 나라들이다. '수출이 국시(國是)'가 되어야 한다. 그리고 국가경영을 건실히 하기 위해서는 달러를 절약해서 국제수지 흑자를 내야만 한다. 이러한 기본적인 나라 살림에 차질이 생기면 바로 IMF 사태가 닥쳐오는 것인데, 우리 나라는 이러한 극히 상식적인 진리마저 무시한 결과 현재의 위기를 맞게 되었다.

1) 제1차 경제위기는 수출로서 타결했다

우리 나라의 첫 번째 경제위기는 1963~64년도의 '달러고갈'이었다. 당시 외화보유고가 1억 달러를 밑돌았다. 국민 1인당으로 계산하면 4달러가 못 되는 액수다. 국민의 의식주 해결 및 공장가동을 위한 원료 및 부품 등을 수입하는 데 필요한 외화 배정에도 제한이 가해졌다.

제1차 5개년사업 추진도 중단할 위기에 빠져 하는 수 없이 축소개편을 했다. 해결방법이라고는 달러를 빌려오는 길뿐이었다. 그런데 세계 어느 나라도 빈곤하기 짝이 없는 우리 나라에 돈을 빌려주려 하지 않았다. 미국원조에는 한계가 있었고, 일본과는 국교정상화 이전이었다.

그래서 서독정부에 매달렸는데 서독측은 보증을 요구했다. 그러나 보증할 방법이 없어서, 궁여지책 끝에 마련한 것이 간호원과 광부의 파견이었다. 이들 간호원과 광부의 품삯을 담보로 해서 돈을 빌기로 한 것이다. 이때 빌려온 돈은 단지 4,000여만 달러이다. 박 대통령은 우리 나라 국민소득이 1,000달러가 되기 전에는 부득이한 경우를 제외하고는 외국방문을 일절 하지 않기로 결심했다. 청와대 보수조차도 하지 않겠다는 다짐을 했다. 달러를 한 푼이라도 아끼고 검소한 생활을 몸소 실천하겠다는 각오였다.

서독 방문을 마치고 돌아온 후 박 대통령은 '수출제일주의'의 기치 아래 수출에 총력을 기울였다.

선정된 대상 분야는 노동집약적인 경공업제품이었다. 이를 담당한 일꾼은 나이 어린 여공들이었다. 그 결과 64년에는 1억 2,000만 달러, 67년에는 3억 달러, 70년에는 10억 달러를 수출했다. 이런 상태로 수출이 늘어나자 국내경제는 활기를 띠게 되고 국민들은 자신감과 희망을 갖게 됐다.

2) 제2차 경제위기는 중동진출로 해결했다

제2차 경제위기는 1973년 10월 6일 제4차 중동전쟁으로부터 시작됐다. 소위 '제1차 석유위기'이다. 우리 나라는 73년 8월까지는 배럴당 2.514달러로 구입했는데, 74년 1월에는 9.169달러가 되었으니 무려 3배로 값이 오른 셈이었다. 이로 인해 73년도에는 우리 나라가 지불한 원유대금은 3억 516만 달러였는데 74년에는 11억 78만 달러로 껑충 뛰었다. 원유값 인상분만도 8억 264만 달러에 달했다. 원유값만 오른 것이 아니었다. 모든 수입상품의 값도 올랐다. 그 결과 경상수지 적자는, 73년도의 3억 88만 달러에서 74년의 20억 2,270만 달러로, 1년 사이에 17억 1,390만 달러가 늘어났다. 이것이 바로 제2차 경제위기의 주범이었다.

국민들은 암담해지고 완전히 무력해졌으며 국내경제는 공황상태에 빠졌다. 박 대통령은 엉킬 대로 엉킨 질서를 바로잡아 국민의 불안심리를 안정시키고 용기를 북돋아줘야겠다고 결심한다. 그래서 대통령이 취할 수 있는 가장 강력한 '대통령 긴급조치권'을 발동했다(대통령 긴급조치라는 것은 천재지변 또는 중대한 재정 경제상의 위기에 처하거나 국가안보상 또는 공공의 안녕 질서가 중대한 위협을 받거나 받을 우려가 있어 신속한 조치를 취할 필요가 있다고 판단할 때 국회의 사전 동의 없이 발동할 수 있다).

이것이 긴급조치 제3호다. 이 조치에는 경제난국을 이겨나갈 수 있는 근본조치들이 포함돼 있다. 이때 박 대통령은 국가위기 상태를 냉철하게 국민에게 알려주는 동시에 "정부나 기업, 가진 자나 서민·농민 모두가 심기일전하여 자신과 용기를 가지고 태산준령(泰山峻嶺)을 넘고 거센 풍랑을 헤쳐나가듯이 어느 때보다도 어려운 난관을 극복하자"고 호소했다(실업대책으로 '취로사업'을 이때 처음 시작했다).

그런데 신기한 것은 이 비상조치의 효과였다. 이날의 각 신문은 '국민생활 안정을 위한 대통령 긴급조치 제3호 선포'라는 제목 아래 긴급조치 내용으로 제1면을 모두 채웠다. 여야가 모두 환영했으며 '서민에 대한 희소식'이라고 해설을 했다. 국가 비상시에는 여·야가 따로 없음을 보여줬다. 그 후 국민들은 안정을 되찾았다.

㊟ : 국민으로부터 신뢰받기 위해서는 구체적인 방안이 나와야 한다. 그래야만 국민이 납득하고 용기를 얻고 동참하게 된다. 그리고 효과를 얻으려면 시기를 놓치지 않는 타이밍이 중요하다. 97년 당시 우리 나라가 겪고 있는 IMF 사태를 방지

하기 위해서는 외화부족 사태가 예견되는 즉시 '대통령 긴급조치'를 발동했어야 했다. 더욱이 국회에서 '금융개혁법안'이 통과되지 않았기 때문에 IMF 사태가 발생했다는 논리는 성립되지 않는다. 이럴 때야말로 '대통령 긴급조치'가 필요했던 게 아니었을까?

그 결과 1974년도에 세계의 많은 나라는 마이너스 성장을 했는데도 우리 나라는 GNP 8.1% 성장, 광공업은 15.3%, 수출은 38.3% 성장이라는 기록을 세웠다.

경제위기를 해결하는 길은 외화고갈을 해소하는 방법밖에 없다. 어떻게 해서라도 달러를 벌어들여야만 했다. 이런 목적 아래 마련된 것이 중동진출 전략이다.

이렇게 해서 과거 9년간(65~73년)에 2,400만 달러밖에 수주받지 못했던 우리 나라가 74년에 8,900만 달러, 75년 7억 5,100만 달러, 76년 무려 24억 2,900만 달러, 77년 33억 8,700만 달러, 78년 79억 8,200만 달러의 수주를 받게 되었다.

우리 나라는 시련을 극복하고 전화위복을 했다. ㉠중동진출에 대한 발상, 국가원수의 용단, 치밀한 계획 및 일사불란한 추진 등은 모두 박정희 정부의 우수한 위기관리 능력을 입증한다. ㉡중동국가들은 미지의 후진국이었던 '코리아'를 인정해 주지 않았다. 그래서 정부는 '지급보증'을 해 주었다. 지급보증을 하면, 공사가 부실화됐을 경우에 그 부담을 국민이 져야 한다. 따라서 국가원수의 판단력과 용단이 필요하다. ㉢중동공사가 늘어나자 심각한 기능공 부족 문제가 발생하여 국내 업자끼리 기능공 스카우트전이 벌어졌다. 정부는 전국 공업고등학교에 '중동진출 코스'를 긴급 설치하여 3학년 학생에게 집중적인 실습교육을 실시했다. 총 1,500시간의 실습이었는데 교사와 학생은 휴일도, 방학도 없이 매일 철야 작업을 했다. 각 기업체에서도 실습비나 실습재료를 무상 공급함으로써 적극 지원했다. 학부모도 학생들을 격려했다. 전시(戰時)와 같은 총력체제였다. 이들 졸업생은 18세라는 어린 연령임에도 불구하고 중동에 진출, 제 몫을 다했다. 중동진출로서 경제위기를 극복한 것은 순전히 이들 남자 기능공들의 공이다. ㉣박 대통령은 기능공을 '조국 근대화의 기수'로 높이 평가하고, 이들 기능공이야말로 우리 나라의 유일한 자원이라고 믿었다.

㊟ : 전두환 정부는 공업고등학교에서도 전인(全人)교육을 실시해야 한다는 쪽으로 방침을 바꿨다. 그래서 실습교육을 등한시했다. 그 결과 80년대 후반부터 기능사 부족문제가 발생하게 된다. 현재—1997년—플랜트 건설현장에서 용접기능사의 월급은 700만 원으로 국제경쟁력이 없어졌다.

2. '수출제일주의'의 퇴조(退潮)

> **글의 요지**
>
> 앞서 말한 '글의 요지'에서, 평상시부터 돈벌이를 늘리고 씀씀이를 줄여 자기재산(財産 또는 資産)을 늘려야 한다고 했다. 국가적 견지에서는, 수출을 늘리는 동시에 수입을 줄여서 무역흑자를 내야 한다는 의미이다.

당시 우리 나라는 수출제일주의의 시대였다. 박 대통령 이하 온 정부와 기업, 근로자, 국민들이 합심해서 수출에 매진했다. 그 결과 수출은 매해 40%씩 늘어갔다. 세계적인 기록이다. 앞으로도 계속 수출을 신장시켜 나가자면 경공업제품뿐만 아니라 중화학제품도 수출에 가세하는 '전(全) 산업의 수출화(化) 체제'로 전환해야 한다.

또 한 가지 문제는 수입을 줄이는 일이다. 여기에는 소극적 방법과 적극적 방법이 있다.

▶소극적 방법: 한 마디로, 절약함으로써 수입을 줄이는 방법이다.

▶적극적 방법: 지금까지 수입에 의존하던 물품을 국내에서 생산함으로써 수입이 불필요하게 하는 방법이다. 즉 수입대치산업 육성이다. 특히 수입에 의존했던 기초소재, 부분품, 반제품, 기계장치를 국내에서 생산하는 것이다. 중화학공업이 담당해야 할 분야이다.

'전 산업의 수출화'라는 기치 아래 전국민이 열심히 노력해서 중화학공업 국가를 건설했고, 이로써 우리 나라는 재산가(財産家)가 되었다. 그런데 옛 속담에 '부자는 3대(代)를 못 간다'라는 말이 있다. 우리 나라 경제 사정에도 똑같은 일이 벌어진다. 소위 IMF 외환위기 사태가 발생하는 것이다.

　박 대통령은 우리 나라가 '달러고갈'에서 영구히 벗어나기 위해서는 81년에 가서 100억 달러 정도 수출할 수 있어야 한다고 판단했다. 그러기 위해서는 우리 나라 공업구조를 선진국형으로 바꾸는 일대 개편작업, 즉 중화학공업화 정책사업이 추진되었다.

　박 대통령은 국운이 걸린 이 거대한 사업을 기필코 성공시키겠다고 결심하고 진두지휘를 했다. 그러나 계획작성과 추진은 전적으로 신임하는 참모진에 일임했다. 즉 국가운영은 일반행정부가 담당하고 중화학공업 건설과 같은 국가전략산업은 대통령이 직접 관장하는 별도기구를 구성해 추진했다.

㈜ : 따라서 현 IMF 사태를 극복하기 위해서는 대통령 직속하에 위기관리 기구를 설치하여 기본전략을 수립하고 일사분란(一絲不亂)하게 시행해야 한다. 국가 비상시에는 대통령이 진두지휘하는 것이 마땅하다.

　1964~77년 13년간에 1억 달러 수출에서 100억 달러 수출을 달성했고, 특히 중화학공업 육성시대였던 1973~79년 평균 수출증가율은

39.6%에 달했다. 그리고 1970년대 말에는 대한민국은 '네 마리 용' 중 선두주자가 된다.

공업구조면에서는 중화학공업 구조로의 개편이 완성됐고, 그 규모도 국제경쟁수준을 이룩했다. 중공업에서는 철강, 조선, 자동차, 가전제품, 반도체 등이 있고 화학분야에서는 정유, 석유화학, 합성섬유 등이 있는데, 모두 세계 랭킹에서 5~6위권 이내 수준의 강국이 된 것이다. '외화고갈' 같은 걱정은 하지 않아도 되는 경제구조가 완성되었다는 뜻이다. 그런데 전두환(全斗煥) 행정부로 넘어와서 '수출제일주의'라는 국시는 사라졌다. 그 결과 전(全) 정부시대, 8년 동안 평균 수출증가율은 15.8%로 뚝 떨어졌다. 노태우(盧泰愚) 행정부도 수출에는 관심도 두지 않았다. 그 결과 재임기간 중의 평균 수출증가율은 고작 10.5% 정도였다. 김영삼(金泳三) 정부시절도 평균 12.6%에 불과했다(〈도

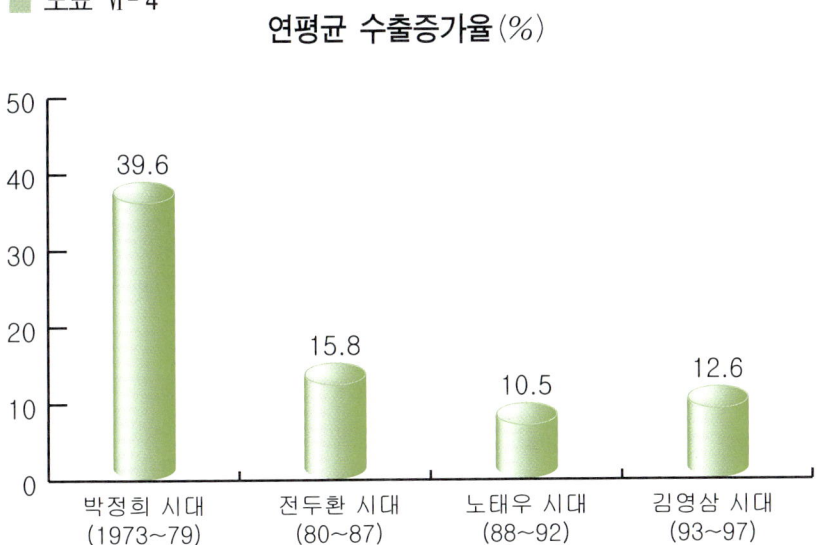

도표 Ⅵ-4 연평균 수출증가율(%)

표 Ⅵ-4 참조)). 이런 형편이니 "대한민국은 용이었다가 지렁이가 됐다"는 평을 들어도 할 말이 없게 됐다.

전, 노, 김 정부 모두 수출의 중요성에 대한 인식이 없었다. 결론적으로 세 대통령은 국가경영상 근본이 되는 지상과업에 대해, 국가원수로서의 책임을 다하지 못했다. 이것이 IMF 사태를 유발한 근본적인 원인이다.

> **글의 요지**
>
> ▶ 경상수지 : 국제 간의 경상적 거래에 관한 수지로, 여기에는 무역수지 외에도 무역외수지(운임, 보험, 용선료, 여행비, 투자수익, 주둔군에 대한 지출, 수수료, 특허권 사용료 등 서비스 거래), 이전수지(배상, 현금 또는 물자의 증여에 관한 거래) 등이 포함되며, 국민소득의 증감 요인을 나타내는 수치이다. 경상수지가 적자가 되면 국가 재정상 부채가 발생했음을 의미하고, 국가의 부채가 계속 늘수록 IMF와 같은 외환위기가 닥쳐오고 있다는 경고(警告)가 된다.

우리 나라의 국제수지는 주로 적자를 계속해 왔다. 〈도표 Ⅵ-5〉 〈도표 Ⅵ-6〉 〈도표 Ⅵ-7〉은 각 대통령 시대의 무역 통계이다(주 : ①~⑩까지 본문에서 나오는 번호를 참조).

▶ **전두환 정부** : 1980년 후 85년까지 6년 동안에 ①경상수지 적자(누계)가 161억 달러 ②무역적자 누계는 160억 달러였다. 그러던 중 1986년에 이르러 3저(주 : 三低, 저금리, 저유가, 저달러) 시대를 맞아

■ 도표 Ⅵ-5

전두환 대통령 시대의 무역 통계

(단위 : %, 백만 달러)

		수출증가율	수입증가율	경상수지		무역수지	
전두환	80	16.3	9.6	△5,321		△4,378	
	81	21.4	17.2	△4,646		△4,877	
	82	2.8	△7.2	△2,650	① △16,082	△2,397	② △16,046
	83	11.9	8.0	△1,373		△1,747	
	84	19.6	16.9	△1,373		△1,386	
	85	3.6	1.6	△887		△852	
	86	14.6	1.4	4,709	③ 14,767	3,130	9,391
	87	36.2	29.9	10,058		6,261	
1980~87		(평균) 15.8	(평균) 9.7	(누계)	④ △1,315	(누계)	△6,655

＊ : 마이너스(－)는 △로 표기, 출처—한국은행 경제통계시스템

③1986년과 87년에 합계 148억 달러의 경상수지 흑자와 94억 달러의 무역 수지 흑자를 기록했다. 이렇게 되어 전 대통령은 통치기간 전체로 ④경상수지 적자 13억 달러, 무역수지는 적자 67억 달러라는 비교적 우수한 성적으로 1987년에 퇴임할 수 있었다. 그러나 그의 실적은 박 대통령 시절 이룩한 기초에 힘입은 바 크고 3저시대라는 운도 따라 줬다.

▶ 노태우 정부 : 3저라는 행운을 안고 취임한 노(盧) 대통령은 1988년에 ⑤145억 달러라는 경상수지 흑자를 이룩하자 완전히 방심했다. 그 결과 다음 해인 89년에는 수출증가율이 2.8%로 뚝 떨어진 반면,

■ 도표 Ⅵ-6
노태우 대통령 시대의 무역 통계

(단위 : %, 백만 달러)

		수출증가율	수입증가율	경상수지		무역수지	
노 태 우	88	28.4	26.3	⑤ 14,505	⑥ 19,849	8,885	9,797
	89	2.8	18.6	5,344		912	
	90	4.2	13.6	△2,014	⑦ △14,526	△4,828	△19,627
	91	10.5	16.7	△8,417		△9,655	
	92	6.6	0.3	△4,095		△5,144	
1988~92		(평균) 10.5	(평균) 15.1	(누계)	⑧ 5,323	(누계)	△9,830

* : 마이너스(-)는 △로 표기, 출처—한국은행 경제통계시스템

수입증가율은 18.6%로 뛰었다. 수입증가율이 수출증가율에 비해 6.6배에 달했던 것이다. 그 결과 경상수지 흑자는 53억 달러로 줄어들었다. 1988~89년 2년간에 ⑥경상수지 흑자는 198억 달러, 무역수지 흑자 98억 달러를 기록할 수 있었다.

그러나 흑자는 89년이 마지막이었다. 그 후 적자로 돌아서고 ⑦3년간 145억 달러의 적자를 기록했다. 노 대통령이 집권한 5년간의 성적은 ⑧경상수지 흑자 53억 달러, 무역수지 적자 98억 달러였다. 수출증가율은 10.5%에 수입증가율은 15.1%였던 것을 보면 수출에는 관심이 없었고 수입증가에 대한 대책도 취하지 않았다고 볼 수 있다. 3저 시대라는 절호의 기회를 맞고서도, 노 대통령은 이 기회를 살리지도 못하고 귀중한 달러를 함부로 써 버렸다.

▶ **김영삼 정부** : 취임 5년간 경상수지 적자가 ⑨433억 달러, 무역수

■ 도표 Ⅵ-7

김영삼 대통령 시대의 무역 통계

(단위 : %, 백만 달러)

		수출증가율	수입증가율	경상수지		무역수지	
김영삼	93	7.3	2.5	821	821	△1,564	△1,564
	94	16.8	22.0	△4,024	⑩ △44,096	△6,335	△45,472
	95	30.3	32.0	△8,665		△10,061	
	96	3.7	11.6	△23,120		△20,624	
	97	5.0	△3.8	△8,287		△8,452	
1993~97		(평균) 12.6	(평균) 12.9	(누계)	⑨ △43,275	(누계)	△47,036

* : 마이너스(-)는 △로 표기, 출처—한국은행 경제통계시스템

지 적자 470억 달러였으니 할 말이 없다. ⑩ 더욱이 1994~97년의 4년 간 경상수지는 무려 441억 달러라는 막대한 적자를 기록했다. 우리 나라 역사상 처음 있는 일이다. IMF 외환위기가 온 직접적인 원인은 바로 이 4년간의 외화손실에 기인한다. 그렇다면 IMF 외환위기 발생에 대한 책임은 전적으로 김영삼 대통령에 돌아갈 수밖에 없다.

3. 과잉투자

> **글의 요지**

㉠ 전두환 정권이 들어서자 민심 얻기에 총력을 기울였다. 학생들의 교복을 없애고 장발(長髮) 단속을 중지하고 통행금지 시간을 없앴다. 컬러TV 방영을 시작하고 야간테니스장, 야간야구장을 허가하고 국제경기를 중계하고 드디어는 "샴페인을 너무 일찍 터뜨리는 것이 아니냐"는 말을 감수하면서 88올림픽을 개최한다. 경제정책으로는 '물가잡는 전두환'이라는 구호 아래 물가안정에 최대 역점을 두었다. 여기에 동원된 정책이 극단적인 통화량 억제 정책이었다. 은행 대출도 불가능했다. 그래서 급해진 기업들은 '30~35% 회사채'까지도 발행하면서 위기를 모면하려고 했다. 30%라는 이자를 주고받는다면 이것은 고리채 중에서도 고리채이다. 이 때문에 기업들은 극심한 곤경에 처했고 도산하는 회사가 줄을 이었다.

㉡ 이런 소동이 차차 가라앉고 몇 년 지나고 나니 살아남은 기업들은 차차 숨을 돌리기 시작했다. 특히 중화학공업 관련업체들은 활기를 띠었다. 그 이유는 공장 크기는 국제규모로 건설해서 국제경쟁력이 있었고, 한 개 공장만 건설했기 때문에 국내 시장성이 좋았고 대외적으로는 수출이 가능했다. 그래서 수지도 맞고 장래성도 있었다. 이런 상황이 되니 큰 기업들은 너도 나도 사업확장에 나섰다. 수지맞는 공장이라면 종류를 가리지 않았다. 그래서 한국재벌들은 전문성도 없어지고 사업종목은 비슷해졌다. 그런데 이런 일들을 추진하자면 우선 정부로부터 공장설립 허가를 맡아야 했다. 그래서 '로비' 즉 정경유착이 성행하게 된다.

1) 정경유착 80년대 이후 본격화

'정경유착'이라는 말은 원래가 일본어이다. 언론계에서 먼저 사용했다. '한·일 정경유착'이라고 했다. 그 뜻은 '일본 업계가 일본 정치계를 동원해서 한국 정치계와 교섭, 한국 정부로부터 이권을 따낸다'는 뜻이었다.

한국에서 '정경유착'이라는 말은, '고위층에 줄을 댄다'라는 의미였다. 즉 '로비'를 뜻했다. 이런 이유로 정경유착이라는 말에서 받는 감정은 우리 나라 국민에게는 시대에 따라 다르고 계층별이나 연령별로도 틀린다. 이 말이 우리 나라에 처음 수입된 것은 60년대 말이다. 60년대에는 시설만 증설하면 그만큼 이익이 늘어나는 때였다. 그래서 기업가는 시설확충에 혈안이 되고 너도나도 차관을 원했다. 그러나 정부로서는 외화관리상 모든 사업을 허용할 수 없었다. 그래서 한 건 한 건마다 신중히 검토해서 인가를 했다(① 60~70년대는 정부가 외화에 관한 한 완벽한 관리를 했다는 뜻이다. 현재 IMF나 외국 금융기관이 거론하는 '경제의 투명성'이 이때는 보장되고 있었다는 뜻이기도 하다. ② 이 시대에 한국기업은 국제적인 신용도가 부족해서 기업 스스로가 자기 책임 아래 외화를 꾸어올 수 없었다. 따라서 정부가 지불보증을 했다. 기업이 부실화되면 민간기업이 차입한 외화도 정부가 대신 갚아 주어야 했다는 뜻이다).

한편 당시에 필요한 정치자금 조성을 위한 정치자금 담당기구가 생겨났는데, 소위 '4인방'이다. 이 기구는 외자도입을 허가할 때마다 정치자금을 챙겼다. 이것이 한국형 정경유착의 출발점이다. 이 4인방에 청와대 비서실장과 부총리가 포함되어 있었다. 그래서 당시의 '한국형 정경유착'이라는 말에는 정치계·경제계뿐만 아니라 관리, 즉 정부도 포함된 말로 인식하게 되었다. 정경유착의 피해는 막심했다. 우선 관리들은 소신껏 일할 수가 없었다. 그 결과 한국비료 밀수사건 등이 발생했고, 시간이 흐를수록 많은 부실기업이 발생했다. 69년에 가서는 그 수가 80개나 됐다.

박 대통령은 '정경유착'의 피해를 근절해야겠다고 결심했다. 그래야만 국가정책이 정치세력들의 영향을 받지 않게 된다. 72년에는 대통령 선거도 없애 버렸다. 대통령 자신이 정치자금 문제에 휘말리지 않기 위해서였다(정치를 하자면 정치자금은 필요하기 마련이다. 이후로부터 정부는 정치자금과는 무관하게 됐다. 그 결과 정치계의 영향 없이 행정업무를 추진할 수 있게 되었다. 따라서 1970년대는 정경유착의 피해가 없었던 연대라고 할 수 있다. 70년대에 중화학공업 건설, 방위산업 육성, 율곡계획 추진 등 거대한 사업들이 차질 없이 추진된 원인이 바로 여기에 있다. 더욱이 73년부터 시작된 중화학공업 건설에서는 부실기업의 발생을 사전에 방지하기 위해서 신설 공장 건설에 30% 이상을 자기자금으로 충당해야 한다는 원칙을 수립하고 이를 실천해 나갔다 (주): 부채비율로 환산하면 233%이다). 이 조치만 그대로 준수됐더라도 IMF 때와 같은 재벌기업들의 심한 부실문제는 발생하지 않았을 것이다.

2) '정경유착' 전성시대(1980~2002)

정경유착이 전성기를 구가한 것은 80년대부터이다. 김영삼 정부, 김대중 정부는 전·노 전직 두 대통령과 두 김 대통령 자신의 아들들, 여·야 중진 국회의원, 은행장, 전직장관, 재벌기업 총수들을 비리사건으로 재판에 회부했다. 이들에 대해 법원은 유죄판결을 내렸다. 대통령과 그의 친인척, 고위 정부관리, 여야 정치계, 금융계, 경제계 모두가 정경유착의 주역으로 등장했다. 그래서 한국의 비리는 세계의 화젯거리가 됐다. 이를 본 외국인 모두가 경악했고 한국의 이미지는 땅에 떨어졌다. 국가신용도가 떨어진 근본적인 동기이다. 이러한 정경유착의 전성시대에 기업들은 정경유착의 고리를 최고도로 이용, 기업확장에 전력투구했다. 그 결과 기업형태는 크게 변해 갔다.

이상하게 들릴지 모르겠지만 한국기업의 기본이념은 전문화(專門化)로부터 출발했다. 예를 들어 보자. ① 쌍용양회(주)의 모체는 방직공장(안양의 금성방직)이었다. 동해에 대단위 양회공장을 허가할 때 조건은, 금성방직을 매각하고 시멘트 공업에만 전념하라는 것이었다. ② 창원기계공업기지의 건설시에는 생산품목별로 한 공장씩만 건설했다. 그러던 한국기업들이 어느 새인가 '다각경영(多角經營)' 형태로 변해 갔다. 다각경영의 취지는, 수지가 맞는다면 어떤 업종에라도 투자한다는 뜻이다. 이렇게 해서 한국재벌들은 시간이 흐를수록 모든 업종을 소유하는 형태가 되었다(재벌들의 논리는 이렇다. ① 한국에서는 정치판도에 변화가 일어날 때마다 정부 정책이 바뀌기 때문에 살아남기 위해서는 다각경영을 할 수밖에 없다. ② 그리고 어느 누가 정치자금을 내고 싶어서 내느냐. 그리고 피고석에 서서 유죄판결을 받고 싶겠는가? 모두 다 기업을 살리기 위해서다. ③ 정경분리(政經分離)가 이뤄지기 전에는 정경유착이나 다각경영은 피할 수가 없다).

다각경영 방식에서는 시장점유율을 높여야만 승리할 수 있다. 자연히 극심한 시장쟁탈전이 벌어지게 되고, 시설은 계속 확장해 나가야만 살아남을 수가 있다. 이를 위해서는 막대한 투자를 계속할 수밖에 없다. 자동차, 조선, 석유화학, 반도체, 정보통신, 무역, 건설, 엔지니어링산업, 증권, 보험, 레저 및 관광산업, 해외투자 등이 그 대표적 예들이다.

4. 기업 확장을 위해 마련된 금융제도

> **글의 요지**
>
> 로비를 잘 해서 정부로부터 사업승인을 받아낸 기업가로서 그 다음으로 큰 문제는 '신규 투자에 소요되는 거액의 자금을 어떻게 마련하느냐' 하는 것이었다. 그 성공 여부에 따라 사업을 하게 되느냐 못 하느냐가 결정되고 나아가서는 기업체의 미래가 달려 있기 때문이다.
> 자금을 얻기 위해서 해결해야 할 문제점은 다음과 같았다.
>
> ㉠ 기업들의 담보 부족 문제
> ㉡ 기계설비를 수입하기 위한 외자(外資) 확보 문제
> ㉢ 공장건설을 위한 장기저리(低利) 융자 문제
> ㉣ 공장운영을 위한 단기성(短期性) 자금융통 문제
>
> 기업가들은 이 점만 해결되면 하루속히 공장을 건설해서 이를 가동시키고 이익을 남겨서 빚을 갚으면 된다는 생각을 갖고 있었다. 그래서 기업가, 특히 대기업들이 앞장을 서서―공동으로 또는 개별적으로―장기간에 걸쳐 '로비'를 했다. 이렇게 해서 '로비'와 '정경유착'의 전성시대가 시작되었고, 그 결과 이들 네 가지의 문제점은 김영삼 대통령 시대에 와서 완전히 해결된다. 이러한 조치는 정부에서 철저한 감시를 하고 필요에 따라 통제를 가할 필요가 있다는 것은 당연하다. 이런 점이 소홀히 되면 IMF로 가게 된다.

공장건설자금을 마련해 주기 위해 마련된 네 개의 조치에 대해 설명한다.

▶ 채무상호보증제도의 신설 : 은행에서 대출할 때에는 담보가 필요한데, 담보물이 부족했다. 이를 해결코자 '채무상호보증'이라는 특이한 제도를 마련했다. 이로써 그룹 내의 기업들은 서로간에 '상호보증'을 해 가면서 은행차입을 늘릴 수 있는 길이 생겨났다.

▶ 종금사의 설립 : 은행에서 융자를 받을 때에는 담보물이 필요하고 시간과 노력도 필요하다. 융자액에도 한도가 있으며 눈에 보이지 않는 비용도 든다. 그리고 시설투자에 필요한 장기융자가 위주였다. 기업들은 회사를 운영해 가자면 이자율이 좀 높더라도 단기성 융자가 필요했다. 특히 하청업자들이 받은 어음을 현금으로 할인하는 제도를 마련해 달라는 중소기업자의 요청도 있었다.

이렇게 해서 설립된 것이 1972년에 설립된 12개의 '투자금융회사(㈜ : 이하 '투금사'로 약칭)'였다(㈜ : 13~15%의 이자를 주고 예금을 받은 후 15~18%로 어음할인을 해 준다). 마진이 커서 많은 이익을 챙길 수 있어 재벌들은 '투금사' 갖기를 원했다. 그 결과 1980~1982년에 12개나 증설됐고, 그 후 6개가 더 증설되어 총 30개로 늘어났다. 중소기업자에게도 사채시장에서 어음을 할인하는 것보다는 유리해서 평이 좋았다.

30개 '투금사' 중 우량 6개 회사는—자본금을 늘리는 동시에 국제금융업무 허가를 얻어내고—명칭도 '종합금융회사(㈜ : 이하 '종금사'로 약칭)'로 바꾸었다. 거의 은행과 같은 성격이다. 그러던 것을 김영삼 행정부에서는 1994~1996년에 나머지 24개의 '투금사'를 '종금사'로 전환시켜 주었다. 이로써 30개의 종금사는 모두가 해외에서 외채를 빌려서 원화로 환전, 어음을 교환해 줄 수 있게 됐다.

▶ 종금사란?

㉠ 재벌이 원하던 (일종의) 은행을 소유하게 됐다는 뜻이다.

㉡ 더욱이 외채의 금리는 국내 대출금리보다 훨씬 낮기 때문에 교환해 준 어음이 결제가 되면 엄청난 이익이 발생한다. 그렇다면 더 많은 외채를 빌려서 더 많은 대출을 하는 것이 종금사의 경영 방침이 될 수밖에 없다 ㊚ : 그래서 자본금 2,000만~3,000만 달러의 소형 종금사가 3억~5억 달러의 외채를 도입한 예도 있다).

㉢ 그러나 여기에는 큰 위험이 도사리고 있다는 것을 실감하지 못했다.

- 환율이 800대 1에서 1,600 대 1로 상승하면 꾸어준 돈을 회수한다 해도 50%의 환차손이 발생하게 된다.
- 또한 빌려 준 돈을 회수하지 못하면 종금사의 경영은 악화되고 종국에 가서는 부도가 나고 파산할 수도 있다.
- 그런데 우리 나라에서 이러한 일이 실제로 발생한 것이다. 1997년이다. 막대한 부실채권이 생기고 동시에 환율인상으로 환차손이 발생하자 종금사는 파산을 면키 어렵게 됐고, 빌려 쓴 외채도 갚을 수가 없었다. 이것이 97년에 일어난 '금융위기'의 본질이다. 결국 IMF 위기의 도화선은 '종금사의 설립에 의한 금융위기'라고 볼 수 있다.

▶ **외자도입 자유화** : 60~70년대 외자도입은 정부허가사항이었다. 재벌들은 자기회사 신용으로 외채를 얻을 수 있는 제도를 마련했다.

▶ **관치금융** : 은행들은 정부나 정치계의 절대적 영향권 내에 있었기 때문에, 경우에 따라 '로비'를 통해 은행에 영향력을 가함으로써 부실대출도 가능했다. '한보철강에 대한 막대한 대출'이 좋은 예이다.

이 조치로 자금조달의 길은 '4통 8달' 막히는 데가 없게 됐다.

5. 망국 차관과 IMF 외환위기 발생

> **글의 요지**
>
> - 자금조달의 길이 열리고 나자 기업가들은 과잉경쟁과 과잉투자에 질주를 하기 시작했다. 기업 쪽에서는 '로비'를 해 가며 은행에서 돈을 빌렸고, 나머지 돈은 '종금사'에서 빌렸다. 이자의 높고 낮음을 따지지 않았다.
> - 은행이나 종금사에서는 외화를 빌려오는 데 혈안이 됐다. 당시 우리나라는 국제신용도가 높았고—한국에 돈을 빌려 줄 때의 이자율이 다른 나라의 경우보다 높기 때문에—외화를 빌려올 때 문제가 없었다. 그래서 망국적(亡國的)인 외화차입 행진이 개시된다.
> - 그 결과를 종합하면 다음 〈도표 Ⅵ-8〉과 같다.

■ 도표 Ⅵ-8

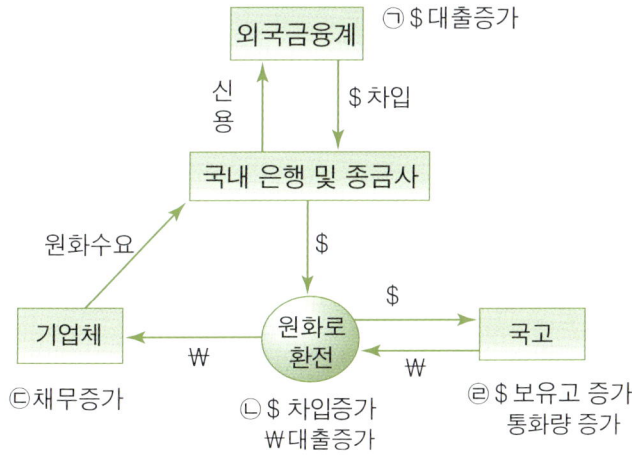

즉

㉠ 외국금융계는 '달러대출증가'

㉡ 국내금융계는 '달러차입증가, 원화대출증가'

㉢ 기업체는 '원화채무증가'

㉣ 국고는 '달러보유고증가, 통화량증가'가 발생하게 된 것이다.

㉤ 통화량이 증가하자 정부는 '달러소비'를 권장하기 시작했다. 그 결과 외화보유고가 급감했는데 이를 우려한 외국금융계에서 빚 독촉을 시작하자 미리 준비를 못 한 국내금융계에서는 정부(국고)로부터 외화를 구입할 수밖에 없었다.

㉥ 그 결과 정부의 외화보유고는 바닥을 보이기 시작했다. 달러가 부족해지자 하루가 다르게 환율이 폭등했다. (그 결과) 막대한 '환차손'이 발생해서 금융계는 공황에 빠졌다. '금융위기'의 발생이다.

㉦ 은행이나 종금사에서는 기업이 발행한 어음을 강력하게 회수하기 시작했다. (그 결과) 기업 쪽에서는 금융 줄이 막히고 말았는데 시장 위축으로 판매량까지 줄어드니 기업은 파국 지경에 이르러 결국 '부도와 파산'이 발생하기 시작한다.

㉧ 요약하면, '신용악화 → 외국금융계의 차입금회수 → 환율인상 → 막대한 환차손 발생 → 금융위기 → 기업에 대한 대출회수 → 기업위기 → IMF 위기'로 가는 길이 된다.

김영삼 정부는 우리 나라가 막대한 적자국임에도 불구하고 국제수지 개선에는 손을 쓰지 않고 외국에서 돈을 마구 빌려 썼다. 96년도까지는 우리 나라의 신용도가 양호할 때인지라 외채는 얼마든지 꿔올 수 있었다.

㈜ : 어찌된 셈인지 정부는 외채총액이나 만기도래 일자에 대해서 파악을 못하고 있었다. 이 글을 쓰는 현 시점(98.3.10)에 와서야 외채총액이 처음으로 발표됐다. 다른 통계 숫자는 발표된 것이 없으니 본문에서는 지상에 발표된 것이나, 내가 구할 수 있는 단편적인 통계를 기초로 해서 IMF 사태가 발생하게 된 추세만을 기술하고자 한다. 김 정부 시대에 꿔온 외채총액이 얼마인지 알 수가 없으나 약 1,000억 달러라고 추정된다. 후에 정확한 통계가 발표될 때 비로소 확실한 원인 규명이 가능할 것이다.

- 정부(한국은행 등 공공부분)가 차입한 액수가 210억 달러이다.
- 국내의 시설 확장에 혈안이었고, 세계를 누비며 해외 투자를 하던 재벌기업들이 차입한 액수는 406억 달러이다.
- 금융기관 채무가 896억 달러인데, 이중 국내주재 외국계 은행이 178억 달러, 국내 금융기관이 718억 달러이다. 이들 금융기관은 외채를 빌려다가 한화로 교환해서 기업에 대출함으로써 이자차액을 노린 것이 대부분이지만 일부는 외국에 전대(轉貸)를 해서 차액을 얻었다(인도네시아에 55억 달러를 대여한 것이 그 예다). 결국 우리 나라의 외채총액은 1,512억 달러라는 막대한 금액이다(이 금액에 포함되지 않는 외채도 있는 것 같다). 가위 망국적인 외채도입이라 아니할 수 없다. 이 금액이 달러로서 남아 있었으면 IMF 사태는 결코 일어나지 않았을 것이다. 그러나 김영삼 정부는 한국은행에서 달러를 매입하면 통화량이 증가해서 물가에 나쁜 영향을 준다고 걱정했다.

그러고는 '달러쓰기'를 권장, 낭비와 사치를 부채질했다. 그 결과 차입한 외채는 거의 소진됐다. 96년 말의 외환보유고는 332억 달러였다. 그나마 어느 때라도 쓸 수 있는 가용자금은 294억 달러뿐이었다(달러 낭비를 얼마나 심하게 했는지 짐작이 간다. 비슷한 상황이었던 '대만'은 정반대의 길을 간 것이다).

1) 한보사태 : 부도의 연쇄반응

이런 와중에 한보사태가 발생했다. 외환위기 발생의 신호탄이었다. 한보그룹의 빚은 총 5조 970억 원(당시 환율 800 대 1로 환산해 64억 달러)으로서 이중 은행에서 3조 7,000억 원, 종금사에서 1조 3,744억 원을 융자받았다(〈도표 Ⅵ-9〉 참조).

(주)한보철강의 부도는, 은행(주거래 은행 : 제일은행)은 물론 종금

■ 도표 Ⅵ-9

주요 부도발생 사례

(억 원, %)

	차입금 (A)	제2금융권 (B)	점유비 (B/A)	매출액 (C)	점유비 (A/C)	부도 발생일
한보철강1	50,970	13,744	27.0	4,580	1,112.9	97.1.23
삼미1	17,390	7,943	45.7	14,923	116.5	97.3.19
진로	25,257	11,564	48.5	14,910	169.4	97.4.21
기아	97,398	45,931	47.2	121,440	80.2	97.7.15
해태	29,329	15,997	54.5	27,157	108.0	97.11.1
뉴코아	12,843	3,288	25.6	18,276	70.3	97.11.4
한라	54,528	32,578	59.7	52,973	102.9	97.12.5

＊주 : 1) 차입금(순여신)은 1997. 8월 말 기준(한보철강 97. 9월 말, 삼미 96년 기준)
전국은행연합회 기업신용 정보자료에 근거하여 작성
2) 여타 재무비율은 96년 말 기준
3) 진로·기아는 부도유예협의 적용일

사에 엄청난 부실채권을 안겨주게 되어 금융계는 일대 혼란에 빠졌다. 한편 한보철강 공장은 일부만이 가동하고 대부분의 공장은 건설 중에 있었다. 그래서 한보철강의 부도는 자재 공급회사, 플랜트 엔지니어링 회사, 건설업체 등 대기업체는 물론이고 이들 회사와 관계되는 수많은 중소기업 업자에게 부도사태를 몰고 왔다.

결국에 가서는 노무자, 하다못해 주변의 식당업자에게까지 막심한 피해를 주게 됐다. 그런데 3월에는 삼미그룹, 4월에는 진로그룹 등 재벌급 회사가 또 부도를 냈다. 가장 몸살을 앓게 된 것은 이들 부도난 회사의 어음을 할인해 준 종금사였다. 담보물도 없이 어음만 믿고 대출해 주었기 때문이다. 그래서 다른 회사도 언제 부도가 날지 모른다는 위기감에 빠진 종금사는 자금회수에 나서서 어음할인을 꺼렸다.

〈도표 Ⅵ-10〉를 보면, 1996년도에는 95년보다 25조 9,336억 원을 더 대출해 주었고 97년 1·4분기에도 전년대비 9조 3,315억 원을 더 늘려 대출해 주었다. 한보사태가 발생한 후 2·4분기에는 1조 5,444억 원, 4·4분기에는 15조 9,948억 원을 회수했다. 금융기관에서 대출을 끊으면 '하루살이' 기업들은 연명할 수가 없다. 그래서 중소기업은 물론 재벌급 기업도 버텨나가기가 힘들게 됐다.

■ 도표 Ⅵ-10

종금사 어음 할인 증감(增減) 실적

(단위 : 억 원)

96년도 증감	97년도 분기별 증감			
	1/4	2/4	3/4	4/4
259,336	93,315	△15,444	3,738	△159,948

2) 기아사태

기아그룹은 9조 7,398억 원을 차입하고 있었다(〈도표 Ⅵ-9〉 참조). 이 중 47.2%에 해당하는 4조 5,931억 원을 종금사에서 융자받고 있었다. 그러니 종금사에서 어음재할인을 중단하면 부도가 나는 것은 당연하다. 그 결과 기아그룹이 부도를 냈다. IMF사태 발생의 화약고가 터진 것이다. 그러나 정부는 '기아사태'를 국가비상사태 발생이라는 관점에서 취급하지 않았다.

자동차공업이라는 것은 종합공업으로서 그 성격상 제조업의 각 업종에 걸치며, 무역업, 운수 및 정비업, 도로건설업 등 3차산업에도 막중한 비중을 차지하며, 대기업은 물론 수많은 중소기업이 참여하기 때문에 고용효과도 150만 명에 이른다. 부가가치 창출과 국제수지면에서도 수백억 달러에 이른다(①만일 우리 나라에 자동차공업이 없어 매해 200만 대를 수입해야 한다면 대당 가격을 1만 달러로 계산한다 하더라도 200억 달러를 소비해야 한다. ②부가가치로 계산해서 자동차의 국산화율은 현재 50%가 넘는다. 100만 대를 수출한다면 50억 달러의 외화획득이 가능하다).

그래서 자동차산업이라는 것은 선진국에서조차 국가기간사업으로 간주하고 정부가 스스로 보호 육성하고 있다.

글의 요지

다음 글은 김영삼 전 대통령이—퇴임 후 1년 4개월이 지난 1999년 6월 7일 일본 도쿄에서 개최된—기자간담회에서 밝힌 내용이다. IMF 외환위기 발생 경위에 대해 김영삼 전 대통령의 의중을 잘 표현하고 있다.

"나도 금융위기에 대해 심각하게 생각했고 잘 파악하고 있었다. 경제가 나빠진다고 생각했다. 그래서 노동법을 개정하라고 당에 시켰으나 무리수를 둬 취소됐다. 그 때 필사적으로 반대한 사람이 김대중 대통령이다. 김 대통령은 당선 후 우리 안대로 만장일치로 처리됐다. 한국은행법도 금융관계 해결을 위해 꼭 해야 했으나, 한은 직원들이 데모를 하고 김대중 씨도 반대해 끝내 못했다. 당선된 뒤 우리 안이 그대로 통과됐다.

기아자동차가 결정적 문제였다. ……우리 나라 자동차 생산은 200만 대인데, 수요가 110만 대로 90만 대는 안 팔리는 것이다. 그런데 대기업(?)이 자동차를 하겠다고 해서 경제원리에 의해 처리하려 했으나 김대중 씨가 국민기업은 살려야 한다며 처리를 못하게 방해했다. …… 기아자동차만 없었으면 그렇게 급하게 IMF로 가는 일이 없었을 것이다. 기아사태가 이를 가속화시켰다. 이 때부터 외국으로 돈이 빠져나가기 시작했다."

이 담화문에서 김영삼 전 대통령은 '경제원리'라는 용어를 썼는데, 그 의미는 '(부실한) 기아자동차를 (능력이 있다고 생각되는) 재벌에게 넘겨주는 것'이었다. 그러나 "김대중 대통령이 방해해서 결국은 IMF로 가게 됐다"고도 했다. 그런데 그 후의 진행상황을 보면 김영삼 대통령은 자기 고집대로 '김영삼식 경제원리'에 따라 기아자동차를 처리해 나갔다는 것을 알 수 있다. 그리고 결국에는 IMF 위기사태로 간 것이다.

결론적으로 정부는 총력을 기울여서 우선 '기아자동차'를 살려놓아야 했다. 그래야만 한국 정부의 단호한 의지와 능력을 국제적으로 인정받을 수 있게 되고 그 결과 한국경제에 대한 신용도가 높아져서 달러 인출 사태와 같은 일이 발생하지 않았을 것이다. 기아의 경영권 문제는 그 이후에 처리해도 늦지 않았다. 이것이 진짜 '경제원리'가 아닐까?

김영삼 정부는 자동차공업의 보호육성, 즉 기아자동차를 살린다는 측면에서 생각지 않고 순전히 경영진의 교체라는 관점에서 처리해 나갔는데, 이는 주객이 전도된 조치였다. 정부는 종금사나 은행(주거래은행 : 제일은행)의 어음재할인을 규제했다.

기아는 3개월마다 어음을 재할인해 왔는데 이 기간이 한 달로 줄더니 일주일로 줄고 막판에는 하루하루 연장됐다. 심지어는 자동차 수출신용장에 대한 수출금융 대출에도 제한을 가했고, 화의신청에 대해서도 반대를 했다. 급기야는 비리조사까지 개시함으로써 경영진을 교체하고, 새로운 경영자를 지명했다.

기아는 자본과 경영이 분리된 순수한 주식회사이다. 그럼에도 불구하고 경영책임자를 정부에서 지정한 결과가 되었으니 대외적으로는 기아를 제3자인 모 재벌에게 넘기려는 뜻으로 비쳐졌다. '민간기업에 대한 관제통치'라는 이미지가 생겨났고, 정부처사를 불신하게 된 외국금융계는 불안해지게 되었다. 그 결과 하루속히 채권회수를 위해 빚 독촉을 하기 시작한다.

또한 기아사태와 같은 한국경제의 화약고가 폭발했는데도 정부가 대책을 마련하지 못하고 시간만 낭비하자, 금융계와 기업들은 극심한 혼란에 빠져들었다. 그 결과 재벌급인 (주)해태, (주)뉴코아 등이 연이어 부도를 냈다. 이로써 '재벌은 망하지 않는다'라는 '한국주식회사의 신화'는 깨졌다.

3) IMF 위기 발생

① 대기업들의 연이은 부도에 따른 한국 금융기관의 부실채권 급증으로, 기업과 금융계의 신용도가 급락했다(부실채권 규모가 97년 11월 말 현재 38.2조 원, 그 중 은행 33.1조 원, 종금사 5.1조 원).

② 기아사태 처리과정에서 보인 한국정부의 기업관 및 문제해결 능력에 대해 실망한 외국 금융계에서는 본격적인 자금회수에 나섰다. 그 결과 만기도래가 된 단기부채 375.8억 달러를 회수했다.

㈜ : ㉠이 중 13개 은행에서만 11월 회수 93.5억, 12월 회수 147.4억, 총 240.9억 달러. ㉡이런 숫자를 보면 우리 나라의 가용외화보유고가 300억 달러만 더 여유가 있었다 하더라도 IMF 사태는 발생하지 않았을 것이다.

기아사태 후 정부가 아무리 노력을 해도, 또한 높은 금리를 주겠다고 해도 외채를 구하는 것은 불가능했다. 그래서 환율을 올리기로 했다(김영삼 정부는 IMF 사태를 방지하기 위해서는 환율인상을 서둘러야 했다. 그러나 환율을 올리면 외채를 쓴 재벌기업이나 금융계는 환차손으로 큰 손해를 보기 때문에 극심하게 반대했다. 그리고 물가상승을 야기하는 동시에 GNP 1만 달러 달성, OECD 가입이라는 김 대통령의 업적도 사라지기 때문에 김 정부는 환율인상을 마지막 단계까지 꺼렸다). 그리고 급한 불은 외화보유고를 써서 국가부도를 막으려 했는데, 주로 은행이나 종금사에 보유 외화를 판매했다(금융기관을 살리려고 IMF 사태를 초래하게 됐다는 뜻이다). 그 결과 외화보유고는 97년 11월 17일 현재 260.4억 달러로 줄어들었다.

다음 날인 18일 가용외화는 5억 달러가 줄어 158억 달러, 19일에는 16억 달러가 빠져 142억 달러가 됐다(11월 1일부터 19일까지 약 20일간에는 약 50억 달러의 외화보유고가 소진됐다). 이날 강경식(姜慶植) 부총리가 퇴임을 하고 임창열(林昌烈) 부총리가 취임했다. 그리고 11월 20일 밤 10시 20분에 IMF 지원 요청에 대한 기자회견이 있었다.

IMF 신탁통치의 시작이었다(외환보유고는 계속 줄어들어 97년 12월 3일에는 146.3억 달러. 이중 가용외환은 불과 56.9억 달러로서, 하루 10억 달러씩 빠진다면 6일을 지탱할 액수였다. 즉 국가부도 직전이었다는 뜻이다).

6. IMF 사태를 해결하는 방안

> **글의 요지**

IMF 사태를 해결하는 방안은 무엇일까? 이미 설명한 대로 1997년 말 당시 우리 나라의 가용 외환보유고가 300억 달러만 더 있었더라도 IMF 사태는 발생하지 않았을 것이다.

김영삼 행정부가 1995년에 86.7억 달러, 96년에 231.2억 달러, 1997년에 82.9억 달러, 총 400.8억 달러, 즉…… 3년간에 400억 달러의 경상수지 적자를 발생시켰다는 것을 감안할 경우……96년부터라도 정신을 차렸더라면 IMF 사태는 막을 수 있었다.

그렇다면 IMF 난국 해결방법은 오로지 위기발생 원인인 달러고갈을 해소하는 길, 즉 달러를 벌어들이는 방법밖에 없다. IMF에서 빌려온 돈을 갚아 버리면 모든 문제는 해결되는 것이다.

그 해결 방법에는 두 가지가 있다.

첫째는 소극적인 방법인데, IMF 신탁통치, 즉 빚잔치를 지혜롭게 처리해서 국가적 경제손실을 최소한도로 방어하는 길이다. 그간 우리 나라는 IMF 빚잔치를 치르면서 막대한 손실을 입었다. 그리고 글을 쓰고 있는 현재(98. 3)까지도 그 여파에서 벗어나지 못하고 있어 이 문제에 대한 정확한 평가는 시간이 좀 더 흘러야 가능할 것이다.

둘째는 적극적인 방법으로써, 근본 취지는 수출을 많이 하고 절약을 많이 해서 '무역수지와 경상수지 흑자'를 많이 남겨서 외채를 갚아버리는 방법이다. 여기에 대해 구체적으로 설명한다.

① IMF 당시 우리 나라가 지고 있는 외채는 약 1,500억 달러였다. 이 외채에 대한 이자만도 150억 달러가 된다. 그러니 원금 150억 달러를 갚으려면 이자까지 합쳐 300억 달러의 경상수지 흑자를 내야만 한다. 매년 3백억 달러씩 갚아나간다면 1년 후의 원금은 1,350억 달러로 줄고 2년 후에는 원금에 대한 이자 135억 달러를 빼고 나머지 165억 달러는 원금을 상환하게 되니 원금은 1,185억 달러가 된다. 3년 후의 원금은 약 1,000억 달러, 5년 후의 원금은 570억 달러, 7년 후의 원금은 60억 달러로 7년이면 1,500억 달러의 빚을 다 갚아 버릴 수 있다.

또 IMF에서 빌려온 돈을 다 갚기 전이라도 이를 갚을 수 있다는 능력만 인정받으면 그 이전이라도 IMF의 간섭을 받지 않아도 된다. 짧게는 3년, 길게는 5년이 소요될 것이다. 매년 300억 달러의 경상수지를 낸다는 것은 불가능한 일은 아니다. 모든 국민의 각오 여하에 달려 있다.

② 국민들은 IMF로 인한 국가위기에 대해 정신을 바짝 차려야 한다. 이 국가위기를 해소하는 길은 첫째가 수출이다. 앞으로 5년 안에 1,000억 달러를 더 수출해서 우리 나라의 수출액을 약 2,500억 달러까지 올려야 한다. 그래야만 인구 1인당으로 계산해서 대만 수준이 된다. 우리는 수출을 국시로 삼고 온 국민은 이에 매진해야 한다. 수출에 종사하는 사람들을 전쟁터에 나가 있는 군인과 같이 존경하고 후원해 주어야 한다. 이런 분위기만 되면 이 목표 달성은 충분히 가능하다.

그 이유는 이렇다. ㉠IMF 사태로 임금이 줄어들었고 당분간은 안정될 것이다. 노동력 부족 문제도 사라졌고 노사 간의 문제도 과거와 같지 않을 것이다. ㉡우리 나라의 환율이 800 대 1에서 1400~1,700 대 1로 약 200%로 급등, 달러로 환산한 우리 나라 노임은 2분의 1로 싸

제2장 IMF 외환위기의 발생 및 해소 597

졌다. 국제경쟁력이 대폭 향상되어 수출에 유리해졌다(우리 나라의 수출 경쟁력은 노임과 직결되어 있다. 달러로 환산한 노임이 저렴해야 한다는 뜻이다. 따라서 환율이 높을수록 국제경쟁력은 강해진다. 이런 이유로 IMF 위기를 타개하기 위해서는 무턱대고 환율을 내려서는 안 된다. 64년 '수출제일주의'에 착수할 때 130 대 1이었던 환율을 255 대 1로 약 2배 올리는 용단을 내렸다는 사실을 염두에 둘 필요가 있다. 영국의 제조업 노임이 한국보다 30% 싸다는 현실을 고려할 때, 달러 환율을 어느 선으로 잡는가가 IMF 경제위기 해결의 성패를 좌우할 것이다).

③ 다행히도 저유가(低油價)시대이다. 배럴당 15~16달러(스팟 가격)였던 원유값이 10달러 안팎으로 떨어진 것이다. 이상과 같은 세 가지 조건은 우리 나라로서는 절호의 기회를 맞고 있다는 뜻이다. 이 기회를 놓치면 안 된다.

④ IMF 위기를 해결하는 길은 주로 중화학공업에서 찾을 수밖에 없다. 중화학공업은 전후방(前後方) 효과가 크다. 기초원료 생산으로부터 시작해서 중간소재, 부품, 완제품, 그리고 공장 건설용 기계설비, 심지어 플랜트(즉 공장)까지 일체 생산할 수 있다. 그래서 수출산업인 동시에 수입대체산업이다. 중화학공업 제품을 수출해서 달러를 벌어들이는 동시에 수입대체를 함으로써 달러를 절약해야 한다.

1) 경상수지 흑자 300억 달러 획득 계획

첫째, 앞으로는 수출가득액이 높은 품목에 정부시책의 '임팩트'가 가해져야 한다. 정부는 당초의 계획보다 가득액 기준으로 매해 100억 달러를 더 수출하는 '수출가득액 100억 달러 증가계획'을 작성해서 강력히 밀고 나갈 필요가 있다. 이 계획에는 품목별로 구체적인 방안을 작성해야 한다. 새로운 유망 업종도 찾아내 정책적으로 육성해야 한다. 한 예로 플랜트 엔지니어링 산업육성을 들어보자.

플랜트 엔지니어링 산업이라는 것은 대형 발전소나 종합제철·정유공장·화학공장 등 대형공사를 수주받아 설계에서부터 기계설비 제작(또는 구매) 설치, 시운전까지 일체를 책임지는 사업이다. 공사대금은 적게는 몇억 달러, 크게는 수십억 달러에 이른다. 그러니 선진국형 산업이다.

플랜트산업의 역사를 보면 1950년부터 약 20여년 간은 미국을 비롯한 유럽에서 독점해 왔으나, 1970년대 중반부터는 일본이 득세하기 시작해 그 후 20년간 호황을 누렸다. 그런데 최근 일본도 사양길에 들어섰다. 인건비가 너무나 상승했기 때문이다. 일본의 3대 플랜트 엔지니어링 회사는 적자로 전환되고 주가는 10분의 1 이하로 떨어졌다.

그 다음 차례는 우리 나라가 가장 유망하다. 중화학공업이 고루 발전되어 있고, 그간 경험 많은 '플랜트 엔지니어링' 회사가 여러 곳 생겨났으며, '플랜트 엔지니어'가 대량 양성되어 있기 때문이다. 정부에서 적극적인 지원만 해준다면 연간 150억 달러의 수주는 가능한 분야이고 앞으로 15~20년 간은 호황을 누릴 수 있는 분야이다. 플랜트 수출은 설계 과정이나 현장 건설에서 고급 기술인력을 많이 필요로 하는 업종인 동시에 많은 기계설비를 국내에 발주하기 때문에 외화가득액이 50%를 넘는다. 이런 뜻에서 정부는 플랜트 수출산업에 대해 전략을 수립, 강력히 추진할 필요가 있다. 제2차 경제위기 때의 중동진출과 같은 효과를 기대할 수 있다.

그리고 당장이라도 실시할 수 있는 방안 하나를 제시한다. 현재 부도 상태에 있는 중소기업 중 수출이 가능한 업체를 선정해서 즉시 가

동시키는 것이다. 수출이 늘고 실업자를 구제할 수 있다. 정부로서는 가장 손쉽고 비용이 적게 들며 속효성(速效性)있는 방안이다(1960~70년대의 '시범 수출업체 제도'와 같은 개념이다. 이들 업체에 대해서는 수출 의무량을 부과하고 수출 상태를 체크해야 한다).

두 번째, 수입대체 효과를 극대화한다. 현재 수입되고 있는 품목 중, 품질면에서 뒤지지 않는 품목은 국산품을 사용하도록 해야 한다. 또한 품질면에서 수입상품과 경쟁이 안 되는 품목은 적극적인 기술향상 대책을 실시해야 할 것이며, 지금까지 국산화를 하지 못한 품목도 국산화에 박차를 가해야 할 것이다. 특히 기계·전자제품 등 중화학공업 분야에 역점을 두어야 하는데, 부가가치가 크기 때문이다. 부품을 수입해서 껍데기만 국산화하고 폭리를 취하는 품목에 대해서는 국산화율을 향상시키는 근본대책을 수립해서 실시해야 한다. 이런 조치는 중소기업에게 일감을 주고, 나아가 고용증대와 실업대책에 크게 이바지할 것이다.

제조업이 활기를 띠면 자연히 3차산업 경기도 좋아져서 실업자 문제는 해결될 것이다. 따라서 사회안정 대책이라는 대국적인 면에서 '임팩트'가 가해져야 할 분야다. 이를 위해 '100억 달러 수입대체 계획'을 작성해서 강력히 시행해야 할 필요가 있다.

세 번째로는 소비를 줄이는 것이다. 우리 나라는 1995년에 국민 1인당 GNP 1만 달러를 달성하고 OECD에도 가입했다. 그런데 이것은 환율이 800 대 1이라는 허상(虛像) 아래에서였다. 환율이 급등하니 우리 나라의 국민 1인당 GNP는 6,000~7,000달러가 됐다. 그렇다면 우리 나라는 6,000~7,000달러의 생활로 돌아가서 재출발을 해야 하는 것이 당연하다. 소비에 있어서는 88올림픽 전의 상태로, 마음가짐은 새마을 정신으로 돌아가야 마땅하다. 우리 나라는 1,400억 달러를 수출하는 수출대국이다. 1,400억 달러를 수출하면서 국제수지가 적자라는 것은, 순전히 정부의 외환관리 전략이 없기 때문이다.

2) 지속적인 에너지 절감운동

국민들이 자진 협조한다면 연간 100억 달러 정도의 외화절약은 가능하다고 본다. 우리 나라의 수입품목 중 가장 큰 것이 원유수입이다. 1996년 우리 나라는 247억 달러의 에너지를 수입했으니 우리 나라가 지금(1998년) 에너지 10% 절감운동을 편다면 약 30억 달러를 절약할 수 있다. 당분간은 국가나 기업체에서 달러를 많이 소요하는 대형 투자사업에 대해서는 긴요한 것을 빼고는 억제할 필요가 있다. 특히 국방부도 장비의 국산화에 박차를 가해서 외화소비를 억제할 필요가 있다. 그 외에도 불필요한 해외여행, 사치품 수입자제 등 여러 가지 항목을 생각할 수 있다. 외화 소비 '100억 달러 외화 절약 방안'을 마련하여 그 실적을 월별로 작성하고 발표해 가면서 국민들의 자진 협조를 구할 필요가 있다. 현재의 국가위기를 이겨내려면 국민 모두가 애국심을 발휘해서 외화 절약에 나서야 한다. IMF 사태의 해결이 늦으면 늦을수록 국민이 받는 고통은 커진다.

7. 수출만이 살길

1) 테크노크라트가 개발주역 돼야

지금까지 극히 단편적으로나마 경제적 관점에서 ①국가경제 발전전략 ②국가 경제위기 관리제도 수립 ③국민의식 개조 ④국토 개편 ⑤정치 개편 ⑥정부조직 개편 ⑦기업구조 개편 ⑧금융제도 개편 ⑨물가 및 임금제도 개편 ⑩교육제도 개편 ⑪기술인력 개발제도 개편 ⑫노사협력구조 개편 등 수많은 과제에 대해서 설명했다. 현 경제위기를 해결하고 우리 나라 경제를 건실화해서 다시 도약하기 위한 기본적인 방향에 관한 이야기들이다.

이를 종합해서 다음과 같은 결론을 내린다.

ⅰ) 국가경제발전에는 '개발단계'와 '관리운영단계'로 양분할 수 있다.
ⅱ) 개발단계, 후진공업국가가 경제발전을 하는 데는 '한국형 경제건설 모델'이 유효하다. 강력한 정부 주도하에 정부와 민간기업이 혼연일체가 되는 국가주식회사(State Company) 형태로 추진해야 한다는 뜻이다. 주로 마이크로(Micro)적인 어프로치를 해야 하는 단계이다.
ⅲ) 공업기반이 어느 정도 구축된 후인 '관리운영단계'에서는 민간기업이 주도적 역할을 해야 한다. 그러나 정부는 '틀'(Frame)을 만들어야 하고, 이 틀 안에서 기업들이 자유경쟁토록 할 책임이 있다. 그리고 정부는 국가경제가 건실해지고, 계속적인 발전을 해나갈 수 있도록, 국제경쟁력 강화방안을 비롯한 경제발전 전략을 마련하고 수시로 보완해 가면서 실천해야 한다. 이때는 주로 매크로(Macro)적인 어프로치가 필요하다.
ⅳ) 우리 나라는 마이크로적인 개발단계에서는 성공을 거두었다. 그런

데 매크로적인 경제의 관리운영단계에서는 실패해서 IMF 사태를 맞게 됐다.

v) 국가 장기개발 전략은 국가와 국민을 위해서 필수적이다. 그리고 시행해 가면서 수시로 보완해 나가야 한다. 세계의 경제환경이 변화하고 우리 나라의 산업 형태가 달라지기 때문이다. 우리 나라는 80년 이후부터 이러한 장기전략이 없었기 때문에 이번의 IMF 경제위기를 당하게 됐다고 본다. 그리고 현 IMF 위기를 타개하는 데에도 기본전략과 구체적인 계획이 수립되어야 국민을 납득시키고 동참을 바랄 수 있다.

그런데 현대사회에서는 공업에 대한 기초지식이 없으면 경제문제를 다룰 수가 없다. 그리고 경제의 여러 요소는 서로 밀접한 연관성이 있어 상호간에 원인과 결과를 제공한다. 한 문제만 따로 떼어서 해결할 수가 없다는 뜻이다. 이렇게 서로 얽힌 문제를 해결하는데 사용되는 기법을 '시스템 공법(System Engineering)'이라고 한다. 또한 제품에 대한 각종 지식과 생산공정을 파악하고 있어야만 계획을 수립할 수 있다. 이 계획에는 '① 계획이 완성되었을 때의 청사진(靑寫眞) ② 구체적인 비전 ③ 연차별 시행계획'이 포함되어야 한다. 이러한 기법을 '엔지니어링 어프로치(Engineering Approach)'라고 한다.

시스템 공법이나 엔지니어링 어프로치를 다룰 수 있는 지식을 소유한 정책수립자를 '테크노크라트'라고 한다. 꼭 기술자 출신이어야 한다는 뜻은 아니고, 기술에 대한 소양과 경험이 있고 담당 실무에 밝은 행정가라는 뜻이다. 여하간 국가적인 전략 수립에는 우수하고 통찰력 있고 풍부한 경험을 가진 테크노크라트가 작성해야 한다는 것이 경제발전사를 연구하는 외국학자들의 공통된 견해이다. 소위 '테크노크라트의 개발 주역론(主役論)'이다.

우리 나라가 국가 경제발전 전략이나 개혁 전략을 수립하고 추진하기 위해서는 우수한 테크노크라트의 양성 및 중용이 필수적이라는 점을 강조한다.

① 이런 이유로 대만에서는 경제부처의 장관이나 국영기업체의 장은 물론, 각 부처에 테크노크라트가 대거 포진하고 있다. 80년 당시의 자료에 의하면 대만정부 각료 중 기술자 출신은 국무총리가 전기공학, 경제부 장관이 화학공학, 재무부 장관이 토목공학, 무임소 장관 2명 중 한 명이 물리학 전공, 또 한 사람이 기계공학 전공이다. 현재도 리덩후이(李登輝) 총통이 일본 교토대학 농학부 출신의 테크노크라트이고, 경제총수인 왕즈강(王志剛) 부장도 미국 텍사스 농공대학 출신의 테크노크라트이다.

② 중국에서도 '테크노크라트'가 국가경영을 책임지고 있다. 국가 주석 장쩌민(江澤民)은 물론이고 최근 취임한 중국 총리 주룽지(朱鎔基), 부총리 후진타오(胡錦濤)가 기술자 출신으로 현장 경험이 많은 테크노크라트이다. 중국에서는 국가 최고경영자는 물론이고 차세대의 영도자도 테크노크라트여야 한다는 뜻이다.

③ 우리 나라에서도 1960~70년대는 테크노크라트의 시대였다. 우선 박 대통령 자신이 테크노크라트였다. 통상적으로 각국 사관학교에서는 수학·물리·화학 등 과학 교육을 실시한다. 그래서 졸업 때에는 이학사(理學士) 자격이 수여된다. 더욱이 박 대통령은 포병장교로서의 과학적인 추가 교육을 받았다. 그리고 군 행정과 대통령으로서의 행정을 몸에 익혔으니 완벽한 테크노크라트이다. 김정렴(金正濂) 비서실장도 상공부에서 장·차관을 지내면서 테크노크라트로서의 능력을 갖게 되었다.

박 대통령은 재임 중 테크노크라트를 중용했다. 제1차 경제위기 때의 공업구조의 수출 개편 작업 때나, 제2차 경제위기 때의 중동진출방안, 방위산업 육성, 중화학공업 건설, 2000년대를 바라보는 국가전략 작성 등 모두 테크노크라트에게 일임했다. 경제의 주체는 각종 산업인데 그 계획을 수립할 수 있는 능력 소지자는 산업을 아는 테크노크라트라고 믿었기 때문이다. 그래서 당시에는 청와대 내에 테크노크라트로 구성된 경제 제2수석 비서관실이 있었고 상공부를 비롯해서 건설부·농림부 등 각 산업 담당 부서에는 과장급·국장급은 물론 차관보급까지 많은 테크노크라트가 포진하고 있었다.

그러던 것이 전두환 행정부가 들어서자 정부 및 산하기관의 직원 수천 명을 추방하면서 테크노크라트를 완전히 축출했다. 특히 상공부가 심했다. 그리고 경제기획원 출신 이코노크라트가 각 부서의 장·차관으로 등용되더니 그 후로 가서는 행정 경험도 없는 학자, 즉 이코노미스트까지 기용되었다. 이로써 우리 나라는 테크노크라트가 없는 정부로 변했고 이코노크라트의 전제(專制)시대로 돌입한다.

이들은 주로 ①자유시장 경쟁주의자이고 ②경제운영은 통화량 조정으로 가능하다는 관념을 갖고 있으며 ③정부의 역할은 적을수록 좋다는 미국식 경제운영방식을 선호했다. 아시아적 경제개발방식을 택하고 있던 테크노크라트와는 정반대였다. 경제정책상 대변동이 일어났던 것이다. 그리고 테크노크라트가 없어졌으니 이들의 협조도 받을 수 없었다. 고속전철, 한보철강의 공법, 삼성자동차의 입지 선정 등등에서 과오를 범하게 되는 것도 이런 점에 그 이유가 있다고 본다. 대통령이 테크노크라트가 아니라면 측근에 유능한 테크노크라트의 참모를 보좌시키는 동시에, 내각 내의 각 부처에도 많은 테크노크라트를 배치해야 한다.

2) 국운이여, 우리 국민을 버리지 마옵소서

나는 김영삼(金泳三) 대통령 취임 직후 김 대통령과 중학 동창생이고 아주 친근하다는 모회사 회장과 회동을 했다. 회장은 "김대통령에게 건의할 사항 한 가지만 지적해 달라"고 했다. 그래서 나는 "취임 초부터 퇴임날까지 '수출' '수출'만 외쳐라. 그러면 '1,000억 달러 수출 대통령', 'GNP 1만 달러 달성 대통령'이라는 업적을 남기며 퇴임할 수 있다"고 했다.

수출을 하자면 국제경쟁력 강화에도 힘쓸 것으로 기대했었다. 그런데 세계는 경제전쟁 중인데도 불구하고 우리 나라는 국적 없는 '세계화'만을 외쳤다. 과거 경험을 거울삼아야 했는데, '역사 바로세우기'라는 구호 아래에 '국가 발전전략의 중단과 변질'을 꾀했다. 그 후 5년이 지난 시점에서 IMF 위기를 맞아 나는 안타까운 감정이 앞선다.

올림픽이 끝나고 1990년대에 들어서자, 나는 우리 나라의 경제 국면이 악화되어 앞날에 위기가 닥쳐올 것이 두려워졌다. 국가의 장래가 너무나 걱정이 됐다. 그래서 1980년 이후 10여 년간 칩거할 수밖에 없었던 처지였음에도 불구하고, 용기를 내어 붓을 들기로 했다. 1992년 2월호 모 월간지에 '2000년대를 위한 한국개조구상'이라는 글을 기고했다. 그때 썼던 맺음말을 소개한다.

> "60년대, 70년대에는 '우리도 하면 할 수 있다'는 슬로건 아래 허리띠를 죄고 땀을 흘렸다. 이제 우리는 또다시 위기를 맞았다. 그리고 잘잘못을 따질 시간적 여유도 없다. 현재 상황에서 몇 가지를 자문(自問)하게 된다. 첫째는 '2000년대의 우리 후손들은 어떻게 살고 있을까? 그때 우리 후손들은 우리를 어떻게 평가할까?' 둘째는 '지금 나와 너는 무엇을 생각하고 어떻게 행동해야 할까?'

1992년 10월 27일부터는 한 경제신문에 일주일에 두 번씩 '중소기업' 문제에 관하여 몇 달 동안 연재했다. 이때는 대통령선거 기간 중이어서, 각 대통령 후보자가 알아두어야 할 사항들을 위주로 해서 썼다. 다음과 같은 호소도 했다.

　"우리 나라는 지금 수출보다 수입이 많으니 적자가 쌓일 수밖에 없다. 이러다가는 빚더미 국가가 되어 버릴 것이다. ……우리 나라 경제 전체가 부도를 낼 수도 있다는 걱정이 든다. ……나는 지금 우리 나라가 이러한 긴급한 상황에 놓여 있는데(도 불구하고) 그 실상을 피부로 못 느끼고 있다는 데 대한 두려움을 말하고 싶다. 그리고 이런 현상이 가속화되어 우리 나라가 장래에 닥칠지도 모르는, 결코 일어나서는 안 될 비참한 결과를 하루 속히 깨닫고, 대책을 세워야 한다는 점을 말하고 싶다."

　그 후 6년이란 세월이 지나서 1998년이 되었다. 이번에(1998년) 이 글을 쓰고 보니 그 내용이 6년 전과 똑같은 맥락이 됐다. 1998년까지 17년 간 변질되고 꼬여버린 현 경제시스템을 바로잡기가 간단한 문제가 아닐 것이다. 혁명적인 개혁이 필요하다. 엄청난 고통을 수반할 것이며 극심한 반대에 부닥칠 것이다. 현 정부가 성공을 거둬 이 글과 같은 걱정이 필요 없는 나라가 되기를 간절히 기원한다. 국운이여, 우리 나라와 우리 국민을 버리지 마옵소서. (1998년 4월 말 현충원에서 씀)

> 독자와의 대화

2005년 현재
IMF 사태를 돌아보면서

1997년에 발생했던 'IMF 외환위기 사태'를 경험하지 못한 후손들을 위해서 이 글을 남긴다.

1. IMF 사태의 피해

당시 IMF 사태를 '6·25 전쟁 후 최대의 국난(國難)'이라고 했는데, IMF 사태를 심하게 당해 본 국민들에게는 처절한 경험이었고 'IMF'란 말을 듣기만 해도 공포까지 느끼는 사람이 많다. IMF는—6·25전쟁 때와 똑같이 국내의 모든 장소와 모든 직장과 모든 가정, 그리고 남녀노소 간에 구분도 없이—모든 사람에게 치명적인 피해를 주었고 급격한 변혁을 일으켰다. 처음 당하는 일인지라 신조어도 많이 등장했다.

1) 중산층의 몰락

우선 '명퇴, 조퇴, 황퇴'라는 말이 새로 생겼다. IMF 때 거의 모든 직장에서 구조조정을 했는데 구조조정이란 바로 조직과 직장의 축소를 뜻한다. 이런 때에는 대폭적인 '인원감축'이 있기 마련인데 '명퇴'란 명예퇴직이고, '조퇴'란 퇴직연한(退職年限)이 남았는데도 조기에 퇴직 당하는 경우였으며, '황퇴'란 이유도 모르게 퇴직 당하고 보니 황당하다는 경우였다. 갑자기 다른 직장을 구하는 것도 불가능해서 '주식'을 시작하는 사람이 많았다. 그러나 경험이 없는지라 성공한다는 것은 극히 희귀했다. 주식을 하다 보니 손해를 보게 되고 남는 것은 잔고(殘高)가 바닥이 난 통장뿐이다. 그래서 '깡통계좌'라는 말이 유행했다. 음식점 등을 경영하다 퇴직금을 날린 사람도 많았다. 공장을 경영하던 기업주는 돈줄이 막혀 고리채를 쓰다가 부도를 내고 공매입찰을 당한 후 '빈손털이'가 되고 빚쟁이 협박에 못 이겨 전국을 도망다니는 신세가 되기도 했다. 집 한 채를 가지고 있던 평범한 가장이 직장을 잃자 집을 팔아 셋방살이 신세가 되기도 하고, 그것도 못 하는 처지의 사람은 과거의 신분을 일체 포기하고 노동판에 나서기도 하고 가두판매원이 되기도 했다. 즉 IMF에 의해 많은 중산층이 몰락한 것이다.

2) 도덕과 질서의 파괴

실직을 당한 가장(家長)이라는 사람은 집안에서 죽치고 있거나, 소일거리로 등산이나 낚시 등을 하러 다녔다. 이렇게 되면 '돈벌이 못하는 가장'은 가부장(아버지)의 지위나 역할을 포기할 수밖에 없는 신세가 되고, 그 대신 여자 즉 주부나 어머니가 나서서 생계를 꾸려나가게 된다. 이들은 주로 보험, 판매, 식당, 가사도우미 등 서비스업에 나섰다. 생계를 꾸려가는 것이 어머니의 몫이 되니 자식들도 용돈이나 학비 등을 어머니로부터 받아야 했다. 가장이었던 남편도 부인에게 용돈을 타서 써야 하는 신세가 되더니 구박까지 받게 되자 '여성상위시대'로 바뀌어 나갔다.

자식들도 학비를 벌고 용돈을 마련하기 위해 '알바'로 나섰는데, 가족과 함께 하는 시간이 줄어드니 부모와 자식 간의 전통적인 '사랑과 존경심'은 힘을 잃고 자연히 부모의 역할도 줄어들고 결국에는 서구화되어갔다. 부모-자식 간의 관계가 소원해지면서 노후는 스스로 책임진다는 의식이 팽배해졌다. 그 결과 극단적인 '산아제한'이 유행처럼 번지더니 현재에 이르러서는 '산아장려'를 정부가 적극적으로 권장하는 시대로 변해갔다.

조상숭배에 대한 전통도 희미해져서 선산(先山)을 팔아 현금화하는데 부끄러움이 없어지고 오히려 이 돈을 분배하는 데 서로간에 싸움이 벌어지는 세상이 되었다. 고래로부터 이어오던 대가족주의나 가문(家門)에 대한 의식도 약화되었다. 전통적 가족제도의 파괴라고 볼 수 있다.

능력을 상실하게 된 가장들 중에는 경마 등 도박에 빠지거나 빚쟁이에게 쫓겨 집을 뛰쳐나와 노숙자가 되기도 했다. 그래서 서울역은 이러한 사람들로 붐비는 합숙소가 되기도 했고, 이런 장면은 매일같이 TV나 신문에 보도되었다. 이 모든 것이 돈으로부터 파생된 사회현상들이니 자연히 '물질만능', '금전지상주의'적 사고가 만연하게 됐다.

고래로부터 내려오던 유교적인 전통은 깨지고 말았다. 심지어 늙은 부모를 버리는 자식, 자식을 버리는 부모가 많아졌고, 돈 때문에 성(性)개방이 촉진돼서 가정이 파괴되는가 하면, 어린 중고생들이 '원조교제'를 하기도 해서 사회적인 큰 이슈가 되기도 했다. 그리고 물질지상주의와 배금(拜金)주의적 사회, 즉 사회적인 신분을 돈으로 구분하는 사회로 변했다. 그래서 인간관계도 예전과는 달라졌다. 모든 문제의 판단기준은 '돈'이 우선이고 '의리'나 '전통', '체면' 심지어 '신용'조차도 그 다음 문제였다. 그래서 친구나 직장 동료 간, 그리고 상거래 관계에도 큰 변화를 갖고 왔다.

이상 몇 가지 예를 들었지만 IMF 사태는 정치, 경제, 사회의 각 분야뿐만 아니라 정신적인 면, 즉 도덕, 전통, 질서, 미풍양속, 가치관 등 모든 분야에 일대 급격한 변혁을 일으켰다. 모두가 돈 때문에 생겨난 일이다. IMF 사태가 발생한 지 8년이 지난 현재에도, IMF의 후유증은 남아 있다. 과거보다 신세가 좋지 못한 친구를 만나서 안부를 물어보면 '십중팔구'는 IMF 사태 때문이라고 한탄하는 소리를 듣곤 한다. 그 피해가 얼마나 큰가를 짐작할 수 있다.

2. IMF 사태의 본질

1997년의 IMF 사태는 2005년 현재 시점에서 되돌아보면 아주 기묘한 사건이었다고 표현할 수밖에 없다. 상식적으로는 도저히 발생할 수가 없는 사건이 일어났기 때문이다. 이 점을 증명이라도 하듯이, IMF 사태 발생 불과 2년 후인 1999년에 IMF 사태는 완전히 소멸되고 만다. IMF 사태라는 것은 한마디로 말해서, '한국 경제에 대한 통제권을 IMF의 신탁통치 아래에 맡기고, 한국 정부는 IMF의 지시에 따라 실무집행만을 하는 시스템'으로 넘어갔다는 것을 의미한다.

그렇다면 IMF 사태를 2년 만에 해소시킨 공은, 우리 정부에 있다고는 할 수가 없고, IMF 소관사항이라는 뜻이 된다. 그러나 실제로 IMF가 취한 내용을 살펴보면 IMF에게 그만한 공이 있다고는 평가할 수가 없다. 그런데도 IMF 사태가 그렇게 손쉽게 해결된 것을 보면 다른 해석을 할 수밖에 없다. 즉, 우리 나라는 처음부터 IMF 사태가 발생하지 않아도 될 여러 가지 경제 여건을 갖추고 있었는데도 '실책(失策)'을 하거나 혹은 '정치적 과욕' 때문에 IMF 사태가 유발됐다는 견해이다.

3. 1996년 12월 한국의 OECD 가입

　OECD라는 것은 선진국들의 모임이다. 즉 국제적인 규율(Rule)만이 냉엄하게 통용되는 곳이다. 그렇다면 한국의 제반 경제적인 '시스템'이나 '룰'을 국제화하고 난 다음에 OECD에 가입해야 마땅하다. 당시 한국은 OECD에 참관인 자격(observer)으로 몇 차례 참석했지만 OECD에 가입하기 위한 '연구'나 '사전준비'는 전혀 마련되지 않은 상태다.
　더욱이 우리 나라는 당시까지만 해도 '개발도상국'에 속하고 있었기 때문에 수모도 좀 당했지만 또 한편으로는 개발도상국이 취할 수 있는 이득도 많았다. 특히 자유화(自由化)에 대한 압박은 거의 피할 수 있는 입장이었다. 그런데 이럴 때 OECD에 가입을 하면 이런 이점을 누릴 수가 없게 되니—새로운 환경에 무리 없이 진입하기 위해서는—사전대비책을 철저히 해야 한다는 것은 너무나 당연한 일이다(이 당시 친한파(親韓派)이며 나의 친구인 WHO(UN)의 한 고위 간부가 내게 충고를 해왔다. "한국은 왜 OECD 가입을 서두르는지 모르겠다. 한국이 OECD에 가입함으로써 잃는 손실이 얼마나 큰 줄 아느냐?" 당시의 국제적인 관점이나 분위기를 잘 표현한 지적이었다는 것을 지금에 와서 더 실감한다).
　김영삼 대통령은 취임하자마자, 1996년도에 OECD에 가입하겠다고, 국민에게 약속을 했다. 세계 11위의 경제력을 갖춘 한국이 세계 선진국들로부터 그의 경제력에 상응하는 파트너로서 대우를 받고, 세계경제 발전을 위한 논의에 참여함으로써, 한국의 위상을 한 단계 높은 수준으로 도약시키겠다는 것이 OECD 가입의 명분이었다.
　그러나 OECD 가입은 서비스 및 외환·자본거래의 자유화를 확대해야 하며, OECD 규정 수용을 위해 국내 제도들을 개편해야 한다. 특히 외환·자본시장을 개방하자면 우리 나라의 경상수지가 흑자 기조로 확실히 들어선 다음이라야만 가능하다. 그런데 우리 나라는 1994년부터 경상수지가 적자로 반전된 후 해마다 적자폭이 커져서 OECD에 가입하는 97년에는 사상 최악의 '경상수지 위기'에 직면하고 있던 때였다. 이런 시기에 OECD에 가입한다는 것은 상식적으로는 도저히 이해할 수가 없다.

그렇다면 OECD에 가입한 목적은 무엇일까? 순전히 '문민정부시대에 우리 나라를 선진국 대열에 진출시키겠다'는 정치적 욕망을 채우기 위함이 아닌가 하는 추측을 할 수밖에 없다.

㈜ : 김영삼 정부는―한국은 이미 금융의 자유화를 실시하고 있다는 실적을 OECD에게 보여줌으로써―OECD 가입을 촉진시킬 수 있다고 판단하고, 1995년부터 미리 외환자유화를 시작하고 있었던 것이 아닌가? 하는 의구심이 든다. 그렇지 않고는 1995~1996년에 갑자기 그렇게 큰 액수의 국제수지 적자가 발생할 수는 없는 것이다. 김영삼 정부가 아무런 사전 대비책도 취하지 않은 상태에서 OECD에 가입하겠다고 욕심을 낸 것 자체가 IMF 사태발생 원인이라는 뜻이다. 그리고 아무리 생각해도 김영삼 대통령이 취한 금융(및 소비)의 자유화 조치의 결과는 IMF 사태 발생으로 그가 바라던 '세계화, 국제화, 선진화'와는 다른 방향으로 진행된 것이 아닌가? 하고 느껴진다. 그렇다면 큰 정책을 추진하고저 할 때에는 시기가 있는 법이고, 철저한 사전 준비가 필요하다는 뜻이 아니겠는가?

1996년 12월, 우리 나라는 29번째의 OECD 회원국이 됐다. OECD 가입은 국민들에게 '우리 나라는 이미 선진국이라는 환상'을 심어주었고, 자유화라는 명목 아래에 '외환취득범위'를 확대하고 나니, 국민들은 얼싸 좋아하며 해외여행 및 해외유학의 급증, 사치성 소비재의 소비 및 수입 증가, 과소비 조장 등을 비롯한 제반 지출을 촉발시켰다. 그 결과 경상수지 적자폭을 크게 증가시킴으로써 외화보유액을 축소시

컸고 결국에는 IMF 사태를 불러들인 원인으로 작용했다. 그로부터 1년 후인 97년 11월 이미 설명한 대로 IMF 사태가 발생한다.

4. 1999년 IMF 사태 해소

(1) 우선 IMF 외환위기가 발생한 1997년부터 2004년까지의 경제지표를 보자. 당시 우리 나라에서는 기적과도 같은 현실들이 일어나고 있었다는 것을 알 수 있다.

〈도표 Ⅵ-11〉을 통해 총 수출액에 대해 살펴보면,
  97년—1,361억 달러 수출
  98년—1,323억 달러 수출(2.8% 감소)
  그런데 총 수입액은, 97년 1,446억 달러에서 98년 933억 달러로 감소해서 513억 달러라는 막대한 액수가 줄어들었다(무려 35.5%가 감소한 것인데 IMF를 맞고 난 후 소비를 줄였던 것이다). 그 결과 '무역수지는 390억 달러 흑자, 경상수지는 405억 달러 흑자'라는 막대한 흑자를 기록했다. 건국 후의 최고 기록이다.
  이러한 추세는, 규모는 좀 줄어들었으나 1999년도에도 이어졌다.
  총 수출액—1,437억 달러(전년대비 8.6% 증가)
  총 수입액—1,198억 달러(전년대비 28.4% 증가)
  이 결과 무역수지는 흑자가 239억 달러, 경상수지는 250억 달러흑자를 달성했다.
  2년간의 합계는,
  무역수지 629억 달러 흑자, 경상수지 655억 달러 흑자에 이른다.

■ 도표 Ⅵ-11

1997년~2004년 경제지표

(단위 : 억 달러)

	총 수출액 (100%)	(경공업) (%)	(중화학공업) (%)	총 수입액	무역수지
1997	1,361	338 (24.8%)	917 (67.3%)	1,446	−85
1998	1,323	325 (24.6%)	897 (67.8%)	933	390
1999	1,437	297 (20.7%)	1,032 (70.9%)	1,198	239
2000	1,722	303 (17.6%)	1,276 (74.1%)	1,605	118
2001	1,504	263 (17.5%)	1,115 (74.1%)	1,411	93
2002	1,625	255 (15.7%)	1,159 (71.3%)	1,521	103
2003	1,938	273 (14.2%)	1,547 (79.8%)	1,788	150
2004	2,538	296 (11.7%)	2,080 (82.0%)	2,245	294

 이로 말미암아 가용외환보유고는 1997년도의 88.7억 달러에서 1998년 말에는 520억 달러, 1999년 말에는 740억 달러로 늘어나게 된다 (〈도표 Ⅵ-12〉 참조).

■ 도표 Ⅵ-12

가용외환보유고

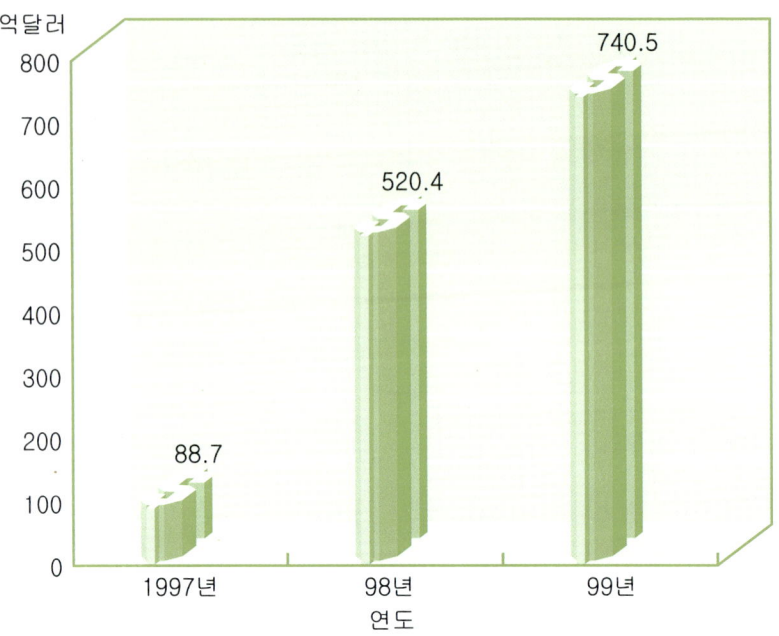

 (2) 정부와 IMF 간의 의향서는 1차합의(97. 12. 3) 이후 8차합의(98. 11)까지 여덟 차례 있었다. 5~8차합의 때의 정부 외환보유고에 대한 합의 내용은,

    5차합의(98. 2) : 1/4분기 목표 — 200억 달러
    6차합의(98. 5) : 2/4분기 목표 — 320억 달러
    7차합의(98. 7) : 3/4분기 목표 — 340억 달러
    8차합의(98. 11) : 98년 말 목표 — 450억 달러

그런데 1998년도 말의 가용 외환보유고는 (〈도표 Ⅵ-12〉 참조) 520억 달러가 됐으니 제8차 합의 내용을 충족시키고도 남음이 있다. 이런 상태가 되니 IMF 쪽에서도 우리 나라 경제를 재평가하게 됐다. 그 결과 '정부—IMF 간의 의향서'도 시간이 흐를수록 규제가 완화되어 나갔고, 경제사정은 안정을 되찾고 정상화되어 갔다. 즉 IMF 사태가 해소되어 가기 시작했다는 뜻이다. 몇 가지 지표를 살펴본다.

- 환율 : 97년 말 (IMF 발생시) 1달러당 1,695원이었는데
  98년 말에는 1,207원으로 내려갔고,
  99년 말에는 1,145원으로 하락.

- 콜금리 : 97년에는 35%까지 올라갔으나,
  98년 말에는 6.66%,
  99년에는 4%대로 인하.

- 물가 : 98년에는 소비자물가가 7.5% 상승했는데
  99년에는 0.8%로 하락.
- 우리 나라의 경제성장률은 98년까지는 —6.7%라는 마이너스 성장이었던 것이 99년에는 연평균 10.7%, 4/4분기는 전년대비 13.0% 성장.
- 국가신용등급도 미국의 무디스(Moody's)와 S&P(Standard & Poor's) 공히 97년 12월에는 투자부적격 판단을 했으나 99년 1~2월에는 투자적격으로 상향조정.

(3) 이렇게 해서 1999년 말에 우리 나라는 IMF 외환위기에서 탈출하게 된다. 그렇다면 만 2년이라는 짧은 기간에 '6·25 후 최대

의 국난'에서 벗어날 수 있었던 근본적인 이유는 무엇이었을까?

그것은 다름아닌…… '돈을 많이 벌고, 아껴 쓰면' IMF 사태가 발생하는 것을 미연에 방지할 수 있을 뿐만 아니라, IMF 사태가 일어 났다고 해도, 여기서 벗어날 수 있다는 원리(原理)……가 진실이라는 것을 증명하고 있다는 점이다.

IMF 사태 이후 우리 국민은 달러를 벌어들이기 위해 수출하는 데 온 힘을 다했다. 그리고 필사적으로 절약을 했다.

그 결과 무역흑자가 '98년에 390억 달러, 99년에 239억 달러, 합계 2년 동안에 639억 달러'라는 막대한 흑자를 냈다.

또한 경상수지 흑자는 '98년에 405억 달러, 99년에 250억 달러, 합계 655억 달러'에 달했다.

이로 인해 외환보유고가 늘어나서, 이미 설명한 대로 1999년 말에 740억 달러에 이르자 모든 문제는 순순히 해결돼 나갔던 것이다.

5. 중화학공업은 우리나라의 '생명줄'

이 원고를 쓰고 있는 2005년 11월 26일자 조간신문에 "외환위기 때 한국은 비싼 수업료를 치렀다"는 기사가 나왔다. IMF 당시 미(美) 재무부 장관이었던 로버트 루빈 제이콥 와이스버그의 회고록 《글로벌 경제의 위기와 미국》(원제 : In an Uncertain World)에 들어 있는 내용인데, '루빈'은 한국의 외채

> 협상 결과에 대해 "결국 (미국을 비롯해서 외국) 은행들은 전액을 돌려받았고, 그 과정에서 비싼 이자도 받았다"고 적고 있다. 미국정부의 재무장관이라는 사람은 미국은행의 이익을 위해 노력해서 과분한 이자까지 챙겼다는 것이고, 한국정부는 미숙한 협상을 한 결과 비싼 수업료를 치렀다는 뜻이 된다. '빚잔치란 이런 것이다'라고 알고는 있으면서도 이 글을 보니 어쩐지 부끄러운 감이 들면서 기분은 좋지 않다.

(1) 6·25전쟁 때는 미국을 비롯한 세계 각국에서 동정과 원조가 잇따랐지만, IMF 국난 때에는 동정은커녕 연민의 정마저도 없었다. 그래서 박정희 대통령이 자주 하던 다음과 같은 말이 새삼스럽게 떠오른다. "우리 나라 속담에 '소 잃고 외양간 고친다'는 말이 있다. 이 말에는 도둑을 맞은 사람에 대한 동정심은 없다. '얼마나 허술했으면—농가로서는 생명줄과 같은—소를 도둑맞겠느냐?'는 냉소적인 뜻이 담겨 있을 뿐이다. 우리 나라에서는 절대로 소도둑을 맞는 것과 같은 일이 일어나서는 안 된다. 그러기 위해서는 미리 미리 철저한 대비를 해야 한다."

그 후 박 대통령은 '유비무환(有備無患)' '부국강병(富國强兵)' '국태민안(國泰民安)'을 위해 국력을 총동원해서 '중화학공업화 정책'을 추진해 나갔으며, 생전에 이를 완성시켰다.

그 결과 중화학공업은, 우리 나라 국력의 원동력이 되었을 뿐만 아니라, IMF라는 전쟁터에서는 항공기나 군함, 탱크와 같은 역할을 훌륭히 담당해서, 2년 만에 기적과도 같은 승리를 안겨준 것이다.

(2) 〈도표 Ⅶ-11〉〈도표 Ⅶ-15〉는 1997년부터 2004년까지의 수출,

수입통계이다. 이 표를 보면 1997년 IMF 사태가 발생하자 다음해인 1998년에는 수출, 수입 모두 감소했다.

수입은 급감해서 1998년에는 390억 달러 무역흑자, 1999년에는 239억 달러 무역흑자가 됐다는 것을 알 수 있다.

그런데 1999년부터 수출이 증가하기 시작하는데, 1997년 대비 2000년도의 수출은 126.5%, 2004년에는 186.0%로 상승한다.

한편 수입은 1997년 대비, 2000년에 111.0% 증가, 2004년에는 155.2% 증가한다. 수출보다 적은 액수이다. 그래서 매해 흑자를 내고 있다.

(3) 여기서 우리 나라 국민으로서 꼭 알아야 할 가장 중요한 점은 다름 아닌 수출의 내용이다. 우선 〈도표 Ⅵ-11〉〈도표 Ⅵ-15〉에서 보듯이 경공업제품의 수출은 매해 줄어들고 있다는 점에 주목해야 한다.

1997년 대비 2000년도의 수출은—10.3%, 2004년도의 수출은—12.2%로 매해 감소하고 있다.

총 수출액 중 경공업제품이 차지하는 비율도, 1997년에는 24.8%이던 것이 차차 줄어들어 2000년에는 17.6%, 2004년에는 11.7%로 아주 미미해진다.

그렇다면 우리 나라에서 경공업 수출시대는 이미 그 역할을 다하고 퇴장을 하고 있으며, 새로이 중화학공업 수출시대가 도래했다는 것을 알 수가 있다.

중화학공업제품 수출이 전 수출품에서 차지하는 비율은(〈도표 Ⅵ-11〉참조), 1997년에 67.3%였는데 2000년에는 74.1%, 2004년에는 82.0%가 됐다.

■ 도표 Ⅵ-13

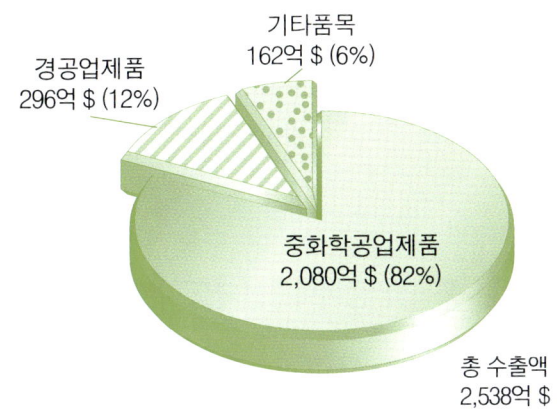

〈도표 Ⅵ-11〉과 〈도표 Ⅵ-13〉에서 보면, 2004년도의 수출총액은 2,538억 달러였다.

이 중, 중화학공업제품 수출액 2,080억 달러(82%), 경공업제품 수출액 296억 달러(12%), 기타제품 수출액 162억 달러(6%)였다.

중화학공업제품 수출이 압도적으로 많다는 것을 알 수 있다.

다음에는 중화학공업 중 어떤 품목이 많이 수출됐는지를 살펴보자.

〈도표 Ⅵ-14〉를 보면, 2004년도의 중화학공업제품 수출액 2,080억 달러 중에

        화공품   205.4억 달러(10%)
        철강재   186.1억 달러(9%)
        기계류   226.1억 달러(11%)

	전기·전자	877.7억 달러 (42%)
	자동차	245.8억 달러 (12%)
	선박	153.2억 달러 (7%)
	합계	1,894억 달러 (91%)
나머지……	기타	186.0억 달러 (9%)

■ 도표 Ⅵ-14

2004년 품목별 중화학공업제품 수출(억 달러)

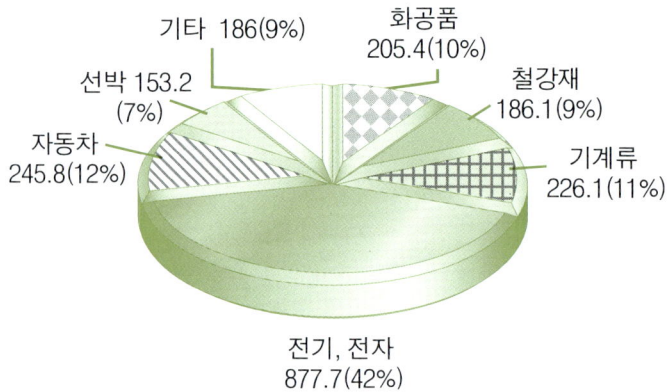

 이 중 6개의 주요 수출상품, 즉 화공품(石油化學 제품), 철강재, 기계류, 전자·전기, 자동차, 선박 등 여섯 개의 낱말은—중화학공업화 정책을 설명할 때 언급된 바가 있으니—독자에게는 이미 구면(舊面)인 셈이다. 이들이 수출한 액수는(2004년 현재) 1,894억 달러에 달하며, 중화학제품 총 수출액의 91%를 차지하고 있다.
 '이 여섯 개 업종을 1973년부터 황무지인 우리 나라에 이식(移植)을 했다. 약 100억 달러를 투입했다. 그 명칭을 중화학공업화 정책사업이

■ 도표 Ⅵ-15

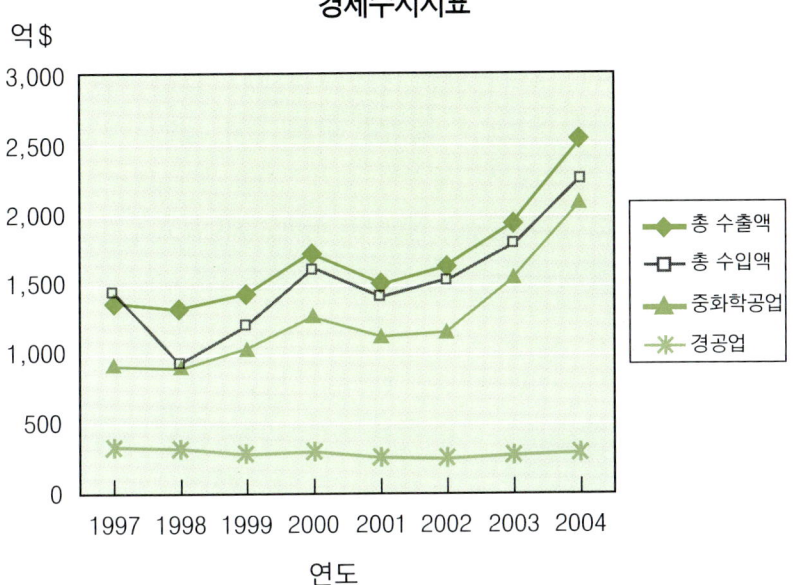

경제수지지표

라고 했다.' 그 이후 이를 가꾸는 데 정성을 다했더니 지금은 장성한 후 어엿한 일꾼이 돼서, 연간 약 2,000억 달러를 수출함으로써 우리 나라와 국민에게 효자 노릇을 하고 있는 것이다. 어찌 감격스러운 일이 아니겠는가!

앞으로도 중화학공업제품의 수출 비중은 계속 늘어갈 것이다. 〈도표 Ⅵ-15〉을 보고 있으면 중화학공업제품의 수출이 우리 나라 전체 수입액을 초과하는 날도 올 수 있다고 보여진다.

우리 나라와 국민을 먹여 살리고 있는 것은 중화학공업이라는 것은 엄연한 사실이다. 과거에는 '과잉투자다, 중복투자다' 하며 중화학공업화 정책을 헐뜯었지만, 현재는 물론이고 앞으로도 중화학공업의 신세를 지게 될 것이다.

만일 박 대통령이 중화학공업화 정책을 추진하지 않았더라면, 우리 나라와 국민은 현재 어떻게 되었을까를 생각해 보자. 앞으로 우리 자손들은 어떻게 될 것인가도 생각해 보자. 이런 점들을 생각하면서 온 국민들이 우리 나라의 중화학공업을 진심으로 아끼고 사랑하고 성원하는 날이 오기를 간절히 빌면서 이 장을 끝낸다. (2005년 12월 12일)

한국의 8대 주력 수출산업 특별우표

대한민국 정부(정보통신부)는 2006년 3월 15일 한국의 8대 주력수출산업 특별우표 8매를 발행했다. 정부는 "우리 경제를 이끌고 대한민국의 위상을 전세계에 떨친 자랑스런 수출산업의 성과와 노력을 알리고자 한국의 8대 주력수출산업 특별우표를 발행한다.

2005년 한국의 8대 주력수출산업은 자동차, 반도체, 석유화학, 전자, 기계, 조선, 철강, 섬유이며 이들 산업의 2005년 수출액은 2213.7억 불로 전체 산업 수출액의 77.7%를 차지하고 있다.

619억 불의 수출액으로 총 수출의 22%를 차지하는 전자산업과 380억 불 수출의 자동차산업이 선두대열을 지키고 있다. 특히 전자산업은 '05년에 32개 품목이 세계 일류제품으로 성장하는 쾌거를 이루었다. 반도체산업은 총 수출의 10.6%로 단일품목으로는 국내 최대 수출규모를 기록하고 있으며, 특히 메모리 분야는 '02년 이후 지속적으로 세계 1위를 유지하며 세계 최고의 경쟁력을 보유하고 있다. 석유화학산업은 에틸렌, 합성수지(플라스틱), 합성섬유(폴리에스테르, 나일론 등), 합성고무 등 각종 산업에 필요한 기초 소재를 생산하는 산업으로 세계 5위의 에틸렌 생산능력을 자

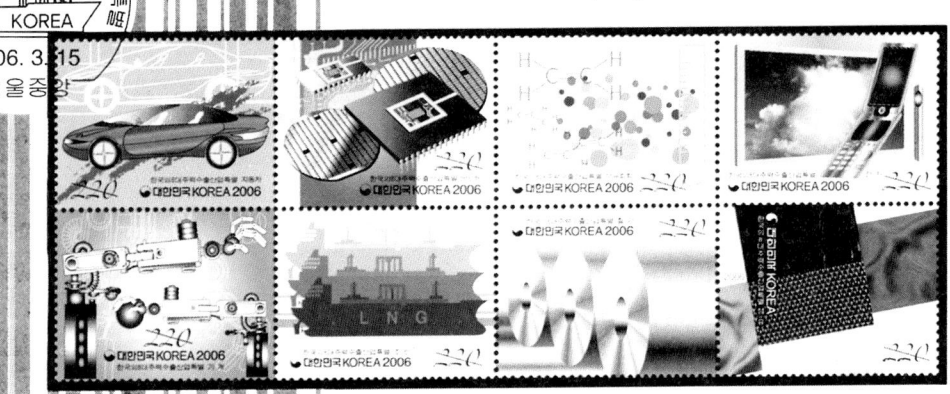

랑하고 있다. 기계산업은 우리 나라 수출주력산업의 설비를 공급하는 핵심 기반산업으로 '05년 222억 불 수출, 43억 불 무역수지 흑자를 거두었다. 조선산업은 최근 LNG운반선, 컨테이너선, 자동차운반선 등 최첨단 기능을 보유한 선박을 건조함으로써 세계 1위를 지키고 있으며 건설, 자동차, 조선, 기계 등의 산업에 소재를 공급하는 철강산업은 세계 5위의 생산능력을 보유하고 있다. 끝으로 섬유산업은 무역수지 흑자의 30.5%를 차지하는 외화획득 산업으로 최근에는 IT, BT 등과의 기술융합으로 생활·문화산업, 지식서비스 산업으로 전환되고 있다.

 이번 우표 발행이 우리 기업과 수많은 산업 역군들의 그간의 노고에 박수를 보내고 기업친화적인 분위기를 조성하여 기업의 투자활력을 제고하는 계기가 되길 기대해 본다"라고 발표했다. 박정희 대통령시대(1970년대)에 추진되었던 중화학공업화 사업은 전두환 정부 출범 이후 현재에 이르기까지 갖은 비난을 받아왔으나 30년이 지난 현 시점에서 우리 정부가 비로소 그 필요성과 중요성을 공식적으로 인정한다는 뜻이다. 중화학공업화 사업에 대한 훈장 수여와도 같다고 해석된다.

제3장
가로림만(加露林灣) 위대한 프로젝트

1 국제경쟁력 강화

'국제경쟁력을 최우선적으로 강화하려고 시도할 때, 다른 요건은 잠시 지장을 받게 되는 경우도 생길 수 있다'는 것은 이미 설명을 했다. 그 중의 하나가 '독점'과의 상관관계였다(㈜: 이 책 제Ⅱ부 제4장 참조).

60~70년대 당시만 해도 수요가 부족해서, 국제규모의 공장을 건설하는 데 큰 어려움을 겪었다. 그러나 국제규모 미달의 공장이라는 것은 단적으로 말해서 국제경쟁력이 없는 공장이라는 뜻이다. 당연히 생산되는 제품은 국제 가격보다 비쌀 수밖에 없고, 따라서 수출한다는 것은 불가능하다. 이럴 때는 하루 속히 국제 규모의 공장으로 키워나가는 것이 우선되어야 할 것이다. 즉 독점 문제는 국제경쟁력이 생기고 난 후의 문제라는 뜻이다.

그러나 이 독점 공장이 일단 국제규모화가 된 후에는 즉시 또 하나의 회사를 설립해서, 경쟁체제로 가야 한다는 것이 박 대통령의 방침이었다. 그래야만 선의의 경쟁이 일어나서, 품질향상과 가격인하가 이뤄지고, 국제경쟁력 강화가 계속 일어난다는 이론이었다.

여기에 해당되는 것이 '석유화학과 종합제철'이었다.

2 제2종합제철의 입지선정과 국토개편 작업

중화학공업화 정책에서는 '제2의 석유화학과 제2의 종합제철'을 건설하도록 결정되어 있었다. 1973년 1월 12일에 있었던 박 대통령의 '중화학공업 선언' 때에도 그 방침을 밝힌 바 있다(㈜:이 책 제Ⅱ부 제4장 참조). 그런데 실제로 석유화학은 제2의 석유화학단지가 여천(麗川)에 건설되어 민간업체 간의 경쟁체제로 들어갔으나, 종합제철만큼은 포항종합제철 하나만이 존속되어 독점체제로 남게 되었다. 그러나 포항제철소가 확장을 계속하다 보니, 입지 여건상 포항에서는 더 이상의 증설을 할 수가 없게 됐다.

그래서 1970년대 후반기에 가서 부득이하게 제2의 종합제철 건설 문제가 또다시 대두하게 되었다. 그런데 종합제철을 건설할 만한 입지를 선정하는 데는 애로사항이 많았다. 석탄과 철광석을 호주나 캐나다에서 수입하자면 20만 톤급의 화물선으로 수송을 해야 수송비가 낮아져서 생산원가가 내려간다. 그런데 20만 톤급의 화물선이 출입 가능한 항구를 찾는다는 것은 그리 쉬운 일이 아니었다. 또한 연관단지(連關團地)까지를 생각하면 1,000만 평이라는 광대한 공장용지가 필요하다.

이런 작업을 하고 있을 때, 나는 국토개편 계획에도 관여하고 있었다. 1976년부터 나는 '행정수도 건설계획과 이에 따른 국토개편 계획'을 수립 중에 있었으며, 이때 전국 인구의 재배치 문제가 큰 과제로 등장하게 되었다. 농촌으로부터는 계속 인구가 빠져 나오고 있어, 이러한 인구이동은 최소한도로 잡더라도 2000년대 초에 가면 1,500만 명으로 예측되었다.

이 중 기존 공업기지 즉 포항, 울산, 창원, 거제, 구미, 여천, 온산의 7대 공업 기지에서—한 기지마다 앞으로 50만 명의 인구를 흡수한다고 계산하더라도—이런 공업기지로 이주하게 될 총 인구는 350만 명 정도밖에 되지 않는다. 그렇다면 나머지 약 1,000만 명에게는 새로운 공업지구를 건설해서 일자리를 마련해 줘야 한다. 그렇지 않으면 농촌에서 이주하는 인구는 서울 등 대도시로 모여들 것이 뻔하기 때문이었다.

그래서 대두된 것이 남부공업지구와 중부공업지구였다. 두 지구 모두 큰 항만을 기초로 해서 계획이 수립되어 나갔는데, 여기에 대해서는 이미 본 책 제5부 '국토개편' 구상에서 대략적인 설명을 했다. 그래서 여기서는 중부공업지구에 대해서만 좀더 상세히 설명키로 한다.

3 가로림만(灣)의 발견

나는 국토개편 작업을 하면서 전 국토를 대상으로 해야 했기 때문에 시야를 크게 넓혀야 했다. 지금까지 공장입지를 결정할 때는, ①기업주가 결정하는 재래식 단계 ②정부에서 100만 평 정도의 공업단지를 조성해서 민간기업체에게 공급하는 단계 ③중화학공업 건설 때 공업단지와 주택지구를 함께 고려하는 공업기지(工業基地) 개념의 단계(예 창원공업기지)가 전부였으나, 앞으로는 더욱 큰 개념을 가져야 한다고 느꼈다. 그래서 '새로운 개념의 중부공업지구'에서는—'창원공업기지' 규모의 공업기지를 10개 이상, 동일 지구 내에 건설해서—초기 계획 400만 명, 장차 800만 명 정도의 인구가 거주하게 되는 '거대한 공업지구'를 건설하는 것이 이상적이라고 판단했다.

그러자면 약 3억 평이라는 토지가 필요하다. 그리고 20만 톤급의 대형 선박이 정박할 수 있어야 한다. 이러한 조건은 극히 엄격한 조건(Severe Condition)이다. 우리 나라에 이렇게 좋은 조건의 땅이 있으리라고는 크게 기대도 하지 않은 채, 행운만 바라며 작업에 착수했다. 우선 대형 항만을 건설할 자리가 있어야 한다. 그래서 해도(海圖)를 구해서 전국의 해안지대를 이 잡듯이 살피기 시작했다.

그런데 나도 모르게 환성이 터져 나왔다. 이상적인 장소를 발견한 것이다. 황해(黃海)에는 큰 항구가 없다는 것이 정설이었는데, 이렇게 이상적인 장소가 있다니, 이런 것을 천운(天運)이라고 하나 보다. 20만 톤급의 배 여러 척이 정박하는 데 문제가 없고, 배후에는 넓은 야산(野山) 지대가 있다.

나는 전(全) 엔지니어링의 정진행(鄭鎭行)으로 하여금 곧 현지를 답사토록 지시했다(주 : 정진행은 창원공업기지, 구미공업기지 등의 토지계획안을 수립했고, 당시 행정수도 계획안을 작성 중에 있었다).

현지답사 후 확신을 갖게 된 나는 대통령에게 보고했다.

"각하! 오늘은 참으로 좋은 소식을 보고 올리겠습니다. 서해안에서 20만 톤급 배를 정박시킬 수 있는 항만 자리를 발견했습니다." 박 대통령은 금세 그 중요성을 알아차리고 즉각적으로 "어데야?" 되묻는다.

"가로림만(加露林灣)입니다. 가로림만은 그 넓이가 바다와 같습니다. 오랜 세월 동안 그 만(灣) 안으로 막대한 양의 조수가 매일 드나들다 보니, 그 입구가 패여서 수심(水深)이 20미터가 넘습니다. 20미터의 수심이라면, 20만 톤의 화물선이 출입 가능합니다. 방파제도 필요가 없습니다. 부두안벽(岸壁)만 건설하면 되는데, 안벽을 만들 수 있는 길이도 9,000미터나 됩니다. 실로 보기 드문 이상적인 항만 자리입니다. 그 외에도 10만 톤급 선박이 정박 가능한 항만을 건설할 수 있는 장소도 그 주위에 있습니다. 이곳도 안벽 길이가 2,000미터나 됩니다. 이것만 해도 대단히 큰 항만이 됩니다."

이렇게 설명하면서, 별첨 원색도면(중부종합공업기지 종합기본구상도 참조)을 제시했다. 이 도면에는 5개의 항만이 표시돼 있었다. 박 대통령은 이 도면들을 한참동안 보았다.

"각하! 이만하면 동양 최대의 항구를 건설할 수 있습니다. 황해에서 가장 큰 항구가 상하이(上海)인데 그 수심은 10미터에도 못 미칩니다. 대대적인 준설 공사를 하더라도 5만 톤급 화물선 정도가 겨우 출입 가능합니다. 그 외에 황해에 있는 칭다오(靑島)나 텐진(天津)이나 다렌(大連), 북한의 남포(南浦)항 등은 2~3만 톤급의 항만에 불과합니다. 더욱이 가로림만 주변에는 아직도 개발되지 않은 야산지대가 많습니다. 약 3억 평 정도는 됩니다. 이곳을 정리하면 공장대지 또는 주택용지로 사용할 수가 있어서, 약 400만 명 내지 800만 명을 수용할 수 있는 규모가 됩니다."

설명의 내용이 좀 중대해지자, 박 대통령은 얼굴을 들고 나를 직시한다. 그러나 나는 계속해 나갔다.

"각하, '싱가포르'도 이만한 항구 조건은 되지 못합니다. 싱가포르의 국토 면적은 685.4(평방km)로서, 약 2억 평 정도입니다. 이 안에서 약 300만~400만 명 정도의 인구가 경제 번영을 누리면서 살고 있습니다. 그렇다면 가로림만을 개발한다는 것은 모든 면에서 싱가포르의 1.5배 내지 2배가 되는 공업 지대를 우리 나라 국토 안에 새로 건설한다는 결론이 됩니다. 바꿔 말씀드리면 싱가포르의 약 2배가 되는 항만과 공업지구가 우리 나라에 예속된다는 말과도 같습니다."

4 국토 종합개발 계획상의 효과

"마지막으로 국토 종합개발 계획상의 효과에 대해서 말씀드리겠습니다. 현재까지 우리 나라의 산업지구는 포항, 울산, 부산, 창원, 여수만(灣) 등 동남해에 집중되어 있습니다. 그 결과 이들 산업 벨트에서 생산되는 철강재, 석유화학제품 등의 소재나 원료 등은—긴 거리를 수송해서 서울이나 수도권 및 기타 전국에 산재하는 공장에서 가공한 후—또다시 부산항 등으로 수송해서 수출하고 있습니다. 특히 철강재는 중량물(重量物)이라서 수송비가 많이 듭니다. 이에 반해 앞으로 건설될 중부공업기지는 수도권이라는 대규모 소비지와 인접해 있으므로, 공업의 효율화를 가일층 촉진시킬 수 있는 위치에 있습니다. 또한 현재 서울이나 수도권으로 집중되는 가장 큰 규모의 노동력 공급원은 호남권과 중부지방입니다. 중부공업기지는 이들 지방의 유휴 노동력을 흡수하는 데도 크게 작용할 것이며, 아울러 호남권과 충청권의 공업발전 및 지역개발에 크게 이바지할 것입니다. 결론적으로 중부공업기지를 중심으로 해서 북쪽은 수도권까지, 남쪽은 호남지방까지의 거대한 서부공업지대가 새로 구축되는 것입니다. 더욱이 가로림 항만을 중심으로 해서 인천항, 아산항, 장항항, 군산항, 목포항, 여수항 등을 연결하는 경제적이고 편리한 해상교통망이 짜임새 있게 구성될 것입니다. 장차 우리 나라의 공업지구는 '서부공업 벨트'와 '동남공업 벨트'로 양분된다는 뜻이 되겠습니다. 이로써 호남이나 충청도의 소외감도 완전히 소멸될 것입니다."

이 말에 박 대통령은 어떤 질문이나 의견도 달지 않고 "한번 가보도록 하지"라고 딱 한마디 했다.

5 가로림만 시찰

 며칠 후 박 대통령 일행은 헬기를 탔다. 일행 중에는 현대의 정주영 회장도 끼어 있었다. 도착지는 가로림만 북쪽 입구 모래둑. 허허벌판에 집 한 채 없고 사람의 발길조차 뜸한 곳인데 바람이 셌다. 가로림만의 물은 푸르다 못해 검정색이 돌고 있었다. 물결치는 파도가 요란해서 넓은 바다 그대로였다. 넓다는 것 외에는 아무것도 보이지 않았다. 가로림만 입구의 남쪽에 돌산(岩石山)이 우뚝 서있는 것이 보였다.

 박 대통령은 시선(視線)을 360도 돌아보고는 "과연 넓긴 넓구먼"이라고 했다. 동쪽 멀리 끝자락에 높게 보이는 산꼭대기에는 공군 레이더 기지인 듯 둥근 안테나가 보였다. 박 대통령은 "레이더 기지가 있구먼"이라고 했다.

 일행은 바람을 피해, 모래 언덕 밑으로 내려갔다. 여기에는 몇 명의 일꾼들이 메주 덩어리만한 돌들을 파내고 있었다. 박 대통령이 "무엇에 쓰려고 하오?"라고 묻자, 이들은 하도 깡 시골에 사는지라 대통령을 알아보지 못한 듯 일을 계속하면서 "규석(硅石)입니다. 품질이 세계 최상이지요. 몽땅 수출합니다"라고 대답했다.

 박 대통령은 다시 헬기를 타고 가로림만 주위를 한 바퀴 돌고는, 공군 레이더 기지에 착륙했다. 그리고는 가로림만 쪽을 바라보니, 얕은 야산들이 해변까지 계속 이어져 나갔는데, 가로림만의 형체는 거리가 너무 멀어 알아보기 힘들었다.

 박 대통령은 "꼭 조선시대의 봉수대(烽燧臺)에 올라온 것 같구먼"이라고 했다. 그러고는 기지 내를 돌아보고 장병들을 위로했다. 대통령은 돌아오는 헬기 내에서 김 실장에게 지시했다. "건설부에 지시해서 우선

산업도로부터 건설토록 하지." 이것이 이 날의 시찰 결과였다.

며칠 지나서 현대의 정주영 회장이 나를 찾아와서 빙그레 웃으며 한 마디 했다. "내 나이 70인데 이제부터 큰 일을 또 한번 시작해 봐?" 라고 한다.

그래서 "무슨 뜻이오?" 라고 하니 "종합제철을 내가 해 볼까 해" 라고 한다.

"대통령의 내락은 얻은 것이요?" 하니 정 회장은 빙그레 웃고는 여기에 대한 답은 하지 않았다. 아마도 '검토는 해 보지' 라는 정도의 뜻은 받은 것 같다. 당시 현대에서는 각종 대형 토목공사, 대량의 아파트 공사, 플랜트 건설, 선박 건조, 자동차 생산 등으로 철강재 수요가 많았지만, 앞으로는 더욱 수요가 급증할 것은 불을 보듯 뻔했다. 자금력도 있다. 이런 이유로 현대는 종합제철을 소유하기를 원했고, 그 뜻을 대통령에게 비쳤을지도 모른다.

그래서 박 대통령은 가로림만 시찰 때 정 회장을 동행시켰던 것이라는 추측도 가능하다. 여하간 정 회장은 가로림만에 대해서 그 가치를 직감적으로 파악한 것만은 틀림이 없었다. 나중에 들으니 정 회장은 지난번 시찰에서 돌아오자마자, 가로림만 입구에 있는 돌산(石山)을 구매하라는 지시를 했다고 한다. 가로림만을 개발하자면 앞으로 많은 암석이 필요하게 될 터인데, 암석을 구하는 길은 그 돌산에서 얻을 수밖에 없다고 판단했던 것 같다.

6 그 후의 가로림만

산업도로는 곧 착수돼서 완공을 보았다. 중부공업기지에 공업용수를 공급하게 될, 삽교천의 담수호 저수지도 완공을 했다. 그리고 바로 그 날 1979년 10월 26일 박 대통령은 세상을 떠난다.

그 후, 제2 종합제철은 현대에게는 돌아가지 않았고, 포항제철 소속의 제2기 제철소는 중부공업기지에는 입주하지 않았다. 그리고 '중화학공업 육성계획'에서—여천석유화학 공업기지의 확장 예정지로 잡아 놓았던—광양에 건설했다. 그 대신 가로림만에는 현대정유와 현대석유화학, 그리고 삼성석유화학이 들어섰다. 종합제철과 석유화학의 입지가 서로 바뀌어진 것이다.

시간은 4반세기나 흐른 2004년 9월, 나는 가로림만으로 가서, 박 대통령이 시찰했던 바로 그 장소를 다시 찾아가 보았다. 그곳 바닷가(종합제철소 예정지였던 곳)에는 현대와 삼성의 석유화학공장들이 널찍하게 자리를 차지하고 있었고, 작은 항만 하나가 건설되어 있었다. 그리고 항만 입구에는 해안 경비용 탱크 한 대가 가로림만을 혼자서 수호하듯, 포신을 높이 들고 버티고 있었다. 광화문 앞 해태상을 보는 느낌이 들었다.

7 'Who is 박정희' 포럼에서의 강연

2004년 11월 호주 울런공 대학(University of Wollongong)에서 개최된 '박 대통령 서거 25주년을 기념하는 포럼' 때의 일이다. 회의는 박 대통령의 30~40년 전 일에 대해—찬부(贊否)가 엇갈리는 논쟁을 하는 방식으로 진행이 되어 나갔다.

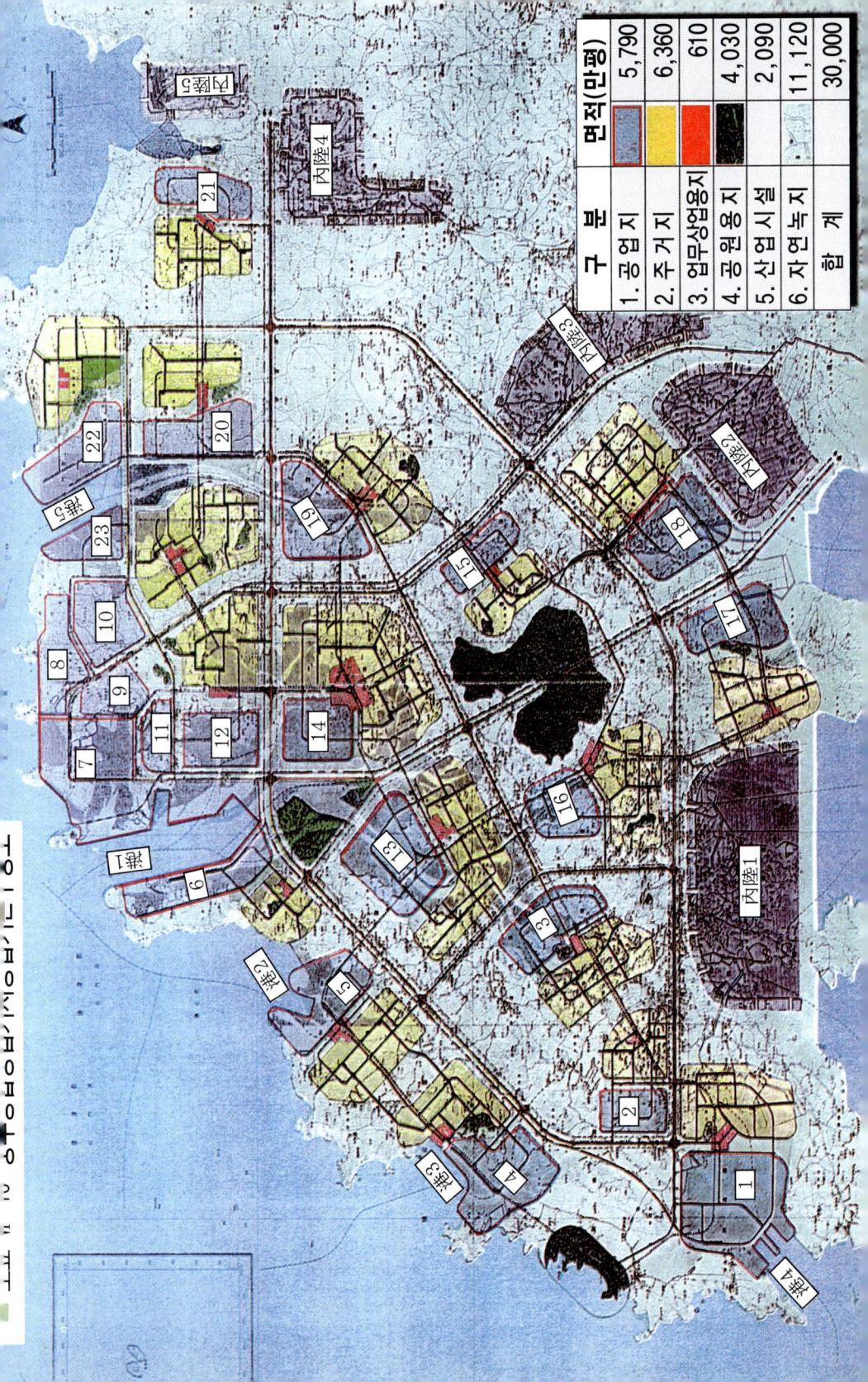

중부종합공업기지는 대한민국 국토의 중심부에 위치
■ 도표 Ⅵ-17

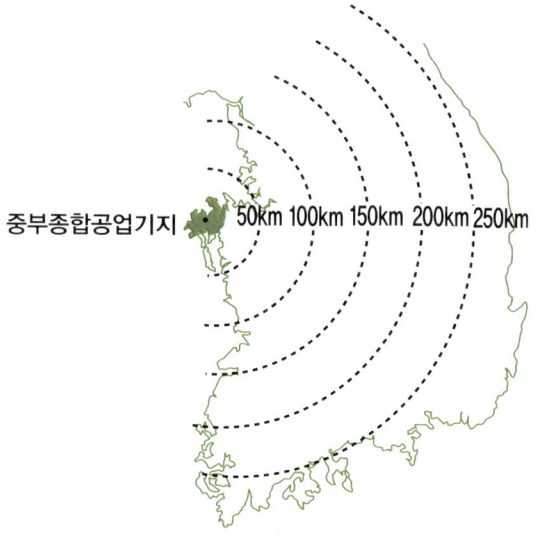

① 가로림만의 장점은 한반도 및 중국 물류 중심지에 위치한 데 있다.
■ 도표 Ⅵ-18

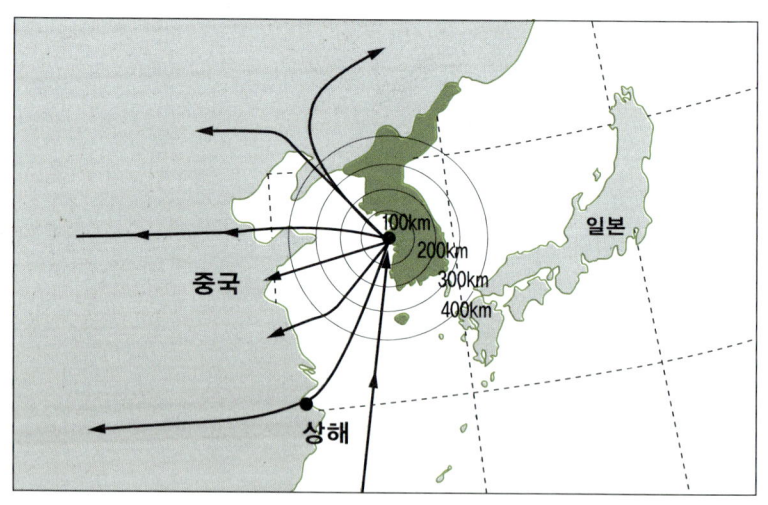

② 20만 톤급 선박용 부두 길이 9km를 위시해서 5개 항만 건설이 가능하다. 이는 부산항의 10배 이상의 능력을 보유하게 되는 것이다. 황해에서 이러한 천혜의 입지를 가진 곳은 가로림만 뿐이고, 세계 최대급 항만이 될 유일한 입지가 될 것이다.
③ 생산 및 주거단지 : 3억 평 활용가능
④ 400~600만 명 주거 가능
⑤ 앞으로 50년 이상 활용 가능

나는 '박 대통령이 미래에 대해 준비했던 이야기도 나와야 되지 않겠는가?'라는 생각이 들었다. 그래서 나는 주최하는 측에 특별부탁을 해서—회의 종료 전 30분의 시간을 얻어—즉석 강연을 했다. 제목은 '가로림만 프로젝트'로서 그 내용은 '중부종합공업기지 기본구상'이었다. 칠판(흑판)에 그림을 그려가며 설명을 했다.

대담형식으로 재구성한 가로림만 프로젝트

이 글은 '중부 종합공업기지 기본구상'과 '가로림만 프로젝트'에 대한 구상을 독자들이 알기 쉽도록 하기 위해, 대담형식으로 재구성한 것이다. 우선 다음과 같은 가정을 한다.

① '중부공업기지'가 완성이 되어, ②가로림 자유경제 특구 : 가로림 FTS (가로림 Free Trade State)라는 행정구역이 신설되고, ③여기에는 주(州) 정부가 있어, 국방과 외교는 본국(本國) 정부에서 맡고 나머지 행정은 주 정부 장관이 통괄하는 체제가 수립되었다. 그러니 가정하는 시점은 2030~2040년의 미래의 일이다. ④이때의 가로림 FTS의 주 정부 장관은 다음과 같은 설명을 했다.

"가로림 FTS의 오리지널 기획은 1978년에 작성된 '중부종합 공업기지 기본구상'이라는 것입니다. 박정희 대통령 시대에 작성된 것인데 당시 행정수도 이전 기획과 맞물려 거대한 공업지구의 필요성이 대두돼서 작성된 것입니다. 그러던 것이 박 대통령 서거 후 25년간 방치돼 오다가, 행정수도 이전 문제가 2004년에 되살아남으로써 이 문제도 각광을 받기 시작했습니다. 그 첫째 이유는 1990년대부터 중국에서는 등소평이 집권하고 개방정책을 개시한 후부터 중국의 경제발전은 놀라운 속도로 발전해 나갔습니다. 황해(黃海) 연안, 특히 상하이를 중심으로 한 양쯔강 주변은 일진월보(日進月步), 즉 하루가 다르게 공업화되어 갔습니다. 그 결과 막대한 수출, 수입 물량이 발생해서 머지않은 장래에 황해 바다는 세계 굴지의 물량 집산지(集散地)로 될 것이라는 것은 불을 보듯 확실해졌습니다. 그리고 그 중심지는 상하이 항으로 변해 갔습니다. 우리 나라에서는 이를 만회하고자 부산항 확장 등을 시도했지만—부산항이나 남해 지방의 항구는 국내 물자의 수송에는 지장이 없어도, 황해와는 거리가 있어서—중국에서 발생하는 물량을 처리하기에는 불리하게 돼서, 부산항은 차츰차츰 상해항에 밀리기 시작했습니다. 다음 해인 2005년에는 원유값이 20달러 선에서 60달러 선으로 급등을 했습니다. 원유값이 올라가면 갈수록 수송비가 올라가는 것은 당연합니다. 여기에 대한 해결책은 수송선박을 대형화하는 것뿐입니다. 과거에도 좋은 예가 있습니다. 원유값이 1~2달러 할 때에는 5만 톤 유조선으로 수송이 가능했는데 원유수송량이 늘고 원유값이 상승하자 20~30만 톤의 '맘모스 탱크'로 수송하는 방법으로 일시에 변화해 갔던 것이 그 선례(先例)입니다.

이상과 같은 이유로 우리 정부는 "20만 톤급 대형 선박이 정박 가능한 대규모 항만을 개발해야겠다. 그리고 그 항만 근처에 대규모의 공업지구도 설치해야 되겠다"는 데로 의견이 접근해 갔습니다. 그렇지 않고서는 우리 나라의 장래는 중국 경제권의 예속국(隷屬國)이 될 수밖에 없겠다는 우려가 생겨난 것입니다."

▶ 가로림 FTS의 기본 이념

"세계는 계속 국제화가 이뤄지고 있으나 우리 나라는 2005년 여러 가지 어려운 여건이 발생했는데도, 적절히 대응을 못하는 상태가 계속돼 나갔습니다. 그 결과 경제사정이 악화돼서, 국민생활이 어려워지고 국민들은 장래에 대해 불안해지기 시작했습니다. 정부는 하루라도 빨리 새로운 국가 발전 방안을 찾아야 했습니다. 이럴 때 주목을 받은 것이 싱가포르의 발전하는 모습이었습니다. 우리 나라도 여러 가지 어려운 여건만 제거만 해 준다면 싱가포르와 똑같이 발전할 수 있지 않겠는가? 그 방안으로 '싱가포르와 똑같은 성격의 자유경제특구를 시범적으로 만들어 실시해 보자'라는 안이 나왔던 것입니다. 그 결과가 '가로림 FTS의 탄생'입니다. 현재 가로림 FTS에서는 모든 여건을 싱가포르화(化)하는 데에 두고 있습니다. 그래서 금융, 무역, 상거래, 제조업, 병원, 학교, 종교, 심지어 토지취득, 이주, 출입국 모든 분야가 싱가포르와 똑같이 자유입니다. 사업도 하고 싶으면 하고 그만두고 싶으면 그만두면 됩니다. 그 결과 세계 각국에서 가장 우수한 학교, 병원, 은행, 기업 등이 입주해 오고 있습니다. 이 가로림 FTS에서는 공용어로 영어가 사용되고 있습니다. 그래서 초등학교 때부터 영어를 배우게 되니, 주민 모두가 영어로 대화할 수 있습니다. 공무원은 완전히 국제화된 선진국 수준이며, 능률면에서나 서비스면에서 세계 최상급입니다. 경험이 많거나 기술을 갖고 있는 고급 인력들이 세계 각지로부터 이곳에 와서 일하고 있으며, 단순기능밖에 능력이 없는 노무자도 여기에서 일하고 있습니다. 이들의 노임은 각자의 출신국에서보다 많이 받으면, 더는 바라지 않기 때문에, 가로림 FTS에서는 비교적 값싸고 능력 있는 외국 노무자를 필요한 만큼 고용할 수가 있습니다. 노사갈등도 없습니다. 불평이 있는 직원은 그 회사를 그만두고 다른 회사로 옮기면 되기 때문입니다. 다만 불법 행위와 질서 유지는 주 정부가 책임지고 엄격하게 다루고 있습니다."

▶ 황해(동북아)의 '허브 항'

내가 "가로림 FTS가 상해항과 비교해서 유리한 점이 무엇이라고 봅니까?"라고 질문하자, 장관은 자신만만하게 다음과 같이 답했다.

"중국과 인도 등 개발도상국에서 경제가 급속히 발전하고, 국민들의 생활수준이 높아지자, 석유의 수급문제가 세계적으로 심각해지기 시작했습니다. 그 결과 2005년도에는 원유값이 배럴당 60달러 수준이었던 것이 지금(2030~2040년)은 200달러 시대가 됐습니다. 현재 에너지 문제와 수송비 문제는 국제경제면에 큰 영향과 변화를 야기시키고 있습니다. 그런데 우리 가로림 FTS(특구)는 싱가포르나 상하이 등 다른 항만도시와 비교해서 아주 유리한 입장에 놓이게 됐습니다. 우선 가로림 FTS에서는 본토(本土 : 대한민국 전체)로부터 전기를 공급받고 있는데, 우리 나라의 전기는 석유에 의존하지 않기 때문에, 전기값은 아주 안정적으로 저렴하게 공급되고 있습니다. 그 외에 LNG나 석탄 등 각종 에너지나 용수도 싱가포르나 상하이, 홍콩보다 싸게 공급됩니다. 특기할 사항은 그간 수에즈 운하가 확장이 돼서, 이제는 20만 톤급의 컨테이너선도 수에즈 운하를 사용할 수 있게 됐습니다."

장관은 항만 쪽을 손으로 가리키면서 "저기 컨테이너선의 작업 광경을 보십시오. 크레인이 바삐 움직이면서, 배에서 컨테이너를 들어올려서 행선지별로 분류를 해서, 야적장에 옮겨놓고 있습니다. 완전히 '컴퓨터'가 자동적으로 일하고 있는 것입니다. 과거보다는 처리능력이 몇 배로 빨라졌습니다. 이 일이 끝나면 20만 톤 배는 떠나고, 다음에는 2~3만 톤의—행선지가 다른—소형 선박 여러 척이 들어옵니다. 그러면 크레인이 알아서 야적장에 내려놓은 컨테이너를 행선지별로 실어주면, 소형 선박들은 제각기 목적지를 향해 운항을 시작하게 되는 것입니다. 이들 2~3만 톤급 배들은 주로 중국 선박인데? 중국의 각 지방에서 운반되어 오는 컨테이너를 모아 싣고 가로림만으로 들어옵니다. 컨테이너를 내려놓고는, 20만 톤의 대형 컨테이너선이 세계 각국에서 운반해 온 컨테이너를 바꿔 싣고는, 중국으로 다시 돌아갑니다. 그렇다면 20만 톤 컨테이너선은 모선(母船)격이고, 2~3만 톤 선박은 자선(子船) 역할을 하는 것입니다. 그리고 가로림 항구는 이러한 중계(中繼) 작업 즉 허브(Hub) 역할을 하는 모항(母港)인 것입니다. 이것이 '동북아 허브(Hub)의 진면목'입니다.

이런 작업에서는—한 치의 오차도 발생해서는 안 되기 때문에—최신기술을 최대로 활용해서 작동하도록 해야 합니다. 신속한 처리와 정확한 운송이란 현대 수송의 생명 줄과도 같습니다. 이렇게 해야만 경쟁에서 살아남을 수 있습니다. 이런 작업은 일종의 첨단 산업인데, 바로 가로림 FTS만이 할 수 있는 장기이고 자랑입니다."

▶ OSP 개념

장관은 말을 이어갔다.

"가로림 FTS는, '원스톱 생산 : OSP(One Stop Production)'이라는 개념의 체제를 갖춰놓고 있는 곳입니다. 우선 천연원료는 20만 톤이라는 초대형 화물선에 의해 가장 싼 금액으로 수송되어 옵니다. 충분한 면적의 야적장(野積場)이 있으며, 원료나 소재를 저장하는 거대한 창고군(群)도 마련되어 있습니다. 그래서 선물거래(先物去來)도 여기에서 이루어집니다. 그리고 이러한 원료를 가공하는 공장들은 바로 이 가로림 FTS 내에 위치합니다. 필요하다면 '컨베이어 벨트'로 수송이 가능합니다. 수송비가 거의 들지 않는다는 뜻입니다. 여기서 생산되는 제품(소재)을 가지고, 다음 단계의 작업을 하는 공장도 바로 근처에 위치하게 됩니다. 이렇게 작업이 이어져 가서 최종 제품까지 모든 작업을 가로림 FTS에서 생산하게 됩니다. 여기 가로림 FTS에는 23개의 공업단지가 있고, 18개의 주민주거용 도시가 있는 매머드 공업지구입니다. 모든 작업이 그리고 주민들의 생활이 이곳, 가로림 FTS 내에서 이뤄지게 됩니다. 그러기 때문에 수송비가 싸지고 작업기간이 단축되어서, 생산비를 가장 싸게 할 수 있습니다. 이것이 바로 OSP, 즉 '원스톱' 생산이고 그 장점이라고 생각합니다. 더욱이 전기 등 동력비나 노동력의 임금이 다른 곳보다 저렴하다는 것이, 가로림 FTS의 큰 장점이라고 이미 설명을 한 바 있습니다."

▶ '가로림 특구'의 교육제도

장관은 가로림 특구의 교육 제도에 대해서는 다음과 같이 설명했다.

"교육의 목적은 우수한 인재를 양성해서 국가 발전에 활용하자는데 있지 않습니까? 현대는 경제전(戰) 시대입니다. 경제전에서 가장 중요한 일꾼은 기능사(技能士)입니다. 이들이 만들어내는 제품이 최고의 품질이어야 하고, 최하의 경쟁 가격으로 생산되어야 국제 경쟁에서 이길 수 있습니다. 이들은 이론도 알아야 하지만 기능(技能)이 뛰어나야 합니다. 이러한 기능을 습득하자면 어릴 때부터 시작해야 합니다. 지금까지의 경험에 의하면 중학교를 졸업하자마자 시작해서, 적어도 3년간은 연마해야 비로소 '기능사 자격시험'에 합격이 가능합니다. '기능사 양성을 목적으로 하는 기술 고등학교'의 필요성은 바로 이 점에 있습니다.

가로림 FTS에는 이러한 '기술고등학교'가 직종별로 완비되어 있습니다. 그 결과 연간 1만 명 이상의 새로운 기능사가 양성돼서 현장에 투입되고 있습니다. 이들이 가로림 FTS의 인적, 기술적 대들보입니다. 이들은 현장에 투입되자마자 즉시 제 구실을 하게 되는데, 계속 근무하다 보면 각자의 기술이 발달해서 기술적 명인(名人)이 될 것입니다. 그리고 뜻 있는 기능사는 창업을 해서 경영자가 되기도 합니다. 이들 중소기업체의 사장들은 자기 회사가 생산하는 제품의 품질을 필사적으로 향상시켜 나갈 것이고, 신(新)제품도 개발해서 생산할 것입니다. 가로림 FTS에는 기능사 출신이, 기업가로서 성공한 예가 여러 곳 있습니다. 또한 기능사 일부는, 취업 도중 '2년제 전문공과대학'으로 진학하기도 하고, '4년제 특성화(特性化) 공과대학'에 입학해서 이론 교육을 더 받기도 합니다. '특성화 공대'에는 전공분야가 한 종류뿐입니다.

전자공업이 전문인 '특성화 공대'의 예를 들자면, 대학의 모든 학생은 전자공학을 배우는 학생뿐이고, 교수도 전원이 전자공학에 관계되는 분야를 전공했으며, 시설은 최신 연구장비가 완비된, 전자공학 계통의 각종 분야별 연구실들입니다. 그리고 이 대학에서는 학생들의 전공과목이, 전자공업의 여러 분야별로 세분되어 있는데, 이 점이 일반 공과대학의 전자공학과와 다릅니다. 이런 특성으로 인해 특성화 공대는 시설이나 교수면에서 전자분야에 관해서는 최고 수준이 되는 것입니다. 학생들은 이러한 여건아래에서 최고 수준의 교육을 받고, 충분한 실습 연마를 마치고 난 후 현장으로 진출해서 '생산되는 제품의 품질 향상'과 '공장 운영의 합리화'에 책임을 지게 됩니다.

이상이 가로림 FTS의 기술자 양성에 대한 시스템인데 주 정부는 이들의 양성에 총력을 기울이고 있습니다. 기술 고등학교의 학비는 무료이고, 특성화 대학의 학비는 '정부 대여금 제도'를 활용할 수가 있습니다. 그러기 때문에 '기술계통에 진학하는 학생은 학비 걱정은 할 필요가 없고, 과외공부도 없는 사회에서 살고 있다'는 결론이 나옵니다. 그리고 졸업 후, 취업은 보장됩니다. 이들 기술 인력은 가로림 FTS에서는 존경을 받는 대상입니다. 가로림 FTS를 위해서 꼭 필요한 일꾼이기 때문입니다. 본토의 군(軍)에서 사관생도를 양성하는 것이나, 기술하사관을 양성하는 것과 꼭 같은 개념으로 가로림 FTS에서는 기술 인재를 양성하고 있는 것입니다.

'가로림 FTS'에서의 급료는 각자의 능력에 의해 결정됩니다. 현장에서 일하는 기술인(기술자 및 기능사)과 일반 사무원 간에 차별은 없지만 그래도 '기술인' 쪽의 급료가 높은 편입니다. '기술인'이 가로림 FTS에 대해 주인의식이 강하고 열심히 일하기 때문에, FTS 내에서는 이들이 우대받는 사회가 자연적으로 조성돼 있기 때문입니다."

"예술분야, 운동분야, 그리고 각종 직업분야의 교육도 기술교육과 똑같은 개념—즉 시민으로서의 일반교양 교육은 중등교육으로 끝내고, 그 후 각종 직업(職業)고등학교 또는 특기(特技)고등학교에서 각자의 능력을 개발하는 교육을 받고 난 후, 이를 통해 사회에 공헌한다는 개념—하에 교육제도를 운영하고 있습니다. 대학교, 대학원까지 공부를 하고자 하는 학생은 일반 고등학교에 입학하게 됩니다. 어느 면에서는 독일과 유사합니다."

▶ '가로림 FTS'가 본토(本土)에 주는 영향

"가로림 FTS가 본토(本土)에 주는 영향도 막대합니다. 본토에 위치하는 공장들은 천연원료로부터 기초소재, 중간소재, 중간부품, 부속품 그리고 최종제품까지 필요한 물건을 가장 싼 값으로 가로림 FTS에서 구입할 수가 있습니다. 바로 우리 영토 내에 위치하는 곳에서 구매하게 되니 운송비도 크게 절약이 됩니다. 그리고 본토에서 생산하는 제품들은 가로림 FTS 내에 저장해 두거나 판매하기도 합니다. 국제적인 무역 업무나 금융도 여기에서 할 수 있습니다. 국제적인 최신정보도 여기서 얻을 수가 있습니다. 그 외에 몇 가지 예를 더 들겠습니다.

본토에서 취업하기 힘든 노무자도 FTS에 오면 일자리를 구할 수 있게 마련입니다. 가령 본토에서 정년 퇴직한 사람도 여기에 오면, 급료만 좀 적게 받는데 동의한다면, 일자리는 구할 수 있습니다. 똑같은 이치로 본토에서 취업하기 힘든 노무자도 여기서는 급료만 해결되면 취업은 가능합니다. 이것이 FTS에서의 고용과 취업의 권리입니다. 그리고 외국 노무자도 자유롭게 고용할 수가 있습니다. 그 결과 가로림 FTS에서는 국제적인 노임이 유지될 수 있어, 본토보다는 임금이 낮아지게 됩니다. 그렇다고 근로자의 생활이 본토보다 못하다는 뜻은 아닙니다. 가로림 FTS주민의 생활 여건은 본토보다 좀 적은 급료를 받더라도—안정되고 풍족한 생활을 할 수 있도록, 주정부(州政府)는 최선의 노력을 하고 있습니다. 여기에서는 FTS에서 생산이 안 되는 생필품 일체를 수입에 의존하고 있는데, 장기적으로 그리고 대량 공급받는 방식의 계약으로 구입하기 때문에 가격이 싸지게 되며, 더욱이 관세율도 낮고, 농민들의 저항이 없기 때문에 이런 일들이 가능해집니다.

이해를 돕기 위해 숫자로 설명을 해 보겠습니다. 같은 직종의 노무자의 급료가 본토에서는 월 200만 원, FTS에서는 내국인이 160만 원, 외국인이 80만 원이라는 가정을 하겠습니다. 환율을 1,000 : 1 이라고 한다면, 본토의 월급은 2,000달러, FTS에서의 평균노임은 1200달러 (내국인 1,600달러, 외국인 800달러)입니다. 즉 FTS의 인건비는 본토의 60% 정도밖에 되지 않으니, FTS의 노임조건은 국제경쟁력이 아주 강하다는 뜻이 됩니다. 한편 주민 생계면에서 본다면, FTS에서는 모든 생필품을 세계에서 가장 싼 곳으로부터 수입합니다. 그 결과 생필품의 가격은—중국 시장과 거의 동일하게 형성되는데—본토 가격의 1/4 이하에서 형성됩니다. 그렇다면 FTS에서 1,600달러를 받는 쪽의 생활이, 본토에서 2,000달러 받는 것보다 월등하게 좋다는 뜻이 됩니다.

주거조건이나 주거환경도 좋습니다. 더욱이 공해문제는 주 정부에서 공해발생 요인을 사전에 차단하는, 사전예방 방식을 쓰고 있기 때문에 좋은 환경을 유지하게 됩니다.

가로림 FTS 주민은 물론이고 본토에 있는 학생들까지도 가로림 FTS에서 교육받기를 원하고 있습니다. 영어는 자연적으로 배우게 될 것이고, 국제수준의 교육을 받게 되며, 취업도 보장되기 때문입니다. 앞으로 본토의 교육 방법이나 학교의 수준도 자연히 변해서, 국제수준화될 것이 아니겠습니까?"

▶ 가로림 FTS의 보건 행정

"의료문제도 똑같습니다. 본토의 환자들도 이곳 가로림 FTS의 병원에서 치료받기를 원하고 있습니다. 최고 수준의 의사들이 최신장비와 최신기술로 치료한다면, 값의 고하를 따질 수가 없기 때문입니다. 가로림 FTS에서는 병원에 등급(等級)이 있는데 등급에 따라 치료비가 다릅니다. 호텔의 등급제도와 똑같습니다. 일반 시민들은 중환자가 아닐 경우에는, 시민병원을 애용하는데 주 정부가 책임지고 운영하기 때문에, 시설도 좋고 의사진도 우수합니다. 가로림 FTS의 이런 점들은 본토의 의료행정이나 병원의 수준 향상에 크게 기여할 것입니다. 안정된 사회에서 안정된 생활을 영위하면서 국제수준의 교육을 받고 최신의 기술로써 병 치료를 받을 수 있다면 급료가 좀 많다거나 적다는 것은 사람 살아가는 데 큰 문제가 되지는 않을 것입니다."

▶ 맺음말

"이상과 같은 조건하에 있기 때문에 가로림 FTS는 하루가 다르게 발전하고 있고, 기업들도 크게 번창을 누리게 되니, 본토에 자리잡고 있던 기업들이 속속 가로림 FTS로 이전해오고 있습니다. 이 결과 가로림 FTS에서는 일자리가 계속 늘어나고 있으며, 이에 따라 본토로부터, 많은 인력이 이주해 오고 있습니다. 이런 상태가 발생하고 있으니, 본토에 위치하는 기업이나, 근로자나, 국민 여러분들은 모든 문제를 새로운 각도에서 깊이 생각을 해서, 우리 나라가 발전을 계속해 나가려면 어떤 방향으로 개선되어야 할 것인지를 결정해야 하지 않겠습니까?"

끝으로 장관은, "가로림 FTS의 '모델'이 성공을 하고, 계속 발전해 나간다면, 다음 순서로는 가로림 FTS의 면적을 점차로 확대해 나갈 것이며, 종국에 가서는 본토 전부에게 적용시켜 나가게 될 것입니다. 대한민국 전체가 FTS 국가가 된다는 뜻입니다. 그리고 난 후, 북한 땅에도 적용하는 것이 '21세기에 사는 우리 민족이 꼭 이룩해야 할 사명'이라고 생각합니다. 1970년대에 수립된 계획이—21세기가 출발한 지 4반 세기가 지난 지금까지도 진행되고 있으니—박 대통령의 의지는 아직까지도 살아 움직이고 있는 것이 아니겠습니까?" 라고 하며 말을 끝냈다.

그는 가로림 FTS를 추진할 때 가장 앞장을 섰는데, 그 당시 그는 패기만만한 40대였다. 그리고 '테크노크라트'형 관료라고 자기소개를 했다.

《박정희는 어떻게 경제강국 만들었나》를 쓰고

오원철

이 책의 원고를 마무리하면서 어떤 말을 남길까 하고 생각하다가 다음 글을 쓴다.

박정희 대통령 서거 6개월 후 일본의 대표적 지식인인 정치평론가 후지하라(藤原弘達)와 작가이자 정치가이고 현재 도쿄도지사 이시하라(石原愼太郎)가 좌담회에서 말한 내용이다.
제목은 『일본의 현 정국은 오쿠보(大久保)와 같은 인물이 나오기를 바란다. 즉 오쿠보형 인재대망론(大久保型人材待望論)』이다. 이 자리에서 박 대통령의 이야기가 많이 나왔다. 요점만 발췌한다.
㊟ : 『ブレジテソト (프레지던트)』 1980년 4월호 pp 34~66 '大久保型人材待望論' 참조.

일본 역사에서 주체적 인간상(像)을 가진 정치스타를 고른다면 전국(戰國) 시대 때 일본을 통일한 오다(織田信長)와 메이지유신의 주역에서 찾을 수밖에 없다. 메이지유신 때의 주역은 사이고(西卿)와 오쿠보(大久保)인데 사이고와 닮은 사람은 인도네시아의 스카르노와 중국의 모택동(毛澤東)이다. 그리고 박 대통령은 사이고와 오쿠보를 혼합한 인물이라고 보여진다.

오쿠보에게는 오리지널리티(Originality)가 있었다. 그는 국가에 관한 여러 가지 분야에서 큰 테두리의 기본적인 틀을 만든 창시자이다. 근대 국가로서 합리적 행정체계를 만든 창시자이기도 하다. 그는 관료라는 범주를 넘은 인물이었다. 근대 국가 형성이라는 구상 아래에 일을 했기 때문에 반대하는 사람을 제거하는 데 주저하지 않았다. 이때의 오쿠보는 '다른 방법이 없지 않느냐? 별수없이 내 자신이 국가일 수밖에 없다'는 심정을 가지고 일했다고 보여진다. 오쿠보는 정신주의자이고 서릿발 같은 기상을 갖고 있었다. 그가 사무실에 들어서면 사무실 안이 숙연해지고 엄숙해졌다. 공사간의 구분이 명확했으며 고귀한 사무라이적 정신이 몸에 밴 인물로서 극히 고독했다. 그의 고독에는 멋까지 풍겼다. 이러한 점을 이해하면서 많은 사람이 그를 따랐다. 최후에는 암살을 당했지만 이때가 아니더라도 결국에 가서는 1~2년 안에 죽음을 당했을 것이다.

그는 암살당해도 좋다고 각오하고 있었기 때문에 그만한 일을 해냈다고 본다. 필살(必殺)의 각오였을 것이다. 그러니 그의 죽음은 정치가의 운명으로서는 숭고한 운명, 지복(至福)한 귀결이다. 그가 남긴 것이 컸다는 역증(逆證)이 아니겠는가?

한국의 박정희 대통령 후반기도 이와 흡사하다. 박 대통령은 넘버 2맨을 무조건 제거했다. 그러니 김재규(金載圭)에게 당하지 않았더라도 언젠가는 죽임을 당할 운명이었다고 생각된다. 이러한 인물이 나오지 않고는 역사는 크게 회전하지 못한다. 역사는—이러한 인간을 축(軸)으로 해서 돌아가는—고고(孤高)한 축(軸)이 필요한 것이다. 이러한 인물이 '자이로 컴퍼스(Gyrocompass)'가 되지 않으면 국가의 위치가 정해지지 못한다. 위험한 생각일지 모르지만 정치라는 것이 본질적으로는 지도자가 혼자서 하는 것이라고 느껴진다. 그리고 메이지유신 때의 야마가다(山縣)는 군(軍)의 중추신경을 관장하는 것을 국정의 요점으로 삼았는데 이 점은 박정희 대통령과도 흡사하다.

이 글을 보면 박정희 대통령을 비롯한 여러 인물들의 이미지(像)가 명확히 떠오른다. 이 글을 구성하는 방법은 ①우선 평가 기준을 만들고 ②이 기준을 놓고 여러 인물을 비교해 가면서 평가하는 식이다. 나도—같은 방법을 써보기 위해—평가 기준을 만들기로 했다. 나는 이 책(제Ⅵ부)에서 '후진국의 경제개발형 국가 원수는 Good Leader이고 Strong Leader여야 한다. '선진국형'과는 질(質)과 강도(強度)가 다르다'고 강조했다. 이 글을 쓰면서 'Good Leader와 Strong Leader는 과연 어떠한 이미지(Image : 像)를 갖는 인물일까?' 하고 또다시 많은 생각을 하게 되었다. 지금 이 책의 집필을 끝내면서 나 나름대로 이러한 이미지를 글로 표현해 보았다.

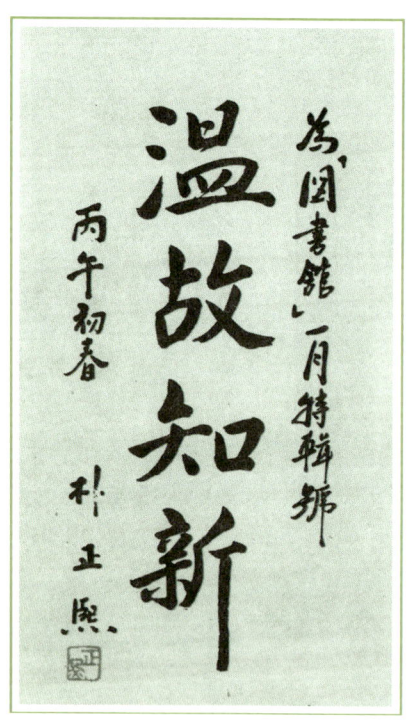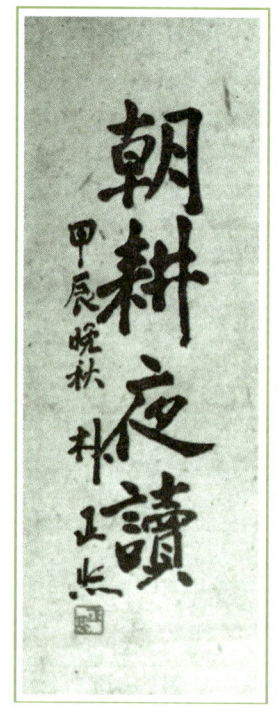

후진국의 경제개발형 국가 원수는, Good Leader이고 Strong Leader여야 한다. '선진국형'과는 질과 강도가 다르다.

1. 후진국의 경제개발형 국가원수는 개척자여야 한다. 개척 정신에 불타고 불굴의 의지가 있어야 한다. 필요하다면 모험도 서슴지 않으며 죽음도 두려울 것이 없다.
2. **진두지휘와 솔선수범**을 해야 하고 국민들과 동고동락을 해야 한다. **만사가 공평**해야 하고 **신상필벌**은 필수적이다. 위기관리 능력도 겸비해야 한다. 그래야만 통솔력이 강한 지도자가 된다.
3. 국가전략 목표는 뚜렷해야 하는데 그 목표는 **국가와 국민 그리고 민족을 위하는 근본적인 문제**이어야 하고 **미래지향적**이어야 한다. 이를 달성하기 위한 **비전과 추진방안**은 구체적이고 실행 가능하고, 성공할 수 있어야 한다. 이러한 **목표와 방안**은 온 국민에게 널리 알려야 하는데 국민들이 충분히 납득하고 자진 동참하도록 계속적인 조치를 취해야 한다.
4. **치밀한 계획 작성 능력과 강력한 추진력**이 뒷받침되어야 한다. 그러기 위해서는 담당 분야에 대해 전문적인 지식을 갖고 있고 실무에 밝은 우수한 인재를 발굴해서 적재적소에 배치하고 일을 맡기되, 장기복무를 시켜야 한다. 특히 현재는 경제전 시대인만큼 우수한 테크노크라트의 확보가 중요하다. 그리고 국가원수로서는 일의 내용과 진행상태를 완전히 파악하고 있어야 하고, 수시로 점검도 해야 하는데 그러자면, 깊고 넓은 지식과 통찰력이 있어야 하고, 많은 경험을 쌓아야 가능하다.
5. 인간적으로는 덕(德)이나 정(情)이 있어야 하고 운(運)이 뒤따라야 한다. 그래야만 국민들이 믿고 존경하고 순종한다.

이상과 같은 특성은 전쟁터에서 승리하는 총사령관과도 상통하는 점이며, 경제계에서 성공한 입지전(立志傳)적인 창업주에게서도 자주 발견된다. 독자 여러분도 이러한 표를 작성해 볼 수 있을 것이다.

이러한 기준표를 만든 의도는—이미 설명한 것과 같이—정해진 기준을 놓고 고금(古今) 내외(內外)의 여러 국가원수를 바라보면, '박정희는 누구인가'가 좀 더 명확해질 것 같다는 생각이 들었기 때문이다. 이러한 기준을 놓고 어떻게 평가를 하든, 그것도 독자 여러분의 몫이다.

어떤 인물이든 간에, 사람을 평가한다는 것은 인식과 판단의 문제로서, 쉬운 문제가 아니다. 그러나 인식의 기초는 '진실'이라는 데 대해서는, 누구든 간에 의문의 여지는 없을 것이다. 허구를 갖고 판단하면, 가짜가 되기 때문이다. 그렇다면 '진실파악'부터 먼저 시작해야 할 것이 아닌가?

2005. 12. 30 조선일보에 게재된 엔디 시에의 「결국 한국인들이 옳았다」를 소개한다.

> 투자은행인 모건 스탠리의 홍콩 수석 이코노미스트 앤디 시에(Andi Xie)가 한국 투자 관련 리포트에 쓴 글이다. 이 리포트의 제목은 뜻밖에도 '2005년 한국의 해'였다.
>
> 우선 모건 스탠리는 '작은 나라가 큰 기업을 키우는 전략(Small Country, Big Business)'이 옳았다고 지적한다. 박정희 시절부터 한국은 대기업을 키웠다. 한정된 자원으로 우리가 할 수 있는 몇 개 업종에 투자를 집중했고 여기서 대기업과 재벌들이 생겨났다. 삼성·LG·현대자동차가 중국을 공략하

는 힘과 조직력, 브랜드파워를 보면서 외국의 경제전문가들은 조그만 나라에서 덩치 큰 기업을 키운 것이 세계화 시대에 적중했다고 평가한다.

극심한 정치사회적인 혼란 속에서도 이나마 수출하고 성장할 수 있는 데에는 대기업들의 역할이 컸다. 경제 성장을 거의 홀로 떠받치고 있는 수출은 대부분 대기업들이 하는 자동차·반도체·철강·조선·전자·석유화학 등 중화학 업종이기 때문이다. 그나마 국내 투자도 대기업이 없으면 기대할 게 없다. 국내의 많은 대기업들은 이미 생산과 판매의 절반 이상을 해외에 의존하고 있다. 국내 정치 상황과 상관없이 그들은 굴러가게 되어 있다.

또 다른 투자은행인 골드만삭스도 한국 경제에 대해 장미빛 전망을 내놓았다. 골드만삭스는 한국 경제가 2020년 GDP 국내총생산 2조 3660억 달러(국민 1인당 GDP는 5만 달러) 규모에서 이탈리아를 추월하고, 2050년엔 국민 1인당 GDP(8만 2462달러)가 미국 다음으로 세계 제2위로 올라선다고 예측했다.

조선일보 2005. 12. 30 변용식 칼럼에서

이 책을 쓰는 뜻은 우리 국민들이 《박정희는 어떻게 경제강국 만들었나》를 일독함으로써, '박정희 대통령의 진실'을 찾게 되기를 바라는 마음에서였다.

박정희 대통령은 집권 18년간, 다섯 번 죽음과 마주쳤다. 첫 번째, 목숨을 걸고 5·16 군사혁명을 일으켰을 때, 그후 3회에 걸친 북한 게릴라의 암살기도가 있었으며, 이 과정에서 육영수 영부인이 희생당했다. 그리고 박 대통령은 김재규와 차지철의 갈등을 풀어주는 화해 자리를 마련하여 '부마(釜馬)사태 해결방안'을 논의하는 중―권력순위 2번인―김재규(金載圭) 쿠데타적인 총격에 의해 쓰러졌다. 그러니 박정희 대통령은 현직 대통령으로서 업무수행 중에 비범한 죽음, 해탈한 초인(超人)의 영웅적 생을 마감한 것이다. 그는 최후의 순간에서도 "난 괜찮아"라며 당당했다.

박정희 대통령은 필사(必死)의 각오로 일했다고 보여진다. 항상 암살당해도 좋다 각오하고 있었기 때문에 그만한 일을 해냈다고 본다. 그러니 그의 죽음은 정치가로서는 숭고한 운명, 지복(至福)한 귀결이 아니겠는가? 그가 남긴 것이 컸다는 역증(逆証)이 아니겠는가?

지금까지 여러 차례에 걸친 여론조사에서 한국현대사의 가장 존경받는 첫 번째 대통령으로 꼽히는 근원(根源)이 바로 이 점에 있다고 본다. 박정희 대통령은 Good(유능한) Leader, Strong(강력한) Leader, The Greate(위대한) Leader로 길이 우리 역사에 남을 것이다.

한강의 기적 일군
테크노크라트 오원철

김정렴
전 청와대 비서실장

 오원철 수석은 서울대학교 공과대학 화학공업과에 재학 중 6·25 전쟁이 발발하자 공군 기술장교 후보생으로 입대하여 1957년 공군소령으로 전역할 때까지 6년여 기술장교로서 주로 항공창(航空廠)에서 근무하였다.
 전역하자마자, 시발자동차 공장장과 국산자동차주식회사의 공장장을 역임한 후 1961년 5·16혁명 직후 국가재건최고회의 기획조사위원회 조사과장, 이어 1961년 7월 상공부 공업제1국장, 기획관리실장, 광·공·전(鑛工電) 차관보, 1971년부터는 대통령 경제 제2수석비서관으로 8년간 함께 18년간을 근무했다.
 그간 오 수석은 우리 나라 공업화 정책의 기획·입안과 집행을 담당하여 그의 독창적인 '엔지니어링 어프로치(공학적 접근법)'로 20년이란 단시일 내에 수입대체산업, 국제경쟁력 있는 경공업, 중화학공업 그리고 방위산업을 순차적으로 건설하였다.
 나는 오 수석과 상공부와 대통령 비서실에서 12년 동안 같이 근무했다. 나는 금융과 외환이 전문분야로서 공업에 대해서는 전혀 공부한 바가 없다. 상공부 장·차관 때 오 수석이 기획, 입안한 공업정책에 대해서 상세한 설명을 들은 후 확신을 가지고 뒷받침했다.

오 수석의 독창적인 '엔지니어링 어프로치'의 예를 두 가지 들면 다음과 같다.

1. 울산석유화학단지의 건설

제2차경제개발 5개년계획의 2대 핵심사업은 종합제철과 울산석유화학단지의 건설이었으며, 박 대통령은 종합제철은 경제기획원이, 석유화학은 상공부가 담당하도록 교통정리를 했다.

석유화학공업은 정유공장에서 원유를 1차정유해서 나온 '나프타(粗揮發油)'를 원료로 해서 화학처리를 가해 합성섬유·합성수지·합성고무 등의 공업기초 원료를 만드는 공업으로, 나프타 분해공장과 주요 12개 하부 계열공장을 동시에 준공시키고 동시에 가동시켜야 하는 방대하고 복잡한 공업이다.

당시 석유화학의 국제규모는 에틸렌 기준 연간 30만 톤인데 우리는 10만 톤 규모의 석유화학을 건설하는 처지였다. 규모가 작으면 생산품의 원가가 높은 것이 당연한 이치이고 국제경쟁력이 없어 공장은 망하게 된다.

오 수석은 국제규모의 3분의 1인 10만 톤 규모의 석유화학공업을 성공시키기 위하여

첫째, 나프타 분해공장에서 나오는 제품 가격을 정부가 국제가격 수준으로 결정, 고시한다.

둘째, 이를 위해서 나프타 분해공장에서 사용하는 공업용 나프타를 국제가격 이하로 공급해 준다. 공업용 나프타를 싸게 공급함으로써 발생하는 정유공장의 손실을 보전하기 위하여 휘발유, 석유, 경유 등의 가격을 올려준다.

셋째, 울산석유화학단지를 건설하고 석유화학공업을 수용한다.

울산석유공사 근처에 정부예산으로 토지를 구입하여 전기, 공업용수, 도로, 통신 등을 갖춘 단지를 조성했다. 공장 건설자는 자기 공장만 지으면 되니 공장 건설 기간이 단축되고 건설비도 싸고 추가로 땅값은 공장가동 후 5년간 분할 상환, 공단 내에서 사용하는 전기와 공업용수는 국제가격 이하로 공급, 정부예산으로 단지 내에 비상용 발전소와 공동 수리·보수 공장의 건설 등과 같은 조치를 취했다.

한국의 석유화학 건설계획은 국제규모 미달의 10만 톤급 공장이지만 정부가 나프타 가격을 국제가격 이하로 공급해 주겠다고 보증하고, 단지의 조성 등 유리한 조건을 마련한 결과 투자선과 차관선을 순조로이 확보할 수 있었다.

석유화학공단은 1968년 3월에 착공하여, 1972년 10월에 준공되었으며 초년도부터 흑자를 이루었다.

2. 방위산업 육성과 중화학공업 건설

1970년 2월, 닉슨 대통령은 외교백서를 통해 "아시아 및 극동에서 우방국이 핵공격이 아닌 형태의 공격을 당할 경우 미 지상군의 지원을 기대하지 말고 각국이 제1차적 방위책임을 져야 한다"는 '닉슨 독트린'

을 천명하였고, 5개월 후인 7월 미 제7사단의 철수를 정식 통보해 왔다.

당시 북한의 군사력은 남한에 비해 3배 정도 강력했다. 그리고 북한은 1970년대를 '적화통일의 연대'로 정하고 "김일성의 환갑잔치는 서울에서 하자"고 북한 인민을 선동하는 동시에, 언제든지 기습공격을 시작해서 전면전으로 돌입할 수 있도록 휴전선 일대에 군사력을 전진 배치하고 있었다. 더욱이 미 제7사단 철수 문제를 협의하기 위하여 내한한 애그뉴 부통령은 박 대통령에게 2만 명의 미 제7사단 외의 추가 감축은 절대 없다고 확약해 놓고, 대만으로 가는 비행기 위에서 수행 미국 기자와의 회견에서 "한국군의 현대화가 완전히 이루어질 때, 아마도 앞으로 5년 이내에 주한 미 지상군은 완전히 철수될 것이다"라고 말했다.

전력 증강을 위해서는 '군장비의 현대화'가 가장 시급했다. 현역군 장비현대화에만도 약 30억 달러가 필요했다. 그런데 '닉슨 독트린에 의한 한국군 현대화 5개년계획'은 약 15억 달러로 낙착을 보았으니 현역군에 대한 장비현대화에는 부족한 실정이었다. 따라서 250만에 달하는 예비군의 무장은 우리 정부예산으로 마련할 수밖에 없게 되었다.

박 대통령은 여기에 소요되는 군장비의 국산화를 결심하고 1970년 7월 김학렬(金鶴烈) 부총리에게 방위산업 육성을 지시했다. 경제기획원은 주물선(鑄物銑)공장·특수강공장·중(重)기계공장·조선공장의 4개 공장을 '4대 핵공장(核工場)'이라 부르고 차관을 얻어 건설하고자 했다. 1년이 지난 1971년 11월 박 대통령은 경제기획원의 4대 핵공장 건설에 대한 보고를 받았다. 경제기획원은 일본과 열심히 차관 교섭을 진행했으나 일본 측이 난색을 표명하자, 그 후 미국 및 유럽으로 차관선을 바꾸는데 이것 또한 진전이 전혀 없었다는 보고였다.

박 대통령은 경제기획원의 보고를 받고 청와대로 돌아오는 차 안에서 실망과 낙심을 솔직히 토로했다. 청와대에 돌아오자, 상공부의 오원철 차관보로부터 자신도 오늘 경제기획원 보고에 배석했었는데 자기 나름대로 방위산업 육성에 대한 아이디어가 있으니 한번 상의했으면 한다는 전화가 와서 청와대에서 즉각 설명을 들었다.

오 차관보의 아이디어는
- 여하한 병기도 분해하면 부품이다.
- 이 부품을 규정된 소재를 사용해서 설계 도면대로 가공해서 조립하면 병기가 된다.
- 각 부품은 가공하는 공장이 몇 개, 수십 개가 되더라도 최종적으로 결합된 병기의 성능은 완벽한 것이 된다.
- 문제는 병기의 정밀도가 1/100㎜ 정도인데, 현재 우리 나라의 가공수준은 1/10㎜ 정도밖에 되지 않는다는 점이다. 우선은 국내에서 가장 우수한 유관 민수공장을 선정해서 부품별 또는 뭉치별로 분담 생산시킨다. 그리고 공업학교 중 충실한 공고를 기계공고로 개편해서 1/100㎜ 정밀가공사를 양성한다.
- 생산된 부품은 국방과학연구소에서 정밀검사하고 합격된 것만 조립하면 병기는 완성된다.
- 이런 방식을 채택하면 당장이라도 병기개발은 가능하다고 본다. 그리고 공장건설 비용도 절감할 수 있고, 무기수요의 변동에 따른 비경제성도 극소화시킬 수 있다.
- 현대무기의 대량생산에는 선진국 수준의 중화학공업이 절대적인 전제가 된다. 중화학공업은 우리 경제의 고도성장, 수출의 지속적인

증대, 국제수지의 개선을 위해 필수적이다. 따라서 우리 나라 방위산업 육성은 중화학공업화의 일환으로 추진하는 것이 유리하다.

나는 오 차관보를 대동하고 대통령 집무실에 들어가 오 차관보로 하여금 보고하도록 했다. 여러 가지 질문을 한 후 오 차관보의 아이디어를 납득했다.
박 대통령은 방위산업과 중화학공업은 본인이 직접 챙겨야겠다고 하며 비서실에 경제 제2비서실을 신설하고, 그 수석비서관으로 오 차관보를 임명하라는 지시가 있어, 오 수석은 다음 날 정식 발령이 났다.

오 수석은 그 후 8년간 박 대통령의 제1급 테크노크라트 참모로서 '한강의 기적'이라는 칭송을 받는 경제발전과 자주국방 즉 105㎜, 155㎜곡사포, 발칸포, 평양까지 도달하는 지대지 미사일, 북한 것을 능가하는 고속정, 전투기 등등 국군 장비의 현대화와 예비군 20개 사단의 전력을 '박격포까지 갖춘 경보병사단' 수준으로 강화하는 데 크게 이바지하였다.

한국중화학공업화 주도 엘리트 테크노크라트 오원철

김형아
(오스트레일리아 국립대학 교수)

오원철(吳源哲)은 한국의 급속한 경제성장의 연대였던 1960년대와 70년대에 상공부와 청와대에서 근무하면서 한국의 주요 산업정책을 입안하고 집행하는 데 주도적 역할을 담당하였다.

그는 박정희 행정부의 전형적인 테크노크라트(Technocrat)로서 가장 영향력 있는 경제정책 수립가, '공업 조직자'이었다. 박정희 대통령은 그를 가르켜 '오 국보'라고 부를 정도로 그의 공헌을 높게 평가하였다. 그는 박정희 대통령이 마치 자신의 '팔다리'처럼 여길 만큼 깊이 신뢰한 사람이었다.

그는 1928년 10월 황해도 풍천(豊川)에서 태어났으며, 해방되던 해인 1945년 4월 경성공업전문학교에 입학하였다. 같은 해 12월 방학 중 고향을 다녀온 후, 그는 북한에 남은 그의 가족과 헤어지게 되었다. 그의 가족은 1945년 말에서 1946년 초 사이에 재산을 몰수당하고 고향에서 추방당했다. 한국전쟁의 와중에 가족과 헤어진 그의 부친은 한국 해군에 의해 구조되어 남쪽으로 내려올 수 있었지만, 그의 모친과 여섯 동생들은 북한에 남았다. 이렇게 해서 그는 한반도 분단의 직접적 피해자가 되었다.

1946년 국립 서울대학교의 창립으로 경성공업전문학교가 서울대학교 공과대학으로 개편된 후, 화학공학과 4학년에 재학 중이던 그는 1950년 한국전쟁이 발발하자, 그해 12월 공군 기술장교 후보생 시험에 응시, 합격하여 6개월 간의 훈련을 받은 후 1951년 6월 공군소위로 임관하였으며, 같은 해 9월 서울대학교 공과대학을 졸업하였다. 이후 1957년 8월 소령으로 전역할 때까지 사천(泗川), 마산(馬山), 진해(鎭海), 대구(大邱)의 항공창(航空廠)을 설립, 운영하는 데 참여하면서 엔지니어로서의 소양을 쌓았다.

군에서 전역한 후 그의 첫 직장은 한국 최초의 자동차 회사인 시발자동차 회사였다. 그는 이 회사에서 공장장을 맡아 한국 최초의 국산자동차를 만들어 내는 데 중요한 공헌을 하였다. 그러나 1960년 4·19 이후 사회 혼란이 가중되어 시발자동차회사가 운영난에 빠지자, 국산자동차주식회사 공장장으로 자리를 옮겨 다음해 5·16이 일어날 때까지 근무하였다.

5·16이 일어난 지 불과 일주일 후인 1961년 5월 23일, 그는 군사정부에 의해 소환되어, 국가재건최고회의 기획조사위원회 조사과장으로 일하다가 얼마 후 상공부 화학과장으로 발령받았다. **상공부 화학과장으로 일하는 동안, 그는 제1차 경제개발 5개년계획(1962년 1월 13일에 발표)의 화학공업 부문을 입안하였으며, 특히 정유공장과 비료공

장, 시멘트공장 관련사업을 추진하였다. 이때 경제개발에 대한 '마이크로 접근방법'과 '임팩트 폴리시(impact policy)'에 대한 아이디어를 확립했으며, 재정자금 활용방책으로는 '목돈 작전'을, 공업화 전술로는 '공업단지화 전술'을 적용하기 시작했다. (이때 울산(蔚山) 공업단지 건설을 입안, 추진했다)

여기서 '목돈 작전'은 새로운 사업을 추진해 나갈 때 필요한 자금을 미리 확보해 두는 방법을 말하고, '공업단지화 전술'이란 공장건설이 신속하게 이루어지도록 하기 위해 정부가 먼저 공업단지를 조성해 놓는 방법을 뜻한다. 그의 이러한 아이디어는 한국에서 최초로 성공한 공업단지인 울산공업단지의 계획과 건설에서 효과적으로 활용되었다.

1964년 정부의 경제정책 방향이 **수출제일주의로 전환**된 직후, 그는 주요 수출 업종인 **경공업 분야를 담당하는 상공부 공업 제1국장으로 임명받아 수출제일주의 전략을 직접 실행**하게 되었다. 이때 그는 섬유공업을 비롯한 경공업의 수출산업화와 중소기업 육성의 실무책임을 맡아 일했다. 또한 1965년 이래 석유화학공업 육성 계획을 직접 입안하여 추진하던 중, 1968년에 기획관리실장으로 승진하였으며, 1970년에는 광공전(鑛工電) 차관보가 되었다. 승진한 후에도 석유화학공업 육성은 계속 책임을 맡아 울산의 석유화학공업단지를 건설(1972년 완공)하는 데 중추적 역할을 수행하였다(오늘날 그는 **한국 석유화학공업의 대부**라고 불린다). 또 그는 철강, 전자, 자동차, 조선 등 각종 공업분야의 정책을 수립하는 데도 많은 기여를 하였다.

1970년대에는 남북한 간의 대결이 전쟁 직전의 상황으로까지 치달았던 위기의 시대였다. 이때의 남북한 간의 정치적, 군사적 대결은 경제개발을 직접적으로 규정하는 요인이 된다. 1971년 11월 박정희 대통령은 이러한 긴박한 상황에 대응하기 위해 그를 **경제 제2수석비서관**으로 임명하여 방위산업 육성의 총책임을 맡겼다. 그는 방위산업 육성은 중화학공업 건설이라는 큰 틀 안에서 효율적으로 추진할 수 있다는 아이디어를 갖고 있었으며, 이때까지 각종 공업정책을 수립하고 추진하면서 얻은 경험을 총괄하여, '**공업의 단계별 육성**'과 '**엔지니어링 어프로치**'로 요약될 수 있는 '한국형 경제개발 모델'을 정립하고 있었다.

이에 따라 그는 중화학공업 건설을 위한 구체적 계획을 마련하기 시작했는데, 그 결실이 바로 '**공업구조 개편론**'이다(1960년대가 경공업 발전의 연대였다면, 1970년대는 중화학공업을 중심으로 공업구조를 개편해 나가야 할 시기가 된다. '공업구조개편론'은 중화학공업화를 추진해 나가기 위해 상세한 조사, 계획, 추진방법을 서술하고 있다). 이를 채택한 박 대통령은 1973년 1월 '중화학공업화 정책선언'을 하게 되었으며, 이 선언에 따라 같은 해 5월 중화학공업 추진위원회와 그 산하 기획단이 창설되었다. 그는 1974년 2월부터 **중화학공업기획단 단장을 겸임**하게 되었다. 이후 그는 1979년 10·26 사건 때까지 박정희 대통령의 정책보좌 역할을 충실히 수행하면서 한국의 산업화를 추진하는 데 다음과 같은 중요한 기여를 하였다.

첫째, 그는 철강, 석유화학, 기계, 전자, 조선, 비철금속 등 중화학공업의 6대 핵심 분야를 육성하는 데 중심적 역할을 하였으며, 이를 위해 여천, 창원, 구미, 옥포, 온산 등 주요 공업기지를 건설하였다. 여러 개의 공장으로 구성되는 공업단지 개념은 이때부터 주택단지, 항만, 교육기관, 검사기관, 숙련근로자 양성을 위한 훈련소 등 관련 시설까지 포함하는 공업기지의 개념으로 확장되었다.

둘째, 방위산업 육성과 율곡계획의 집행을 담당하면서 개인 기본병기, 각종 화포, 장갑차, 탱크, 헬기, 해군 함정, 미사일 등 현재 한국군의 근간을 이루는 주요 장비를 국산화, 현대화하는 데 앞장섰고, 국산화가 어려운 장비들의 도입을 합리적으로 추진하여 한국군의 전력 증강에 이바지하였다. 또한 그는 **원자력산업 개발 프로젝트에도 참여**하였다.

셋째, 1973년 오일 쇼크 이후의 상황에 대처하기 위해 **중동 진출, 플랜트 엔지니어링 산업 육성**을 추진하였다.

넷째, 인력 양성과 관련하여 기능사, 기술자, 엔지니어, 과학자 양성을 위한 과학 기술교육제도의 개편과 각종 연구소의 설립, 대덕 연구단지 건설 등에 관여하였다. 동시에 그는 **국토종합 개발계획의 입안과 추진**을 주도하였는데, 이것이 국토의 효과적 이용, 대도시 과밀인구의 억제, 환경오염 방지 등 여러 가지 목적을 갖는 것이었다. 또 이 계획은 공해를 막기 위해 내륙지방의 공장들을 해안 몇 곳에 집중시키는 사업과, 행정수도를 대전 근처로 이전하는 사업을 포함하고 있었다.

결론적으로 말해서 오원철은 1) **경제건설,** 2) **인력양성(기술교육, 근로의욕 고취),** 3) **국토개발,** 4) **자주국방**을 4대 지주로 삼는 박정희 대통령의 근대화 이념을 실천에 옮기는 과정에서 활약한 핵심적 정책

수립가였다.

그는 두 차례에 걸쳐 박정희 대통령으로부터 직접 근정훈장을 수여받았다. 1965년에 받은 첫 번째 훈장은 수출지향적 정책을 추진함으로써 1964년에 한국이 1억 달러 수출목표를 달성하는 데 기여한 공로를 인정한 것이고, 1972년의 두 번째 훈장은 석유화학공업 육성(한국 중화학공업의 출발)에서 발휘한 그의 지도력에 대해 주어진 것이었다.

1979년 10·26 사건 직후 공직에서 물러난 그는 1980년대의 정치적 반동 아래에서 어두운 시절을 보냈다. 그는 1980년 5·17의 정치적 숙청 사건 때 체포되어 정신적, 육체적으로 매우 심한 고통을 당했을 뿐 아니라(그는 거의 두 달 동안 구금된 채로 고문을 당해야 했다), 1992년까지 10여 년 동안 침묵을 강요당했다. 오늘날까지도 그는 전두환 정권이 왜 그에게 개인적 공격을 가했는지 궁금해하고 있다. 박정희 행정부의 주요 정책 결정자들 가운데서, 이유야 어떻든 10여 년간 사회적 활동을 중단당한 사람은 오로지 그 한 사람뿐이었다. 다른 사람들은 1980년대에도 계속 공직을 유지하거나 정치에 참여했다.

1992년 7월 27일부터 1994년 4월 13일까지 약 20개월 간 〈한국경제신문〉에 '산업전략 군단사'라는 제목의 회고록을 연재한 후, 그는 〈월간조선〉, 〈신동아〉, 〈월간 Win〉 등에 계속 중요한 논문들을 발표하였으며, 외국의 학술 잡지들에도 기고 활동을 활발하게 하고 있다. 현재 그는 '남은 인생'을 걸고 1992년 7월부터 집필에 매달려온 〈한국형 경제건설〉 시리즈(전 10권 목표)의 저술에 힘을 쏟고 있다. 산업화 과정의 실무적인 추진과정을 각종 증언과 관련자료, 비화 등을 꼼꼼히 기록한 대하기획물이다. 그가 갖고 있는 소박한 바람은 1960년~70년대 그의 경험을 정리하고 그로부터 역사적 교훈을 이끌어 내어 후대에 남김으로써 한국사회의 발전에 조금이라도 보탬이 되고자 하는 것이다.

관련연표

1961
- 5. 16 5.16군사혁명. 군사혁명위원회 구성 (의장 장도영, 부의장 박정희).
- 5. 18 장면내각 총사퇴. 미국, 군사정권 인정.
- 5. 19 군사혁명위원회, 국가재건최고회의로 개편.
- 5. 28 부정축재처리요강 발표.
- 7. 2 최고회의 의장에 박정희 소장 취임.
- 7. 22 경제재건 5개년계획 발표.
- 8. 12 박정희 의장, 1963년 5월 총선으로 민정복귀 선언.
- 10. 2 새 정부조직법 공포.
- 10. 20 제6차 한일회담.
- 11. 11 박정희 의장, 이케다 일본 총리와 회담.
- 11. 14 박정희 의장, 케네디 미 대통령과 공동성명 발표.
- 12. 2 국토건설단설치법 공포. MBC 개국.
- 12. 12 재향군인회 결성.
- 12. 26 일본 독도영유권 주장, 정부 항의각서 전달.
- 12. 31 서울텔레비전방송국(현 KBS-TV) 개국.

1962
- 1. 1 연호를 단기에서 서기로 변경. 교육자치제 폐지. 가족계획심의위원회 발족.
- 1. 15 제1차 경제개발 5개년계획 발표.
- 2. 1 국민은행 개점.
- 2. 5 한글전용에 대비하여 한글심의회 구성.
- 2. 10 국토건설단 창단.
- 3. 12 한·일 외무장관 회담.
- 3. 16 정치활동정화법 공포.
- 3. 22 윤보선 대통령, 정치활동정화법에 불만을 표시하고 하야성명 발표.
- 3. 24 박정희 최고의장, 대통령 권한대행.
- 4. 1 증권거래소 보통거래 시작.
- 4. 2 농촌진흥청 발족.
- 6. 10 제2차 통화개혁.
- 6. 21 무역진흥공사 발족.
- 8. 27 새나라자동차공장 준공.
- 10. 12 국민투표법 공포.
- 11. 12 김종필-오히라 회담.
- 11. 17 4H클럽 경진대회.
- 12. 17 제5차 개헌안 첫 국민투표 가결로 제3공화국 헌법 제정.
- 12. 21 윤보선 전대통령, 범야당 결성 제창.
- 12. 27 박정희 의장, 민정이양 절차 발표. 대통령 출마의사 표명.

1963
- 1. 1 부산직할시로 승격. 민간인 정치활동 재개 허용.
- 1. 3 통행금지 부활.
- 1. 21 중앙선거관리위원회 발족.
- 2. 1 장충체육관 개관.
- 2. 23 전국 주요도시에서 군정연장 반대 데모.
- 2. 26 민주공화당 창당.
- 3. 16 박정희 의장, 4년간 군정 연장 제의.
- 3. 17 조선일보와 동아일보, 15일간 사설을 기재하지 않음으로써 군정연장 성명에 항의.
- 4. 25 동아방송(DBS) 개국.
- 5. 11 박정희 의장, 연내 민정 이양 발표.
- 5. 14 민정당 창당.
- 7. 18 민주당 창당.
- 8. 30 박정희 의장 예편, 민주공화당 입당.
- 10. 15 제5대 대통령 선거, 박정희 당선.
- 11. 25 박 의장, 존슨 미 대통령과 정상회담.
- 11. 26 제6대 총선.
- 12. 7 최고회의, 새 정부기구 확정 부총리제 신설.
- 12. 17 제3공화국 발족, 제5대 대통령 취임, 제6대 국회 개원.
- 12. 21 노동자 첫 해외진출, 광부 1진 123명 독일로 출국.

1964
- 2. 1 3분(설탕, 시멘트, 밀가루) 폭리사건 정치문제화.

5. 7	울산정유공장 준공.	
5. 9	최두선 내각 총사퇴. 국무총리 정일권 임명. 동양방송 라디오 개국.	
6. 3	한·일회담 반대데모(6.3사태). 서울 일원 비상계엄령. 서울시내 각급학교 무기휴교.	
6. 8	제1공수단 장교 8명, 동아일보사 난입사건.	
8. 5	신문윤리위원회법 공포.	
8. 14	중앙정보부, 인민혁명당사건 발표.	
9. 10	함석헌 주도로 언론자유수호연맹 발족.	
9. 11	국회, 국정감사권 부활.	
10. 31	한·베트남 파병협정 체결.	
11. 29	울산 제3비료공장 기공.	
12. 7	박대통령-뤼프게 서독대통령 정상회담.	

1965
- 1. 5 정부, 제2차 경제개발 5개년계획안 수립.
- 1. 8 국무회의, 비전투병력 2,000여 명 베트남 파병 의결.
- 1. 18 제7차 한·일회담.
- 1. 25 제2한강교(현 양화대교 구교) 개통.
- 1. 26 국군 월남파병동의안 국회통과.
- 2. 9 비둘기부대 파월.
- 2. 10 춘천댐 수력발전소 준공.
- 2. 15 한·일기본조약 전문에 합의.
- 3. 28 대일청구권 문제 합의.
- 4. 3 한·일문제 3대 현안인 어업, 청구권, 교포지위 등에 가조인.
- 5. 17 박대통령 방미, 존슨대통령과 정상회담.
- 6. 22 한·일협정 조인.
- 8. 11 한·일협정 비준.
- 8. 28 서울에 위수령 발령.
- 9. 24 맹호부대 1진 출발.
- 9. 25 주월한국군사령부 창설.
- 10. 3 청룡부대 파월.
- 10. 12 맹호부대 파월.
- 12. 18 한·일 수교.

1966
- 2. 4 한국과학기술연구소 발족.
- 2. 7 박정희 대통령, 동남아 순방.
- 2. 19 서독, 한국 간호원 128명 초청.
- 2. 28 국무회의, 국군 베트남 증파안 의결.
- 4. 9 인천제철공장 기공.
- 6. 14 아시아-태평양이사회 ASPAC 서울에서 발족.
- 7. 9 한·미행정협정 조인.
- 8. 3 산림청 발족.
- 9. 15 삼성재벌 사카린원료 밀수사건.
- 9. 22 김두한 국회 오물투척사건.
- 11. 2 박정희 대통령, 존슨 미 대통령과 정상회담.
- 11. 3 아시안민족반공연맹 APACL 제12차 총회 서울서 개막.

1967
- 4. 1 구로동 수출공업단지 준공.
- 4. 20 한국비료 준공.
- 4. 21 과학기술처 신설.
- 5. 3 제6대 대통령 선거, 박정희 당선.
- 6. 8 제7대 총선.
- 6. 13 6.8부정선거규탄 학생 데모. 11개 대학 임시휴교.
- 6. 15 전국 28개 대학, 57개 고등학교에 휴교령.
- 6. 23 경기도청 수원 이전.
- 8. 9 제1차 한·일 각료회담.
- 8. 14 신민당, 6.8부정선거백서 발표.
- 10. 16 경제기획원, 남한인구 3,000만, 서울인구 400만 돌파 발표.
- 12. 21 박정희 대통령과 존슨 미 대통령 정상회담.

1968
- 1. 21 무장공비 31명이 청와대를 습격코자 서울 청운동 일대까지 침입(1.21사태).
- 1. 23 미군 첩보함 푸에블로호 동해에서 납북.
- 3. 14 정부, 한글전용5개년계획 마련.
- 4. 1 향토예비군 창설.
- 4. 17 박정희 대통령, 존슨 미 대통령과 정상회담.
- 5. 2 GATT에 대한 제네바의정서 비준.
- 5. 26 제1차 한·미 국방장관회의.
- 7. 8 유엔군사령부, 국군에 작전권 대폭 이양.

8. 24　중앙정보부, 통일혁명당을 적발했다고 발표.
10. 31　동양최대 쌍용시멘트 동해공장 준공.
11. 2　울진 삼척지구, 무장공비 출현하여 만행.
12. 5　국민교육헌장 선포.
12. 21　경인고속도로 준공.
12. 27　인천제철 火入式.

1969
1. 7　공화당, 3선개헌 거론.
3. 1　국토통일원 개원.
3. 3　관혼상제 간소화를 위한 가정의례준칙 선포.
3. 16　주문진 무장공비 침투.
4. 15　EC-121기 북한기에 격추.
5. 14　김규남 의원 간첩사건.
6. 3　호남정유공장 준공 (전남 여천).
6. 5　신민당, 3선개헌 반대투쟁준비위 결성.
6. 19　3선개헌 반대 학생시위 시작.
7. 8　각 대학의 시위로 전국 29개 대학 조기 방학.
7. 25　박정희 대통령, 7.25담화 발표.
8. 21　박정희 대통령, 닉슨 미 대통령과 정상회담.
9. 6　신민당. 대통령 탄핵소추결의안 국회 제출.
9. 7　신민당 해산.
9. 14　공화당, 3선개헌안 변칙 통과.
10. 17　제6차 개헌안, 국민투표로 가결 (3선개헌).
12. 2　경제기획원, 한국인 평균수명 64세 (남 60세, 여 67세)라고 집계.
12. 27　제3한강교 (현 한남대교) 개통.

1970
1. 24　한독당, 신민당에 합당.
1. 26　유진산 신민당 당수로 선출.
2. 2　윤보선 전 대통령 신민당 입당.
4. 8　서울 마포구 와우아파트 붕괴.
5. 16　서울대교 (현 마포대교) 개통.
6. 2　김지하 필화사건으로 신민당사 수색, '민주전선' 압수.
7. 7　경부고속도로 개통.
7. 8　미국, 주한미군 감축을 통고.
7. 25　한·미, M16소총 공장건설차관 합의.

8. 15　남북평화통일에 관한 8.15선언 발표, 법무청 발족. 남산 제1호터널 개통.
8. 24　박정희 대통령, 애그뉴 미 부통령과 회담, 감군·안보문제 등 논의.
11. 13　서울 평화시장 재단사 전태일, 분신자살.
12. 23　정부종합청사 준공.
12. 30　호남고속도로 (대전~전주 구간) 개통.

1971
1. 1　근대화백서 발표 (1961~ 1970년).
1. 6　국민당 창당, 총재에 윤보선.
1. 13　권력으로부터의 독립 등을 내걸고 법관정화운동 전개.
2. 6　한·미, 주한미군 감축과 한국군 현대화계획 합의.
3. 3　서울-부산 자동전화 개통.
3. 12　국군, 155마일 휴전선 전담.
3. 27　미군 7사단 철수.
4. 1　각군 미국군사고문단을 주한미군합동군사지원단으로 통합.
4. 16　서울 각 대학 교련반대 데모.
4. 27　제7대 대통령선거 박정희 당선.
5. 25　제8대 총선.
5. 27　서울대 문리대, 법대, 상대, 사대에 휴업령.
7. 1　제7대 대통령 박정희 취임.
7. 2　애그뉴 미 부통령 주월한국군 철수연기 요청.
7. 3　한·미 합동 제1군단 창설.
7. 30　수도권 개발제한구역 (그린벨트) 고시.
8. 15　박정희 대통령, 모든 남북회담 지지 성명.
8. 20　남북적십자사 대표, 판문점에서 첫 대좌.
9. 20　남북 이산가족찾기 예비회담.
10. 2　오치성 내무장관 해임결의, 공화당 항명파문.
10. 5　무장군인 고려대 난입사건.
10. 15　서울시에 위수령, 10개 대학 휴교령.
12. 6　박정희 대통령, 국가비상사태 선언.
12. 10　해방 후 첫 민방위훈련 실시.
12. 25　서울 대연각호텔 화재사건.
12. 27　대통령에게 비상대권을 부여하는 국가보위특별조치법, 국회에서 변칙 통과.

670

1972
- 1. 4 한미섬유협정 조인.
- 2. 12 북한에 긴장완화 4개 선행조건 제시.
- 4. 3 남산종합타워 송신 개시.
- 5. 2 이후락 중앙정보부장 평양 방문.
- 7. 4 7.4남북공동성명 발표, 남북조절위 구성.
- 7. 13 김대중 의원, 남북한 유엔동시가입 제창.
- 8. 17 남북적십자회담용 직통전화 개설.
- 9. 24 베트남 주둔 국군 즉각 철수개시를 발표.
- 10. 17 10월유신 포고, 국회 해산. 계엄사 포고1호로 대학휴교, 신문·통신 사전검열제 실시.
- 10. 31 울산 석유화학 8개 공장 준공.
- 11. 21 제7차 개헌안 국민투표로 가결, 제4공화국 유신헌법 탄생.
- 12. 13 비상계엄 해제.
- 12. 15 통일주체국민회의 초대 대의원 선거.
- 12. 23 박정희 후보, 통일주체국민회의서 제8대 대통령으로 선출.
- 12. 27 유신헌법 공포.

1973
- 1. 5 김종필 총리, 닉슨 미 대통령과 회담.
- 1. 10 김종필 총리, 다나카 일본 총리와 회담.
- 1. 27 민주통일당 창당.
- 2. 2 국정감사폐지법 제정.
- 2. 27 제9대 국회의원 선거 실시.
- 3. 3 한국방송공사(KBS) 발족.
- 3. 7 통일주체국민회의, 대통령 추천 국회의원 73명 선출.
- 3. 12 노동3법 개정.
- 3. 14 주베트남 국군 철수 완료.
- 3. 19 헌법위원회 구성.
- 5. 11 항만관리청 신설.
- 5. 27 소련, 한국인 입국 허가.
- 6. 23 6.23외교선언. 남북한 UN 동시가입, 상호 내정불간섭 등 7개항 발표.
- 7. 3 포항종합제철 제1기 설비 준공.
- 8. 8 김대중 납치사건.
- 10. 15 소양강다목적댐 준공.
- 11. 14 호남고속도로(전구간)·남해고속도로 개통.
- 11. 29 유엔한국통일부흥위원회 해체.
- 12. 20 통일민주당 창당.
- 12. 24 장준하, 백기완 등을 중심으로 개헌청원 국민서명운동 전개.

1974
- 1. 8 긴급조치 1호(헌법논의 금지), 2호(비상군법회의 설치) 선포.
- 1. 14 긴급조치 3호(국민생활안정 위한 조치) 선포.
- 1. 30 한·일 대륙붕개발협정 조인.
- 4. 3 긴급조치 4호 선포.
- 7. 9 전국민주청년학생연맹사건 선고공판, 이철, 김지하 등 7명에 사형선고.
- 8. 15 박정희 대통령, 평화통일 3대기본원칙 발표. 대통령 저격사건으로 육영수 여사 사망. 서울지하철 1호선 개통식.
- 8. 22 김영삼, 신민당 총재에 선출.
- 8. 23 긴급조치 1호, 4호 해제.
- 9. 6 반일 데모대 일본대사관 침입사건.
- 11. 15 제1땅굴 발견 발표.
- 11. 22 박정희 대통령, 포드 미 대통령과 정상회담.
- 12. 26 동아일보, 광고 무더기 해약 사태.

1975
- 1. 28 동해고속도로 준공.
- 2. 12 유신헌법 찬반 국민투표 실시, 가결.
- 3. 15 핵무기 비확산조약 비준.
- 3. 20 제2땅굴 발견.
- 4. 8 긴급조치 7호 선포.
- 4. 9 인혁당사건 관련자 사형집행.
- 4. 29 주월 한국대사관 철수.
- 5. 13 긴급조치 7호 해제, 9호(유신헌법 비방, 반대, 개정주장 금지) 선포.
- 6. 30 전투예비군부대 창설.
- 7. 9 4대 전시입법 제정.
- 7. 10 한·일의원연맹 창립.
- 9. 1 여의도 국회의사당 준공.
- 9. 11 전북 고창에 무장공비 침투.

9. 16　조총련계 교포 추석성묘단 고국 방문.
9. 22　민방위대 발대식.
10. 8　신민당 김옥선 의원 파문.
10. 14　영동고속도로(신갈~강릉구간) 개통.
11. 7　현대형 미사일 시험발사 성공.

1976
1. 15　영일에서 석유 발견 언명.
1. 19　신민당 김영삼 총재 긴급조치 위반으로 불구속 기소.
3. 1　명동성당 3.1절 기념미사에서 '민주구국' 선언 발표.
3. 19　해운항만청 신설.
4. 30　내무부, 매월말일 반상회 실시 전국에 지시.
7. 1　한국수출입은행 발족.
7. 22　키신저 미국무장관, 한반도 4자회담, 교차승인, 유엔 동시가입 제시.
8. 18　판문점 도끼만행사건.
8. 28　명동사건 김대중, 윤보선 등 피고에 징역, 자격정지 8년 선고.
10. 27　안동댐 준공.

1977
1. 12　박정희 대통령, 북한에 식량원조 제의.
2. 28　포항종합제철 냉압연공장 준공.
3. 9　카터 미 대통령, 주한미지상군 4~5년 내 철수 언명.
5. 18　한국과학재단 발족, 해외학자 유치 등 지원.
6. 9　국내 최초 고리원자력발전소 1호기 점화.
6. 18　임시행정수도건설특별조치법 제정.
6. 20　박동진 외무장관, 핵개발 가능 시사.
7. 10　제23회 국제기능올림픽대회에서 우승.
8. 4　세계 최대 단일공장 남해화학 여수공장 완공.
10. 18　박정희 대통령, 평화통일 위한 3원칙 제시.
11. 5　제1회 육림(育林)의 날.
12. 16　국회, 12해리 영해법 제정.
12. 17　구마고속도로 개통.
12. 22　수출목표 100억 달러 달성.

1978
1. 1　동력자원부 발족.
1. 7　정부, 제2종합청사 경기도 과천에 건설결정.
2. 24　윤보선 등 66명, '3.1민주구국' 선언 발표.
4. 6　정부, 고성능국산전차 M48 양산체제 시작.
4. 14　세종문화회관 개관.
4. 21　KAL기, 항로착오로 소련에 강제 착륙.
4. 30　12해리 영해 공포.
5. 18　제2대 통일주체국민회의 대의원 선거.
6. 22　한·일 대륙붕협정 체결.
6. 23　북한에 민간경제협의기구 설치 제의.
7. 6　박정희 통일주체국민회의에서 제9대 대통령으로 선출.
9. 5　해외유학 및 연수 자유화.
9. 26　국산 유도탄 시험발사 성공.
10. 17　윤보선, 함석헌 등 '민주국민선언' 발표.
10. 27　제3땅굴 발견.
11. 7　한미연합군사령부 발족.
12. 12　제10대 총선.
12. 13　주한미군 전투부대 1진 철수.

1979
4. 25　한·소 국제전화 개설.
5. 5　박정희 대통령, 발트하임 유엔사무총장 회담.
5. 30　김영삼, 신민당 총재에 선출.
6. 30　박정희 대통령-카터 미 대통령 정상회담.
8. 11　신민당사에서 농성중이던 YH무역 여종업원 강제 해산.
9. 7　김덕룡 신민당 총재비서실장 YH백서 관련 구속.
10. 4　김영삼 의원 국회 제명.
10. 7　김형욱 전 중앙정보부장 실종.
10. 9　남조선민주해방전선 조직 검거.
10. 13　신민당 소속 66명 의원직사직서 제출.
10. 16　부마사태.
10. 18　부산에 비상계엄령 선포.
10. 19　마산, 창원에 위수령 발동.
10. 26　박정희 대통령 서거, 전국 비상계엄 선포.